BALEARIC

Historia oral de la cultura de club en Ibiza

Luis Costa y Christian Len

CONTRA

Dirección editorial: Didac Aparicio y Eduard Sancho

Diseño: Mikel Jaso
Maquetación: Emma Camacho

Transcripción de las entrevistas: Christian Len, Luis Costa, Sarah Goodchild, David Díaz, Camilo Miranda y Marta Bassols
Traducción del inglés: Didac Aparicio
Corrección de pruebas: Javier Araña

Primera edición: Noviembre de 2020

c/ Elisenda de Pinós, nº 22
08034 Barcelona
contra@contraediciones.com
www.editorialcontra.com

ISBN: 978-84-18282-27-0
Depósito Legal: B 12826-2020
Impreso en España por Estugraf

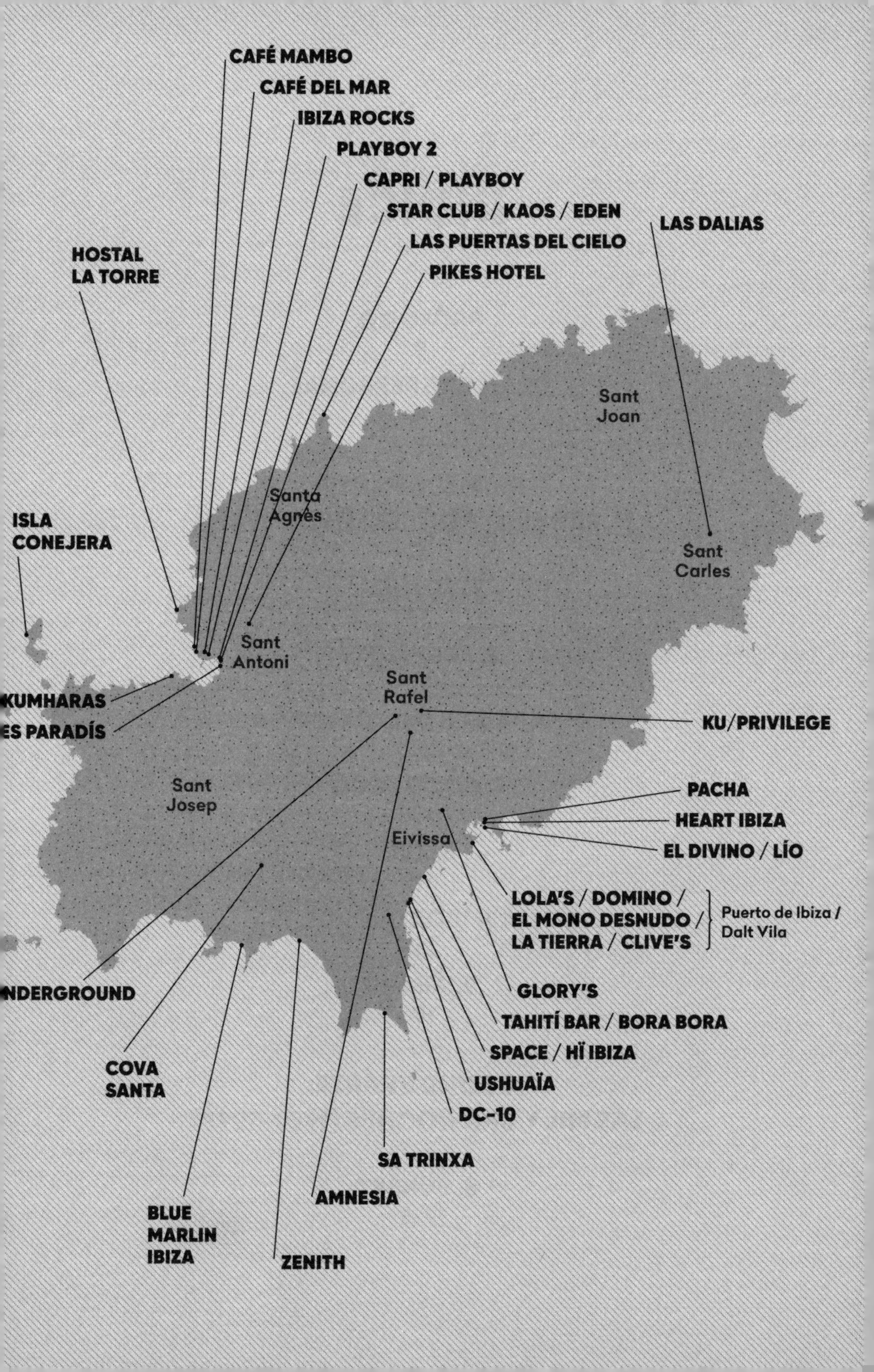

CAFÉ MAMBO
CAFÉ DEL MAR
IBIZA ROCKS
PLAYBOY 2
CAPRI / PLAYBOY
STAR CLUB / KAOS / EDEN
LAS PUERTAS DEL CIELO
PIKES HOTEL
LAS DALIAS
HOSTAL LA TORRE
Sant Joan
Santa Agnès
ISLA CONEJERA
Sant Carles
Sant Antoni
Sant Rafel
KUMHARAS
ES PARADÍS
KU/PRIVILEGE
Sant Josep
PACHA
HEART IBIZA
Eivissa
EL DIVINO / LÍO
LOLA'S / DOMINO / EL MONO DESNUDO / LA TIERRA / CLIVE'S
Puerto de Ibiza / Dalt Vila
GLORY'S
NDERGROUND
TAHITÍ BAR / BORA BORA
SPACE / HÏ IBIZA
COVA SANTA
USHUAÏA
DC-10
SA TRINXA
AMNESIA
BLUE MARLIN IBIZA
ZENITH

ÍNDICE

PRÓLOGO

LUIS COSTA: A finales del verano del 2017 —poco más de medio año tras la publicación de *¡Bacalao!*, mi primer libro—, mi editor, Didac Aparicio, me propuso escribir el que ahora sostenéis en vuestras manos. De entrada, le dije que nanay, aunque mi resistencia duraría bien poco. Me lo había pasado en grande con el anterior: presentación por aquí, charla por allá, pinchar bacalao por toda la península... Además, la idea de publicar un nuevo libro en Contra... ¡qué diantres!, me tenía loco. Pero tenía que encontrar a alguien que me ayudara con las entrevistas, que controlara el *clubbing* ibicenco y la música electrónica... No tardé en hallar a esa persona. Conocía a Christian Len desde su época de coordinador en ScannerFM, años atrás. Sabía que estaba metido en la radio y que llevaba años viviendo a caballo entre Barcelona e Ibiza, instalado en su escena musical: pinchando en clubs y seleccionando música en las ondas, y sabía de sus noches Homies —«las mejores fiestas son en casa»—, que tenían lugar en uno de los espacios más legendarios y apetecibles de la isla: el hotel Pikes. Por cierto, el verano siguiente me invitó allí a pinchar, en la piscina y en Freddie's —la sala interior bautizada en honor a uno de sus más egregios huéspedes, el cantante de Queen—, y el fiestón fue memorable. Cuando le hablé del proyecto, me respondió con un «sí» más grande que Es Vedrà, y al cabo de una semana ya tenía la primera entrevista, la primera de muchas que se hicieron, en su mayoría, en persona, en algunos de los lugares donde transcurre *Balearic*.

Ante nosotros se abrieron dos intensos años de largas y apasionantes charlas con los protagonistas de esta dilatada historia oral. Y así, en mis viajes a Ibiza —que me propuse hacer fuera de la temporada *clubber* más movida— tuve ocasión de pulsar el cálido, lánguido y cuasi narcótico ritmo de la isla y de sus gentes. Me voló la cabeza. Cada vez que me plantaba allí, para encontrarme con este o con aquella, me costaba más y más volver a casa. No encontraba explicación alguna a las absurdas reticencias que arrastraba… Cuando tuve edad para perderme en la escena de Ibiza estaba abducido por la de Barcelona, siendo como fui uno de sus novatos protagonistas. A mí en Ibiza no se me había perdido nada, y en mi ciudad podía pinchar cada fin de semana. De haber sabido lo que sé ahora me hubiera ido de cabeza. Para cuando hube vuelto de mi último viaje, ansioso como una colegiala por armar el libro, ya estaba perdidamente enamorado de esta arrebatadora isla. El resto es historia, la que estáis a punto de empezar a leer…

CHRISTIAN LEN: En 2010 había dejado mi trabajo en ScannerFM, y a mi pareja. Me disponía a empezar un nuevo camino en mi ciudad, Barcelona, aunque no sabía muy bien cuál. De repente, recibí una llamada: «Hola, Christian, soy Igor Marijuan. ¿Quieres venir a coordinar Ibiza Sonica?». No sabía quién era Igor. No conocía Ibiza Sonica y tenía muchos prejuicios acerca de Ibiza, os podéis imaginar cuáles…

Ibiza ha sido durante cientos, miles de años un refugio, un lugar de evasión, como un mundo paralelo. Eso es lo que fue para mí, y aunque era un destino inesperado, a la postre acabaría convirtiéndose en una amante. Llegué a la isla hace justamente una década y me topé con un lugar que me confrontó conmigo mismo, con la esencia de la vida y con la naturaleza. Después de llegar receloso a Ibiza, empecé a descubrir las historias musicales que hay escondidas por toda su orografía: el tercer álbum de la banda de culto Can, cuyo título evoca el islote situado en el extremo oriental de la isla: *Tago Mago*; la inspiración de Mike Oldfield en Es Vedrà; el lugar donde Nico tuvo el fatal accidente de bicicleta que acabó con su vida; el molino donde se dice que Bob Dylan se escondió (el mismo molino que aparece en la portada del *More* de Pink Floyd); el «Formentera Lady» de King Crimson; la odisea de New Order en el verano del 88 durante la grabación de *Technique*, o David Bowie, que en «Life on Mars?» canta el verso «*from Ibiza to the Norfolk Broads*» para referirse a la isla como un lugar de lucha antisistema... Son infinitas las historias, apasionantes e inspiradoras. Y, sí, aunque suene a tópico, también mágicas. Se me llena la boca sin complejos. Desde entonces, empecé a escribir, a radiar, en definitiva, a interesarme por compartir toda esa vasta historia, rodeada a veces de un esoterismo que la hace todavía más cautivadora. Mi andadura profesional en Ibiza empezó con Ibiza Sonica, desde donde retransmitimos desde todos los clubs y rincones de la isla y, por supuesto, desde sus estudios, por donde han pasado tantos y tantos DJs... Con mi experiencia en la productora de WooMooN y mi trabajo con Maceo Plex he vivido los entresijos de la industria. Y gracias a mis años como DJ residente en Kumharas, Hostal La Torre, Babylon Beach, Blue Marlin y, cómo no, Pikes, he entendido, a mi manera, cuál es la esencia musical de Ibiza. Así que cuando me llamó Luis Costa a finales del verano de 2017, acepté el proyecto sin pensarlo. Además, me apasiona hacer entrevistas. Es un género que me fascina; conversar y observar la vida a través de los ojos de otro, aunque solo sea durante un breve lapso de tiempo. Gracias a este libro, tenía la excusa perfecta para entrevistar a hombres y mujeres de espíritu libre que han gestado algo que cambió el rumbo de sus vidas, de la historia de la música electrónica y de la cultura de club. Para mí, el mero hecho de poder conversar con todos ellos, que cada persona me contara su origen, su historia, sus anécdotas llenas de vida y su visión de futuro, era un regalo. El resultado de todas estas conversaciones es una estampa preciosa pero también un retrato del reverso oscuro de la isla.

LUIS COSTA Y CHRISTIAN LEN: Nuestra misión era explicar una historia que no se había explicado anteriormente; sí, se habían contado algunas experiencias, pero eran inconexas y juntas componían un relato sesgado. Era, pues, necesario conectar todos esos relatos y responder a la pregunta «¿Por qué en esta pequeña isla en mitad del

Mediterráneo se ha generado esta enorme escena musical y, para muchos, se ha convertido en la capital mundial de la música electrónica de baile y la cultura de club?». El momento para explicarlo era ahora, cuando los que construyeron esta historia siguen vivos (aunque algunos nos han dejado por el camino) y su legado está aún presente.

Han sido cientos de horas de conversaciones intercaladas en estas seiscientas páginas, repletas de asuntos del *clubbing* e historias alucinantes. Recuerdos, experiencias, vivencias, emociones y sensaciones archivadas en la memoria colectiva de sus setenta y nueve protagonistas: músicos, DJs, hosteleros, empresarios, promotores, periodistas, bailarines, disqueros… La memoria, ya se sabe, suele ser caprichosa y selectiva, pero sus apasionantes testimonios componen la imagen de esta bellísima e inspiradora isla de contrastes que te atrapa o te repele. Esta es su historia, que, en realidad, arranca hace varios siglos. Cuenta la leyenda que hubo una guerra civil entre el norte y el sur de la isla, y que cuando ambos bandos se aproximaban para entrar en combate, se interpuso Bes —dios del baile, que da nombre a Ibiza—, que los interrumpió bailando, tras lo cual todos se fundieron en una danza colectiva que les hizo olvidar por completo lo que los había llevado allí. Dicen que todas las leyendas tienen algo de verdadero, y esta es maravillosa. Ibiza ha sido invadida a lo largo de los siglos por fenicios, romanos, cartagineses y árabes, lo que ha configurado ese carácter abierto y cosmopolita tan genuinamente ibicenco. A partir de los años cincuenta del siglo XX, primero los beatniks y luego los hippies y los primeros turistas, animan una isla instalada en la miseria heredada de la posguerra —de la Guerra Civil española— y del franquismo más gris y aislacionista. Son extranjeros ebrios de modernidad, destape, música y LSD, y su llegada coincide con la apertura de los primeros locales musicales en la isla, y en el Domino o El Mono Desnudo empieza a sonar jazz, rock y soul a todo trapo. Luego abrirán las primeras discotecas: Lola's, Glory's, Playboy, Pacha, Amnesia, KU, y la noche de Ibiza se erigirá en la vanguardia mundial de la cultura de club. Será en estos tres últimos clubs donde se forje el mito del Balearic, que más que un estilo musical, es un estilo de vida. Hemos escogido este nombre para dar título al libro con toda la nocturnidad y alevosía posibles, conscientes de que es tan querido como denostado. Habiendo preguntado a unos y a otros al respecto, concluimos que el Balearic es algo así como un estado mental, donde conviven determinadas sensaciones asociadas a la isla. A raíz de *Balearic Beats*, la célebre y polémica serie de dos álbumes compilados por el DJ británico Trevor Fung, el término «Balearic» pasó en un primer momento a asociarse con el estilo ecléctico, libre y desprejuiciado de los DJs ibicencos más representativos de la escena en ese momento, es decir, del segundo lustro de los años ochenta: Alfredo Fiorito, Leo Mas, Pippi, César de Melero o Nelo, entre otros. Con el paso de los años, acabó por convertirse en todo un estilo musical, adorado y seguido por legiones de DJs, músicos y melómanos. Es un palabro con el que, por lo general, no se sienten precisamente a gusto sus protagonistas, que prefieren hablar de sensaciones, emociones y libertad, que son indisociables de la isla y que reflejaron espontáneamente en sus imprevisibles y épicas sesiones.

Menos suerte hemos tenido con algunos de los protagonistas de esta historia, cuyo testimonio no hemos podido recoger en este libro. A pesar de que fueron invitados repetidas veces a participar en él, declinaron hacerlo. Es el caso del político y empresario Abel Matutes —miembro del poderoso clan familiar ibicenco—, propietario, entre otras muchas cosas, del club Ushuaïa Ibiza, así como de su hijo Abel, también vinculado a su gestión. O de Yann Pissenem, el director artístico del mismo, que rehusó aparecer finalmente, a pesar de haber realizado una jugosa entrevista de dos horas que no figura en el relato. Tampoco ha querido participar el actual dueño del emblemático Café del Mar. A Sven Väth intentamos llegar, pero fue finalmente Johannes Goller quien habló en nombre de Cocoon. Solomun y Pete Tong justificaron su ausencia por estar concentrados en otros menesteres, y Mike McKay y Claire Davies, de Manumission, se negaron a hacer la entrevista alegando su mala experiencia con entrevistas pasadas. Es una verdadera lástima, porque es evidente que el testimonio de todos ellos hubiera aportado puntos de vista tan interesantes como necesarios. De todos modos, ya podéis estar bien tranquilos, porque, tirando de tópicos: los que tenían que estar, están. Y, dicho sea de paso, otros tantos han entrado por capricho del azar, que nos los ha plantado en el camino. ¿Magia? Puede ser. Y es que muchos de nuestros invitados, ya lo veréis, nos hablan de la magia y energía que atesora esta pequeña isla del Mediterráneo; de su magnetismo, de su fuerza de atracción… Puede que el libro, como extensión, los haya atraído a ellos para que compartieran su historia con nosotros. Es el caso de Jane, a quien llegamos por casualidad, intentando contactar con otro de los protagonistas: nos dieron un número de teléfono erróneo y resultó ser el suyo, y sin duda ha acabado siendo una de las protagonistas de esta historia. Algunos, pocos, no están porque, lamentablemente, nos han dejado antes de que pudiéramos hablar con ellos. El caso más doloroso es el de Andrew Weatherall, figura esencial de la cultura de club, pionero de la cultura rave inglesa, que falleció el pasado 17 de febrero, dejando un legado de cientos de producciones propias y remixes, y un ejemplo de integridad y activismo en la escena de difícil reemplazo. También en el mes de febrero, pero del pasado 2019, nos dejaba Tony Pike, propietario del legendario hotel Pikes, refugio de estrellas como Freddie Mercury, Julio Iglesias o Grace Jones, que fue pareja de Pike, auténtico gigoló de quien Boy George —habitual del hotel— decía que era «el auténtico Hugh Hefner». Y aunque no estaba en nuestra selección de entrevistables, cabe mencionar que el pasado mes de julio de este 2020 fallecía el DJ y productor norteamericano Erick Morillo, responsable del sello Subliminal y residente en varios clubs de la isla, principalmente en Pacha.

Estáis a punto de emprender un viaje que os llevará por toda la isla, de noche y de día, de la década de 1950 a la actualidad; una actualidad que, a día de hoy, no lo olvidemos, está fatalmente marcada por la pandemia mundial en la que nos hemos vistos instalados a lo largo de gran parte de este 2020. El destino ha querido, efectivamente, que justo el año en el que habíamos decidido dar fin al relato, haya sido el verano más extraño que la isla haya conocido. Por primera vez en décadas, el vertiginoso ritmo de la temporada estival ibicenca ha cesado. Más allá del desastre económico que significa para la isla y para tanta gente que vive del turismo y de la industria de la música, Ibiza ha podido parar después de años de crecimiento inexorable. De seguir a ese ritmo, se hubiera dirigido directamente al colapso, aunque, como se afirma en el libro, esta isla es capaz de reinventarse cíclicamente. Quizás este parón indeseado ayude a desinflar la burbuja de la vivienda, de los precios, de los cachés de los DJs, de la saturación de las infraestructuras, de la cultura vip, de la explotación de los recursos naturales —que especialmente en una isla tan pequeña son limitados— y de la sostenibilidad medioambiental. Todo ibicenco sabe lo que le sucede a la isla en octubre. Después de los *closings* y el fin de la locura estival, vienen unos días de lluvia. La isla se levanta renovada, limpia y fresca, como si de repente este trozo de tierra cogiera aire y se congratulara de encarar el tranquilo invierno; como si la isla estuviera viva. Ojalá este parón se presente como esa lluvia de octubre y este libro ayude a reflexionar de dónde venimos y a dónde nos dirigimos; que sea un documento revelador, inspirador, excitante, que ensalce la humanidad y las ganas de vivir intensamente. En definitiva, este libro quiere ser un retrato de una vida libre, cosmopolita, heterogénea, inquieta, respetuosa, divertida, abierta, pues todo esto es Ibiza y es Balearic. Esta es su historia.

Barcelona / Ibiza, octubre de 2020

DRAMATIS PERSONAE

ALAIN: Llegó a Ibiza en 1970 procedente de Francia. Tras su primera experiencia trabajando en un restaurante, llevó una de las barras del seminal Lola's como encargado y poco después abriría su propio bar, La Bandera. Su restaurante, Sausalito, en Dalt Vila, fue un centro neurálgico de celebridades y personajes de la isla.

ALFREDO FIORITO (Rosario, Argentina, 1953): La historia de la música ha convertido a Alfredo en una leyenda de la isla. Si alguien dice «Balearic», seguramente el primer nombre de obligada mención es el del DJ argentino. Sus sesiones en Amnesia, en la segunda mitad de los ochenta, sentaron cátedra y dieron lugar a una escena internacional que cambiaría para siempre la cultura de club.

ANDREA PELINO (Roma): Promotor italiano que arranca su carrera en Rímini en la década de los noventa y que desde 1999 gestiona, junto con Antonio Carbonaro, una de las fiestas de referencia del *clubbing* ibicenco: Circoloco, en DC-10.

ANDREAS SIMON (Geislingen an der Steige, Alemania, 1966): También conocido como Hofer 66 en su faceta de DJ, lleva dos décadas al frente de la revista independiente alternativa *dub - another Spirit of Ibiza*.

ANDY CARROLL (Hertford, Inglaterra, 1963): DJ dinamizador de la escena musical de Liverpool, primero ligado al movimiento punk-rock y luego al acid house. Cofundador de la promotora Cream en 1992 y residente de fiestas como Manumission, We Love Space o Ibiza Rocks.

ANDY MCKAY (Southampton, Inglaterra, 1971): Fundó Manumission junto con su hermano Mike McKay en Manchester, en enero de 1994. Cuando la fiesta recaló en Ibiza, marcaría un antes y un después en la oferta de ocio de la isla, y pasaría a ser una de las más transgresoras y multitudinarias. En 2005, junto con Dawn Hindle, su mujer, crea Ibiza Rocks y poco después adquieren uno de los tesoros de la isla, el Pikes Hotel, que transforman en el hotel Pikes Ibiza.

ANDY WILSON (Manchester, Inglaterra, 1964): Vivió de primera mano la prolífica escena de Manchester de los ochenta. Desde su primera visita a Ibiza en 1990, ha sido una de las voces autorizadas de la cultura Balearic con su programa radiofónico *Balearia,* primero, y luego como cofundador de Ibiza Sonica Radio.

ANNA TUR (Ibiza, 1983): Hija de Juan Tur, padrino de la radio de la música electrónica en Ibiza, estuvo en la dirección de Ibiza Global Radio hasta el 2020. En paralelo, ha hecho carrera como DJ a nivel internacional.

ANTONIO ESCOHOTADO (Madrid, 1941): Filósofo, sociólogo y pensador español, traductor de Hobbes, Newton y Jefferson, es autor de *Historia general de las drogas* y de una veintena de libros más. Fundó Amnesia en 1975, punto de encuentro de la cultura hippie y underground de la época. El pasado 2019 publicó su libro *Mi Ibiza privada,* donde relata la experiencia de sus años en la isla, entre 1970 y 1983.

BEN TURNER (Oxford, Inglaterra, 1973): Figura clave de la industria de la música electrónica de las últimas dos décadas, empezó con dieciséis años como periodista en *Melody Maker* y con apenas dieciocho creó su propia revista, *Muzik*. Es cofundador del IMS (International Music Summit) y mánager de Richie Hawtin.

BILL BREWSTER (Grimsby, Inglaterra, 1959): Es uno de los periodistas más respetados y populares de la cultura de club desde hace tres décadas. Fue editor de *Mixmag* y *DMC Magazine* en los noventa, y es coautor de *How to DJ (Properly)* y *Anoche un DJ me salvó la vida,* junto con Frank Broughton.

BRASILIO (São Paulo, 1946): El brasileño Brasilio de Oliveira es una de las figuras claves de la cultura de club ibicenca. Fue propietario del popular bar Coco Loco en el puerto de Ibiza, que posteriormente daría nombre a una de las salas de Privilege. Dirigió KU en sus años dorados, luego Privilege, Amnesia y Space. Es el fundador de La Troya, una de las fiestas más genuinas de la escena ibicenca.

CARL COX (Manchester, Inglaterra, 1962): El mancuniano quizá sea uno de los DJs más populares y queridos de los ochenta y noventa. En Ibiza formó una dupla entrañable con Pepe Roselló y se convirtió en baluarte de Space: en los noventa en la legendaria terraza y ya en los 2000 marcando la temporada ibicenca como cabeza de cartel de los *openings* y *closings*, y con su propia residencia los martes.

CÉSAR DE MELERO (Barcelona): Precursor del sonido Balearic y uno de los pioneros del movimiento acid house en Europa, fue toda una institución en las cabinas de la isla desde principios de los ochenta. Fue residente de Playboy 2, KU, Pacha, Space, Privilege y Amnesia. También fue residente del mítico Ars Studio de Barcelona y ha pinchado en infinidad de clubs internacionales.

CHARLIE CHESTER (Londres, 1964): Es uno de los primeros promotores ingleses llegados a Ibiza. A partir de 1990 empezó a organizar fiestas en Pacha y KU, entre otros lugares, y poco después haría lo propio en Rímini, Italia. Se muda definitivamente a la isla en 1999, cuando se integra en el equipo de Circoloco.

DAMIEN ENRIGHT (Cork, Irlanda, 1940): Periodista, escritor y presentador de televisión irlandés. Ha escrito los aclamados *A Place Near Heaven* y *Dope in the Age of Innocence*, donde narra la vida bohemia de Ibiza —antes de que existiera el término «hippie»— y sus peripecias con las drogas.

DANNY RAMPLING (Londres, 1961): Empezó su andadura como DJ pinchando en la radio pirata Kiss FM. Tras un verano revelador en Ibiza en 1987, en pleno subidón de Amnesia y el Balearic, creó el club Shoom en la capital británica con la intención de trasladar la experiencia ibicenca a Inglaterra.

DANNY WHITTLE (Stoke-on-Trent, Inglaterra, 1962): Promotor llegado a la isla a mitad de los noventa que trabajaría con Renaissance o Home at Space. Fue el encargado de dirigir una nueva época dorada de Pacha tras el cambio de milenio y es cofundador del International Music Summit de Ibiza.

DAVID «EL NIÑO» (Barcelona, 1962): David Solano Rovira empezaría su andadura con residencias en el Up & Down de Barcelona o Distrito 10 en Valencia. Fue residente de KU durante la temporada de 1987, tras la que arrancó sus residencias en los clubs Kapital y Attica de Madrid, donde introdujo el sonido EBM.

DAVID MORENO (Vilanova i la Geltrú, Barcelona, 1969): Locutor pionero en Ibiza con el programa de radio de referencia *Ibiza Dance*. En 2006 se convirtió en la voz de Ibiza Global Radio y en la actualidad gestiona su propia emisora, Pure Ibiza Radio.

DAWN HINDLE (Blackburn, Inglaterra, 1971): Arrancó la aventura de Manumission en Ibiza desde sus inicios. Si Andy McKay, su marido, es el hombre de negocios y el visionario, ella ha sido el alma creativa de Ibiza Rocks y sobre todo del hotel Pikes Ibiza, donde ha sabido preservar el espíritu de Tony Pike.

DIEGO GIMENEZ (Toulouse, Francia, 1950): Una de las tiendas de discos de referencia de la isla fue Flip Músic, que Diego Gimenez abrió en el paseo de Vara de Rey en 1977, en una época donde conseguir discos con personalidad y fuera del circuito habitual no era tarea fácil.

DJ HARVEY (Cambridge, Inglaterra, 1967): Harvey Bassett se ha convertido en DJ de culto tanto por su trayectoria como por su actitud. Recaló en Ibiza en los noventa como DJ de Ministry of Sound y como invitado de José Padilla en la cabina de Café del Mar. En 2015 volvió a la isla de la mano de Ibiza Rocks para empezar una residencia en Pikes, con su fiesta Mercury Rising, que marcaría una nueva era en el legendario hotel.

DJ OLIVER (Barcelona, 1974): Oliver Azor inició su trayectoria como residente de Amnesia en 1995 y es con La Troya cuando logra reconocimiento internacional, afianzándose como uno de los artistas españoles de house más respetados del mundo.

DOUMI (Etterbeek, Bélgica, 1977): D. Olivier Busturia es un promotor ibicenco conocido por haber creado fiestas de gran éxito en los últimos cinco años con su productora Nomad Suntribe, tales como Acid Sundays, WooMooN o Storytellers, donde combina acciones artísticas y música, recuperando el genuino espíritu ibicenco. También es guía creativo del Grupo Pacha.

EVA PACIFICO (Nápoles, Italia): Eva Perone llega a Ibiza en 1989 y trabaja como bailarina durante una década hasta que en 1997 funda Ibizarre Records junto con Lennart Krarup, conocido como Lenny Ibizarre. En la actualidad es una de las voces inconfundibles de Ibiza Global Radio.

FARUK GANDJI (Nishapur, Irán, 1951): El iraní con pasaporte francés fue uno de los principales promotores de la isla durante toda la década de los ochenta. Fue responsable de organizar alguna de las fiestas más emblemáticas de Amnesia, pero sobre todo en KU, donde vivió sus años dorados. Fue de los primeros —si no el primero— en introducir el éxtasis en la isla.

GEORGE EVELYN (Leeds, Inglaterra, 1960): También conocido como DJ Ease, lleva treinta años al frente de Nightmares on Wax y fue uno de los protagonistas de la explosión de la cultura rave británica y, posteriormente, del desarrollo de la música electrónica.

GREGO O'HALLORAN (Liverpool, Inglaterra, 1981): Periodista y promotor, ha escrito para *Ibiza Voice* e *Ibiza Spotlight*, y ha sido el hombre de *DJ Mag* y *Resident Advisor* en la isla, además de trabajar como promotor en fiestas como Circoloco, Cream, Resistance o Defected, y con DJs como Tiësto o Sasha.

IGOR MARIJUAN (Bilbao, 1973): DJ, comunicador y fundador de Ibiza Global Radio primero, y más tarde de Ibiza Sonica Radio, con las que sentó precedente en la exportación digital del sonido de Ibiza.

IRVINE WELSH (Edimburgo, Escocia, 1957): Saltó a la fama poco después de escribir su primera novela, *Trainspotting* (1993), gracias a su adaptación cinematográfica, a la que le seguirían *Acid House*, *Éxtasis* y muchas más. Recientemente ha escrito el guion de *Ibiza 87*, una serie para la televisión que relata las aventuras de Rampling, Oakenfold y compañía durante ese mítico verano.

JANE (Copenhague, Dinamarca, 1946): La danesa Jane Heegaard llega a Ibiza en el año hippie por antonomasia: 1968. Poco después se convertiría en la bailarina más codiciada de la época y en la inventora del tanga, el sutil bañador con el que sortear las leyes contra la desnudez del régimen franquista.

JAVIER ANADÓN (Sangüesa, Navarra, 1953): Empresario navarro artífice primero del pub Bucanero y luego del Café Mambo, que crearía en 1995. Su negocio se ha expandido por toda la isla con restaurantes y hoteles como Hostal La Torre o Casa Maca.

JAVIER FERRER (Ibiza, 1950): Ha dedicado su vida profesional a las finanzas, siempre en la isla. A finales de los sesenta, fundaría junto con tres amigos el pionero grupo de rock ibicenco Los Diana. Es el padre del productor ibicenco Javier Ferrer.

JAVIER FERRER (Ibiza,1978): Productor ibicenco encargado de gestionar el estudio de grabación de Ushuaïa Ibiza y en la actualidad propietario de Metrica, el primer estudio de grabación en 3D y sonido binaural de Ibiza.

JOAN RIBAS (Ibiza, 1963): Fue uno de los DJs habituales en los principales clubs y eventos de la isla y residente de Pacha durante más de veinte años. En 2011 comienza su carrera en la política, que le llevaría a la candidatura a la alcaldía de Ibiza con Guanyem en 2015. Actualmente es DJ residente en el Hotel Pacha y en la fiesta Flower Power de Pacha.

JOHANNES GOLLER (Hersfeld, Alemania, 1975): Si Sven Väth es la cara visible de Cocoon, él es su mánager en Ibiza desde su creación, en el 2000, y el responsable de que la maquinaria alemana funcione.

JON SA TRINXA (Cheltenham, Inglaterra, 1959): Jonathan Grey empezó su carrera a finales de los setenta como promotor musical. A principios de los noventa recala en Ibiza en un accidentado viaje que le llevaría hasta Sa Trinxa. Desde entonces, no ha abandonado esa cabina y se ha convertido en leyenda viva del sonido Balearic.

JOSÉ MARÍA ECHÁNIZ (Azcoitia, Guipúzcoa, 1950): Empresario vasco que adquiere la propiedad de KU cuando el club estaba en bancarrota para reconvertirlo en 1994 en el Privilege, que *El libro Guinness de los récords* reconoció como «la discoteca más grande del mundo».

JOSÉ PADILLA (Barcelona, 1955): Tras empezar su singladura como DJ en Barcelona, se instala en Ibiza a finales de los setenta. Después de vender cintas de casete en el mercadillo de Es Canar, a finales de los ochenta entra como DJ residente del Café del Mar e inventa algo tan genuinamente ibicenco como es ponerle música a la puesta de sol. Está considerado el padre del chill out por la serie de recopilaciones *Café del Mar*, de las que se han vendido millones de copias.

JUAN ARNAU (Fraga, Huesca, 1956): Es el hombre detrás de la catedral del techno Florida 135 y del Monegros Desert Festival. Recaló en la isla en un revelador viaje de fin de curso en el 69 y desde entonces ha vivido Ibiza desde cerca, hasta desembarcar en 2010 con elrow, una de las marcas de *entertainment* nocturno más fuertes del *clubbing* mundial.

JUAN CARLOS SÁNCHEZ (San Sebastián, 1958): El DJ vasco pasó de su residencia en KU San Sebastián a ser uno de los fijos de KU Ibiza en los años de máximo apogeo, del 85 al 88. Fue uno de los responsables de la introducción en la isla del sonido más rock y new wave, de Killing Joke a The Cult, pasando por The Mission, Depeche Mode o Talking Heads.

JUAN MARÍ (Ibiza, 1961): Hijo de Juan Marí, fundador de Las Dalias, uno de los primeros enclaves de la isla para escuchar música en directo, inaugurado en 1954, con un bar y un pequeño chambao, al que a mediados de los años ochenta se le agregó una zona de mercadillo. Actualmente Las Dalias sigue siendo uno de los principales referentes de Ibiza.

JUAN SUÁREZ (Gran Canaria, 1950): En los sesenta, empezó como promotor y DJ en algunas de las discotecas más vanguardistas de Gran Canaria, Benidorm, Ámsterdam o Frankfurt. Pepe Roselló lo fichó para su Playboy 2, club que inauguró como DJ residente. Su carrera derivó hacia el periodismo y la comunicación, y ha ejercido de director comercial del *Diario de Ibiza*.

JUAN TUR (Ibiza, 1968): Hijo de la primera generación de disqueros de Ibiza, ha estado décadas detrás del mostrador de Delta Discos, una de las tiendas de discos de referencia de la isla con un papel clave en la preselección del material que luego pincharían los pioneros del Balearic.

JULIEN TEMPLE (Kensington, Inglaterra, 1952): Aclamado director de documentales como *The Great Rock & Roll Swindle,* sobre los Sex Pistols, y de videoclips, presentó en 2019 su último proyecto, *Ibiza: The Silent Movie.*

KENNETH BAGER (Hobro, Dinamarca, 1962): Habitual de la isla desde 1982, este DJ y estrella mediática en su país es el hombre tras el sello Music for Dreams. También está detrás de algunos *hits* del Segundo Verano del Amor bajo el alias de Dr. Baker y es el fundador de una de las fiestas pioneras del sonido Balearic beat en Europa con su mítico Coma Club de Copenhague.

LENNY IBIZARRE (Copenhague, Dinamarca, 1972): Lennart Krarup arrancó en 1997 la serie *The Ambient Collection* en su sello Ibizarre Records, que acabaría licenciando a Warner Music. Ese mismo año fundaría junto con José Pascual los premios DJ Awards.

LEO MAS (Cerdeña, Italia): DJ y productor italiano que en 1985 entró en Amnesia de la mano de Alfredo Fiorito para formar un tándem que convertiría la selección musical de sus noches en uno de los momentos más inspiradores e influyentes de la cultura de club. Mas sigue siendo uno de los principales embajadores del sonido Balearic.

LOUIE VEGA (Nueva York, 1965): Es una de las leyendas del house de todos los tiempos, mitad de Masters at Work y afincado en la isla desde hace unos años al frente de la fiesta Sunset Ritual, junto con su mujer Anané Vega.

LUCIANO (Pompaples, Suiza, 1978): Lucien Nicolet es uno de los DJs más célebres de la última década. Empezó su trayectoria internacional en Ibiza, en Cocoon y Circoloco, y ha sido residente de Pacha, Ushuaïa y Amnesia, tanto con su propio nombre como bajo su marca Vagabundos. Es propietario de Cadenza, sello de referencia mundial.

MARK BROADBENT (Huddersfield, Inglaterra, 1969): Promotor inglés que empezaría su andadura junto con Darren Huges en Cream y Home, precedentes de We Love Space, una de las fiestas más celebradas por la crítica y el público de Ibiza en la primera década de los 2000.

MAR-T (Barcelona, 1976): Hijo de Martín Ferrer —propietario de clubs como La Atlántida o Amnesia—, ha sido DJ residente y programador de Amnesia desde 1998. Recientemente ha tomado las riendas de la gestión del club.

MATT TROLLOPE (Londres, 1971): Periodista y escritor con sede en Londres, es autor de la biografía del hotelero Tony Pike, *Mr. Pikes: The Story Behind the Ibiza Legend*, y de *The Life & Lines of Brandon Block*, que retrata la vida llena de excesos de uno de los DJs más populares de los noventa en Ibiza.

MIGUEL VALVERDE (Madrid, 1970): Fundador de Ibiza Global Radio, primero, e Ibiza Sonica, después, junto con Igor Marijuan, y pionero de las retransmisiones en directo desde clubs y otras localizaciones de la isla.

MIQUEL MAYMÓ (Ibiza, 1971): Nacido y criado en la isla, se inspiró en un viaje por la India para levantar Kumharas en un enclave en la bahía de San Antonio, alejado del circuito turístico inglés, que se convirtió en un punto de reunión de la comunidad hippie ibicenca de finales de los noventa.

NANCY NOISE (Londres): Recaló en Ibiza por primera vez en 1984, pero fue en 1986 cuando se enamoró de Amnesia y de la selección musical de sus DJs residentes, Alfredo y Leo Mas. En 1987 empieza su andadura tras los platos en The Future, el club de Paul Oakenfold, y se ha convertido en una de las DJs que mejor ha entendido la esencia del Balearic.

NELO (Badajoz, 1964): La libertad total de la que gozaba en Glory's a finales de los ochenta hizo que Antonio Domínguez Rey brillara con una selección musical abierta y arriesgada de new beat, techno-pop, industrial y house primigenio que sentó las bases de lo que los ingleses venderían posteriormente como Balearic beat.

PAUL OAKENFOLD (Londres, 1963): Es en buena parte el responsable de popularizar en Inglaterra la experiencia reveladora bañada en éxtasis bajo las estrellas de las noches de verano de Amnesia en 1987, desde clubs londinenses pioneros como Spectrum y The Future, que partieron del Balearic para dar forma a la posterior eclosión del acid house.

PEPE ROSELLÓ (Ibiza,1936): Pionero de la escena de clubs de la isla. Primero con la creación de Playboy, en 1963, y de Playboy 2, en 1975, y luego con Space, desde su creación en 1989 hasta su clausura en 2016. Este club será un referente de la isla y marcará la temporada con su apertura y sus célebres *closings*.

PETE GOODING (Solihull, Inglaterra, 1973): Su relación de amor con la isla y su amistad con Steve Lawler le llevaron a una residencia en Café Mambo y a viajar por todo el mundo con la marca Renaissance. Ha programado y pinchado en Café Mambo y Hostal La Torre, y llevado el *management* de artistas como José Padilla.

PETER HOOK (Manchester, 1956): Bajista y cofundador de Joy Division y New Order. En 1988, en pleno Segundo Verano del Amor y en el clímax de popularidad de la banda, New Order pasaron seis meses en la isla para grabar *Technique*, aunque apenas lograron grabar unas pocas pistas.

PHIL MISON (Haverhill, Inglaterra, 1970): Empezó a pinchar en el Milk Bar de Londres en 1991, donde conoció a José Padilla, que lo invitó a pinchar en Café del Mar. Estuvo solo dos temporadas por decisión propia, pero dejó huella.

PIPPI (Ruffano, Italia, 1956): Desde pequeño, Giuseppe Nuzzo tuvo alma de artista. Piti Urgell fue a buscarlo a Alemania en el 84 para ficharlo como DJ residente de Pacha y desde entonces se convirtió en otra de las leyendas de Ibiza. En la década de los noventa, se encaramó a lo más alto de la escena house.

PITI URGELL (Barcelona): Hermano de Ricardo, José María Urgell desarrolló la identidad musical de Pacha durante las primeras décadas como DJ de la icónica fiesta Flower Power. Si su hermano es el arquitecto de la noche, él es el psicólogo.

RECHE (Baza, Granada, 1970): Criado en Ibiza, Francisco José Reche empezó su andadura como DJ en la última época de Playboy 2. Luego, Pepe Roselló se lo llevaría a su club Space, donde desarrolló la primera parte de su carrera hasta 1993. Entre 1994 y 1998 fue residente del célebre club *after hours* KWM de Zaragoza.

RICARD ROBLES (Esparraguera, Barcelona, 1967): Periodista de formación, vinculado en sus inicios profesionales al mundo de la radio, es codirector del festival barcelonés Sónar, fundado en 1994, que ha crecido en paralelo a la escena de música electrónica internacional. Robles es asiduo a Ibiza desde 1988.

RICARDO URGELL (Barcelona, 1937): Promotor y pionero de la cultura de clubs estatal con su marca Pacha, primero en Sitges, en 1968, y posteriormente en Ibiza, en 1973, donde marca la línea a seguir en los primeros años de la escena para convertirse en el primer club del mundo en expandirse internacionalmente.

ROBIN (Inglaterra, 1946): El inglés Robin Allen se instala en 1968 en la isla con un grupo de músicos para vivir el sueño lisérgico hippie de Ibiza. Desde entonces y hasta la actualidad, Ibiza se convierte en su casa; un hogar que comparte con otra protagonista del libro, Jane Heegaard.

SARAH BROADBENT (Huddersfield, Inglaterra, 1969): Fue la encargada de *merchandising* del pionero club Cream de Liverpool y promotora de fiestas como We Love Space o Home. Actualmente se encarga de la programación del hotel Pikes Ibiza.

SIMON DUNMORE (Huddersfield, Inglaterra, 1962): *Label manager* del popular sello de house Defected Records, que aterriza en el 2000 como promotor en clubs como Pacha, El Divino o Eden, y posteriormente con la irreverente fiesta Glitterbox en Space y Hï Ibiza.

SOLDADO (Versalles, Francia, 1968): Criado en Ibiza, Javier Soldado empezó su andadura en la escena como bailarín en el desaparecido club Angel's. Fue el primer residente del club Space cuando abrió sus puertas. Poco después, sería el DJ de clubs como Prisma o Kaos (ahora Eden), y también promotor, faceta que alternó con sus residencias en las cabinas de Amnesia o Privilege hasta principios del 2000.

TANIT (Martinica, 1940): Su nombre es Guy Ferdinand, pero a este popular «indio» todo el mundo le llama Tanit. Llegó a finales de los setenta a la isla tras haber recorrido medio mundo. Regentó locales y barras dentro de algunos de los clubs principales de la isla, como Lola's, Amnesia, Glory's o KU.

TERRY FARLEY (Londres, 1959): DJ y editor junto con Andrew Weatherall del pionero fanzine *Boy's Own*, medio oficial de la cultura rave inglesa. Posteriormente *Boy's Own* se transformaría en Junior Boy's Own, sello de referencia de la escena electrónica que publicaría los primeros trabajos de Underworld, entre otros artistas.

TREVOR FUNG (Londres, 1961): Fue parte de la avanzadilla británica en Ibiza. Asiduo de la isla desde 1976, llegó a ser residente de Amnesia en 1982. Junto con Paul Oakenfold, fundó primero The Funhouse y posteriormente The Project Club en Londres, dos clubs de referencia del *clubbing* británico, y en 1987 abriría The Project Bar en San Antonio.

ULISES BRAUN (Puerto Rico, Argentina, 1959): Nació en Argentina, en la jungla, muy cerca de Iguazú, aunque creció en Zúrich, donde trabajó en la multinacional discográfica EMI, hasta que decidió mudarse a Ibiza en 1981. Empezó gestionando barras en Amnesia, se encargó del primer *merchandising* del club y vivió su auge y explosión en el 87.

VALENTÍN HUEDO (Ibiza, 1984): Fue el residente más joven de Café del Mar (2005-2015) y posteriormente residente de Blue Marlin Ibiza. En la actualidad lo es en WooMooN Ibiza y representa a la nueva generación de DJs de la isla.

VAUGHAN (Londres): Bailarín, promotor y relaciones públicas, muy conocido en la escena ibicenca, ha estado muy ligado a la marca Pacha, donde primero bailó y luego crearía The Funky Room, dentro del mismo club.

VÍCTOR JUAN (Ibiza, 1947): Su abuelo materno fue presidente de la Asociación Socialista Pitiusa y el paterno, director del Hospital de Ibiza. Fue uno de los pioneros del rock de la isla al frente de grupos como Es Amics o Dinamita & Soda.

PRIMERA PARTE
EL PARAÍSO PERDIDO
(1950-1988)

1
DOMINO

En la década de 1950, empiezan a llegar los primeros turistas a Ibiza. Primero franceses, luego alemanes, ingleses, norteamericanos... Entre ellos, escritores, pintores y diletantes de buena familia que encuentran en la isla un lugar inspirador. También descubren algún tugurio oscuro para echar unos tragos, como el Domino, ese bareto del puerto donde suena jazz a toda pastilla. Otros, más jóvenes, llegan en verano para abandonarse en ese reducto de naturaleza salvaje, mar y sol. Algunos hasta han montado su club social en San Antonio y tienen su propia escuela de inmersión. Y es que hay mucho que ver en esta isla. A la Ibiza payesa y franquista le está llegando demasiada modernidad de golpe, y anda aturdida, pero la recibe con los brazos abiertos, pues si algo tiene esta isla es hospitalidad; siempre la tuvo. El choque cultural está servido, y la juventud ibicenca se une a la fiesta y se junta para montar conjuntos de rock. Ya estamos en los sesenta, los Beatles y Mary Quant la están armando y toca dejarse el pelo largo y la falda corta. Aparecen las primeras salas de conciertos y discotecas para bailar en la isla. Son espacios de transgresión y jolgorio, y se concentran en San Antonio. Allí es donde el inquieto Pepe Roselló abre su primera discoteca, Playboy, en 1963, con bandas en directo y unos platos giradiscos. Es el primer local de Ibiza donde se pinchan discos para bailar. Mientras tanto, van llegando los beatniks y los hippies, los primeros de muchos. Se instalan en masías y casas antiguas del interior de la isla, que alquilan a los payeses locales. Allí no hay luz ni teléfono, y el agua potable se puede recoger de los pozos, que se llenan cada tanto. Para ellos, esto es el paraíso.

INTERVIENEN: PEPE ROSELLÓ (PLAYBOY), RICARDO URGELL (PACHA), PITI URGELL (PACHA), JUAN MARÍ (LAS DALIAS), DAMIEN ENRIGHT (AUTOR DE *DOPE IN THE AGE OF INNOCENCE*), VÍCTOR JUAN (ES AMICS), JAVIER FERRER (LOS DIANA), ROBIN

PEPE ROSELLÓ: Nací en San Antonio [Ibiza] en 1936, en una familia de clase media de cinco hermanos. Desgraciadamente, mi padre, que era militar, tuvo un accidente y nos quedamos huérfanos. Yo tenía seis años, mi hermano mayor, ocho y mi hermana pequeña, solo un mes. Mi madre, que tenía entonces veintisiete años, se quedó viuda con cinco hijos. Recuerdo que tocaba el piano y toda la familia nos reuníamos para cantar y escucharla. Mi casa estaba en la calle San Antonio, encima de la única farmacia que había en el pueblo. Cuando murió mi padre, me fui a estudiar a La Salle, en Palma de Mallorca, al colegio de curas. Después, todos los hermanos nos fuimos a un colegio de huérfanos de militares en Murcia: allí es donde realmente nos educamos. A Ibiza veníamos a pasar las vacaciones; mi madre siempre estuvo aquí. Mi abuelo, que era una persona acomodada, fue realmente quien nos hizo de padre durante toda nuestra juventud.

RICARDO URGELL: Viví desde muy pequeño el ambiente musical en casa porque mis padres eran muy aficionados a poner música y bailaban. Te hablo de la época de antes del rock and roll.

PITI URGELL: En mi casa, mis padres tenían una buena posición, pero cuando llegó la guerra [Civil], los negocios empezaron a ir mal y el dinero, a desaparecer. Mi padre no era un gran hombre de negocios, venimos de una familia de artistas. Mi bisabuelo, Modesto Urgell, y mi abuelo, Ricardo Urgell, eran pintores, y mi abuelo por parte de madre, Antonio Esplugas, era fotógrafo. En los años veinte, o incluso antes, hacía fotos con placas de tías en pelotas; hay un librito donde salen todas... Modesto fue profesor de Miró y Dalí, y pintaba cementerios y puestas de sol. Tenía el pelo blanco y bigote, y Dalí acabó copiándole un poco el *look*. En cambio, su hijo, mi abuelo Ricardo Urgell, era un tío muy serio que pintaba teatros y bailarinas. Se iban los dos a París durante la época del impresionismo.

JUAN MARÍ: Nací en San Carlos [Ibiza] el 29 de mayo de 1961, justamente en el sitio donde estamos, en Las Dalias. Cuando nací, ya llevaba funcionando desde 1954, así que lo empecé a vivir desde chiquitito. Las Dalias era el sueño de mi padre, pero en esa época los sueños eran complicados: veníamos de una posguerra y estábamos en plena dictadura. Mi padre quería construir un lugar donde la gente de la isla se pudiera divertir, no para los turistas, que por aquel entonces eran muy poquitos. Empezó como un proyecto de hotel muy básico en la zona de Es Canar, pero le falló el socio y se encontró solo, así que se lo vendió a un inglés, cuando empezaron a venir los ingleses a especular con los hoteles en las zonas turísticas como Es Canar o San Vicente. Mi padre pensó que le había sacado mucho dinero, pero en el fondo era una miseria, y con ese dinerito compró el solar donde ahora está Las Dalias. Empezó a construir, a pie del camino y antes de que estuviera la carretera, y medio engañó a la gente diciendo que estaba construyendo un taller de hacer tejas, entre otras mentiras, porque no quería que le robaran la idea. Al final construyó, piedra a piedra, Las Dalias, tal y como se hacían las casas en esa época. Primero, hizo la zona del bar con un pequeño chambao, y el 4 de noviembre de 1954, el día que se inauguró, ya tocó un grupo. Era un lugar donde se juntaba la gente de San Carlos, y los días de fiesta y los domingos venía gente de toda la isla al típico baile de la época. En los años cincuenta, cuando mi padre construyó Las Dalias, no había turismo en Ibiza. No creo ni que existiera el aeropuerto.

PEPE ROSELLÓ: A finales de los años cincuenta, aparece en San Antonio el Club des Argonautes[1], formado por franceses, sobre todo de París. A Ibiza venía gente joven y universitaria; chicos y chicas que introdujeron una forma y un estilo de vida que aquí no se conocía. Hacían unas vacaciones como de supervivencia y fueron los primeros que trajeron aparatos de pesca submarina. Tenían una escuela de vela y los monitores eran marineros de San Antonio. Así aprendí a hablar francés. Con lo que pescaban, celebraban fiestas en las que un centenar de personas se juntaban para comer. Era una pequeña comunidad que se instaló allí y cambió la zona. No había sitio en los hoteles, por lo que se alojaban en las habitaciones que les alquilaban en casas particulares.

JUAN MARÍ: Me acuerdo muy vagamente —quizás más por lo que me han contado que por mis propios recuerdos— de las peleas; peleas entre familias por rencillas; peleas por una mujer cuando los solteros venían a festejar, a cortejar. Los de San Carlos eran famosos por llevar una cuchilla en la cintura siempre que salían. Me puedo acordar también de que a los ocho años todos los chiquillos nos poníamos delante del grupo cuando empezaba a tocar, y nuestras madres detrás, vigilando quién sacaba a bailar a sus hijas. Me acuerdo de los jovencitos de San Antonio de esa época, que decían «*anem de palanca*», o sea, salir de fiesta. El alcohol era durillo. La gente bebía, sí, se emborrachaba, y de vez en cuando había alguna trifulca. Los que más bebían eran los que *anaven de palanca*, los solteros. Los que iban a cortejar eran recataditos; conocían a una muchacha, la sacaban a bailar, y primero bailaba uno y luego bailaba el otro, como cuando iban a festejar a las casas: primero iba uno y luego iba el otro, y que no se encontraran por el camino, porque se podía liar.

1. En 1958, el francés Paul Lombard llegó al puerto de La Savina, en Formentera, y se instaló con unos amigos durante unos días en el Hostal La Savina. Buscaban lugares atractivos para practicar la pesca submarina. Había nacido el Club des Argonautes (Club de los Argonautas), una asociación deportiva que organizaría todo tipo de deportes náuticos. Pronto se convirtió en uno de los primeros turoperadores de viajes organizados a Formentera e Ibiza.

RICARDO URGELL: Cuando era jovencito, había lo que se llamaban salas de baile o salas de fiestas. Tuve dos novias parisinas y me iba a verlas a París. Eran unas chicas muy pijas que me llevaban a los clubs de noche —te hablo de los años cincuenta—. Iba al Régine, al Castel, al Privé, al Palace... Era una época muy brillante la del París de entonces. Antiguamente se hablaba de guateque, porque la palabra «discoteca» no nace hasta el 77 o el 78; antes se hablaba de *boîte, boîte de nuit*, *dancing*, sala de baile o sala de fiestas.

PEPE ROSELLÓ: La distancia que había entre chicos y chicas y las costumbres de la isla no habían cambiado desde hacía muchos años. Los franceses trajeron nuevas costumbres de comportamiento, y un chico y una chica podían compartir una habitación alquilada en una casa particular y mantener una relación de amistad. Entre nosotros esto era impensable. Había una libertad de trato y de relaciones entre la gente joven que nosotros no conocíamos. Por eso lo que hacíamos era tratar de ennoviarnos con alguna francesa para poder salir con ella, bailar y mostrarle la isla: acceder a su compañía, vivir esa vida. Recuerdo que por las tardes íbamos a una bodega que se llamaba La Cambra y bebíamos vino con cacahuetes y almendras; el vino era dulce y bebíamos en porrón. Recuerdo que aprendimos a cantar con el grupo de los Argonautes. Fue una experiencia muy bonita; alteraron muchísimo las costumbres cerradas de San Antonio. Las chicas empezaron a llevar los pantalones cortos y los de aquí las denunciaban a la policía porque iban enseñando los muslos. Entraban en la iglesia y el cura decía, «no las dejéis pasar porque van con pantalón corto», porque aquí las chicas tenían que ir de manga larga. Esta gente revolucionó el pueblo.

JUAN MARÍ: El cura de San Carlos tuvo sus más y sus menos con mi padre. A finales de los cincuenta, mi padre organizaba fiestas los domingos y el cura proyectaba películas de cine —del Régimen, claro—, pero la gente prefería ir a bailar. Tuvieron alguna charla y al final se hicieron amigos. El cura solía visitar todas las casas y las bendecía. Cuando venía, le preparabas unas galletitas, un café o un vino, y luego él se llevaba una cestita de huevos o un pan. Pasaba por todas las casas, menos por Las Dalias. A mi madre le sentó como una patada en el culo. El cura decía que no venía a Las Dalias porque era el lugar de los impíos.

DAMIEN ENRIGHT: Me echaron de Medicina cuando estudiaba en Irlanda. Primero me fui a Escocia y luego a Inglaterra; allí fue donde conocí a mi mujer. Tres meses después, decidimos hacer autoestop hasta la India. Te estoy hablando de 1957, cuando viajar a la India en autoestop era una osadía. Así que nos fuimos para allí, con la mala suerte de que acabamos en un camión que se cayó por un puente y mi mujer quedó destrozada. Estuvimos unos tres meses en un hospital en Alemania, y cuando volvimos a Inglaterra supimos que estaba embarazada. A los siete meses y medio, nacieron dos gemelos y tuve que buscar un lugar donde poder vivir. No tenía un duro. Tenía ganas de irme a vivir fuera, y resulta que alguien me dijo que por qué no probaba en las Baleares, así que me fui a la embajada española, donde conocí al Sr. Bueno, que era de Mallorca y estaba casado con una alemana. Me invitaron a cenar, tomamos vino y me hablaron de Mallorca. Entonces, conseguí que mi padre me diera doscientas cincuenta libras para poder ir a España y aprender español, y me fui a Mallorca, donde encontramos una casa en Port d'Andratx, un sitio donde solo había militares jubilados ingleses de las colonias que llevaban pantalones cortos planchados y que se reunían en un bar llamado St. George, o algo así, para beber.

PEPE ROSELLÓ: Los hippies empiezan a llegar a la isla y se instalan en la parte de Ibiza o en Santa Eulalia y en el norte. Llegan a finales de los cincuenta y principios de los sesenta, y provocan una revolución porque alteran completamente las costumbres. Venían de una revolución social y política, de San Francisco y de Nueva York —Joan Baez y todo aquello previo al Mayo del 68—, y llegan con unas vestimentas bohemias. No les gusta el lujo y establecen relaciones y libertades que son desconocidas aquí en la isla. Viven en grupo, en casas payesas que alquilan, y pagan con buen dinero. La gente está feliz y encantada con los hippies, que empiezan a conocer sus costumbres y se van mezclando con la sociedad ibicenca, que los acepta, los tolera y convive tranquilamente con ellos.

JUAN MARÍ: Los hippies encajaron muy bien, porque anhelaban aquello de lo que los ibicencos ya estaban hartos: una casa payesa, sin agua y sin luz. Para un ibicenco era mejor vivir en un piso en Ibiza, así que dejaron las primeras casas rurales para venir a vivir a lugares donde hubiera gente, electricidad, un lavabo... Los hippies, en cambio, querían vivir en las casas payesas y respetaban esa forma de vida. Las neveras iban con botella de gas y no tenían más de cien litros de agua por semana. Algunos cultivaban y podían permitirse pagar un alquiler. Payeses y hippies se fundieron muy bien; había una simbiosis perfecta.

DAMIEN ENRIGHT: Enseguida me aburrí de Mallorca y me fui a vivir a Ibiza cuando conocí a un grupo de chavales norteamericanos que parecían salidos de una novela mediterránea de Scott Fitzgerald. Me dijeron, «¡eh, hay una especie de escena en Ibiza!». Así que para allá me fui a descubrirla. Cuando bajé del barco, en el puerto, me topé con unos tipos sentados en unas sillas desvencijadas que me dijeron, «¿de dónde vienes? Ven aquí, tómate algo, siéntate y cuéntanos tu historia». Yo quería saber, claro, dónde encontrar un sitio donde poder vivir, donde comer algo, y enseguida me vi absorbido por ese grupo de lunáticos. Al poco, acabé allí jugando al *stretch*, que se juega con una bayoneta y que me enseñó un tal Paul Brunswick, que había estado en la guerra de Corea. Tenía una mirada de loco y quería que jugara al *stretch*, así que le dije que vale, que jugaba. No me atravesé el pie con la bayoneta de milagro... Me encantó. Sentí que Ibiza era genial.

PEPE ROSELLÓ: Esta gente había huido de la guerra de Corea, primero, y de la de Vietnam, después. Estaban en contra de la guerra y aquí crearon comunas y convivieron con la sociedad ibicenca sin ningún problema. Además trajeron lo más importante —y esa sí que fue la gran revolución—: trajeron música. Después ya empieza una especie de persecución y un debate sobre si drogas sí, drogas no...

DAMIEN ENRIGHT: Fui a buscar a mi familia a Mallorca, nos vinimos a Ibiza y alquilamos una casa en las afueras de la ciudad. Enseguida nos hicimos habituales del bar Domino[2], quizás demasiado. Allí ponían a John Coltrane y a Charlie Mingus, o Cannonball Adderley y cosas así. Y a Miles Davis, desde luego. Aquella música negra, en la Ibiza de los años 58 o 59, fue muy iluminadora; gente como Albert Ayler o así, que eran los exponentes del nuevo jazz moderno. Así que sonaba una música fantástica y Dieter [el dueño] recibía lo último de lo último de algún lugar de Europa. Nunca había escuchado nada igual. En la contracubierta de mi libro *Dope in the Age of Innocence* [Droga en la edad de la inocencia] escribí: «Por la noche, la puerta del Domino era como un agujero perforado en la pared por el sonido. A través de ella, en plena noche silenciosa, sonaba la música más libre e innovadora que hubiéramos escuchado jamás». Así es como era entonces.

PEPE ROSELLÓ: La isla se ha proyectado al exterior a través de una imagen donde los hippies han imprimido un sello, un cuño. Ibiza ha sorprendido a todo el mundo. Era una isla que la gente pasaba por alto y, de repente, con el fenómeno de los hippies, la gente viene a conocerlos, por curiosidad. Los hippies se sentaban en el suelo del puerto de Ibiza y cogían una guitarra y cantaban, y luego fueron apareciendo

2. En 1964, la revista *Triunfo* publicaba el reportaje «Ibiza, Babel del Mediterráneo», donde se informaba de la llegada de los primeros beatniks y hippies a la isla. Ilustrado con fotografías de los «peludos», puede vérseles, por ejemplo, sentados en la terraza del bar Domino, uno de sus habituales puntos de encuentro. En un pie de foto se puede leer: «Melenas, barbas, tipos ambiguos e indefinibles... Todo un sector de la población flotante de Ibiza está compuesto por ejemplares humanos que hasta hace muy poco debían resultar tremendamente insólitos para los habitantes de la isla, acostumbrados a la modorra de la vida cotidiana».

los bares donde ponían su música... Todo aquello era muy bohemio, tenía mucha energía y era muy innovador. Ibiza ha sido una isla encerrada en sí misma, ignorada y desconocida. Quien da a conocer la isla es el movimiento hippie, que empezó a despertar muchas conciencias y a motivar muchas preguntas. Vivíamos en una sociedad tan reglada y tan cerrada en sí misma que este fenómeno empezó a despertar el interés de muchísima gente. Estos chicos jóvenes no trabajaban y vivían de forma contemplativa y pasiva, y se juntaban y organizaban sus fiestecillas. Muchos se habían escapado de la guerra y sus familias les mandaban dinero... Aquí podían vivir estupendamente con muy poco.

DAMIEN ENRIGHT: La mayoría de gente era bebedora, bebedores consumados que aparecían cada tarde cual ceremonia religiosa, aunque estuviera lejos de ser religiosa. Algunos de nosotros —no más de media docena— empezamos a fumar hierba del Norte de África, del Rif. Bajábamos discretamente al muelle y entre varios nos fumábamos un canuto, para luego volver y abandonarnos rendidos en un asiento en el Domino y dejar que la música nos transportara. Había un montón de gente que hablaba y gritaba, tipos creativos que pugnaban por ser más listos que el resto. Era un rollo muy neoyorquino, donde todo el mundo hablaba a gritos, el típico entorno de escritores. Para cuando nos dimos cuenta, cada vez venía más gente a Ibiza. Cada uno con sus historias, todos con algo interesante y diferente que contar. Gente como Steve Seley, que estaba escribiendo un libro titulado *The End of Mercy* [El final de la misericordia] y que había sido un tipo muy famoso, portada del *Time Magazine*, y allí estaba ahora Steve, bebiendo mucho y escribiendo poco. También estaba John West, que era un autor que tenía varios libros publicados, o Jack Beeching, que era uno de los mejores y más auténticos escritores que vinieron y que vivía en San Vicente con su mujer y sus hijos. Recuerdo verlos llegar a la ciudad, andando desde San Vicente, en una de sus visitas trimestrales de abastecimiento a Ibiza.

PEPE ROSELLÓ: Mi vida empieza cuando termino mis estudios y me titulo de profesor mercantil. Ibiza es mi lugar, lo ha sido siempre. Cuando estudiábamos fuera, la idea de volver a Ibiza siempre estaba presente. Hice las milicias universitarias en Montejaque; se hacía en dos tandas de tres meses y después venían las prácticas, que duraban otros seis. Pensar que podía suspender un campamento y que me prohibieran volver a Ibiza era traumático. Ibiza ha sido siempre el viaje de vuelta.

DAMIEN ENRIGHT: Uno de los acontecimientos más importantes de mi vida ocurrió probablemente justo aquí enfrente[3] cuando, una mañana de 1963, una chica holandesa, la mujer de un amigo a la que apenas conocía, se plantó en casa y nos dio a mi mujer y a mí un cuaderno infantil —uno de esos que utilizan los niños para aprender a escribir—. Dentro, había recortes de prensa del asesinato de JFK, que acababa de suceder. Pensé, «vaya, esto es muy bonito, pero ¿por qué nos da esto?». Entonces, me di cuenta de que dos de las páginas estaban enganchadas una con otra y, en el centro, había unos trozos de cartón con un punto negro en cada uno. Por aquel entonces no había oído hablar de la psicodelia... Era algo totalmente nuevo. La chica holandesa dijo: «Sandoz», que era una palabra mágica, por supuesto, pues fue allí donde se sintetizó el primer LSD. Dijo: «En ayunas durante cuatro horas, y dejad a mano algo de comida por si os entra hambre». Mi mujer dijo: «¿Qué es esto?». Y yo: «Creo que es LSD... ¿Lo probamos?». Entonces, esperamos a que nuestra hija se acostara —afortunadamente era una niña que dormía muy bien— y después de estar cuatro horas en ayunas, nos tomamos un cartoncito cada uno. Te lo juro, nos pusimos como locos. No teníamos ni idea de lo que era o de lo que estaba a punto de pasar. Estamos hablando del ácido original de Sandoz, de los laboratorios suizos, así que era mandanga de la buena. La cosa duró unas doce horas y fue la expe-

3. Las declaraciones de Damien Enright se recogieron en el Gran Hotel Montesol, en el Paseo Vara de Rey de Ibiza.

riencia más alucinante que jamás he experimentado. Fue hermoso. Para los dos lo fue. Absorbimos el universo entero, y no me refiero a la clásica cháchara hippy, no, pero es que fue realmente precioso. Recuerdo que eran las seis de la mañana y estábamos aquí enfrente y nos dijimos que teníamos que marcharnos de esta isla a un lugar alejado del alcohol, donde no se bebiera tanto y todo el mundo estuviera hablándose a grito pelado, como en el Domino[4].

PEPE ROSELLÓ: Empecé con la música en 1959. Recuerdo que entonces me gustaba la clásica. Tuve un restaurante que se llamaba S'Olivar, y allí venía mi amigo Mishka, un polifacético húngaro expatriado que tenía una galería de arte. Cuando se iban los clientes, me decía, «Pepe, venga, vamos a poner un poco de música». Recuerdo, por ejemplo, el Concierto para piano y orquesta número 1 de Chaikovski. La música ya me daba algo que no me daba el pan de cada día, no sé cómo explicarlo...

VÍCTOR JUAN: Nací en Ibiza en 1947. Mi abuelo materno fue el presidente de la Asociación Socialista Pitiusa en 1936, y el paterno, director del Hospital de Ibiza. Años después, le entregaron un bastón de mando con la empuñadura de oro como premio por su carrera. Durante la Guerra Civil española, a mi abuelo materno le confiscaron los bienes por ser de izquierdas, y en la posguerra pasamos de ser una familia de clase media-alta a media-baja.

4. En el libro *El nacimiento de Babel. Ibiza años 60*, del periodista Marià Planells, autoeditado por el propio autor, se recogen estas impresiones de Dieter Loerzer, fundador del Domino: «El Domino fue el primer bar extranjero que puso la música ambiental muy alta, incluso antes que en California o Nueva York. Esta moda la introduje yo [...] En 1960 ya se fumaba bastante, siguiendo la moda introducida por los americanos... Tenía que echar a varios clientes al día, porque encendían el porro en el bar, tan tranquilos... Yo tenía unos dos mil elepés, con la mejor música del momento. Venía gente de todo tipo, desde arquitectos como Walter Gropius y Erwin Broner, hasta marinos, pescadores, beats, personajes perdidos Dios sabe dónde y por qué [...] El Domino fue un bar salvaje, como del Salvaje Oeste, con la música muy alta, con alguna pelea, con fumadores de hachís, policías, negros, campesinos, alemanes y todo tipo de cosas y de gente. Fue el comienzo de la revolución hedonista de Ibiza. Fuimos los pioneros en todo el mundo en lo de la música: íbamos por delante de Nueva York».

JAVIER FERRER: Nací el 4 de junio de 1950 en el paseo de Vara de Rey, en el antiguo edificio de la Banca Matutes, en la terraza, que ahora es un ático. En mi familia eran pescadores. Por entonces Ibiza era una isla de gente trabajadora. Íbamos al colegio y jugábamos al fútbol en la zona de pescadores del puerto. Cuando se nos caía la pelota al agua, alguien se tiraba a por ella o la perdíamos. Antes se paseaba por Vara de Rey y por el puerto, y se hacían fiestas populares... Tuve una infancia muy normal y muy buena.

ROBIN: Soy inglés, pero mi familia se fue a Johannesburgo, así que me crie allí. Oí hablar de Ibiza a través de mi hermana, que se había ido a vivir allí en el 59 o así. Se casó con el primer guía turístico que hubo en la isla, Thomas Cook[5], que provenía de una familia opulenta y cultivada —los Sinclair—. Los Cook fueron los primeros en venir a Ibiza y le dieron un trabajo que consistía en recibir a los turistas y acompañarlos. Quedaban en el hotel (por aquel entonces no había más de dos o tres). Tuvo que ser increíble en aquellos días, porque en aquella época aquí no había nada, claro, ni siquiera carreteras más allá de Ses Figueretes. No había gasolina ni electricidad; cocinaban con carbón. En el año 62 o 63, yo debía de tener trece o catorce años y me vine con mis padres a visitar a mi hermana. Así es como empezó todo.

PEPE ROSELLÓ: Por aquel entonces, lo que se daba era un permiso de salas de fiestas al aire libre, porque no había ninguna que estuviera cubierta. Así empiezan a surgir salas como establecimientos autorizados para ofrecer espectáculos, pero sin una regulación específica. Los primeros locales de este tipo aparecen en San Antonio —donde estaban Isla Blanca y Ses Guitarres— y en Ibiza. Es el momento en el que llega el turismo; turismo de agencia que se mueve con autobuses que los llevan a espectáculos de flamenco y de baile regional: el «baile *pagés*», con música tradicional y las mujeres con sus vestidos folclóri-

5. En 1998, Thomas Cook adquiere la agencia de viajes británica Club 18-30, fundada en 1968, que fue uno de los principales turoperadores en organizar viajes económicos a Ibiza para jóvenes ingleses.

cos. En cierto modo, las salas de fiestas ya empezaron a promocionar la cultura local.

JUAN MARÍ: Mi padre empezó en 1955 o 1956 programando grupos locales que tocaban la guitarra y la bandurria, y más tarde la batería y el acordeón. Interpretaban la música de la época, que eran canciones populares o tradicionales. A mediados de los sesenta, ya entraron los grupos de rock, como Los Diana, que tocaban con guitarra, bajo y batería.

PEPE ROSELLÓ: Las discotecas aparecen en Ibiza en los años sesenta. Eran los *night clubs*, los de parada de carretera, por decirlo de alguna manera. Al final nos quedamos con el nombre de «discoteca», por más que esto quiera decir «colección de discos»... Para mí, montar un club como el Playboy[6] era algo transgresor: un concepto de la vida liberal y renovador de las costumbres en las que vivíamos encerrados, en sintonía con Joan Baez y todos los grandes artistas que estaban haciendo música de protesta contra el poder piramidal que había en toda Europa. Y es que tras la última Guerra Mundial, la juventud estaba asfixiada. Playboy, por supuesto, también era el nombre de una revista prohibida (en la dictadura franquista estuvo prohibidísima). Yo había visitado Nueva York, París, Ámsterdam y Londres porque quería ver cómo era la vida en otros lugares. A Nueva York fuimos tres amigos y debo decir que me aturdió. Recuerdo que en un *after hours* la gente entraba por la tarde y en el *backstage* había cabinas que se alquilaban, y allí se desnudaban, se vestían con ropa de deporte y se ponían a bailar. ¡Era una verdadera locura! Había una cúpula transparente por la que se filtraba la luz y podías caminar por encima y ver a la gente bailando abajo... Todavía sueño con aquello. Fue en una fiesta que se llamaba Black Door, y recuerdo que me quedé aturdido. Me influyó muchísimo.

6. En 1963 Pepe Roselló inaugura Playboy en San Antonio, una discoteca al aire libre que se convierte en la primera de la isla en pinchar música para bailar con dos giradiscos, según relata el propio Roselló. En 1975 abre Playboy 2, también en San Antonio, con la entrada de Juan Suárez como DJ residente, que fue uno de los referentes de la pionera cultura de club ibicenca.

VÍCTOR JUAN: Se puso de moda entre los americanos venir aquí a Ibiza, primero los beatniks y luego los hippies. No solo venían bandas de música, también escritores y grupos de artistas, incluso pintores de renombre. Quizá el más famoso de todos fue Elmyr de Hory[7].

DAMIEN ENRIGHT: Elmyr de Hory vino a mediados de los sesenta. Recuerdo que era uno de los que podía permitirse el lujo de pedir unas gambas al ajillo, que se tomaba en un restaurante del puerto. Yo me acercaba a la esquina, a un restaurante que se llamaba Los Pasajeros, donde por ocho pesetas te servían una paella y un trozo de pollo o pescado. Recuerdo sentir envidia por Elmyr y sus gambas al ajillo, y también por aquellos dos gemelos españoles que estaban relacionados de algún modo con la familia real. Eran inteligentes y formaban parte de la élite de la sociedad de inmigrantes de Ibiza. Recuerdo que De Hory podía pintar lo que se le antojara; podía hacer un Braque, un Picasso o un Corot, cualquier cosa que se propusiera. También me impresionó [el pintor] Jan Cremer, que fue de los primeros en vestir de cuero y cadenas, con su gorra de cuero y sus enormes [perros] alsacianos. Recuerdo ir a Deià [Mallorca], donde Robert Graves estaba recibiendo tratamiento [padecía Alzheimer]. Dylan Thomas se mató bebiendo, Brendan Behan también... Todo el mundo bebía.

ROBIN: A Ibiza venía mucha gente con proyectos creativos, no solo para pasar el rato y pasarlo bien. Todo empezó en 1935, cuando empezaron a venir aquí alemanes de la Bauhaus y otros artistas y arquitectos.

7. En el reportaje «Ibiza, Babel del Mediterráneo» de la revista *Triunfo*, se puede leer: «Estos grupos, entre los que hay pintores auténticos o sedicientes —fotógrafos, gentes dedicadas a actividades más o menos colindantes con el arte—, llevan una vida extraña, itinerante, desorganizada... Viven, muchos, en casas de la parte alta de la ciudad, hacinados muchas veces, cómodamente en otras». Entre estos artistas «sedicientes» se encontraba el pintor húngaro Elmyr de Hory, nacido en Budapest en 1906, célebre por sus brillantes falsificaciones de obras maestras de la pintura. De Hory se haría popular tras el estreno del documental de Orson Welles *F for Fake* en el Festival de Cine de San Sebastián de 1973, protagonizado por el pintor húngaro. Vendió más de mil obras, principalmente copias de Picasso, que entregaba a su marchante sin firmar. En 1960 se instaló en Ibiza, donde vivió hasta su suicidio en 1976, tras conocer la noticia de su extradición para ser juzgado por falsificación.

VÍCTOR JUAN: Los hippies eran más elegantes, los beatniks iban sucios. Un día, en el Pereyra[8], no dejaron entrar a un beatnik por lo sucio y desgarbado que iba. Se ve que era un mal beatnik, porque al cabo de dos horas se presentó vestido de gala y con un cochazo, o sea que se dejó al beatnik en casa, por lo menos por esa noche [risas]. Yo creo que cada vez venía más gente por esa fama ibicenca de acogida: aquí, incluso hoy en día, acogemos a todo bicho viviente que viene con buena voluntad. Si vienes de buen rollo, eres bienvenido en Ibiza; estamos acostumbrados. La filosofía ibicenca es abierta: vive y deja vivir. La convivencia siempre fue buena, excepto una vez que los hippies se portaron mal en San Carlos, cuando hicieron un ritual en el cementerio y profanaron unas tumbas. Claro, el pueblo se enfadó muchísimo y tuvieron que subir los grises a poner un poco de orden.

JUAN MARÍ: Desconozco si se profanaron tumbas, pero sí sé que en San Carlos había un letrero muy famoso en el porche de la Iglesia de San Juan que puso el cura y que decía «prohibido cantar, comer y dormir bajo estos porches». Recuerdo alguna pelea entre ibicencos y hippies, cuando en las primeras playas nudistas se bañaban en pelotas, pero no fueron más que pequeños roces de convivencia. Muchos de los hippies que he conocido siguen aquí, y siempre ha habido una perfecta convivencia y una relación fantástica con ellos.

JAVIER FERRER: Aquí había hoteles para el turismo familiar. Estaban los hippies, que en aquel entonces eran los hijos de los ricos, de Estados Unidos o de Alemania[9]... Ibiza era una isla muy tranquila en aquel

8. A falta de un teatro en condiciones, los círculos ilustrados de Ibiza impulsaron la creación del Teatro Pereyra en 1899. Posteriormente, se transformaría en un cine, que permanecería abierto hasta 1987. Al año siguiente, el músico y compositor holandés Eric-Jan Harmsen y su esposa le dieron una nueva vida como local de conciertos, ubicado en el hall del edificio. Desde entonces, pasó a ser uno de los locales más activos de música en directo de la isla, con conciertos de jazz, soul, funk y rock. Por su escenario pasaron artistas como Tete Montoliu, Deborah Carter o Barbara Tucker, entre otros, hasta su cierre definitivo el pasado 2018.

9. En otro momento del reportaje «Ibiza, Babel del Mediterráneo» se puede leer: «En muchos casos se trata de "hijos de papá", que, en serio o en broma, juegan al inconformismo con mayor o menor sinceridad, pero que acaban, a fin de mes, recibiendo un giro que hay que hacer durar».

entonces: Julio Iglesias podía tomarse un café en el Montesol y tú estar allí, a su lado. Nadie le hacía caso. Joan Manuel Serrat actuó aquí, nos pidió algún instrumento y se lo dejamos. Luego cambió un poco cuando llegaron los *paparazzi* y todo eso... Pero la gente que venía aquí vivía tranquila, incluso los meses de julio y agosto.

VÍCTOR JUAN: A principios de los sesenta, montábamos guateques en casa de quien nos dejaba. Hacíamos botellón y poníamos en el tocadiscos a Los Mustang, Los Sírex, Los Brincos y cosas de la época. Si tenías más de dieciocho años, ya salías a salas de fiestas, pero antes de 1964, solo había música de orquestas. Mi hermana tenía una tienda de discos donde se vendía la música más popular de los años sesenta, que eran cosas de tipo folclórico y poca cosa más. Sobre el 64 llegó la explosión de los Beatles, que generó toda una moda y se formaron un montón de conjuntos musicales que siguieron su estela. Aquello fue una revolución: era increíble que con dos guitarras, un bajo y una batería se hiciera bailar a la gente, incluso hasta llegar al histerismo. Mis futuros compañeros de grupo frecuentaban la tienda y un día mi hermana se enteró de que tenían un grupo [Es Amics] y, como les faltaba un cantante, me recomendó. Yo cantaba bien, entonaba.

PEPE ROSELLÓ: En aquella época, la Delegación del Gobierno daba permisos para piano y para guitarra —carnets para músicos—. Cuando llega la música en vivo, los grupos juveniles les quitan el trabajo a los profesionales —los músicos de orquesta—, que tocaban en todas las salas y que empiezan a protestar al sindicato, arguyendo que estos jóvenes no tienen carnet profesional de músico y por lo tanto no pueden ejercer. Yo entonces era presidente de la Asociación de Empresarios de Ibiza y Formentera, que agrupaba a todas las discotecas y bares musicales, cargo que ejercí durante más de veinte años. El objetivo de la asociación era hablar con la administración sobre las condiciones de las salas de fiestas, la regulación de los horarios y los demás cambios que se han ido produciendo en este sector. Estábamos unidos, pero el trato con el *Govern* siempre fue catastrófico. Por ejemplo, cuando los músicos se pusieron en pie de guerra porque no podían tocar por culpa de las discotecas y nos pusieron una denuncia, nosotros, desde Ibiza, acabamos enviando dinero para pagar los sueldos de los músicos profesionales que estaban en paro en Mallorca. Esto es del todo insólito, pero era la única manera de poder tener la fiesta en paz.

JAVIER FERRER: Los Diana empezamos a tocar en una cueva que era de Juanito, un amigo nuestro que empezó con nosotros. Pepe Gamba tocaba la guitarra, el bajo, la batería... lo que quieras. Y Tito Zorzona, como cantante, para mí es de lo mejor que ha habido en Ibiza. Cuando grabamos el segundo disco, donde estaba «Release Me» en inglés, lo presentaron por Radio Ibiza y decían, «¿quién es este cantante?», y uno decía, «es Tom Jones», y el otro decía, «es Elvis»... hasta que salió un conocido que tocaba con un grupo y dijo «es Tito de Los Diana». También estaban Es Amics, un grupo que para mí era de lo mejor. Eran muy buenos. En el 68 nos fuimos a Barcelona a grabar el primer disco. Teníamos entre dieciséis y dieciocho años —éramos unos niños—, pero ya tocábamos en Barcelona.

PEPE ROSELLÓ: En Playboy mezclábamos música de baile con un grupo musical en vivo. The Brisks fue el primer conjunto de música que tocó en el Playboy. Es un dato importante, porque esto ocurre en el año 1963 y puedo presumir de ser el primero en poner en marcha un tocadiscos para hacer bailar a la gente, allí en el Playboy. Teníamos unos platos Lenco[10]. Empezamos sin mezclador: pasabas del canal uno al canal dos con una palanca.

VÍCTOR JUAN: Pepe Roselló ya regentaba salas de fiestas por entonces, pero eran más modernas que las demás. Él fue quien abrió el camino

10. La marca de tocadiscos Lenco fue fundada en 1946 por el matrimonio Fritz y Marie Laeng, en la localidad suiza de Burgdorf. Los primeros platos se empezaron a comercializar en la pequeña fábrica de la pareja en la década de los años cincuenta. Los platos Lenco se ganaron una gran reputación gracias a la calidad de sus componentes y a su fiabilidad. En 1967 se presentó el modelo L 75, que se convirtió en el plato de uso más extendido en las discotecas, hasta la llegada del legendario Technics SL-1200, en 1972.

al concepto de *boîte* o club. Las salas de fiestas se fueron convirtiendo en discotecas, como el Moulin Rouge, y eso nos benefició, porque las discotecas contrataban a grupos modernos y en cambio las salas de fiestas, a las orquestinas. Es Amics estuvimos tocando en el Club Ye Yé [anteriormente, Club Talamanca], después en Mar Blau, Nito's Club[11]... El grupo duró hasta que llegó la puta mili. Luego montamos Dinamita & Soda para ir por los hoteles o donde nos llamaran y ganar pasta, en el 71 o el 72. Hicimos dos temporadas, gané suficiente dinero como para casarme y *ciao*, se acabó la música.

JUAN MARÍ: En los sesenta, los hippies americanos empezaban la famosa *hippie trail*, la ruta que pasaba por Ámsterdam, París, Turquía, Irán, Pakistán, Afganistán, hasta la India y Nepal. Dos de los hippies más míticos del norte de la isla, Robin y Chantal, hicieron la ruta a la India con una [moto] Enfield. El viaje era largo y no precisamente económico, pero vivir en la India era muy barato y el viaje espiritual y el poder escapar de la sociedad y descubrir nuevas culturas compensaba. Allí además hacían sus pinitos y luego venían cargados de cosas para poder vender aquí.

ROBIN: Éramos un grupo de amigos que tocábamos música con un montón de instrumentos. Vivíamos en Londres y tocábamos en locales nocturnos, si es que se podían llamar así. Eran los tiempos de la psicodelia, cuando todos nos metíamos el ácido que había popularizado Tim Leary. Era todo muy loco y no teníamos mucho dinero. Vivíamos en casas abandonas. Como no nos iba bien como grupo, un día dije, «¿por qué no nos vamos a Ibiza? Es un sitio precioso y tranquilo. Allí podemos ensayar, es barato y no nos gastaremos mucha pasta». Ibiza siempre había estado rondándome la cabeza, y siempre

11. En mayo de 1967, se inaugura la discoteca Nito's Club en el casco urbano de Sant Antoni de Portmany —una zona turística en crecimiento en aquel momento—, que funda y dirige durante muchos años Nito Verdera Escandell, destacado promotor y periodista de la isla. En 1986 entra Carlos Díaz, que será durante los siguientes diez años el DJ residente de la discoteca, que en 1987 cambia su nombre por el de IBZ Nightlife.

había querido volver. Me vine cuando tenía diecinueve o veinte años, en el 68, y alquilamos casas en el campo. Luego vino mucha más gente, del mundo del arte, y también muchos músicos, que vinieron aquí a tocar su música, sea con el instrumento que sea. Por el carácter de la isla, era todo muy fluido, con todas esas influencias y donde todo estaba en continuo cambio y movimiento.

2
ELS PELUTS

En 1969 se estrena More, *película de culto instantáneo que aborda la desinhibida experiencia de una joven pareja con las drogas y la sexualidad. La banda sonora es de Pink Floyd, acaso el grupo más influyente de la contracultura del momento. La canción «Ibiza Bar», incluida en la banda sonora, está al parecer inspirada en el Lola's, la minúscula y movida discoteca de Dalt Vila, en Ibiza ciudad, donde se rodaron algunas escenas del film. Es precisamente allí, en la zona del puerto y en Dalt Vila, donde se concentran bares musicales como La Tierra o El Mono Desnudo, en los que suena rock psicodélico y soul de alto voltaje, entre la densa neblina de humo del* hash. *La fiesta sigue en el Lola's, donde se puede bailar y desfasar hasta bien entrada la madrugada, o en Pacha Ibiza, el nuevo club que abre el empresario catalán Ricardo Urgell en una clásica finca ibicenca de color blanco, en el verano de 1973. Dos años después, se podrá bailar también en Glory's, la discoteca instalada en el Hipódromo de Can Bufí. Ese mismo año, Pepe Roselló cierra Playboy y abre Playboy 2, de nuevo en San Antonio, con el DJ canario Juan Suárez de residente. Esto se mueve...*

INTERVIENEN: RICARDO URGELL (PACHA), JUAN SUÁREZ (PLAYBOY 2), PITI URGELL (PACHA), VÍCTOR JUAN (ES AMICS), PEPE ROSELLÓ (PLAYBOY 2), JANE, JUAN MARÍ (LAS DALIAS), JUAN TUR (DELTA DISCOS), JUAN ARNAU (FLORIDA 135), ANTONIO ESCOHOTADO (AMNESIA), DIEGO GIMENEZ (FLIP MUSIC), ALAIN (SAUSALITO), ROBIN, JAVIER FERRER (LOS DIANA)

RICARDO URGELL: Llegué a Ibiza en el 67 o 68, cuando aquí no había nada. En el 67 ya había inaugurado el Pacha de Sitges; en el 70, el Pacha de Lloret de Mar, y en el 71, el de Playa de Aro, con lo cual, antes de llegar aquí a Ibiza, ya tenía oficio.

JUAN SUÁREZ: Nací en Gran Canaria el 8 de junio de 1950 en una familia de clase media. Mi padre era comisario del puerto de Las Palmas y mi madre tenía dos o tres tiendas de venta a granel. Éramos una familia de siete hermanos y vivíamos en un barrio muy céntrico de Las Palmas, cerca de la playa de Las Canteras. Me crie prácticamente en la playa. Era un *beach boy* total.

PITI URGELL: Empecé a dejar de estudiar por culpa de la música, cuando descubrí emisoras extranjeras como Radio Luxemburgo y una húngara que poníamos a las tres de la tarde. Íbamos a comprar los discos a Perpiñán, a París o a Londres; cada vez íbamos más lejos.

JUAN SUÁREZ: Me empezó a interesar la música desde los doce o trece años. Mi padre me llevaba a despachar a los grandes transatlánticos que venían al puerto de La Luz para que practicase inglés. Fue allí donde me hice con una radio y empecé a escuchar la BBC. No me gustaba la música española ni lo que ponían en la televisión. Luego, ya con catorce años, empecé a cantar en grupos y a tocar la guitarra.

VÍCTOR JUAN: Nito [Verdera Escandell], el propietario de Nito's, era un gran radioaficionado, como buen excapitán de la marina mercante, y sintonizaba Radio Caroline: una emisora pirata inglesa que estaba en aguas internacionales. Así descubrimos mucha música, por ejemplo «Land of a Thousand Dances» de Wilson Pickett, que versionamos, e incluso tocamos, en el San Carlos Club de Barcelona y en el Carnaval de Madrid antes de que saliera en España. Un año después fue número 1 aquí.

RICARDO URGELL: Yo conocía bien Mallorca y Menorca. En los años cincuenta, Mallorca tenía más vuelos que Nueva York y el mayor turismo por kilómetro cuadrado del mundo. Había barecitos donde la gente bailaba. Un día, con mi mujer, pensamos en ir a conocer Ibiza cuando acabó la temporada de Sitges. Vine sin ninguna intención, simplemente de turista (por aquel entonces el turismo en la isla se centraba en San Antonio), y me fui al Playboy, de [Pepe] Roselló, que era un jardincito en la salida de San Antonio hacia San José, un «bailecito» muy turístico. Me gustó Ibiza, pero recuerdo que estuve muy pocos días. Me hizo ilusión volver al año siguiente.

PEPE ROSELLÓ: Los discos los comprábamos nosotros en Virgin o en Black Store, que era un cliente mío de San Antonio muy bueno. Pero la gran mayoría me los traían clientes y amigos, o yo viajaba y los compraba... O me los agenciaba a través de amigos que trabajaban en Iberia o que viajaban a Londres o Nueva York. Con cada viaje fui armando mi discoteca. Había un tipo que era profesor de cerámica en la base norteamericana de Torrejón de Ardoz que me traía paquetes de discos con las últimas novedades. Así empecé a hacer de DJ.

RICARDO URGELL: Al año siguiente me encontré a Manolo Requena, un amigo de Barcelona, que me dijo, «no tienes que ir a San Antonio, sino a Ibiza, que es donde se cuece la perola de la fiesta y del cachondeo». Conocí la villa de Ibiza, la ciudad de Ibiza: la calle Mayor, la de la Virgen... El puerto era el referente máximo de Ibiza: allí estaba el cachondeo, en los bares del puerto. Luego, subiendo por las callecitas, estaba La Tierra y toda una serie de barecitos de la ciudad vieja donde se reunía la golfería.

PEPE ROSELLÓ: Gracias a los hippies, Ibiza empieza a tener una vocación musical. Tiene su tradición autóctona, pero nosotros vemos que esta gente se trae sus guitarras y tocan su música... Empiezan también con la orfebrería, que trabajan con sus manos, pero sobre todo trajeron música al puerto de Ibiza: al Clive's, al Mono Desnudo, al Grafitti, La Columna, S'Ànfora, que fue un club de jazz que montó Mauricio Cuesta. En La Tierra se mezclaba la bohemia y la burguesía, todos juntos. Ahí empieza de verdad el tema musical.

VÍCTOR JUAN: Entre los grupos de Ibiza, los hippies introdujeron poca cosa, musicalmente hablando. Creo que fueron más influyentes en la moda que en la música. Recuerdo que en el 66 tocamos en un festival en [la sala] Gran Price de Barcelona y éramos el grupo más espectacular por nuestra indumentaria hippiola.

Con el turismo cambió todo: los payeses se pasaron a la hostelería y la vida se puso al servicio del turismo. El trabajo no era tan duro y la juventud se divertía más, sobre todo porque se ligaba mucho (empezaban a venir grupos de chicos y chicas solos, a divertirse). Había una agencia que se llamaba Club 18-30[12] que se dedicaba a la juventud, sobre todo a las suecas, aunque las inglesas eran mayoría.

JANE: Nací en Copenhague. Mi padre era arquitecto, uno de los mejores de Dinamarca. Soy adoptada. Supongo que mi madre era muy joven cuando me tuvo y no pudo hacerse cargo de mí. Pero tuve unos

12. Popular agencia de viajes inglesa enfocada en la oferta de paquetes económicos de viajes organizados para jóvenes de entre dieciocho y treinta años. Fundada en 1968 en Peterborough, entre sus principales destinos figuraban Grecia y España (las Islas Baleares y la costa levantina). La agencia pasó por diferentes grupos empresariales y en 1998 fue adquirida por Thomas Cook, veterano agente que empezó a operar en Ibiza en los años sesenta. El pasado 2018, Cook anunció la disolución de la agencia y ese verano fue el último que operó. Según varios estudios encargados por la propia agencia, una tercera parte de sus clientes (cuya edad media era de diecinueve años) viajaron por primera vez solos —sin la compañía de sus padres o tutores— con esta agencia.

padres maravillosos y me crie en un ambiente de libertad. En el 68, decidí viajar a Marruecos, que en aquel momento era el lugar al que había que ir. Allí la gente era muy maja y abierta. Yo era muy joven —diecinueve años— y me fui allí en autoestop con un novio danés. En el trayecto, conocí a un chico argentino que era muy guapo[13] pero que resultó ser un borde. Me dijo: «¿Por qué no te vienes a Ibiza? Es una maravilla. Tienes que ir». Yo no tenía ni idea de dónde estaba Ibiza, pero el argentino me dijo que se iba en barco desde Alicante. Así que, cuando llegué a Alicante, le dije *ciao* a mi novio y para Ibiza me fui. Cuando llegué aquí, fue increíble. Era precioso. En el barco conocí a una chica que me dijo que me fuera a Formentera, así que me fui con ella allí, y me encantó. El argentino también acabó allí, pero resultó ser un idiota. Perdió todo lo que había traído para vender (creo que era hachís, o algo así), y entonces también perdió todo su encanto.

JUAN MARÍ: A finales de los sesenta, empiezan a venir los primeros turistas; ingleses que vestían muy elegantes y poco veraniegos: las mujeres de largo y los hombres casi de corbata. Mi padre empezó a hacer las *barbecues* en cuanto empezaron a llegar con los primeros turoperadores, con Viajes Ibiza concretamente, agencia con la que estuvo trabajando un montón de tiempo. Llegaban a Las Dalias diez autobuses con cincuenta personas cada uno y, a través de la agencia de viajes, les dábamos un menú especial por un precio fijo, con champán y sangría a gogó. ¡Hala, venga! En ese momento es cuando se empiezan a mezclar los ibicencos con los hippies que residen en la isla y los turistas que vienen de fuera.

PEPE ROSELLÓ: Anteriormente, las salas de fiestas eran locales al aire libre donde se ofrecía un espectáculo de baile flamenco o lo que sea y tocaban un par de orquestas —una para presentar el espectáculo y la otra para bailar— que hacían bailar a la gente con valses, pasodobles, rumbas, foxtrot... O sea, la música de entonces en España, porque

13. En castellano, en la entrevista original.

el resto estaba prohibida. Fueron los hippies quienes abrieron una puerta a los nuevos sonidos, a lo que sucedía en el resto del mundo.

JUAN SUÁREZ: Cuando tenía dieciséis años, empecé a pinchar en discotecas los fines de semana —estudiaba y pinchaba— y me fui introduciendo más en la música de entonces: soul, funky, disco, reggae, rock y todo lo que vino después. Era muy inquieto. Ponía música los sábados y los domingos en una *boîte*, donde se ponía música lenta, y cuando ponía un rocanrol venía el dueño y me decía que lo quitara. Él era francés, y por lo tanto había mucha música francesa: Aznavour y cosas así. Luego los jueves o viernes ponía música en otra discoteca donde se pinchaba música totalmente diferente, rock más duro... No había un elemento común como lo hay ahora en Ibiza, donde todo es música electrónica. También había mucha música en directo, por ejemplo Los Canarios, Los Bravos y tantos otros grupos que tocaban en un sitio que se llamaba Hotel Astoria, que tenía una especie de *boîte* y había música en directo.

PITI URGELL: Recuerdo que íbamos a Sitges los fines de semana y en verano nos instalábamos tres meses. Cuando ya nos habíamos quedado casi sin dinero, mi hermano convirtió nuestra casa (en la calle del Pecado de Sitges) en un bar, y lo llamamos Tito's. Allí poníamos la música que mi hermano traía de Suiza, como los Platters y cosas más bien lentas. Escuchábamos cosas italianas y cosas francesas modernas, porque aquí llegaba muy poca cosa y mucha música venía de Francia. Luego abrimos el Pacha, que lo inauguró un DJ francés, y además lo hicimos con el *Sgt. Pepper's*, que era el año 67 y acababa de salir el disco. Para la apertura puso jazz y la gente hablaba flojito... Era la primera discoteca que tenía unos altavoces Ossa, de la casa Ossa de motocicletas, que eran increíbles, con unas trompetas y unos graves... Y cuando de pronto sonó el *Sgt. Pepper's* se montó el número.

RICARDO URGELL: En el Pacha de Sitges, en 1967, todos los que estaban *pasaos* se ponían en medio de la pista como si estuvieran tocando la guitarra. Era la época de «haz el amor y no la guerra», una época dorada que cambió la forma de ver el mundo, el estilo y a la gente. En Sitges veníamos de las fiestas y los guateques, con las chicas vestiditas y tal. Fue un referente de éxito total. Era un diez.

PITI URGELL: Cuando se acabó la temporada de 1967, se fue el DJ, pero como mi hermano quiso seguir abriendo el Pacha en octubre —los fines de semana—, me metí yo a pinchar. A veces ponía un disco y, cuando se acababa, le daba la vuelta y ponía la otra cara y ya está. O sea, no había mezclas ni nada. Poníamos todas las novedades del momento: estrenábamos todo lo mejor que salía de pop y de rock del mundo. Lo pinchábamos por primera vez en Barcelona y en Sitges, y luego en Ibiza, pero sobre todo en Sitges: el último de los Rolling, el de los Beatles, el de los Doors, el de Jimi Hendrix... Mi hermano de música no se enteraba mucho, y yo, que era el enterado, ponía a Jimi Hendrix y me decía, «¿qué es eso? ¡Quítalo!». Aquí estaba la moda de Los Brincos y Los Bravos, por decirte los mejores... pero no se sabía nada de música. Entonces la música no se escuchaba casi en ninguna parte. Ni siquiera los bares tenían música, o muy pocos. Fui DJ los tres primeros años de Pacha Sitges, luego estuve un año o dos en Barcelona.

JUAN TUR: Nací aquí en Ibiza en el año 68 y tengo una hermana menor que yo. Mi padre abrió la tienda de discos [Delta Records] en el puerto [de Ibiza] con otros dos socios cuando mi madre estaba embrazada de mí: el día de los Santos Inocentes de 1967. Ahora ya se puede decir, pero el primer gran éxito que vendió es un disco que estaba prohibido, el «Je t'aime... moi non plus», que mi padre se iba a buscar a Perpiñán. Yo tendría dos o tres años. En la tienda se vendía de todo: cartuchos de ocho pistas, mucho rock y mucho pop, pero música española apenas se vendía, excepto algo de Los Brincos y cosas muy seleccionadas. Cuando tenía diez años, mis padres me mandaban a la tienda a vender discos cuando salía del instituto. Eran muy melómanos los dos... Mi padre, que falleció hace poco, joder, tenía en su casa una colección de diez u once mil discos, casi todo discos de jazz. Tenía maravillas.

JUAN SUÁREZ: Trabajé en Benidorm durante varios años. Abrí el Cap 3000, que fue la discoteca más grande que había en España: un platillo volante gigante en un hotel. Tiffany's y Cap 3000 eran las dos discotecas más importantes que había en Benidorm, cuando la zona empezaba a pegar muy fuerte, junto con Torremolinos; Sitges y Lloret vinieron un poco más tarde. Benidorm era como Sitges, un sitio más francés, más europeo.

RICARDO URGELL: Más tarde pasamos a Lloret de Mar, que también fue un éxito total —era un monstruo espectacular—, y de ahí a Barcelona, cuando montamos la discoteca Metamorfosis, donde los camareros iban con corbatita. Se follaba más que ahora, eh. Y... ¡buah! ¡Qué personajes! ¡Qué marcha! Era una discoteca en plan pijo, porque quería competir con el Bocaccio de Javier Regàs[14], que era la discoteca del momento. Bocaccio era rococó, y yo a la mía la llamé Metamorfosis, porque era una discoteca mucho más limpia y moderna. El día que la inauguré, el 11 de enero del 72 —que fue un éxito rotundo—, me llevaron a casa de uno para celebrarlo y nos fumamos unos porros, que fue la primera vez que me fumé uno. Mientras aspiraba el humo, pensaba, «qué raro está todo el mundo... ¿qué les pasa a estos?». Luego vendí Metamorfosis y se la quedó Martín [Ferrer], que hizo Fibra Óptica... una guarrería.

JUAN ARNAU: Me crie en Fraga entre dos cines —el de mi madre y el de mi padre—; dos cines que competían entre sí. Mi abuelo paterno era catalán y abrió un cine en Fraga para fastidiar a mi abuelo materno, que era aragonés. Había una lucha entre las dos familias. La de mi madre era conservadora y la de mi padre, que eran de Aitona, republicana. Las familias se odiaban, pero los hijos se enamoraron... Era

14. Inaugurada en 1967 gracias al impulso del activista cultural Oriol Regàs, su interiorismo de aire modernista fue obra de su hermano, el decorador Xavier Regàs, donde predominaba el terciopelo rojo y las formas curvas. Bocaccio, centro de reunión de la Gauche Divine de Barcelona, cerró sus puertas en 1985.

una historia como la de *Romeo y Julieta*. En nuestras familias solo nos ha importado una cosa: hacer que la gente se divierta.

ANTONIO ESCOHOTADO: Vine a Ibiza en el 69. Había ganado unas muy buenas oposiciones al Banco de España y me colocaron en el ICO, el Instituto de Crédito Oficial, donde acabé de jefe de Concentración y Fusión de Empresas, que fue muy útil al país, pienso, porque aplicaba medidas del Plan Nacional de Desarrollo y que prácticamente supuso la actualización económica de España. Estuve ocupado en esta tarea entre 1965 y 1970, pero a finales de 1969 empecé a sentir que necesitaba más aventuras y que el Instituto no me las daba. Además, podía pedirme una excedencia voluntaria. Decidí que quería aventurarme y convencí a mi mujer, y acabamos plantándonos aquí en Ibiza.

DIEGO GIMENEZ: Llegué aquí a Ibiza en 1969, tenía diecinueve años y esto era realmente el paraíso. Con unos amigos nos queríamos ir a Marruecos, pero había un barco en Barcelona que iba a Ibiza, así que para allí nos fuimos. No sé cuántas horas tardamos en llegar... Aquí en el año 69 había muy poca gente, pero eran de otro planeta, tío, te lo juro, gente con mucha personalidad y muy loca, muy diferente de la que conocí cuando vivía en Francia, gente que no me podía imaginar.

JUAN ARNAU: La primera vez que fui a Ibiza fue de viaje de fin de curso, en el 69, con trece años, y fuimos en barco. Queríamos conocer las comunas de los hippies y entender en qué consistía la libertad sexual... Fuimos a Santa Eulalia, donde estaban los mercadillos hippies, y recuerdo verlos de lejos, con un poco de temor y curiosidad. Con trece años éramos un poco más infantiles de lo que son ahora los chavales. Aquel viaje me marcó para siempre, porque realmente Ibiza era algo muy especial y único.

ANTONIO ESCOHOTADO: Tenía en mente dos cosas: por una parte, consumar la aventura y, por otra, contribuir a esa asociación que acababa de surgir en California: la Hermandad del Amor Eterno[15], que acabó siendo conocida como la «mafia hippy» y posteriormente procesada. Yo quería ponerme a su servicio, y así fue. La cosa llevó su tiempo, y hasta después de un año y medio no descubrí a un miembro de la Hermandad que vivía aquí en Ibiza, en la zona de Cala San Vicente, que coordinaba gran parte del movimiento del hachís de Afganistán a Europa y entraba muy bien con las furgonetas Volkswagen. Hubo uno o dos tipos muy hábiles con la técnica de ocultación y almacenamiento, y cada vehículo podía llegar a traer de doscientos a trescientos kilos de hachís de una calidad excepcional; no hubo nada igual que aquello. Luego se distribuía desde Ibiza por toda Europa, o bien en barco o bien en avión. Esto se mantuvo durante cuatro o cinco años, y luego la Hermandad fue descabezada y este tipo de San Vicente también cayó. A pesar de que movían cientos de millones de dólares, los de la Hermandad vivían en un unos tipis estilo indio. La jugada les salió genial. Trabajaban con dos camiones muy grandes donde sintetizaban el ácido mientras conducían por la Highway 61, de costa a costa.

JUAN SUÁREZ: Más adelante me fui a trabajar tres años a Ámsterdam con un proyecto familiar, y allí montamos una discoteca gay que transformamos a imagen del Up & Down de Barcelona. Luego alterné con otro trabajo en un sitio muy importante en Frankfurt, la primera disco que hubo allí, que era un cine reconvertido en discoteca. Me divertí mucho... He sido bastante camaleónico, me he disfrazado siempre, cada noche iba disfrazado de una cosa dife-

15. La Hermandad del Amor Eterno (The Brotherhood of Eternal Love, en inglés) fue creada a finales de los años cincuenta en Orange County, California, por el granjero John Griggs, que murió envenenado con atropina, presuntamente por la CIA. Formada principalmente por maleantes y criminales, surferos y moteros, en 1965 se convierte en la Iglesia del Amor Eterno, tras una epifanía colectiva con el LSD. A partir de ese momento inician su particular «evolución psicodélica» en los EE. UU, con la síntesis y distribución de LSD y hachís, y pasan a ser popularmente conocidos como «la mafia hippy». En 1970 la organización financia la fuga de prisión de Timothy Leary —el gurú de la psicodelia— y su posterior huida a Argelia. Con la CIA pisándole los talones, la Hermandad se disuelve tras una redada antidrogas en California, Oregón y Maui, el 5 de agosto de 1972.

rente. Tenía una amiga holandesa, que ahora es una diseñadora muy famosa, que me diseñaba unos trajes espaciales con luces, y toda la gente iba más para ver lo que hacía que a escuchar música. Un día me disfrazaba de Bowie, otro de Superman, de jugador de fútbol americano, de *skater*...

PITI URGELL: En el 70 hicimos una fiesta en Metamorfosis y cuando salíamos todos los amigos de allí, nos fuimos directos a Ibiza, a un hotel, a pasar tres días. Ahí fue cuando conocí un poco la isla, y luego vine de vacaciones dos veces, en el 71 y el 72, de turista, una vez a Sant Antoni y otra a Portinatx. Luego ya montamos el Pacha.

ANTONIO ESCOHOTADO: Cuando me vine a Ibiza vivía de las traducciones. Tenía un buen dominio de lenguas y buena pluma, y las editoriales me suministraban textos para traducir regularmente, de manera que podía vivir sin grandes problemas. Aquí me di cuenta de que estaba en marcha la revolución sexual, que ya venía activada de Madrid. La revolución sexual en realidad estaba directamente vinculada con el movimiento existencialista; el caso es que se estaba fraguando, a mi juicio, la única revolución válida, duradera y justa: la sexual. Fue muy satisfactorio poder contribuir desde aquí, porque, de paso, era el tipo de revolución que se hacía con absoluto placer, cama a cama [risas].

JUAN ARNAU: Franco tuvo la visión, o el acierto, de dejar a Ibiza completamente aislada del resto de España, de la península e incluso de las otras islas. No sé por qué lo hizo, pero, realmente, en Ibiza pasaban cosas que no pasaban ni en España ni en el resto de mundo. Me refiero al libertinaje, las comunas, los hippies, la libertad sexual y a todo tipo de actitudes personales transgresoras. Era la época de Fraga Iribarne, que es cuando realmente despegó el turismo en España.

RICARDO URGELL: Aquí empezó a haber esa libertad del «haz lo que te dé la gana»: desnudarse, bañarse en pelotas, fumar porros públicamente... Entrabas en los locales y todo el mundo estaba fumando porros. Había una libertad total.

JUAN MARÍ: A finales de los sesenta, mi padre empezó a traer grupos de fuera de la isla para animar las *barbecues*, como Los Jinetes, y también grupos de flamenco, para los turistas: sangría y flamenco.

ANTONIO ESCOHOTADO: La isla tendría que hacernos un monumento a los melenudos y a las melenudas, porque esto era una cochambre. Aquí todo el mundo pasaba hambre y, de la escasez que había, a los cerdos les daban de comer las cagarrutas de las ovejas. Era una sociedad muy endogámica y la gente era muy menuda, de aspecto de neandertal. Y de pronto ahora es el centro mundial donde se mueve más dinero... ¿Qué ha pasado? Pues que nosotros llamamos la atención de la gente de clase media y alta de toda Europa y de todo el mundo, que empezó a venir y ha seguido viniendo desde entonces. Todo surgió de la curiosidad que generó Pink Floyd, cuando se rodó aquí [parte de] la película *More*[16], y de allí vino todo ese movimiento juvenil.

ALAIN: Yo llegué aquí a finales del año 1970 y ya estaba funcionando el Lola's, que había salido en la película *More*, con banda sonora de los Pink Floyd. Tenía ese disco, y jamás pensé que algún día llegaría aquí. La dueña del Lola's era una mujer española, creo que era marquesa o algo así, y lo llevaba su hija, Regine. También estaba el Club San Rafael (lo que luego fue el KU), que era un club prácticamente privado.

16. *More*, ópera prima del director francés Barbet Schroeder de 1969, se convirtió tras su estreno en una película de culto para la subcultura juvenil de la época. Esta historia de psicodelia, sexo libre y heroína se rodó principalmente en Formentera, aunque algunas secuencias se filmaron en Ibiza, en el interior de la discoteca Lola's y en las callejuelas de Dalt Vila. La banda sonora es de Pink Floyd y la canción «Ibiza Bar» estaría inspirada en el Lola's, aunque quizá fuera el bar La Tierra. En su libro *Mi Ibiza privada* (Planeta, 2019), Antonio Escohotado escribe este revelador pasaje —entre tantos otros— sobre sus años de estancia en la isla: «[...] El bar La Tierra hacía de centro estratégico. Una noche de suerte encontrabas allí a la troupe de *More* —una historia trágica de ácido, jaco y sexo libre con música de Pink Floyd, filmada en 1968—; a Ursula Andress, la primera chica Bond, y a la pandilla del inquieto Clifford Irving —inmortalizado por De Hory en una de sus telas—, que había dado con sus huesos en la cárcel por una biografía no autorizada del magnate Howard Hughes, y preparaba otro superventas en el que contaba la historia del falsificador supremo.»

JANE: Conocí a mucha gente, y uno de ellos fue Luis, que era pintor y también músico —llegó a tocar con los Floyd en la banda sonora de la película *More*—, y fue a través de él que conocí a Robin, mi marido, que hacía *jam sessions* en su casa. Por ahí pasaron un montón de músicos buenísimos. Taj Mahal, el *bluesman*, solía tocar en casa de Robin. Me enamoré de Robin. Tocaba en un grupo que se llamaba Sound of Ibiza, que estaba formado por un inglés, un irlandés, un escocés, un portugués y un español. Creo que grabaron un disco en Barcelona, pero diría que no tuvo mucho recorrido.

ROBIN: Tuve la suerte de disponer de la casa de mi madre, por la que luego se desinteresó. Así que, claro, eso hizo que mi vida fuera mucho más fácil. Me metí en la casa y mis amigos vinieron detrás. Y luego vino la música. Vino Taj Mahal. ¡Oh, tío! Vino a mi casa y nos pusimos a hacer *jam sessions*. Era genial. Éramos tres o cuatro tocando guitarras, y también había un bajo y un batería. Recuerdo que había una guitarra abandonada en una esquina que nadie tocaba porque cada vez que afinabas una cuerda las otras cinco se desafinaban, así que te pasabas el rato tratando de afinar la puta guitarra, y no había manera. Entonces Taj Mahal la cogía y empezaba a tocar los riffs más extraños que te puedas imaginar, y todos en plan: «¡Está tocando la guitarra que nadie puede tocar!». Era un tipo brillante, pero no se quedó mucho tiempo. Había muchos americanos en aquellos tiempos, y por supuesto Taj Mahal era americano, de Misisipi, y probablemente le dijeron que Ibiza era lo más.

JANE: Ibiza era parte de la ruta hippie de camino a Marruecos, Turquía, Líbano y Afganistán. Robin solía tocar una vez a la semana en Punta Arabí, en Es Canar, y también dondequiera que hubiera una fiesta. Hoy hace cuarenta y ocho años que me casé con él. Es increíble, ¿no? Todo un récord para Ibiza, porque no hay muchas parejas que aguanten juntas tanto tiempo. En aquella época era incluso más difícil, con todas las tentaciones que había. He visto todas las tentaciones de la isla. Había tanta gente maravillosa, sobre todo cuando éramos jóvenes y libres.

ANTONIO ESCOHOTADO: Nosotros no éramos más que unos chupa-ruedas de los Pink Floyd. Íbamos vestidos igual que ellos, como Gary Cooper en *Solo ante el peligro*, o sea: sombrero, chaleco negro, pantalones de terciopelo de pata de elefante, botas con tacón y el pelo muy largo. Los pantalones eran muy bajos, les faltaba la parte donde va el cinturón y las cremalleras eran muy cortas. De terciopelo aquí no había, y nuestras mujeres les llevaban la tela a las payesas para que los cosieran y nos los hicieran a medida. El modelo era el de los hermanos de la Hermandad, el de los *freaks* californianos. Entonces, Ibiza fue como traerse aquí a California.

DIEGO GIMENEZ: Todos los paisajes que salen en la película *More* son de Formentera, excepto al final, cuando se muere el tío, que esas escenas están filmadas en Dalt Vila, en Ibiza. Se rodó allí y se rodó en el Lola's, también, en el disco lo pone... Hay dos o tres amigos míos que salen en las escenas que se rodaron allí. Algunos murieron...

ALAIN: En esa época, en el Lola's no cabían más de ciento cincuenta personas. Había alguien poniendo música, pero no era DJ como tal y daba igual si la gente bailaba o estaba colocada; no era tan importante como ahora. Yo en aquel momento vivía en Niza y cuando llegué a Ibiza tuve una especie de revelación y ya me quedé aquí.

DIEGO GIMENEZ: Cuando llegué aquí, fue un shock, aunque después ya me acostumbré. Era la época hippy y había gente bastante loca, pero era una locura sana, con gente muy abierta de mente. Los ibicencos eran muy tranquilitos, las casas siempre estaban todas abiertas y aquí no había robos.

RICARDO URGELL: La gente del Lola's, que era la única discoteca, era gente con una personalidad muy, muy, muy marcada. El local era dos veces esta habitación. Allí era donde estaba la movida, además de en los bares. Estaban esos diez bares y luego el Lola's. Eran hippies, pero gente bien... luego se fue ensuciando todo.

ALAIN: A los treinta y seis años, estuve ayudando a un amigo en su restaurante, que estaba en la zona vieja, muy cerca del Lola's. La dueña, Regine, se pasaba a menudo por allí, venía a cenar casi cada noche, porque era el restaurante de moda. En esa época estaba lleno de alemanes y algunos ingleses. Una noche me dijo que me quería con ella en su discoteca. Yo le dije que no tenía experiencia y que nunca había trabajado en la barra de un club, pero ella me dijo que daba igual. Me puso allí en la barra y la llamó el «Bar de Alain», sin tener yo ni idea de alemán y apenas cuatro palabras de castellano. Lo primero que aprendí fueron los números, para poder cobrar [risas]. Me quedé allí dos años, que fue el mejor tiempo que he pasado en la isla. Recuerdo que había dos barras, una larga, que llevaba el encargado del Lola's, un tal Miguel, y al fondo había una especie de cueva, que la llevaba un americano que trabajaba gratis. Como era el único sitio de marcha de noche en la isla, trabajar allí era un regalo para él.

DIEGO GIMENEZ: La primera discoteca a la que fui fue al Lola's, en el año 69. No había otra cosa. Había un DJ con dos platos y una palanca de cambio, y sonaba la Creedence Clearwater Revival, los Rolling Stones y cosas americanas... Había muchos americanos en ese momento. Los primeros que vinieron lo hicieron huyendo de la guerra de Vietnam y recibían el talón de papá, y aquí se colocaban, porque entonces aquí había de todo... La isla siempre ha sido así, la gente viene y se coloca o se emborracha... Vienen de fiesta.

JUAN ARNAU: Los Matutes[17] se dedicaban a propiciar estas transferen-

17. La familia Matutes, formada por empresarios, banqueros y políticos ibicencos, inicia sus actividades empresariales con el patriarca Abel Matutes Torres, naviero que en 1918 inauguró la atarazana más importante de Ibiza, situada entre la carretera de Santa Eulalia y el Club Náutico. Entre sus diferentes negocios, en 1907 creó la primera fábrica de producción de energía eléctrica. En1935 crea la empresa Abel Matutes Torres S.A., que aglutina todos sus negocios emprendidos hasta ese momento, comprando los activos y pasivos del Banco de Menorca para crear su propio banco. Su primera sucursal se instaló en Vara de Rey, en Ibiza ciudad. Tras su muerte, la gestión de los negocios de la familia recayó en sus tres hijos varones, siendo Antonio Matutes Noguera quien transformaría la Banca Matutes en la principal fuente de financiación de los empresarios turísticos de la isla.

cias que les llegaban a los hippies desde América, que llegaban a través de la Banca Matutes, que era la única que había.

RICARDO URGELL: En los años setenta llegaron a Ibiza americanos que huían de la guerra de Vietnam y franceses que huían de la de Argelia, que los llamaban *pieds-noirs*: los restaurantes estaban llenos de ellos. El puerto estaba a rebosar, siempre estaba a tope. Estaba Marcel, que vivía allí en el puerto, o Alain, el del Sausalito, un restaurante muy famoso, o mi querido Ángel... y de pronto empieza a verse otro tipo de gente, los hippies, que venían de todas partes, de la India o de donde fuera... Ibiza ha sido así por estos personajes.

ALAIN: El ambiente era muy variado. En aquella época ya había mucho extranjero. La gente no venía solo por una semana o quince días, sino que se quedaban todo el verano. Eran sobre todo alemanes con pasta y americanos que habían huido de la guerra de Vietnam. Conocí a un músico americano que tocaba la flauta y que precisamente había colaborado en la banda sonora de *More*. Creo que era el único americano que trabajaba; era peluquero. En el 71 o el 72, no había agua corriente en Ibiza, solo la daban de noche y prácticamente era agua de mar, completamente salada. En la zona rural el agua la cogían de los pozos, de cisternas con agua de lluvia. Yo vivía en el monte, en la carretera de San José, y te lo puedo confirmar: no tenía ni agua ni luz. Lo primero que me instalaron en casa fue el teléfono, mucho antes que la electricidad y el agua. La gente no se lo puede imaginar.

ANTONIO ESCOHOTADO: Apenas íbamos a los locales, la verdad; estábamos en nuestras casas de campo muy contentos. Había una intensísima vida social, y nos movíamos por la isla en ciclomotores o en miserables «dos caballos» [Citroën 2 CV] por caminos principalmente de tierra. Yo no tenía ni agua ni electricidad. El agua la sacaba del pozo y me iluminaba con quinqués. Era una vida con mucho encanto.

ALAIN: Antes la gente venía a Ibiza a vivir la isla. La gente no se puede imaginar cómo era hace cuarenta y cinco años: no había coches —nos movíamos en moto por la isla—, las carreteras eran de tierra y prácticamente la única que estaba en condiciones era la de San Antonio.

DIEGO GIMENEZ: Hace cincuenta años que vivo aquí: toda una vida. ¿Sabes lo que es llegar a Ibiza con diecinueve años? Solo, sin tus padres ni nadie que te diga lo que tienes que hacer... Era totalmente libre, hacía lo que me daba la gana. Donde yo vivía —en Santa Inés— no había agua ni luz, y utilizábamos velas y el agua era de pozo. Todo el mundo vivía en el campo y la gente estaba muy conectada con la naturaleza. Miraba a mi alrededor y decía, «joder, esto es el paraíso».

JANE: Para mí Ibiza era el lugar perfecto. Vino mucha gente; algunos se quedaron y acabaron trabajando en tiendas o restaurantes, y otros se fueron. Había muchos americanos, pero, claro, para ellos era duro quedarse aquí, porque Europa es Europa. La gente iba a la ciudad y se sentaban en el Montesol o en el Alhambra, que estaba al lado y también era un bar, pero de aspecto más español. Solíamos ir allí, porque había fiestas a primera hora de la noche. Nadie quedaba antes de las cuatro de la tarde, porque decían, «nos vemos a las dos», pero luego no aparecían hasta las cinco. No estaba acostumbrada a eso. Había un bar en el puerto que se llamaba Mar y Sol, y también estaba el Portal 9, no lo recuerdo del todo bien... Estaba en la calle Aragón, en los años setenta. Era muy bonito y tocaban grupos en directo. Años después, lo cerraron porque no querían música en vivo. Es de locos, teniendo en cuenta que ahora la música está por todas partes. Había un hombre mayor, Ivan Spence, que tenía una galería en el zona vieja con música en vivo, muy agradable; tocaban jazz o free jazz, a veces rock, mucha *jam session*. No queda mucha gente de aquella época. La mayoría están muertos.

DIEGO GIMENEZ: El ambiente del Lola's era hippie: *peace and love*. Se escuchaba música de hippies, y la gente allí bailaba y bebía. Aquello como mucho tenía cincuenta metros cuadrados, era muy pequeñito. Estaba dentro de una gruta y tenía una barra. Alain trabajaba allí de camarero, que estaba al final del todo a la derecha. A la izquierda había una pequeña pista con tres luces y la cabina del DJ. A veces se subía allí una chica y se ponía a bailar, una gogó.

JANE: Antes de venir aquí, nunca iba a discotecas, pero como era rubia, me decían, «¿quieres trabajar?». Así que bailaba. Me pasé años bailando en discotecas y clubs nocturnos. El primer sitio en el que bailé en Ibiza fue en el Lola's, en el barrio antiguo. El ambiente era de gente como yo. Era un local muy pequeño. Recuerdo que cuando bailaba, pensaba, «un día de estos me voy a partir el cuello». Bailaba temas de los Rolling Stones, ese tipo de música.

DIEGO GIMENEZ: El Lola's era un manicomio. Alguien de fuera que llegaba a Ibiza y se iba al Lola's y luego a La Tierra no entendía nada. En La Tierra solo tenían un plato, ponían un disco y cuando se terminaba, lo sacaban y ponían otro. Pinchaba un tío de Valencia, me acordaré toda la vida, porque tenía buen gusto para la música... Era el año 69, la música allí era diferente que en el Lola's: más sofisticada, más para escuchar. En el Lola's era más para bailar.

PITI URGELL: En el 72 o 73, los que veníamos de fuera éramos tan solo un tres por ciento de la gente que habría en la isla. Los ibicencos se portaban superbien y se dedicaban a hacer sus cestos y sus zapatillas, y se lo miraban todo de lejos. Aceptaban lo que venía de fuera: los *peluts*, los hippies y tal. Estaban La Tierra y el Mono Desnudo, pero la música buena la ponían en La Tierra. Y lo demás eran hippies que ponían música con reproductores de casete de coche conectados a una batería en las casas payesas.

JANE: Hice los primeros tangas de Europa. Un amigo mío de San Sebastián solía remangarse el bañador para ponerse moreno, y como yo he hecho ropa toda mi vida, le hice una especie de tanga de algodón. Luego, todo el mundo quería uno igual, así que empecé a hacerlos. Al principio, los regalaba, pero luego ya los vendía a cincuenta pesetas, y más tarde a cien, y con ese dinero me compré la parcela. Construí mi casa cuando tenía veintidós o veintitrés años, en 1971 o así.

ANTONIO ESCOHOTADO: Había como un filtro para los feos; ahora ya no lo hay, pero entonces lo había. Aquí no venía más que gente muy guapa, realmente muy guapa, y el que no era muy agraciado físicamente lo era intelectualmente. La belleza es un estado de ánimo, fundamentalmente. O sea, aquí no había un feo ni de casualidad, y así fue durante mucho tiempo. Salvo los pobres ibicencos, que tenían un tamaño diminuto; llevaban generaciones emigrando y pasándolo muy mal. Y los que no eran ni *l'hereu* ni la *pubilla* —es decir, los que por derecho se lo quedaban todo— heredaban las tierras de la costa, que tenían menos valor, mientras que *l'hereu* o la *pubilla* se quedaba con las tierras del interior, que estaban mejor valoradas. Y, claro, pronto se hizo evidente que la costa era más valiosa y acabaron por enriquecerse los más pobres de las familias, aunque luego acabaron enriqueciéndose todos. No creo que haya un solo ibicenco que actualmente no tenga una muy buena posición económica. Es el lugar de renta per cápita más alto del mundo, comparable a Mónaco o Dubái.

DIEGO GIMENEZ: Lo bueno de aquí es que no había dinero: todo el mundo estaba más o menos a la misma altura. Había cuatro o cinco que tenían mucha pasta, o bastante, y coches había pocos; todo el mundo iba en moto o bicicleta. Aquí no había egos por temas de dinero; éramos todos iguales y nos conocíamos. La gente no salía de La Marina. Ir al Montesol, por ejemplo, ya costaba (estaba un poco lejos), o a San Antonio... Vivíamos en un círculo muy reducido.

PEPE ROSELLÓ: Tengo un documento de cuando me intervienen en la aduana los discos que traíamos para el Playboy. Es un documento muy interesante. Tenía todos los discos en el Playboy, y una noche vinieron inspectores de Hacienda y... mira este documento, te lo voy a mostrar porque realmente vale la pena verlo, dice: «En Ibiza, a las 11 horas del día 6 de septiembre de 1973, los funcionarios que suscriben hacen constar en el registro efectuado, en la tarde de ayer, en la sala de fiestas Capri (oficialmente se llamaba Capri, pero yo la bauticé Playboy, para tocar los cojones), han sido hallados 131 discos extranjeros de larga duración que carecen de los adeudos y facturas que demuestren su lugar de procedencia, y 363 sencillos». Confiscaron los discos y me pusieron una multa. Al final del verano, lo que hacía Hacienda era subastar todo lo que habían confiscado de contrabando, así que volvía a comprar mis propios discos. Entonces, me daban una cédula conforme ya eran legales y, como no ponían los títulos, yo la reutilizaba para los nuevos. En el Playboy el DJ siempre pinchaba con los discos del local. A la gente que frecuentaba el club le gustaba la música.

JUAN TUR: En los setenta no había DJs, era el dueño del bar el que ponía los discos y los dejaba sonar enteros. En ese momento, las discotecas compraban en Delta, como el Portal 9 y el Playboy 2... Allí pinchaba Juan Suárez y fue donde tuvieron los primeros Technics de Ibiza, que los trajo Juan de los Estados Unidos, creo... También estaba el Nito's... Eran clubs y bares pequeños, muchos de la zona del puerto. Y el Glory's[18] creo que también estaba funcionando, porque recuerdo que acompañé allí a mi padre a cobrar una factura, que yo tendría cuatro o cinco años, y lo recuerdo todo muy negro, muy oscuro... El otro día pasé por delante y ya lo han derrumbado, está todo destruido.

18. La discoteca Glory's se instaló en 1975 en una sala anexa del Hipódromo de Can Bufí (en el barrio de Can Bufí, junto a la carretera de San Antonio), propiedad de los Bufí y gestionado por varias generaciones de la familia. En los setenta, el empresario Javier Anadón (Café Mambo) trabajó allí durante cuatro años como camarero. El DJ belga Jean-Claude Maury fue el DJ residente durante sus primeros años, y también pasaron por su cabina Paco Carro o Nelo, entre otros. Glory's puede considerarse como el primer *after hours* de Ibiza, ya que abría sus puertas cuando cerraba Amnesia. Su ambiente musical siempre fue más oscuro y experimental, con gran presencia de techno-pop, EBM y techno. El complejo se desmanteló hace pocos años y hoy se encuentra en ruinas.

ALAIN: El Lola's solo cerraba tres o cuatro días durante Semana Santa, porque entonces todavía era la época de Franco y la música de discoteca estaba prohibida durante esos días (en los bares ponían música clásica).

PEPE ROSELLÓ: Lo que más nos ha torturado siempre en Ibiza ha sido el tema de los horarios: dónde se realizan y cómo se ejecutan las sesiones. Los horarios han ido evolucionando: al principio los bares cerraban a la una y las discotecas, a las tres. Y poco a poco la música tuvo más protagonismo y también se instaló en los bares, donde se fue alargando el horario y solapando con el de las discotecas. San Antonio por aquel entonces ya empezó a llamarse «el West End», porque en aquella zona se instalaron una serie de bares musicales y se empezó a utilizar la música como arma de captación de clientes. El bar ya perdía su esencia de servicio de bar para convertirse en una oferta musical.

ALAIN: Al cabo de dos años me cogí un local justo al lado del Lola's que se llamaba La Bandera, y lo abrí con un portero del Lola's, Miguel, un valenciano. Lo inauguramos un mes antes de que abriese Pacha, en junio de 1973.

PITI URGELL: A mi hermano le enseñó un terreno Mariano Llobet, que luego fue alcalde —un alcalde especial que se relacionaba con Ursula Andress y todos los famosos que venían—. Llobet ofrecía esos terrenos [donde luego se construyó Pacha] para que la gente empezara a ver que también existía esta parte de la isla. Los de aquí decían que allí no iba a ir nadie de tan lejos que estaba... ¡Allí no había nada! Cuando abrió el Pacha acababan de hacer la carretera, es decir, que donde empezaba el Pacha se acababa el mar y detrás ya estaban los campos y las casas payesas. Hace veinte años aún había cabritas detrás del Pacha y salían espárragos trigueros, o sea, como era Ibiza entonces, que nada tiene que ver con la de ahora.

RICARDO URGELL: Inauguré Pacha el 15 de junio de 1973. La primera semana la gente aún no estaba muy enterada, pero la segunda y la tercera ya estaba a reventar. Todo eso lo hice sin dinero, con socios. Ya tenía cuatro discotecas, pero todo el mundo me decía, «¿Ibiza? Cuatro hippies, cuatro colgados. ¿Qué coño vas a hacer a Ibiza?».

JAVIER FERRER: Cuando empezó Ricardo decían que estaba loco, porque Pacha era una casa payesa. Allí ponían discos, música de aquel tiempo, con DJ, y la gente que había era gente que salía más de noche.

ALAIN: La noche de la inauguración del Pacha, hacía solo un cuarto de hora que yo estaba allí charlando y tomando una copa y noto que alguien me toca la pierna, y miro y veo a mi perro. Me estaba buscando y los porteros lo conocían y lo habían dejado entrar. Era otra época, todo era diferente, todos nos conocíamos por el nombre. Pacha no era muy grande, había una zona con una chimenea que encendían en invierno. Era todo interior y tampoco estaba todavía el restaurante; solo había dos barras de bar y las pistas de baile: una grande en la entrada y otra más pequeña a la derecha, que era cuadrada y tenía como unas gradas con cojines, donde todo el mundo se sentaba.

PITI URGELL: Los tres primeros años, del 73 al 76 fueron... una maravilla. No se ganaba dinero porque todo eran hippies, pero se vivía de película y te lo pasabas pipa. Teníamos dos pistas en la entrada, una a la izquierda y una a la derecha; los guiris iban a la izquierda y los *enteraos* se iban a la derecha; estaba como separado. A los guiris los veías en seguida, porque iban todos bien vestidos y tal... Aquí no se arreglaba nadie.

ALAIN: El Pacha era una finca antigua, toda blanca por fuera. Con los beneficios de la primera temporada, Ricardo [Urgell] ya cubrió la inversión inicial. Recuerdo que al final de la temporada, en octubre, decía a toda la gente que se llevara los cojines, que por lo menos había doscientos, y la gente se marchaba a casa con sus cojines.

JUAN SUÁREZ: Esta historia es muy bonita. Éramos un grupo de amigos que vivíamos en el mismo bloque de apartamentos cerca de la playa de Las Carboneras, en Las Palmas: Ramón Guiral, Pepe Les y Carlos [Andrea González], los tres dueños del Café del Mar, y yo. Había una discoteca de jazz preciosa que montó un trompetista americano que vivía en Las Palmas y que no funcionaba. El señor tenía setenta y cinco años y era muy bohemio, pero la cosa no funcionaba. La disco era preciosa, de caoba... una auténtica maravilla. Entonces, los cuatro nos pusimos a trabajar allí, mi mujer detrás de la barra con Carlos, Ramón de camarero, Pepe de portero, y yo ponía discos y me travestía, también detrás de la barra. Luego trabajamos todos juntos en una discoteca que se llama Saxo, la más progresiva en la que he trabajado en mi vida, con la música más increíble que te puedas imaginar. Con Tito, un colega, pinchábamos Led Zeppelin, Black Sabbath, Pink Floyd, Iron Butterfly; y pinchábamos con unos [tocadiscos] Thorens o Garrard. Lo que hacíamos era muy interesante, hacíamos un remix en directo: cogía singles de los Beatles de rocanrol, el «Roll Over Beethoven» y tal, y te ponía quince segundos de cada uno y los mezclaba. La gente flipaba. Todo el mundo venía y decía, «oye, este disco, ¿dónde lo puedo comprar?». Hacía *medleys* de cada artista, te ponía cuatro canciones de Pink Floyd y eras incapaz de decir en qué momento las había cambiado. Era de una precisión brutal. Entonces un día apareció por allí Pepe Roselló y nos contrató a todos para el Playboy.

PEPE ROSELLÓ: El Playboy dura doce años, y luego me voy al West End y abro el Playboy 2, que es cuando empezamos ya con la música disco. Juan Suárez venía del Saxo de Las Palmas y se puso a trabajar con nosotros en el Playboy 2. Es un personaje muy conocido aquí en la isla. Fue el director comercial del *Diario de Ibiza*.

JUAN SUÁREZ: En marzo del 75 me vine con mi novia a Ibiza para trabajar. Cerré el Playboy —la discoteca que estaba al lado de Es

Paradís[19]— e inauguré el Playboy 2, que era una discoteca de lujo, muy bien montada, muy bien diseñada y con muy buena decoración. Los equipos de música eran buenísimos. Vine como DJ y director artístico.

PEPE ROSELLÓ: Yo traje de Madrid las galas de juventud para chicos menores de dieciocho años, donde no se servía alcohol y había conciertos los domingos por la tarde. Esto se implantó aquí en el 75. Las galas empezaban a las seis de la tarde y terminaban a las diez de la noche. Nosotros solo cobráramos entrada a los de fuera; a los de aquí, no. Las copas las teníamos a treinta pesetas, tanto si tomabas un refresco como si tomabas un whisky. ¿Por qué treinta pesetas? Porque era el valor de un dólar entonces y queríamos ponerlo todo al mismo precio: un dólar.

PITI URGELL: Cuando vine de Sitges, la música la copié de La Tierra, donde pinchaba una americana que ponía básicamente música americana: JJ Cale, Al Green, Marvin Gaye, Jimmy Thomas... Cuanto más lento era el ritmo, más locos se volvían. Un invierno que estábamos de obras en Pacha, vino la policía a requisarnos los discos, que eran de importación. ¡Imagínate! Se los llevaron todos. Entonces llamé corriendo a mis amigos, al Gay [Mercader] y a otros, para que me dejaran discos para pinchar, y así conocí el mundo blanco de la música, porque poníamos más bien soul y poco más. Conocí todo el mundo de Island y King Crimson. Fue entonces cuando pasamos de esa música soul y rhythm & blues a la música disco, que yo la llamo «música para mujeres». En la fiesta Flower Power, por ejemplo, ponía

19. Inaugurada en 1975 en San Antonio por José Aguirre, con su característica arquitectura e interiorismo a cargo de Lluís Güell, Es Paradís es un referente del ocio nocturno ibicenco. Sus jardines laberínticos, jalonados con columnas romanas y elementos decorativos de mármol, y su exuberante vegetación marcaron sin duda una época. En 1990, los locales musicales descubiertos se vieron obligados por ley a cubrir sus espacios, y discotecas como KU, Amnesia o Es Paradís se vieron afectadas. Así es como se creó el icónico techo piramidal corredero de Es Paradís, de 120.000 kilos, que se abre cuando llega el amanecer. José Padilla pinchó allí durante un breve período y uno de sus principales DJs residentes fue Giovanni, que trabajó allí durante varios años.

música para mujeres. No les metía a Jimmi Hendrix, porque los chavales son más bien sosillos y las chicas son muchíiiisimo más descontroladas. Pinchaba para ellas.

ALAIN: No había DJs especializados en esta época y la gente tampoco se fijaba en esto.

JUAN SUÁREZ: En Playboy 2 fuimos los primeros en hacer fiestas temáticas en un momento en que las discotecas no hacían fiestas. En aquel entonces, en 1975, había una discoteca llamada Éxtasis, el Glory's, en la rotonda de Can Bufí, y Pacha.

PITI URGELL: Hasta el 75 no habíamos hecho ninguna fiesta especial. Se abría cada día y la gente llegaba a la una. Se fumaban un porro entre quince y con ese porro ya iban locos todo el día. Llegaban a la una y a las 3:15 cerrábamos.

ALAIN: La Bandera lo abríamos a las nueve o diez de la noche y estábamos hasta las doce, que es cuando abría el Pacha. Era un bar pequeño, con una terraza, y no teníamos mesas. Había muy buen ambiente, venía toda la gente guay de la isla. Recuerdo que Ricardo [Urgell] venía al bar con unos amigos catalanes para hacer promoción de Pacha, y cuando llegaban las doce yo cerraba y decía a todo el mundo, «¡Pacha *time*!». Lo tenía funcionando solo un par de horas; en esa época trabajaba solo para pagarme el alquiler, la comida, la gasolina y esas cosas. Urgell, como buen catalán, vino aquí para hacer negocio, pero aquí era diferente que en Sitges o en Barcelona; aquí él no podía estar controlando el negocio todo el tiempo.

PITI URGELL: Así que empezamos a inventarnos fiestas para que viniera más gente, para hacer pasta. Fuimos los primeros en colgar pósteres, pegar pegatinas en los coches... Fuimos los primeros en toooodo. La primera fue la fiesta de blanco, y todo el mundo se iba a las tiendas a comprarse algo de color blanco; el blanco era lo habitual en la isla. Pusimos una luz negra, de esa que resalta el blanco, y todo el mundo entraba y ¡fuuuu!, todos de blanco y tal... Y la gente se sacaba la ropa... ¡para que no se les viera! Imagínate el descontrol que había: la gente sacándose la ropa, bailando en pelotas, que casi no los veías porque la luz era justita... no veías nada.

Luego vinieron los *closings* y tal... que cuando cerrábamos, venían y nos robaban los cojines, casi se llevaban las bombillas... Y al final dijimos, «no queremos *closings* porque están todos borrachos perdidos». Todo lo que se ha parido en esta isla —esto quiero que conste—, lo ha parido todo el Pacha.

ALAIN: En la época hippy, no veías ni una sola pelea. La gente dejaba las puertas abiertas —dejábamos las mesas y las sillas fuera—; era una época muy tranquila, en ese momento la gente era muy *cool*. No había drogas duras; lo que había era mucho *hash*, muchos canutos. Luego llegaron los tripis, y esto sí que hizo mucho daño.

DIEGO GIMENEZ: El Pacha hizo un libro[20] que es uno de los libros más tristes que he leído, porque es un cementerio. Cuando lo miro, es que no puedo, no puedo, me pongo a llorar. Hay mucha gente que murió y mucha gente que se volvió loca, que vino su familia a buscarlos porque se habían tomado «la pastilla de la felicidad» —LSD— y se quedaron colgados. Muchos se tiraron desde una peña por un mal viaje y se mataron. Aquí no ha sido todo de color de rosa, eh... Ha habido muchas familias que lo han pasado muy mal; muchas familias ibicencas destrozadas por la droga, por la heroína... Aquí había mucha heroína.

ROBIN: Durante un tiempo, los yonquis se metían en plena calle, ¿sabes? En cualquier calle que pisaras había manchas de sangre por todas partes. En Sa Penya había incluso sangre por las paredes, de

20. Riera, Toni. *Pacha. 40 años de historia*. Lunwerg Editores, 2008. El fotógrafo Toni Riera repasa, en algo más de setecientas páginas, la trayectoria de la marca Pacha, creada por Ricardo Urgell. Desde la inauguración del primer Pacha en Sitges, en 1967, pasando por los de Lloret de Mar (1970), Playa de Aro (1971), el de Ibiza (1973), y sus extensiones en Madrid, Barcelona, Buenos Aires, Nueva York, Múnich, Londres, Sharm el-Sheij o Marrakech.

cuando se la sacaban para limpiar la jeringuilla antes de meterse el pico.

JANE: Sé que mucha gente la palmó por las drogas; de sobredosis, de sida o porque se suicidaron. Hubo un tiempo que todo el mundo tenía miedo incluso de tocar a alguien que hubiera pillado el sida. Si sabías que alguien lo tenía, no le dabas un beso en la mejilla. La mentalidad cambió. Antes, todo el mundo follaba por todos lados. Era un espacio de libertad total. Un día tenías una pareja, y al día siguiente otra... Así era cuando teníamos dieciséis, diecisiete o dieciocho años. Nadie hablaba de enfermedades venéreas ni nada parecido.

ROBIN: La policía solía parar todas las fiestas que podía en busca de drogas.

JANE: También te paraban en plena calle, justo en la esquina del Lola's. Te registraban el bolso por si llevabas jaco y cosas así, sobre todo a los gitanos. También te pedían los papeles. Esto pasaba en los setenta, después de la muerte de Franco. En cualquier caso, había más libertad que ahora.

ROBIN: Sí, en realidad no daban abasto, porque no había tanta policía.

JANE: Solo había dos o tres policías en Ibiza ciudad. Recuerdo que había uno que era un tipo muy desagradable. Y otro más joven, lleno de psoriasis. Creo que de hecho eran solo dos. Siempre estos dos. En Formentera había solo tres o cuatro.

ROBIN: Y tenían su propio restaurante en la ciudad, que se llamaba Comidas San Juan, al que iban solo polis y conductores de autobús. Y nosotros teníamos las agallas de ir allí a comer. Para ellos éramos el enemigo: hippies de Europa.

JANE: La mujer del alcalde tenía una villa en la ciudad vieja, delante de la casa de mis padres. Años atrás, vi todo aquello colgando de su verja: una enorme planta de marihuana que tenían en el jardín. Me dijo: «¿Sabes lo que es? No se lo digas a nadie...». Pero no la vendía. Era muy conservadora. Recuerdo que iba a misa con su hija y las monjas, y a finales de septiembre lo quemaba todo y se sentaba sobre el fuego. Debía de ir ciega perdida.

ALAIN: Aparte del Lola's, también había una discoteca en Figueretes que se llamaba Xaloc, que era ibicenca, muy local, con muchos payeses entre los clientes. Allí es donde íbamos a ligar después de salir del Pacha, que cerraba a las cuatro. Las chicas inglesas que trabajaban en la isla en invierno como camareras, y que habían estado toda la noche aguantando a los borrachos, se marchaban con nosotros al Xaloc, que estaba regentado por Juanito. Era una época diferente. Había otra discoteca local que también abría el fin de semana, pero estaba fuera del circuito. Y luego Pepe Roselló tenía una discoteca en San Antonio para turistas [Playboy]. Era pequeña y estaba dentro de un edificio. Allí empezó antes de coger el Space, y es lo único que había antes de que abriera el Pacha.

RICARDO URGELL: Siempre competimos con Pepe Roselló: que si él fue el primero... Yo fui el primero en Sitges, aunque él dice que no, que empezó en el 65. Martín [Ferrer] llegó muy tarde, eh, mucho más tarde. Los primeros fuimos Roselló y yo.

JUAN ARNAU: A los trece años, empecé a venir a Ibiza casi cada año, y a partir de los dieciséis, a acudir al Playboy y al Playboy 2, de Pepe Roselló, y a conocer Es Paradís, el Pacha... Conocí a Ricardo Urgell y el Pacha de aquellos tiempos, que era un espacio transgresor donde iban los hippies. Por una lado estaban los hippies, concentrados en la parte de Santa Eulalia, y por otro estaban los pijos y la jet set, que no se mezclaban mucho con los hippies y eran gente afín a Pepe Roselló y estaban todos en el primer Playboy, en San Antonio. Ricardo Urgell es de una generación anterior a la mía. No lo veía como un promotor competidor, si no más bien como un *iluminao*. Y es que montar una discoteca en aquel tiempo, fuera de Barcelona... Recuerdo que veía, sobre todo en la revista *París-Match*[21], qué pasaba en Ibiza, donde se reunía toda la aristocracia europea.

ALAIN: Ricardo cada año hacía una nueva reforma y añadía algo nuevo al Pacha, poco a poco: primero empezó con el restaurante, que el primer año me lo ofreció a mí. Me dijo, «es para ti, y al final de la temporada si sacamos mil pesetas, pues quinientas para ti y quinientas para mí». Pero yo no quería trabajar allí; solo quería ir a divertirme. Me pasé catorce años en el Pacha sin fallar ni una sola noche. Tenía mi rincón en la barra y mi botella de bourbon. Las discotecas en aquella época eran para ligar, y a eso iba yo: me colocaba en mi rincón y me dedicaba a mirar a las chicas y charlar con la gente que conocía.

PEPE ROSELLÓ: Yo siempre he curioseado, por aquí y por allá. A raíz de mis viajes a Nueva York, a París, a Ámsterdam y a Londres surgen mis ganas de montar el Space. Recuerdo que cuando gestionaba Playboy 2, me denegaron tres permisos de salas de fiestas... No te sé decir por qué. Hice un proyecto para abrir una discoteca en el puerto de Ibiza, en unos locales que hay en la avenida de Santa Eulalia, donde ahora hay una pizzería. Aquella nave la compré para hacer una discoteca que en principio cumplía con todos los requisitos legales, pero no pudo ser. En aquel momento gobernaba Xico Tarrés, que fue alcalde de Ibiza durante muchos años y después fue presidente del Consell, pero me denegaron el permiso. ¡Estaban tan en contra de la música! Hicieron un Plan General de Ordenación Urbana en el cual prohibían que se pudiera abrir ninguna discoteca dentro del municipio de Ibiza. Y no solamente discotecas, sino también cafés, organización de conciertos...

21. Revista semanal francesa de actualidad nacional e internacional surgida en 1949 de las cenizas de la revista deportiva *Match*, creada en 1926. En 1998 se lanzó la edición española, que tras la mala acogida del mercado español tuvo que cerrar a los nueve meses.

ALAIN: Más tarde, en el 75, abrió el Glory's. Dos o tres años antes, un americano abrió un hipódromo en Can Bufí, con el permiso de Franco. Era propiedad de un ibicenco, que creo que era franquista, y este americano se quedó el local y luego unos franceses abrieron allí el Glory's, que era un local bastante grande. Hay una anécdota un poco dura: la noche de la inauguración, alguien les echó cemento en la instalación del aire acondicionado. En esa época solo había lo que quedaba del Lola's y el Pacha.

JANE: El Glory's estaba genial los viernes. El sábado iban los mecánicos y la gente local, pero el viernes iba la gente guay —algunos de la península, algunos de Mallorca, pero muy pocos ibicencos—. Recuerdo que antes de que inauguraran el Glory's, íbamos al hipódromo a apostar a los galgos. Luego trabajé en el Playboy, en San Antonio. Era un sitio horrible, pero me pagaban muy bien. Tenía *backstage* y me llevaba mi máquina de coser. Cuando no bailaba, hacía biquinis, y luego iba a Las Salinas por la mañana y los vendía [risas].

ROBIN: Como necesitábamos dinero, dejé la música y me puse a hacer ropa. Hacía chaquetas de cuero y pantalones a medida, modelos propios que saqué de un libro de patrones militares danés, de chaquetas de soldados o capitanes, que en su día, si los adaptabas al cuero con remaches, quedaban muy resultones y elegantes. Y Jane se puso a hacer bikinis desde el principio. Ha sido lo suyo desde entonces. Tan pronto ponía las manos en la máquina de coser, salía un biquini volando.

JANE: En los setenta, también trabajé en Barcelona, en Bocaccio, y también en Playa de Aro, en los locales de Ricardo Urgell. Recuerdo que cobraba mil pesetas por noche, que era un pastón por aquel entonces, y además me daban comida y habitación. Conozco a Ricardo desde hace años, y también a Toni Riera. Toni me hizo un montón de fotos que luego pusieron en Bocaccio y en todas partes.

RICARDO URGELL: [Ojeando el libro de Pacha *El baile*] En 1993 hicimos el libro de Pacha[22] con mi querido Toni Riera, que documenta la época de los años sesenta, de Pacha, Metamorfosis y todos los locales que he montado. Y luego Ibiza, los años ochenta, Madrid... Todo esto son fotos dentro de Pacha, y esto fotos de Ibiza, la playa, la gente en pelotas... En la playa jugábamos a palas y todo el mundo estaba por ahí con la polla fuera... Este es el baño ese que hay en Espalmador, que te metes en el barro... Mira, ves, este es Piti con Nauseta... este también fue DJ... ¡Hostia! El Martín Ferrer... Fue el director del Pacha de Sitges. Yo iba y venía siempre, porque el Pacha de Sitges funcionaba bien, y yo le enseñé a ser discotequero. Le enseñé la forma de atraer al público, no con DJs, sino con motivos folclóricos de noche. Aquí la fiesta de blanco... todo el mundo venía de blanco; la fiesta de los indios, pues todos vestidos de indios... Es decir, era más divertido, no era el chumba-chumba este de ahora. ¡Mira, Ángela Molina... y Roman Polanski! Era un mundo verdaderamente maravilloso. Un mundo de personajes.

ALAIN: Luego Ricardo siguió haciendo nuevas reformas: abrió fuera, abrió el techo, abrió un bar donde daban bocadillos, y después abrió el restaurante. Quería ofrecer algo sencillo, como pizza, que en aquella época no había, y daba también algo de carne, pero todo muy sencillo. Dos días antes de abrir, le dije, «Ricardo, lo siento, pero yo vengo a tu negocio para disfrutar, no para currar». Porque él usaba mi nombre también; en esa época todo el mundo que pasaba por Ibiza iba a mi restaurante, el Sausalito —todo el mundo me conocía—, gente con dinero, políticos, actores, cantantes, gente famosa... hasta reyes. Bueno, el rey Juan Carlos, no, porque por seguridad no podía venir, pero su hermana vino dos o tres veces. Y le dije a Ricardo que no, se fue a Barcelona y contrató a un cocinero que después se vino a trabajar conmigo a mi restaurante.

22. Urgell, Ricardo (ed.). *El baile*. Nube, 1993. Publicado para conmemorar el 25.º aniversario de la empresa Pacha.

JANE: No me gustaba el Playboy porque el ambiente de San Antonio era diferente del de Ibiza. O sea, me limitaba a ir, bailar, y luego volvía. Era muy turístico, con gente muy normal, incluso en los setenta. A mi marido le dijeron que se marchara, porque no querían hippies por allí. Los hippies de verdad estaban en Ibiza. Incluso montaban excursiones de turistas desde San Antonio para ver a los hippies. Iban con guía porque tenían miedo.

ALAIN: Tuve el Sausalito durante treinta años y solo fallé un día. El trato con la gente era muy personalizado, todos nos conocíamos... La gente venía a verme a mí, me llamaban «Alain, el del Sausalito» (nadie conoce mi apellido). No es por echarme flores, pero todo el mundo que quería captar el ambiente de Ibiza —la temperatura del momento— pasaba por mi restaurante. No te hablo de los turistas, sino de los que llevaban años viniendo a la isla, los que tenían casa aquí. Cuando llegaban a la isla, primero se pasaban por el restaurante para tomarle el pulso a la isla y ver el ambiente. Aquí en Ibiza durante años hubo un núcleo muy definido de gente, y al final todos acababan pasando antes o después por el Sausalito: dueños de discotecas, italianos, ingleses, alemanes, chicas y, por supuesto, *dealers*.

DIEGO GIMENEZ: ¡Buah! Yo iba casi cada noche al Sausalito; es donde se reunía la gente de aquí y la gente del rollo, antes de ir a las discotecas. Allí vi a mucha gente famosa, a Julio Iglesias, a [Roman] Polanski y todos estos. El Sausalito era el punto de encuentro.

ANTONIO ESCOHOTADO: Mi vida dio una serie de bandazos. Yo era hijo único y, cuando murió mi padre, heredé un piso excepcional en la calle Génova, que luego malvendí horriblemente. Pese a todo, era un buen dinerito, y como no quise despilfarrarlo todo, de ahí surge el capítulo de Amnesia.

3
TALLER DEL OLVIDO

En Pacha ha tomado los controles de la cabina César Lana, el DJ de Pacha Playa de Aro que disemina música disco allá por donde pasa; en Glory's está el francés Jean-Claude Maury, que viene de pinchar en los mejores clubs de Bruselas y la está armando, y la gente empieza a acudir a sus clubs exclusivamente para escucharlos. Se está cociendo algo nuevo. Como el «Taller del Olvido», que es como pretende llamar el filósofo y sociólogo Antonio Escohotado a su club, habilitado en una casa payesa del siglo XVIII *en pleno campo, sin duda una de las más bonitas de la isla. Pero su socio y amigo Manuel Sáenz de Heredia dará con un nombre más corto y fácil de recordar, y en junio de 1976 se inaugura Amnesia, cuyas noches de locura y desenfreno quedarán grabadas en la memoria de todos.*

INTERVIENEN: ANTONIO ESCOHOTADO (AMNESIA), JUAN ARNAU (FLORIDA 135), ALAIN (SAUSALITO), ALFREDO FIORITO, PIPPI (MALESH), JOSÉ PADILLA (GOLDEN BOX), JANE, DIEGO GIMENEZ (FLIP MUSIC), RICARDO URGELL (PACHA), ROBIN, PITI URGELL (PACHA)

ANTONIO ESCOHOTADO: Un día se me ocurrió proponerles a unos amigos rehabilitar una casa de campo para ofrecer música en vivo. Uno de ellos, que era madrileño, se quedó fascinado y enseguida quiso ponerlo en marcha. Fue el que acabaría siendo uno de los socios de Amnesia y quien luego la recompraría[23]. Esto sería el año 75, y en el 76 ya encontramos a Fuencisla, la propietaria de la casa[24]. Nos hizo un contrato de alquiler con opción de compra con el que empezamos a trabajar. Luego no nos fue muy difícil conseguir el permiso de sala de espectáculos, a pesar de que era tremendamente complicado que te lo dieran. Lo obtuvimos por una coincidencia: conocíamos al gobernador civil. Sin darnos cuenta, ya estábamos allí metidos.

23. Se refiere al empresario madrileño Ginés Sánchez.

24. La discoteca Amnesia se ubicó en una casa payesa construida en el siglo XVIII donde vivieron cinco generaciones de la familia Planells, hasta que en 1970 decidieron instalarse en Ibiza ciudad. Vendieron la finca a María Fuencisla Martínez de Campos y Muñoz, una viuda de origen aristocrático, que se la alquiló en 1976 a Antonio Escohotado y sus socios, al parecer, por veinte mil pesetas al mes. Amnesia fue el punto de encuentro de la comunidad hippie y underground de la isla, con música en directo. En los ochenta empezó a funcionar con horario de *after hours* con la entrada en 1984 del DJ argentino Alfredo Fiorito y del italiano Leo Mas como DJ de apoyo en 1986, que convirtieron Amnesia en la meca del Balearic beat. Desde entonces, se ha erigido en uno de los principales referentes de la cultura de club mundial y ha pasado por diferentes etapas hasta el día de hoy.

JUAN ARNAU: ¿Qué quería la gente de la jet set cuando iba a Ibiza, cuando iban al Playboy de Josep Roselló o a Pacha? Buscaban liberarse, buscaban un sitio donde, en aquel tiempo, poder fumar hachís, marihuana o tomar LSD. Era algo público y notorio, no pasaba nada si lo hacías en Ibiza. No era obligatorio, claro, pero formaba parte del espectáculo. Este tipo de drogas que en los sesenta y los setenta estaban de moda, hicieron popular a la isla. Ahí entra en escena Escohotado, cuando se quedó el corral de los Planells, para hacer el primer Amnesia. Me acuerdo de cuando íbamos allí con Cruz [su esposa], que después de aquello, quieras que no, lo hemos copiado. Escohotado es imprescindible en esta historia.

ALAIN: Tino, un gitano amigo mío muy listo, quería abrir un pequeño local de flamenco y había alquilado una finca —donde luego se abriría Amnesia—, que quizás era un poco más pequeña que Pacha. Para la inauguración se trajo a un grupo de Valencia. Los músicos iban tan colocados que se pasaron 24 horas tocando sin parar y al final tenían sangre en los dedos. Este amigo abrió luego La Barraca en la playa de Talamanca, que también era una finca y que años después se quedó la exmujer de David Guetta.

ALFREDO FIORITO: Llegué a Ibiza en 1976 con veintitrés años y me encontré un lugar libre, muy apacible y muy amigable. Yo estaba trabajando como periodista en Rosario, Argentina, en un periódico que se llamaba *La Capital*, donde hice de todo: redactaba noticias, corregía... Eran otros momentos y se hacía periodismo de otra manera, y decidí marcharme de allí por la situación en la que se encontraba el país. Empecé a coleccionar música en Argentina por mi trabajo y porque ya desde pequeño me gustaba la música. En Ibiza teníamos amigos, y al momento de pisar la isla, con la que entonces era mi mujer, decidimos quedarnos a vivir aquí. Vine con la intención de ganarme la vida, de encontrar una casa, un lugar donde vivir. Hice de todo, de camarero, y hacía tartas y velas con mi mujer. Luego, un par de años después, en el 78, monté una tienda de ropa que tuvo bastante éxito.

PIPPI: Nací el 10 de noviembre de 1956, en la región de Puglia, al sur de Italia, en un pueblo muy pequeño de veinte mil habitantes. Ahí me crie. Mi familia era muy humilde, trabajaba el campo y plantaba todo lo que se comía en casa. Vivíamos humildemente, pero éramos felices. Éramos muchos, siete hermanos, y dos de ellos se fueron al extranjero, a Alemania y a Suiza. A partir de los ocho años, yo ya tenía bien claro lo que quería hacer: me puse a cantar. En los años sesenta, canté en un programa que era como el festival de San Remo, pero para niños. A los diecisiete les dije a mis padres que me quería ir de allí. Todo el pueblo me tomaba por un extraterrestre, porque a mí me gustaban las cosas extravagantes y en muchos aspectos era un adelantado. Así que me fui con mis hermanos a Suiza y me quedé allí dos años. Me fui justo antes de hacer la mili, porque no quería hacerla. Así que desaparecí. No podía volver a Italia en diez años por desertor. O eso o contratar unos buenos abogados y tal... Y luego en 1972 me fui a Alemania, donde vivía una de mis hermanas, y allí fue donde definitivamente encontré mi sitio.

JOSÉ PADILLA: Nací en Gerona en 1955. Aunque toda mi familia es de Jaén y en ese momento estaba emigrando a Francia, mi nacimiento les pilló en Gerona, de paso. Se quedaron allí un año y medio y luego siguieron camino a Francia. Pasé mi infancia en el sur de Francia, en el campo, ya que mi padre cuidaba una masía enorme, donde había un río y animales... Tuve una infancia muy feliz. Y luego a mi madre se le metió en la cabeza que había que ir a Barcelona, porque mi hermana se había casado allí. Yo tendría siete u ocho años, era un niño francés y en la escuela estaban treinta años adelantados. En Barcelona tuve que empezar de cero. Eran los sesenta y estaba Franco, y tuve que empezar en párvulos, todo de nuevo: palo, vara y libro de texto. La mitad de la infancia y mis años de juventud, que son realmente los que más te marcan, los pasé en Barcelona. Cuando me preguntan, digo que soy de Barcelona. Me siento de allí. De allí fue mi primer amor, mis primeras discotecas, aunque ahora ya ha desparecido todo lo que conocía. A los veintiún años me vine aquí a Ibiza, hace cuarenta años ya.

ANTONIO ESCOHOTADO: El día de la inauguración de Amnesia habíamos habilitado un espacio para que aparcaran allí como unos doscientos coches, y si no vinieron dos mil, no vino ninguno. La carretera de San Antonio a Ibiza se colapsó y aparecieron desesperadas la policía y la Guardia Civil, que me echaron la culpa a mí. Yo les decía, «regístrenme, yo no puedo hacer nada, no tengo más sitio». Ya bastante hicimos con quemar toda la hojarasca que rodeaba la casa, y fue muy delicado quemar todo aquel follaje seco en pleno mes de junio, con el peligro de provocar un incendio en toda aquella llanura. Nos juntamos allí unas trescientas personas formando un gran círculo alrededor de la casa para poder quemar todo aquello sin peligro. Acudió diez o veinte veces más gente que el cálculo más optimista que hicimos, y así se mantuvo durante toda la temporada. Tuvimos mucho más éxito del que podíamos haber imaginado.

JANE: Antonio Escohotado es amigo, era muy majo, aunque hace años que no lo veo, a pesar de que vivíamos al lado. Amnesia era muy bonita. Era una casa rural que llevaban Antonio y su amigo Manolo. Antonio se pasaba el día pensando en drogas y chicas. Tenía una mujer muy maja, Mónica, que era muy amiga mía. La gente tenía una sexualidad muy libre. Podías acostarte con uno y luego con otro, y la gente no tenía miedo, ¿sabes? Amnesia era como una casa particular. La gente se sentaba donde quería, incluso había quien se ponía a bailar en el techo, mientras la música sonaba abajo, y así la gente podía fumar al aire libre. Íbamos a fiestas en casas de campo siguiendo el sonido... Nos guiaba el sonido de la batería, a lo lejos.

PIPPI: En mi familia no había tradición musical, eran payeses. Eran muy mayores y solo sabían firmar con su nombre. Yo fui al colegio desde los seis años y también al sastre, a aprender el oficio. Por la mañana iba a la escuela y por la tarde, a aprender de sastre con mi maestro, que es un genio y aún vive. Éramos cuatro o cinco discípulos y el maestro, y solíamos tener siempre una radio ahí, de fondo. Mi maestro tenía muy buen gusto y siempre tenía puesta una emisora interesantísima que me influenció mucho, pero no recuerdo el nombre. Sonaban cosas conocidas a nivel internacional, como Lucio Battisti, Mina y cosas de aquella época. También formé una banda con cinco amigos; yo era el cantante. Hacíamos rock sinfónico, pero con un toque muy funky, inspirados por Emerson, Lake and Palmer o la ELO.

JOSÉ PADILLA: En mi familia siempre hemos sido muy musicales. Mi abuelo era guitarrista y se iba por los pueblos a las cantinas a tocar para sacarse unas monedas. En mi casa siempre hubo una radio. Siempre había música sonando, y mi hermano mayor, que era *teddy boy* —tipo Johnny Hallyday—, compró el primer tocadiscos que tuvimos, que por cierto era superpotente. A los trece años yo ya curraba. Odiaba la escuela y la dejé en cuanto pude. Hice lo elemental, lo dejé y me compré mi primer tocata. Era un monstruo de estos donde iban cayendo discos —siete o diez—, un radiocasete. Hacíamos guateques en casa de un amigo. Yo vivía en un barrio pobre, y la casa era de estas antiguas que no tenían agua, con su jardín, y eran un poco... diferentes, ilegales. Luego empecé ir a las discotecas del barrio y me fui expandiendo.

ANTONIO ESCOHOTADO: Instalamos un equipo relativamente bueno: teníamos un buen par de guitarras, un bajo, una batería, micrófonos, una mesa de mezclas y un buen sistema de PA, como dicen los ingleses. Al principio el sonido rebotaba en las paredes y tuvimos que rellenarlas con cajas de huevos, para que no acoplasen los micrófonos. Nosotros lo hacíamos todo dentro, lo que pasa es que, en ocasiones, sobre todo en la época dulce del año, la gente salía fuera, a pesar de que no teníamos ningún tipo de estructura en el exterior.

PIPPI: En mi pueblo no podía desarrollarme y sentía que debía hacer algo. Me fui a Alemania, a Düsseldorf y a Múnich, y en 1972 empezó todo. Me independicé y empezó mi carrera musical. Lo mío era ir a conciertos, comprar discos, trabajar... Düsseldorf era una ciudad bastante cosmopolita para la época; era una pasada y tenía una escena musical y cultural muy fuerte; bueno, en Alemania, en general. Me puse a trabajar en moda. En los años sesenta y setenta trabajé en Ermenegildo Zegna. Aprendí a coser, porque la moda me apasionaba tanto como la música, lo que pasa es que luego lo dejé. Desde muy joven tenía un piso para mí solo, cosa que muchos emigrantes no podían permitirse.

ANTONIO ESCOHOTADO: Lo pasamos divinamente en esa época, [Manuel] Sáenz de Heredia y yo, que éramos amigos íntimos. Los socios de Madrid veían que aquello se les iba de las manos, porque nosotros no teníamos ambiciones comerciales. Cobrábamos la entrada a cinco duros, con derecho a refresco o cerveza, y no hacíamos distinción alguna en la puerta. La Guardia Civil y la Nacional nos tuvieron enfilados desde el principio, en el punto de mira. Hacían registros diarios, que eran muy fatigosos para todo el mundo que acudía. La finca era maravillosa, una de las construcciones más bonitas de la isla. Ahora los actuales dueños la han acabado de estropear del todo. Por ejemplo, había una morera, la única de la isla, milenaria; estoy hablando de un árbol de unos cinco metros de diámetro. Y la talaron. La casa era bellísima y la dejamos intacta. Lo que queríamos —nosotros, que éramos unos quinientos u ochocientos melenudos que confraternizábamos— era un sitio donde tomarnos nuestras cosas, vernos y autofinanciarnos, y por supuesto poder escuchar música en vivo.

DIEGO GIMENEZ: Primero estuve trabajando en un restaurante y luego, en una tienda de cuero. En el 77 monté la tienda de discos Flip Music al final [del paseo] de Vara de Rey. La tienda era toda negra, y los payeses que pasaban por delante, me decían, «pero, Diego, ¿qué estás montando? ¿Una funeraria?». La pinté toda de negro, absolutamente toda, y yo también iba vestido de negro, me he vestido toda la vida así. Era una tienda muy pequeñita pero muy bonita. La abrí y se armó una buena. Empezó a venir toda una generación, como si vinieran a la iglesia a rezar, porque aquello era muy nuevo. La gente no escuchaba música, apenas algo en la radio, y solo había algunos bares donde se ponía algo de música. Yo tenía veintisiete años cuando abrí la tienda, en 1977: el año que murió Elvis Presley y aparecieron los Sex Pistols.

PIPPI: Había una pequeña discoteca a las afueras de Düsseldorf donde había un DJ que me mataba; cada vez que iba allí me volvía loco. Yo no pinchaba aún, pero me sentía capaz de hacer eso también, quizá incluso mejor o de otra manera, pero la inspiración estaba ahí. Este tío ponía la música que me gustaba, sabía cuándo, cómo y en qué situación hacerlo, y usaba el micrófono y efectos tipo *delays* muy adecuadamente. Era muy fino y me dejaba alucinado. Se llamaba Falco, no sé si vive aún, lo seguí por las discotecas... Luego empezaron a abrir nuevos clubs en Düsseldorf y yo empecé a pinchar en el Sheila. Hasta principios de los ochenta, combinaba la música y la moda, y luego dejé la moda para ser DJ porque había mucho que hacer.

JOSÉ PADILLA: Los fines de semana nos íbamos a Calella y luego a Lloret, que era donde estaban los guais y se podía ligar. Cogíamos el autobús, nos pillábamos una pensión, una botella de ron y unas coca-colas e íbamos a las discotecas. Yo me hacía colega de los DJs, y cuando tenían que salir para cenar algo o para que les hicieran una mamada, me decían, «José, ponte un rato. Ponte este disco, este y este». Sonido Philadelphia, Tamla Motown... Allí empecé a pinchar, con un público que era mayoritariamente inglés.

DIEGO GIMENEZ: Me fui a Madrid y a Barcelona a ver las casas de discos: a Hispavox, CBS, Ariola... Cada mes pasaba el comercial de cada casa con las novedades y el catálogo, y yo hacía mi pedido. Me iba con mi Seat 600 al aeropuerto a buscar el paquete y escuchaba la música. Después empecé a buscar contactos para traer discos de importación, que en aquella época no se editaba casi nada en España, y lo que se publicaba aquí salía un año o año y medio más tarde. Todo lo de Bowie, Lou Reed, los Stones, sí, más o menos lo sacaban... con portadas censuradas, claro. Y a veces de según qué discos te decían que ya no les quedaban porque se los habían servido todos a El Corte Inglés, que se lo chupaba todo. Era una época en la que si tenías un vinilo es que habías luchado para conseguirlo.

JOSÉ PADILLA: Las discotecas en España eran un revoltijo. Por ejemplo, en el Trocadero[25] o el Drac Roig —una macrodiscoteca que estaba en Cerdanyola [Barcelona]— se ponía mucho rock: Led Zeppelin, la Creedence [Clearwater Revival], los Rolling Stones, algo de soul... lo que salía. Esta música era más habitual en la costa, porque los ingleses que iban a pinchar allí traían sus singles y luego los vendían por cuatro duros. Entonces ya llegaron cosas más raras. En aquel tiempo, los DJs eran animadores y pillaban el micrófono para hablar —eran DJs y *speakers*—, y en las discotecas había tres tandas de lentas. En Lloret de Mar estaban The Moby Dick, Tramp o Revolution[26], que era enorme, y había un Pacha entre Blanes y Lloret de Mar, pero nunca funcionó. Había mucho rollete allí porque se ponían cosas raras, y nada, a bailar y a ligar. En invierno, cuando no había movida allí, nos movíamos por las discotecas del barrio, en Barcelona. Y luego también estaban Metamorfosis, Bocaccio, Don Chufo, Bacarrá[27]... pero eso vino cuando yo ya era algo mayor.

PIPPI: En el 75 empecé oficialmente en un club pequeño, tipo bar, que estaba abierto toda la tarde, y luego por la noche, hasta las cuatro de la madrugada. Hice de DJ como trabajo extra, pues en realidad empecé sirviendo copas. Recuerdo que había dos platos y un equipo que te mueres: había unas torres doradas, una mixer rotatoria, los amplis y todo analógico a tope, todo. En aquella época, antes de empezar la noche, la gente pasaba de todo y ponía discos que dura-

25. Discoteca de Barcelona inaugurada en 1970 ubicada en el edificio donde anteriormente se instaló el Club Natación Cataluña y los Baños Populares de Barcelona, en la Travessera de Gracia. Durante los años setenta fue una de las salas más populares de la ciudad, con presentaciones, programas de radio en directo (de Luis del Olmo, por ejemplo) o conciertos de artistas de la época, como Luis Aguilé, Joan Baptista Humet o Emilio José. Se clausuró en 1994.

26. Discoteca que inauguró Oriol Regàs (Bocaccio) en 1969, en Lloret de Mar.

27. Todas ellas discotecas de la zona alta de Barcelona, por encima de la Avenida Diagonal, muy populares en los años setenta y ochenta.

ban dieciocho minutos. Era la época de Giorgio Moroder y Donna Summer... Al principio ponía los discos de fondo mientras servía copas, y de ahí surgió lo de pinchar. Cada vez más, hasta que empecé a tomar el mando, ya que la gente apreciaba lo que ponía. La onda musical encajaba perfectamente con mi personalidad. Ahí tuve claro que quería poner música para bailar, para hacer bailar: este fue siempre mi deseo. Música para hacer bailar, fuera lenta o rápida.

JOSÉ PADILLA: El primer sueldo que tuve como DJ fue en el Golden Box, en la avenida Virgen de Montserrat de Barcelona. Yo iba siempre por allí y hablaba de música con Tomás, el DJ residente, y un día me dijo si quería cerrar con él las sesiones. Me pagaban trescientas pelas, pero necesitaba tener otro trabajo, porque aquello eran cuatro duros, disfrutar, beber gratis y ligar. En aquella época el que tenía el puesto de DJ residente no lo soltaba, como mucho tenía un ayudante que le echaba una mano durante las ocho horas que duraba la sesión.

ANTONIO ESCOHOTADO: Nuestro horario era muy flexible, pero digamos que abríamos sobre las siete u ocho de la tarde y, como entonces había muchas drogas, a veces podíamos estar allí hasta el día siguiente largo...

PIPPI: En el Malesh de Düsseldorf empezó todo. Ahí me venían a ver siempre los Kraftwerk, que eran amigos míos. Se han criado con mi música. Te podría explicar una de cosas alucinantes. Sí, son los padres del techno y tal, de la electrónica, pero venían a bailar solamente mi música, y yo ponía música negra underground, que cada tema duraba nueve minutos... Karl [Bartos], Ralf [Hütter]... venían todos, porque era la época en que había movida y ellos salían de fiesta. Empezaron a venir antes del *Autobahn* [1974], aunque la época en que vinieron más fue entre el *Man Machine* [1978] y el *Computer World* [1981]. Por aquel entonces venían solamente a mi club, tío, a bailar funky negro. Heavy funk de verdad, ritmos lentos, y luego se iban al estudio a hacer música. En el Malesh solo entraba la gente que tenía que ver con el rollo, ¿sabes? Venían todas las bandas, que en aquella época eran Kraftwerk y toda la movida New Romantic y New Wave. Toda la *Neue Deutsche Welle,* la Nueva Ola alemana, como los D.A.F., que hicieron el «Der Mussolini» y que también eran de Düsseldorf... Muchas bandas, y todos estaban en la misma área, y todos se juntaban y bailaban esta música. Era muy guay. Esto duró hasta el 84, que es cuando me vine aquí a Ibiza a trabajar.

JOSÉ PADILLA: El colega con el que me iba a Lloret de Mar, José María, instalaba muebles de cocina en todos esos edificios de mierda de San Antonio, en Ibiza, y me decía que allí se ligaba un montón y que había mucha movida. Era cuando lo estaban construyendo todo en Ibiza y se ganaba mucha pasta, porque había curro a destajo. La isla solo la conocían cuatro pijos, [Joan Manel] Serrat y gente así, que se lo guardaban en secreto para ellos. En España no se hablaba de Ibiza.

ANTONIO ESCOHOTADO: En Amnesia teníamos como suministradora a una empresa de Matutes que nos vendía la cerveza, los refrescos y los licores. Pronto nos dimos cuenta de que nuestra situación económica era deficitaria, bien porque estábamos cobrando las consumiciones muy baratas o bien porque había muchísimo gorrón. Y mucho miserable, que venía y robaba cajas enteras de whisky o de ginebra... No era mucho, pero al cabo de seis meses nos empezamos a hartar y pensamos: «Bueno, hemos pillado un buen par de venéreas, nos hemos tirado una cantidad enorme de señoras fantásticas... Nosotros no somos profesionales del esparcimiento, puede que hasta aquí hayamos llegado. Con tal de retirarnos con un mínimo beneficio o sin perder, nos vamos por donde vinimos». Y eso es lo que hicimos. Ahora, la impronta que le dimos ya se le quedó y nadie se la quitó. No creo que llegáramos a los ocho meses. Abrimos en junio y creo que para marzo ya lo había vendido.

JOSÉ PADILLA: Mi padre había muerto. Yo curraba con mi hermano y no veía mucha salida en Barcelona. Vivíamos en Nou Barris. Así que, entre la presión familiar y las expectativas de futuro en Barcelona, decidí un día, de repente, ir al puerto a pillar el primer barco que saliera para Ibiza. Nada más pisar la isla sentí algo muy especial. Me enamoré de Ibiza y supe que era el lugar donde quería estar. Había vendido todos mis discos y no tenía ni un duro, así que tuve que empezar a trabajar de lo que saliera, sobre todo de albañil. Luego en temporada trabajaba de camarero. Como DJ empecé mucho después.

ANTONIO ESCOHOTADO: Hablé con Ricardo Urgell, pero no llegamos a ningún acuerdo. Los que luego montaron el KU[28] estaban muy obsesionados, pero surgieron otros asuntos colaterales que lo hicieron imposible. Fundamentalmente, porque había un derecho de tanteo y opción para el resto de accionistas minoritarios, que fueron los que finalmente se lo quedaron. Ellos, a su vez, se lo vendieron a Martín [Ferrer][29], que era uno de sus camareros, que no sé de dónde sacó el dinero, y que es el actual propietario; lo ha sido durante todos estos años.

ALFREDO FIORITO: En ese momento Ibiza era muy diferente de lo que es ahora. Tenía muchos menos habitantes y menos edificios; era mucho más salvaje y no era tan popular. Era totalmente hippie. En la mayoría de las casas de campo no había ni luz ni agua corriente, ni por supuesto teléfono, y había un solo hotel de cinco estrellas. A finales de los setenta empezó a llegar más turismo y empezó a cambiar. En ese momento estaban el Lola's, Amnesia y Pacha, donde estaba pin-

28. Se refiere a Javier Iturrioz, José Antonio Santamaría y José Luis Anabitarte «Gorri», los tres socios propietarios del KU San Sebastián (inaugurado en 1970), que en 1978 abrieron el KU Ibiza en el Club San Rafael, un club privado con una gran zona exterior, con terraza y piscina, donde se ubicó la pista de baile.

29. El negocio se lo quedaría finalmente el empresario madrileño Ginés Sánchez, unos de los socios originales de Amnesia de los que habla Escohotado. Se iniciaron unos años de altibajos con la discoteca abierta intermitentemente, hasta la llegada del empresario vasco Prontxio Izaguirre, que le daría un nuevo impulso en los años ochenta, sobre todo a partir de 1984, con la entrada del DJ argentino Alfredo Fiorito y cuando la discoteca empezó a funcionar como *after hours*. Pero su mejor momento llagaría a comienzos de los años noventa con la entrada del empresario catalán Martín Ferrer, propietario de discotecas como Metamorfosis o Atlántida, que reabrió Amnesia la noche del 22 de junio de 1991. A partir de entonces, se consolida como referente de la cultura de club mundial, y en 2007 recibiría por vez primera el premio a la mejor discoteca del mundo, reconocimiento que lograría en dos ocasiones más.

chando César [Lana][30], un catalán. Pero yo nunca he ido mucho a las discotecas, solo si había alguna fiesta especial.

DIEGO GIMENEZ: César del Pacha era... ¡muac! [se besa las yemas de los dedos], una maravilla. Pinchaba muy buena música, cosas de los setenta, lo que había entonces. Tenía un gusto musical excelente. Después estaban Gerardo [Queiruga][31] en el KU y Jean-Claude [Maury][32] en el Glory's, que era... La gente iba al Glory's a escuchar lo que ponía este chico. Era fantástico. Se murió. Sabía muy bien cómo y cuándo hacer los cambios, lo que en aquella época era muy difícil porque la música no tenía un ritmo fijo y constante. Tenías que estudiarte los cambios, y este chico era fantástico.

JOSÉ PADILLA: El lugar en Ibiza era Pacha, lo que era Pacha entonces: la sala pequeña, al entrar a la derecha, que es como un circo romano. Solo eso, no había nada más, era muy pequeñito. La pista, los escalones esos, dos barras, un pódium —que era donde estaban los altavoces—, la cabina y la pista. Cuando yo entré por primera vez en los setenta, me quedé media hora pasmado mirando a la gente guapa que había. Creo que el DJ que había entonces se llamaba César, que era así un poco cojo. Lo mandaban una vez al año a Nueva York a comprar música. Entonces en Pacha ya escuchabas cosas de finales

30. César Lana empezó su carrera como DJ en Barcelona en los años sesenta, en la discoteca D'Charles, y fue pionero en la introducción de la música disco en la primigenia escena de clubs española en los setenta. De allí pasó al Pacha de Playa de Aro y Piti Urgell se lo llevó después para la inauguración del Pacha de Ibiza, donde fue DJ residente hasta 1981, cuando el italiano Massimo Zuchelli se hizo cargo de la cabina hasta 1984.

31. Gerardo Queiruga fue DJ residente durante varios años del KU de San Sebastián y en 1978 lo fue también del KU de Ibiza, y alternó ambas residencias hasta 1984.

32. DJ de origen marsellés que a los veinte años se instala en Bruselas, donde participa en la escena punk local. A partir de 1972 se convierte en un habitual de los veranos en Ibiza y entra como DJ residente de Glory's durante los primeros años de vida de la discoteca, a partir de su inauguración en 1975. A principios de los años ochenta pasó por la cabina del KU y también durante una temporada por la de Amnesia. A mediados de los años ochenta será uno de los DJs de culto de la escena new beat belga, y pinchará en templos del baile como Circus o Mirano, en Bruselas. Es el DJ responsable de pinchar por primera vez «Flesh» de A Split Second, de 45 rpm, a 33 rpm, con el modulador de pitch a +8, momento fundacional del new beat belga.

de los setenta y principios de los ochenta. Ese tío era muy fino, pero era yonqui y se metía mucho caballo; estaba enganchadísimo. Creo que la palmó... Cuando entré allí, flipé en colores, yo era jovencito y no había visto mucho mundo. Allí había mucha mezcla de gente guapísima; había colores por todos los lados y una música de puta madre.

RICARDO URGELL: La gente bailaba... Había mujeres que se desnudaban en mitad de la pista... Había escándalo y provocación.

ROBIN: Tras la muerte de Franco, los cambios tardaron un poco en llegar. Lo que sí recuerdo es que, inmediatamente después, el kiosco estaba lleno de revistas porno [risas].

PITI URGELL: Escohotado es el que concibió Amnesia como discoteca, el que la convirtió en un descontrol.

ANTONIO ESCOHOTADO: El nombre «Amnesia» nunca se perdería. Talaron el árbol, acabaron con la casa y la idea original se destrozó por completo, sin embargo, esa especie de espectro o alma de algún modo se le quedó de por vida. Es impactante. Las otras son solo discotecas. Yo la iba a llamar «Taller del Olvido», pero Manolo [Sáenz de Heredia] me dijo, «llamémosla "Amnesia"», y así fue. Era un lugar para desconectar.

4
COCO LOCO

José Antonio Santamaría, José Luis Anabitarte «Gorri» y Javier Iturrioz, los tres empresarios vascos dueños de la discoteca KU de San Sebastián, hace tiempo que andan detrás de un local en la isla donde poder abrir una franquicia. Lo intentan primero con Amnesia, pero no llegan a un acuerdo con Escohotado y sus socios. En 1978 se quedan con el Club San Rafael, un club deportivo privado con una enorme terraza con piscina. Un año más tarde, y tras varias reformas, inauguran KU Ibiza, la espectacular discoteca descubierta que pondrá patas arriba la escena de clubs ibicenca durante el primer lustro de los años ochenta. Su DJ residente es Gerardo Queiruga, el DJ de KU San Sebastián que trae su onda new wave, al que se suma Patrick, selector neoyorquino que sacude la pista de baile a ritmo de funk y música disco. En KU está el Coco Loco, el bar de Brasilio, brasileño que empieza a organizar las legendarias fiestas del club. La primera de ellas es el concurso de Miss Tanga, y el KU se pone a rebosar. ¡Empieza la fiesta!

INTERVIENEN: TANIT (AMNESIA, KU), BRASILIO (KU), ALFREDO FIORITO, JOSÉ PADILLA (ES PARADÍS), DIEGO GIMENEZ (FLIP MUSIC), JUAN SUÁREZ (PLAYBOY 2), ROBIN, PITI URGELL (PACHA), ALAIN (SAUSALITO), RICARDO URGELL (PACHA), JANE, PIPPI (GLORY'S), ANTONIO ESCOHOTADO (AMNESIA)

TANIT: Nací en un barco en 1940, durante la guerra, en aguas brasileñas, pero tengo nacionalidad de la Martinica porque fue el primer lugar donde desembarcamos. Mi padre es una mezcla de indio americano y francés, y mi madre era medio vietnamita, medio senegalesa. Mi padre formaba parte del Ejército francés y viajaba mucho a las colonias y nos llevaba con él: fuimos a Indochina, Senegal, a las islas Guadalupe o la Martinica. No fue hasta 1944, cuando mi padre regresó a Francia, que me inscribieron en el registro civil de Marsella, así que tengo cuatro años más de los que figura en mi registro. Mi madre murió y no tenía una relación muy cercana con mi padre, por lo que con catorce años le dije que me iba de casa. Como él estaba muy bien relacionado, primero me enroló en un petrolero y luego ya empecé a trabajar en barcos de pasajeros. A los dieciséis años volví a Francia e hice el servicio militar durante cuatro años, en París. Tenían que haber sido solo tres, pero estuve varias veces en la prisión militar. No soy de los que reciben bien las órdenes, así que me tuvieron que «reformar». Luego me fui a Suiza, de allí a Dinamarca, luego a Alemania, y así fui viajando por el mundo.

BRASILIO: Nací en Brasil, en São Paulo, creo que en 1946. Mi familia no tenía relación con la música o el espectáculo, pero estudié violín de niño. Estudié Económicas en Brasil y después me fui de viaje. La primera vez que viajé a Europa fue en el 68, cuando vine de vacaciones, y recuerdo que vi películas como *El último tango en París* y otras que estaban prohibidas en Brasil. La primera discoteca a la que fui en mi vida fue el Bocaccio, en la calle Tuset de Barcelona. A partir de ahí empecé a ir a discotecas, pero no porque me gustara, sino porque mis amigos iban y yo iba con ellos, aunque a mí me gustaba más quedarme en el coche.

ALFREDO FIORITO: Cuando cerré la tienda de ropa, entré en un equipo de rugby y una de las personas que venía a ver los partidos me ofreció entrar a trabajar de camarero en un bar que se llamaba Be Bop. El local tenía un equipo de música con dos tocadiscos sencillos y un mezclador, y también una colección de música que conocía bastante bien, con discos de soul, pop, rock y reggae de los setenta. Ahí empecé a poner música. Me di cuenta de que podía mezclarla, así que mientras servía copas, ponía música. Empezaron a venir los compañeros del rugby, gente de la noche, y empezó a funcionar. Y a partir de entonces me dije a mí mismo que quería ganarme la vida con esto, cuando en aquel momento pretender ganarse la vida de DJ era un sueño, salvo que trabajaras en una discoteca de residente. Y ni con eso, porque pagaban muy poco.

TANIT: Mi destino es el viaje. Desde pequeño ando viajando. La primera vez que fui a Ibiza fue en los años sesenta, no recuerdo el año exactamente. Llegué en un barco de vela con unos amigos. Atracamos en Las Salinas y llegamos a la costa en Zodiac. Estuvimos una semana y recuerdo haber estado en una cueva, pero no llegué a ver el resto de la isla. Luego volvimos al barco y seguimos navegando.

BRASILIO: Un amigo que había conocido estudiando en Londres me trajo a Ibiza, donde tenía una casa en Can Pep Simó, que ahora prácticamente es una favela. Allí alquilamos una moto y conocí la isla. Era el año 70. Me encantó. No había discotecas, no había nada.

JOSÉ PADILLA: Mi primer curro de DJ en Ibiza —te vas a reír— fue en el Hotel Bergantín, en medio de la bahía, que tenía una minidiscoteca *pa* los guiris, donde ponían a Julio Iglesias, Abba o Barry White. Yo era muy de Tamla Motown, Philadelphia sound y James Brown; siempre he sido muy *soulero*. Recuerdo que con lo poco que teníamos hacíamos maravillas. De hecho, es mejor tener pocos discos que muchos, porque yo ahora tengo tanta música que a veces no tengo tiempo de ponerla toda, y el *set* se te puede ir a tomar por culo, precisamente por tener tantas posibilidades. Luego pinché en Es Paradís, que estaba al descubierto y no tenía techo. El DJ que había se fue, me hicieron una prueba y al dueño le gustó. Sería el año 77 o 78.

TANIT: A finales de los setenta, coincidí en un avión que volaba a Barcelona con alguien que tenía un pasaje para Ibiza pero que no podía ir. Me habló de ese paraíso de libertad, de esa isla mágica... y le compré el billete. Llegué a Ibiza con dos maletas y al salir del aeropuerto solo encontré a un hombre subido a un carro al que le pregunté, «disculpa, ¿taxi para Ibiza?»; y me contestó, «yo soy el taxista». Así que me monté en el carro con las dos maletas y con aquel señor —que estaba borracho perdido— y al cabo de dos horas llegamos a Ibiza, al [hotel] Montesol. Allí pregunté por una casa para alquilar y esa misma tarde encontré una disponible en la calle de la Virgen, por cinco mil pesetas. Cuando entregué el dinero y pregunté por la llave de la casa, me contestaron, «aquí no hay llaves». «Pero, tengo todas mis cosas», dije. «Aquí no robamos», me contestaron.

DIEGO GIMENEZ: En la tienda tenía música inglesa, alemana, americana, francesa, pero todo lo que era rollo Julio Iglesias y tal no lo vendía; solo tenía música rock y música para discotecas. Algo de rumba, igual, como el Gato Pérez, que era buenísimo, o Lole y Manuel. También vendía rock duro español, porque muchos venían a grabar a Ibiza, como Leño o Burning, por ejemplo.

JUAN SUÁREZ: Yo me quedé en Ibiza por la música. Recuerdo que iba con una chica caminando por el puerto cuando vi a un tipo tocando «Moon Shadow» de Cat Stevens. Nos fuimos a tomar una copa y a la vuelta todavía estaba allí, cantando con la calma, con el mismo acento que Cat Stevens, igual... Me acerco y le digo «*Hey, Mr. Stevens*», y el tipo puso cara de «me ha reconocido». Me impresionó ver cómo un tío que era número uno en todo el mundo con «Moon Shadow» estaba en Ibiza tocando a su bola, solo.

ROBIN: Los Bee Gees compraron la casa de mi hermana. Estaban al otro lado de la isla y no participaban mucho de la escena local. Eran como turistas de San Antonio [risas].

JUAN SUÁREZ: Vi a los Bee Gees aquí en un bar de San Antonio, ensayando para su nuevo disco, cuando los Bee Gees eran dios. Mike Oldfield se inspiro en Es Vedrá en su disco *Voyager*, y por supuesto ahí está el *More* de Pink Floyd.

DIEGO GIMENEZ: Estuve en el concierto de Bob Marley, claro. Fue uno de los conciertos más bonitos que se han hecho en la isla, en la antigua plaza de toros. Fue una noche de luna llena, preciosa, y estuve viendo todo el concierto al lado de Brian Ferry, que estaba sentado justo a mi lado.

ALFREDO FIORITO: Fui al concierto de Bob Marley. Creo que fue el último que dio fuera de Jamaica, en la plaza de toros de Ibiza, en el 78, junto con UB40, que tocaban de teloneros.

BRASILIO: Años después, le propuse a un amigo montar una tienda en Ibiza en un local que unas amigas iban a perder, en calle de la Virgen. Él tenía una peletería en Barcelona, y copiamos un modelo de pantalón de cuero que se puso de moda en Ibiza. Luego abrí un bar en la primera planta, esto sería en 1977. Se me ocurrió que, si te gastabas cuatro mil pesetas en un pantalón, te obsequiábamos con una caipiriña. El bar no tenía caja, no tenía nada, solo caipiriñas. Se llamaba el Coco Loco. Se convirtió en el bar de moda de Ibiza, porque fue el primer bar que no era hippy. Era un bar alegre. En los bares hippies normalmente había velas, oooohmmmm [hace el gesto budista], claro, y yo traía samba, música brasileña y alegría.

TANIT: Soy un tipo muy místico, conectado con mi sangre india. Para mí, Dios es el Sol y la Luna. Quería buscar un lugar puro, conectado con la naturaleza y el espíritu de la isla. Hablé con los ibicencos y me contaron que había un pequeño río interior al que se podía acceder a través de una cueva. Cuando llegué allí me di cuenta que ya había estado en ese lugar, pero al principio no recordé que estaba en la misma isla donde había estado hacía más de una década. Me quedé tres días allí en la cueva y conecté con la isla. Esa cueva es Cova Santa. Después de esa experiencia decidí que Ibiza era el lugar donde iba a vivir libremente. Por entonces, llevaba años viviendo en Alemania. Allí tenía un burdel y un casino clandestino con dos socios más. Nos repartíamos la gestión y a cada uno le tocaba trabajar un mes, así que tenía dos meses libres para poder viajar. Ganaba mucho dinero. Entonces, les dije a mis socios que no iba a volver. Me dieron mi parte y durante un tiempo tuve suficiente dinero para vivir sin preocupaciones.

JOSÉ PADILLA: En aquel momento ya había más cosas para pinchar: Bowie, Supertramp, Fischer-Z. Recuerdo que venía un negro de Nueva York con sus maletas que vendía singles de música disco americana. Era modelo de [Toni] Miró y cuando venía en verano le quitaban los singles de las manos. Luego ya me hice todas las discotecas de San Antonio, como Éxtasis, que aquello era propio de un régimen militar (el director y los hijos eran militares). Recuerdo que entrabas una hora antes y te ibas cuando todo estaba limpio y preparado para el día siguiente. Todo el personal, hasta el DJ, ahí sentados esperando para chapar... Era un régimen militar total.

JUAN SUÁREZ: Cuando venían los artistas, jugadores de fútbol y famosos al Playboy 2, lo primero que hacía Pepe era presentarme a la gente. Fui muy buen relaciones públicas. Allí trabajaban de camareros José Padilla, Toni Oneto[33] y Reche, uno de los mejores DJs que ha tenido

33. Toni Oneto fue DJ residente del Kaos Club (que antes fue Star Club), en Ibiza, en la década de los noventa.

Space. Y cuando yo tenía que ir a cenar o por ahí le decía a José, «ponte estos dos discos»: el «Love to Love You Baby», que duraba dieciocho minutos y treinta y dos segundos, y cosas así. Padilla jamás logró mezclar un disco con otro; es el tipo que peor ha mezclado de todo el mundo, el peor DJ que he oído en mi vida. Tuvo la gran suerte de acabar en el Café del Mar y de pinchar a Pat Metheny y luego poner la Séptima sinfonía y tal, porque Café del Mar también era un rollo diferente, pero yo a Padilla no le llamo DJ, y lo hago en su cara: le llamo «innovador». Reche era muy buen DJ; Toni Oneto, también, y los dos nacieron en Ibiza. Bueno, a mí me llaman «el maestro».

TANIT: Tengo espíritu indio, así que desde que llegué a la isla he andado en taparrabos. De hecho, me metieron en la cárcel por ir en taparrabos. Por entonces no había casi policías. Había cinco para toda Ibiza y la mayoría no sabía escribir. Pero fue [Abel] Matutes quien le dijo a la Policía que nos dejaran tranquilos, porque éramos nosotros, los hippies, los que haríamos que viniera más gente a la isla. Matutes es un hombre muy listo. Sabía que si no dejaban tranquilos a los hippies, la isla no progresaría. Es por eso que los hippies se pudieron instalar en la isla. Y si tenías dinero, los ibicencos te ayudaban. Como yo tenía dinero, podía hacer lo que quisiera. Había algunos hippies que eran ricos, y otros eran nómadas que iban a Goa, Bali, Sitges, y ya luego a Valencia. Toda la gente que iba a esos sitios se encontraba en Ibiza.

BRASILIO: Los vecinos de Ibiza me ayudaron mucho, a pesar de que hacíamos mucho ruido en el bar. Yo les preguntaba a las señoras: «Y qué, Margarida, no te hemos dejado dormir, ¿no?». «No, no he oído nada, no he oído nada.» «¡Pero, ¿cómo?!, pero si tú duermes con la cabeza aquí, justo al lado del altavoz, ¿no?», y me decían: «Antes de que llegarais vosotros, no comíamos y pasábamos mucha hambre. Ahora podemos comer arroz». Y es que antes Ibiza era muy pobre. Cuando llegamos nosotros, se generó algo de economía. La Catalina y la Margarida me decían que estaban encantadas porque la nieta de Franco venía a mi bar. Venía mucha gente importante, como

Marujita Díaz. Me ayudaban mucho, y si venía la policía, se peleaban con ellos. Eran payesas-payesas, vestidas de negro, todas divinas.

TANIT: Franco tenía una familiar lesbiana que era amiga mía. No te puedo decir su nombre. Como no podía vivir en Madrid con su pareja, venía a Ibiza y hacía sus cosas. Ibiza estaba aislada; Franco no quería saber nada de Ibiza. De hecho, había mucha gente que había huido de la justicia para refugiarse aquí. Era un lugar pirata: los malos estaban aquí, retirados y aislados.

PITI URGELL: El gran cambio fue cuando llegó la coca. Antes, podías poner música y bajar de ritmo y volver a subir —bajabas y subías—, pero cuando llegó la coca, ya no podías bajar: marcha, marcha, marcha, marcha, marcha... Del 78 al 80 estuve fuera de Ibiza porque me fui a Nueva York a operarme del corazón, y estuve allí un año y medio o así. Estuve en Studio 54. Ya había estado antes, cuando empezaba la música disco. Cómo bailaban, con todos esos pasos en las pistas de las discotecas... Ya empezaba a ser pum-chi, pum-chi, que es adonde ha ido a parar la música, a lo más fácil... En ese momento hicieron el KU, que antes era el Club San Rafael, y lo cogieron los vascos, que nos hacían competencia desleal, por decirlo de alguna manera, y nos fastidiaban. Los vascos fueron los segundos que vinieron a la isla.

JUAN SUÁREZ: Entonces era el Club San Rafael, donde yo iba a comer y a nadar, que había una piscina de treinta y tres metros. [Los cocineros] Pedro Subijana y Juan Mari Arzak fueron más tarde, y luego lo cogieron Javier Iturrioz, [José Antonio] Santamaría y [José Luis Anabitarte] Gorri.

ALAIN: El KU abrió en 1978. Estuve en la inauguración, claro. Era una terraza con una piscina y poco más. Solo hicieron unas escaleras grandes para acceder. Era pequeño y poco a poco lo fueron ampliando. Yo hacía mi circuito: Pacha, KU y después a veces Amnesia, depende de quien me acompañara en el coche [risas].

RICARDO URGELL: El Club San Rafael me lo iba a quedar yo, pero al final no pudo ser. Aquellos jardines eran verdaderamente fabulosos. No podías poner música, pero se puso, porque [José Antonio] Santamaría era amigo de [Abel] Matutes, y lo camuflaron. Aquello era totalmente ilegal, pero estaba protegido por Matutes.

DIEGO GIMENEZ: El Club San Rafael era propiedad de dos franceses y tenía una piscina y una pequeña sala de baile. Lo transformaron en otro Pacha... Y detrás vino Amnesia con lo mismo, y todo eso atrajo mogollón de gente. A partir de ahí todo cambió: el ambiente, la gente, la música... Cambió el rollo por completo.

BRASILIO: Muchos querían que instalara mi bar dentro de su discoteca, porque al principio, en las discotecas, se alquilaban las barras. Me querían los del Pacha y los de Amnesia, y en el último momento me decidí por el KU. Cuando lo abrieron, ¡no iba nadie!, pero conmigo funcionó... Yo había hecho cuatro fiestas allí y lo había llenado. Metí entre cinco mil y diez mil personas... Toda la isla acudió a la primera —la Fiesta del Tanga—, y luego monté la fiesta brasileña y otras dos más que no recuerdo... Eso fue en el 78, y yo tenía mi bar, que tenía que cerrar con cuatrocientas cincuenta personas que colapsaban la calle porque no podían entrar. Se montaban unos fiestones...

DIEGO GIMENEZ: Antes todo el mundo estaba mezclado en las discotecas: el payés con el alemán... esto era así en todas. KU y Amnesia estaban al aire libre, y aquello era una maravilla. Desde el KU veías toda Ibiza y Amnesia estaba en medio del campo... era una pasada.

BRASILIO: Cuando salía del Coco Loco, iba a cenar cada noche al restaurante del KU, porque era muy bueno, que lo había abierto Pedro Subijana. Por dentro era todo de moqueta y la cabina del DJ estaba mirando a la pared. Cuando me vine al KU, lo primero que hice fue arrancar toda la moqueta, y luego cambié la cabina y la situé mirando a la piscina y coloqué la pista de baile donde estaba la piscina. Antes en la terraza solo estaban las sillas del restaurante y un altavoz. Al principio puse el escenario encima de la piscina, que vinieron unos buceadores del ejército a montarlo —el capitán era amigo mío—, y puse un toldo y empezó a funcionar. Fue allí donde monté mi bar, el Coco Loco, un *privée*. Pensé, «si quiero que funcione mi bar, tengo que hacer que funcione la discoteca. ¿Cómo va a haber gente en mi bar si no viene gente a la discoteca?». Y entonces empecé de director y cualquier cosa pasaba por mis manos.

JANE: KU era genial. Tenía piscina; era fantástico. La gente se metía en la piscina y se ponía a bailar. Antes era el Club San Rafael, pero no iba nadie. Había un DJ, una pista de baile y una piscina, pero nunca iba nadie, a excepción de cuatro o cinco parejas. Solía bailar allí, y era genial, porque no había nadie y podía pasarme el tiempo en la piscina... hasta que una vez me encontré una rata dentro y ya no me metí más [risas]. Allí tuvo lugar la primera Pasarela Adlib[34], que sigue celebrándose cada año. Por aquel entonces tocaba la batería y los bongos. Por supuesto, íbamos hasta las cejas de LSD.

ALAIN: Con [José Antonio] Santamaría y sus socios en seguida nos hicimos amigos íntimos. Tenía —y todavía tengo— dos pisos a cincuenta metros de mi restaurante, el Sausalito, muy bonitos para la época. Uno de ellos era un ático y se convirtió en el primer privado de Ibiza, en los años setenta. Por el restaurante pasaba mucha gente conocida que después se venía a mi piso para tener intimidad, como [Roman] Polanski o los dueños del KU, que venían a mi casa a tomarse la última copa. A veces nos juntábamos allí ocho o diez personas, un grupo muy unido, y yo me escapaba con ellos, con el restaurante todavía abierto. Más de una vez le tuve que decir a Gorri, «bueno, qué, ¿no vas a ir a trabajar hoy?» [risas].

34. Adlib es una moda basada en el estilo de vida y la idiosincrasia ibicenca creada por Smilja Mihailovich, apodada como la «Princesa Smilja», bajo el lema «viste como quieras, pero con estilo». Smilja recaló en Ibiza en 1960. La Pasarela Adlib Ibiza, que ya cuenta con cuarenta y siete ediciones, se celebra en el Recinto Ferial de Ibiza.

JOSÉ PADILLA: Recuerdo que lo pasaba fatal, porque en Es Paradís tenía unos Lenco, los platos suizos, que eran superduros. Eran tan duros que te ponías de pie en el plato y dabas vueltas. Pero en Éxtasis era terrible, porque ahí tenían unos Garrard que enseguida se calentaban y a mitad del *set* se te iba a tomar por culo la correa, con la pista llena de guais que se te quedaban mirando. Entonces tenía que levantar el plato y poner bien la correa, y además hacerlo rápido. Es Paradís era muy especial, era un puto jardín al aire libre. Lo que hay ahora no es ni el 10% de lo que había entonces, que era un puto jardín. No estaba la fuente, que pusieron cuando entré yo. Estuve allí unos cuatro años; estamos hablando de finales de los setenta y principios de los ochenta. Estuve en todas las discotecas de San Antonio. En Ibiza pinché alguna vez en Pacha y en el KU, y creo que también en Amnesia.

BRASILIO: Un día fui a visitar a Patrick[35], que era un DJ caribeño de Amnesia muy amigo mío, que vivía justo al lado del KU, y me dijo, «estoy muy enfadado porque Ginés [Sánchez] me prometió que me iba a pagar la casa y al final no lo va a hacer». Y entonces le dije, «vale, ¿y por qué no te vienes a trabajar al KU?». Amnesia abría al día siguiente [risas]. Entonces, lo llevé a hablar con [José Antonio] Santamaría y le pagamos la casa, un sueldo de cuatrocientas cincuenta mil pesetas y todo lo que quisiera. Al día siguiente Amnesia abrió sin DJ y KU abrió con Patrick y Gerardo, que murió hace poco y que era muy bueno también.

PITI URGELL: El KU nos pasó por delante, hasta que empezamos a hacer la sala grande de Pacha. Esos dos años que yo no estuve, dejaron la discoteca muy abandonada, estaba muy hundida. Y ya en el 80, mi hermano decidió hacer la terraza de Pacha. Hicimos un cierre con unos toldos, pero el Ayuntamiento empezó a putearnos con el sonido, que decían que estaba muy alto. Llegamos a bajar tanto

35. DJ de Nueva York que pinchó en Amnesia a finales de los años setenta y que sería residente del KU Ibiza entre 1981 y 1984. Compartió cabina con Gerardo Queiruga, DJ vasco que alternaba esta residencia de verano con la de invierno en el KU San Sebastián.

el sonido que podías oír los pasos de la gente mientras bailaba. ¡Y resulta que lo que oían era el sonido de Amnesia, pero en cambio nos culpaban a nosotros y nos lo hacían bajar! Para que luego digan que íbamos de enchufados en el Ayuntamiento, cuando nos han puteado todo y más.

ALAIN: Al principio, lo bueno de Ibiza es que el dinero no era importante. El cambio empezó en el 78-79, que fue la época cuando abrieron KU y Pacha se resintió y dejó de ir gente. Tuvo un año muy malo.

PITI URGELL: Nosotros con la sala pequeñita esa y ellos con la piscina, las tías en pelotas, los políticos abajo con las putas y las rayas...

RICARDO URGELL: A ver, la discoteca que más éxito tiene es la que le dejan hacer lo que le da la gana. Yo he visto follar en discotecas —te hablo de lo que he visto— o gente haciéndose rayas descaradamente sobre una mesa y metérselas, como en el KU. Allí se hacían las rayas por todas las esquinas... Y eso es lo que fomentó que Ibiza fuera un lugar de ocio. El ocio es hacer lo que te da la gana. Había libertad. Esta es la base del éxito de Ibiza.

BRASILIO: Antes había muchos alemanes, y después llegaron los italianos, pero los primeros en descubrir la isla fueron los franceses. Al principio, el puerto de Ibiza, desde el Sausalito hasta el Zoo, era todo franceses. San Antonio era igual o más bonito que Ibiza, pero lo jodieron, porque el ibicenco no tenía ni puta idea de nada. Todo eso que han hecho con San Antonio, que era una bahía igual que la de Ibiza, con todas las casitas... lo tiraron, todo. Solo quedó [el restaurante] Villa Mercedes, el único que se ha conservado un poco tal y como era aquello entonces. Es más, antes no había ni un edificio en toda la bahía. Dalt Vila lo salvaron los franceses, que junto con los belgas compraron toda esa parte, que está sin tocar... Cuando llegué, todos los dueños eran franceses y después fueron haciendo los bares: el Clive's, el Sausalito, el Mono Desnudo... todos eran franceses. Y se conservó porque se montó una organización, de la que yo formaba parte, y no dejamos poner ni un neón en la zona. Ahora está lleno de neones.

PIPPI: Un amigo me dijo, «ve a Ibiza, que a lo mejor ahí puedes hacer algo con tu música. Conociéndote a ti y el rollo que tienes, Ibiza puede ser lo tuyo». Yo quería hacer cosas, ir a algún sitio nuevo y conocerlo... Tenía razón, llegué a Ibiza y me metí en la movida, entré en el Pacha, fui al Glory's y todo eso. Me quedaba encantado en todos los escenarios, porque Ibiza es algo especial. En aquella época había un espíritu muy sano y a la vez muy liberal; éramos pocos y eso lo hacía mejor, ¿sabes? Ahora el negocio ha cambiado, todo es mucho más grande, hay mucha más gente. Venía aquí de vacaciones y me traía algunos discos de Alemania por si podía pinchar, y también compraba en una tienda que ya no existe: Flip Music.

DIEGO GIMENEZ: Yo entonces empecé a buscarme la vida para sortear las leyes españolas, porque estaba prohibido importar discos... Tenía un amigo que tenía una tienda en Perpiñán y me iba allí a comprarle, y cada vez que cruzaba la frontera, unas veces me pillaban y otras, no. Cuando me pillaban, pagaba las tasas y luego vendía lo que me había traído en las discotecas: KU, Pacha, Amnesia...

PIPPI: Yo creía que lo teníamos todo en Alemania, pero iba a Flip Music y encontraba cosas que en Alemania no estaban. Por entonces yo había dejado la moda y había empezado a trabajar en una tienda de discos en Düsseldorf que se llamaba Studio 33. Era DJ de noche y de día era el responsable de la tienda. En Ibiza encontré algunos discos incluso un año antes de que llegaran a Alemania. Diego, que llevaba la tienda, tenía buen ojo para la buena música; importaba discos de EE. UU. y de Inglaterra.

DIEGO GIMENEZ: Más tarde me puse en contacto con un mayorista belga. Yo le mandaba todo lo de la Movida madrileña —Golpes Bajos, Kaka de Luxe y tal—, y él me mandaba maxi-singles americanos, ingleses, italianos... todo lo que era importación para discoteca y que llegaba a Bélgica. Estaba muy puesto en todo esto. Cuando la gente iba a las discotecas, preguntaban, «joder, estos discos, ¿dónde los puedo encontrar?», y los mandaban a Flip Music. Tenía una buena clientela de alemanes, que en esa época Alemania estaba llena de discotecas. Los discos iban con una pegatina de «Flip Music Ibiza», y a la gente le encantaba que pusiera la palabra «Ibiza» en los discos. Llegué a vender una cantidad de discos increíble.

PIPPI: Diego vendía de todo, traía tanto discos de Bob Marley como de Weather Report o Level 42. Música comercial, pero de calidad, que los DJs convertíamos en música para bailar.

DIEGO GIMENEZ: Los DJs también tenían sus propios contactos, pero yo por lo general guardaba muchos discos para ellos. A mí eso me iba muy bien porque cuando les vendías un disco, la discoteca te hacía una buena promoción, porque lo escuchaba mucha gente y luego venían a buscarlo a la tienda. Es un buen escaparate para vender. A las discotecas las cuidaba mucho. Me iba allí con mi [Seat] 600 y mi maleta de discos por todas partes. Trabajaba mucho en esa época. Eran otros tiempos y todo era más fácil.

PIPPI: En el 79 fui al Glory's y me introduje entre la gente de la isla, en los clubs, que empecé a conocer bien; les pasaba música o les dejaba un casete. De repente una noche les faltó un DJ, yo estaba por ahí con mi bolsa de discos y les dije, «yo puedo hacerlo». Y ahí empezó todo. Estuvo muy bien; pinché un par de veces en el Glory's. Luego seguí viniendo de vacaciones a Ibiza, en el 80, 81, 82... Iba siempre a Pacha, que era el club por excelencia. Tenía el potencial de lo que yo tenía en la cabeza, pero no el nivel, porque no existía el contexto del DJ.

DIEGO GIMENEZ: Yo del KU prefiero no contar nada porque... Lo que pasa en el KU se queda en el KU. Pero sí puedo decir que era uno de mis mejores clientes. Cada mes iba allí a cobrar facturas, y era como ir a un museo.

ANTONIO ESCOHOTADO: No había ningún tipo de autenticidad, salvo en Amnesia, pero en el KU se estaba divinamente. Y como eran vascos, cada semana traían un chef de primera para cocinar, y del nivel de Arzak. Se comía de fábula en el KU, de fábula. Y aquella piscina en mitad de la disco... era un lujazo. También fue cuando empezó a irse todo al garete, cuando entraron los corso-marselleses.

5
XTC

Muchos coinciden en que el primer lustro de la década de 1980 fue la época dorada. Son los años locos del KU y sus fiestas temáticas: Miss Tanga, Mr. Tanga, la noche de Brasil... La fiesta está en la terraza, en la piscina, en la pista de baile... Y sobre todo en el Coco Loco, el bar que lleva Brasilio, el alma de la fiesta en el KU. En Pacha también montan las suyas, como «la fiesta de blanco» o la mítica Flower Power, con música de los sesenta, que ya es todo un clásico de Ibiza. En 1982, la droga del amor entra por primera vez en escena. Será en la fiesta Remember de Amnesia, que organiza el iraní criado en Ginebra Faruk Gandji, que luego entrará en el equipo de promoción del KU. Faruk ha conseguido ciento cincuenta cápsulas de éxtasis que reparte entre amigos e invitados. Aquella noche, la música la ponen Gerardo Queiruga, DJ del KU, y Patrick, de Amnesia. El resultado es un fiestón memorable y el principio de una nueva época. A Pacha le están haciendo sombra, pero han cogido como DJ residente al italiano Massimo Zucchelli. Esto ya no hay quien lo pare.

INTERVIENEN: CARL COX (SPACE), CÉSAR DE MELERO (GLORY'S, LOLA'S, PLAYBOY 2), JOAN RIBAS (PACHA), JUAN CARLOS SÁNCHEZ (KU), KENNETH BAGER (DISK), FARUK GANDJI (KU), DIEGO GIMENEZ (FLIP MUSIC), PIPPI (PACHA), TANIT (LOLA'S), JUAN SUÁREZ (PLAYBOY 2), ANTONIO ESCOHOTADO (AMNESIA), JOSÉ PADILLA (ES PARADÍS, MANHATTAN), ALFREDO FIORITO (AMNESIA), JUAN TUR (DELTA DISCOS)

CARL COX: Muchos creen que soy afroamericano, pero en realidad soy británico. Nací en Manchester, en 1963, así que soy del norte. Mi familia es de Barbados y echaron raíces en Inglaterra, cuando el gobierno británico hizo un llamamiento a los caribeños de las Antillas para que ayudaran a reconstruir el país después de la guerra. Mi padre era conductor de autobús y mi madre, comadrona. En Barbados, la gente es feliz, incluso siendo la mayoría pobres. Tienen una cantidad inagotable de caña de azúcar, así que la cultivan y la venden en todo el mundo. Celebran una fiesta cada año que se llama «Después de la cosecha» [*Crop Over*] para festejar el dinero que hacen vendiendo el azúcar. Es como un carnaval y siempre hay música sonando: soca o calipso, y mucha alegría. Así que mis padres crecieron en una cultura donde siempre había música. Aparte de su música, también llegaba la de Norteamérica de los cincuenta y los sesenta, muy soul y llena de sentimiento. Por la radio, se escuchaba la Tamla Motown, Atlantic Records, Elvis Presley, Aretha Franklin y James Brown, pero también a los Beatles.

CÉSAR DE MELERO: Nací en Sarrià, en Barcelona, en la Clínica del Pilar, aunque mi madre era de Madrid y mi padre de Oviedo. Mi madre era bailarina, bailaba clásico y flamenco, y en casa siempre teníamos el *pick up* con música puesta; siempre había fiesta. Teníamos un montón de singles: Frank Sinatra, Los Relámpagos, Los Sírex, mucha música flamenca... Manolo Caracol y cosas así, para entendidos del flamenco. Mi madre ponía música, cogía las castañuelas y me decía, «mira, esto es la araña», que supongo que debía de tener algún tipo de relación con la posición de las manos. Siempre fui fan de mi madre. Cuando falleció, quise quedarme con sus castañuelas. Es un gran recuerdo que guardo de ella.

JOAN RIBAS: En casa teníamos un *pick up* clásico blanco y negro, con los altavoces en la tapa. Mis padres escuchaban música, pero no eran fanáticos ni músicos (ningún miembro de mi familia lo era). Escuchaban tango, Serrat, cantautores sudamericanos y algo de música francesa, tipo Marie Laforet. Con diez años, el tocadiscos ya era casi mío y lo utilizaba a menudo. Mis tías escuchaban música más «moderna» —Beatles, Neil Diamond, Cat Stevens, Crosby, Stills, Nash and Young...— y me prestaban sus vinilos para pincharlos en casa. Con doce o trece años, con el dinero que gané un verano, me compré un tocadiscos mejor, ya con dos altavoces independientes, y empecé a comprar discos. Recuerdo el primero que compré: me costó 410 pesetas: *Barcelona. Gener de 1976*, de Lluís Llach. Lo compré en una tienda de discos que se llamaba Éxitos, que estaba cerca del hostal Parque de Ibiza. Mis primeros «bolos» fueron en fiestas de cumpleaños en casa con mis amigos pinchando con ese tocadiscos. En esa época fue cuando comenzaron a conocerme como el chico que iba siempre con discos bajo el brazo.

JUAN CARLOS SÁNCHEZ: Nací en San Sebastián en 1958. En la familia ha habido algún músico y en casa se escuchaba música, por supuesto, sobre todo lo que se podía escuchar en la radio. Empecé a interesarme por la música y a comprar discos muy pronto, a partir de los doce años o así, y a ponerlos en aquellos guateques que se hacían entonces. A la gente del norte, no sé por qué, le gusta Ibiza, y yo pasé unas vacaciones allí cuando tenía dieciocho años, que estuve de camping en Punta Arabí con un par de amigos de trabajo. Allí empecé a conocer la isla y algunas salas.

KENNETH BAGER: Nací en un pequeño pueblo de Dinamarca de tan solo diez mil habitantes, en el seno de una familia trabajadora. Cuando tenía siete años, mi padre se compró un radiocasete grabador, y recuerdo que venía de regalo una cinta de los Ventures, que es un grupo instrumental, y en la cara B, algo de Herp Albert, del que me enamoré al instante; creo que es increíble. Durante mi juventud, también recuerdo escuchar muchas bandas sonoras; la de *Dr. Zhivago*, por ejemplo, que me emocionaba un montón.

CARL COX: Mis padres se trajeron su cultura musical a Gran Bretaña. Recuerdo acompañar a mi padre a las tiendas de discos a comprar soca, calipso, y también discos de R&B y funk. Así que siempre asocié esa música con mi padre, quien técnicamente hacía de DJ en casa, cuando ponía los discos para la familia y los amigos. Escuchaba esos discos y veía cómo mis padres y sus amigos bailaban cuando montaban fiestas en casa. Una noche, mientras estaba en mi cama en el piso de arriba, escuché cómo estaban todos pasándoselo en grande abajo y me levanté y los espié desde la barandilla de la escalera. Cuando mi padre me descubrió, me dijo: «Tienes dos opciones, puedes volverte a la cama o bajas y pones tú los discos» (eso le permitiría ahorrarse el tener que ponerlos él). Yo pensaba, «esto es genial, puedo bajar y unirme a la fiesta de mis padres, y además poner la música que me gusta». Así que desde los ocho o nueve años ya me metí en esto de poner música. Así empecé. Desde ese día, cuando iba a comprar discos con mi padre, empecé a reconocer la música que salía de los altavoces de la tienda. Sabía si lo que sonaba era jazz, reggae, latino, soca o funk, y empecé a estar al tanto de los distintos sellos, géneros y sonidos. Sentía la música y qué es lo que se requería, en función del estado de ánimo de la velada; si tenía que ser rápida o profunda o instrumental, y poder así llevarlos de viaje. Entonces, empecé a decirle yo a mi padre qué discos tenía que comprar. Los ponía en un giradiscos que apilaba los discos, y cuando se acababa uno tenía que esperar a que sonara el siguiente, por lo que pasaban dos o tres minutos sin que sonara música. Pero, como mi padre también tenía un radiocasete, lo que hacía era grabar los discos en cinta y etiquetarlos, de tal modo que, mientras ponía el siguiente disco en el tocadiscos, cambiaba de *phono* a *tape* y ponía la cinta, y así siempre tenía música sonando.

KENNETH BAGER: En aquella época, había un presentador de la radio danesa que era buenísimo y que ponía éxitos de todo el mundo, desde los Rolling Stones a Stevie Wonder, pero también música española, italiana o francesa. Se convirtió en mi ventana al mundo desde los diez años. Recuerdo que compré mi primer single allá por el año 72 y enseguida me convertí en coleccionista. Solía trabajar de repartidor de periódicos por la mañana, antes de ir a la escuela, y todo lo que ganaba me lo gastaba en discos y casetes. Desde que era niño, siempre me interesé y escuché músicas de todo el mundo. Escuchaba de todo, incluso lo que no sonaba habitualmente en las discos y clubs. Me molaba la música negra y escuchaba un montón de *fusion* y de música comercial. De los catorce a los diecisiete ya frecuentaba las discos locales y me relacionaba con los DJs.

FARUK GANDJI: Nací en Nishapur (Irán) en 1951, pero de los cinco a los veinte años me crie en Ginebra, y luego viví en Londres y Brighton hasta los veinticinco. Luego volví a Suiza, y más tarde a París, hasta que descubrí Ibiza a los treinta. Mis padres eran aficionados al arte y me compraron un piano cuando tenía ocho años, que estudié hasta que a los trece descubrí la guitarra y monté un grupo: The Ice Cream, al que le siguió The Rollickings, ya con quince años, y con el que dimos algunos conciertos en el colegio y en fiestas. Desde los doce, iba regularmente a las tiendas de discos de Ginebra con mis amigos a comprar. Éramos todos coleccionistas empedernidos. Además, teníamos la suerte de vivir a solo tres cuartos de hora de Montreux, donde pudimos ver a un montón de buenos grupos en directo[36]. A los

36. El Festival de Jazz de Montreux, Suiza, se celebró por primer vez en 1967 en el Casino de Montreux con una programación dedicada exclusivamente a artistas de jazz, como Miles Davis, Nina Simone o Ella Fitzgerald. A partir de los años setenta, el festival se abre a otros estilos musicales e incluye las actuaciones de artistas como Pink Floyd, Led Zeppelin o Deep Purple, banda que ha tocado en ocho ediciones. Entre los setenta y los noventa pasaron por el festival artistas

catorce, empecé a escaparme del internado para ir a discotecas, fascinado por la música y el mundo mágico de la vida nocturna en el que la gente se dejaba llevar. Estudié en la Universidad de Sussex y me licencié en Económicas, y luego empecé a trabajar en la Chrysler, hasta que monté mi propia correduría de futuros.

CARL COX: Recuerdo que llevábamos la caja de discos y la grabadora de casete a las casas de la familia de mi padre y de sus amigos, lo montábamos todo y luego yo ponía la música: «El hijo de Cox trae la música». Digamos que era un tipo de explotación infantil que me encantaba. Adoraba el hecho de poder controlar el estado de ánimo de la gente y su diversión. Me encantaba la reacción de la gente cuando ponía un disco que había seleccionado yo. También disfrutaba descubriendo música nueva por la radio, y siempre esperaba a que dijeran de qué artista era, y cuando lo decían, corría a anotarlo en un papel. Entonces, iba a la tienda de discos y preguntaba: «¿Quién es este tío?», y mi padre pagaba pero de rebote yo le educaba y no tenía que pensar en qué música poner en las fiestas. Mi madre vio enseguida que tenía talento para eso y que necesitaba algo para continuar mejorando, y como trabajaba en Freemans —una empresa especializada en la venta por correo—, tenía acceso a todo tipo de cosas. Cuando cumplí catorce años, edad en la que ya podía tener mi propio equipo, estaba este aparato que tenía dos platos, mezclador, amplificador, bafles y luces, y me dijo: «Es tuyo, pero tendrás que pagarlo», así que empecé a trabajar en dos curros a la vez mientras estudiaba, para tener pasta para pagar el equipo y comprarme discos. Con quince y dieciséis años, ya tenía un grupo de fans y pinchaba con mi equipo en fiestas del colegio y en los patios traseros de las casas de mis amigos. Así empecé.

CÉSAR DE MELERO: Nos fuimos a vivir a Uruguay con mi familia, porque mi padre era diplomático y viajaba mucho. Allí no pude con-

---

como Eric Clapton, Bob Dylan, Mike Oldfield, David Bowie o New Order, entre otros. Es el acontecimiento musical más importante de Suiza.

validar según qué estudios, así que entré en lo que entonces se llamaba Formación Profesional. Como quería ser ingeniero de sonido, entré en la especialidad de electrónica, pero me faltó un año para acabar, porque me fui a Ibiza; Ibiza me pudo. Recuerdo llorar por no haber podido acabar mis estudios, porque quería ser ingeniero de sonido, pero, bueno, luego aprendí por mi cuenta.

CARL COX: Era evidente hacia dónde iba. Siempre quería compartir música con la gente pero estando yo presente. Quería estar allí y sentir la satisfacción de poner los discos que quería compartir. Por aquel entonces, solo los DJs de la radio llegaban a tanta gente, pero nunca me vi como un DJ de radio. Quería estar físicamente con la gente, y no detrás de un estudio. No tenía el carisma... era muy tímido entonces.

FARUK GANDJI: Mi destino turístico favorito era Mallorca, y no supe de Ibiza hasta que mi peluquero gay me habló de ella en 1981. Su descripción del ambiente de libertad y de lo que ocurría en aquel paraíso me intrigó, así que decidí visitar la isla ese verano, con unos amigos. Nuestras vacaciones de diez días acabaron siendo de un mes. ¡Era algo de otro mundo! Al año siguiente tuve claro que me pasaría todo el verano allí.

CARL COX: A los diecisiete o dieciocho años, me puse a estudiar ingeniería electrónica y así aprender cómo funcionaban los altavoces, los amplificadores y los ecualizadores gráficos. Fue así como terminé por fabricar mis propios altavoces y ecualizador. Monté mi primer sistema de sonido con unas cajas de graves llamadas *scoop bins* de tal modo que si colocabas un altavoz de 115 [de 15 pulgadas] en la parte de delante, el sonido empujaba hacia atrás y los bajos salían por debajo. Eran muy fáciles de hacer. Y con dos o cuatro de estos *kick bins* conseguías dos mil vatios de graves ecualizados y tenías un sonido que metía que no veas. Me llevaba mi equipo y ponía música por la tarde, después de comer, durante la pausa de una hora, y la gente se ponía a bailar y a pasarlo en grande.

KENNETH BAGER: Con diecisiete años gané el premio al mejor DJ en un concurso local y empecé a pinchar en una bodega[37]. En 1979, me uní a una agencia que me mandó a la otra punta de Dinamarca, al campo. Recuerdo que pinché en un garito donde solo había soldados norteamericanos, pero, como controlaba de música negra, fue perfecto. Podía pinchar rap, disco, funk, y les encantaba. Era el fin de la era disco, justo cuando salió el «Rapper's Delight» [The Sugarhill Gang]. Al mismo tiempo, tomaba lecciones de interpretación con un actor muy famoso y recuerdo que en un momento dado le dije: «Deja que haga unos cuantos bolos y gane algo de dinero y lo retomamos». Pero ya no volví.

CÉSAR DE MELERO: Me fui a Ibiza porque mis hermanas mayores ya iban allí. Aquí en Barcelona se hablaba mucho de lo maravillosa que era Ibiza, pero jamás en relación a la música, a los clubs o los DJs. Eso no existía. Se hablaba de la isla, de su alegría, de la libertad y también un poco del libertinaje. Fui con mi hermano mayor, Chito, porque sí, porque nos tocaba ir. Yo tenía entonces diecisiete o dieciocho años, pero no fue hasta al cabo de cuatro o cinco años que empecé a pinchar.

JOAN RIBAS: Desde que tuve doce años, cuando llegaba el verano aprovechaba para ponerme a trabajar. El año que terminamos la EGB, en 1977, los compañeros del colegio montamos un club juvenil en un local que nos dejaron en el edificio donde está el Teatro Pereyra. Lo llamamos Club 30 de Mayo, porque fue el día que lo inauguramos. Allí hacíamos audiciones musicales y fiestas, donde pinchaba yo, entre otros. Flip Music estaba a poco más de cincuenta metros y comenzamos a ir por allí a comprar discos. Cuando Diego [Gimenez] necesitó a alguien que le ayudara en verano y me lo propuso, acepté, claro. Para mí fue una revelación. Su sabiduría me abrió nuevas fronteras musicales. Es vital para entender mi carrera; sin Flip Music no hubiera habido Joan Ribas DJ.

37. En castellano, en la entrevista original.

DIEGO GIMENEZ: Al principio lo hacía todo yo solo. La tienda empezó a funcionar muy bien y tenía a toda una generación de ibicencos que después del colegio venían a escuchar música. Imagínate, una tienda toda negra en la isla blanca. Juan Ribas, que era muy jovencito, se vino a trabajar conmigo. Le gustaba mucho la música y fue un excelente colaborador. Trabajó en la radio y sigue pinchando en el Pacha. Seguimos siendo amigos.

JOAN RIBAS: Cuando montamos el club, comenzamos a salir de bares y sucedió algo parecido a lo de Flip Music: íbamos al Akelarre y los socios me propusieron que pinchara. Ahí tuve mi primer sueldo como DJ: cuarenta mil pesetas al mes.

PIPPI: Como no todos los bares tenían tocadiscos, en algunos pinchaba con casetes. Era la manera de poder expresarte: si no hay plato, pues con casete, y en algunos no había ni preescucha. El único que tenía un equipo un poco decente para pinchar era el Akelarre, que por aquel entonces era lo más. Antes de ir a las discotecas todos se pasaban por allí. Recuerdo que iba Paco de Lucía y otros amigos guitarristas a tocar la guitarra y a fumar porros toda la tarde, en la terraza. Era un sitio de culto a la música, de *connoisseurs*.

FARUK GANDJI: Por aquel entonces, seguía escuchando a mis grupos favoritos de los setenta: Eagles, Pink Floyd, Deep Purple, Dire Straits, T. Rex, etc. Suiza nunca ha sido proclive a la vanguardia musical, así que solo tenía acceso a grupos comerciales y conocidos. Ibiza me permitió descubrir al instante un extenso panorama de nuevas músicas de todo el planeta que sació mi hambre de novedad. En Ibiza descubrí la segunda revolución musical de los ochenta. Me encantaba que la tecnología hubiera llevado a los grupos a incluir sintetizadores analógicos junto con guitarras y batería. Para mí, este nuevo tipo de synth pop era muy futurista y alentador, por lo que respecta a la música y la sociedad.

CARL COX: Era tan conocido por mi sistema de sonido como por mis sesiones de DJ. Decidí hacerme unas tarjetas de visita para mi proyecto musical. Como soy muy sensible en lo que a mi piel se refiere, solía ponerme una crema que se llamaba Astral Cream, por lo que decidí ponerme el nombre Astral Disco, con el lema «*The best of funk, soul & jazz music*». Hacía bodas y ponía música de fondo a la ceremonia. Los primeros temas se los dejaba escoger a los contrayentes, luego ya ponía música para el resto de la velada a base de soca, calipso, reggae, así como hits de la radio y temas que me gustaban. Seguía queriendo educar a la gente y pinchar de todo, no solo funk, soul y disco comercial. Me encantaba. Como solo tenía diecisiete años, todavía no tenía edad para tener una residencia en un club. Pinchar en clubs era algo que haría en el futuro; mientras tanto, hacía bolos en escuelas, fiestas de cumpleaños y en bodas de amigos y familiares.

KENNETH BAGER: En el 81, empecé a pinchar en un club llamado Disk, donde acabé siendo residente. Ponía música en plan James Brown, Siouxsie and the Banshees, The Clash, Kraftwerk... Todo en el mismo crisol, incluso antes de saber que existía algo llamado Balearic. Pinchaba esa música simplemente porque era la que me gustaba, y la gente venía de todos los rincones de las grandes ciudades para escucharme pinchar esta extraña mezcla de música.

JOAN RIBAS: La escena musical que frecuentábamos era básicamente la de los bares del puerto, principalmente Akelarre, La Finca y el 22, y luego las sesiones del domingo por la tarde en Playboy 2 y en Glory's. Y ya un poco después, cuando tuvimos algún amigo mayor con coche, íbamos a alguna discoteca de hotel como El Dorado, del hotel Cala Dorada, en Cala Llonga. También íbamos a bares hippies de campo como Can Soldat, por San Carlos. Al Lola's fuimos alguna vez, pero no era habitual. La música que se escuchaba era muy variada, principalmente rock y pop de la época. En Ibiza estábamos mucho más avanzados que el resto del estado gracias a toda la música que traían los extranjeros que venían y montaban negocios, como Diego de Flip Music, mucha de la cual no se editaba en España. Recuerdo como si fuera ayer escuchar «Another Brick in the Wall» de Pink Floyd como novedad en el Glory's... o el «Da Ya Think I'm Sexy?» de Rod Stewart. Pero al poco tiempo se comenzó con el disco y el italo disco: Pino D'Angiò en El Dorado o Michael Jackson en Playboy 2... La primera vez que entré en Pacha fue para poner discos. A Amnesia y al KU no fui hasta más tarde, cuando ya íbamos después de cerrar en Pacha.

TANIT: Yo conocía a mucha gente, básicamente extranjeros, muchos alemanes. Manel Aragonés[38] me propuso asociarme con él y coger el Lola's, para que llevara las relaciones públicas. Al cabo de un año lo dejé y me monté una *boutique*, aunque no tenía ni idea de moda, pero tenía una persona que comerciaba con piel y decidí vender ropa de los indios nativos. En aquella época, un periodista me bautizó en un artículo como Tanit, supongo que por mi aspecto. Entonces, el dueño del bar Don José me dijo, «Tanit, no viene nadie al bar. Tú que conoces a mucha gente me podrías ayudar. Te doy un 20% de las ganancias». Acepté y Don José empezó a funcionar y un año después el dueño me dijo que ya había aprendido a llevarlo y que no me necesitaba. Y entonces subí el listón y cogí el Black Sheep, y luego otro bar que estaba al lado del Mono Desnudo.

CÉSAR DE MELERO: Era una isla muy auténtica. En el puerto había un montón de locales, como El Mono Desnudo, La Tierra o el Black Sheep, donde la gente se juntaba. Estaban el Lola's y el Glory's. Nosotros salíamos por los bares de Ibiza y luego nos íbamos al Pacha haciendo autoestop, o incluso andando. El KU y el Amnesia quedaban como a cinco kilómetros, y antes de que hicieran la autopista, se mataron unos cuantos en la carretera antigua. Podías ir en taxi,

38. Manel Aragonés fue uno de los primeros agitadores del *clubbing* ibicenco a finales de los años setenta y los primeros ochenta. Tras un breve período al frente del Lola's, en 1977 y 1978 organiza fiestas en Amnesia, y en 1979 entra en el equipo de RR. PP. de KU Ibiza para encargarse de la organización y promoción de sus fiestas.

pero eran caros entonces. Lo suyo era el Pacha, la verdad, y más a esa edad, que éramos muy jovencitos. La gente por lo general iba allí. Entonces en el año 79 abrió el KU, que primero abrió como KU Disco Sport, nombre que le puso Manuel Aragonés. El logo eran dos chicos bailando encima de un vinilo. Lo cogieron los del KU de San Sebastián para montar el KU Ibiza con Brasilio, que es quien realmente le dio el alma... Estos tres vascos tenían mucho carisma.

JUAN SUÁREZ: Pepe Roselló siempre ha cuidado la pista de baile. Cuando las barras no funcionaban, me decía, «oye, Juan, cambia la música, que tenemos que hacer caja». Y entonces poníamos cuatro discos lentos y se vaciaba la pista, la gente iba a la barra y cuando empezaban a beber, a los diez minutos ya estaba ¡pumba, música! Al final era esa la forma de hacer negocio. La pista era fundamental.

JOAN RIBAS: Hay que recordar a los primeros DJs que ya pinchaban en Ibiza cuando yo comencé; gente de aquí como Pepe Velardiez, que pinchaba en Glory's, o Nitti, que pinchó en casi todas las cabinas de la isla; Paco Pomares, que estaba en las sesiones juveniles de Pacha, hasta que entramos nosotros; Juan, que estuvo en Éxtasis y luego en el Angel's. O Juan Suárez, que vino de Canarias para pinchar en Playboy 2 y se disfrazaba de astronauta. Y Chema, que estaba en El Dorado y luego estuvo en el Guaraná de Ses Salines durante treinta años... ¡Uf! Seguro que me olvido de muchos, espero que me disculpen. Había muchos DJs y mucho ambiente antes de la explosión de final de los ochenta y los noventa.

JUAN SUÁREZ: Pepe Roselló siempre ha sido de *after hours*. Yo hacía un show con los trajes espaciales, y con las primeras baterías electrónicas me monté una especie de mesa de metacrilato con neones debajo. Aquello parecía una nave espacial. Acabábamos con el «Take Five» del Dave Brubeck Quartet, y venía Pepe y me decía, «sigue, sigue, sigue un ratito más», y nos daban las siete o las ocho de la mañana.

CÉSAR DE MELERO: A mí me gustaba mucho la música y estaba todo el día metido en Pacha. Allí pinchaba Massimo Zucchelli, que fue el primer DJ que pinchó música de calidad en Ibiza. Ponía algo que realmente sorprendía. Lo que pasa es que con el tiempo su figura se ha eclipsado y nadie se acuerda de él, y hablan de Alfredo o hablan de mí... Se dice que Massimo está muerto, pero como nadie ha visto su cadáver... No se cuidaba mucho. Le iba mucho lo de «sexo, drogas y rocanrol».

JOAN RIBAS: La dirección de Pacha le propuso a mi amigo Tony Catany que se ocupara de la cabina y me llevó con él de ayudante. Comenzamos un invierno, haciendo los viernes, sábados y domingos por la tarde, y a los pocos meses Tony lo dejó y me quedé yo.

PIPPI: Había un italiano que se llamaba Massimo Zucchelli y unos cuantos de aquí. Entonces, simplemente ponían música. El concepto de DJ se creó cuando yo llegué aquí —quiero decir, la mentalidad del DJ, de contar una historia con la música, no poner un disco después de otro y ya está—. Antes el DJ no era reconocido, y creo que ese paso fue muy importante para mí y para la isla.

CÉSAR DE MELERO: Massimo pinchaba con aquellos primeros Technics con una goma gruesa encima del plato, sin patinadores, vaya; echaba el disco hacia atrás y luego le daba al *play* y lo lanzaba. Y en algunas mezclas pensabas, «caramba, qué desastre», y sin embargo, año tras año, así estuvo pinchando hasta bien avanzados los años ochenta. Al principio no se mezclaba, ni en Ibiza ni en ningún lado. Recuerdo que los de Radio DeeJay, de Milán, sí que mezclaban, y aprendí mucho de ellos. Pero el problema es que para poder mezclar bien había que hacerlo siempre con las mismas canciones. Yo nunca fui capaz de hacerlo. Una vez estuve con Mike Pickering en The Haçienda, en Manchester, y recuerdo que le temblaban las manos a la hora de mezclar. Era el otro, Graeme Park, el que tenía algo más de técnica. Pero como decía, entonces no se mezclaba mucho tampoco en ninguna parte.

KENNETH BAGER: Recuerdo una vez, en 1981, que, en una tienda de discos de importación que solía frecuentar, el encargado me dijo: «Kenneth, tienes que ir a Ibiza. Acabo de volver de allí y he visto a Roman Polanski y una limusina en una piscina. Es cien por cien tu rollo. Tienes que ir. Es una locura».

FARUK GANDJI: La primera vez que fui a Ibiza fue en el verano del 81. Aluciné con esta pequeña isla que había debajo de Mallorca y que parecía ser el reino de la libertad. El clima era caluroso y siempre hacía sol, el tamaño era perfecto y tenías acceso a un montón de playas. El campo todavía era muy salvaje, con paisajes muy distintos y hermosos que me recordaron al Irán que idealicé durante mi infancia. Me sorprendieron las salidas y las puestas de sol, con todos aquellos colores majestuosos que no había visto jamás. Pero lo alucinante era la libertad que podías experimentar en Ibiza. La gente se liaba porros y se los fumaba donde le daba la gana. Las drogas blandas eran legales y las duras, se toleraban. Durante el día, la gente iba en tanga por la playa, cuando no desnuda. Por la noche, se vestían como querían, e incluso había quienes se diseñaban su propia ropa. Era un teatro o un carnaval sin fin donde cada uno interpretaba su papel. Todo el tiempo sonaba una música increíble y a un volumen alto, tanto en chiringuitos[39] como en cafés, restaurantes, bares y discotecas. Era un enclave creativo las 24 horas del día y que duraba todo el verano. Por primera vez en mi vida, me vi rodeado de gente con ideas afines a las mías de todos los lugares del mundo y orígenes, todos celebrando los mejores días y noches de su vida en la tierra antes de abandonar el planeta. Todo el mundo vivía el momento y el movimiento, incluso los ibicencos[40].

ANTONIO ESCOHOTADO: Había tráfico de drogas de todo tipo, incluida la *french connection*, relacionada con el caballo. Al final, a raíz de Amnesia, empecé a conocer a demasiada gente y me hice muy malos amigos entre la Guardia Civil y la Policía. Aparecieron mafias, la

39. En castellano, en la entrevista original.

40. Ídem.

corso-marsellesa, principalmente. Gente muy ambiciosa, demasiado acostumbrada a matar. Querían controlar a la gente que conocía bien el *know-how* de la isla, para vender... Vender sexo, vender droga, vender casas... Es a lo que se dedican, a la extorsión. En el 83 ya decidí marcharme de Ibiza.

JOSÉ PADILLA: Es Paradís era muy especial: la pista era redonda y en la cabina tenía las luces, dos platos y dos casetes para poner efectos. Recuerdo que lanzaba truenos y sonidos de la selva. Me los grababa y los tenía preparados para dispararlos cuando tenía la cosa muy caliente y veía que era una noche guapa y tal. A la gente me la llevaba a tomar por culo: apagaba la sala y la dejaba sin luz durante cinco minutos: negra-negra. La gente se ponía a chillar toda loca, y yo en plan, «va, chillad cabrones, chillad, chillad, chillad»; luego encendía una luz por ahí al fondo, luego otra allá... y entonces ponía un tema y la gente se volvía loca. Era otra época, sería el año 80 o el 81.

KENNETH BAGER: En mis primeras vacaciones en el 82, me fui a Ibiza y me instalé en San Antonio. Fui a Es Paradís y a otro club cuyo nombre no recuerdo, pero era un sitio alucinante de aquella época. En Ibiza ciudad conocí a un montón de gente encantadora que me llevó a algunos bares fantásticos donde pinchaban caras B de Balearic y música muy rara que en aquella época no se escuchaba en ninguna otra parte. Recuerdo en particular un bar en San Antonio que se llamaba If, donde ponían esta extraña música del rollo Valencia. No era bacalao ni new nave ni New Romantic... era más abstracta. Aquello me abrió los ojos. No tengo ni idea de qué clase de música era. También recuerdo ir al Café del Mar. Me pareció muy curioso ver que ponían música con casetes; el ambiente era muy distinto al resto. A los veinte años, me flipó. Nunca había visto nada igual.

CÉSAR DE MELERO: Entre el 81 y el 83, que fueron tres años míticos en Ibiza, Massimo ponía muy buena música y con criterio. Era música new wave, cosas de los Depeche Mode o Yazoo, que estaban de moda, pero también discos que sacaba de no se sabe dónde. Te podía poner alguna cosa puntual de funk o disco, pero él era más de música blanca, new wave. Pinchaba por ejemplo a los Spliff, su hit «Carbonara», y todo el mundo lo cantaba. Lo de Massimo era alucinante; aquello era otra cosa. En aquel momento se empezaban a poner los *extended* —los remixes largos—, que la música disco ya había utilizado mucho. Pero en la música disco, de los seis minutos del remix, a lo mejor la mitad eran solo percusiones, congas y demás —cosa que a mí me encanta—, pero, en cambio, esta música new wave era más de sonidos y texturas. Era otra cosa.

JOSÉ PADILLA: A finales de los setenta estaban The Earons, por ejemplo. Empezaban a salir cosas muy interesantes, planchadas en maxisingle, que además duraban más. Había discos que decías, «joder, qué maravilla», y los ponías dos o tres veces, claro, porque eran ocho horas de sesión. A finales de los setenta y principios de los ochenta empezaron a salir cosas muy diferentes. Ahí es cuando se empieza a definir el rollo Balearic, que ha existido siempre.

JUAN CARLOS SÁNCHEZ: Los DJs de finales de los setenta y principios de los ochenta todavía no conocían el house. Existía el reggae, el rock, la música disco, el funk, la samba... Empezamos a conocer el house en Ibiza.

FARUK GANDJI: La música era diferente según el lugar o la hora del día, y de una gran variedad. Me despertaba por la tarde y me iba a la playa. Las dos playas más populares y más próximas a Ibiza ciudad eran la playa d'en Bossa y Ses Salines. En Waikiki Beach y Coco Beach, en la playa d'en Bossa, se concentraba el mejor público, música y ambiente. La música de estos chiringuitos era tranquila, pero con ritmo y percusión; eso sí, a un volumen muy alto. El reggae predominaba, y de pronto tenías a un grupo tocando en directo que aparecía de entre las dunas. A las siete de la tarde, todo el mundo se iba a Ibiza ciudad a tomar un café, casi siempre a la terraza del Mar y Sol (el Montesol era más de mañanas). Allí la música era una continuación de la de la playa. Después, la gente se iba a sus casas a descansar hasta eso de las once de la noche, que era cuando volvían a la ciudad, bien vestidos, listos para cenar, beber y ponerse finos para la noche. A esa hora estaban los locales del barrio de La Marina, los de la calle Mayor y de la Virgen... Lo típico era cenar en el Sausalito (o en algún otro restaurante de La Marina), seguido de unas copas en el Zoo, el Tango o el Graffiti.

JOSÉ PADILLA: Antes Ibiza era más sano, más auténtico, no había vips, todo el mundo se hablaba, fuera millonario o pobre... Había muy pocos ingleses, y los que había estaban en San Antonio o en Santa Eulalia; eran músicos retirados que tocaban en los bares. Había más holandés, mucho americano, mucho escandinavo y mucho alemán.

FARUK GANDJI: La primera parada en la ruta de discotecas era Pacha, luego Amnesia y, al final, KU. Era básicamente la misma gente que se movía de una discoteca a otra, con nuevas caras que iban apareciendo a medida que la temporada estival avanzaba. La música de las tres era bastante parecida, aunque dependía un poco de la noche temática que hubieran organizado. Por ejemplo, podías empezar la noche en Pacha, en una fiesta de rock and roll, donde Massimo te ponía hits de rock de todas las épocas, y acabar en la Noche Hippie del KU, donde Gerardo se marcaba una sesión alucinante de música de los sesenta. Pero en general, lo que se escuchaba era una gran variedad de música de diferentes tendencias y orígenes. La mezcla de estilos que se pinchaba en noches de euforia, bajo las estrellas, era Ibiza en estado puro. Personalmente, en aquel entorno de ensueño, los sonidos que a mí me ponían la piel de gallina eran los de los grupos de synth pop, new wave y los New Romantics. No había mejor sitio en el mundo que Ibiza para escuchar y bailar con esos grupos experimentales y vanguardistas con letras potentes de los ochenta como Depeche Mode o Talk Talk.

JUAN CARLOS SÁNCHEZ: Empecé a pinchar en el 76 en una pequeña sala de San Sebastián que se llamaba Zorongo 66. Allí estuve unos años, combinando mi trabajo semanal con el de DJ los fines de semana.

Era un local muy divertido, con un ambiente un poco más maduro. Evidentemente, todo el mundo en San Sebastián conocía el KU y acudía a esa mítica discoteca donde pinchaba Gerardo Queiruga. Un día, en las Navidades de 1978, decidieron organizar un concurso de DJs para escoger al residente de los veranos, ya que Gerardo empezó a trabajar en el KU de Ibiza durante la temporada estival. En aquel momento un concurso de DJs nos parecía algo sorprendente y se presentaron muchos de todo el País Vasco. Lo gané y enseguida me propusieron entrar a trabajar en el KU como DJ. Yo en principio era reacio a dedicarme plenamente a la vida nocturna, ya que tenía mi trabajo y lo de la música era un hobby. Al final, acepté la oferta y empecé a trabajar en el KU de San Sebastián en 1979.

CÉSAR DE MELERO: Antes de pinchar, fui camarero en el KU. Allí me pagaban mil pesetas la noche. ¡Bah!, tenía yo diecisiete años. En ese momento los DJs del KU eran Gerardo —que se murió, pobrecito— y Patrick. Massimo estuvo un año allí, pero como si no hubiera estado, porque Gerardo lo arrancó del Pacha para que se fuera con él. Massimo era el rey de Ibiza, lo sabía todo el mundo, y lo trajeron al KU para, según mi opinión, tenerlo allí abandonado. Siempre que iba estaba pinchando Gerardo, y yo le decía, «Gerardo, ¿qué pasa que no pincha Massimo?», y Massimo ahí sentado... Y yo, «¿Massimo, qué...?», y él se encogía de hombros. Un tío que era un estandarte en Ibiza, y Gerardo ahí con sus gafas... pobrecito, que en paz descanse.

DIEGO GIMENEZ: Yo conocía a todos los DJs. Pasaban todos por la tienda, les vendía discos y tenía muy buena relación con todos ellos. Además, entonces se hacían toda la sesión entera ellos solos: empezaban a las doce de la noche y estaban hasta las seis o las siete de la mañana (no había cinco o seis DJs como ahora). En aquella época, la música era más tranquila, más sofisticada, pero después, con la máquina, hijo...

JUAN CARLOS SÁNCHEZ: La verdad es que he tenido una gran suerte de tener a grandes maestros, pero realmente mis grandes padrinos fueron Gerardo y Patrick. La verdad es que cuando hablo de ellos se me pone la piel de gallina; eran el cielo y el mar, muy diferentes musicalmente. Patrick tenía un *feeling* impresionante, era puro funk, se movía con todo su cuerpo, y Gerardo era la parte más blanca, más agresiva, más roquera y con un gusto musical exquisito.

KENNETH BAGER: Un noche del 82, estaba por ahí con unos ingleses y les dije que era DJ y tal. Acabamos en el Playboy de San Antonio, que estaba a reventar pero nadie bailaba. La verdad es que el DJ no lo estaba haciendo muy bien. Entonces, los ingleses le dijeron algo al DJ, y no sé muy bien cómo, me encontré en la cabina pinchando. Recuerdo que, como todos eran ingleses, dije, «a la mierda con todo, voy a poner Motown», y todo el mundo se lo pasó en grande.

CÉSAR DE MELERO: Para mí Massimo era como Dios, y un día me dijo, «oye, ya está bien de que vengas aquí cada noche a escuchar, te vas a ir a ver a Pepe Roselló al Playboy 2, que están buscando DJ para ahora en septiembre [de 1982]». Y me presenté allí, «hola, me manda Massimo ...». «Ah, pero si eres un chaval, ¿has pinchado alguna vez?», me preguntó Pepe. «Bueno, pinché con mi hermano una vez en una fiesta, en unas galerías, sin mesa de mezclas...», le dije. Pinchábamos con dos platos conectados a dos amplificadores y subíamos y bajábamos el volumen de cada plato para mezclar las canciones. Como venía de parte de Massimo, no había más que decir. Recuerdo que lo pasé muy mal la primera vez que pinché allí: me sudaban las manos, era una sala muy grande y estaba llena de gente. El DJ —Juan Suárez, que luego acabó como director comercial del *Diario de Ibiza*— se había ido y había arramblado con todos los discos nuevos... Pepe me dijo que fuera la noche anterior para escuchar lo que él pinchaba, y él por ejemplo ponía «Abracadabra» de la Steve Miller Band cada hora. Y yo, que era un pardillo de veintiún años, pensaba, «Massimo no pone un mismo disco seis veces». Y me di cuenta de que el percal era otra cosa, que el local estaba lleno de ingleses y tal. Pero aun así, yo nunca repetí un disco. ¿Cómo vas a volver a poner un disco que ya has puesto?

JUAN SUÁREZ: Yo buscaba otra cosa y delante del Playboy 2 monté el Simple, el primer vídeo-bar de España, que era un local de Juan Pantaleoni. Metimos dieciséis televisores grandes Philips e hicimos una multipantalla. Podías estar viendo un show de Eddie Murphy, un partido de fútbol y uno de baloncesto a la vez. Lo inauguré con *The Wall* de Pink Floyd, en el 81. Me pasé tres días viendo el vídeo e hice diapositivas por un tubo, y luego hice un montaje con las pantallas. La gente flipaba. Había cuatro o cinco canciones que cuando había poca gente las ponía y triunfaba, como el vídeo de «Thriller» de Michael Jackson. Fue el lugar de moda durante dos años.

CARL COX: Las cosas empezaron a cambiar cuando ya tuve edad para pinchar en un club. Los dueños de los locales nunca habían visto a un desconocido traerse a cincuenta personas consigo, pues lo lógico era que cuando empezabas no te conociera nadie. Pero yo pinché delante de mis cincuenta seguidores, y luego ya fueron cien y, más tarde, doscientos, y así cada vez más. Mi nombre empezó a sonar hacia el año 82-83. Por aquel entonces seguía haciendo bodas cada semana para desconocidos simplemente por el boca-oreja. Al poco, tuve que dejar las bodas.

FARUK GANDJI: Uno de mis parientes conoció a Sasha [Alexander Shulgin][41] en Nueva York, en 1982. Como sabía que yo era admira-

41. El químico y farmacólogo estadounidense Alexander Shulgin (California 1925-2014) es célebre por su trabajo con sustancias psicoactivas como el MDMA. «Sasha», como le llamaban sus amigos, trabajó durante los primeros años de su carrera en la industria farmacéutica —sintetizando por ejemplo el Zectran, el primer insecticida biodegradable— e instaló un laboratorio detrás de su casa para investigar por su cuenta, con el beneplácito de las autoridades. Shulgin cocinó cientos de compuestos psicoactivos que probaba personalmente o daba a probar a su mujer y estrecha colaboradora Ann, que le ayudó a componer *PiHKAL (Phenethylamines I Have Known And Loved)*, su obra magna de casi mil páginas sobre los psicotrópicos, publicada en 1991. A esta le seguiría *TiHKAL (Tryptamines I Have Known and Loved)*, publicada en 1997. Shulgin se hizo popular a finales de los años setenta por su trabajo con el MDMA (abreviación de su compuesto: 3,4-metilendioximetanfetamina), droga empatógena de la familia de las anfetaminas, popularmente conocida como «éxtasis» debido a sus efectos. Shulgin vio en esta y otras sustancias similares su enorme potencial como fármacos en psicoterapias y en tratamientos contra la ansiedad y trastornos de estrés postraumático.

dor suyo, me lo presentó, y acabamos por entablar una amistad muy duradera, hasta que empezó a tener problemas con la vista y un asistente suyo me contestaba de su parte. El éxtasis fue legal hasta 1984, y lo sintetizaban en secreto un buen número de psiquiatras para sus clientes del *show business*. Montaban un laboratorio nuevo cada tres meses que sintetizaba cincuenta mil dosis de éxtasis, que luego se distribuían entre unos pocos cientos de personas repartidas por todo el mundo. Tuve la suerte de tener acceso a un número limitado de dosis de cada serie de producción, directamente del laboratorio, que me enviaban a Suiza.

ANTONIO ESCOHOTADO: Los primeros que sintetizan el MDMA son una de estas compañías americanas importantes, que lo patentan pero no lo prueban, y ahí se queda colgado en los años cuarenta, hasta que Shulgin lo resintetiza y lo prueba, y es cuando empieza a utilizarse como fármaco con gran éxito, aplicado a todo tipo de cuadros postraumáticos. Es mano de santo, eso seguro.

FARUK GANDJI: En la primera fiesta que monté —Remember, en Amnesia— decidí compartir éxtasis con ciento cuarenta invitados, que estaban ansiosos por experimentar esta nueva droga de diseño de la que tanto les había hablado. Las cápsulas de 125 gramos se entregaron como obsequio con la estricta condición de que no debía ingerirse nada más, especialmente alcohol. Para mucha de esta gente extasiada, acompañada de la música de los dos mejores DJs de la isla, Patrick y Gerardo, fue una de las mejores experiencias de su vida, y también supuso un punto de inflexión en la cultura de club de Ibiza. Después de la fiesta, mi grupo de invitados se dirigió a la playa, y muchos continuaron luego en el Mar y Sol por la tarde, todavía despiertos y eufóricos, sonriendo y abrazándose sin parar. Supe que el recuerdo de aquella noche dejaría huella hasta el fin de los días y que la ironía del nombre de la fiesta no pasaría desapercibida. Desgraciadamente, el eco de aquella noche se extendió rápidamente, desde España a Holanda, y algo tan puro y hermoso acabó en consumo descontrolado.

ANTONIO ESCOHOTADO: Era buen éxtasis, tomé una de aquellas pastillas, sí, pero no en aquella fiesta, probablemente un par de días antes. Aquello lo llevaba un iraní... ¡exacto, Faruk!, mándale un abrazo de mi parte, hace mil años que no le veo. Eran buenísimas, sí, daban muy buen rollo. Muy buen rollo... pero es que llevábamos años metiendo material de primera; la isla estaba perfectamente bien abastecida. Eso es lo que hizo como de magneto, lo que atrajo las limaduras de hierro de todo el planeta. Y ahora todo se mueve por un movimiento inercial que se retroalimenta.

FARUK GANDJI: Patrick, en Amnesia, y Gerardo, en KU, estaban pinchando un nuevo estilo de música que encajaba perfectamente bajo el cielo estrellado de Ibiza. Desde que empecé a organizar fiestas, y como me encantaba la selección musical de Gerardo, siempre acababa trabajando con él, tanto en Amnesia como en KU, hasta que se fue de Ibiza en 1984. Su estilo, junto con el de DJ Massimo en Pacha, fue lo que empezó a fraguar el Balearic beat ibicenco de principios de los ochenta. El resto de DJs de la isla pinchaban sus *setlists* y todos los bares ponían sus viejas grabaciones de casete. Hice que pincharan ambos en la fiesta Remember del 82, turnándose una hora cada uno hasta el final, por lo que pudieron compartir la experiencia con el público, que se dividía entre los que bailaban y los que no paraban de decir que no querían salir de Amnesia bajo ningún concepto por la increíble música que estaban poniendo los DJs. Lo que era excepcional musicalmente hablando era su mezcla de synth pop no comercial con funky, rock, hip hop, new wave, no wave, etc... Nuevos sonidos que, entremezclados con letras elocuentes y los mejores beats de baile, hacían de la experiencia musical de Ibiza algo muy especial.

CARL COX: Estaba esa revista llamada *Disco International Magazine*, que básicamente se dedicaba a ir a clubs de todo el mundo y hacer reportajes sobre su sistema de sonido y su equipo de luces. Siempre me interesó el tema, por lo de mi sistema de sonido. Marbella, Mallorca, Ibiza, Corfú... Allí donde abría un nuevo club de diseño, allí iba la revista para dejar constancia de su equipo de iluminación y de sonido, amplificadores, altavoces y todo este tipo de cosas. Tras un tiempo como lector habitual de la revista, me llamó la atención un sitio en especial: Ibiza, donde no solo había un club con un sistema de sonido alucinante, sino que había muchos... Esto sería en el 82 o el 84, y los clubs eran KU, Pacha, Summum, Éxtasis... Se dejaban la pasta en las instalaciones. Así que, de entre todos los sitios del mundo cuyos clubs quería conocer, Ibiza era el que me resultaba más atractivo.

FARUK GANDJI: La escena de fiestas empezó hacia el final de la temporada con mi fiesta Remember de Amnesia. Aquella noche Pacha cerró a las tres y KU, a las cuatro, pero nosotros lo tuvimos a reventar hasta las ocho de la mañana. Cerramos a las nueve, con un desayuno para que las quinientas personas que había pudieran continuar la fiesta en la playa. Después de esa fiesta, sentí con fuerza que la noche de Ibiza pedía a gritos dar un salto y que yo podía contribuir a que eso sucediera.

JOSÉ PADILLA: Me marché de Es Paradís porque abrieron una macrodiscoteca que se llamaba Manhattan —que ahora se llama Inox— en la parte de atrás de San Antonio. Había otra discoteca que se llamaba San Francisco que era del mismo dueño, un tipo que tenía un pariente en Andorra que tenía pasta para blanquear... Hubo una época en que se hacían todas así: para blanquear dinero. Esta era muy oscura, tenía una pista que subía y bajaba con unos rieles y la gente se caía... Era un desastre [risas]. También había una piscina. Me ofrecieron el oro y el moro de aquella época: un millón de *pelas* para comprar discos. Porque, claro, yo empezaba de cero, tenía mis discos, pero la discoteca tenía los suyos. Normalmente los guais pinchaban con lo que traían en sus maletas, pero los españoles pinchábamos con lo que había en la discoteca. Comprabas cada fin de semana en las tiendas: en Flip, Delta... Comprabas cada semana lo que tuvieran.

DIEGO GIMENEZ: En San Antonio tuve otra tienda de discos durante un año, pero allí es otro rollo, hay muchos ingleses y otro tipo de turismo. Es muy diferente de Santa Eulalia o de Ibiza, por ejemplo.

Y es que en un espacio tan pequeño como Ibiza tienes mogollón de sitios diferentes, que es lo que hace que la isla sea tan atractiva. Hay mucha gente diferente, de todas las nacionalidades...

ALFREDO FIORITO: Pinchaba en el Be Bop y empecé a comprar música. Compraba en Delta y en Import Music, que traían música de importación. Ahí escuchaba de todo. Esto sería el año 81 u 82, una época de mucha mezcla que coincide con el final de la *disco music*. Agarraba lo que me gustaba; era el momento del «Sweet Dreams Are Made of This» [de Eurythmics], Michael Jackson, Bob Marley...

JUAN TUR: Por la tienda pasaba muchísima gente conocida. Marisa Paredes, la actriz de Almodóvar, nos compró un equipo de música. O Tino Casal, que era muy amigo de mi padre, así como Andrés Madrid, un locutor de radio que venía mucho a comprar. Y luego también todos los que venían a grabar a los estudios Mediterráneo, donde grabaron Freddy Mercury o Judas Priest. Los Iron Maiden siempre que venían a grabar iban a la tienda. Pero los que más adoraba yo eran los DJs residentes, los originales, que yo siempre los he defendido... César de Melero, Pippi, José Padilla, Alfredo... Luego en KU estaban Chicco Secci, Juan Carlos, Patrick y Gerardo, y Juan Suárez, del Playboy 2, aunque era más de radio que DJ.

CARL COX: Vine a Mallorca para conocer el que se decía que era uno de los clubs más grandes del mundo: BCM. Quería experimentar qué estaba pasando allí. La música era malísima, pero el sonido, el equipo, los láseres y la iluminación eran increíbles. Pensé: «Si pusieran buena música, esto sería alucinante». Diez años después, pinché allí. El director del club, Toni Palmero, vino a verme a Londres porque había oído hablar de mí y me invitó a que fuera a pinchar allí. Me lo pasé muy bien. Fue una experiencia maravillosa.

JOSÉ PADILLA: Estuve en el Manhattan dos años. Fui de los primeros promotores que hacía fiestas, todavía tengo algún póster por ahí. Hice la fiesta Circus, Miss Manhattan, que recuerdo que no había suficientes tías y me fui al puticlub que había al lado y me traje tres o cuatro putas... Todo lo que fuera sexy funcionaba. Otra era Miss Culo Bonito; otra, La Noche Erótica, aunque entonces no había casi fiestas temáticas. Me iba al circo y me traía el puesto de azúcar, payasos... También hacía la Noche Árabe... Venía mucha gente, pero costaba que no veas llenar. En el Manhattan estuve dos o tres años, hasta que se quemó. Ahí pasó algo raro... cobraron el seguro, aunque nunca se supo quién la quemó. Cosas raras de la isla, tío.

Después vinieron unos años un poco raros, a mitad de los ochenta. Abrieron el Nightlife, en San Antonio, debajo del Rey de Copas, y también me ofrecieron bastante pasta. Pero yo ya estaba harto de la noche; tenía treinta tacos y ya estaba quemado. En esa época, la comida estaba tirada y en invierno sobrevivías con lo que habías ahorrado. Además, los que trabajábamos de noche entrábamos en todos lados gratis y no pagábamos las copas... Fue en ese momento cuando empecé a vender casetes.

FARUK GANDJI: Los propietarios de KU tenían una visión global del negocio y estaban enamorados de la isla. Ya tenían algunas franquicias de KU y bares en San Sebastián que iban muy bien. El proyecto de Ibiza se pensó para exportar la experiencia del País Vasco a un enclave español internacional, con vocación de atraer a público de todo el mundo. No lo concibieron como una manera de ganar dinero fácil, sino como un proyecto a largo plazo que, si todo iba bien, les permitiría vender franquicias de KU en todo el planeta. En aquel tiempo, la mayoría de propietarios de clubs nocturnos trabajaban para hacer dinero en la temporada de verano, para luego poder pasar el invierno tranquilos. Pero ellos no iban a lo loco por la pasta y se contentaban con no perder dinero en Ibiza e ir creciendo poco a poco.

DIEGO GIMENEZ: Yo tenía la llave de la entrada del KU. Se la daban a determinada gente local. Se entraba por detrás, por el parking. Muchas veces iba con gente que al principio no se lo creía, hasta que llegábamos y yo abría con la llave. Te la daban para que no hicieras la cola; era una idea muy buena, muy simpática. Yo en mi vida he pagado en una discoteca aquí. En ninguna, ni para entrar ni las copas; nunca he pagado, jamás. Aquí nos conocíamos todos... Esto hoy en día sería impensable, porque ahora se ha vuelto todo muy industrial, tío. Hace ya muchos años que aquí se perdió todo el glamur y la magia; muchos. En los ochenta.

JUAN TUR: Cuando era pequeño, iba con mi padre a primera hora al KU, que ellos hacían una copita de cava en la cabina del DJ y yo bailaba con mi madre en la pista... Esto era a primera hora, eh, y a las doce y media ya estábamos en casa. Mi padre era uno de los pocos que tenía la llave del KU —que aún conservo en casa, la 119 o la 118 creo que es—, y solo se hicieron ciento veinte. Esta llave se la daban a gente conocida e importante. Abel Matutes la tiene... Llegabas allí, enseñabas la llave, aparcabas en un parking privado y entrabas por detrás, que había una puerta pequeñita. Era muy divertido lo de la llave. Podías entrar con quince o veinte personas, las que quisieras. Mi padre me dejaba la suya e íbamos cada sábado [risas].

FARUK GANDJI: La generosidad de los dueños de KU con sus clientes era ejemplar, sobre todo entre la gente de Ibiza, que aún hoy la echa de menos. Todas las fiestas de apertura y cierre eran gratis para todo el mundo, tanto la entrada como las copas. Nadie de Ibiza pagó jamás una entrada para la discoteca durante la temporada, y muchos tampoco las copas. Todos los propietarios de negocios que de algún modo eran relaciones públicas del club tenían una llave privada para entrar por la puerta de atrás.

CÉSAR DE MELERO: Estuve los meses de septiembre y octubre en Playboy 2, y después me fui a pinchar al Lola's y me quedé todo el invierno. Llegué allí con una maleta de discos —vaya, ni maleta, que íbamos con cajas de cartón (las de [vodka] Moskovskaya iban muy bien)—. Tenía unos pocos vinilos míos, pero la mayoría eran de la colección de la discoteca. Realmente encontré muy pocos discos, pero algo había... Encontré, por ejemplo, el «I Can't Go for That» de

Hall & Oates. Recuerdo que me tiré pinchando todas las noches de ese invierno, que igual tenía solo un día libre, y me debí repetir como un loco, porque solo tenía tres cajas de discos. Cuando lo pienso ahora... Tuvo que ser horrible.

PIPPI: De repente, un frío mes de marzo en Alemania, estaba en la tienda de discos [Studio 33] y vinieron Piti [Urgell] y su mujer a buscarme, y me dijeron, «tú eres ahora lo que necesitamos». Me conocían y sabían lo que hacía; conocían mi música por los casetes que les había dado. No me habían probado nunca antes, pero estaban seguros de que yo era el apropiado, y yo estaba esperando ese momento. Era ahora o nunca. Hablé con la dueña de la tienda de discos y le dije que me tenía que ir. Ser un DJ de una discoteca como Pacha era una gran oportunidad, y también una responsabilidad muy grande... En dos días lo dejé todo.

CÉSAR DE MELERO: Entonces, empezó el verano y estuve en el Glory's, que ya en el 83 había pasado su mejor época. Lo habían comprado unos italianos que lo llevaban como podían y les iba fatal. Luego acabé en Amnesia, donde entré a pinchar como ayudante de un chico que se llamaba Freddy. Yo pinchaba durante la primera hora, y luego, cuando no pinchaba, me iba a la puerta y ayudaba con los tickets. Era un crío, tenía veintidós años en aquella época. No entendía nada de la vida y no estaba más que por la música, fumar porros y vivir la vida. En el 83 no pasó gran cosa en Amnesia —todavía no estaba de moda—, y no fue hasta el 84, cuando entró Alfredo, que empezó a funcionar. En ese momento no iba ni dios al Amnesia, se lo comía todo el KU.

ALFREDO FIORITO: Después del Be Bop estuve un tiempo pinchando en el Lola's y en el 83 fui a pedir trabajo a Amnesia, pero no me aceptaron. Entonces, un amigo me ofreció ir a Formentera a pasar el verano y trabajar pinchando música. Trabajé todo el verano en el que era el bar de moda, Es Pujols. Pinchaba con casetes que me grababa en casa. Cuando terminó el verano, me vine para Ibiza, y durante ese invierno creo que viajé a Argentina, porque no sabía si me iba a funcionar esto y además no sabía dónde estaba mi hijo, que resulta que se lo había llevado su madre. Así que se me pasó por la cabeza volver a Argentina y buscarme la vida allí, pero la verdad es que no me gustó nada lo que vi; ya no me sentía parte de mi ciudad ni de Argentina. Entonces, volví a Ibiza y en la primavera del 84 me ofrecieron pinchar en Amnesia, y allí empecé.

CARL COX: Finalmente, me vine en el 84. Cogí un avión y alquilé un Fiat Panda. En San Antonio, encontré un pequeño hotel donde dormir y empecé a visitar los clubs. Fui al Star Club, que entonces se llamaba Kaos y actualmente Eden[42]. También fui a Es Paradís —nunca había estado en un club donde hubiera agua, por lo de mezclar electricidad con agua, ¿sabes?—. Eran clubs mágicos. Recuerdo al DJ casi tocando el techo, todo el local blanco como si fuera una pirámide, con cojines blancos por todas partes... Me voló la cabeza. También fui al Manhattan y al Glory's y al Passion, los clubs de la vieja escuela. El Passion solía estar donde ahora está el hostal Las Dos Lunas. Lo llevaba un inglés y era una maravilla, pero creo que la dirección del local fue un desastre y se fue todo al garete, pero si lo buscas, verás que ahí sigue, justo antes de Amnesia. Allí es donde solía ir de *after*. Así fue como conocí la isla.

42. Es la discoteca más grande de San Antonio tras Es Paradís. Durante los primeros años ochenta funcionó como Star Club, y luego se transformó en Kaos. Durante la posterior década de los noventa, entre otros DJs residentes, pasó por su cabina Toni Oneto. En el invierno de 1999 se convirtió en Eden y, cuando se hizo una importante reforma de la sala, se pidió consejo sobre cómo diseñar la cabina al DJ inglés Jude Jules. El club ha albergado eventos organizados por Pete Tong, BBC Radio 1, Gatecrasher o Godskitchen, entre otros.

6
VERY IMPORTANT PEOPLE

El segundo lustro de los ochenta es un ir y venir de DJs que marcarán una época en el clubbing *ibicenco. En 1984 llega el italiano Pippi a Pacha para tomar los controles de la que será su cabina, con breves hiatos, en una de las residencias más largas de la isla. Viene de pinchar música en un club de Düsseldorf que frecuentan músicos locales, como unos tales Kraftwerk. El primer fin de semana que pincha en Pacha pilla una pulmonía y es sustituido por César de Melero, y acabarán juntos la temporada. Ese mismo año entra a pinchar en Amnesia el DJ argentino Alfredo Fiorito. Lleva varios años pinchando en bares y pequeños clubs, y tras una negativa de Glory's, le contratan en Amnesia. Al principio, el club está vacío —allí no va nadie—, pero a pesar de todo decide seguir pinchando mientras el personal del club recoge, limpia y hace la caja de la noche. Una noche, los* clubbers *que salen del KU, que no queda lejos, oyen la música y entran a ver qué se cuece. El primer día son cien personas; el segundo día, doscientas, y al siguiente fin de semana, ya son setecientas, y luego mil. A partir de ese momento, cada fin de semana, a partir de las seis de la mañana, está a reventar. Acaba de nacer el primer* after hours *de la isla.*

INTERVIENEN: CÉSAR DE MELERO (KU, PACHA), PIPPI (PACHA), PITI URGELL (PACHA), ALFREDO FIORITO (AMNESIA, GLORY'S), ULISES BRAUN (AMNESIA), LEO MAS (AMNESIA), TANIT (AMNESIA, KU), DAVID «EL NIÑO» (KU), RICARDO URGELL (PACHA), FARUK GANDJI (KU), JUAN SUÁREZ (PLAYBOY 2), JOAN RIBAS (PACHA), CARL COX (SPACE), JUAN TUR (DELTA DISCOS), NELO (GLORY'S), BRASILIO (KU), JUAN CARLOS SÁNCHEZ (KU), DIEGO GIMENEZ (FLIP MUSIC), NANCY NOISE, ALAIN (SAUSALITO)

CÉSAR DE MELERO: En 1984 llegué a Ibiza y me encontré con mi amigo saxofonista Louis Pérez, Lulú. Siempre andábamos por el puerto, que entonces era un hervidero de actividad y de gente muy especial. Nos juntábamos en su casa varios y hacíamos una *jam*, con bajo, guitarra, batería y saxo. Aquello era una locura, follábamos con todas las tías que podíamos. Era muy, muy divertido.

PIPPI: Llegué a Ibiza en marzo del 84, para Semana Santa, que aquí en Ibiza en los ochenta Semana Santa y Navidad eran fiestas importantes. Venía gente de todas partes, pero solo los que sabían que existía Ibiza, que eran los de siempre: los guais, los amantes de la música, la cultura, los porros y la literatura... Los abiertos de mente y con hambre de vida y de relacionarse; gente de mucho nombre que venía a Ibiza a pasarlo bien.

PITI URGELL: Trajimos a Pippi al Pacha; sí, los primeros DJs me los traje de Barcelona, y luego también vino el que había sido el DJ de Tiffany's, cuando empezamos a poner new wave. Mezclábamos new wave con reggae, era la época que empezábamos a salir de la música disco, a mediados de los ochenta. A finales, sí que ya había mucho house, pero los primeros años fueron más de ese lado blanco de la new wave, y por el lado negro, el reggae.

PIPPI: Cuando empecé ese fin de semana fue una locura, pero luego me puse enfermo: pillé tanta humedad ayudando a limpiar una piscina del dueño de Pacha que cogí una pulmonía. Me pasé dos meses enfermo. O sea llegué, pinché, estuve una semana aquí y me puse enfermo... Eso es muy de Ibiza... A nivel psíquico lo pasé fatal: llegar a este sitio para pinchar algo nuevo y que me ocurra esto... Los Urgell se ocuparon de mí, porque yo me vine solo. Aquí tenía algunos amigos, pero estaba solo.

CÉSAR DE MELERO: En el 84 me llamó Manuel Aragonés para ir a pinchar a Pacha porque Pippi estaba enfermo, y Piti Urgell, con la mediación de Manuel, me contrató. Yo estaba cagado, porque era el club más importante de Ibiza, estaba lleno de gente y con ambientazo cada noche. Era un sitio muy especial, no lo que es ahora.

PIPPI: Había gente que venía cada noche para verme pinchar. Uno de estos era Alfredo, aunque yo por aquel entonces apenas lo conocía. No era DJ en activo ni nada de eso. Creo que vendía ropa de segunda mano...

ALFREDO FIORITO: Si no me equivoco, el año antes de entrar en Amnesia trabajé a prueba durante unos pocos días en el Glory's, que era una de las discotecas más grandes de la isla. Allí ponía de todo, pero no funcionó porque querían música más estándar. Amnesia era la discoteca más underground y la que más me gustaba. Era completamente al aire libre, la única en aquel momento, salvo el KU; Pacha, Glory's y demás estaban cubiertas.

PIPPI: También venía a verme pinchar Javier [Anadón][43], que actualmente es una institución en San Antonio, y por aquel entonces vendía

43. El empresario navarro Javier Anadón se instaló en Ibiza en 1976 y estuvo trabajando unos años de camarero en la discoteca Glory's. En 1984 abrió el pub Bucanero en Cala de Bou, y en 1994 el popular Café Mambo en San Antonio, en primera línea de mar, uno de los principales referentes de ocio de Ibiza. El grupo Mambo cuenta con una veintena de negocios, entre los que se encuentran pubs y bares musicales como Kilties, Donnegans, Savannah, Fresh o Mint Lounge;

casetes. También vendía casetes José Padilla, que entonces aún no era DJ y trapicheaba con cintas de DJ, incluidas algunas mías que me pedía.

PITI URGELL: Los primeros días de Semana Santa, todo el mundo venía a Pacha para ver qué es lo que se ponía, porque los demás clubs abrían en primavera o en junio. Recuerdo que tapábamos las galletas de los discos con unas de aquellas planchas de las velocidades[44], para que no se vieran.

ULISES BRAUN: Recuerdo que cuando puse el pie por primera vez en Pacha, pensé, «esto es increíble», y ahí empezó mi historia de amor con Ibiza. Parecía de otro mundo. Había como unas cincuenta personas, cada una con un estilo, con su personalidad; la gente se vestía como se sentía. En un reportaje para una publicación americana, escribieron: «Se visten como si estuvieran preparándose para una película de Hollywood». Me recordó a Studio 54: abrías la puerta y de repente entrabas en un paraíso, es difícil explicarlo... Estuve dos semanas esa primera vez, de un mes de vacaciones que tenía, y al año siguiente pregunté en mi trabajo si podía irme dos meses; quería conocer más la isla. Al cabo de dos años le dije a mi jefe, «me voy». Me compré un piso en el 81 y me vine.

ALFREDO FIORITO: Al principio en Amnesia trabajé durante cuatro meses. Abrimos en abril, lo cual era una barbaridad porque era al aire libre y todavía hacía frío. Y hasta mitad de julio no había nadie y solo

---

restaurantes (Cala Gracioneta, Villa Mercedes, Palapa, La Cava y Bondi), y cuatro establecimientos hoteleros, Casa Maca, Sa Clau, Las Mimosas y el popular Hostal La Torre, uno de los (pocos) enclaves que han apostado por una vuelta a las raíces Balearic.

44. Durante los años sesenta y setenta, cada fabricante de platos giradiscos vendía sus propias planchas estroboscópicas para calibrar la velocidad exacta de las diferentes velocidades a las que podía girar cada plato. Tenían la medida de las galletas de los discos y se podían poner encima de los mismos, hecho que no escapó a los DJs más recelosos de su selección musical. Las primeras planchas eran de 78, 45 y 33 revoluciones por minuto, y más adelante solo de 33 y 45. A partir de los años ochenta, este tipo de calibración se empezó a integrar en los propios platos, con una luz lateral enfocada hacia la bandeja que permitía —y permite— hacer la lectura y calibración.

pasaban mis amigos, saludaban y se iban. En julio empecé a poner música mientras el personal de la discoteca esperábamos a que nos pagaran, y como la música se escuchaba desde la carretera, la gente que bajaba volviendo del KU hacia la ciudad empezó a acercarse. Comenzó a correrse la voz de que Amnesia funcionaba hasta tarde, y es que fue uno de los primeros *after hours* que hubo en el mundo, por lo menos en Europa seguro. En Barcelona, donde me fui a trabajar en el 84 al Up & Down, no había ninguno.

LEO MAS: Nací en Cerdeña, cerca de Alguer, donde todavía se habla catalán, y ahí viví hasta los seis años. Luego me fui a Milán, donde todavía vivo. Crecí primero en un entorno rural en Cerdeña y luego de clase trabajadora en Milán. Mi padre escuchaba discos de Celentano y de música folk de la isla, mientras que mi madre adoraba a Mina y escuchaba la radio italiana. Me encantaban Mina y Celentano. A los diez años, empecé a pedirles dinero a mis padres para poder comprar singles de 7" de Lucio Battisti, Mina y Augusto Martelli, entre otros. Cuando acabé la educación obligatoria, a los catorce, quise estudiar en una escuela de arte —quería ser pintor—, pero mi padre no me dejó y me puso a trabajar.

TANIT: Amnesia era un espacio con música en directo, hasta que llegó a la isla un francés con la intención de comprarla y transformarla en discoteca. Me ofreció trabajar con él y le dije que, para que funcionara, tenía que coger a gente de la isla, pero me respondió que con él venía un equipo de profesionales franceses. Tres años después me lo encontré en el Mar y Sol y me dijo que estaba buscando un comprador porque la discoteca no funcionaba. Le dije, «mira, yo conozco a mucha gente de la isla. ¿Cuántas barras tienes?». «Seis», me respondió. Y le dije, «tú alquila las barras a gente de la isla y solo tendrás que preocuparte de los cubitos de hielo, la taquilla y los DJs; nosotros nos ocupamos de comprar el alcohol y de traer a la gente». Y de pronto tenía a seis promotores, uno por cada barra, y sus camareras; total: veinte relaciones públicas, todos de la isla.

ULISES BRAUN: En el 83 alquilé una barra en Amnesia con el dinero que había ahorrado en Suiza. Me dije, «mira: todo o nada», y salió mejor de lo que pensaba. Puede ser que gracias a mi simpatía, y a Poncho, un vasco que llevaba la barra más grande y que me ayudó mucho. Más tarde me encargué del primer *merchandising* y de la tienda de Amnesia.

CÉSAR DE MELERO: Amnesia abre en el 84 con unos nuevos propietarios y con Alfredo en la cabina. Al principio siempre estaba vacío y Alfredo se limitaba a poner discos... La temporada arrancaba en junio —no se abría antes porque no había nada que hacer—; en Semana Santa solo abría Pacha y se ponía a tope, pero esas cinco o seis semanas después de Semana Santa Ibiza bajaba mucho, no existía... El KU no había abierto, no había nada abierto, porque no había gente. Amnesia y KU fueron muy particulares. KU tuvo su mejor momento en el primer lustro de los años ochenta, del 79 al 86.

LEO MAS: La primera escena musical que me interesó fue el glam, luego el jazz *fusion*, y de ahí ya profundicé en la escena alternativa italiana. Mi grupo favorito era Area. Me metí en la movida de la extrema izquierda y no iba ni a discos ni a clubs, porque entonces creía que los que iban allí eran fascistas, así que los odiaba. Escuchaba música alternativa e iba a conciertos que organizaba el movimiento. La primera vez que fui a una disco fue en 1979, a un club de Milán donde se podía bailar punk y new wave. Al principio compraba los discos en las tiendas, hasta que llegó un momento en que empecé a comprárselos directamente a los distribuidores.

ALFREDO FIORITO: En Amnesia teníamos un equipo muy pequeño y muy malo, pero como era al aire libre, no rebotaba, y si lo ecualizabas de manera adecuada, funcionaba bien. Había un escenario delante de la cabina del DJ y dos columnas de sonido, de bajos, medios y agudos. Había una pista con una fuente y una pirámide dentro. Según entrabas ya se veía la casa, que estaba perfecta, y habían cubierto con losas el jardín, el típico de casa ibicenca con su olivo y su almendro. Habían construido la discoteca alrededor, sin tocar el entorno natural, y estaba muy bien. La fuente creo que se hizo en el pozo de agua —sí, porque hay una puertecita y todo— y había mesas alrededor.

ULISES BRAUN: Amnesia era una casa de locos, como un patio de colegio, y con la música de Alfredo empezó a gestarse algo increíble y mágico. Recuerdo ver a turistas entrando y darse media vuelta asustados, y también a gente que se quedaba dormida con medio cuerpo metido en los *speakers*, que eran gigantes. Empezó a correrse la voz de que ahí uno podía dejarse ir más que en otro lugar de la isla, más incluso que en Pacha. Recuerdo que bailábamos alrededor de la pirámide de espejos que había en el centro de la pista. La única barra que estaba cubierta era la mía, y tenía cuatro luces y cuatro *speakers*.

PITI URGELL: Amnesia se convirtió un poco en el lugar al que acudir a segunda hora, casi de día. Primero ibas a Pacha y después a otros clubs, y para entonces ya estaban todos los cabras más cabras calentitos... era muy divertido.

DAVID «EL NIÑO»: La primera discoteca en la que pinché de residente fue el Hipocampo, en Benidorm, en 1979. Ya entonces escuchaba que Ibiza era la meca. La isla no la conocí hasta 1983, y por lo que había escuchado hasta entonces, era el mejor sitio del mundo para vivir en verano. Ese año empecé mi residencia de DJ en Distrito 10 de Valencia, discoteca nominada como la mejor de Europa ese año, frecuentada por [Francis] Montesinos y la élite de la cultura valenciana. Fue en esa época cuando descubrí tanto el pop-rock más sofisticado de The Smiths o Aztec Camera hasta el techno-pop más vanguardista de Gary Numan, Soft Cell, Visage, Human League o Ultravox.

CÉSAR DE MELERO: En Pacha ya había dos cajones de vinilos, había mucho material, aquello ya era otra cosa. Me acordaré toda la vida de aquel DJ belga[45] que solo pinchó durante el 83 en Amnesia y que ponía siempre el «Such a Shame» de Talk Talk.

ALFREDO FIORITO: Jean-Claude [Maury] trabajó en Amnesia en el 83. Había dejado el Glory's, que había vuelto a las manos de la familia Bufí, sus propietarios originales, y en ese momento recibió una buena oferta de Amnesia. Trabajó allí durante el año que la alquilaron los propietarios del KU para evitar la competencia, y cerraban a las cuatro de la mañana y luego Jean-Claude[46] se iba a pinchar al KU.

CÉSAR DE MELERO: Y entonces vi el vinilo del «Such a Shame» de Talk Talk ahí, al fondo del cajón, maltrecho y con el cartón arrugado, que nadie había pinchado, y lo puse y se armó una tremenda en la pista. Cuando Pippi volvió se quedó hecho una furia, «¡este disco lo compré yo!». «Sí, sí, tú lo compraste, pero ahí estaba tirado en el cajón», pensaba yo. Fui yo quien lo pinché y, desde aquella noche, se convirtió en un himno en Ibiza y más allá.

PIPPI: En el 84 empezó todo y fue cuando hice mis mejores sesiones. Musicalmente, traje algo nuevo: música negra para bailar, como soul, funk, disco, música de Philadelphia, de Detroit y de Chicago, Motown y todo eso. Y también lo que había en la época, Grace Jones, lo nuevo de Level 42, el «Such a Shame» de Talk Talk... Cogí un rollo con la isla que te cagas, y aún lo tengo, que en Ibiza me han pasado solo cosas bonitas.

CÉSAR DE MELERO: Este DJ belga era muy bueno y se lo llevaron al KU. Recuerdo que pinchaba el «Din Daa Daa» [de George Kranz], que era algo muy marciano para la época, y los payeses de Ibiza lo bailaban.

45. Se refiere a Jean-Claude Maury, ver nota 32.

46. En *¡Bacalao! Historia oral de la música de baile en Valencia, 1980–1995* (Contra, 2016) [pág. 31], Alfredo Fiorito comentaba al respecto de Jean-Claude Maury y otros DJs: «Me influenció mucho [...] Jean-Claude Maury. Él venía de hacer los veranos en el Glory's [...] y su estilo era también muy ecléctico. Me gustó mucho cómo lo hacía. Por supuesto me sentí influenciado por la música del Pacha, donde pinchaba César, un chico catalán que venía de pinchar en Sitges».

Ese disco solo lo llevaba el belga en su maleta —nadie sabía lo que era—, y luego lo trajo importado Flip Music... Yo tengo mi copia; esto era el año 83. Recuerdo que aquel DJ también pinchaba A Flock of Seagulls, Kid Creole and The Coconuts... Era un DJ muy potente y uno de los que tenía más personalidad en aquella época en Ibiza, aparte de Massimo. Patrick del KU pinchaba mucha música disco, como el «Ring My Bell» [de Anita Ward] y cosas así... era muy particular. Y luego Gerardo, que, a mi entender, copiaba todo lo que hacía Massimo... y si no, reproducía el sonido del KU de San Sebastián, que era mucho más oscuro. Cuando llegó a Ibiza tuvo que cambiar mucho porque Ibiza no era San Sebastián, no tenía nada que ver... Una vez pinché de invitado en el KU de San Sebastián y me costó un horror que bailasen.

DAVID «EL NIÑO»: La primera vez que pisé Ibiza fue en el año 83. Ya conocía de Barcelona a César de Melero —tenía y tengo amistad con él—. La primera vez que entré en el KU y vi aquello en su máximo esplendor, me prometí a mí mismo no colgar los auriculares sin haber sido residente allí. Me costó cuatro años, pero lo conseguí. El KU de Ibiza era la cumbre de los clubs de verano del mundo, el ambiente era variopinto y todo estaba muy fusionado: había hippies, punks, esnobs, pero todo el mundo era muy educado. No había malos comportamientos ni peleas en las discotecas.

ALFREDO FIORITO: Amnesia empezó a funcionar cuando yo llegué, y los dueños, que eran franceses, estaban muy contentos. Les dije que no pusieran ningún privado, ningún vip, que el que llegara se sentara donde quisiera, y así fue. Tenía el mismo aforo que tiene ahora; llegamos a juntar allí a tres mil personas. El primer día habría solo quinientas, al siguiente setecientas, al otro mil... se llenó en seguida. Fue el *boom* de la temporada y la gente ya no tenía que parar la fiesta a las siete de la mañana.

CÉSAR DE MELERO: Cuando las otras discotecas cerraban, Amnesia aguantaba hasta las siete u ocho de la mañana y se montaba un cacao increíble; se puso muy de moda. Allí estaba Manel Aragonés, que siempre estaba en todos los saraos dando color, con gente guapa en las barras y tal. Entre KU y Amnesia siempre hubo guerra. Tanto es así que, en un momento dado, según a qué hora fueras al KU, se cerraba la puerta y te decían, «no, porque vienes de Amnesia y no puedes pasar». Esto ocurrió en Ibiza. Los dos clubs eran terrazas abiertas, lo que pasa es que el KU era fastuoso, un espacio grande que se perdía en el horizonte; había espacios arriba a los que creo que nunca llegué a entrar, porque aquello entraba ya en el monte. En cambio Amnesia era mucho más pequeña, era una antigua casa payesa en la que habilitaron un bar y luego hicieron tres o cuatro barras más afuera. Era muy underground, en cambio el KU era algo más sofisticado; al restaurante iban Matutes, Harrison Ford, Roman Polanski... siempre estaban los mismos por allí, cada noche, y todos estaban en la zona vip. Sade iba también a todas partes.

RICARDO URGELL: Aquí hay cinco municipios: Santa Eulalia, San Antonio, San José, San Juan e Ibiza, y cada uno hace lo que le parece y cierra a la hora que le da la gana. En un municipio hay mucho control y en otro no hay nada. El municipio de San Antonio siempre tuvo muchas libertades, fue el primero que tuvo turismo, y tanto el KU como Amnesia tuvieron libertad total de horarios, y la policía ni iba. Ibiza es lo que es por las libertades que ha tenido y sigue teniendo. En otros países no hay estas libertades y todo se limita.

FARUK GANDJI: Del 82 al 84, KU creció un montón y, además, se abrió el KU Beach en Playa d'en Bossa. El jardín de la discoteca se amplió y dio cabida a más barras. A medida que se fue llenando cada vez más, tuve la idea de abrir una nueva barra privada, que se construyó sobre la barra principal y tenía una vista alucinante del club. Las fiestas y los concursos habían ido ganando en popularidad a medida que crecía la fama internacional de la isla e iban llegando nuevos visitantes, atraídos por la experiencia que KU ofrecía. Cada noche había una fiesta, y el resto de discotecas cerraba a las tres de la mañana. La ruta habitual de ir a tres discotecas empezó a decaer, porque todo el mundo empezó a ir más a KU, desde las doce de la noche hasta a veces las ocho de la mañana. En 1984, el concurso Miss Tanga atrajo a cuatro mil setecientas personas, que fue el récord de asistencia de KU. La voz empezó a correrse por todo el mundo de que algo increíble estaba pasando en Ibiza, y cuando aumentó el turismo, empezó a ser evidente que el KU explotaría de un momento a otro.

JUAN SUÁREZ: Cuando se hacían los concursos de Miss Tanga o Miss Camiseta Mojada en el KU, en el jurado había gente como Roman Polanski, los jugadores del Real Madrid Martín Vázquez o Gallego, o el bailarín Baryshnikov... Toni Riera, un chaval de San Antonio, ¡ganó dos veces Miss Tanga!: se ponía una bandera en la parte de arriba y se presentaba como si fuera una mujer... Fue muy divertido.

PIPPI: Yo traía un género de música que no existía y que fue muy bien acogido desde el principio. Estaba en la cabina de espaldas a la gente, porque la cabina de Pacha estaba de cara a la pared, y hasta los noventa no se giraron los platos. Habían dos pistas, una a cada lado de la cabina, y tenías que darte la vuelta para ver la movida que había en cada pista; sí, Ibiza *style*.

CÉSAR DE MELERO: La cabina que había en ese momento en Pacha era fantástica... No sé por qué tuvieron que cargársela, no había ninguna necesidad, no molestaba a nadie.

PIPPI: Una vez tuve un accidente horrible un fin de año, nunca me olvidaré: cuando iba de camino a pinchar a Pacha en coche, nos dieron un golpe muy fuerte por detrás. No sangré ni nada, pero fue uno de esos golpes que lo pagas luego al día siguiente... Con ese golpe me fui a Pacha e hice caer el fin de año, y nadie se enteró, pero al día siguiente estaba fatal, claro, y no me podía ni mover. Este es un factor muy importante para un DJ, y muchos DJs no lo saben asimilar o no lo hacen bien... porque si les pasa algo, se les nota, sobre todo en la música, porque acabas transmitiendo tus emociones.

CÉSAR DE MELERO: Por aquel entonces Pippi iba a los jefes a decirles que yo ponía cosas extremas que no iban con el local, como Afrika Bambaataa o cosas así de electro, para que veas cómo es la competencia.

PIPPI: Yo tenía siempre las mejores versiones, las más largas y más instrumentales, que eran más bailables, porque eso es lo que hace mejor a un DJ. Se podía poner un tema bueno, pero para que funcionara en el contexto de un club tenía que ser una versión bastante especial, larga y extendida. Se trataba de ofrecer algo más que el tema que ponían en la radio, porque la música de la época, como por ejemplo Grace Jones, la ponían también en la radio. Lo que lo hace especial es cómo pones un disco, de qué forma y en qué momento.

CÉSAR DE MELERO: Te puedo decir los discos que yo ponía: por ejemplo, el «N.E.P.A.» de Tony Allen o el «Jungle Fever» de Chakachas... Eso era Balearic, también. Yo era muy underground, ponía música mucho más variada, muy nueva, pero era muy pardillo, un crío. Yo no creaba un ambiente con música nueva, en cambio Alfredo era muy sabio escogiendo las canciones adecuadas en cada momento.

JOAN RIBAS: En el 84 me fui a hacer la mili a la península, y cuando conseguí que ese verano me destinaran de nuevo a Ibiza, en Pacha ya tenían la cabina cubierta y acabé pinchando en Amnesia, con Alfredo.

ALFREDO FIORITO: Cuando nos dimos cuenta de que la gente venía a partir de las cuatro o cinco de la madrugada, empezamos a abrir a las tres y cerrábamos a las doce o a la una del mediodía. El primer año pinché yo solo, porque había otro DJ, pero no le podían pagar y se fue. El segundo año me vino a ayudar Leo Mas, que es un amigo que había hecho en Formentera cuando estuve allí en el 84. Luego se vino a ayudarme dos meses y en el 86 ya se quedó para toda la temporada.

LEO MAS: Unos amigos me llevaron a Formentera durante las vacaciones del verano de 1984, y allí, a través de un buen amigo, conocí a Alfredo. Fue él quien me dio la oportunidad de convertirme en DJ. Empecé en Amnesia en el verano del 85. Alfredo vivió conmigo el invierno que siguió en mi casa en Milán, y durante ese tiempo compramos un montón de discos que acabarían por ser clásicos de Amnesia. Cuando acabó el invierno, Alfredo me invitó a su casa en Ibiza. Por aquel entonces, los clubs más importantes eran Pacha y KU, y mi primera impresión es que eran clubs comerciales. En Pacha vi por primera vez a gogós bailando, con los turistas debajo haciendo fotos, la zona vip a la que no se podía acceder, mucho moderno... No me impresionó demasiado.

PITI URGELL: El *privée* empezó siendo donde estaban las gogós, que se sentaban allí durante el descanso. Antes, bailaban, se sentaban y como estaban muy buenas, todo el mundo acababa allí y empezamos a cerrarlo. Recuerdo que a las gogós les dábamos champagne rellenado de Freixenet y entonces los que había por ahí decían, «¡yo también quiero una copa de Moët!». Por allí solían reunirse Carolina de Mónaco y gente de la alta sociedad... pero ni los mirábamos. Aquí lo que importaba era cómo te divertías con ellos o qué conversación interesante podías tener... No contaba el apellido.

CÉSAR DE MELERO: El *privée* del KU era para los vip, la cosa esta que se han ido inventando con los años, que cuando yo llegué a Ibiza no existía... «*Very Important People.*» El Coco Loco de Brasilio era más «*everybody is important*». Ahí en el *privée* estaba Faruk, donde tenía a cuatro moros ricos que se dejaban allí más pasta que tres semanas de turistas abajo. Allí también estaban los italianos, las tías en tanga... Era todo más garrulete. Los dueños estaban arriba en otro apartado con las estrellas de cine y tal. Hacían cientos de porros... Recuerdo que en un momento dado de la noche salían con las bandejas llenas de porros. ¿Dónde has visto tú un local donde pasara esto? También invitaban a copas y a más de uno le ponían también rayas gratis a través de los relaciones públicas, pero, bueno, eso ya ahí se queda.

CARL COX: Descubrí KU en una revista. Imagínate ver una instantánea aérea de un club al descubierto, con palmeras, piscina, el sistema de altavoces de color blanco, con todas aquellas luces y demás... Era alucinante. No había nada igual en todo el planeta. KU era muy caro, porque allí iban estrellas como Mick Jagger, Madonna o George Michael... Todos los famosos iban allí. Así que, cuando fui, solo tenía dinero para la entrada y dos copas. Recuerdo que me quedé de pie ahí en medio mirándolo todo. «Esto es alucinante», pensaba, y me iba al balcón y me quedaba flipando con toda la gente bailando y pasándolo en grande. Esto fue en 1984.

JUAN TUR: Los DJs pinchaban discos que yo ahora los pongo y pienso, «¿pero cómo podía bailar esto la gente?». Eran medios tiempos y tal. La gente iba a la pista a... no voy a decir «follar», pero... la gente iba a disfrutar. No como ahora, que ponen los brazos así en alto que parece que estén cazando moscas. Yo debía de tener quince o dieciséis años, sería el año 84 o así... Era la época que el KU estaba más a tope. La música tenía un rollo superfeliz, con la Fiesta de la Espuma, los Sanfermines... que te soltaban una vaquilla dentro de la discoteca y la gente la toreaba. Había una piscina fuera que tenía un tobogán con forma de dragón que era bestial. De allí se tiró Nona Hendryx en una actuación y se rompió la nariz.

ALFREDO FIORITO: Durante todo ese tiempo tuve la oportunidad de experimentar, y cuando empezó a llegar la gente, empecé a poner toda la música que había estado probando antes. Algunos de esos discos eran lentos, como «Moments in Love» de Art Of Noise, o Sade, y también ponía música española, como Radio Futura, Danza Invisible, Alaska y Dinarama, Presuntos Implicados... El caso es que me di cuenta de que todo esto encajaba muy bien entre el público que salía de las otras discotecas, donde sonaba más o menos la misma música —el eurodisco de la época, cosas como Sabrina y así—. Yo en cambio les mezclaba de todo, música antigua y nueva, que en aquel momento era el synth pop: ponía a los Kraftwerk, The Human League, Spandau Ballet, Depeche Mode... Lo mezclaba con Bob

Marley, George Clinton, George Benson, soul tipo Marvin Gaye... En el 85 me fui a Madrid, donde abrieron otro Amnesia en el Paseo de la Castellana, en frente del estadio del Real Madrid.

CARL COX: Luego me fui a Amnesia, y también fue increíble; era un club precioso. Estaba la pirámide en medio del pozo de agua, y te podías sentar junto al agua y disfrutar viendo a la gente bailar. Era genial poder experimentarlo, era una estampa inolvidable: al aire libre, con un sonido buenísimo, con esa gente alucinante... Alfredo podía poner el «Why Why Why» de los Woodentops, que no era house pero es un temazo, y todo el mundo bailando y dándolo todo. Recuerdo un montón de cosas así.

LEO MAS: Amnesia era el club que cerraba más tarde, donde te podías encontrar al personal de Pacha y KU, y donde todo el mundo acababa la noche bailando bajo las estrellas y disfrutando del amanecer. Cerraba a las nueve de la mañana. Era una vieja finca[47] ibicenca donde no se podían hacer fotos, no había zona vip y la libertad era total. Bailabas junto a gente de todo el mundo: gente de la isla, príncipes, estrellas del rock, estilistas de moda, gitanos, camellos, artistas, *escorts*, *playboys*... Todos al mismo nivel. El puerto de Ibiza era otro gran enclave, con un montón de gente, todo muy caótico, lleno de bares, cada uno con su tipo particular de música y donde ponían cintas de casete, desde música de club a los éxitos del momento.

CÉSAR DE MELERO: En el año 85 me fui a Madrid a grabar mi segunda producción —por aquel entonces yo tocaba el bajo—, y justo entonces Pippi me dijo que llegaba tarde para empezar la temporada y cogieron a Joan Ribas. Si te digo la verdad, creo que Pippi no supo guardarme el sitio, las cosas como son; no me llamó en el momento para avisarme y decirme que acudiera. Así que perdí mi trabajo en Pacha.

47. En castellano, en la entrevista original.

JOAN RIBAS: Luego pasé a ser el ayudante de Pippi y así estuvimos durante muchísimos años, con unos hiatos en los que estuvieron Nelo, Alfredo o César de Melero. Pero el grueso de los ochenta y noventa en Pacha lo hicimos Pippi y yo. Piti Urgell también fue otra influencia básica para mí. Junto con Diego de Flip Music, son mis dos padres musicales, y Pippi también, por supuesto.

PIPPI: Yo llegaba a poner dos discos [iguales] a la vez para construir una versión extendida o para alargar determinadas partes, repitiéndolas, sin que la gente se enterara: hacía un *edit* en directo, vaya. Para mí era como un juego, lo sentía y lo hacía, pero de manera muy natural, sin espectáculo. Estás ahí y haces tus cosas, tus propias mezclas, y esto a la gente le gustaba mucho. A lo mejor ponía la parte instrumental de un tema, la volvía a poner de nuevo, o empezaba con la instrumental y terminaba con la vocal, que de nuevo terminaba en la instrumental... y luego al final aparecía por fin la canción. ¡Era la locura! Ponía cada disco de forma diferente y creaba estos momentos especiales, de una manera muy genuina y muy auténtica; creaba ese momento que ahora llamáis «subidón» [pone los brazos en alto], pero era el baile en sí mismo lo que hacía que todo fuese bonito, ¿entiendes? Lo de «*hands in the air*» no existía, el DJ no podía hacer una cosa así porque la música era muy diferente.

JOAN RIBAS: La música que pinchábamos era muy variada, te hablo de la época pre *house music*... Ni siquiera mezclábamos los *tracks,* porque el concepto de bpm no lo teníamos asumido y no tuvimos platos Technics hasta los noventa, pues trabajábamos con unos Lenco de correa. Si te dijera que todo lo que pinchábamos era super*cool* te mentiría... Había muy buena música, sí, pero también mucho italo disco o disco alemán muy hortera, que también poníamos. Pero hacíamos bailar a la gente, que era lo más importante, y pinchábamos lo necesario para lograrlo. Los discos no caducaban, como ahora. Un buen disco lo pinchábamos durante varios años sin problema y no mirábamos la fecha. Temas vitales que recuerdo así a bote pronto y que funcionaban bien eran «Energy» de Beautiful Ballet,

«Los Niños del Parque» de Liaisons Dangereuses, «Black Out» de Enzo Avitabile, «Wordy Rappinghood» de Tom Tom Club, «Kiss» de Prince, «Two Tribes» de Frankie Goes to Hollywood, «Wot!» de Captain Sensible, «Bostich» de Yello, «Such a Shame» de Talk Talk, «Change» de Tears for Fears, «Slippery People» de Talking Heads, «Welcome to Paradise» de Front 242, «I.O.U.» de Freeez, «Stone Fox Chase» de Icarus, «Sleeper in Metropolis» de Anne Clark, «Living on the Ceiling» de Blancmange, «Waiting for a Train» de Flash & The Pan, «Big Man Restless» de Kissing the Pink, «Eyes of Stranger» de Payola$, «Dreiklangsdimensionen» de Rheingold, «Uncertain Smile» de The The, «Situation» de Yazzo, «Just Can't Get Enough» de Depeche Mode... seguro que me dejo muchas. Pero ya te digo, cito solo las buenas, las horteradas las he «olvidado» [risas], pero las pinchábamos todos, y si alguien dice lo contrario, miente. Por ejemplo, poníamos a Sandy Marton (una gran persona y buen amigo) y su «People from Ibiza» (era la mejor de todos esos productos más comerciales).

RICARDO URGELL: En los ochenta hicimos la fiesta de blanco en Pacha y traje un camión lleno de sal de una salinera. Coloqué una montañita de sal en la entrada del Pacha y le clavé una cañas encima. Al rato viene el director y me dice, «Ricardo, que la policía quiere hablar contigo»... ¡Cojones! Me meto en el despacho y me dicen, «buenas noches, ¿qué representa esta montaña de sal?», y respondo, «nada, es sal y representa... pues... cocaína». «Ah, muy bien», me dijeron.

NELO: En el 84, con diecinueve años, me fui de vacaciones a Ibiza todo el mes de agosto. Allí tenía a mis amigos Israel, animador y bailarín, y Juanjo Mur —quien formaba parte del grupo Generator Group Electrogen—, que eran camareros del KU. Cuando entré en aquel local, flipé: bajabas las escaleras y entrabas en aquella sala con la piscina, el dragón, la sala del Coco Loco, el vip de arriba... Ver aquello por primera vez fue increíble.

CÉSAR DE MELERO: En ese momento Manel Aragonés se mosqueó con Pacha y se fue a KU. Tenía una pequeña barra detrás de la piscina y me preguntó si quería pinchar allí, que hablaría con [Jose Luis Anabitarte] Gorri. Han pasado unos años ya, pero en aquellos tiempos Ibiza era la guerra... *flower power* y lo que quieras, sí, pero mucha guerra.

BRASILIO: Massimo y Gerardo fueron los dos primeros DJs que tuvimos en KU, y después tuve a César y a Pippi. Siempre intentamos tener música Balearic, que se hizo muy famosa en Inglaterra. Era una música que nadie había oído antes. Yo iba a Nueva York o a Londres a comprar discos, me iba con los DJs y buscábamos cosas que nunca habían sonado en la radio; no era comercial, era nuestra música.

CÉSAR DE MELERO: Cuando empecé en KU en el 85, allí estaba pinchando Chicco Secci y acabé de segundo, abriendo y cerrando. Al final del verano tuve que decirle a Gorri que estaba harto, y el día del cierre, que era la mejor noche, le dijo a Chicco, «eh, que pinche César», y a la siguiente temporada, ya empecé pinchando yo como primero. Porque es que además este tío solo ponía producciones de Claudio Checchetto, en plan, «*sexy girl, sexy girl*». Todo el tiempo ponía ese tipo de canciones, que yo pensaba, «qué horror, ¿por qué *horterizar* así Ibiza?».

JUAN CARLOS SÁNCHEZ: Hubo una etapa en la que cada veinticinco días venía un DJ de Italia de una radio que se llamaba Radio Deejay. Fue cuando conocí a Chicco Secci y a Massimo Zuchelli, que técnicamente eran buenísimos y de los cuales aprendí mucho.

NELO: Chicco Secci ponía a Whitney Houston, Michael Jackson... Todavía no existía el house ni la música electrónica, y sonaba algo de rock, soul y funk. Pacha siempre ha sido muy comercial, también; Amnesia, con Alfredo, era más underground.

ALFREDO FIORITO: Yo pinchaba las caras B, las versiones *dub* de las canciones. Por ejemplo, si pinchaba el tema de Mandy Smith, no pinchaba la versión normal, que era en plan italo disco, sino que pinchaba un *dub* que tenía un piano house muy bueno y que habían remezclado tres tipos[48] que solían hacer remixes... Eso ya fue en el 85, que es cuando empecé a pinchar música house. Fui uno de los primeros, sino el primero, en pinchar house en Ibiza, justo cuando salieron los primeros discos de Trax, DJ International... Los primeros *tracks* de house se planchaban con vinilos usados y sobre la superficie de los discos había incrustados pequeños trozos de papel, porque cuando los licuaban, creo que lo hacían también con el papel de la galleta... De todos modos, sonaban.

LEO MAS: Los lanzamientos de Trax se prensaban con vinilos reciclados y a veces salían defectuosos. Como era un sello independiente, así ahorraban. Creo que Alfredo y yo pinchábamos sesiones de house de tres horas muy intensas antes de que lo hicieran los demás. Amnesia era el club más experimental en este sentido, mientras que el resto de clubs se limitaban a poner lo que la gente esperaba y los hits comerciales llenapistas que querían los jefes. A finales del verano del 86 tomamos la decisión de que queríamos pinchar más house, así que compramos un montón de house americano de importación para estar bien surtidos de cara al verano del 87.

CÉSAR DE MELERO: Yo ya empecé a pinchar mis discos de house en el 86: el «Love Can't Turn Around» [de Farley «Jackmaster» Funk con Jesse Saunders *feat*. Darryl Pandy], y Chicco me preguntaba, «César, ¿tú qué le ves a esta música?», porque él pinchaba esa música italiana barata. Luego se fue a Miami y nunca más volvió, salió muy escaldado de Ibiza... Y es que Ibiza cuidado, eh, Ibiza... Porque Alfredo también tuvo... no voy a decir que una mala época... yo también, eh. Te puede deprimir mucho, la isla, puedes subir y luego te pegas unos hostiazos... ¡Y tanto!

48. Se refiere al trío de exitosos productores Stock, Aitken y Waterman, y a este remix: Mandy Smith «Got to Be Certain (6.35KM Extended Version)».

DIEGO GIMENEZ: Yo iba a todos los bares y a todas las discotecas, porque antes había música en todos los bares también, y además muy buena. Pero a partir de mediados de los ochenta, ostracismo total, no salía, porque no me gustaba nada el ambiente, y en el 85 o el 86 ya me desconecté totalmente. Vendí la tienda de discos [Flip Music] y desconecté. Estaba entrando toda esta música que a mí no me decía nada, y todos los DJs me pedían esa nueva música de baile... Yo sabía más o menos lo que le gustaba a mi clientela, pero después el ambiente cambió mucho, las discotecas cambiaron y yo no me sentía a gusto. Tenía casi cuarenta años y mis años de juventud habían pasado. Prefería quedarme en casa escuchando mi música y a mi rollo.

LEO MAS: La primera vez que fui a Amnesia con Alfredo, el club abría a las doce, pero no era hasta las tres que la gente empezaba a llegar, poco a poco. Cuando llegábamos a Amnesia a las doce, Alfredo ponía una cinta y, como no había nadie, alguien se encargaba de darle la vuelta cuando se terminaba, y nosotros nos íbamos a Pacha y a KU a ver qué se cocía. Luego, cuando volvíamos, Alfredo se ponía a pinchar hasta las nueve de la mañana, y yo siempre estaba con él. Al cabo de un tiempo, le pregunté si le parecía bien que pusiera música de doce a tres, y me dijo que adelante.

CÉSAR DE MELERO: Reconozco que Alfredo hizo mucho por Amnesia, y no le voy a quitar ningún mérito, pero debo decir que Amnesia hubiera funcionado casi con cualquier buen DJ, aunque eso no se podrá saber nunca... Un sitio tan bonito, al aire libre y tan underground... Pero, repito: Alfredo hizo mucho, las cosas como son.

LEO MAS: Alfredo me dijo que pinchara lo que quisiera, total, casi no había gente... Me sabía mal poner música de baile y que no hubiera nadie por ahí, no tenía sentido, así que, en un momento dado, le pregunté a Alfredo si le parecía bien que cogiera discos del archivo de Amnesia (LPs, bandas sonoras, flamenco, reggae, world music, jazz, soul, rhythm & blues, rock, synth pop, clásicos...) y algunos de los que él tenía en casa. Me gustaba la idea de testar la música con la gente que iba entrando al club sin poner música de baile, que de hecho es lo que hacía Alfredo cuando la noche empezaba. Así que empecé a mezclar toda clase de géneros musicales, y me encantaba, porque era libre de poner todo aquello que me gustaba, sin limitaciones, haciendo un repaso de todos aquellos géneros que me gustaban. Mi bagaje musical en 1985, con veintisiete años, se había nutrido de toda la música de los setenta y de la mitad de los ochenta.

CÉSAR DE MELERO: En el KU había unos personajes… el Toni «Manchas», que se tiraba toda la tarde y toda la noche liando porros que luego repartían en el *privée*. El KU era como una extensión del Coco Loco, con toda la locura del ambiente LGBTQ, mariconeo y locura. Aquello era Sodoma y Gomorra. Era lo más.

TANIT: Un día estábamos unos cuantos en el Malibú: Chichi —un italiano—, Santamaría, Gorri y un tipo sano y musculado que no bebía alcohol. Yo tampoco bebía alcohol y le dije que si yo me tomaba un chupito, él también. Al cabo de cinco chupitos estaba muy borracho y me metí en el mar, delirando. No tenía fuerzas para salir, así que tuvo que meterse Santamaría para sacarme. De allí nos fuimos a KU, me metieron en una sauna que había en la parte de abajo de la discoteca —para sudar y expulsar todo el alcohol— y me quedé allí dormido —apagaron la sauna, claro—. Cuando me levanté, al cabo de tres horas, salí desnudo en medio del KU. Ese día estaban grabando un documental o algo así, así que eso se quedó grabado. Pero nadie me decía nada. Había tanta libertad… Al final Gorri se me acercó y me dijo, «Tanit, ¿sabes que estás desnudo?», y yo, «¡¡hostia!!».

NELO: Había mucha libertad… La gente era guapísima y hacía lo que le daba la gana… Las fiestas eran increíbles. El rollo hippie estaba… no en decadencia, pero ya empezaba otra época, los ochenta, pero con la misma libertad. Había mucha mezcla de gente, mucho gay, que Ibiza siempre ha sido una isla muy de gays… Bueno y de todo, la gente se desinhibía y se despreocupaba. Había una libertad total para todo… drogas y lo que fuera.

RICARDO URGELL: La primera droga era el alcohol, pero si ibas a palo seco, al rato necesitabas algo de *rifrisqui sicriti*, como se decía... Hay un documental de televisión sobre Ibiza donde hablan Carlos Martorell, Escohotado y gente de esa época, y Carlos Martorell recordaba —hablando de Pacha— cuando llegó la mescalina de Valencia, que era una droga muy... Desapareció y nunca más se supo. Se ve que una señora le ponía mescalina a las bebidas y se las daba a la gente. La llamaba «*rifrisqui sicriti*», que lo sacó de un anuncio de la televisión. Una vez le dijo a un Guardia Civil, «tome, *rifrisqui sicriti*», y el Guardia Civil se la tomó y se puso pedo.

TANIT: Un día se me acercó un chico americano a las seis de la mañana y me dijo, «Tanit, tengo *happy pills:* unas pastillas que nos daban a los combatientes en Vietnam para entrar en la jungla». Un buen día decidí mezclar las *happy pills* con la mescalina, que era de color verde, para hacer el «cocktail verde» —así lo llamé— y repartirlo gratis en mis fiestas... Un chupito solo. La policía no se enteraba de nada. No es hasta mediados de los noventa, cuando el éxtasis se populariza, que la policía empieza a perseguirlo.

ALFREDO FIORITO: Aquí siempre ha habido drogas, como en todos lados y en todas las épocas. El KU era más de éxtasis, y en cambio en Amnesia había más mescalina, que venía de Valencia. Sería el año 84, y las trajo un chico que murió. David «el Niño» estuvo pinchando aquí en Ibiza también, y yo estuve pinchando una vez en Valencia, pero allí el estilo era mucho más duro. Estuve pinchando en Spook y en Barraca. Me lo pasé muy bien, porque a Barraca iba mucha gente que también iba a Amnesia —Francis Montesinos y toda su troupe—. En Barraca el estilo era muy parecido a lo que hacíamos en Amnesia.

DAVID «EL NIÑO»: Si de verdad ha existido una droga enfocada a la pista ha sido la mescalina. Recuerdo aquella Ibiza con el *boom* del éxtasis y también recuerdo los amigos que venían de Valencia con sus mescalinas. Sin embargo, fue el éxtasis el que contribuyó a que se entendieran los nuevos sonidos del house innovador que estaban entrando desde Manchester, con 808 State como máximo exponente. Observé un público más receptivo a la música, y es obligatorio mencionar los primeros vinilos de Derrick May y sus diferentes alias, como Rhythim is Rhythim. Eso sí que fue para mí una corriente innovadora en la música de baile, cuando llegó el techno de Detroit.

RICARDO URGELL: Recuerdo cuando vendí el nombre de Pacha a una discoteca en Denia que duró poco. Tenía una sala enorme, enorme... Yo solía visitar los locales que me ofrecían como franquicias, y digo, «¿y esto, cómo lo llenaréis?». «No te preocupes», me dicen, «les pondremos mescalina en las bebidas».

NELO: Ya había algo de éxtasis, pero no en la cantidad que vino después. Todavía había mescalina, que daba muy buen rollo, pero eso desapareció cuando empezó a entrar la coca. La mescalina venía de Valencia, que en los ochenta fue una pasada, tío, del 80 al 86 musicalmente eso fue vanguardia, de lo mejor del momento, y no solo en España, sino en Europa y en todo el mundo. Y a partir de ahí todo cambió: las drogas, la música... y llegó el degenere de la Ruta del Bakalao.

PIPPI: El éxtasis ya estaba ahí. En aquella época había éxtasis y cuando salías tomabas eso o mescalina, o lo que sea. Yo descubrí la mescalina y por supuesto, por mi condición, no pude decir que no —por vivir la experiencia y por saber de qué iba—. La verdad es que la mescalina es una de las experiencias más positivas que he tenido. Como con el LSD. Luego se empezó a distribuir mierda, o sea, a sacar provecho al negocio, porque no era un negocio cuando llegó aquí. En aquel momento circulaba entre conocidos —era algo muy especial— y ni siquiera se vendía. Yo no he comprado nunca mescalina, a mí me la regalaban buenos amigos. La cocaína ha existido siempre, y estas drogas respondían a las nuevas tendencias, relacionadas con la música y la diversión; con la cultura de club.

ULISES BRAUN: Sobre el 85 llegó el éxtasis y ahí ya empezó el fenómeno *after hours*. Antes el concepto de «*after hours*» no existía.

FARUK GANDJI: Era evidente que lo que atraía de Ibiza a la gente era el sol, la playa, la libertad sexual, las drogas y la música Balearic. Por lo que se refería a las drogas, era primordial seleccionar aquellas que mejor iban con la vida en Ibiza. Mucha gente aún mezclaba de todo y algunos estaban empezando a flirtear con los demonios de la isla. Yo quería euforia, y no malos viajes.

NANCY NOISE: En el verano de 1985 estuve con unos amigos en Ibiza. Alquilamos un apartamento en San Antonio y empezamos a perdernos por ahí, en el West End. Estuvimos en el Star Club, en Es Paradís y en Éxtasis. El ambiente en la pista era muy loco. Lo pasamos muy bien, aunque en San Antonio el rollo era muy de alcohol. Al año siguiente volví y me topé con el Café del Mar. Allí me puse a hablar con un tipo que me dijo, «¿por qué no os venís el jueves? Los jueves, todos los que trabajamos aquí nos vamos de fiesta». Era el hermano de Trevor Fung[49]. Esa fue la noche que acabamos en Amnesia. Empezamos la noche en San Antonio y fuimos al Star Club, a Es Paradís, y luego ya no recuerdo cómo acabamos en Amnesia... Ya era tarde, empezaba a clarear, y alguien dijo, «vamos a un sitio que se llama Amnesia, que es un club al aire libre». Recuerdo con bastante claridad que al pasar por la puerta me puse en plan, «¡oh, Dios mío, esto me encanta! ¡Es lo más!».

DAVID «EL NIÑO»: Antes de ir a los clubs, íbamos al Lola's a primera hora. Allí, el DJ, que era amigo mío, ponía la mejor música de Ibiza.

49. Trevor Fung comenzó su carrera como DJ a los dieciséis años pinchando soul, jazz y funk en Londres. En 1983 fue invitado a pinchar en Amnesia y a mediados de los años ochenta se asoció con su amigo y también DJ Paul Oakenfold para dar forma a The Funhouse, un club donde convivían el sonido de su experiencia en Ibiza con el hip hop y el *rare groove* de la época. Luego montaron juntos de nuevo el célebre club The Project con un joven Carl Cox como DJ residente. En el verano de 87, Trevor llevó el concepto de este club a Ibiza, donde junto con su primo Ian St. Paul abrió el homónimo bar The Project en San Antonio. En los años noventa se le pudo ver pinchando en la escena acid house del Reino Unido, en raves y eventos multitudinarios como Sunrise, Energy, World Dance o Biology, y en residencias temporales en Rage, Enter the Dragon, Spectrum o Love @ the Wag. También ha pinchado en algunos de los festivales más importantes del mundo como Bestival, Glastonbury, Burning Man o Farr Festival.

Siempre he sido amante de la música seria y oscura, anticomercial, y allí sonaba desde el «Memorabilia (Extended version)» de Soft Cell hasta el «Play for Today» de The Cure... Yo estaba en mi salsa. El resto de pubs o locales de Ibiza iban más enfocados a lo comercial.

FARUK GANDJI: Para cualquiera que haya seguido de cerca la historia de la música desde los años sesenta, Ibiza era el sitio perfecto para experimentar la nueva revolución musical en toda su amplitud y diversidad. Mientras que las discotecas ponían los temas con sintetizadores más de moda, había bares como el Café del Mar, Ca n'Anneta o Punta Arabí donde aún ponían música de grupos de los sesenta y setenta, y daban cabida a otras atmósferas que también tenían su sitio en la isla.

DAVID «EL NIÑO»: Del año 85 al 87 fui jefe de cabina y promotor de bandas en la sala Isla de Valencia. Allí pinchaba cosas como el «Strings of Life» de Rhythim Is Rhythim, «Spider Woman» de Wally Badarou, «Hip Hop, Be Bop» de Man Parrish, «City Lights» de William Pitt, «Night Moves» de Rickster, «I Just Can't Wait (The Cool And Breezy Jazz Version)» de Mandy Smith, «W.Y.H.I.W.Y.G» de Front 242, «Set Fire to Me (Inferno Dub)» de Willie Colón, «Keep Hanging On (Live Instrumental)» de Sade, «TV Treated» de The Neon Judgement, «Dead Eyes Opened» de Severed Heads...

NELO: En el verano del 87 me fui a Ibiza. Salía de fiesta y me buscaba la vida. Iba mucho al Glory's, que fue el primer *after* de Ibiza, porque abría cuando cerraba Amnesia, a las ocho de la mañana, y cerraba a la una o las dos del mediodía. Aquello llevaba funcionando desde los sesenta, era un sitio de toda la vida, pero ese año abrió como *after*. Allí estaba pinchando Paco Carro, y un día me dijo, «¿qué te parece si te vienes a pinchar conmigo a primera hora y tal?». Yo había puesto algún disco en Edición Limitada, en Barcelona, pero cuando no había nadie, antes de abrir. Así que el primer disco que puse profesionalmente fue en el Glory's, en junio-julio, a principio de la temporada. Total, que Paco tuvo alguna movida con el dueño y se volvió a Barcelona... no sé lo que pasó... Y entonces me vino la mujer del dueño —que era un suizo que lo tenía alquilado— y me dijo, «¿qué te parece si te quedas tú?»... Y yo flipando, en plan, «¿y ahora, qué hago?», porque había puesto algunos discos así al principio de la noche, pero luego siempre se ponía Paco. Así empecé, y ese año el *after* fue un pelotazo, con gente que venía de todos los locales, de ocho de la mañana hasta la tarde, depende del día.

DAVID «EL NIÑO»: En junio de 1987, empecé mi residencia en la cabina del KU de Ibiza. Cuando me llamaron para hacer la prueba para ser DJ residente, Gorri me dijo, «ahí tienes la cabina, antes de ti hemos probado a cinco y ninguno ha pasado el listón, pero antes cena con nosotros para que lo cojas con ganas». Después de la cena empezó a entrar gente y sobre las dos comencé mi prueba pinchando Sisters of Mercy, Front 242, Severed Heads, Willie Colón, Skinny Puppy, Signal Aout 42, Mandy Smith... Cuando acabé el *set*, Gorri me dijo, «bienvenido, esta es tu casa».

NELO: Yo en esa época ya pinchaba desde The Chameleons a New Model Army o Front 242... Todavía no existía el house, aunque empezaba a sonar el «Pump Up the Volume» de M.A.R.R.S, que fue de los primeros, o el «Your Love» de Frankie Knuckles, pero el house aún se estaba gestando. Como el Glory's era un *after,* yo tenía libertad total y llegué a cerrar con el «My Way» de los Sex Pistols; ponía lo que realmente me apetecía y lo que sentía, no tenía que hacer bailar a la gente; eso vino después en el Pacha. Había muy buen rollo. Yo de ese año solo puedo hablar bien.

DAVID «EL NIÑO»: Recuerdo ir a hablar con Gorri para pedirle un vuelo a Madrid para llenar dos maletas de vinilos de mi colección particular. Me dijo que fuera a la oficina del KU, que estaba dentro de la discoteca, y allí mismo me dieron el vuelo de ida y vuelta. Tal era el nivel que la discoteca tenía un talonario de Iberia en la oficina y podía contratar los vuelos que quisiera. Aquella noche, cuando acabé la sesión a las seis de la mañana, me fui directo al aeropuerto y a las ocho salió el vuelo Ibiza-Madrid. Llegué a casa, cargué las dos maletas, y a las siete de la tarde salía el vuelo Madrid-Ibiza. Me subí al avión, dormí lo que duró el trayecto y llegué a Ibiza; ducha, cena y a la cabina a pinchar de nuevo sin haber dormido. Fue una sesión memorable.

NELO: Le pedí a un amigo de Barcelona que me trajese toda la música que tuviera en casa, porque en el Glory's había poco presupuesto y solo me pagaban cinco mil pesetas por noche. En Ibiza había pocas opciones para comprar música: comprabas en Delta, en M15 —que era de Gianfranco, un italiano— o en Gallery, una que había por la zona del puerto.

DAVID «EL NIÑO»: Cada fiesta del KU tenía una decoración determinada, desde el escenario, que estaba encima de la cabina, al resto de la sala. El ambiente era variado y englobaba todo tipo de tendencias y gente de todos los rincones del mundo, bien vestida y elegante. El poderío que tenía el KU no lo tenía ninguna otra sala de Ibiza. Estamos hablando de un aforo de diez mil personas.

JUAN CARLOS SÁNCHEZ: Aquellas fiestas temáticas eran muy emblemáticas y muy variadas. Piensa que se hacían tres a la semana, durante todo el verano. A primera hora llegaba muchísima gente en autobuses, y por supuesto iban muchos famosos...

FARUK GANDJI: Las fiestas principales se programaban con antelación, pero había otras que se improvisaban sobre la marcha, y a veces incluso organizábamos algunas con dos o tres días de antelación. Así que había que diseñar el póster en un día, imprimirlo al siguiente y colgarlo por toda la isla el mismo día de la fiesta. Teníamos básicamente 24 horas para imaginar y construir el nuevo decorado dentro de la discoteca. En mis concursos, procuraba que el sexo se mostrara en su forma más pura, bella y natural. Procurábamos que las mujeres se sintieran cómodas, que mostraran su belleza natural y que no se sintieran como objetos, como pasa en los clubs de ahora.

ALAIN: Brasilio fue un pilar del KU. Él montaba allí la fiesta de Brasil, que era todo un acontecimiento en Ibiza. La gente me reservaba mesa en el Sausalito cuatro o cinco días antes de esa noche, que era una rúa que desfilaba por el puerto durante toda la noche, con bailarinas y música, y el puerto estaba a tope. Después, a las dos, la fiesta seguía en el KU.

BRASILIO: Siempre teníamos música en directo, nada de *playback*. Traje a un montón de artistas: Spandau Ballet, Front 242, Natalie Cole, Siouxsie and the Banshees, José Feliciano, Manzanita, Lola Flores, Rocío Jurado, Camarón... En una época se puso de moda el flamenco, con la guitarra... Grace Jones... Frank Zappa venía cada año, Sigue Sigue Sputnik... ¡Ah! otros que también me gustaron mucho fueron Talk Talk, que se quedó todo el KU con las almohadas tiradas por el suelo cuando tocaron «Such a Shame». Fue la mejor noche.

NELO: En el 86 vi a James Brown, a Talk Talk, Kid Creole and the Coconuts, Nina Hagen... ahí tocó muchísima gente. El día del concierto de Talk Talk fue uno de los mejores de mi vida. Talk Talk sonó mucho en Ibiza, sobre todo «Such a Shame» e «It's My Life». El concierto del 89 de Front 242 fue una pasada.

JOAN RIBAS: KU fue un lugar muy, muy especial... No hay duda de que es una pieza imprescindible para entender la historia de la noche de Ibiza. Allí pincharon muy buenos DJs, como Gerardo, Patrick o Juan Carlos, y luego, por supuesto, César de Melero. La música en la isla era similar en todas las grandes discotecas, creo yo, pero lo cierto es que como yo pinchaba al mismo tiempo que los demás, no los escuchaba demasiado, ni ellos a mí.

JUAN SUÁREZ: En la radio ayudé a mucha gente, como a Pippi y a Joan Ribas... Sobre el 87 ofrecía programas a un montón de gente joven por la noche, porque llevaba la dirección musical de Radio Diario, la mejor emisora de música y magazines. Invitaba al programa a los artistas y famosos que estaban en el KU, que venían al día siguiente, como James Brown y tal... A partir de ahí me dediqué mucho más a la radio y dejé un poco el tema de pinchar. Luego conocí a Pino Sagliocco en KU y empezamos lo de «Ibiza 92» del 87 al 89, y yo presentaba todas las actuaciones del club, entre ellas la de Montserrat Caballé y Freddie Mercury. Tengo el honor de haber presentado «Barcelona» en el KU.

JUAN TUR: «Ibiza 92» fue un festival apoteósico, donde Freddie Mercury y Montserrat Caballé cantaron el «Barcelona», que yo vi desde el *privée*. El vídeo se grabó allí, con los dos ventiladores... Fue una actuación increíble.

JUAN SUÁREZ: Tengo el honor de haber presentado también todos los grandes acontecimientos que hubo, desde Queen —que tocaron una vez en *playback*— a Spandau Ballet, James Brown, Grace Jones, Miguel Bosé, Talk Talk, El Último de la Fila y muchísimos más.

DAVID «EL NIÑO»: En el KU había muchos vip, tanto en el restaurante como en el *privée*: Grace Jones, Robert de Niro, James Brown, Nicky Lauda, Roman Polanski, Ronnie Wood, Montserrat Caballé, Freddie Mercury, Julio Iglesias...

ULISES BRAUN: En los ochenta, los famosos buscaban hacer locuras, como yo. Podían pasear por la isla sin que un *paparazzo* ni nadie con un móvil les hiciera una foto. Recuerdo a Steve Strange de Visage, Boy George, Dan Hartman, George Michael, cuando grabó el vídeo de «Club Tropicana» de Wham!, que sale tomando copas en mi barra de Amnesia. Recuerdo también cuidar de Grace Jones cuando se ponía muy loca en Amnesia, porque era imposible controlarla... era una pantera. También venían actores y directores: Roman Polanski, Harrison Ford... Todos ellos se mezclaban con nosotros, te ibas de fiesta o te comías un bocadillo con ellos. Era normal y no había ni un puto *paparazzo*.

LEO MAS: Había todo tipo de gente diferente en Amnesia. Por aquel entonces, la mayoría del turismo provenía de Europa Central y del Norte; había muchos alemanes, franceses, belgas, algunos italianos, especialmente del norte de Italia, y algunos españoles de vacaciones, además de los locales. Era una mezcla: hippies, góticos, gays, *fashion victims*, gitanos, camellos, actores y directores de cine, estrellas del rock, potentados, nobles y *playboys*. Yo siempre estaba en la cabina, incluso cuando acababa de pinchar me quedaba al lado de Alfredo, y disfrutábamos de la noche y de la mañana siguiente... Y también vendía cintas. ¡Me forraba vendiendo cintas! Recuerdo a Roman Polanski y a su bellísima pareja de aquel entonces, Emmanuelle Seigner, que solían ponerse cerca de la cabina. También me acuerdo de Grace Jones y de Ron Wood.

DAVID «EL NIÑO»: En aquella época en Ibiza había un ambiente muy familiar, todos nos conocíamos, independientemente de nuestra procedencia. De día nos juntábamos en la playa de Las Salinas todas las plantillas del KU, Pacha, Amnesia, Space o Glory's. Camareros, camareras, gogós, DJs, relaciones públicas o incluso los propietarios de todas las salas. Era una Ibiza más familiar y unida; era todo más exclusivo y auténtico, no había tanta masificación, ni turística ni urbanística.

ALFREDO FIORITO: Aquella fue una época muy auténtica en Ibiza. Recuerdo esos años —la segunda mitad de los ochenta— con mucho cariño. El trabajo en Amnesia era una invención diaria: las relaciones públicas, los pósteres, que los hacía una chica francesa... Eran muy bonitos, utilizábamos fotografías de gente famosa como Muhammad Ali, J. F. Kennedy, Albert Einstein... Eran muy diferentes a los que hacían las otras discotecas. Pacha los hacía con el logo de las dos cerezas y poco más, pero los nuestros estaban mucho más elaborados.

TANIT: La gente que trabajaba en Pacha, Glory's o KU, y los que querían continuar la fiesta, se iban a Amnesia. Y luego, si querían continuar, se iban al Glory's: el *after* de los *after hours*. Sobre el 88, los dueños de Amnesia deciden que ya no necesitan alquilar las barras y me voy a Glory's para llevar una de las barras, cuando estaba pinchando allí Nelo. Un año más tarde, Gorri —que también estaba llevando Glory's en ese momento— me dijo que me dejaba una barra en KU. Primero detrás de la piscina, y después al lado de la tienda. Se ganaba bastante dinero en las barras y Gorri —que era como mi padre— me perdonó el alquiler. Para mí, KU era increíble y es ahí donde empieza el concepto de macrodiscoteca. Gorri se ocupaba de todo lo relacionado con la discoteca, Santamaría era más relaciones públicas —el joven, el guapo— e Iturrioz era más el arquitecto.

ULISES BRAUN: En tiempos del Summer of Love recuerdo ir a Amnesia, cuando empezaba a salir el sol hasta las cinco o las seis de la tarde... ¡cómo íbamos a dormir con las drogas que había y con la música de Alfredo!

ALFREDO FIORITO: En ese momento en Ibiza no había clubs en la playa, todos estaban en el centro de la isla. Cuando terminábamos en Amnesia, nos íbamos a un bar a comer un bocadillo o a la playa... o a follar, los que tenían suerte. O me despertaba a las seis de la tarde, me iba al mar a bañarme y a ver la puesta de sol; luego cenaba, me iba a un par de bares y luego ya a la discoteca. Y entre medio me iba a las tiendas de discos a controlar lo que llegaba; escuchaba todo y me llevaba algunos discos. Pasaba por Delta, Import Music... Era una buena vida.

BRASILIO: Yo he tenido el primer *beach club* de Ibiza —el KU Beach—, con música a un volumen correcto. No tenía ni hamacas: poníamos un colchón en el suelo con una madera en el respaldo, con la palabra «KU» estampada. Las hamacas de la época eran de hierro, ahora son de plástico, pero antes eran de hierro y parecían ortopédicas, y por eso en el KU Beach no había.

NANCY NOISE: Recuerdo mirar a mi alrededor [en Amnesia] y ver a toda esa gente guapísima, muy bien vestida, con unos conjuntos de lo más llamativos. Junto a la entrada, había una sala llena de cojines y la pista con un columpio en un árbol. También había un columpio al fondo, donde vendían algo de comida y donde te podías sentar, y la zona de chill out. Me enamoré. Me acuerdo que pensaba, «aquí es donde quiero estar», y así fue... Recuerdo deambular por ahí, sentarme en los escalones y escuchar el «Pink Panther» de [Henry] Mancini anunciando el cierre. Me quedé mirando a la gente bailar y mecerse, y cuando se acabó la música, no paraban de hablar y ya era de día, las nueve de la mañana, quizás.

ALFREDO FIORITO: En Amnesia entraba de todo y gente de todas partes. Había como una gran comunidad europea antes de formarse la Comunidad Europea. Además, allí se relacionaban, porque en aquella época en la isla cada uno tenía su fiesta: la de los alemanes, la de los franceses, la de los italianos... pero en Amnesia se juntaban todos. A partir de KU y Amnesia empezaron a venir muchos turistas para asistir exclusivamente a las discotecas, y ya empezaron a venir muchísimos ingleses... Muchos ya se habían instalado en San Antonio, que era todo inglés allí, con sus discotecas y mil bares, pero era más público de emborracharse y tal... Allí solo ponían la música que escuchaban ellos en Inglaterra.

NANCY NOISE: Aquel verano íbamos justos de pasta, así que teníamos que entrar muy pronto en Amnesia. Había unas entradas que repartían que valían para dos personas, pero solo servían hasta cierta hora, tipo una o dos de la noche. Así que nos lo montábamos para conseguirlas y nos íbamos muy, muy pronto. A esa hora estaba, literalmente, vacío, a excepción de la gente que trabajaba en las barras. Primero pinchaba Leo Mas, y luego Alfredo, y la noche iba animándose poco a poco, hasta que se llenaba. Ahora que lo pienso, era una bendición poder presenciar cómo iba creciendo la noche y estar atenta a todo. Solía hacer autoestop, o ver si alguien se animaba a ir en bici, juntas, o incluso subirme a un taxi con otros veraneantes... No importa cómo, pero tenía que llegar allí.

ULISES BRAUN: Llegó un momento que Alfredo parecía un esqueleto. Piensa que Alfredo en Amnesia, Melero en KU o Pippi en Pacha tenían que pinchar siete días a la semana, ocho horas, seis o siete meses al año. Porque la temporada antes duraba más que ahora. Imagínate... Al final te podías poner enfermo.

NANCY NOISE: Cada noche ponían la misma música, es decir, pinchaban muchos discos en el mismo orden, pero mezclados de manera ligeramente diferente. Aquel verano había como una especie de banda sonora que recuerdo escuchar una y otra vez: «Driving Away From Home» de It's Immaterial, «Would I Find Love» de Dizzy Heights, The Art of Noise... «Too Much» de Hong Kong Syndikat, que era un grupo alemán que no conocía y que fue de mis temas favoritos del verano del 86. También ponían rollo indie, The Cure o el «Magnificent Seven» de los Clash, por ejemplo, que era un himno del club. O «Underground» de David Bowie, que sonaba de miedo... Me quedaba mirando la pista viendo cómo todo el mundo saltaba arriba y abajo. También ponían pop, a primera hora, tipo Swing Out Sister o Simply Red, cosas así. Y también flamenco; todo aquel primer chill out que salió y música que no había escuchado nunca antes. Pero, claro, lo mezclaban con otro rollo, como por ejemplo con «Los Niños del Parque» de Liaisons Dangereuses, que era una locura de disco que no conocía. También pinchaban house primerizo como el «Love Can't Turn Around» o el «Soweto» de Jeffrey Osborne. «Woman in the Waves» de Michael Franks era otro hit que sonaba de miedo en Amnesia, y Yello, que es un grupo que tampoco conocía. «La Habanera» y «Bostich» han acabado siendo dos de mis temas favoritos. Bailabas todo eso, toda la noche; era realmente una mezcla muy curiosa, y la mixtura de todo ello junto te volaba la cabeza.

ALFREDO FIORITO: Lo que me hizo desarrollar mi estilo particular y que fuera especial para el oído de mucha gente que me venía a ver —que era un público superheterogéneo, muy cosmopolita, lo cual me ayudaba mucho... y en un horario determinado y al aire libre— era que yo no estaba informado de lo que pasaba fuera. Estaba informado por un par de revistas que leía: *The End* y otra que se llamaba *Deejay* algo... joder no me acuerdo... que me hicieron una entrevista... Te mostraban más o menos lo que se editaba, indicando los bpm, que además no eran permanentes como ahora, que bajaban y subían. Y no era como ahora que se editan un montón de *tracks* y hay internet con multitud de *sites*, no. Para empezar, se editaba en vinilo.

PIPPI: Conocí a Alfredo en el 86. Nunca olvidaré ese viaje que hicimos ni cuando me preguntó si podía ayudarle a conseguir buena música. Yo me iba a Berlín o a Nueva York, tenía cheques en blanco, era el jefe... Iba a la oficina y decía, «mañana me voy a comprar discos, a actualizar...». Alfredo me pidió que por favor le dijera dónde compraba discos, y le dije, «¿quieres ir a Alemania a un sitio guay? Ahí puedes encontrar todo lo que buscas, antiguo y nuevo, lo que sea». Y en el invierno del 86, creo que fue, nos fuimos a Alemania en su coche, que fue un viaje muy largo y un poco pesado... Lo llevé a todos los sitios, compró música a tope y empezó su movida, y a partir de entonces se dedicó a pinchar.

ALFREDO FIORITO: Luego empecé a comprar discos en Italia, en Alemania o en Suiza. Iba con Pippi; primero me iba a ver a Leo Mas a Milán y luego, a Zúrich, aprovechando que iba a ver a mi hijo a Laussane, donde estaba viviendo con su abuela. En Zúrich había una tienda que se llama Import Musique y en Italia compraba en grandes almacenes. Pippi tenía amigos en Düsseldorf y allí había una tienda de discos donde empecé a revolver y a comprar.

PITI URGELL: Alfredo empezó con las sesiones a las seis de la mañana... Pinchaba cosas antiguas, pero la gente iba tan tocada que aceptaba muchas cosas.

PIPPI: Al principio en Amnesia no había nadie, iban cuatro gatos por la mañana... y luego Alfredo evolucionó muy bien y consolidó su faceta de DJ, como cada uno aquí en Ibiza que se ha ido creando su historia... Lo que quiero decir es que cuando Amnesia se puso de moda, la música que se podía escuchar allí no era muy diferente de la que ponía yo en Pacha, porque al fin y al cabo eran los discos de la época, no había otros. Sí, tú puedes colar un clásico de hace diez años, pero no solo aquí, lo mismo pasaba en Tokio o en Londres.

CARL COX: Mucha de la música que se pinchaba en Ibiza, especialmente la que ponían los DJs españoles en los clubs pequeños y en los pubs, era muy Top 40, muy comercial, nada que ver con la música que solía escuchar en Inglaterra. Era un sonido muy pop europeo. Ten en cuenta que es verano, y no quieres que te eduquen con la música, solo pasarlo bien con los temas que escuchas en la radio constantemente. En Amnesia y en KU era diferente, porque los DJ podían comprarse su música. Por aquel entonces, tenías que pagar impuestos por la música de importación, por lo que era difícil encontrar DJs que pusieran música no comercial, pero gente como César de Melero, Alfredo o Pippi sí que pudieron seleccionar la música que pinchaban, y era música que les representaba.

7
JÍBARO

Es el verano de 1987 y cuatro clubbers *británicos se plantan en Ibiza para pegarse la gran fiesta. Son Paul Oakenfold, Danny Rampling, Nicky Holloway y Johnny Walker, que han montado ya algunas noches de música de baile en Londres. Sus colegas les hablan del subidón que han experimentado en templos ibicencos como Amnesia, donde les instan a acudir cuanto antes. Y eso es precisamente lo que harán. Oakenfold se vuelve majara con la música que pinchan Alfredo Fiorito y Leo Mas, y se acerca a su cabina como alma que lleva el diablo para preguntar por una canción que está sonando y que lo tiene obsesionado: «Jíbaro», de Elkin & Nelson, que será a la postre un himno del Balearic beat. Así es como estos ingleses bautizan —sin el visto bueno de los locales— el rollo musical que pinchan Alfredo, Leo Mas, César de Melero, Pippi o Nelo, los DJs residentes de Ibiza, que mezclan estilos sin prejuicio alguno y con total libertad. La experiencia les ha volado la cabeza por completo a esos cuatro fiesteros. Las pastis que han «pillado» —esos primeros éxtasis— habrán tenido también algo que ver... La epifanía colectiva los sumerge en un estado de trance y excitación que vuelcan en sus futuros clubs y noches bañadas en Balearic beat y éxtasis en el Reino Unido: Shoom, The Project, Future, Spectrum o The Milky Bar serán algunos de los clubs de la escena acid house que servirán de acicate de la moderna cultura de club mundial; una escena que volverá en los noventa a Ibiza para quedarse.*

INTERVIENEN: DANNY RAMPLING (KISS FM, SHOOM), TREVOR FUNG (THE PROJECT), CHARLIE CHESTER, NANCY NOISE (THE FUTURE), ALFREDO FIORITO (AMNESIA), PAUL OAKENFOLD (THE FUTURE, THE PROJECT, SPECTRUM), LEO MAS (AMNESIA), KENNETH BAGER (COMA CLUB), PIPPI (KU, PACHA), CÉSAR DE MELERO (PACHA), JOSÉ PADILLA (CAFÉ DEL MAR), NELO (GLORY'S), JUAN CARLOS SÁNCHEZ (KU), DAVID «EL NIÑO» (KU), IRVINE WELSH (AUTOR DE *ACID HOUSE* Y *TRAINSPOTTING*), FARUK GANDJI (KU), DIEGO GIMÉNEZ (FLIP MUSIC), ULISES BRAUN (AMNESIA)

DANNY RAMPLING: Nací en Londres. Tengo cincuenta y seis años. Mi madre solía escuchar la radio todo el día, así que desde muy pequeño me sentí fascinado por ella y por cómo se transmitía la música; quería salir en la radio. Algunos años más tarde, conseguí trabajo en Kiss FM, una emisora de radio pirata de Londres. En casa, escuchaba los discos de mis padres: música pop, David Bowie, Marc Bolan, Tamla Motown y glam. Más tarde punk y música disco, y luego *rare groove* y hip hop, y finalmente house. Así es la progresión de mi viaje musical. El primer disco que compré fue el «Stoned Love» de las Supremes, de Motown.

TREVOR FUNG: Nací en Londres en 1961. Mis padres son sudafricanos. Crecí escuchando soul, funk, jazz y reggae. Mi padre era DJ y recuerdo escuchar *lovers rock* y reggae en las fiestas que montaba en casa. Años después, tenía amigos mayores que iban a clubs y que escuchaban soul, funk y disco.

CHARLIE CHESTER: Nací al oeste de Londres, muy cerca de Heathrow. Mi familia es de Liverpool y me pasé gran parte de la infancia veraneando cerca de allí, así que tengo un vínculo muy fuerte con el Norte. Un amigo me introdujo en la música soul. Mi primer disco fue el «Soul Dracula» [de Hot Blood]. En 1978, a los quince años, recuerdo que me encantaba Marvin Gaye y cosas así.

DANNY RAMPLING: Cuando tenía catorce o quince años, quería trabajar en la industria musical, pero no era fácil entrar allí por aquel entonces. Desgraciadamente, no fui a la universidad, así que a partir de los quince años me busqué la vida y empecé a trabajar en lo que encontraba. Mi pasión era la música y compraba discos siempre que podía. En 1981, encontré curro poniendo música en un bar por la noche: tres horas en las que pinchaba de todo; no solo lo que me gustaba, sino también cosas de Frank Sinatra y los Eagles, y cosas así. Soñaba con un público que adorara la música que pusiera, cosa que no sucedió hasta que llegó la música house —por eso le estoy tan agradecido al house y a los primeros productores como Frankie Knuckles o Larry Levan—. La escena underground surgió primero en los setenta con el nacimiento de la música disco y su posterior consolidación en los ochenta, y aquella era la comunidad a la que quería pertenecer. Antes de empezar como DJ profesional, pinché en clubs de música comercial y en bodas, que creo que es el camino que otros DJs como Carl Cox han seguido, y de algún modo eso nos diferencia. Soy capaz de pinchar para cualquier tipo de público y hacer que la pista de baile se ponga a cien; esa es la habilidad que tengo, y se debe a mi mentalidad abierta con respecto a la música.

CHARLIE CHESTER: Dejé el colegio en 1979 porque quería ser peluquero, por lo que me fui al London College of Fashion, que fue un lugar que me abrió la mente. Estaba rodeado de gente creativa. Montábamos fiestas que me permitieron conocer a gente muy diferente de la que conocí en mi infancia; gente de Irán, Turquía, Israel, judíos... Trabajé de peluquero durante cinco años, hasta que, a los veintitrés, me cansé de estar todo el rato en el mismo sitio. No era para mí.

TREVOR FUNG: Cuando trabajé en la agencia de viajes de mi padre, me entró el gusanillo de viajar. En el verano de 1976 me fui de vacaciones gratis con el Club 18-30[50]: primero a Niza y luego a Ibiza. Después de ese primer viaje, seguí volviendo y volviendo a la isla.

50. Ver nota 12.

Me enamoré de Ibiza desde el instante en que la pisé por primera vez y he vuelto infinidad de veces, verano tras verano. Me encantaba la música. Compraba los discos que escuchaba y luego me pasaba por los bares y clubs que no tenían acceso a ella y la vendía, y así de paso conocí a un montón de gente afín. La música, la gente y la isla eran muy diferentes entonces.

NANCY NOISE: Cuando volví a casa después del verano, convertí mi habitación en una especie de santuario de Ibiza, todo lleno de pósteres, y mis padres en plan, «pero ¿de qué va todo esto?». Tenía el logo del metro de Londres, y donde iba el nombre de la estación yo había puesto «IBIZA». Solía quedarme mirándolo y pensar, «no quiero estar aquí; quiero estar allí, en la estación underground[51] de Ibiza» [risas]. Cuando volví de Ibiza, recuerdo comprar los maxis de algunos temas que me encantaban, y que luego puse en The Future, cuando empecé a pinchar. Pero por aquel entonces no los compraba pensando en que algún día sería DJ, solo quería tener mis discos favoritos del verano. Básicamente, me pasaba el invierno hablando de Ibiza y Amnesia con mis amigos. Me volví literalmente loca con el tema. Ahorramos cuanto pudimos para poder volver, y al año siguiente [1987] volvimos a hacer lo mismo: pagamos por adelantado el alquiler de un apartamento por cuatro meses.

CHARLIE CHESTER: A los veintitrés años, me fui de vacaciones a Tenerife y acabé trabajando del 85 al 87 de relaciones públicas de un club que se llamaba El Barco. Así es como empecé a familiarizarme con la promoción de clubs. Oí hablar de Ibiza por primera vez a través de dos amigas de la peluquería en la que trabajaba. Ellas fueron allí en 1981 y se quedaron en Cala Llonga. Me dijeron que allí había unos clubs y unas fiestas increíbles. Algún tiempo después, me fui a Ibiza con los colegas que solía frecuentar entonces y nos quedamos en

51. Nancy Noise juega aquí con la doble acepción que tiene el término «*underground*» en inglés, que remite tanto al metro como a la cultura alternativa.

San Antonio. Fuimos a KU, al antiguo Star Club[52], a Es Paradís... Recuerdo que aquel viaje me voló la cabeza. Por aquel entonces, ya estábamos metidos en la escena soul y jazz del Londres de los años 86 y 87; una escena muy potente con Gilles Peterson, Norman Jay o Bob Masters. De hecho, Nicky Holloway ya estaba organizando fiestas de soul aquí en Es Canar, que incluso en 1986 congregaban a cientos de personas, las mismas que años después nos metimos en el rollo acid house, cuando pegó fuerte en Londres y nos volvimos todos locos.

TREVOR FUNG: San Antonio era muy diferente de lo que es ahora, pero siempre ha estado muy concurrido. Solía frecuentar el If. Era joven, iba corto de pasta y me dedicaba a pasar el rato en San Antonio, que en aquellos tiempos era genial. Fui a trabajar a Amnesia en el verano de 1983 como DJ residente, pero al final solo fueron dos semanas porque no venía mucha gente y el club cerró.

DANNY RAMPLING: En Kiss FM estuve alrededor de doce años, en el transcurso de los cuales la emisora pasó de ser pirata a legal. Empecé con un programa en la franja de madrugada y después ya pasé al *prime time* de los sábados por la noche. Luego me fichó Radio 1 junto con otros DJs y teníamos un programa los viernes y sábados por la noche. La BBC tenía internet, y de este modo emitían intencionalmente por todo el mundo, lo que permitió que se fuera gestando un grupo de fans internacional y se cimentara mi reputación.

TREVOR FUNG: En 1985, empecé a montar fiestas en Inglaterra con Paul Oakenfold bajo el nombre de The Funhouse, inspiradas en el ambiente y espíritu de Ibiza, y pinchaba cosas como Mantronix, Joyce Slims y música indie. En 1987, Paul estuvo en Ibiza al principio del verano y quiso volver ese mismo año en agosto. Cuando descubrieron Amnesia parecían niños en una tienda de chucherías. Les encantó y entendieron por qué yo seguía volviendo a Ibiza... El

52. Ver nota 42.

rollo en Inglaterra era rancio, y en cambio esto era fresco y la música acababa de cambiar y había llegado el house, que alteró el rumbo de la historia. Era el patio de recreo perfecto: la arena, el mar, el sol, el sexo y unos clubs enormes al aire libre abiertos toda la noche. ¿Cómo podía no encantarles?

ALFREDO FIORITO: Hubo muchísima más gente que vino antes a Amnesia, como Grace Jones, que recuerdo que me vino a saludar y me pidió que le pusiera música para ella. A mucha gente que estuvo allí no la pude conocer porque yo estaba poniendo música y no la vi, pero me decían, «mira, allí está el príncipe de Mónaco, el de los Pink Floyd, el de los Spandau Ballet...». También venían músicos españoles, como la gente de Radio Futura, y también DJs y promotores, primero italianos y luego gente de todos lados. Y entonces sacaron una nota informativa sobre mí en la primera página del [diario británico] *The Independent* que hablaba de un joven DJ argentino que estaba revolucionando la música de baile en Ibiza. La nota hablaba de estos cuatro chicos que me vinieron a ver, pero se centraba en mí, no como ahora, que lo centran todo en los tipos que me vinieron a ver. Pero ya estoy cansado de hablar del tema.

PAUL OAKENFOLD[53]**:** Me hace mucha gracia la historia, porque ni te imaginas cuánta gente hay ahora que afirma haber estado allí. O sea, que no éramos ni mucho menos solo nosotros cuatro los que fuimos a Ibiza. Hay alguien que solía pinchar en mi club y que no sabía absolutamente nada del tema y ha acabado creyéndose que estuvo allí, e incluso les cuenta la historia a otros, pero no es cierto. Es muy sencillo: solo cuatro de nosotros fuimos a Ibiza de vacaciones. Yo había venido antes del 87 porque por aquel entonces trabajaba para Divine,

53. En agosto de 2017, Paul Oakenfold conmemoraba el 30.º aniversario de la reveladora experiencia vivida en Amnesia con una fiesta en el hotel Pikes Ibiza llamada Generations, con invitados como Alfredo, Nicky Holloway, Trevor Fung, Nancy Noise o Danny Rampling. Nos encontramos con Rampling en su habitación para realizar la entrevista, a la que luego se sumaría Oakenfold.

haciendo promo para Rush Release[54]. Creo que Nicky [Holloway] había estado antes en Ibiza también... Yo quería ir porque Trevor [Fung] e Ian St. Paul se pasaban aquí toda la temporada de verano, y quería que celebráramos todos mi cumpleaños, aprovechando mis vacaciones.

DANNY RAMPLING: Yo vine con Nicky [Holloway].

PAUL OAKENFOLD: A través de Nicky, había coincidido con Danny alguna vez, pero no fue hasta que fuimos a Ibiza que empezamos a vernos más.

DANNY RAMPLING: La experiencia en Ibiza fue la bomba. Fuimos directamente a Amnesia. Había leído sobre el tema en un reportaje sobre un club *after hours* que se llenaba a las cuatro o cinco de la mañana. Esa fue realmente la revelación: Amnesia. Yo había estado antes en Ibiza, pero no en Amnesia.

PAUL OAKENFOLD: [La revelación] Fue escuchar a Alfredo pinchar.

NANCY NOISE: Coincidí con Paul, Trevor, Danny y todos ellos en el 87, pero ya conocía a Nicky Holloway de Londres, porque solía ir a verlo pinchar. Aquel verano, Trevor Fung e Ian [St. Paul] tenían un bar en San Antonio, y Trevor les dijo a los chicos que vinieran a celebrar el cumpleaños de Paul, así que vinieron por vacaciones. Nicky y yo nos encontramos en la pista de Amnesia. Allí conocí a Paul y nos caímos muy bien, pero no sabía que eran DJs, y empezamos a hablar de todo un poco, sobre lo que hacíamos y tal, mientras bailábamos y lo pasábamos en grande. Entonces, Paul me invitó a su cumpleaños, que iban a celebrar en una casa en la montaña, pero le dije, «si te digo la

54. Fundada en 1979, Rush Release Promotions empezó como distribuidora musical especializada en sellos de música de baile como Proto, Ruby Red Records, Harvest o ZTT, entre otros. Hoy en día opera como Rush Release y centra su actividad en los terrenos del marketing y la promoción.

verdad, no creo que vaya, porque no quiero perderme Amnesia. No tengo pasta para taxis, y como será allá arriba en la montaña, no sé si podré llegar a Amnesia después, y la verdad es que antes prefiero estar en Amnesia que en una fiesta».

ALFREDO FIORITO: Yo a la que conocí fue a Nancy Noise, que era amiga de ellos. En ese momento, aún no era DJ, y fue al volver a Londres cuando empezó a pinchar. Tampoco lo eran sus amigos, que se hicieron DJs después de verme a mí en Amnesia y me copiaron absolutamente todo. Bueno, yo también había escuchado algún disco en algún otro sitio y luego lo fui incorporando y pinchado en mis sesiones; pero, bueno, ellos me lo copiaron absolutamente todo, e incluso le pusieron nombre: Balearic.

NANCY NOISE: En el 87 sabíamos por qué volvíamos: Amnesia. En San Antonio conocimos a gente que había venido para pasar el verano y que ya había oído hablar del club. Todo el mundo estaba muy excitado esperando que llegara la noche de apertura. Había incluso quien se acercaba en moto y se quedaba sentado esperando mientras pintaban, de lo excitados que estaban por que abriera. Por fin llegó el día, pero la música era totalmente diferente. Todos los temas eran diferentes, pero estaban de nuevo Leo y Alfredo, así que, tan pronto los vimos, nos pusimos en plan, «¡Síííí! ¡Han vuelto!». Fuimos la primera noche y las que siguieron, y yo siempre bailaba en el mismo sitio de la pista, delante del altavoz junto a la cabina. Un día Alfredo vino corriendo y se puso a bailar delante de mí y me preguntó, «¿pero tú quién eres?» [risas], y yo «pues soy Nancy», y nos cogimos de la mano y bailamos, y luego volvió corriendo a la cabina. ¡No me lo podía creer! Me quedé en plan, «Ooooooh». Me acuerdo perfectamente porque obviamente lo adoraba, a él y a Leo.

LEO MAS: Por supuesto que estuve aquella noche del verano del 87; estuve allí durante todo el verano, cada noche, desde las doce hasta que cerrábamos. Leí de su visita en revistas, cuando acabó la temporada, pero era evidente su interés en lo que pinchábamos. Paul

Oakenfold empezó a acercarse a la cabina a preguntarnos por los temas que poníamos. Recuerdo claramente que vino como un loco a preguntarnos cuando pusimos «Jíbaro» de Elkin & Nelson; siempre estaba allí preguntándonos qué era cuando la poníamos, así que al final se lo apunté en un trozo de papel. Danny Rampling, Nicky Holloway y Johnny Walker... Los conocí después, aunque Trevor Fung era una habitual de Amnesia, incluso el verano anterior.

KENNETH BAGER: Estuve en Amnesia en 1987, cuando todo estalló y se volvió popular. La combinación del *warm up* de Leo Mas y la increíble mezcla de temas de Alfredo, después, era lo que producía la magia.

DANNY RAMPLING: El house empezó a llegar en el 84, el 85 y el 86, especialmente a Italia e Ibiza, aunque también a otras partes de España y a Nottingham, Manchester y Londres, aunque eran escenas muy pequeñas. Fue en el 87 cuando vinimos aquí y se fraguó todo: era el momento. Estábamos en el lugar y el momento apropiados, y fuimos afortunados de poder presenciar algo realmente especial aquí en Ibiza. Y eso es de lo que va el Balearic: una apertura con respecto a la música; en definitiva: lo que Alfredo pinchaba como residente en Amnesia cuando lo descubrimos en 1987. Fue una revelación... Su manera de pinchar cualquier género musical al aire libre sonaba de maravilla; esa apertura musical era algo único. Aunque hay que decir que esa apertura ya existía aquí en Ibiza antes de que llegara el house, y antes incluso de que Alfredo pinchara. Además, existe una correlación directa ente lo que hacía Alfredo y lo que hacía Larry Levan en el Paradise Garage. Creo que Alfredo, estuviera o no familiarizado con ello, recibió la influencia del Paradise Garage.

ALFREDO FIORITO: El Balearic no es más que una manera de poner música. Se pinchaba más pensando en el ambiente determinado que podía crear cada canción. Yo trataba de contarles un película durante la sesión: esta canción de amor con aquella otra, y luego un tema instrumental... Eran como bandas sonoras de películas. Intercalaba música de series de televisión y jazz... Ponía la canción de la Pantera

Rosa y otra de una serie muy conocida de policías[55]. Pinchaba un tema de la película *El color púrpura* y luego un tema de soul-jazz bonito… No eran cosas muy populares, eran underground.

LEO MAS: Se puede decir que el Balearic es una actitud, una visión de 360 grados con respecto a la música; es polimorfo y anárquico, es poner discos con una idea de progresión musical en la cabeza. Balearic es, y sigue siendo, todo lo que nos gusta y amamos.

PIPPI: Cada DJ tiene una versión diferente, y cada uno lo cuenta a su manera. Entonces, eras libre de hacer la mezcla que querías, según la gente y la situación, y los temas tenían elementos mediterráneos. A mediados de los noventa, me puse a fusionar el flamenco con el house; fui el primero en mezclar flamenco con house, y eso también es Balearic: elementos que introduces en la música y que no habías escuchado nunca antes para crear una cosa nueva. Lo Balearic también es una sensación, una situación, un estado de ánimo… Son muchas cosas y cada uno lo expresa a su manera. Era la música que había en la época. Cada tres meses era nueva y todos la pinchaban, pero aquí se ponía de una manera completamente diferente a como se ponía en Londres, por eso a los ingleses les gustaba tanto esta movida. La fama de Amnesia empieza en realidad muy de cero, cuando llegaron los ingleses…

CÉSAR DE MELERO: Todo esto del Balearic es tedioso. En 1987 unos ingleses que llegaron aquí —Paul Oakenfold, Danny Rampling, Nicky Holloway y Johnny Walker— le pusieron este nombre: «Balearic». Ya fuera en el KU, en Pacha o en Amnesia, nosotros poníamos música, pero no era Balearic; eso no existía. La música que sonó allí durante esos años —del 83 al 87— te la puedo explicar, pero no era Balearic. Eran muchas de las canciones que yo ponía, como el «C'est la Ouate» de Caroline Loeb, que pinchaba en Pacha a las tres de la mañana, y es superlento, pero la gente me lo bailaba. Hay temas

55. Se refiere al tema principal de la serie *Canción triste de Hill Street*.

que Alfredo pinchaba como Balearic que yo pensaba, «joder, pero si esto lo he puesto mil veces antes que él». Pero, bueno, no tenemos que entrar en si antes o después, al fin y al cabo es un sonido que creamos entre todos. Cuando yo pongo en mi biografía «uno de los creadores del Balearic beat» —con todo el respeto por el gran maestro Alfredo—, no estoy faltando a la verdad, porque yo también contribuí a ello. Alfredo te hablará siempre muy bien de mí; nos llevamos muy bien.

JOSÉ PADILLA: El Balearic es una forma de pinchar, porque al final pinchabas lo que tenías. Yo pinchaba hasta mambo y salsa, y la gente lo pillaba todo.

LEO MAS: No nos dimos cuenta de que lo que pinchábamos podía ser un estilo musical específico, un género o una marca. Y por supuesto que me hace feliz toda la atención e interés que provocó lo que hicimos durante la segunda mitad de los ochenta; solo puedo estar agradecido. Actualmente, grabo para uno de los sellos más importantes del género, que lo llevan dos buenos amigos —Timm y Ampo—, y recuerdo que cuando vi el nombre que le habían puesto —Is It Balearic?—, pensé que la única manera de decidir qué era o no era Balearic era preguntárselo a Alfredo, a Pippi, a César de Melero, a Nelo o a mí, que fuimos los DJs que creamos todo esto.

NELO: Lo del sonido Balearic es lo que luego quisieron vender... El «Why Why Why» de los Woodentops ya lo pinchaba yo en el Glory's, y a Nitzer Ebb... En la primera recopilación del *Balearic Beats*[56] había varios temas que solía poner: los Thrashing Doves [«Jesus on the

56. VV.AA. *Balearic Beats Vol. 1. The Album* [FFRR, 1988]. Incluye los temas «Jíbaro» Electra, «Drop the Deal» Code 61, «Sure Beats Workin'» Beats Workin', «Black Out» Enzo Avitabile, «Mandy's Theme (I Just Can't Wait) (Cool & Breezy Jazz Version)» Mandy Smith, «Kaw-Liga (Prairie Mix)» The Residents, «Why Why Why (Live)» The Woodentops, «Join in the Chant» Nitzer Ebb, «De Testimony (Collapsing Edit)» Fini Tribe y «Jeu on the Payroll (Street Groove)» Thrashing Doves.

Payroll (Street Groove)»], el «Why Why Why» de los Woodentops, el «Join the Chant» de Nitzer Ebb, el «Kaw-Liga» de los Residents... Todo eso lo ponía yo, y [David] «el Niño» también lo ponía en el KU, según qué días, pero en los demás sitios esto no lo pinchaba nadie. Luego se lo adjudicaron algunos... Es aquello de «tú cardas la lana y otros se llevan la fama», ¿no? Los ingleses tienen el don del marketing, lo venden todo muy bien, y esa movida la supieron vender por todo el mundo.

JUAN CARLOS SÁNCHEZ: Balearic beat es el nombre que le pusieron los ingleses a lo que nosotros hacíamos, que mezclábamos muchos estilos musicales. ¿Lo puedo considerar como un estilo musical? Sí y no. Desde Ibiza, todos colaboramos en ese sentido, empezando por los que ya estaban pinchando antes que nosotros. Y es que realmente se permitían muchos lujos; era impensable que en unas discotecas tan grandes la gente llegara a bailar lo que se bailaba entonces...

DAVID «EL NIÑO»: El Balearic beat no es otra cosa que el abanico de corrientes musicales que allí pinchábamos, desde Talk Talk a New Order, de Ministry a Front 242, pero no debemos olvidar que estábamos en plena ebullición del house y el acid house.

NELO: Los ingleses lo saben hacer —saben vender, saben trabajar—, mientras que nosotros nos limitamos a hacerlo lo mejor posible y poner cosas diferentes. Fueron ellos los que lo convirtieron en un negocio. Por un lado, está bien, porque vendieron ese sonido nuestro de la isla a todo el mundo, pero por otro, no, porque se lo adjudicaron. Los conocí personalmente, claro, y con alguno incluso he trabajado —Danny Rampling, Paul Oakenfold y Nicky Holloway...—. Nicky es un tipo de puta madre y le aprecio, Paul no tanto.

KENNETH BAGER: Pippi, César de Melero, Alfredo, Nelo y Leo Mas fueron los cinco DJs que crearon ese sonido tan especial. Si nos remontamos en el tiempo, había un tipo que pinchó antes que Alfredo en

Amnesia, un belga[57] que Alfredo afirma que es el padre de la música Balearic. Recuerdo que conocí a una chica que había trabajado en la barra de Amnesia en los ochenta y que decía, «todo el mundo habla de Alfredo, pero este tipo era mucho mejor». Es como si Alfredo no hubiera existido sin ese DJ que le precedió, porque ponía la música más rara y los sonidos más extraños de la isla.

PIPPI: Kenneth Bager, él es muy Balearic, ¿ves? Es el único que lo entiende. Viene a Ibiza desde el primer día. Nosotros lo echábamos de la cabina porque no sabíamos ni quién era. «¿Esté loco quién es?» Lo veíamos como raro, porque es un personaje. Vestido de una forma... [risas] Por suerte, hay personas que pueden explicarlo, que conocen verdaderamente el movimiento. Y te lo digo yo, no cualquiera.

NANCY NOISE: La música en Amnesia era increíble, y los temas que seleccionaban, alucinantes. 1987 fue el año de «Jíbaro» y el de una serie de temas house enérgicos como «House Nation» [de The House Master Boyz and The Rude Boy of House] o el «I Just Can't Wait (The Cool & Breezy Jazz Version)» de Mandy. También era la época de Cindy Lauper, y de pronto también la del «With or Without You» de U2. Y había cambios de tempo: podía sonar un tema rápido y de pronto el «If I Was Your Girlfriend» de Prince, que es muy lento. Ponían el *Sign "O" The Times* entero, prácticamente todos los temas del álbum. Recuerdo que sonaba «Housequake» y todo el mundo de subidón. Así era el gusto del Balearic, que no tenía que ser necesariamente rápido. Incluso cosas como el «Would I Find Love» [Dizzi Heights], que era del año anterior, tenía solo 110 bpm, pero todo el mundo se volvía loco, de la energía que transmitía. No pensábamos si aquello era grande o revolucionario; éramos jóvenes y nos limitábamos a divertirnos. Estábamos viviendo el momento, no pensando en el futuro. Aquel verano no me perdí ni una noche de Amnesia.

57. Se refiere a Jean-Claude Maury. Ver nota 32.

NELO: Nancy Nosie es bastante amiga mía, pero hace tiempo que no la veo. En aquella época no era DJ... Es una enamorada de Alfredo, de Ibiza y del sonido Balearic; es una tía de puta madre. Yo en aquel momento, en el Glory's, pinchaba cosas como «Join the Chant» o «Murderous» de Nitzer Ebb, «De Testimony» de Fini Tribe, «Kaw-Liga» de los Residents, «The Fashion Party» de The Neon Judgement, «Flesh», «Rigor Mortis» y «On Command» de A Split Second, «Our Darkness» y «Sleeper in Metropolis» de Anne Clark, «Stigma» de A Popular History of Signs... Severed Heads, Cabaret Voltaire, DAF, Art of Noise, U2, Front 242... «Monkeyland» o «Second Skin» de los Chameleons, «Poison Street» y «51st State» de New Model Army, «Push» de The Invincible Spirit, «Blue Monday» y «Bizarre Love Triangle» de New Order, «Angels in the Sky» y «Penny Century» de Cassandra Complex, Billy Idol, The Clash, The Smiths, The Stranglers, Japan... «It's My Life», «Such a Shame» y «Living in Another World» de Talk Talk...

NANCY NOISE: Después de Amnesia nos íbamos al Glory's a escuchar a Nelo. Para cuando llegábamos allí, todo el mundo iba del revés, después de toda la noche de fiesta. Nelo era muy de new beat, pero también ponía el «In the Air Tonight» de Phil Collins. Era un gran selector y un DJ excelente.

KENNETH BAGER: Alfredo pinchaba una mezcla de Mantronix, George Michael, el «Kaw-Liga» de los Residents, unos cuantos *tracks* de house (aunque no muchos, que por aquel entonces era todo muy nuevo), Eric B. & Rakim... y también algunos discos muy comerciales, junto con algunos discos muy underground que no conocía nadie; música realmente rara. Cerraba con «Jíbaro» de Elkin & Nelson.

ALFREDO FIORITO: Yo no buscaba lo que estaba de moda, sino cosas diferentes, y eso también me ayudó a crear mi propio estilo, porque muchos de esos discos que compré, como «Jíbaro» de Elkin & Nelson o tantos otros, eran ediciones francesas o alemanas, o importados de los Estados Unidos. En Italia, por ejemplo, hacían ediciones pirata de los discos de house... Todo esto me dio la posibilidad de no tener que recurrir al mercado inglés y quedarme enganchado con esas cosas, por lo que mi estilo musical era variado y diverso. Además, no podía entrar en Inglaterra porque tenía pasaporte argentino y había habido una guerra entre Argentina e Inglaterra por las Islas Malvinas, y no tenía permitida la entrada.

NANCY NOISE: En 1987 fue la eclosión del éxtasis. El verano anterior también empezó a rular, pero en el 86 todavía había mucho LSD. En el 87 fue cuando se empezó a consumir éxtasis. ¿Has probado el éxtasis? ¿Sabes qué efectos produce? Pues imagínate en una discoteca al aire libre, con una música increíble y todo el mundo de subidón... La sensación de amor y de estar caminando por encima de las nubes, en medio de aquel lugar, con «Jíbaro» sonando de fondo... ¡Ooooooh!

LEO MAS: Oí hablar del éxtasis hacia finales del verano de 1986 a través de una querida amiga portuguesa que lo había probado y que me contó los efectos que producía. Empecé a consumirlo en el verano del 87. Venía de Nueva York —todavía no lo fabricaban en Ámsterdam— y era en polvo, y a alguien se le ocurrió meterlo en unas cápsulas amarillas. Los veranos anteriores, los del 85 y el 86, se consumía mucho la mescalina que venía de Valencia. En el verano del 87, la conexión entre la música house y el éxtasis fue la que prendió la llama de aquel movimiento revolucionario, que cambió los clubs de todo el mundo y la vida nocturna, siguiendo el modelo de Ibiza. A lo largo de la historia de la música, todo género que ha cambiado las reglas ha ido acompañado por una droga asociada a él.

CÉSAR DE MELERO: Yo el éxtasis que conozco es el que me dieron unos holandeses a partir de la época del acid house, que ayudó mucho a que aquello funcionara. Era una música muy nueva, con los platillos muy marcados, que no existía hasta entonces. Antes la música era más variada y mezclabas en función de los beats que tuviera cada canción (era muy complicado cuadrarlas, porque los ritmos no eran constantes). Cuando salió el house, la cosa cambió y empezaron a entrar las primeras pastillas: las «hamburguesas», que con un cuarto ya estabas flipando.

NANCY NOISE: Fue entonces cuando empecé a hablar con ellos y a acercarme a Alfredo, que me obsequiaba con casetes y regalos. No los conocí el año anterior, por lo que no sé cómo llegué a conocer los temas que estaban pinchando. Probablemente corría a la cabina para ver qué discos ponían y sacaban. Solían tener los discos detrás de ellos, así que me acercaba y miraba las portadas o les preguntaba qué era. Pero no recuerdo escribir en un papel la lista de discos; lo recuerdo todo un poco borroso.

KENNETH BAGER: Amnesia era la pista de baile más ecléctica de la isla porque había tanto gays, como hippies o modernos. Era una mezcla tremenda. Todavía recuerdo aquella noche que Alfredo estaba pinchando un disco de hip hop y en la pista había un tío tirado en el suelo y una tía con falda y sin bragas. Ya se ocupó ella de que todo el mundo se enterara de que no llevaba bragas... Total, que la tía va y se monta encima de la cara del tío, que empieza a comérselo todo, con Eric B. & Rakim sonando de fondo. Fue increíble.

DANNY RAMPLING: Estamos preparando la serie de televisión con Irvine Welsh, el director de *Trainspotting*, basada vagamente en nuestro famoso viaje a Ibiza: las experiencias de los cuatro famosos en Ibiza en 1987, y luego ya sigue en clave de ficción a partir de los guiones que está escribiendo Welsh, que es un escritor formidable y un gran amigo[58].

IRVINE WELSH: Fui a Ibiza en el 82 u 83, cuando era un pardillo y no tenía ni idea de lo que era la contracultura, que era algo así como el rollo que llevaban los cuatro freaks que deambulaban por allí. Era

58. Irvine Welsh, autor de *Trainspotting* y *Acid House*, es el guionista de *Ibiza 87*, serie de ficción —en fase de producción— sobre el revelador viaje de Paul Oakenfold, Danny Rampling, Nicky Holloway y Johnny Walker a Ibiza en el verano del 87, y su epifanía en la pista de Amnesia, así como de la posterior explosión de la escena acid house y la cultura rave en Inglaterra.

un entorno poco accesible y limitado a un grupo pequeño de gente. La primera vez que vine, éramos unos catorce chavales adolescentes con ganas de salir de marcha y emborracharse en el West End de San Antonio. Recuerdo que, nada más salir del avión, nos fuimos para el hotel, y de allí ya salimos disparados y enseguida nos perdimos la pista. Escuchabas que uno había acabado metido en una pelea, que al otro lo habían arrestado y que aquel había acabado en el hospital... Recuerdo caminar por ahí tratando de localizar dónde estaban. No había móviles por aquel entonces, ¿sabes? Solo sabías que alguien llevaba tres días desaparecido. Pero fueron los mejores tiempos de mi vida.

KENNETH BAGER: Después de pasarme una semana seguida en Amnesia, cada noche, volví a Dinamarca con la imperiosa necesidad de compartir con alguien más mi increíble experiencia, así que montamos una fiesta que acabó siendo el preludio de las fiestas Coma. Queríamos hacer algo diferente, así que invitamos a unas doscientas cincuenta personas, que vinieron peripuestas. Fue una locura.

PAUL OAKENFOLD: Después de aquella noche, montamos una fiesta en la villa en la que nos hospedábamos en San Antonio y se apuntaron algunos amigos, como Tony Prince, de *DMC Magazine*. Ian [St. Paul] vino y montó el equipo de sonido. ¿No acabamos todos sentados al borde de la piscina, cogidos de la mano, diciéndonos que nos queríamos mientras sonaba el «Moments in Love» [The Art of Noise]? Fue muy divertido [risas]. ¿Te acuerdas?

DANNY RAMPLING: ¡Buah!, no sé si me acuerdo... ¡Ah, sí! Había una empatía enorme por todos lados [risas]. Todos sabíamos que estábamos viviendo algo muy especial, ¿sabes? Y estando allí, empezamos a pensar en las cosas que queríamos hacer. Nicky [Holloway] era un promotor consolidado, y Paul también. Yo todavía no tenía su experiencia, pero me acordé de cuando pinché en aquel gimnasio en Londres y tuve claro que hablaría con los dueños para que me alquilaran el espacio. Así es como nació el Shoom[59]. Me dio la oportunidad de convertirme en promotor y en DJ, y de encontrar a un público que adoraba la música y lo que yo hacía.

NANCY NOISE: Empezamos a juntarnos unos cuantos en el 86; éramos un grupo muy unido. Luego, en el 87, el grupo se hizo más grande y, cuando volvimos a Londres, nadie quería que la fiesta parase, pero no tuvimos más remedio que volver a casa. Recuerdo estar trabajando y echar un montón de menos todo aquello, porque en verano era vernos y salir cada día. Así que empecé a verme con Paul, que trabajaba en el mundo de la música, y yo estaba en el sello en el que había empezado a trabajar temporalmente el año anterior. Solíamos vernos de vez en cuando. Yo me pillé un apartamento pequeñito, y Paul se vino un día y empecé a sacar todos los discos y a ponerlos en el salón, para poder ver bien los diseños de las portadas, y estaban por todas partes. Y él en plan, «pero ¿de quién son todos estos discos?». Y yo, «son míos, cosas de Amnesia que me flipan que he comprado y otras cosas que me gustan, también». Y así fue. Es todo lo que le dije...

DANNY RAMPLING: Transportamos a Londres la magia que habíamos experimentado en Ibiza, a lo que se sumó el ambiente que había entonces en la ciudad. No podíamos recrear Ibiza, pero nos trajimos algo de aquella energía mágica, y eso fue creando una escena que, al poco, fulminó toda Gran Bretaña como un fuego descontrolado.

TREVOR FUNG: En 1987, Paul [Oakenfold] y yo arrancamos el club The Project,[60] con Carl Cox haciendo el *warm up*. De vuelta en Ibiza ese

59. A su regreso a Inglaterra, Danny Rampling creó el club Shoom en un gimnasio en Southwark, Londres, con la intención de recrear su experiencia en Ibiza durante el verano de 1987. Considerado como el primer club de acid house del Reino Unido, Shoom duró tres años, con diferentes ubicaciones, y junto con otros clubs como The Future o Spectrum, promovidos por Paul Oakenfold, supone el origen de la cultura acid house y rave inglesa.

60. En Ziggy's, un pequeño, oscuro y decadente bar gay de la zona de Streatham de Londres, que disponía de un pequeño escenario, Trevor Fung y Paul Oakenfold estuvieron montando fiestas desde 1981 hasta 1989. Primero como The Funhouse, luego como Ziggy's y finalmente como The Project, desde 1987.

verano, alquilé un bar con mi primo, Ian St. Paul, y lo llamamos The Project, como el de Inglaterra. Intenté traer a Londres el rollo de Ibiza durante años, principalmente la música, sobre todo la parte más indie del rollo Front 242 y Nitzer Ebb... Para mí Carlos Díaz[61], el DJ del Nito's, fue un referente de toda esta movida y una inspiración, y también lo fueron todos los otros DJs que crearon aquella escena tan especial en Ibiza.

PAUL OAKENFOLD: Al principio, en The Project solíamos poner hip hop y *rare groove*, para unas trescientas cincuenta personas, pero, al volver [de Ibiza], cambiamos radicalmente la política y me tiré de cabeza de la manera que siempre he hecho, primero van los hits, en plan, «aquí la música está cambiando». Recuerdo a toda la peña que venía y que todavía iba vestida en plan *rare groove*...

DANNY RAMPLING: Sí, la peña en plan macarras de discoteca de los setenta. Así era el *look* de Londres entonces.

PAUL OAKENFOLD: ¡Sí!

DANNY RAMPLING: El rollo *rare groove* era en plan bomber y tejanos, pero todo aquello cambió de repente. Al principio la gente se cerró en banda, pero yo sabía que había algo especial en todo aquello. Así que cambié totalmente mis programas de radio y empecé a pinchar cosas de Balearic y house. Antes, solía pinchar disco, soul, funk, hip hop, y luego ya house, pero cuando volví a Londres después del viaje

61. Nacido en Uruguay, Carlos Díaz se trasladó a Buenos Aires, donde empezó a pinchar. En 1986 acudió a Ibiza de visita en verano, y al cabo de diez días entró como segundo DJ del club Nito's de San Antonio, que a partir del año siguiente pasaría a llamarse IBZ Nightlife. Al acabar esa temporada, regresa a Argentina, pero el verano siguiente le piden que vuelva a pinchar, y acabará por ser el DJ residente del club durante diez años. A partir de 1995 entra como DJ en el colectivo Zenith, con el que pinchará durante catorce años, primero en Es Codolar y luego en la Funky Room de Pacha, que terminaría por llamarse Zenith Room. En su entrevista con Bill Brewster para su libro *Anoche un DJ me salvó la vida*, escrito junto con Frank Broughton y publicado en 1999, Trevor Fung comentaba que Carlos Díaz «fue el primer DJ que cambió mi forma de pensar cómo se pincha la música».

[a Ibiza] ya pinché música nueva en el programa del viernes por la tarde. Solía pinchar el jueves por la noche en el Future y luego el viernes por la tarde en la radio...

PAUL OAKENFOLD: Qué suerte tienes, despierto toda la noche [risas].

DANNY RAMPLING: Ya ves, a veintitrés pisos de altura en el Este de Londres, con aquellas vistas, pinchando house, para luego irme al Shoom el sábado y pinchar allí en mi club por la noche...

PAUL OAKENFOLD: Les encantó; cambió totalmente el panorama de la cultura de club.

DANNY RAMPLING: No conocí personalmente a Alfredo hasta el 87, cuando Paul lo trajo a Londres a The Project. Desgraciadamente, aquella noche acabó pronto —menudo bajón— porque la policía paró la fiesta por un tema de licencia o alguna mierda parecida.

NANCY NOISE: Hicimos una fiesta en Londres, en Ziggy's, y trajeron a Alfredo para pinchar. Fue una de las primeras movidas que hicimos, pero apareció la policía para hacer una redada. Fue una pesadilla. Luego, Paul, Ian y yo estuvimos buscando un local donde montar un club. Ellos habían montado fiestas en el Ziggy's, y entonces encontraron el Soundshaft, un pequeño local que estaba en la parte de detrás del Heaven. La primera noche, la fiesta no tenía nombre y Paul pinchó toda la noche. Todo el mundo pagó cinco libras esterlinas a Ian y fue muy, muy bien, así que decidieron programar una fiesta regularmente, y al cabo de una semana ya arrancó [la noche] The Future[62].

62. Soundshaft era un pequeño club adjunto a Heaven —el famoso y enorme club de Charing Cross, en Londres, inaugurado en 1979—, con una entrada separada y un acceso desde el club principal. Allí es donde Paul Oakenfold instaló su seminal fiesta The Future en 1987. En 1988 Oakenfold organizaría allí su propia fiesta Spectrum, sembrando la semilla de la escena rave y acid house en Reino Unido. Otra de las fiestas detonantes de aquella escena que se hizo en Soundshaft fue Troll, entre 1988 y 1990, que lanzó la carrera de Luke Slater. Hoy en día Soundshaft se llama The Stage Bar.

ALFREDO FIORITO: La primera vez que fui a Inglaterra, me hicieron un visado especial para una estancia de tan solo dos días y pinché en un club del sur de Londres, en una fiesta que organizaba Paul Oakenfold, y luego me hizo pinchar en la discoteca de moda en ese momento[63]. Pero allí estaban con el *rare groove* y no salían de eso, fue difícil... Al quinto disco me dijeron que lo dejara correr y que me pagaban igual, pero que terminara mi sesión. A los pocos meses todo el mundo ya estaba pinchando esa música. Yo pinchaba lo mío y algo de house, pero el house en Inglaterra en ese momento no se escuchaba ni por puta, para nada. Allí se empezó a escuchar en el norte, en Escocia, en el Sub Club de Glasgow... y en The Haçienda de Manchester, más o menos en la misma época en que empezó a sonar en el Amnesia. En el Haçienda también pinché, pinché en casi todos lados... No recuerdo cuándo fue, pero ya había habido problemas; habían matado a alguien allí y las *gangs* controlaban la sala. Había más lugares en aquella época en Manchseter; estaba el Conspirancy, donde mataron a otra persona mientras yo estaba trabajando. Había dos grandes *gangs* que movían el éxtasis en Manchester y se peleaban por controlar el mercado y las discotecas.

NANCY NOISE: Paul e Ian [St. Paul] me dijeron, «¿te apetece abrir para Paul?», pero yo no me decidía, en plan, «¿en serio? No lo sé...». Soy bastante tímida. Al final, pensé, «bueno, será solo para los amigos», literalmente, la peña de Ibiza, que éramos todos colegas. Así que le dije a Paul, «bueno, vale, lo probaré» [risas]. Total, que abrí para Paul no sé durante cuántas semanas, cuando ya éramos unos cuantos. Y entonces, empezó a correrse la voz. Fue poco después de [el reportaje de] *i-D* y otros artículos que salieron.

LEO MAS: Los cuatro eran DJs en Londres y, cuando volvieron, quisieron recrear la experiencia de Amnesia. Paul abrió The Future

63. La primera vez que Paul Oakenfold invitó a Alfredo a pinchar fue en 1987 en su fiesta The Project, en Ziggy's. Al año siguiente, en 1988, Paul Oakenfold volvió a traer a Alfredo, pero esta vez lo hizo ya en su nueva fiesta Spectrum en el mega club Heaven de Charing Cross. Oakenfold también organizaría sus fiestas Spectrum en otras localidades de Inglaterra como Manchester o Birmingham.

con Nancy Noise, y Danny Rampling abrió el Shoom con su mujer, Jenni. Ponían todos los discos que pinchábamos en Amnesia, y en ese momento el mundo cambió.

NANCY NOISE: Montamos The Future para traer el rollo de Ibiza a Londres, y Paul y yo pinchábamos discos de Ibiza que nos encantaban. Recuerdo poner cosas de Amnesia de cuando fui en 1986. Mucha gente no había estado nunca en Ibiza o Amnesia ese año, por lo que para muchos fue la primera vez que escucharon «Driving Away From Home» [de It's Immaterial] o «Would I Find Love» [de Dizzy Heights] en un club. Me encantaba David Bowie, así que ponía un montón de temas suyos, y también de Prince, y algunos de los discos italianos que escuché en Amnesia, y que luego localizamos. También pinchaba un poco el rollo que ponía Nelo, que era un indie un poco más duro. Escuchar a Nelo, Leo y Alfredo me inspiró. Pinchaba cosas del 87 mezcladas con otras que nos gustaban. También me iba la escena *rare groove* de las naves industriales, y tanto Paul como yo adorábamos el hip hop. De hecho, Paul trabajó para Def Jam y luego yo trabajé para él en Profile Records. Mientras duró lo del Future, obviamente también fuimos creando nuestro propio sonido, con las novedades que salían. Cuando no estábamos en Ibiza, íbamos a todos esos nuevos clubs, y el sonido del underground londinense se filtraba en el nuestro, que empezó a conocerse por su sonido ecléctico. O sea, era un club de Balearic.

DANNY RAMPLING: Este año hará treinta años del nacimiento del Shoom, que fue uno de los primeros clubs de acid house, si no el primero, junto con el Spectrum de Paul Oakenfold y The Trip[64] de Nicky Holloway.

64. Nicky Holloway organizaría su fiesta The Trip en el London Astoria, club situado también en Charing Cross, a partir del mes de mayo de 1988. La fiesta cambiaría más adelante su nombre por el menos lisérgico Sin. En abril de 1990, Holloway abrió el legendario Milk Bar en Londres, por donde pasaron DJs como Paul Oakenfold, Danny Rampling, Pete Tong, Darren Emerson o Brandon Block, entre otros. A partir de 1992 organizó su noche semanal Milk Bar en Pacha Ibiza, durante varias temporadas.

NANCY NOISE: Shoom ya estaba en marcha cuando abrió The Future. Estaba cerca de Tower Bridge, en un gimnasio... Era una locura. Estaba todo lleno de espejos y caminabas entre las luces estroboscópicas y un montón de humo [risas]. El Shoom era genial. Cuando llegó el éxtasis, la música cambió. El Shoom se inspiró en las vivencias de Danny Rampling en Ibiza.

DANNY RAMPLING: Todo el mundo dejó de privar. Las ventas de alcohol cayeron en picado. Pedían Lucozade[65], que vendían los dueños del gimnasio, y refrescos, y con eso bailaban toda la noche.

PAUL OAKENFOLD: Les encantaba el rollo ese del gimnasio y que vendieran Lucozade. No tomé una pastilla en veinte años. En mi cumpleaños bebía tequila, que es 100% natural. No necesitaba nada más. Pero un día se me acercó una chica y me dio una de esas y fue increíble. Fue de puta madre.

DANNY RAMPLING: Algo de birra había, pero lo mínimo. En el Shoom hacía mucho calor y el sudor transpiraba por las paredes, pero todo el mundo tenía sus estimulantes...

PAUL OAKENFOLD: Se miraban en los espejos [risas]. La peña en plan, «este sitio es enoooooorme». Recuerdo la primera vez que lo vi... parecía enorme, pero era por los espejos, porque en realidad era un sitio muy pequeño.

DANNY RAMPLING: Sí, el club de los espejos. Yo usaba mucho la máquina de humo y todo el mundo se estampaba en los espejos. Era otro mundo...

65. En la prehistoria de las bebidas energéticas figura en un lugar destacado Lucozade, refresco fabricado y comercializado por la compañía japonesa Suntory. Se trata de una solución de agua y glucosa que desde 1983 se vendía como una bebida carbonatada con un ligero sabor a naranja en una botella de vidrio, envuelta en celofán amarillo. Durante los años ochenta esta bebida se asoció con la práctica del deporte.

FARUK GANDJI: Desgraciadamente, en 1987 vino una gente que decidió comercializar nuestra música y nuestras fiestas en Inglaterra, y que hizo llegar al gran público esta movida. La industria musical comercial lo captó enseguida y vio en la isla una mina sin explotar y corrieron a Ibiza para apropiarse de la isla y llenarse los bolsillos, trayendo, de paso, una música minimalista y unas drogas malísimas.

TREVOR FUNG: Cuando volví en 1987 hice la selección de temas del LP *Balearic Beats* para FFRR, que era el sello de Pete Tong. Después del verano del 87, la plantilla del sello la componían gente como Nancy Noise, Lisa Loud o mi primo Ian St. Paul, por citar solo algunos.

LEO MAS: No nos dimos cuenta de que lo que pinchábamos en Ibiza se había etiquetado como «Balearic beat» hasta que Paul Oakenfold nos trajo una copia del recopilatorio en septiembre del 88 y vimos la lista de temas.

CÉSAR DE MELERO: Ni en el *Balearic Beats Volume 1* —que yo lo llegué a tener en mis manos pero lo tiré— ni en el segundo volumen pone en ningún sitio «gracias a César de Melero, Alfredo Fiorito, Nelo...», ni tampoco a David «el Niño».

DIEGO GIMÉNEZ: ¡Puaj! Eso del Balearic es un cuento chino, yo nunca lo he entendido. Es que no sé qué es, no tengo ni idea... Será la música que se ponía en las Islas Baleares... También puede ser por la conexión con el sol y las estrellas [risas]. Está bien: es un invento para vender. Yo en ese momento estaba en Nueva York y no seguí lo del Balearic. Sé que en esa época Alfredo era la referencia, es un DJ sensible y sabía llevar muy bien al público con su música, que es lo más importante en un buen DJ. Lo conocí antes de ser DJ; era cliente de mi tienda de discos y también amigo, una persona entrañable.

PIPPI: Del 88 al 90 la explosión fue total. Yo en el 87 estaba en Pacha y decidí que necesitaba algo distinto; allí estaba muy bien, pero surgió la oportunidad del KU, que era una maravilla. Les expliqué que necesitaba un cambio y que me iba a otro club, sin malos rollos. El KU era un sitio de día, *lounge* y tal, más *cool*. Empezó muy suave, pero cuando yo llegué en el 87 ya era *in*. Antes había una ruta obligatoria: Pacha, KU y Amnesia; era la ruta obligatoria y, si no la hacías, no habías estado en Ibiza. Primero ibas a los bares del puerto, a la Calle de la Virgen, hasta las tres, luego a Pacha, que cerrábamos a las cinco, luego al KU, que cerraba a las seis, y luego a Amnesia. La gente realmente solo estaba dos horas en las discotecas; las sesiones eran muy largas, eran otros tiempos...

En KU pinchaba al aire libre y era otro estado emocional... Tener ahí las palmeras... un paisaje tan grande, sobre todo el amanecer... Surgía todo como una magia cósmica, como algo que nos estaba enviando pulsaciones de energía positiva. Justo entre las cinco y las seis de la mañana se daban momentos muy, muy mágicos... La gente se iba siempre con una sonrisa en la cara, algo que de verdad echo de menos. Las discotecas no eran masivas, casi todo eran amigos, gente conocida y algunos turistas que se perdían y habían oído hablar del sitio. Lo de pinchar al aire libre es lo que siempre ha diferenciado a Ibiza del resto de sitios.

KENNETH BAGER: Si querías, en Ibiza podías pasarte 24 horas de fiesta. Podías sentir la misma energía en todos los clubs, a la misma hora de la noche. Empezaba más normal y a medida que avanzaba la noche se iba volviendo todo muy loco y raro.

CÉSAR DE MELERO: En el 87 yo ya despegué, porque ese fue el año del house y el acid. Pacha abrió en Semana Santa y todas las discotecas estaban cerradas, así que estaba solo yo pinchando. Fue una maravilla, la verdad. Ponía el «Acid Trax» de Phuture en Pacha y el dueño me decía, «¡esto es una locura!», pero yo lo ponía igual. Había llegado el éxtasis a la isla y la gente estaba extasiada con el house, que era la música perfecta para bailar puesto de éxtasis.

JUAN CARLOS SÁNCHEZ: Luego llegó la época del house de Chicago y del acid house, y tengo que decir que el rey era César, que cuando empezó a pinchar aquello fue una revolución, y era estupendo ver cómo lo vivía. Yo sin embargo me iba más hacia el techno: Front 242, Front Line Assembly... la parte más electrónica. Y Pippi hacía la parte más funk y soul, con mucho *feeling*. Éramos los tres muy diferentes y la combinación era muy, muy bonita.

CHARLIE CHESTER: Y de repente, *¡boom!*, estaba Alfredo y estaba el acid house. El acid house se volvió Balearic y el Balearic se volvió acid house. Paul Oakenfold, Danny Rampling, Johnny Walker y Nicky Holloway fueron los responsables de traer el sonido de Ibiza a Londres, y entonces otros lo llevaron más allá, como Terry Farley y los Boy's Own[66], o lo que hicimos a partir del año 1989 y 1990.

ULISES BRAUN: En el 89, un italiano (Mauro Bondi), un francés, un holandés y un suizo (yo) —tomando copas de hierbas y fumando canutos— tuvimos una idea loca... Era muy triste que hubiera gente que tuviera que volver a casa al final de la temporada y esperar al año siguiente para volver a vivir la experiencia ibicenca, así que pensamos en trasladar todo aquello a Londres, Madrid, Barcelona, Zúrich o Berlín, y decidimos llamarlo Ibiza Reunion. Hicimos algunas noches inolvidables con Alfredo, César de Melero, Pippi y Padilla. Además de recordar lo que habíamos hecho el verano anterior, podíamos promocionar el verano siguiente. Fue un éxito, y además justo en ese momento llegó el éxtasis. Las playas de la costa italiana se petaban y en Suiza las fiestas también fueron increíbles. La gente quería vivir la experiencia de Ibiza en sus ciudades.

66. En 1987 una pandilla de *clubbers* londinenses, formada por Terry Farley, Andrew Weatherall, Cymon Eckel, Pete Heller y Steven Hall, montan un fanzine llamado *Boy's Own* y pasan a ser conocidos a partir de entonces como los Boy's Own. Cuando entran en contacto con Paul Oakenfold en 1988, empiezan a organizar conjuntamente fiestas de acid house y raves, y su fanzine se convierte en el medio oficial de la subcultura rave inglesa. En 1990 crean el sello discográfico de música de baile Boy's Own Recordings, que en 1992 se transformaría en el nuevo sello Junior Boy's Own, a manos de Farley y Hall, al tiempo que Weatherall creaba su propio sello y banda, Sabres of Paradise.

DAVID «EL NIÑO»: Dejé el KU en octubre del 87 porque me salió la oportunidad de pinchar en el extranjero, que era el siguiente paso que quería dar. Al concluir la temporada de verano, a los DJs residentes de Ibiza nos ofrecieron una gira en invierno por el país de Europa que quisiéramos. Yo elegí Italia, por las similitudes con nuestro país, e hice una gira por allí que empezó en octubre y acabó en diciembre.

NELO: Volví a Barcelona con la idea de hacerme la maleta para instalarme en Italia cuando me llamaron del Pacha de Ibiza en junio del 88. Recuerdo que me llamó Piti [Urgell] y me dijo, «vente, que te queremos hacer una prueba». Un amigo me preparó un par de maletas con todo lo de Red Records y los temas house que sonaban entonces y me dijo, «llévate lo tuyo, pero llévate esto también porque el Pacha es comercial». Llegué allí, cuatro días después hice la prueba y me cogieron.

DAVID «EL NIÑO»: En diciembre del 87 me fui a Madrid e inauguré el [Teatro] Kapital, y allí vino a buscarme Alejandro Conde para ofrecerme un concepto nuevo de sala, que abría de seis de la mañana a doce del mediodía. Así nació el primer *after hours* de España: Attica. Pasados cuatro meses, dejé mi residencia en el Kapital para entrar en X-Kándalo, donde compartía cabina con Yke, Óscar Mulero, Kike, Rosi y Santi (Specka). Allí pinchaba de tres a cuatro, y luego de seis de la mañana a doce del mediodía en Attica.

KENNETH BAGER: Cuando Paul Oakenfold montó el Spectrum en Londres, nos invitó a pinchar a Alfredo, a César y a mí. Luego, abrí el Coma Club en el 88, así que estaban el Shoom, el Spectrum y el Coma Club en Copenhague. Creo que estos fueron los tres clubs que difundieron el movimiento Balearic. Y también estaba aquel club belga, Boccaccio, donde pinchaban new beat. Y en aquella época también estaba el Front en Hamburgo, donde pinchaban discos de house a 33 rpm, lo que creaba un sonido muy extraño y espacial, y a un volumen muy alto. Las dos primera horas en Coma Club, solíamos pinchar house a la velocidad equivocada con *a cappellas* para crear sonidos extraños y misteriosos, y entonces a la una de la mañana apagábamos la música de golpe, encendíamos la máquina de humo y poníamos el «Mohammed's House» de Sheik Fawaz (a capella) con el «Can Yo Feel It» de Mr. Fingers con el discurso de Martin Luther King «*I have a dream...*» [«He tenido un sueño...»]. La gente se ponía a gritar y era una locura total.

CÉSAR DE MELERO: En el 88 me fui a Londres a pinchar al Spectrum de Paul Oakenfold, que abrió la noche antes de mi *set*. Recuerdo que lo tenía allí en la cabina y se apuntaba todo lo que yo pinchaba. No me invento nada.

NANCY NOISE: El 88 fue un año contradictorio para mí. Para mucha gente, que era la primera vez que iba a Amnesia, fue increíble y se lo pasaron pipa. No digo que el ambiente no estuviera bien, que lo estaba, pero no era como dos años antes. Había más ingleses y mucha más gente. Dos años atrás nos topamos con aquello, por decirlo de alguna manera. No fuimos allí porque supiéramos que aquel club era lo más; acabamos allí por casualidad, ¿me explico? Me encantaba que hubiera gente pasándoselo en grande en Amnesia, pero pensé, «se acabó, lo hemos perdido». Para mí, el 86 y el 87 fueron los años dorados, dos veranos que atesoro de una manera muy especial. Continué yendo a Ibiza, siempre lo he hecho, pero cada año era peor y peor y peor. No recuerdo ya qué año fue el último en el que solo había un DJ residente, porque en aquellos tiempos eran Leo y Alfredo todo el verano; no pinchaba nadie más.

CÉSAR DE MELERO: Se fueron a Inglaterra e hicieron un triple álbum que pretendía ser el descubrimiento de Ibiza, como cuando los españoles llegaron a las Indias y quemaron todo lo que se encontraron, y luego volvieron a España con el oro y las mujeres, ¿no? Los ingleses llegaron aquí y arrasaron... Es que los ingleses y yo no... No me interesa. Para mí han invadido mi país, y en Ibiza han hecho lo mismo: han chupado y rechupado.

PIPPI: Fueron muy listos y se supieron vender. Si eres el primero en sacar la noticia, pues...

PAUL OAKENFOLD: Ibiza cambió mucho nuestro gusto musical y nuestras vidas. Creo que fuimos afortunados. Estuvimos en el lugar y en el momento adecuados, pero pudo ser cualquier otro. Se convirtió en una comunidad global.

DANNY RAMPLING: Sí, fuimos una comunidad, una contracultura, una subcultura que se volvió muy poderosa, en el sentido de que rompió con el sistema de clases dominante. Chicos de clase trabajadora, de clase media y alta se juntaron, ya fueran blancos o negros, sin importar cuál fuera su preferencia sexual. Todos juntos. Eso fue muy poderoso y el sentimiento era muy fuerte, porque, además, Gran Bretaña atravesaba una crisis económica. Lo que pasó es que creamos nuestra propia economía y mucha gente se volvió emprendedora y dio lugar a una nueva industria. Fue el gran momento en que arrancaron mucho sellos, diseñadores, promotores, productore... gente de todos los ámbitos. A finales de los ochenta y los noventa, una nueva horda de jóvenes británicos se fueron a Ibiza para vivir aquello que habían oído que pasaba en Amnesia con Alfredo, que era la estrella del show. Eso cambió por completo el concepto de *clubbing* en Inglaterra, y en los noventa surgieron los grandes clubs con franquicias: Cream, Renaissance, Back to Basics... La lista de promotores de clubs británicos que vinieron a Ibiza es interminable.

LEO MAS: Recuerdo que una vez Alfredo me contó que alguien del equipo de dirección de Amnesia le dijo que lo que yo pinchaba para abrir las sesiones era «música de aeropuertos». Pinché esos *warm up* hasta el 88. En el 89 no pinchamos juntos, y cuando volví a Amnesia en 1990, el club ya estaba lleno desde que abría y tenía que pinchar fuerte para que la gente bailara.

ALFREDO FIORITO: Leo estuvo trabajando conmigo hasta el 89, año en el que tenemos una discusión... Una discusión muy tonta, la verdad.

Empezó a trabajar conmigo un chico negro que hacía rap y que había trabajado con The KLF que se llamaba Ricky Lyte[67]; tanto él como Leo me hacían la primera hora y yo hacía el final; un largo final.

LEO MAS: Hubo un malentendido con Alfredo que desembocó en que dejáramos de trabajar juntos. No quiero hablar de ello. Ya lo hemos superado y ahora somos buenos amigos. Los cuatro años que pinché con Alfredo en Amnesia fueron únicos e inolvidables, emocionantes y llenos de música. Fue el comienzo de mi carrera como DJ y fueron tiempos maravillosos. Fuimos los actores de una revolución musical y cultural que cambió el mundo de la noche a nivel planetario, especialmente a partir de 1987, que yo llamo el «Año Cero». Fue el año que vinieron los ingleses a Amnesia, me refiero a Paul Oakenfold, Danny Rampling, Nicky Holloway, Johnny Walker, Nancy Noise y Trevor Fung. Aquella noche cambió sus vidas, y cambió las nuestras, y aquel otoño exportaron aquel sonido y modo de vida a Londres. A partir de ese momento, nada volvió a ser lo mismo.

67. Jervis Ricardo Alfonso Lyte, conocido como Ricardo da Force, fue un DJ y cantante inglés que puso su voz a numerosas producciones de house y música dance. Colaboró, entre otros proyectos, con The KLF o N-Trance, y durante sus últimos años de carrera profesional, estuvo pinchando como DJ residente del club The Apartment en Dubái. Falleció en 2013, en Barbados.

SEGUNDA PARTE
LAS MIL Y UNA NOCHES
(1989-1998)

8
SUNSET

El Verano del Amor ha sido demasiado. Un fiestón tremendo. El personal todavía anda algo aturdido y descolocado. Lo del acid house es una locura, menudo viaje... Toca bajar un poco los bpm y pasar la resaca tranquilamente, disfrutando de una bonita puesta de sol. Y ya que estamos, con buena música de fondo, si puede ser. Hay un pequeño chiringuito en San Antonio que se llama Café del Mar donde ha empezado a pinchar José Padilla. Lleva tiempo grabando sesiones y vendiéndolas en los mercadillos de la isla, en Es Canar y en Las Dalias. También vende cintas de sesiones grabadas de Pippi, Alfredo o César de Melero, y se las quitan de las manos. En el Café del Mar pincha una selección del Balearic más ambiental y reposado, una deliciosa banda sonora para la puesta de sol. Todavía no lo sabe, pero acaba de crear un nuevo género musical —el chill out— que será recibido con los brazos abiertos por la industria musical. Estamos en los noventa, y la música electrónica también está de resaca tras la explosión rave: el ambient, la IDM, el intelligent techno y el downtempo suenan por todas partes. La cultura del CD recopilatorio y las sesiones grabadas ha venido para quedarse. Y lo de la puesta de sol con buena música de fondo, también. En 1994 abre el Café Mambo y se suma a la fiesta del sunset, *mientras la cultura del chill out se expande por todo el planeta.*

INTERVIENEN: JOSÉ PADILLA (CAFÉ DEL MAR), JUAN MARÍ (LAS DALIAS), JUAN TUR (DELTA DISCOS), DIEGO GIMENEZ (FLIP MUSIC), JUAN SUÁREZ (*DIARIO DE IBIZA*), PETER HOOK (NEW ORDER), ALAIN (SAUSALITO), JON SA TRINXA (SA TRINXA), PHIL MISON (CAFÉ DEL MAR), BEN TURNER (*MUZIK MAGAZINE*), PETE GOODING (CAFÉ MAMBO), DJ HARVEY (MINISTRY OF SOUND), PIPPI (PACHA), BRASILIO (KU), CHARLIE CHESTER (FLYING RECORDS), DANNY RAMPLING (SHOOM), ULISES BRAUN (AMNESIA), JAVIER ANADÓN (CAFÉ MAMBO), KENNETH BAGER (COMA CLUB)

JOSÉ PADILLA: En el Nightlife me quemé muy pronto. Me empecé a meter historias y a beber mucho. Fue chungo, porque en ese momento estaba saliendo el primer house, el primer acid... Entonces, monté un bar en Cala Vadella que se llamaba Museo, que es una historia que no conoce mucha gente... El caso es que me fui a un resort de alemanes que tenía una discoteca pequeñita, dentro del Club Cala Vadella, y una noche de borrachera con Paco —el cocinero del club— dijimos, «¿por qué no montamos un bar?». En esa época todo era muy romántico, muy bonito, y me dejé el alma currando en ese proyecto. Franz —un artista austriaco que vivía allí— tenía un jardín salvaje espectacular en su casa, e hicimos el bar allí. Venía gente de toda la isla, pero para llegar hasta allí... En Ibiza, todo lo que no esté en el circuito, mal. Pero aun así, el bar funcionaba.

JUAN MARÍ: A principios de los ochenta se hacían pocos conciertos debido a la crisis económica. Nosotros no sabíamos por dónde tirar; fueron tiempos difíciles para Las Dalias. Helga y yo montamos una galería de arte e intentamos reunir a los grandes pintores que había en esa época o que habían estado en la isla; pintores tan conocidos como James Taylor —que vivía en una casita enfrente de Las Dalias—, Bechtold, Peter Unsworth, Vicent Calbet o Elmyr de Hory. Pero tuvimos que abandonar la idea, porque el arte es un tema muy delicado.

JOSÉ PADILLA: El Museo era un bar de verano, y como no teníamos ni un duro, tuvimos que pedir financiación. Franz era un maníaco depresivo de los severos que había intentado suicidarse un par de veces. Un día que yo estaba con mi novia, que vivía en el último piso del edificio, oigo, «¡tac!», como un golpe seco. Seguí durmiendo, y a los cinco minutos sube Paco y me dice, «¡José, José, que a Franz le ha dado un ataque, está en el bar sangrando!». Me pongo los pantalones, bajo y lo veo allí tirado, que se había pegado un tiro. Lo hizo con un arma del calibre 22, pero no fue un tiro mortal y nos lo llevamos al hospital... Estuvo cinco días en la UVI y al final falleció. Al año siguiente, intenté levantar el bar, pero a la gente le daba *yuyu* porque sabían que el tipo se había matado allí. Y entonces fue cuando lo mandé todo a tomar por culo. Fue cuando empecé a hacer las casetes y a venderlas en el mercadillo de Es Canar.

JUAN MARÍ: Todo ese ambiente artístico fue una inspiración para lo que luego sería el mercadillo [de las Dalias], que lo empezó Helga en el invierno de 1985 con cuatro paradas. No sabíamos ni qué queríamos ni adónde íbamos. Anteriormente solo existía el mercadillo de Es Canar —diez años anterior al nuestro— y cuatro paradas en Dalt Vila, en verano, pero a la gente le gustó. Aguantamos ese invierno y en verano vimos que funcionaba, tanto los bares como las paradas. El mercadillo marca un antes y un después en la historia de Las Dalias. A partir del 85, Las Dalias ya se vincula a la historia del mercadillo y al circuito local de conciertos.

JUAN TUR: Las Dalias era un lugar donde la gente se reunía y se tomaba sus copas y escuchaba buena música, mucho rock. Y sigue funcionando, es superauténtico.

JUAN MARÍ: Los ochenta fueron muy importantes para Las Dalias. Fue una época difícil en España para los jóvenes. En ese momento, tuvimos mucha relación con los Estudios Mediterráneo[68], que para

68. Ubicados en la finca Can Marià Blai en Sant Llorenç, los estudios fueron fundados en 1980

la época eran impresionantes. Estaban en una casa payesa, en San Lorenzo, y contaban con residencia y una parte de ocio. Los grupos se instalaban allí quince días o un mes. Allí grabaron grupos nacionales como Ángeles del Infierno, Sangre Azul u Obús y grupos internacionales como Judas Priest. Me hice muy amigo del batería, Dave Holland, pero le estafaron en un par de negocios y se hartó un poco de la isla.

DIEGO GIMENEZ: A muchos de los artistas que venían a grabar a Ibiza los tuve en mi tienda, Flip Music. Al cantante de Thin Lizzy, a UB40... Todos iban a grabar a los Estudios Mediterráneo, que eran de un alemán y estaban muy bien montados.

JUAN SUÁREZ: Recuerdo que entrevisté a Frankie Goes to Hollywood y a Depeche Mode en los Estudios Mediterráneo, y a Duran Duran —a Andy Taylor y Simon Le Bon— en Las Dalias, que Andy tiene un estudio aquí en Ibiza. De hecho, hay mil estudios de grabación en Ibiza. También entrevisté a Mick Jagger, a Ron Wood y a Charly Watts, durante una sesión de jazz que hicieron en el Star Club, en los noventa.

---

por el empresario alemán Fritz Ehrentraut como Ibiza Sound Studios. Con una mesa de grabación MCI de 56 canales, una de las mejores de la época, el complejo contaba con habitaciones para alojar a los músicos, una cancha de tenis, otra de squash, una piscina y, obviamente, un bar. Durante los ochenta grabaron allí numerosos grupos de heavy, como Judas Priest, Obús, Barricada o Medina Azahara, y otros como The Boomtown Rats. En 1983 Ehrentraut entró en quiebra y despareció, y sus acreedores acudieron a la finca para llevarse de allí cuanto pudieron. Cuando ese verano Judast Priest se instalaron allí para grabar su álbum *Defenders of the Faith,* se toparon con una escena devastadora. Entonces, su batería, Dave Holland, reunió a algunos socios para hacerse cargo de las deudas y crear los nuevos Estudios Mediterráneo. En junio de 1988, durante el Segundo Verano del Amor, New Order los alquilaron con la intención de grabar allí su legendario álbum *Technique*. El delirio de aquel periplo en Ibiza, durante el cual solo consiguieron grabar algunas pistas de dos canciones del disco, queda recogido en el libro de Peter Hook *The Haçienda. Cómo no dirigir un club* (Contra, 2019). A lo largo del segundo lustro de los ochenta, grabaron allí artistas como Nina Hagen, Nena o Frankie Goes to Hollywood. El 7 de febrero de 1990, cuando el estudio estaba a punto de hacer reformas para adaptarse a la era digital, se declaró un incendio que lo arrasó y precipitó su fin.

PETER HOOK: La primera vez que fui a Ibiza fue cuando fuimos a grabar [*Technique*] y estuvimos viviendo allí unos seis meses. Curiosamente, acabé viviendo en Mallorca años después. Antes de ir, nunca había escuchado nada que tuviera que ver con la música relacionado con Ibiza. El tema es que, durante años, grabamos en Londres, pero teníamos muchos amigos y las distracciones durante la grabación eran continuas, así que se me ocurrió la brillante idea de grabar en Ibiza. Leí en algún sitio sobre los Estudios Mediterráneo y pensé que allí tendríamos menos distracciones, pero desgraciadamente todo coincidió con la eclosión de la escena musical y de clubs, y para colmo, del éxtasis. Puede que fuera un buen *timing* en términos históricos, pero no lo fue para la grabación del disco. Así que cuando llegamos allí nos encontramos con un montón de gente loca perdida. Los clubs eran increíbles y el sitio era maravilloso. Como me dijo el director de nuestro sello, Tony Wilson, «¡En la vida te habías pegado unas vacaciones tan caras!». Fueron unos días loquísimos...

JUAN MARÍ: En Las Dalias se organizaban unas *jam sessions* brutales, donde los músicos podían pasarse horas y horas tocando. Participaban todos los grupos de los Estudios Mediterráneo. Yo iba allí con un Land Rover desvencijado, pillaba los dos [amplificadores] Marshall que tenían y a darle candela. La verdad es que tuvimos una época musical brutal. UB40 estuvieron ensayando un tiempo aquí en Las Dalias. Brian May y Roger Taylor [de Queen] vivían aquí al lado y venían porque estaban a gusto, porque aquí en Ibiza pasaban desapercibidos. Cuando tocaron Sangre Azul, los de Queen estuvieron viendo el concierto y Brian May le dijo al guitarrista, «tocas muy rápido, tío, demasiado rápido. Eres bueno, tío, pero demasiado rápido. *Cool down man, cool down*». Bob Geldof también estuvo en Las Dalias, cuando hizo lo de USA for Africa[69], que vino a cenar a Las Dalias con todo su equipo de colaboradores.

69. En 1985, un grupo de cuarenta y cinco artistas, en su mayoría estadounidenses, se unieron para recaudar fondos para el continente africano, duramente golpeado por la hambruna y la enfermedad. Lo hicieron grabando la canción «We Are the World», que llegó al número uno de las listas de éxitos en los Estados Unidos. Entre los artistas que contribuyeron a la causa estaban

PETER HOOK: Estoy casi seguro de que la gente que regentaba los estudios eran los miembros de un grupo de heavy metal con mucho éxito en Inglaterra. La villa era genial. Desgraciadamente, el estudio era viejo y no demasiado bueno desde el punto de vista técnico. Debo reconocer que en seguida me di cuenta de las deficiencias, pero como la villa era tan bonita... Tenía servicio de habitaciones las 24 horas, y el bar no cerraba. Estas fueron las principales atracciones, así que nadie se quería ir y todos acabamos imbuidos del espíritu que nos rodeaba. O sea, que los Estudios Mediterráneo no se caracterizaban por ser unos estudios punteros, pero gozaban de un emplazamiento privilegiado. Un montón de grupos habían grabado sus discos ahí, aunque jamás, al escuchar los discos, hubieras dicho, «vaya, este es un buen sitio para grabar». La atracción venía por el lado del relax.

ALAIN: En el Sausalito tuve a muchos músicos de visita, como [Eros] Ramazzotti, que vino con su primera mujer. Éramos amigos. Y muchos actores, como Rossy de Palma, Roger Moore, y directores —[Roman] Polanski era como de la casa—. Estuvo por Ibiza hasta que falleció [José Antonio] Santamaría de KU, que eran muy amigos. Vendió su casa y se marchó. Recuerdo que estaba en casa afeitándome y escuchando la radio de fondo cuando oí, «un empresario de San Sebastián ha fallecido...», y cuando dijeron el nombre... Fue un golpe muy duro para todos[70].

JON SA TRINXA: Desde que tenía siete u ocho años, me ha gustado siempre la música. Era muy diferente de mis amigos, incluso de niño. Siempre he estado un poco al margen del sistema —era un poco

---

Michael Jackson (y otros seis hermanos Jackson), Bob Dylan, Stevie Wonder, Lionel Richie, Bruce Springsteen, George Michael, Kim Carnes, Ray Charles, Daryl Hall, John Oates, Al Jarreau, Billy Joel, Cyndi Lauper, Huey Lewis, Willie Nelson, Jeffrey Osborne, The Pointer Sisters, Kenny Rogers, Diana Ross, Smokey Robinson, Paul Simon, Tina Turner, Dionne Warwick o el propio Bob Geldof. El disco fue producido y arreglado por el gran Quincy Jones.

70. José Antonio Santamaría fue asesinado por el Comando Donosti de ETA la noche del 19 de enero de 1993, cuando se encontraba cenando con unos amigos en la sociedad gastronómica Gaztelupe, en San Sebastián.

rebelde—. Como quería seguir vinculado a la música, me puse a trabajar en una tienda de discos en Cheltenham, y con un amigo que tenía una tienda de ropa justo encima empezamos a montar conciertos. Teníamos muy buenos contactos y un agente en Londres, y trajimos a grupos buenísimos. Todos los de 2 Tone —The Specials, Madness, The Selecter— y a The Cure, y muchos grupos de punk y reggae, como U-Roy, I-Roy o The Heptones. Fue increíble. Solía poner cintas entre conciertos, así que puede decirse que ya era una especie de DJ entonces. Me hacía llamar Ranking J y hacía cintas de reggae. Luego fui fotógrafo de música a finales de los setenta y principios de los ochenta. Siempre he sido un cabezota y me siento muy afortunado de poder vivir de la música.

PHIL MISON: Nací en 1970 en Haverhill, un sitio que no tiene mucho glamur que está entre Londres y Essex. En los setenta, mi madre trabajaba en Chrysalis Records, básicamente metiendo discos en cajas. Le daban un montón gratis, así que desde los siete años empecé a tener toneladas de vinilos, algunos muy buenos y otros infumables. Me molaban mucho Blondie. Por alguna razón que se me escapa, recuerdo vivamente un disco que se titulaba «Life on Mars», pero no fue hasta tiempo después que descubrí que era una versión.

JON SA TRINXA: Vine a Ibiza en el 87, de vacaciones con mi madre. Tenía veintitantos y mi padre había muerto no hacía mucho, así que tenía que cuidar de ella. No tenía ni idea de qué estaba ocurriendo en Ibiza, si exceptuamos oír de pasada en la canción de David Bowie «Life on Mars» lo de «*from Ibiza to the Norfolk Broads*». Cuando llegué me enamoré de la isla al instante. Era acogedora y hacía calor, y viniendo de la fría Inglaterra era todo un tema. De hecho, la primera playa a la que fui fue Sa Trinxa. Recuerdo caminar hacia Sa Trinxa y ver una imagen: el chiringuito, la arena dorada y una mujer alta y delgada en la playa, una mujer que por cierto acabó siendo una buena amiga... Había muchos hippies, mucha gente alternativa y viajera, todos guapos y desnudos en la playa. Había un DJ poniendo música y pensé «esto es lo más» y «tengo que volver aquí algún día». Luego me di cuenta de que todo el mundo solía ir desnudo en la playa —era lo normal—, pero a mí me pareció muy pintoresco y alternativo. Más tarde descubrí que había vida nocturna, y durante aquel verano, me escapaba por la noche. Acompañaba a mi madre a dormir y esperaba a que se durmiera. Entonces, cogía el coche y me iba a bares y a clubs. Me pasé un montón de noches en bares del casco antiguo, y a veces acababa en el Pacha o el KU. Luego, volvía a casa y fingía que dormía, hasta que mi madre se despertaba. Hice aquello durante diez días seguidos: salí cada noche y luego salía con mi madre durante el día, y, claro, de mis excursiones nocturnas no decía nada... Total, que al final de las vacaciones estaba que no me aguantaba en pie, pero pensaba, «tengo que volver aquí a hacer de DJ».

PETER HOOK: Fuimos a Ibiza para huir de la escena de clubs de Londres y acabamos topándonos con ella allí. Fue como si nos hubiera seguido. Nos marchamos de Londres en busca de paz y calma, pero no encontramos nada de eso. En todo caso, fue maravilloso. Cuando llegamos, el momento cumbre de la semana era el mercadillo hippie de Santa Eulalia [Es Canar], donde el ambiente era muy cosmopolita y abierto. El primer club al que fuimos fue Amnesia, que por aquel entonces no estaba techado, era muy pequeño y maravilloso, y todo era muy natural. De hecho, me sentí como en casa. Luego empezamos a gravitar en torno a otros bares y clubs de San Antonio.

Conocimos a unos controladores aéreos del aeropuerto que eran unos auténticos animales, travestis y locos. Ninguno quería coger un avión después de una noche de fiesta, así que volvían a Barcelona en ferry, porque además todo el mundo los señalaba cuando se daban cuenta de que iban del revés [risas]. Sí, es algo más propio de una serie de televisión, pero es absolutamente cierto; era gente maravillosa. Nos llevaron por toda la isla, a todos los *afters* más extravagantes y a todos los clubs. Era una escena maravillosa donde no había violencia ni guerras entre bandas rivales. La atmósfera era encantadora.

PHIL MISON: Me gustaba mucho la música y los discos, pero nunca quise ser DJ. Surgió de manera espontánea. A finales del 87, cuando tenía diecisiete años, empecé a gastar mucho dinero en tiendas del Soho como Groove Records, Black Market o Trax. Tenía un montón de discos y empecé a pinchar para amigos del colegio, en bolos locales, pero en el verano del 88 conseguí una residencia en [la isla de] Skiathos, Grecia, en el bar de un amigo de mi padre. Nunca había estado en el Mediterráneo antes. Recuerdo que había un bar muy pequeño para gente de la isla donde ponían el «Yé Ké Yé Ké» [de Mory Kanté], el «Drop the Deal» [de Code 61] y rollo europop.

JON SA TRINXA: Volví a Inglaterra y me encontré ante una encrucijada vital. Por aquel entonces era fotógrafo, pero un día me robaron las cámaras y alguien me llamó y me dijo, «¿quieres venir a pinchar con nosotros?». Así que si fue un lunes cuando me robaron las cámaras, el jueves ya estaba pinchando. Mi vida cambió. Empecé a hacer de DJ propiamente dicho en el 87. Tenía una residencia en un club pequeño y pinchaba los jueves, viernes y sábados. Allí conocí a muchos ravers, y cuando acababa la sesión del sábado me llevaban a raves gratuitas. Tenía un pequeño *sound system* y lo colocaba detrás del sistema de sonido principal. No quería competir con los grandes DJs y sus temazos; quería hacer algo diferente. Había un montón de música nueva que salía, y muy diferente: hip hop, reggae, remezclas, downtempo... Un mundo nuevo que creía que no se había explorado lo suficiente. Había *tracks* como el de Deee-Lite [«Groove Is in the Heart»] y estilos muy diferentes, hip hop muy guay y melódico, y también house alternativo que no era necesariamente el que se pinchaba en los clubs. Así que fue un época muy vanguardista y excitante por la nueva música y géneros que estaban saliendo, y mi labor era mezclar todos esos *tracks* y darle a todo un sentido y que fuera como un viaje. No pinchaba discos con el mismo tempo. Irónicamente, y sin que lo supiera, estaba haciendo Balearic, aunque no me di cuenta hasta que volví a Ibiza.

BEN TURNER: Nací en Oxford, Inglaterra, en 1973. Mis padres se pasaban el día escuchando música, y mi hermana, synth pop en plan Duran Duran y Thompson Twins, que son grupos que me influyeron mucho.

Fui a un concierto de Kate Bush cuando tenía cinco años. Recuerdo estar obsesionado por descubrir música nueva que fuera futurista y rompedora. Todo mi conocimiento e información los saqué escuchando a John Peel en BBC Radio 1, que me influyó un montón, y leyendo los tabloides. Cada miércoles por la mañana iba a comprar religiosamente los semanarios musicales a una tienda de discos de Oxford: *Melody Maker*, *Sounds*, *New Musical Express*, *Mixmag*, *i-D*... Allí descubrí un montón de música nueva y anuncios de conciertos.

PETE GOODING: Nací en Solihull, cerca de Birmingham, en 1973. Mi familia no estaba particularmente interesada en la música. Mi abuelo tocaba la armónica fatal. Mucha gente te dará una versión *cool* de sus inicios, pero la verdad es que mi primer disco fue uno de Nik Kershaw, que era un cantante pop del montón. De los primeros discos que tuve recuerdo el «Hysteria» de Def Leppard, que era un gran álbum. Crecí escuchando a grupos como Yello, que me encantaban. En ese momento, me gustaba la música, pero tampoco estaba obsesionado con ella. Lo que lo cambió todo fue una cinta de casete que me regaló mi hermana: un recopilatorio de Pete Tong de 1986 que se titulaba *The House Sound of Chicago*. Tenía trece años y aquella cinta me voló la cabeza, especialmente el «Can You Feel It» de Fingers Inc. Por aquel entonces era muy joven para ir a clubs, así que escuchaba música mientras hacía los deberes.

BEN TURNER: A los dieciséis años, tenía que hacer unas prácticas y escribí a todos los semanarios musicales, incluso a EMI Records. Básicamente, lo que pregunté es si podía trabajar con ellos una semana. *Melody Maker* llamó al teléfono de mi madre y me ofreció un curro de becario. Me sentí tan afortunado que me tiré de cabeza. Iba cada día en autobús desde Oxford a Londres. Cuando tienes dieciséis años, no es ninguna tontería... Desde el momento en que entré en la oficina supe que me había topado con el futuro: iba a trabajar en la industria musical. Sería periodista musical, y de hecho lo fui durante quince años. Fue un golpe de suerte, aunque también lo busqué. En verano, iba a otras islas españolas, como Tenerife o Gran Canaria, donde la música era malísima, pero de todos modos me gustaba estar de vacaciones al sol escuchando música y pasar el tiempo con amigos. Fue entonces cuando oí hablar de Ibiza.

DJ HARVEY: Siempre he tenido madera de *entertainer*. Era el que contaba los chistes y el que hacía reír a la gente. A los once años o así, en los setenta, ya tocaba la batería en grupos de punk. Luego, en los ochenta, me tiró más lo de poner discos. Vengo de un entorno hippy-punk. Esa es mi mentalidad. Todavía lo cuestiono todo, aunque también quiero vivir en paz. Cuando llegó el acid house, estaba en el lugar y momento apropiados. Fue a finales del 87 y principios del 88. Me subí al carro —o el carro me subió a él— y nos llevamos francamente bien, y el resto es historia. Básicamente, mi contribución fue como DJ, aunque también monté algunas fiestas. Desde principios de los ochenta estaba inspirado por lo que solían llamarse «los *blues*». Los *blues* eran las fiestas caseras de la movida reggae. Cuando era punk, solía ir a los bares rasta y me empapé de un montón de dub, *sound systems* y ese rollo. Nunca esos discos habían sonado tan bien, tan potentes y alucinantes. O sea que fue mi exposición a estos discos la que me llevó de la batería a pinchar, a través del intrincado beat del hip hop, que era una forma de tocar la batería. Pinchando puedo controlar todo el cotarro: no necesito que un guitarrista me toque un pasaje de Jimi Hendrix, por ejemplo; me limito a ponerlo. De este modo, podía hacer música que en realidad no podía tocar y proporcionar emociones pinchando. Y como tenía cierto sentido del ritmo, podía mezclar y hacer *scratch*. Fueron dos cosas que se me dieron bien.

PETE GOODING: En 1987 vine con mis padres y hermanos de vacaciones a Ibiza y nos quedamos en el Stella Maris. Con mi hermano nos íbamos con las bicis al mirador y bajábamos por las rocas. Siempre me sentí muy feliz aquí. La única disco que había cerca era la del hotel. Pinchaba un DJ que luego supe que se llamaba Lolo, un DJ local que solía pinchar en clubs de por aquí. Ponía una música muy extraña que nunca antes había escuchado. Sonaba muy extranjera y exótica, y me enamoré de ella al instante. Eran discos como el «Jungle Fever» [de

Chakachas] o el «Electrica Salsa» de Off [el grupo de Sven Väth]... ese tipo de temas: electrónica, afro y también pop. Conocía, como inglés que soy, a Depeche Mode, New Order, incluso a Kraftwerk, lo que en Inglaterra era música pop. O sea, que no era música underground lo que ponía, pero sí la mezcla de estilos, que era muy rara. Y todo eso solo en la disco de mi hotel. Aquel año me fui de Ibiza amando la música aún más si cabe.

PETER HOOK: Tan pronto nos dimos cuenta de la magia de Ibiza, se lo contamos a nuestros amigos, que vinieron para compartirla con nosotros. New Order éramos muy conocidos por aquel entonces, así que nos trataron de fábula en los clubs. Nos dejaban entrar gratis a todas partes, y el ingeniero del estudio conocía a todos los camellos y todo giraba en torno a nosotros. Las aventuras fueron legendarias. Íbamos de drogas hasta las trancas. Solo te diré que tuvimos once siniestros totales: nos cargamos once coches [risas]. Era todo muy frívolo y lo que hacíamos era peligroso. Aquel tiempo en Ibiza fue muy enriquecedor. Me lo pasé pipa, pero para New Order fue un desastre, pues tuvimos que volver a grabarlo todo después[71]. Pero volvimos [a Manchester] con una actitud diferente, con un *feeling* distinto en el alma que nos había inculcado Ibiza. No podíamos creernos que Ibiza recibiera su nombre de una deidad egipcia llamada Bes, como Bez de los Happy Mondays, que se impregnó de ese influjo de Ibiza y lo lleva por el mundo siempre que los Happy Mondays salen de gira.

DJ HARVEY: A mediados de los ochenta, todo el mundo había visto el vídeo de Wham!,[72] y ya me había hecho una idea de cómo era la isla. Es curioso, pero para mí, durante la mayor parte de los ochenta, Ibiza no fue un faro; básicamente, la escena que frecuentaba en Londres e Inglaterra no tenía en cuenta el estilo de fiesta del sur de Europa.

71. Lo grabaron y completaron a su regreso de Ibiza en los recién estrenados Real World Studios de Peter Gabriel. *Technique* se publicó en el sello Factory en enero de 1989.

72. Se refiere al vídeo de la canción «Club Tropicana» de Wham! filmado en 1983 en el hotel Pikes de Ibiza.

Nuestro rollo era muy diferente; estábamos metidos en la música africana, el reggae, el hip hop... Y cuando oía hablar de Ibiza era en plan, «ah, sí, donde los *hooligans* van de vacaciones», así que no me atraía nada ir allí.

PETE GOODING: Ahora sonará a cliché, pero ese es el motivo por el que adoraba la escena rave inglesa: no importaba quién eras, de dónde vinieras, cómo bailaras, qué drogas tomaras... Era todo el mundo junto, un sentimiento increíble de comunión. Había gente de todos los colores y extracción social: gays, negros, blancos; todos en la misma fiesta y sin peleas. Antes, en Inglaterra, esto no pasaba. Era peligroso. En el colegio odiaba el fútbol por los *hooligans.* Amaba la música y no entendía por qué alguien prefería pelearse. Y había mucha violencia en el entorno del fútbol por aquel entonces. Pero el éxtasis lo cambió todo.

PETER HOOK: Supongo que debo reconocer que Ibiza fue el catalizador del modelo que exportamos a The Haçienda[73], con la intención de que Manchester fuera como Ibiza tanto como fuera posible. Ibiza realmente cambió la manera de ver la vida, y eso tiene que ver con Ibiza en general, no solo con sus clubs y su música. Me refiero a esa atmósfera propia de Ibiza que estuvimos encantados de llevarnos de vuelta a Manchester con nosotros. Siempre que nos juntamos con los Happy Mondays hablamos de nuestra educación espiritual en Ibiza, que fue como un momento fundacional de todo aquello que conseguimos luego. Así que me siento muy orgulloso de haber estado allí. Es un lugar mágico. He vuelto a Ibiza a pinchar muchas veces con Arthur Baker y me encanta comprobar que el aura y la atmósfera siguen allí. Es un sitio único.

73. New Order se asociaron con Tony Wilson —propietario del sello Factory, donde el grupo publicó sus primeros cinco álbumes— para formar la propiedad del legendario club The Haçienda de Manchester, inaugurado en 1981. Peter Hook fue la cara visible del grupo en la gestión del club, llegando incluso a perfilarse para dirigirlo.

Ibiza era como estar de vacaciones. En The Haçienda, o en el Shoom de Londres, tenías el éxtasis, que te permitía evadirte mientras estabas en el club, pero luego volvías a la realidad. En Ibiza, cuando salías de los clubs, todo era precioso y hacía calor y humedad, y había un montón de personajes por allí. La atmósfera era mucho más liberadora que en Manchester. Nuestra época dorada fue del 87 al 90, pero entonces las bandas tomaron el control del tráfico de drogas y todo se fue al garete. Joder, era muy peligroso. Nadie estaba a salvo. Para cuando llegó el 96, la música estaba en todas partes, no solo en The Haçienda; teníamos mucha competencia en Manchester, y las bandas criminales se aseguraron de que The Haçienda no fuera un lugar agradable.

DJ HARVEY: En aquel tiempo, no formaba parte de esa cultura, y a menos que estuvieras dispuesto a investigar a fondo, no podías coger el teléfono y averiguar qué estaba pasando en Ibiza, así que faltaba información sobre lo que estaba ocurriendo en la isla. No fue hasta el 87 o el 88 que oí hablar de ese sitio. A través de Danny Rampling, ¿sabes? Los famosos cuatro que volvieron en el 87 con la música y el rollo que empezó a extenderse por el Reino Unido. De pronto, me empezó a interesar el tema, aunque nunca había estado en Ibiza. Como DJ, me iba la música, ya fuera italo disco, house de Chicago... Así hice la conexión.

JOSÉ PADILLA: Hacía las casetes de diferentes estilos: acid jazz, reggae... Me ponía a pinchar y me grababa. El primer día, en el 88, me llevé a Es Canar treinta cintas que vendía a mil *pelas* [pesetas], y en media hora las vendí todas. Cada una tenía su propia carátula —me las pintaba Andrés, un amigo— y conservo todos los másteres. Entonces, me compré otra grabadora y la segunda vez que fui al mercado ya me llevé sesenta casetes, y las vendí en una hora. También me llevaba un radiocasete y la gente podía escucharlas por encima. Teníamos ocho o nueve pletinas, grabadoras normales, y mi novia y yo íbamos grabando las copias en el sofá mientras veíamos la tele, pim-pam. Un día le dije, «cariño, no podemos seguir así», y entonces me enteré de que existía una grabadora profesional y me la compré. Costaba un cuarto de millón de *pelas* de la época y te hacía las copias por las dos caras, muy rápido. Hablé con Alfredo, con Pippi, con César de Melero y les dije, «te compro el máster por diez mil pesetas o te doy un porcentaje». Me lo grababan en una casete de cromo y yo hacía copias. Y no veas: salía de Es Canar con tres cuartos de millón [de pesetas]. Tenía allí cinco colas de gente esperando para comprar. Claro, entonces no había CDs (justo empezaban a salir en ese momento). Fue entonces cuando me empezaron a copiar... Mandaban a alguien de otro puesto del mercadillo, me compraban las casetes y hacían copias de copias y las vendían por su cuenta. El segundo año ya había siete u ocho puestos vendiendo casetes, mientras yo seguía vendiendo las mías. Y luego también lo hice en el mercadillo de Las Dalias. El tercer año ya vino la policía y las incautaron todas, porque las discotecas estaban mosca. Ahí ya lo dejé. Entonces, entré en el Café del Mar.

PIPPI: Cualquiera que venía a Ibiza tenía una cinta de Pacha o de algún otro club. Se convirtió en un *business*. Teníamos cajones enteros llenos de casetes grabados con sesiones y una máquina haciendo todas las copias posibles, trabajando constantemente, día y noche. José Padilla era un *businessman* de la hostia. Fue muy importante, tiene que ver directa e indirectamente con esta historia. Conserva todos los másteres de todas nuestras grabaciones. José fue un fenómeno en Ibiza.

JOSÉ PADILLA: Hay algo que mucha gente no sabe, y es que yo curraba en el Café del Mar antes de que se hiciera. Vivía en Ses Variades y era amigo del chaval del Café del Mar. Antes de empezar allí oficialmente en el 90, yo tenía un chiringuito en la playa, con un restaurante, duchas y todo. El Café del Mar tenía su propia playa, donde traían arena cada verano. El mar, por su parte, también traía arena, aunque ahora ya no. Se creaba una calita y, si faltaba arena, la traían en camión. Ahora ya no está permitido. Allí en mi chiringuito vendía camisetas del Café del Mar, que yo mismo diseñaba. Lo hacía en paralelo a la venta de las casetes en los mercadillos. Y cuando aquello se acabó, me llamaron los del Café del Mar y me dijeron, «coño, vente aquí con nosotros, que harías bien de DJ». Y así entré. Grababa casetes ahí mismo, que fue una cosa que surgió de un modo natural. Tenía mi chiringuito de día y por la noche hacía cafés y pinchaba en el Café del Mar. Luego empecé a vender las casetes allí, mientras pinchaba. Creo que hice de la uno a la cuarenta y pico, y cada una era de un estilo diferente. Cuando estaba trabajando, también grababa mis *sets*. Esas eran, digamos, un poco exclusivas, y se las vendía a gente especial o las regalaba a colegas. Había días que tenía cien casetes y las vendía todas; hacía un pastón. Los dueños estaban con un rebote... ¡A veces hacía más caja que ellos! Las vendía a mil quinientas *pelas*, ¡imagínate! [risas].

BRASILIO: Conozco el Café del Mar cuando solo estaba el Café del Mar, no había ni [Café] Mambo ni Savannah ni nada. Iba allí porque no iba nadie. Al principio solo iba yo.

DIEGO GIMENEZ: Los DJs venían a Flip Music y compraban la música según el público y el rollo que tenían en su local, pero Padilla era especial, como Jean-Claude [Maury], el DJ de Glory's, que es gente con un punto de locura y genialidad. Te ponían un disco que no tenía nada que ver con el anterior o el siguiente. Eran muy artistas.

PETE GOODING: En 1989, volvimos a Ibiza y mi hermana mayor me llevó al West End y nos dio LSD a mi hermano y a mí, y luego fuimos a Amnesia y Es Paradís. Llovía. Recuerdo bailar el «Baby Let Me Love You for Tonight» de Kariya y el «French Kiss» de Lil' Louis en el que fue el último año de Alfredo, pero te mentiría si dijera que me acuerdo de él. Estábamos en el exterior, con las palmeras, la pirámide de cristal, el jardín de Amnesia, y yo en plan, «¡uau, esto es increíble!». Era la primera vez en mi vida que entraba en un club. También recuerdo, no sé bien por qué, que estaba lleno de chavales de dieciséis o diecisiete años, pero la gente suele recordar el pasado mejor de lo que en realidad fue. No soy de los que suele verlo así, pero sí que algo cambió. Para mí fue el año 89, cuando empecé a ir a clubs, cuando había dos o tres buenas fiestas por semana y la misma peña se movía por ahí y reconocías las caras, aunque los clubs no estaban a reventar como ahora. Había espacio para bailar y nadie pensaba, «oh, qué mal rollo, aquí no hay nadie». La música era muy abierta y libre. Pacha montaba unas fiestas con una decoración y unos bailarines increíbles, y Pippi allí, dándolo todo cada noche, con su propia colección de discos en una caja. Luego me di cuenta de que aquello no era lo habitual... Había gente de todo tipo, muy rara pero muy interesante y muy exótica, auténticos personajes, de todas las edades y nacionalidades. Y estaba esta increíble mezcla de música exótica, donde la velocidad cambiaba continuamente, e incluso los discos más lentos tenían mejor recepción que los rápidos. Así fue mi introducción. «No acabo de entender de qué va todo esto, pero quiero que forme parte de mi vida», pensé, aunque todavía no quería ser DJ. De regreso en casa, ahorré lo que puede para comprarme un plato de mierda a correa, y mi madre me dijo que si ahorraba un poco más, me ayudaba a comprarme otro. Total, que acabé con dos platos a correa y empecé a comprarme discos en una tienda de Birmingham que se llamaba Don Christie, donde vendían sobre todo reggae y algo de música de baile. Era el único blanco por allí. Era peligroso porque estaba en una zona chunga de Birmingham, pero me llevaba bien con el propietario. También empecé a ir a fiestas por la ciudad. Era el principio de la escena rave en Inglaterra. La gente de Londres te dirá que empezó en Londres, y los de Manchester que empezó en The Haçienda. Birmingham llevaba probablemente dos años de retraso en 1989, pero fue una buena época. La mejor fiesta era la del Hummingbird, que se llamaba Snapper Club, a la que asistían tres mil personas cada semana. Tomaba un montón de speed, LSD y popper, y me lo pasaba en grande bailando con la música que ponía el DJ, Lee Fisher, que pinchaba el «Strings of Life» de Rhythim is Rhythim, el «Pacific State» [de 808 State] o el «Your Love» [de Frankie Knuckles].

DJ HARVEY: La primera vez que vine a Ibiza fue porque me ofrecieron un bolo de DJ junto con Charlie Chester, en 1990. Pensé, «bueno, esta es mi oportunidad de ver qué se cuece por allí». Realmente, no sabía qué me encontraría hasta que en el West End me topé con una recreación de la Segunda Guerra Mundial de ingleses contra alemanes en plena calle, y yo «uau, esto es una puta locura». Luego fui al norte y me senté con los hippies en la playa, contemplando la luna al son de los bongos, y yo, «vaya, este sitio tiene una energía muy yin yang», que es lo que uno necesita en la vida. La vez que pinché con Charlie Chester creo que fue también la primera vez que pinché en Café del Mar.

CHARLIE CHESTER: Empecé a montar fiestas en 1990. ¿Has visto *A Short Film About Chillin*?[74] Trajimos a quinientos *clubbers* en mayo y tomamos el KU. Creo que fuimos los primeros promotores ingleses en Pacha, y algo hicimos también en Es Paradís. Tommy Mack[75] había hecho algo más modesto con cien personas en 1989. Luego Nicky Holloway también trajo a gente, pero nosotros lo montamos a lo grande. Los DJs que pincharon aquella vez fueron todos ingleses: Slam, [Paul] Oakenfold, Andy [Weatherall], Terry Farley, Pete Heller, Rocky & Diesel... Muchos de ellos todavía siguen pinchando. Estos DJs que ahora cobran uno o dos millones al año no serían nada sin lo

74. El 31 de agosto de 1990, la cadena británica de televisión Channel 4 emitió el documental de poco más de treinta minutos de duración *A Short Film About Chilling*, dirigido por Angus Cameron, que está considerado uno de los mejores documentos de la televisión inglesa sobre la cultura dance. La película recoge el viaje de una comitiva de DJs, músicos y *clubbers* ingleses a Ibiza para participar en «Ibiza 90», un pack turístico organizado por el promotor Charlie Chester (Flying Records), en colaboración con el DJ Tommy Mack, que incluía varias fiestas en Pacha, KU o Es Paradís. Así, se van sucediendo entrevistas con los componentes de grupos como 808 State, The Farm y A Man Called Adam, o DJs como Rocky & Diesel, Trevor Fung o los propios Mack y Chester. También aparecen popes del *clubbing* del momento como Brasilio, director artístico de KU, o Tanit, personaje y activista de la escena. La banda sonora cuenta con *tracks* de los protagonistas y de Saint Etienne («Only Love Can Break Your Heart»), The Source *featuring* Candi Staton («You Got the Love»), The Shamen («Pro>gen (The Beatmasters 7" Mix)») o Primal Scream («Come Together»).

75. DJ pionero de la primigenia escena acid house y el posterior movimiento rave británico. Fue uno de los primeros DJs y promotores ingleses en agitar el *clubbing* en Ibiza con diversos saraos, como las legendarias fiestas «Ibiza 90» junto con Charlie Chester, durante el verano de 1990. A mediados de los noventa, Tommy Mack organizó junto con Alan Warman los sonados Mad Mondays en Es Paradís y las fiestas Black & White en Pacha. La fiesta empezaba horas antes con un evento previo en el Café Mambo que fue el primer precedente de la cultura ibicenca de la *pre-party*.

que «Oakie», Rampling, Holloway y Walker hicieron. Yo tenía una tienda de discos en Londres, Flying Records, y un club que también se llamaba así, Flying, que duró cuatro años. Lo de organizar fiestas en Ibiza lo hicimos para dar a conocer la marca. Fue un proyecto, no una oportunidad de negocio; era solo algo que queríamos hacer. Nunca pensé que ganaría pasta con ello.

PHIL MISON: Un amigo mío tenía un número del año 88 del fanzine *Boy's Own*[76] donde salía un artículo de Paul Oakenfold sobre Ibiza que estaba genial. También recuerdo aquel *chart* de la sección *clubbing* del *Time Out* de marzo del 88 que hizo Dave Swindells. Aquel verano tenía que ir a Ibiza, pero acabé en Grecia. Todos mis amigos me decían que tenía que ir a Ibiza, pero me pasaron algunas cosas y no pudo ser. Tenía veinte años. Debí haber ido a Ibiza antes del 91 —no me puedo creer que no viniera antes—, pero, de todos modos, cuando lo hice, fue increíble.

BEN TURNER: La primera vez que leí sobre Ibiza fue en el fanzine *Boy's Own*, pero lo que lo cambió todo para mí fue el programa de Channel 4 *A Short Film About Chilling*, con toda aquella imaginería de la isla, la música y la pasión que transmitían los DJs por esa cultura... Así que traté de buscar a un amigo que quisiera acompañarme el verano siguiente. Había una mujer que anunciaba vacaciones de *clubbing* en Ibiza y que podía ponernos en la lista de invitados, y reservamos catorce días. Tras dieciocho meses como becario en el *Melody Maker*, pude ir por primera vez a Ibiza y mi vida dio un vuelco de ciento ochenta grados.

PETE GOODING: Fui al colegio con Steve Lawler. Él y yo éramos los únicos a los que nos gustaba el house. Fue todo un fenómeno, aunque a nivel underground. Por aquel entonces, era coleccionista de discos e iba a raves cada semana, pero no sabía mezclar. Pinchaba diez horas al día, pero era malísimo y no se me daba nada bien. Steve vivía al

76. Ver nota 66.

lado del colegio, así que íbamos a su casa a la hora del almuerzo y tratábamos de aprender. Era bastante bueno, de hecho. Entonces, todo el mundo en Birmingham hablaba de un DJ que era el no va más del que nunca había oído hablar. Se llamaba Sasha. Total, que fuimos al Shelley's, el club donde Sasha era residente, y fue en plan, «¡joder!», y todo cambió. Ponía pianos italianos, *a capellas* y hacía *scratch*. Era muy diferente al resto. Era alucinante, de hecho, y no me lo podía creer. En ese momento supe que quería ser DJ. Recuerdo que pensé que si lograba ser una décima parte de lo bueno que era Sasha, ya merecía la pena. En Birmingham, Sasha era Dios. Tenía un *feeling* con la música que, en mi opinión, nadie más tenía. Para la mayoría de DJs, la mezcla consistía en pasar de un tema a otro. Con Sasha, la mezcla era algo mágico. Era harmónico y precioso. Pinchaba a tono, antes de que saliera el [software] Mixed In Key, claro [risas]. Era un gran músico.

Tiempo después, me hice muy amigo de David Seaman, que me explicó cómo hacía Sasha para poner un disco y pillar el tono de la melodía de sinte y la escala que tocaba para seguir con el siguiente *track*. Eran los dos únicos DJs que lo hacían, junto con Nick Warren, y era algo mágico y maravilloso.

DJ HARVEY: El Café del Mar era una experiencia realmente bonita. Fue la primera vez que oí a la gente aplaudirle a una puesta de sol. Pensé, «esta gente realmente está prestando atención».

PETE GOODING: Volvimos en 1990. Ya era un poco más mayor e iba a fiestas con música del rollo FBI Project o el «Found Love» de Double Dee, música muy *happy*. Echo de menos eso. La música *happy* estaba bien. Es una pena que haya desaparecido, y es el motivo por el que adoro a Harvey, porque puede ser divertido y *cool*, lo que actualmente brilla por su ausencia. En 1991 descubrí a José en el Café del Mar y le compré cintas. Creo que me llevé veinticinco, no exagero. Para mí era tan importante como Sasha.

PHIL MISON: Mi primer bolo en Londres fue en el Milk Bar, el club de Nicky Holloway, en el 91. Darren Emerson de Underworld era residente allí los lunes, que era un buena noche. Después del verano del 91, hice una cinta del rollo Balearic, muy suave. Mi amigo Tony la tenía en el coche y un día que llevó a Darren, la puso. Eran temas de Penguin Cafe Orchestra, caras B de Bryan Ferry, William Orbit... este tipo de cosas. Se ve que Darren preguntó qué era aquello y mi amigo dijo, «son discos de Phil», y Darren le dijo que quería que fuera a pinchar al principio de la noche.

PETE GOODING: Me encanta la naturaleza. Cuando era pequeño, mis abuelos tenían un jardín que terminaba en una verja que conectaba con el bosque. Era en la misma calle en la que vivió J. R. R. Tolkien. Es un lugar muy inspirador, y recuerdo que mi abuela me llevaba de paseo al bosque. O sea, que he visto puestas de sol antes, pero cuando lo viví aquí con la música de José, fue mágico. Es como ponerle música a las imágenes de una película para acentuar las emociones. Para mí, José inventó el género. Nadie lo había hecho antes que él, y si yo hago lo que hago, es gracias a él.

DJ HARVEY: Para entonces ya éramos un grupo de gente que nos hacíamos llamar «TDK», por Tone Deaf Krew [La peña de los sordos], inspirado en una banda hiphopera. Éramos DJs, ingenieros de sonido, conductores de furgonetas, fans... Todo el pack. Montábamos fiestas en naves industriales a imitación de las que había visto en Londres. Cuando el acid house se extendió, quisimos cambiar y tener una identidad más próxima a la de los *sound systems*. El tema es que todo, como pasa también ahora, giraba en torno al DJ. Todo el mundo se queda ahí plantado mirando al DJ, pero no hay nadie que al final de la noche le dé las gracias al tío que lleva el sonido o al de las luces, o al que ha cargado con todo el equipo a cuestas. Por eso, con esta identidad de grupo, llevábamos todos camisetas donde ponía «Tonka Hi-Fi», y al final de la noche todo el público entendía que todos los que llevábamos la camiseta formábamos un equipo. No solo está el tío que pone los discos, hay también otros diez tíos currando a tope para montar esta fiesta tan chula, y podían sentirse orgullosos de sí mismos y recibir respeto y agradecimiento como parte de lo que creo que se puede llamar banda.

PHIL MISON: No fui a Ibiza hasta el 91, con los últimos suspiros de la explosión del 88. Todavía estaba muy bien, con Alfredo pinchando en Pacha todas las noches. En el 88, London Records sacó el *Balearic Beats*, que era una especie de recopilatorio de los *hits* de Alfredo que había reunido Trevor Fung, que es un tío realmente importante en esta historia. Trevor pinchó en Amnesia en el 83 o así cuando allí no iba nadie. Estuvo allí mucho antes que cualquier otro. Fui a Pacha un montón. José [Padilla] estaba haciendo la noche Moon Dance, donde pinchó Harvey, y Pippi estaba en The Funky Room. Si he de ser sincero, me voló totalmente la cabeza, aunque no fui a Amnesia ni a ningún otro sitio. Pinché unas cuantas veces con José en el exterior, porque César [de Melero] me había invitado.

BEN TURNER: Fui por primera vez a Ibiza con diecisiete años. El primer día me fui derechito al Café del Mar, y al cabo de cinco minutos conocí a José Padilla. Desde ese instante, la isla se abrió. Siempre me ha encantado la música ambient. Solía escuchar por aquel entonces a grupos como Global Communication o los primeros discos de Warp: Aphex Twin y toda esa electrónica más tranquila. Así que poder sentarme en aquel *beach bar* de aquel resort de vacaciones glamuroso y escuchar esa música durante la puesta de sol fue increíble. Las emociones que suscitaba la música, la puesta de sol, toda aquella gente... y probablemente también un montón de alcohol (en un sentido positivo). Recuerdo estar en las rocas escuchando aquella música preciosa y contemplando la puesta de sol. Me conmovió. Me llegó hondo al corazón de un modo muy profundo.

Ese primer año me lo pasé cada día en el Café del Mar. Allí conocí a Phil Mison, a DJ Sergio[77] y a Darren Emerson de Underworld.

77. DJ Sergio estuvo pinchando en Ibiza en los noventa, en clubs como Pacha, KU, Amnesia, Space, Sa Trinxa, y por supuesto en Café del Mar, junto con José Padilla, de quien era buen amigo. DJ Sergio ya era conocido en Londres en la escena por vender recopilaciones grabadas en casetes, en el mercado de Camden Town. Compiló tres volúmenes de la serie *Ambient Ibiza* para EMI, y siguió teniendo mucha relación con DJs de la escena Balearic, como Kenneth Bager, Phil Mison, Jon Sa Trinxa, Andy Wilson o el propio Padilla, hasta su fallecimiento por causa de un cáncer, en enero de 2019.

PETE GOODING: En 1991, en Solihull, había un bar de vinos de la localidad y un amigo me dijo: «El DJ nos ha fallado. Ya sé que tú no pinchas, pero sé que tienes discos. Ven y ponte música». Total, que fui y acabé de residente. Después, monté una fiesta para estudiantes que tuvo mucho éxito y me convertí en DJ a tiempo completo. El caso es que aquel invierno empecé a hacer de copromotor para una fiesta de estudiantes los martes. Hacía los *flyers* y los imprimía, y también me ocupada del *booking*: Tony Humphries, Erick Morillo... Entonces no era fácil, porque no había internet, tenía diecisiete años y no conocía a nadie, ¿sabes? Pero pude localizar a algunos agentes en las páginas amarillas. Luego, mi novia y yo nos pasábamos cinco noches a la semana, hasta las cuatro de la mañana, repartiendo *flyers*. Al cabo de tres semanas la fiesta estaba a reventar. Luego pillamos otro local más grande, para ochocientas personas, y contratamos a Graeme Park, que por aquel entonces era el DJ más importante del mundo. Primero fue una vez al mes, luego, una a la semana, y contratábamos a todo el mundo, y se llenaba. La gente flipaba, «¿cómo coño ha montado este cristo este chaval?». Pues ni idea, pero conocía a todo el mundo en Birmingham, una ciudad de estudiantes donde nunca pasaba nada.

JOSÉ PADILLA: Eran los noventa, y ya había mucha música electrónica. Descubrí a muchos artistas, estilos y bandas sonoras. En ese momento me di cuenta de que aquello era la polla. El tipo de gente que venía al Café del Mar no es el que va ahora. Aquello era virgen. Empezaba a venir el inglés guapo, gente más bohemia y fina. Había mucho carácter, mucho loco. Fue el primer sitio donde la gente iba a escuchar música. Y me entraba todo lo que pinchaba, *nen*, me entraba todo. Podías jugar con las emociones, mirando a la gente. Dependiendo de los colores que había ese día en el cielo, ponía una cosa u otra. No es lo mismo un día gris, más triste o con nubes, u otro más fucsia, más espectacular... Iba improvisando.

DANNY RAMPLING: La música chill out empezó también aquí, con José Padilla en Café del Mar. Fue el primer DJ de chill out, el primero que pinchó a Tangerine Dream y música ambient, Brian Eno, música clásica... lo que luego acabó siendo el fenómeno chill out y el *boom* de todos aquellos recopilatorios que se vendían en todo el mundo. De hecho, el *boom* todavía dura, y fue José el que lo empezó todo. Para mí es el rey del chill out. Es un DJ formidable, uno de mis favoritos. Es muy emotivo y un gran selector. Mezcla música como David Mancuso lo hizo en su día en The Loft con la música disco. José es uno de esos DJs, como Norman Jay, para los que la selección de temas es crucial, y luego está su particular estilo.

JUAN SUÁREZ: Antes del fenómeno de la música electrónica de baile en Ibiza, nació otro fenómeno muy importante: el chill out. Ponerle banda sonora a la puesta de sol: eso es ibicenco. No se la puso ningún inglés. Te lo pueden decir los de Café del Mar o Javier Anadón. Esa ha sido una música propia de Ibiza. Los DJs de Ibiza han sido los padres de toda esa música, e incluso del desarrollo de la música disco. Padilla, Pippi... los DJs de la isla. Nunca ha sido una música inglesa, pero los ingleses vinieron y lo transformaron en el Balearic beat. Yo soy testigo de eso, porque cuando los DJs ingleses llegaron aquí no tenían ni puta idea. Te hablo de Paul Oakenfold y compañía.

ULISES BRAUN: José Padilla ponía música para el *sunset*, le puso un *soundtrack* al atardecer y creó un movimiento casi sin saberlo. Ahí nació el chill out. Fue un momento de libertad en la isla para hacer lo que queríamos, para hacer nuestros sueños realidad. Y se crearon cosas nuevas.

PIPPI: El culto al *sunset* en Ibiza empieza en los noventa. Bueno, era algo que ya se hacía en Grecia en los ochenta, en un café, encima del mar... Allí había un señor que ponía música, y no era rock. Tenía la sensibilidad para poner el tema adecuado para ese momento. También era popular en Bali y en otros lugares. He tenido la suerte de viajar y te puedo decir que todo lo que ocurría en el mundo no era exclusivo de Ibiza. A ver, el espíritu sí era único, pero el resto lo podías experimentar en cualquier otro sitio. El espíritu del *sunset*, de salir, de ir a follar... Cada tarde era una maravilla. Solíamos ir a ver la puesta del sol, no siempre en el Café del Mar, y pronto me di cuenta de que eso sería un fenómeno. Aquello fue muy bueno para la isla y para todo el mundo. Surgió un género musical que ha cruzado fronteras. A partir de ahí, también me interesé mucho por la música, digamos, downtempo o chill out. Me identificaba mucho con este género.

JOSÉ PADILLA: Para mí el *sunset* no son solo los cuatro o cinco minutos que elaboras cuando el sol toca la línea del horizonte, o tres minutos y veinte segundos, dependiendo de la época. Hay otro momento del año que son cuatro minutos (creo que es en agosto), y al final del verano, el sol se pone más rápido. Pero para mí no es solo eso: son los cuarenta y cinco minutos previos y la media hora de después. Me gusta prepararlo, poner a la gente en un estado concreto. Empezar a camelar, incluso antes de esos cuarenta y cinco minutos, empezar con alegría una hora u hora y cuarto antes, pinchando, no sé, jazz... llámale Balearic, deep house tribal... lo que tú quieras. Pero alegría. Y entonces vas bajando. Vas haciendo olitas y vas bajando esa media hora... y lo llevas a un punto... dramático, cinco o diez minutos antes. En la época buena del Café del Mar, empezaba media hora antes sin beats. Antes la gente estaba acostumbrada, pero ahora es imposible. Antes, hacía lo que me salía... Los tenía acostumbrados y les encantaba. Me entraba todo, ponía Brian Eno, *soundtracks*, clásicos. Ponía el *More* de Pink Floyd, ponía música clásica, Tangerine Dream, música experimental... Me entraba todo. Era una improvisación continua. Para mí, cada día era diferente. Jamás repetía un *set*. Dependía de la puesta del sol, de sus colores. Me salía con Pat Metheny, con tal o con cual. Y luego, cuando oscurecía, la gente se me iba y tenía que empezar con un poco de ritmo, pero sin reventar, para poder engancharlos. Ese era un momento delicado de la noche. Pinchaba todos los días de la semana menos uno, y cada día intentaba hacerlo diferente. Siempre tenía una base de mis discos en Café del Mar y luego llevaba otros tantos de mi casa. Vivía al lado, a trescientos metros, en una casa que se llamaba

Ses Variades, pegada al mar. Ahí se ponen los cimientos de lo de pinchar música para el *sunset*, alrededor del rey sol, del *king* Ra. Yo le ponía música a él y a todos los colores de su alrededor y a todo lo que rodeaba al sol. Y también al ser humano, porque yo me fijaba mucho en las caras de la gente, en sus expresiones. Me reconfortaba mucho mirándolos, me inspiraba mucho ver las emociones de sus caras. Eso me ponía mucho.

PHIL MISON: Cuando tienes a la gente, lo sabes. Es como sacarlos de su realidad cotidiana. Cada disco tiene su propia energía, y por eso es muy importante prestar atención cuando pones música. Si te limitas a poner discos sin una idea clara de lo que quieres hacer, la música puede resultar plana y aburrida, pero si lo haces con una cierta intensidad, la gente lo nota.

JOSÉ PADILLA: A mí me ha venido gente llorando a la cabina a darme las gracias. Recuerdo a una madre y a su hija llorando como dos magdalenas. Yo mismo he llorado en la cabina y me he tenido que agachar para esconderme... Todo aquello fue tan auténtico, tan real... Mira lo que es, todavía. Cuando algo es auténtico, tiene un *source*, es real, tiene esencia, una semilla bien plantada.

JAVIER ANADÓN: Soy de Pamplona, navarro al cien por cien, pero llevo muchos años aquí en Ibiza. Mi tío tenía un pequeño hotel al lado de Pamplona y me crie allí, en ese hotel. Siempre me han gustado la hostelería y la música, así que lo combiné. Estudié comercio y, para sacarme un dinero, los veranos me iba a la costa a trabajar. Estuve en Lloret de Mar, Sitges, Benidorm, Marbella... Lloret de Mar era la hostia, empecé a ir en el 71 o el 72, estaba lleno de discotecas como Revolution o Saint Tropez, que era la mejor. Hostia, ahí se ligaba... estaba lleno de francesas.

KENNETH BAGER: Un tarde del 91 vine a ver Brandon Block[78] al Café del Mar y él estaba en plan: «Oh, Kenneth, qué bueno verte, qué bien que hayas vuelto. Llevo dos días sin dormir y estoy superexcitado, ¿sabes? Es por la puesta de sol, ¡ya llega!». Y yo, «¿qué le pasa a este tío?». Estaba muy excitado y hablaba superrápido, y en medio de una frase, con un disco sonando, en pleno Café del Mar, va y se cae. Se quedó dormido. Su cuerpo dijo basta.

JON SA TRINXA: En el 93 vine aquí a Ibiza por mi cuenta para trabajar. A dos socios y a mí nos pillaron para una boda. Teníamos un sistema de sonido enorme, así que nos vinimos con un autobús y nuestros discos. Era un autobús inglés, de color azul, igual que los de línea de Ibiza, así que los niños nos hacían gestos para que paráramos para subirse, pero nosotros pasábamos de largo, con el lado del conductor vacío. Algunos pensaban que era un autobús fantasma. Era extraño, no entendían que para nosotros el lado del conductor es el otro. La fiesta, por cierto, también resultó ser una fiesta fantasma. No había tal fiesta. Adiós al curro y a la pasta, y además no teníamos donde dejar el autobús. Mis socios desaparecieron sin decirme nada y se llevaron el resto de la pasta. Me jodieron. Fue todo un fraude. De todos modos, me llevaba fatal con ellos, pero tampoco podía volver a Inglaterra y reconocer que todo había sido un fiasco. Así que estaba

78. *Enfant terrible* y leyenda de la cultura de club británica, el DJ londinense Brandon Block ha estado estrechamente ligado a Ibiza. Empezó su carrera a mediados de los ochenta pinchando funk y soul en pubs. A principios de los noventa, protagoniza el estallido de la cultura rave inglesa con varias residencias y fiestas en clubs como Fubar, en el Milk Bar, Haven Stables en ZigZag, Club for Live en Londres o Scream en Plymouth; residencias de invierno que combina durante un lustro con las de verano en Space, en Ibiza, donde también pincha ocasionalmente en otros clubs como Café del Mar. A mediados de los noventa inicia una prolífica etapa como locutor de radio y productor musical, mientras sus constantes excesos culminan en una embarazosa aparición en la ceremonia de los Brit Awards del año 2000, donde, visiblemente ebrio y sin estar siquiera nominado en ninguna categoría, apareció en el escenario y empezó a increpar a sus presentadores, Ronnie Wood y Thora Birch. Tras graves problemas de salud y algún que otro susto mortal, los médicos le sugieren que cambie drásticamente de estilo de vida. A partir del 2009, Block se involucra en campañas estatales antidroga y antialcohol. Además, es una celebridad de la TV inglesa y ha participado en varios *reality shows* como *Celebrity Big Brother* o *Celebrity Come Dine with Me*.

en una encrucijada. Fueron tres semanas realmente complicadas. Conocía a gente, pero no tenía ganas de molestarlos.

JAVIER ANADÓN: En los setenta me llegaban voces de que Ibiza era una isla hippie. Mucha gente de mi entorno en Pamplona venía de vacaciones, porque era una isla en la que había mucha libertad. Decían que el ibicenco era una persona abierta y que era una isla muy bonita. Yo había estado en varios sitios en la península. En Benidorm conocí a una chica que fue mi novia y nos dimos una vuelta por España. Alquilamos un coche hasta Marbella y dijimos, «¡hostia!, ¿por qué no vamos a Ibiza?». Y allá que nos fuimos. Desde el primer día nos enamoramos de la isla. Trabajé cinco temporadas en una discoteca [Glory's], hice un poquito de dinero y compré mi primer bar en la bahía, el pub Bucanero, que desde el primer día triunfó. Me fue muy, muy bien.

BRASILIO: Javier Anadón es muy amigo mío, lo conozco de toda la vida. Es un grande, un *businessman*. Él era mi mejor cliente: cuando cerraba el Bucanero se traía a todo el mundo al Coco Loco del KU. ¡Aparecía y me lo llenaba!

PHIL MISON: En el 92 no fui a Ibiza, pero sí fue un amigo mío, que le llevó al tío del Café del Mar unos casetes que habíamos grabado. Ese invierno, José [Padilla] fue a la tienda de discos de mi amigo, Tag Records, en el Soho, y le pregunté: «¿Tú eres el tío de Café del Mar?», y lo invité a pinchar en el Milk Bar, en febrero del 93. Cuando se presentó allí, me dijo, «me voy a Asia unos meses, ¿quieres pinchar en el Café del Mar?», y me dio unos billetes de avión y las llaves de su casa. Dicho y hecho. Empecé en abril del 93. Recuerdo a Pepe [José Les], uno de los dueños, que me vino a recoger. Estaba cabreado porque no quería hablar inglés. De hecho, lo hablaba fatal, y se topó conmigo, un chico inglés muy delgado e insufrible, y yo en plan, «*helloooooo!*». Luego nos pusimos a buscar la casa de José. Fue alucinante pinchar allí en primavera. Por la noche, no había absolutamente nadie, pero los *sunsets* eran fantásticos. Fue el último año que fue así. En silencio, no como ahora con el *bum-tsss-bum-tsss-bum-tsss*. Aquello era mágico. Al año siguiente ya abrió el [Café] Mambo.

JAVIER ANADÓN: En el 94 compré el [Café] Mambo, que también tuvo mucho éxito. Por eso yo siempre hablo muy bien del Café del Mar, porque gracias al Café del Mar me ha ido muy bien. Aunque sea competencia, siempre hablo bien.

PETE GOODING: Desde 1990 empecé a venir a Ibiza con Steve [Lawler], mi hermana y mi hermano, y así fue durante muchos años. Solíamos ir al Café Mambo y siempre le preguntábamos a Jason Bye[79] cuáles eran los discos que ponía. Steve tenía un morro que no veas y le preguntó a Jason si podía pinchar en el Mambo en el 94. Pues resulta que Jason le dijo que sí, y consiguió el curro. Al año siguiente, en el 95, tuvo que dejarlo y me lo cedió. Me llamó el día antes y me dijo, «tío, ¿dónde estás? ¿Podrías estar aquí en Ibiza mañana?». Y yo, «mañana tenía previsto ir a Ibiza con mi novia de vacaciones». Imagínate a mi novia, que creía que veníamos de vacaciones y nos pasamos todas las noches en el Mambo, nueve horas seguidas. Cuando acabaron las vacaciones, me quedé, y durante muchos años empecé a pasar temporadas de cinco meses aquí. Durante mi primer año, no tenía amigos. Estaba totalmente solo y depre. Cada mañana compraba el diario y caminaba hasta [el Hostal] La Torre con mi radiocasete y me sentaba en el acantilado a escuchar cintas viejas de Padilla y a leer la prensa, solo. Pero ahí sentado me sentía muy feliz.

JON SA TRINXA: Un día, tuve un accidente. Un coche me embistió cuando estaba caminando por la carretera. Me hice daño y acabé a un

79. El londinense Jason Bye, al que todo el mundo llama «Bysie», arrancó su carrera en el Café Mambo de Ibiza en 1994 y fue uno de sus primeros residentes. También ha tenido una residencia de cuatro años en Amnesia, otra de quince años en We Love Sundays en Space y estuvo tres años como DJ residente del club Home de Sídney y Londres. A mediados de los noventa, también pinchó en fiestas de promotores ingleses establecidos en la isla como Manumission, Cream o Up Yer Ronson. Jason es copropietario del sello discográfico Playmore Terrys y vive en Ibiza, donde sigue siendo DJ residente de Café Mambo y de The Wild Corner en Hï Ibiza.

lado de la carretera. Al rato, se para un coche y era Nito [Cardona], el dueño de Sa Trinxa, que me encontró ahí tirado y me llevó a Sa Trinxa. Lo conocía porque había estado en la playa algunas veces y le había pedido trabajo. Conocía a los dos, a Guillermo y a Nito. Total, que Nito me llevó al parking de su casa, que estaba en Ses Salines. Tenía todo mi equipo. Mis amigos le habían dejado el autobús y todas las cosas a él, pero yo no lo sabía. Así que, de pronto, recuperé mi equipo, mi ropa y mis discos. Se llevaron la pasta, pero tenía mis discos, que era lo que importaba. De hecho, me hicieron un favor dejándome colgado. Al final, valió la pena el calvario que pasé. Al día siguiente, el DJ no se presentó y Nito me pidió que pinchara yo. Todos los discos que puse eran de un rollo diferente, cosas en plan la Penguin Cafe Orchestra, algo de dub reggae y música clásica. Cada vez que ponía un disco, la gente se ponía en plan, «¿pero qué coño es esto?» [risas], pero al jefe le encantó y acabé siendo el residente de Sa Trinxa. Empecé el mismísimo día siguiente.

PHIL MISON: Recuerdo que era muy radical sobre quién podía y quién no podía pinchar en el Café del Mar. Mucha gente me venía y me preguntaba, «¿puedo pinchar?», y yo «no, ni lo sueñes». Harvey podía hacerlo, y José también invitó a pinchar a François Kevorkian. Aparte de esos, nadie podía pinchar allí. Ahora es todo muy *bum-tsss-bum-tsss-bum-tsss*. Conocí a Harvey cuando estaba en el Café del Mar. Yo estaba poniendo un disco de DJ Takemura de Mo Wax[80] y se me acercó y me dijo, «eso suena como Pat Metheny», y yo le dije, «¿qué haces mañana. Vente y ponte unos discos». Así que vino e hizo el *sunset*. No lo grabé, y eso que solía grabarlo todo en cinta.

DJ HARVEY: Recuerdo encontrarme a Phil allí y pasar el rato. No estoy seguro de quién fue el que me dijo de pinchar ahí la primera vez, si fue Phil o José, pero creo que mostré mucho interés en la música que ponían en el Café del Mar, y yo tenía algunos de esos discos, como

80. DJ Takemura, «Hoping for the Sun» (Mo Wax, 1993).

los de Holger Czukay o Pat Metheny. De hecho, son los discos que tenía en la caja que me traje a Ibiza sin saber que tendría ocasión de pincharlos. Era solo música que yo tenía, pero resultó perfecta para el Café del Mar.

BEN TURNER: En aquel entonces, estaban las cintas del Café del Mar de DJ Sergio, Phil Mison, José... Recuerdo comprármelas y escucharlas sin parar y tratar de descubrir qué temas eran los que sonaban. Entonces, un día te dabas cuenta de que un tema era de una banda sonora. Todo se basaba en el descubrimiento. Un año después, Café del Mar editó su primer recopilatorio con React Records.

JOSÉ PADILLA: A partir de los casetes, surgió el tema de las recopilaciones. La marca Café del Mar es un bar, y yo empecé la otra historia; solo yo. Me fui con un pan debajo del brazo a Inglaterra, puerta por puerta, para hacer una recopilación. Como vendía mogollón de casetes en el bar, pensé en hacerlo legal. Café del Mar no tuvo nada que ver con aquello, fue idea mía. Me fui a Inglaterra en invierno porque tenía una novia inglesa, y para conocer música e informarme, porque aquí no te enterabas de nada; en las tiendas y poco más. Lo tenía muy claro: había que ir donde estaba la movida, que era Londres. Y llegué allí con la idea de hacer una recopilación, porque yo veía que se podía hacer algo interesante, sabía que se vendían y pensé en plasmarlo en un producto. Empecé por las multinacionales —Sony, Warner—, pero me miraban, pensando, «este tío está loco. ¿Qué dice este tío de Ibiza de una recopilación?». Pasaban de mí, y me decepcioné. Lo dejé un poco de lado ese primer año. Entonces, volví en verano a Ibiza y un día en Punta Galera conocí a una chica que se llama Sheila, que trabajaba en un sello alemán importante. Hablando, me dijo, «conozco a alguien en Inglaterra que tiene un sello pequeñito que se llama React y les puede interesar el proyecto». Me dio los contactos y ese invierno los conocí, les hablé del proyecto y me dijeron que sí. Me ofrecieron un presupuesto muy pequeño, cinco mil libras, y con ese dinero tuve que hacer el *artwork* y todo... Y en fin, hicimos el primero[81]. Se vendió poco, porque no hicieron una gran campaña, pero se vendió todo. La tirada fue de diez o quince mil discos. Más adelante ya se metió Universal y vendimos unos cinco millones de copias.

PIPPI: Era ir a ver el *sunset* y comprar una recopilación. Ahí empezó toda una tendencia. También en la historia de los CDs fuimos los pioneros. Yo fui el primero en hacer un disco oficial mezclado de Pacha, cuando aún no existía eso. A través de mis contactos con las compañías discográficas, se hizo posible la primera recopilación de Pacha[82]. José Padilla, paralelamente, hizo sus CDs, fue muy progresivo; la tendencia se creó en pocos años.

JOSÉ PADILLA: El proceso para hacer los recopilatorios era muy natural. Viene de cuando yo ponía música para la puesta de sol con mis colegas, en mi casa. Luego, quise hacer una recopilación que plasmara un poco la puesta del sol de Ibiza, en el Café del Mar. La idea era que hubiera un *journey*, una historia, seleccionando los mejores temas posibles. Y a partir de ahí, rebuscar y poder meter cosas inusuales. ¡Coño! No voy a meter lo mismo que todo el mundo, ¿no? Claro, al principio tampoco podía licenciar canciones de las *majors*, tenía que buscar licencias de sellos pequeños y buscarme la vida. La forma que tenía de trabajar era la siguiente: seleccionaba veinte *tracks*, muy sólidos, y ya sabía que de esos veinte no iban a entrar todos. Hacía una lista A y una lista B, y luego tenía otra de reserva, de diez o quince más. De esos veinte iniciales, había doce o quince que tenían prioridad, pero sabía que como mucho se podrían conseguir un 70 u 80%. Tardaba seis meses en hacer la recopilación, cada año. Y era un CD por cada temporada. No era ¡pum!, toma la lista y adiós, como se hace ahora. Pero, ¿sabes lo que es más gracioso? Que luego, de la recopilación, no pinchaba casi nada. Estaba hasta la polla de escuchar esas canciones. Alguna del primero, sí, porque es mi hijo, es mi niño.

81. VV. AA., *Café del Mar – Ibiza* (React, 1994).

82. DJ Pippi, *Pacha Ibiza 96* (Feel The Rhythm, 1996).

Allí hay canciones que han viajado conmigo durante mucho tiempo. El primero es único, irrepetible, no se puede superar.

Estuve seis años en el Café del Mar y mi forma de pinchar siempre fue la misma, solo que al principio apenas tenía música porque no tenía donde pillarla. Luego ya tuve mucho más material y la selección musical era más elegante. La selección evolucionó y el estándar de calidad aumentó mucho.

BEN TURNER: Nunca volvíamos a casa después del Café del Mar. Íbamos directos a un club, a eso de las once o las doce de la noche. Fueron catorce días de perseguir la música por toda la isla y meternos en esos clubs increíbles, y conocer a toda aquella gente loquísima a la que le encantaba la música tanto como a mí. Pero, si he de ser sincero, la música de los clubs me decepcionó. Me encantaban los locales, adoraba Es Paradís, KU, Amnesia, Space... pero la música de la mayoría de clubs, según mi opinión, era decepcionante. Por aquel entonces estaba muy metido en el techno de Detroit y otras tendencias de música electrónica progresiva, pero en todos lados ponían lo que llamábamos «*handbag* house» [house de bolso de mano]... una música de baile muy hortera; Ibiza estaba lleno de eso. De hecho, la mejor música que escuché en aquellos primeros años fue en el Café del Mar. Allí fue donde encontré mi inspiración. No fue en los clubs, sino en Café del Mar. Obviamente, diez años después, tenías a Cocoon y Circoloco, que fue cuando la música underground se volvió *mainstream*.

PHIL MISON: Los dos años que siguieron, José me pidió que volviera en verano, y estuvo genial. Creo que fue al año siguiente cuando la cosa se empezó a desbordar. Había un montón de promotores ingleses montando sus clubs, y para mí aquello fue demasiado. Así que cuando en el 95 José me volvió a invitar, le dije «lo siento, pero para mí ya está bien. No necesito pasarme todo el verano allí otra vez». Él entendió mis razones, pero no le hizo mucha gracia. Después, hice algunos bolos puntuales. Era muy intenso pasar todo un verano en Ibiza. Era precioso, pero otro verano hubiera sido demasiado.

Además, por aquel entonces el rollo que empezaban a poner los DJs era muy diferente.

BEN TURNER: Mis primeros dos viajes a Ibiza los hice con el *Melody Maker*, y en el 95 ya vine como editor de una revista que se llamaba *Muzik*. Acabábamos de lanzar el primer número aquel verano, y yo hice un artículo sobre el Café del Mar y Phil Mison. Vine en calidad de periodista, y acabé obsesionado con la isla; quería que toda Inglaterra y el mundo entero supieran lo que allí se estaba cociendo. Quería compartir ese momento trascendental en mi vida. Por aquel entonces estaban *Mixmag*, *Muzik* y *Melody Maker*, todas hablando de la isla.

JOSÉ PADILLA: Como el primer recopilatorio fue más o menos bien, para el segundo[83] ya invirtieron más. Cogieron al grafista que el año anterior había hecho la portada de Björk [de su álbum *Debut* (One Little Indian, 1993)]. Del segundo se vendieron cerca de cincuenta mil copias. El tercero[84] también se vendió muy bien, y así fue subiendo, hasta que entró London Records, una división de [la multinacional] Universal. Luego salieron algunas recopilaciones de calidad, como las del Buddha Bar o las del Hôtel Costes... Y luego ya empezaron a aparecer muchísimas de *lounge* y sesiones de DJ. Fue como los champiñones: crecieron por todos lados. Y luego las copias que salieron de *sunset*, de puestas de sol, el sol de no sé qué, el sol de no sé cuántos... Pero, bueno, cuando una cosa funciona, ya se sabe.

DANNY RAMPLING: El movimiento chill out generó el rollo del hotel *boutique*[85]. El chill out dio lugar a un estilo de vida, y los hoteles cambiaron y se volvieron más íntimos y acogedores, y luego empezaron a hacer sus recopilatorios. La cara de la industria hotelera y la de la

83. VV. AA., *Café del Mar - Ibiza - Volumen dos* (React, 1995).

84. VV. AA., *Café del Mar - Ibiza - Volumen tres* (React, 1996).

85. Los hoteles *boutique* son establecimientos hoteleros con un concepto e identidad propias, ya sea por su ubicación, su arquitectura o por su servicio personalizado. Empezaron a proliferar en los años ochenta, pero sería a finales de la década de los noventa cuando se harían populares y se extenderían por todo el mundo.

restauración cambió, y todo empezó en Ibiza... Puedes poner música de *sunset* en Bali, Tailandia o California, sí, pero no es lo mismo. Chris [Coco] y José pinchaban en hoteles glamurosos en Bali, en las Seychelles y sitios así, porque querían tener a un DJ para poner música en sus *sunsets*, lo cual está genial, pero no es lo mismo que en Ibiza. Me encanta poner música para las puestas de sol, porque te permite poner un tipo de música diferente de la habitual, o sea, música que no es de club, más downtempo y un rollo ecléctico más amplio que no está sujeto a la necesidad de llenar la pista.

JOSÉ PADILLA: Con Universal ya hice el cuatro[86], el cinco[87], el seis[88] y el *The Best Of*[89]. Pero el cuatro solo lo licenciaron para Inglaterra y al responsable lo echaron, por cagarla. El cinco pegó el pelotazo y vendió casi tres cuartos de millón de copias. Cuando empecé no pensaba que se venderían millones de esta mierda. ¡Jamás! ¿Quién me iba a decir a mí cuando hice el primero que se iba a montar este cacao? Hubiera hecho las cosas de otra forma. No hubiera sido tan pardillo, sobre todo en la parte económica. Hubiera registrado la marca en la categoría en la que yo estaba trabajando, que eran los CDs, la parte que a mí me correspondía. Porque ellos, al fin y al cabo, tenían un bar restaurante y no tenían nada que ver con las recopilaciones. Eso salió todo de mí. Yo tuve la idea y me lo curré, y mientras ellos estaban aquí bien calentitos en invierno, yo me iba por toda Inglaterra con un Cuatro Latas [Renault 4] sin calefacción, con la bandera del Café del Mar; iba chiringuito por chiringuito pinchando y luego ellos recogían aquí el fruto. Porque a ellos el bar se les petaba. El segundo año el Café del Mar era la bomba —al segundo año de empezar yo con la recopilación, había unas colas en la barra que no daban abasto—. La prensa que yo generé con todo esto fue la hostia, pero estos tíos nunca lo vieron ni me lo reconocieron, y siguen sin reconocerlo ni

86. VV. AA., *Café del Mar - Volumen cuatro* (Manifesto, 1997).

87. VV. AA., *Café del Mar - Volumen cinco* (Manifesto, 1998).

88. VV. AA., *Café del Mar - Volumen seis* (Manifesto, 1999).

89. VV. AA., *Café del Mar - The Best Of* (Mercury, 2003).

verlo. Y eso es lo que a mí más me ha dolido, que nunca me hayan reconocido el mérito. Estos tíos solo saben que un CD es redondo y poco más.

BRASILIO: La mujer de uno de los dueños de Café del Mar era la cajera del KU. Le dijeron a José, «puedes hacer lo que quieras con los recopilatorios; es para ti». Pero cuando empezaron a venderse, los dueños le dijeron, «mira, hemos registrado el nombre».

JOSÉ PADILLA: Un año, volví de una gira por Australia y cuando llegué al Café del Mar me dijeron, «ven a la oficina, que queremos hablar contigo», y yo, «¿qué pasa?», y me dicen, «no, mira, que te queremos ofrecer el 30% de las recopilaciones del Café del Mar». Y yo, «¡¿qué?! ¿Cómo que me "queréis ofrecer"? ¡¿Pero esto qué es?!», y ellos, «no, no, es que tenemos la marca». Me quedé de piedra. Lo único que me salió fue, «¡iros a tomar por culo! No sé de lo que me estáis hablando». Me piré y llamé a mi abogado, que me dijo que habían registrado la marca. Resulta que Ramón [Guiral] había registrado la marca en el segundo volumen. Ya ves, los cabrones estaban esperando a que la cosa petara... No me dijeron nada hasta el quinto, el que pegó el pepinazo. En lugar de currárselo ellos, a partir del segundo, dijeron, «dejémosle a este que se lo curre». O sea, ¡encima! Porque, además, cuando saqué el primero, Ramón ya me dijo, «coño, José, dile a la discográfica que nos mande producto y lo vendemos aquí». Yo estaba comprando CDs con mi NIF en esa época, pffff... Nunca he tenido cabeza de *business*. Hasta que al final de la temporada del segundo ya le dije, «Ramón, cómpralos tú con tu NIF». Luego, me vino un palo de Hacienda de dos millones de pelas. Cuando hice el primero, el abogado comercial que tenía en Londres me dijo, «José, registra la marca». No le hice caso, y tendría que haberlo hecho. Yo tenía un contrato con Universal para el tres, el cuatro, el cinco, el seis y un *The Best Of*. En el quinto era cuando iba a pillar cacho: se vendieron casi un millón, al final; iba a pillar medio millón de libras o así. Era mi futuro. Entonces, los de Café del Mar me dijeron que eso era suyo... Me quería morir, los quería matar...

Imagínate cómo te quedas, tío. Tu trabajo, que te lo has currado tú desde el principio, cuando ellos no han tenido nada que ver y no tienen ni puta idea... Fui yo quien popularizó una marca que no valía nada, que cuando yo entré en el Café del Mar allí no iba ni dios; estaban arruinados, tenían deudas por todos lados, y de golpe y porrazo esa marca, de no valer nada, pasa a valer cincuenta millones de pelas, o lo que fuera. Los denuncié, fuimos a juicio y tuve que contratar a unos abogados especializados en propiedad intelectual: José Ramón [Gil Cantons] y Fernando Gallego, y luego a otro de cuentas, porque me debían dos millones y pico. Tenía tres abogados en nómina, y además, en Inglaterra, tenía un abogado comercial y un penalista, porque allí tuve que denunciar a Universal, que se cerraron en banda. Me dijeron, «arreglaos entre vosotros y pagamos al que gane», cuando en realidad no era así, porque ellos tenían un contrato conmigo y a quien tenían que pagar era a mí, con marca o sin marca. En aquella época tenía un nombre y me inflé a hacer bolos para pagar, pagar, pagar y pagar. Entonces, en las preliminares, perdimos el caso. En esa época, con el tema de las marcas aquí en España no había jurisprudencia, y no había —ni hay— jueces instruidos en el tema de la música; era como hablarles en chino. Al contrario que en Londres o en los Estados Unidos; allí hubiera ganado a la primera. Cuando demuestras que has estado haciendo algo durante cinco años, automáticamente adquieres la propiedad, por lo que, entonces, esa marca era mía. Pero el juez no tenía ni puta idea. Apelamos y fuimos a la Audiencia Provincial de Palma, y ahí ganamos con tres magistrados. A Café del Mar solo les quedaba una posibilidad, que era el [Tribunal] Supremo. Primero lo tienen que aceptar, que solo aceptan un 3% de los casos, y solo ganan otro 3% de esos casos. La marca era mía. Hicimos jurisprudencia: fue la primera vez que una marca se rebatió en España. Hicimos historia, pero yo ya estaba hasta los huevos... Los abogados, mi mánager... Todos querían pillar cacho. La compañía me pagó unas cuatrocientas mil libras o así, pero el abogado penalista me robó un cuarto de millón de libras. Me dijo que eran sus honorarios. Fue un desastre total. Tuve que coger otro abogado que le sacó treinta mil libras y me dijo, «mira, José, podemos seguir, pero igual tardamos dos años y mis honorarios te van a costar una pasta, y podemos ganar o podemos perder...». Fue un desastre.

PHIL MISON: No creo que haya nadie más que pueda llegarte tan hondo que José poniendo música para los *sunsets*. Cuando él empezó, no existía nada igual. No había ningún esquema trazado. No era un cliché, como ahora. Tenía una colección de discos alucinante, y eso antes de la era de internet. Los ingleses no habíamos oído hablar de Finis Africae, por ejemplo. Ahora todo el mundo tiene acceso a esta música, pero hace treinta años, no.

JOSÉ PADILLA: Entonces, llegué a un acuerdo con Café del Mar: me dieron cuarenta millones de pelas y se quedaron con la marca. No tendría que haberlo hecho, pero estaba desesperado, estaba seco, tío; le debía pasta a todo dios. Imagínate: cuatro abogados, viajes para aquí y para allá... por muchos bolos que hiciera... ¿Sabes lo que es tener a dos abogados ingleses a ciento setenta y cinco libras la hora? Me iba a comer con ellos y me cobraban las horas que duraba la comida. Muy fuerte. Me quedé hecho polvo: de tener casi medio millón de libras —que era un pastón en esa época—, no sé si me quedaron ochenta mil o así. Y, entonces, se me fue la bola. Se me quitaron las ganas de todo y me tiré al vicio. Perdí la fe en el ser humano, en la gente... Seguía trabajando porque todavía tenía un nombre, pero la cagué mucho, porque iba a los bolos sin ganas... Me llamaban por mi nombre, pero en realidad pinchaba fatal. Hice muchas cagadas y me arrepiento mucho. Es lo que más pena me da, haber quedado mal. Iba sin ganas y sin prepararme, borracho y tocado. Fue un desastre. Muy triste, muy triste. Desde entonces, he tenido siempre altos y bajos. He tenido grandes depresiones, que no me las he quitado hasta ahora. Siempre he sido muy tristón, pero no pensaba en quitarme la vida. Yo siempre he tenido muchas ganas de vivir, me gusta mucho la naturaleza, pero perdí la fe en el ser humano... ¡Yo a estos tíos no les hice nada! Eran colegas míos de copas, incluso antes de empezar todo esto. Salíamos juntos por la noche, por San Antonio. No les hice ningún daño, al contrario, lo único que hice fue llevarles riqueza. Pero ellos están convencidos de que todo esto lo han hecho ellos, que yo no tengo nada que ver. Es lo que más me revienta y más daño me ha hecho, más que el dinero que yo podría tener. Porque, si yo no les doy la marca, estos ahora estarían trabajando de camareros... Igual en el fondo lo saben. Porque la gente, después de que yo me fuera de Café del Mar, todavía va preguntando por mí. Y fíjate que han pasado años.

BEN TURNER: Estuve por ahí cuando pasó todo esto. Era cuando empezó el tema de las franquicias de Café del Mar. Por aquel entonces, Café del Mar llevaba abierto quince años, mucho antes de que yo lo conociera. Habían entendido la química de la música para los *sunsets* probablemente antes de que yo naciera. Supongo que todos llegamos al mismo estado emocional para cuando la música explotó y de pronto Ibiza se hizo famosa. Empecé a sacar algunos recopilatorios de chill out y en 2001 di de alta mi propia empresa[90].

JOSÉ PADILLA: Entonces venía otro tipo de guiri, que nada tiene que ver con el que viene ahora; que es mucho más superficial y no sabe ni... Vienen como el que va a la Torre Eiffel a sacar fotos para poder decir «¡ah!, ¡mira! Hemos estado en el Café del Mar». Y no saben ni lo que es... Pero bueno... Es así todo... Suerte los que lo hemos podido experimentar, y ya está.

BEN TURNER: Ir al Café del Mar se ha vuelto un cliché. Está en la lista de cosas que hacer antes de morir: «hay que ir al Café del Mar y contemplar la puesta de sol». Y así se volvió muy popular, y otros lugares adoptaron la idea. Ahora, hay *beach bars* en todo el mundo que ponen una música preciosa para las puestas de sol, que es una combinación muy poderosa. Mikonos tiene su propia cultura del *sunset*. Se ha

90. En 1995 Ben Turner fue el compilador del álbum *Chillout - The Album* (X:Press Records, 1995), un doble CD mezclado por Phil Mison que está considerado un clásico del género. En 1996 fue reeditado por el mismo sello con el título *The Original Chillout Album*. Turner, editor de la prestigiosa y pionera revista de cultura de club *Muzik*, compiló y publicó varios CDs para su revista. En 2001 fundó su propia compañía, Graphite Media, especializada en *management* y *branding*.

adoptado en un montón de sitios. Y allí sigue. Pero en Ibiza parece que ya no es tan importante como solía serlo entonces. De todos modos, Café del Mar o Mambo siguen acogiendo a un montón de gente que no se cansa de ver cómo se pone el sol.

JOSÉ PADILLA: Los del Café Mambo... Conozco a Christian [Anadón] desde que no levantaba dos palmos del suelo, y las dos veces que he estado pinchando allí me han echado a mitad de temporada. Cuando todo iba bien, tenían otra cosa que les interesaba más y pasaban. Y sabían que a mí me costaba dar el paso, porque mucha gente fan mía me decía «¿qué haces?», porque Café Mambo tenía fama de ser comercial, a diferencia de Café del Mar.

JAVIER ANADÓN: En los noventa llegaron los promotores. Venían sobre todo a Pacha y Mambo se llenó de ingleses. Cuando abrí Mambo, a KU [Privilege] le iba muy bien. El Mambo era de un inglés al que le gustaba mucho la música y entendía del tema. Los ingleses cambiaron la isla. La música house estaba triunfando en Inglaterra y se mezcló con la Balearic.

JOSÉ PADILLA: Hace dos años me contrataron en el Café del Mar para dos bolos en junio, y estaba todo petado, funcionó de puta madre. La gente se acercaba a decirme «ya era hora de que volvieras». Pero Carlos [Andrea] de Café del Mar me dijo que no estaban interesados en hacerlo más. Y yo le decía, «pero si esto es bueno para los dos, ¿no?». Pero no quisieron. Creo que lo hicieron para ponerme el caramelo en la boca.

PETE GOODING: Siempre estuve pinchando en el Mambo. Me encantaba hacer los *sunsets*, me lo pasaba pipa. Creo que he sido el DJ que más *sunsets* ha hecho en Ibiza; José Padilla empezó en Café del Mar en el 91 y se fue en el 99, y yo llevo veinticinco años, por lo que calculo que habré hecho unos cuatrocientos. Es lo que más me gusta. Ya no me dedico a esto, solo hago los *sunsets* como hobby. Trabajo una vez a la semana en el Mambo, y llevar la música aquí es un sueño, como también lo es hacer los recopilatorios con Mark Barrott[91]. Hay conexión emocional y la experiencia es memorable. Recuerdo pasar las vacaciones escuchando el «Paper Moon»[92] que pinchaba José en Café del Mar en 1994. Es un recuerdo que creo que me acompañará el resto de mi vida. Es genial poder contribuir a crear recuerdos como ese escogiendo a los DJs adecuados.

JOSÉ PADILLA: Hay un montón de franquicias del Café del Mar, y a veces me llaman para pinchar en alguna de ellas, pero no me dejan pinchar. Me llamaron de Leeds, y me hacía ilusión ir porque estuve pinchando en el Back to Basics cuando vivía en Inglaterra. Pero, de repente, me dicen que no puedo, porque el Café del Mar se lo prohíbe. Todo para joderme. Me mandaron un burofax diciendo que no podía pinchar en ningún Café del Mar. ¡Yo pincho donde me sale de los huevos! Mi abogado les mandó un burofax contestando que sí que podía hacerlo. Las franquicias no son de Café del Mar, pero han puesto una cláusula en el contrato en la que Café del Mar Ibiza establece los DJs que pueden pinchar, solo para joderme. Total, que no puedo pinchar. Siguen jodiéndome después de veinte años. Y, claro, me revuelve. Pensar que yo me podría haber quedado con la marca... La de marrones que he tenido en mi vida... No culpo a nadie. Fue muy duro, me la clavaron por la espalda. Me la clavaron. Éramos colegas y me quitaron mi futuro.

91. El uruguayo Mark Barrott es uno de los principales responsables de la proyección del actual sonido Balearic beat. Barrott arrancó su carrera musical a mediados de los noventa como Future Loop Foundation, despachando su material en sellos como Planet Dog o Liquid, Liquid, Liquid. En 2008 fundó en Uruguay su respetado sello International Feel Recordings, que cuenta en su nómina con luminarias del Balearic beat como Gatto Fritto o DJ Harvey, que publica bajo el alias Locussolus. Tras mudarse a Ibiza, ha seguido vinculado a la producción publicando en su sello bajo diversos alias como Rocha, Bepu N'Gali, Flights of Fancy, Boys from Patagonia o Young Gentlemen's Adventure Society. En 2014 lanzó su álbum *Sketches from an Island* bajo su propio nombre, seguido por *Sketches from an Island* 2, en 2016, ambos en International Feel. En 2015 lanzó *So Many Colours,* el álbum más reciente de José Padilla, donde colabora en la producción de cuatro de las once canciones. En palabras de la revista francesa *Traxx*, «en términos de producción musical, el moderno sonido Balearic no existiría sin Mark Barrott».

92. 51 Days, «Paper Moon» (Touché, 1994).

9
SPACE IS THE PLACE

Con el subidón del Segundo Verano del Amor todavía presente, suenan los últimos compases de los años ochenta y el Balearic beat va dejando paso a la imparable explosión del acid, el house y otras hierbas electrónicas como el new beat, el primer techno de Detroit o el trance, que también reclaman su espacio en la pista de baile ibicenca. En el verano de 1989, se inaugura una nueva discoteca que dará mucho que hablar. Se llama Space y su propietario es Pepe Roselló. Soldado y Reche son sus primeros DJs residentes, junto con Brendan Block y Alex P, dos enfants terribles *que en adelante irán de la mano pinchando aquí y allá. El techno y el trance irrumpen vía Space, y Reche y Soldado harán de la pista interior un espacio de vanguardia en la escena. Pero no será hasta mediados de la década, con la apertura de su terraza y nuevas reformas, cuando Space se convertirá en la discoteca de referencia del* clubbing *ibicenco. Es el momento en el que el DJ británico Carl Cox entra en escena como residente de la terraza, y el resto es historia.*

INTERVIENEN: SOLDADO (SPACE), RECHE (SPACE), GEORGE EVELYN (NIGHTMARES ON WAX), ALFREDO FIORITO (AMNESIA), PEPE ROSELLÓ (SPACE), PITI URGELL (PACHA), CARL COX (SPACE), ANDY WILSON (IBIZA SONICA), KENNETH BAGER (COMA CLUB), MATT TROLLOPE (AUTOR DE *ONE MORE: A DEFINITIVE HISTORY OF UK CLUBBING* Y DE *MR PIKES: THE STORY BEHIND THE LEGEND*), DANNY RAMPLING (SHOOM), PAUL OAKENFOLD (SPECTRUM), JOAN RIBAS (PACHA), JUAN ARNAU (FLORIDA 135), BILL BREWSTER (AUTOR DE *ANOCHE UN DJ ME SALVÓ LA VIDA*), JUAN SUÁREZ (PLAYBOY 2, *DIARIO DE IBIZA*)

SOLDADO: Nací en Versalles [Francia] el 2 de enero del 68. Mi familia es de Moncada [Valencia], y nos vinimos a Ibiza cuando yo tenía ocho años. Mi madre abrió el primer salón de estética que hubo en la isla. El gusto y la pasión por la música me vienen por ella, que es muy melómana y me compró un tocadiscos con amplificador y unos altavoces pequeñitos. Cuando yo debía de tener diez años, me empezó a regalar discos y me daba dinero para ir a comprar a Delta Discos. Mi primera impresión de la isla fue la sensación de libertad; me sentí como en casa. Tenía un aire cosmopolita y cada uno iba a su aire. Era muy diferente. Desde pequeño, yo bailaba, rollo *Fiebre del sábado noche* y tal, en plan John Travolta. Me gustaba la música disco y el funk, y me encantaba bailar. De hecho, todo empezó bailando.

RECHE: Nací en Baza [Granada] en 1970. Llegué a Ibiza en 1974 y, justo un año después, murió Franco. Recuerdo que venía gente muy especial a la isla, pero era todo más sencillo. Empecé a poner música en una radio local donde trabajaba de técnico de sonido, y allí tenían muchos discos. La radio y el *Diario de Ibiza* estaban juntas, así que pude conocer a mucha gente interesante. Con dieciséis años recuerdo que el maestro nos preguntó a qué queríamos dedicarnos, y yo dije, «disc-jockey internacional»... Nadie sabía qué era eso.

SOLDADO: La policía me hizo por error un carné de identidad donde ponía que tenía cuatro años más de los que en realidad tenía. Cuando iba al Playboy 2 con mis amigos, que eran mayores que yo, si no me dejaban entrar, enseñaba mi carné, y aunque los porteros no se lo creían, se lo tenían que comer. A los diecisiete ya empezamos a bailar break. Íbamos mucho por el puerto, nos movíamos por la zona del Zoo. Recuerdo que el KU tenía unos bailarines de break que pasaban por allí para hacer publicidad de la discoteca y teníamos piques con ellos. Escuchaba música de baile y siempre tuve relación con los DJs. Juan Suárez fue de los primeros que nos abrió las puertas para poner música en Aria, un pub que tuvo. Allí había una cabinita y un equipito muy guapo. En el 85 trabajaba en la discoteca Angel's bailando break y siempre iba a pedirle canciones al DJ. Como vio que controlaba, un día me dijo si quería poner música allí. Así empecé. Tenía dieciocho años recién cumplidos.

RECHE: Empecé a pinchar en el 87, en una urbanización de italianos, durante dos meses. Ese mismo año me ofrecieron trabajar en KU, pero por dinero y por amistad al final me quedé en esa urbanización. No sé lo que se me pasó por la cabeza, porque KU por entonces era superimportante, y estaba César de Melero de residente. Yo era muy joven. En el 88 empiezo a pinchar en Playboy 2. Me fichó Pepe Roselló y ya no me soltó. Allí estaba pinchando Juan Suárez, que fue mi primer maestro, junto con Julio Herranz y José María Pérez Muñoz. El Playboy 2 era una tortura para un DJ: a la que ponías un disco malo, se te vaciaba la pista. Tenías que estar al loro continuamente, chequeando los discos de reserva... Se pasaban muchos nervios, pero eso me hizo crecer profesionalmente. Allí estuve un año y luego me tuve que ir para hacer el servicio militar. Luego ya empecé en Space.

SOLDADO: Angel's estaba en la zona de Pacha y era un discotecón. Tenía unas luces de neón alucinantes. Yo abría la sesión hasta las dos y media o tres, y luego cerraba a partir de las cinco. Cuando ya pillé más confianza, hacía de vez en cuando el *set* principal. El DJ residente curraba todos los días de la semana y no libraba ni uno solo, así que aquello era bastante durillo. Cuando acababa la temporada, decías, «madre mía». Además, era una responsabilidad, no solo un trabajo, porque era tu sesión y tu sala. Allí iban turistas bastante normales, no era el tipo de gente que iba a Amnesia, que era como más hippy, más *fashion*, más de disfrazarse; iban currantes que estaban en Ibiza de vacaciones. Empecé con funk y música disco, y luego me pasé al electro. Luego ya empecé a pinchar acid, y de ahí pasé a cosas más duras, como el primer techno, aunque siempre me encantó el house. En Angel's estuve currando del 85 al 87. Al año siguiente hubo jaleo con el dueño y me dediqué a hacer fiestas en invierno en pubs de San Antonio. Y ahí es donde me di a conocer más en Ibiza y destaqué por ser el primero en meter caña y ritmos *break*.

GEORGE EVELYN: La primera vez que me subí a un avión, que fue la primera vez que salí de Inglaterra, fue para ir a Ibiza. En el verano del 88, Kevin [«Boy Wonder» Harper][93] y yo estábamos en plan, «tenemos que irnos de vacaciones. Nunca hemos salido de Inglaterra, hagámoslo». Un amigo nos dijo, «tíos, tenéis que ir a Ibiza, os va a encantar». Nosotros habíamos pensado en ir a Grecia, pero este amigo insistió tanto en que fuéramos a Ibiza que reservamos los vuelos. Solo los vuelos, no el hotel. Recuerdo llegar a San Antonio cargados de maletas por la tarde. Hacía mucho calor y empezamos a caminar en busca de un hotel donde hospedarnos. Mi primera interacción con un ibicenco fue cuando entré en un hotel y dije «disculpe...», y el tipo de la recepción levantó la vista y me contestó, «está usted disculpado» [risas]. Así que nos quedamos allí. No conocíamos nada. Nada de nada. Solo sabíamos que teníamos que ir a un club

93. Kevin «Boy Wonder» Harper fundó el dúo Nightmares on Wax junto con George Evelyn en 1988, y juntos firmaron sus cuatro primeros maxis y su primer álbum, *A Word of Science (The 1st & Final Chapter)*, publicado en 1991 en el sello Warp Records. Harper abandonó el proyecto antes de la publicación de su célebre álbum *Smokers Delight* (Warp Records, 1995), del que tan solo firma uno de sus diecisiete *tracks*.

que se llamaba Amnesia. Básicamente nos quedamos por el West End, cuando todavía creo que ni se llamaba así. Recuerdo ir a un club un poco hortera donde ponían cosas del tipo Mory Kanté, el «Yé Ké Yé Ké» y cosas así, y yo en plan, «tenemos que ir a Amnesia». Total, que fuimos andando de San Antonio a Amnesia [risas]. ¡No teníamos ni idea de a qué distancia estaba!, y evidentemente no había ningún autobús que te llevara... La vuelta fue más dura que la ida, eso sí. Amnesia me voló la cabeza, totalmente. Estábamos en plan, «¿pero dónde coño estamos?». Era otro mundo. No era como un club, era más bien como un parque de atracciones. Fue una experiencia increíble.

ALFREDO FIORITO: Yo también iba a Glory's, que empezó a cerrar más tarde que nosotros en Amnesia. Fue el dueño de Glory's el que nos sugirió que el dueño de Space nos enviaba a la policía... Space abrió en el 89, con el mismo concepto: una terraza al aire libre y con más o menos la misma música.

PEPE ROSELLÓ: Space surgió como una oportunidad. En Playa d'en Bossa existía una discoteca que estaba pensada para el turismo familiar. Tenía una licencia para cuatrocientas personas, y la podían alquilar los hoteles de la zona. Entonces, decidí alquilarla yo. El primer contrato creo que es de 1988, y se extendió hasta 2016. Se fue renovando sucesivamente y en 2003 se hizo una ampliación de aforo. Tramité y obtuve la licencia de Space Beach Club, que es la empresa que monté para formalizar y sacar adelante ese proyecto. Así aparece por primera vez en la historia el concepto de «*beach club*». Esta empresa registró varias marcas y una de ellas fue Space Ibiza Dance, que luego se la vendí a Matutes, que me dijo, «oye, te renuevo el contrato, pero me tienes que ceder la marca».

PITI URGELL: A Space yo la llamaba «el espacio vacío», porque no iba nadie. Y entonces hicieron el *roof* y lo abrieron como *after*, y todos los cabras se fueron allí, a tirarse por la ventana a las seis de la mañana. Space era una discoteca antes de que la cogiera Roselló, y él la convirtió en *after*. La vulgaridad y los *afters* vienen de buscar nuevas fórmulas, porque lo otro no les funcionaba. Pero los *afters*... Yo me he pasado la vida yendo a los parkings de los locales a mirar: «este hoy está fuerte, este otro, flojo...». Cada día me iba a Glory's, a KU, a Amnesia, a Space... En la época de Space ya no estaba muy por la labor. Por entonces, Pacha fue subiendo y fue entendiendo mejor cómo funcionaban la cosas. Hicimos el *privée,* y eso fue la desgracia de la competencia.

CARL COX: Mi nombre como DJ todavía no era conocido, así que iba a Ibiza para divertirme, hasta que un día me propusieron pinchar en el Star Club, en el 89. Fue una locura. Mi nombre empezaba a sonar entre los ingleses, pero no fui nunca a Francia o Alemania en aquella época. Me concentraba sobre todo en el sur de Inglaterra. Así que pensé que si empezaba a pinchar en la isla, vendría gente de aquella zona. Y en cuanto empecé, cada vez venía más gente, hasta el punto de que tenían que cerrar por aforo completo.

GEORGE EVELYN: Por aquel entonces ya hacíamos demos y pinchábamos en clubs, pero después de aquel verano del 88, vimos cómo llegaba la ola. La fiesta empezaba a hacerse más grande. Había cada vez más, y también *afters*, tanto en clubs como en naves industriales. Económicamente, el país estaba jodido. Era la época Thatcher y vino una recesión. Mal rollo por todas partes. Y ¿cómo se evadía la gente? Pues la gente descubrió el éxtasis y el acid house. Recuerdo en una ocasión estar en medio de un convoy de coches de camino a una rave y que la gente se saltaba la barrera que la policía había puesto en la carretera. Las raves podían durar días. Cultural y racialmente, la gente se estaba encontrando. De pronto, todo el mundo estaba bailando en la misma pista. Yo tenía diecinueve años. Con la música que hacíamos y todo lo que estaba pasando, fue como una bola de nieve que se fue haciendo cada vez más grande. De pronto, empezamos a hacer bolos en Escocia y en Londres. El mundo se había abierto. Entonces, firmamos con Warp un acuerdo para tres discos. El segundo que publicamos fue en 1991, un *track* que titulamos «Aftermath» que llegó al Top 40 de las listas nacionales. Hicimos aquel vídeo con Jarvis Cocker[94]. Fue todo una locura.

ANDY WILSON: Mi padre estaba obsesionado con España. Le encantaba Hemingway, por ejemplo, y tenía pósteres de corridas de toros en casa. Viajó mucho por España en los sesenta, con un Mini y amigos, así que España era un poco como lo es ahora Asia para los de mi generación. [A Ibiza] Fui por primera vez en el 68, cuando tenía cuatro años, y nos quedamos en Portinatx. De hecho, el hotel todavía no estaba acabado cuando fuimos, así que nos tuvimos que buscar otro sitio. Me emborraché por primera vez bebiendo vino de bota[95] y me quemé la piel con el sol. En Manchester, donde me crie, escuchaba a la gente hablar de Ibiza, que es adonde algunos iban a pasar las vacaciones. Era un sitio atractivo para la cultura hippie. Entonces era un destino vacacional bohemio, no como Torremolinos o Lloret de Mar. En el terreno de lo musical, fue en el 86 o el 87 cuando amigos que viajaron a la isla empezaron a decir que era un sitio increíble para salir de fiesta. Manchester es una ciudad grande, pero también pequeña, con una escena muy compacta. Fue en aquel tiempo cuando todo el mundo que conocía estaba en un grupo. Conocía a los que llevaban The Haçienda, y los Stone Roses y los Smiths eran colegas.

SOLDADO: Me eligieron a dedo para entrar a pinchar en Space. El espacio ya existía, pero estuvo un montón de años cerrado y nunca triunfó. Era de Matutes y solo hacían fiestas de empresa y cosas así. Además, en esos tiempos, Playa d'en Bossa estaba en el quinto coño, allí no había nada. Pepe Roselló lo cogió en el 89 para montar Space. Tuvo un ojo que no veas, porque pilló solo a DJs ibicencos. A algunos los tuvo pinchando en Playboy 2, como Reche, que fue el último de

94. Jarvis Cocker, cantante y líder de la banda de Sheffield Pulp, dirigió el vídeo de «Aftermath» en 1991 y otros tres más para Warp, concretamente: «Testone» de Sweet Exorcist (codirigido con Martin Wallace en 1990), «LFO» de LFO (1990) y «On» de Aphex Twin (1993).

95. En castellano, en la entrevista original.

los DJs que estuvo poniendo música allí. Me eligieron porque era el único que ponía más caña. Ibiza siempre ha sido muy housera, y yo, desde jovencito, empecé con los ritmos *break*, y para un *after hours* ese sonido iba perfecto. Lo guay es que yo ponía todo tipo de música. Esto te lo podrá confirmar Reche, que en una sesión mía oías todo tipo de música. Era un viaje. Desde las seis de la mañana hasta la una y media del mediodía.

RECHE: Metí a Soldado en Space justo al principio, pero, en un momento dado, discutió con Pepe. No se qué pasó realmente, y Pepe ya no le dio más trabajo. Para mí Soldado ha sido el mejor DJ que ha pasado por Space, con diferencia. Los discos que ponía Soldado están mucho más buscados que cualquiera de los que ponían Sasha o Carl Cox. Soldado era un gran selector, un *breaker*, y es el que proyectó musicalmente Space.

CARL COX: Cuando arrancó Space en el 89 era un concepto totalmente nuevo: salías de un club a las siete de la mañana y podías entrar en otro. Era algo muy innovador. Podías desayunar en la cola o incluso en el propio club, y luego seguir de fiesta. Muchas de nuestras primeras experiencias ocurren durante la juventud. Entré por primera vez en el club cuando tenía veintitrés o veinticuatro años, en plan, «¡guau! ¿Pero qué está pasando aquí?». Fue una experiencia increíble.

ANDY WILSON: En Manchester, teníamos The Haçienda, y las raves, que empezaron en el 88-89. En aquellos días, salvo algunas excepciones, como The Haçienda, el Heaven y el Shoom en Londres, y otros clubs más pequeños, era difícil montarte tu propia fiesta. Muchos clubs eran propiedad de grandes cadenas, con DJs de mierda pinchando los éxitos del momento y hablando por el micro. Pero había un gran movimiento y mucha gente quería montar sus propias fiestas, y alojar tu fiesta en una granja te permitía hacerlo a tu manera. Algunos montaban sus fiestas en naves industriales abandonadas, pero hacerlo en el campo y al aire libre era hacerlo a lo Balearic. Mucha gente que montó estas fiestas había estado en Amnesia y quería hacer algo parecido, porque, obviamente, no existían clubs al aire libre en Londres. Cuando fui a Ibiza en 1990 ya era *mainstream*, por decirlo de alguna manera. Como todo movimiento, comienza con pocas personas que comparten una idea: la de montar fiestas al aire libre con cierto espíritu, y mucha gente se animó a hacerlo también después. Teníamos, claro, festivales como Glastonbury y otros más pequeños, así que los melómanos ya tenían cierta experiencia de escuchar música al aire libre, pero hasta ese momento solo había funcionado ver a grupos en directo. La cultura del DJ era algo totalmente nuevo.

ALFREDO FIORITO: En Amnesia nos fueron recortando el horario: primero a las diez, luego a las nueve, luego a las siete y media... y el último año, el 89, a las cinco y media ya nos cortaban. Nos vimos obligados a cumplir ese horario, pero se llenaba igual, porque nos habíamos hecho un nombre y teníamos fama, pero, claro, el momento más bonito era cuando salía el sol y todo ese tramo de la mañana, que era cuando ponía un tipo de música muy determinada. El house daba paso a otro tipo de música, más suave, más de ambiente, digamos... para el momento, pero no quiero decir que fuera del tipo chill out. Era una música que acompañaba al sol. La primera y la última canción de las sesiones eran siempre las mismas, y cada temporada las cambiaba.

ANDY WILSON: Fui a Ibiza en 1990 con mi mujer y dos amigos para el *closing* de Amnesia. Estaba escuchando Kiss FM, cuando todavía era una emisora pirata y donde pinchaban todos los DJs underground importantes como Danny Rampling, Gilles Peterson o Judge Jules... Recuerdo que anunciaban un viaje a Ibiza. Eran doscientas libras por toda una semana, incluyendo vuelos, hotel y entrada gratis en algunos clubs. Cada noche había una fiesta y traían DJs de Londres. Lo llevaba Tommy Mack, que es una leyenda del *clubbing* de Londres[96]. Llegó a traer a sesenta DJs a Ibiza, incluidos a nosotros. Muchos pin-

96. Se refiere al tour «Ibiza 90» organizado por Tommy Mack y Charlie Chester. Ver notas 74 y 75.

chaban en su club, el Passion, a las afueras de Londres, y nos conocíamos todos. Total, que pensamos que era una manera genial de conocer Ibiza, y además era muy barato. La primera noche fuimos a Es Paradís. Para cuando llegamos, estaba abierto y tenían montado el rollo ese de la fiesta del agua. Flipé bastante. Ir a KU por primera vez fue también alucinante, con ese club tan bonito y de ese tamaño, con palmeras, piscina y gente guapa por todas partes... Estuvimos un par de noches en KU y solo una en Amnesia, para la fiesta del cierre. Pinchaba Alfredo, aunque ya conocíamos muchos de los discos que puso, porque cuando Paul Oakenfold volvió a Inglaterra después de escuchar a Alfredo, compró todos los discos que pudo. Básicamente, Oakenfold pinchaba los *sets* de Alfredo pero en Inglaterra. Así que tampoco lo vivimos como un descubrimiento musical, pero sí que pudimos escuchar su música pinchada en Ibiza, y además muy bien, lo cual fue una experiencia. Cuando terminó, a eso de las nueve o las diez de la mañana, nos fuimos al Space, que había abierto un año antes y no era muy conocido. Era un local cerrado y la música era muy dura. Creo que pinchaba Reche, o puede que Soldado, que ponían un rollo industrial y EBM belga muy oscuro. O sea, que pasamos de un entorno con un sol reluciente a las diez de la mañana a meternos en un garito oscuro repleto de humo. Había pufs por todas partes y todo el mundo iba del revés. Dios sabe a qué hora salimos de allí. Fue una experiencia memorable. En aquellos años, no había mucha gente. No había colas; incluso el *closing* de Amnesia no estaba a reventar. En Space habría como cien personas. Obviamente, el éxtasis jugó un papel importante. Fue una droga que encajó perfectamente con los tiempos, el lugar y la música. En ese momento, Gran Bretaña había pasado de raves en el campo o naves industriales a superclubs. El movimiento house se hizo tan popular que se comercializó como una marca, con super-DJs a los platos. Pero años antes, no sabías quién era Alfredo, o, si ibas a KU, no tenías ni idea de quién era el que pinchaba, a menos que fuera amigo tuyo.

KENNETH BAGER: Me dije que si era capaz de hacer tres buenos discos de club que todo el mundo pinchara y hablara de ellos, podía conseguirlo. Quería sobre todo hacer un disco que se pudiera pinchar en el *closing* de Amnesia. Y eso es exactamente lo que sucedió cuando creé Dr. Baker, porque hice un disco totalmente atípico que todo el mundo empezó a pinchar en los principales clubs de Ibiza. Era el año 89, y el disco fue «Kaos», que era una mezcla de house y techno que se hizo muy popular en España. Gracias a ese disco, pude pinchar en la sala principal de Amnesia, y en KU, Pacha y Space. Llegué a pinchar en un programa de televisión que se llamaba *La quinta marcha*.

SOLDADO: Space era una maravilla; con Space empezó otro tipo de Ibiza, el rollo más de club. Ibiza era muy *fashion*, pero entrabas en Space y se te ponían los pelos de punta. No había peleas ni malos rollos. Era paz, amor y mucha pista.

RECHE: A Space iba gente muy selecta. Abríamos a las seis de la mañana, todos los días. Venían camareros, DJs, relaciones públicas... era un punto de reunión de la isla y todos venían de currar en otras salas. Llevaban ocho horas escuchando música y no querían escuchar a Madonna, querían una música más selecta. Allí podíamos arriesgar mucho más que en Pacha, KU o Amnesia. Para eso se crea Space.

SOLDADO: Space se convirtió en un caramelo. DJs que ahora son buenos amigos míos, como Carlos Díaz, César de Melero o Alfredo, que tenían mucho peso en ese momento, le comentaban a Pepe Roselló que un niñato como yo no pintaba nada en un discotecón así. El primer día me sentí un poco intimidado porque sabía que esta gente había estado hablando y que iban a venir al club, pero estaba muy confiado musicalmente. Ahí me planté, con mis diecinueve años recién cumplidos. Y en eso que llega César de Melero —así de grande como es— y me dice, «ahora me pongo yo, eh». Me lo quedé mirando y le dije, «mira, ¿ves la barra?, pues te vas allí y les dices que te invito a una cerveza, ¿vale? Ya te pondrás cuando yo te lo diga». Se tomó sus cervezas y cuando vino dijo, «joder tío, ¡no sabía que pinchabas así!». Y así empecé a ganarme el respeto. Entonces, cuando quise meter a un buen amigo que se había quedado sin curro para que llevara las luces de Space, me peleé con Pepe Roselló. Estuve en Space el 89 y el 90, los dos primeros años. También pinchaba fuera de Ibiza en invierno —trabajé mucho en Italia—, me había movido mucho y tenía muy buena música. Tras dos buenos años, cuando me iban bien las cosas, empezaron las envidias y las historias. Se suponía que en el 91 iba a volver a Space, pero me daban largas. Me llegaban rumores de que no querían que volviera, y el caso es que no volví a Space. Entre otras cosas, porque me llamó Toni Roig, el encargado de Amnesia —que también lo fue de Space el primer año— y me fui allí a currar con Pippi, de segundo, pero después de un mes desaparecí. No fui ni a cobrar. Lo dejé por historias personales que hoy lo pienso y no eran para tanto. Era muy joven.

RECHE: 1991 fue el año clave, cuando se abrió la terraza de Space. Nacieron las fiestas de apertura y cierre.

PEPE ROSELLÓ: Lo que marcó de verdad al público de Space fue la terraza. Abríamos a las ocho de la mañana, subíamos desayunos y a las diez —como en los hoteles de al lado ya se había servido el desayuno y no molestábamos— empezaba la música en la terraza. No había cabina, se trabajaba desde una ventana que se abría al lado del bar y donde pinchaba gente como Alex P o Brandon Block[97].

MATT TROLLOPE: En mi libro *The Life & Lines*[98] *of Brandon Block*, cuento cómo se hizo la terraza de Space. Originalmente, Space abrió solo como club cerrado, que era la sala principal. Brandon Block y Alex P, que luego fueron los residentes de la terraza, pincharon allí. El caso es que vieron que mucha gente se apalancaba en el exterior, en una gran zona que había fuera. Fue entonces cuando Alex P convenció a Pepe de abrir la terraza. «Construye una barra y pon dos platos detrás, y ya está», le dijo. Y así fue como empezó. De hecho, Brandon

97. Ver nota 78.

98. El título juega con *lifeline* —que significa tanto «línea de vida» como «cuerda de salvamento»— y *lines*, que remite a las rayas de cocaína.

cogió una caja de discos al principio de la temporada y se fue a trabajar allí, y no solo acabó pinchando todo aquel verano, sino que fue residente durante siete años...

CARL COX: El sitio era alucinante porque tenías dos clubs: la terraza, donde a pesar de que a las nueve ya pegaba el sol, te podías cobijar en la sombra a escuchar la música que pinchaban los DJs. Y cuando hacía demasiado calor, te metías dentro del club, que estaba oscuro y tenía aire acondicionado. Podías ir a la tarima o a la pista principal, porque no estaba muy llena, y los DJs ponían muy buen techno. Luego salías afuera de nuevo a la terraza y el rollo era totalmente diferente. Te apoltronabas por ahí, luego te levantabas y te ponías a bailar. Te encontrabas con un montón de gente, cada cual con su historia, y la cosa se alargaba hasta las cinco de la tarde... Podías pasarte once horas en aquel club, incluso más, si habías salido la noche anterior.

MATT TROLLOPE: Fue a finales del verano del 92 cuando supimos de la terraza del Space. Conocíamos a Brandon Block y Alex P, y los dos hablaban maravillas de ella, así que quisimos ir a Space. Fuimos a un bar en el paseo marítimo de San Antonio y no dejábamos de decir «vamos a ir a Space», pero no sabíamos que no abría hasta las seis de la mañana... No teníamos mucha pasta, así que nos pasamos la noche compartiendo copas y luego pillamos un taxi a Playa d'en Bossa a las seis. Cuando llegamos, sonaba un techno muy duro al que no estábamos acostumbrados. Como *clubbers* ingleses que éramos, solíamos escuchar un happy house más suave.

DANNY RAMPLING: Solía pinchar trance —trance psicodélico, trance industrial y hard techno—, porque me influyó mucho el rollo de la pista de dentro del Space. No me gustaba estar fuera al sol. Prefería estar en un club oscuro con el sonido alemán que tanto me influyó. Pero dejé el trance... Lo dejé en el peor momento, justo cuando el estilo empezó a conquistar América. De pronto dejé de tener ganas de poner música dura [risas].

PAUL OAKENFOLD: Oh, no, no pensamos que se volvería tan grande. Pero es lo que pasó, se extendió.

MATT TROLLOPE: La terraza abría a las diez de la mañana y cerraba por la tarde. Las copas eran carísimas. Solíamos pagar una o dos libras por una copa, y allí valían siete, así que nos limitábamos a sentarnos por ahí. Recuerdo un día cuando abrió la terraza que salimos fuera y empezó a aparecer toda esa gente preciosa y loca, y de repente nos sentimos revivir. No nos lo podíamos creer. Empezó a sonar la música y estaban esas sillas de mimbre, y de pronto un tío se puso a bailar en la tarima, lo cual era totalmente inusual para nosotros. Creo que para cuando dieron las once de la mañana ya nos habíamos quedado sobados en esas sillas, porque llevábamos toda la noche de fiesta, literalmente. Pero habíamos visto lo suficiente para concluir que volveríamos. Y así fue, ahí estábamos el año siguiente. Y luego el otro. Fui cada año. Para nosotros, todo giraba en torno a Space. En Ibiza podíamos pasar una noche tranquila, salir a cenar por ahí, irnos a dormir, levantarnos, desayunar y luego meternos quince horas de fiesta en el Space.

RECHE: Comprábamos los discos en Barcelona, Madrid, San Sebastián, y luego me los llevaba a Ibiza en verano. Cada año me montaba una movida musical diferente: house, trance, progressive, hard house, techno, trance... y todos me seguían. Recuerdo pinchar el «Higher State of Consciousness» de Josh Wink y la gente volverse loca. Lo que poníamos en Ibiza daba la vuelta al mundo. Sinceramente, no he visto a Carl Cox poner un disco que realmente fuera revolucionario o que lo hiciera antes que nosotros. Eran un poco copiones...

KENNETH BAGER: Brandon Block era un DJ increíble, aunque nunca estuvo bien considerado dentro de la movida Balearic. A principios de los noventa, pinchaba en un montón de sitios, sobre todo en la terraza del Space. Éramos todos DJs que queríamos fiesta pero también poner temas raros. Recuerdo un día en la terraza cuando Brandon terminó la sesión y la gente se puso a batir palmas para que la cosa se alargara un poco más, y así estuvieron como siete minutos, en plan «¡vamos! ¡Ponte un tema más!». Y él se puso a revolver entre sus discos y encontró el «We Are the World», y lo puso. Y entonces la gente se cogió de la mano y empezó a cantarlo, con el volumen a la mitad. Todo el mundo en plan, *«We are the world, we are the children…»*. Fue un momento increíble.

JOAN RIBAS: Creo que lo que cambió la noche de Ibiza fue Space, cuando abrió a finales de los ochenta. Además de la discoteca, también dieron grandes conciertos. Y luego montaron el mejor *after hours* que ha existido jamás, y eso fue lo que cambió la noche de Ibiza.

RECHE: Por entonces, en el 92, en Space también estaba pinchando Giovanni[99] —que murió, el pobre— y Rubik's Cube, Luis, que se hizo sacerdote. Nos quedamos todos flipados. Yo en ese momento estaba pinchando en la sala de dentro. Me echaron en el 93 por poner música demasiado dura. Ese año me fui al Angel's, una discoteca de gays que luego fue Zulu. Y luego al Tahití Bar, que fue la revolución de los *afters* al aire libre, justo al lado del Bora Bora, que era un restaurante que luego me copió la idea. Después, fui al KWM de Zaragoza en invierno, donde estuve de residente del 94 al 98. Allí venían a pinchar DJs de toda Europa; pinchaban en el Florida 135 y luego pasaban por ahí de *after.* Tengo mucho que agradecer al KWM.

JUAN ARNAU: En el Florida 135 al principio costó mucho, hasta que empalmamos con la Ruta del Bakalao, que nos fue muy bien. Descubrimos el house, el acid house, y también vimos que la gente venía a hacer lo que Javier [Regás] había imaginado: a bailar[100]. Vino

99. Ver nota 19.

100. En 1985, el interiorista catalán Javier Regás se ocupó del nuevo interiorismo del club Florida 135 de Fraga, propiedad de Juan Arnau. Regás recreó una calle de Nueva York, con sus edificios y elementos callejeros, convirtiendo toda la discoteca en una enorme pista de baile diáfana, sin rincones ni sofás. Una apuesta transgresora que en su momento no se entendió y no fue muy bien aceptada.

a pinchar Francisco Santiago [DJ Frank][101], un DJ del KWM, un *after* muy famoso en Zaragoza. Estuvimos tres años intentando jugar con el acid house, con el house, con el disco...

MATT TROLLOPE: Alex P y Brandon Block eran residentes del Tahití Bar. Era solo un bar de playa, probablemente dos bares más allá de lo que luego fue el Bora Bora, y fue el primer *after* al aire libre, además de Space, que empezó a cerrar por la tarde. Tengo algunas fotos del Tahití Bar con toda aquella gente loca bailando alrededor de las mesas y los turistas que los miraban alucinados. Toda la franja de Playa d'en Bossa estaba bastante intacta por aquel entonces. El bar lo habían alquilado dos italianos, Roberto [Postiglione] y Ernesto [Senatore], que son los que ahora llevan Music On[102].

SOLDADO: En el 92 estuve dedicándome a llevar discotecas como Prisma, Sumo (el antiguo Angel's) y haciendo mis propias fiestas. En el 93 pillé el Kaos y estuve allí dos años, que fueron muy potentes. Allí entraban mil personas y la teníamos petada los viernes y los sábados. El Pacha lo notaba mogollón. En el 93 me volvió a llamar Toni Roig para poner música en Amnesia, y me puse a pinchar en la sala grande, y Sara —mi novia de entonces— ¡se puso a pinchar en la terraza! Cuando me fueron a pagar, Martín [Ferrer] también preparó el sueldo que no llegué a recoger tres años atrás y me lo pagaron todo

101. El nombre artístico del valenciano afincado en Zaragoza Francisco Santiago es DJ Frank, y tiene varias producciones en sellos como Coliseum Records, Fuse Records o Bit Music.

102. Los napolitanos Roberto Postiglione y Ernesto Senatore empezaron como promotores en Ibiza a mediados de los años noventa con su fiesta *after hours* Zenith, en la playa de Es Codolar, que en 1996 llevaron a Pacha como Zenith Area. A partir de 2008 colaboran con el DJ chileno-suizo Luciano en sus primeras fiestas en Ushuaïa Beach Restaurant y posteriormente en su popular fiesta Vagabundos en Pacha. A partir del 2012 empiezan con su promotora It's All About the Music la fiesta Music On de Marco Carola en Amnesia, que se convierte en una de las más concurridas en Ibiza hasta el 2018. En 2019 Marco Carola decide romper el contrato con el club y con la promotora y marcharse a Pacha. En ese momento empieza un periplo judicial donde la promotora reclamaría al artista 4,38 millones de euros en concepto de daños y perjuicios.

junto. Estuve allí dos años como residente, y entonces es cuando empezaron a entrar los ingleses apretando mogollón. Ahí cambió la movida, que pasó de residentes a promotores: o te lo montabas tú o te quedabas colgado y desconectado. Así que empecé con mi fiesta de los sábados —que se llamaba Explosions— con la que estuve dos años.

GEORGE EVELYN: La siguiente vez que fui a Ibiza fue en el 93, cuando vine a hacer un directo el día de la apertura de la terraza de Space. Eran los buenos tiempos, cuando el techo estaba abierto. Era un poco como una *jam*, y fue la primera vez que toqué con Shovell[103]. Lo conocí en el escenario, de hecho, que también lo habían contratado para ese día. Fue absolutamente alucinante; el día parecía que iba a durar eternamente. En aquel tiempo, Space era increíble. Tengo tan buenos recuerdos ahora que lo pienso... pero me cuesta ponerlo en palabras. Mis últimos diez o quince años de recuerdos en discotecas son muy borrosos, pero en aquel tiempo todo era luz y la gente bailaba y tal. La gente solía bailar en las escaleras y el techo estaba abierto y pasaban los aviones cada cinco minutos y todo el mundo se volvía como loco. Era así, y las noches duraban doce horas. Cuando estás viviendo una experiencia mágica y estás en un entorno en el que nunca antes habías estado, te sientes libre.

PEPE ROSELLÓ: De los primeros promotores con los que empezamos a trabajar en los noventa, recuerdo por ejemplo a React, un sello discográfico. Carl Cox vino por primera vez con ellos sobre esas fechas. Pero el primer promotor que viene a Space es el inglés A. P. Ronson,

103. Andrew Lovell es un percusionista inglés que ha colaborado con numerosos artistas como Nightmares On Wax, Soul II Soul, Primal Scream, Jamiroquai, Sting, Roots Manuva, Boy George, Jocelyn Brown, The Chemical Brothers, Manic Street Preachers, Natural Life, The Beloved, Chicane, Atomic Kitten, Hearsay, Death in Vegas, The Sandals o M-People. Es también uno de los músicos de estudio habituales en las sesiones de grabación del sello Defected Records. Entre sus proyectos personales ha firmado bajo diferentes alias como Shovell, The Drum Warrior, Shovell Percussion Frenzy o Shovell the Drum Warrior.

con Sasha como DJ. Y luego We Love Music, Darren Emerson, Carl [Cox] y Lynn Cosgrave[104].

CARL COX: Recibí una llamada de Eddie Gordon, que por aquel entonces era el mánager de Pete Tong y también productor de los eventos con DJs de Radio 1. Fue entonces cuando Radio 1 empezó a venir a Ibiza a montar aquellas fiestas los fines de semana. Querían que Space fuera el lugar donde celebrar la *after-party*, y como Eddie Gordon conocía mi disco móvil, me invitó a montarla en la terraza.

PEPE ROSELLÓ: La BBC es una radio pública y no busca lucro comercial, sino simplemente cubrir gastos, y elige Ibiza por una serie de movimientos políticos y porque entienden que pueden contribuir a motivar que la gente —el público joven— frecuente Ibiza. Fue todo como una ola. En Space hemos hecho por lo menos dos o tres eventos con Radio 1. Luego Radio 1 ha ido a distintos lugares, y ahora últimamente creo que se ha hecho en Mambo. Lo veo muy positivo, la verdad.

CARL COX: Por aquel entonces en Space no tenían un equipo profesional: los altavoces estaban en la pared, no había cajas de bajos, los platos estaban en la barra, pringosos de las bebidas que se caían... Era asqueroso. La mesa de mezclas estaba hecha polvo de estar a la intemperie, así que tuvimos que limpiarla y trasladarla a un nuevo emplazamiento. Por suerte, todo funcionaba, aunque los altavoces lo reproducían todo, desde los bajos hasta los medios y los agudos. Entonces, cogimos unas viejas cajas de bajos y las conectamos a un amplificador aparte, para poder tener los bajos por un lado. Ecualizamos los medios y elevamos esos altavoces colocándolos encima de unas cajas pequeñas. También cambiamos la pista, y

104. Lynn Cosgrave es la exmánager de Carl Cox, promotora de las fiestas Revolution y Come Together de Space, especialista en *sponsorship*, responsable de las recopilaciones de Ministry of Sound, exvicepresidenta del departamento de música dance de Sony Music y propietaria de Safehouse Management.

cuando la gente empezó a llegar se encontró con la nueva pista equipada, que era donde antes la gente se quedaba de apalanque. El área para relajarse la trasladamos adonde ahora está el bar.

PEPE ROSELLÓ: Para mí, Carl es un genio. No solamente como profesional, sino también como persona. Me llamó muchísimo la atención. Cuando vino con React la primera vez al *after hours*, conocí sus vivencias aquí en Ibiza. Él había venido años antes y sobrevivía en San Antonio pasando penurias, trabajando en los bares del West End... Estuvo de DJ en el Star Club, por ejemplo. La gente que lo acompañaba se iba a la playa a pasar el día, pero él no, él siempre estaba buscando, siempre comprando discos. Siempre.

CARL COX: Esto fue en 1996, en el momento adecuado. Estaba yo, Radio 1 y todo el mundo en la isla que quería algo especial. Nunca imaginé que vendría tanta gente, la verdad. Creo que fueron más de mil personas, y yo enchufado a lo mío: mi sonido y mi selección de temas. Empecé a pinchar desde el principio la música house que solía pinchar, que era la misma que pinchaban Alfredo u Oakenfold y que yo coleccionaba desde hacía años. Era un rollo garage. Como no puedes empezar a tope en la terraza, lo que hice fue un viaje musical y fui subiendo a medida que el sitio se fue llenando. Nadie se marchó de la pista. Estaba todo a reventar, al límite del aforo. Creo que pinché como seis o siete horas seguidas, y luego Pete Tong me relevó y estuvo genial. La gente flipó con la terraza. No habían visto nada igual. Nunca. Todo salió de maravilla.

PEPE ROSELLÓ: Un día que Carl Cox estaba por allí, montamos una mesa para el DJ y le pusimos sacos de arena para las vibraciones, montamos una tarima y le dijimos, «Carl, venga, ¿por qué no pinchas tú esta mañana?». Pero hacía mucho viento, así que Carl se puso donde estaba siempre la cabina, y de repente vino una racha de viento y el disco hizo ¡fiuuuuu!, salió volando y ¡pum!, volvió a caer justo en el sitio donde habíamos montado la mesa. Carl se me quedó mirando y me dijo, «vamos a hacer la cabina allí» [risas].

CARL COX: Fue en ese momento cuando nació el fenómeno de la terraza, lo que para mí es un logro increíble. Al año siguiente, Pepe hizo construir una nueva cabina y puso luces y cajas de bajos nuevas. De todos modos, la música tampoco se podía poner a mucho volumen en la terraza, por la contaminación acústica, pero el tiempo de apertura se fue alargando y el cierre pasó de las 5 a las 7, luego a las 8 y luego a las 11 de la noche.

PEPE ROSELLÓ: Había amigos que venían a Space y me decían, «¿has visto a mi hija?» o «¿has visto a mi hijo? Es que me ha dicho que se iba a pescar... ¡y mi hijo no pesca!» [risas]. Y yo les decía, «pasa, ¡búscalo tú! ¡Quédate a tomar una copa!». A Almodóvar le da por hacer una película allí y lo rompe totalmente. Allí se juntaban tanto la gente que había salido por la noche como los que se acababan de levantar.

BILL BREWSTER: Los clubs al aire libre, como Space, eran una novedad para los británicos, porque no podían ir a bailar a un club sin tejado en Inglaterra, donde hacía mucho frío y había humedad. Así que poder bailar en el exterior era un puntazo; poder escuchar la música que te gustaba pero con buen tiempo... Además, en Ibiza todo era más relajado, más libre.

PEPE ROSELLÓ: Allí en Space se juntó una gente maravillosa, aquello era underground... La gente incluso se sentaba dentro del altavoz... Era un hervidero de sensaciones, de conocer gente guapísima, gente de todo tipo. Cuando empezó a venir Naomi Campbell a Space, yo no tenía privado ni nada de eso, así que ella se sentaba en la escalera con sus amigos y una botella de Dom Perignon en el suelo. ¡Eso sí que es una vip! Y a lo mejor pasabas por delante y te servía una copa para que bebieras con ellos. Ahí estaba la fuerza.

JUAN SUÁREZ: Yo he visto a Naomi Campbell caminando por la Marina con dos guardaespaldas que no le hacían falta. O a Giorgio Armani en bicicleta dando vueltas por Ibiza a las seis de la mañana. Todo el mundo se siente muy a gusto aquí ¿me entiendes?, y eso hace que sea un sitio muy especial, muy particular. En ningún otro sitio del mundo, salvo en Bali, por ejemplo —que es otro lugar que tiene un espíritu y un encanto muy especiales—, se me ha brindado esa oportunidad. Ibiza tiene un magnetismo que atrae a cierto tipo de gente.

BILL BREWSTER: A mitad de los noventa, la música de baile era un fenómeno tan grande que parecía que sus tentáculos se extendían en todas las direcciones. Creo que fue en el verano del 96 cuando se volvió *mainstream*. Parecía que hubiese un club de house en cada pueblecito de Inglaterra. Fue el año que se estrenó *Trainspotting*, «Born Slippy» [de Underworld] llegó a lo alto de las listas y Radio 1 empezó a emitir desde Ibiza. Así que creo que fue aquel verano cuando se produjo el gran *boom* de la música electrónica que había estado gestándose durante años, que en ese momento pasó a ser algo masivo. Creo que los promotores británicos estropearon la esencia de la isla en muchos aspectos. Parecía que a mediados de los noventa cosas como el Balearic beat habían desaparecido. Ahora eran todos DJs británicos que venían a poner el rollo que ponían en Inglaterra a los ingleses que estaban en Ibiza. Creo que musicalmente no contribuyeron en nada. Lo único que hicieron es que los clubs grandes se llenaran los bolsillos de pasta.

10
PARADES

La durísima represión de Margaret Thatcher de la floreciente y excitante cultura rave inglesa de principios de los noventa supone la prohibición de las multitudinarias fiestas en la campiña inglesa. En Manchester es donde peor se ha puesto el asunto: allí, la escena de clubs está sometida al terror de las bandas criminales, que rivalizan por el control del mercado de venta de éxtasis. Es el momento de moverse y de buscar alternativas. Varios promotores ingleses, como Cream, Manumission, Renaissance o Ministry of Sound, desembarcan en Ibiza para instalarse en los clubs de la isla. El house se apodera de las pistas ibicencas y los DJs americanos se empiezan a dejar ver en las cabinas de la isla: Lenny Fontana, Frankie Knuckles o François Kevorkian serán de los primeros en hacerlo. Las grandes marcas y los superclubs se imponen. El clubbing *ibicenco se ha transformado en un lucrativo negocio. Y esto solo es el principio.*

INTERVIENEN: ANDY MCKAY (MANUMISSION), DAWN HINDLE (MANUMISSION), DANNY WHITTLE (RENAISSANCE), ANDY CARROLL (CREAM), JOSÉ MARÍA ECHÁNIZ (PRIVILEGE), DJ OLIVER (AMNESIA), PEPE ROSELLÓ (SPACE), JUAN ARNAU (FLORIDA 135), JUAN SUÁREZ (*DIARIO DE IBIZA*), PIPPI (PACHA), CARL COX (SPACE), BRASILIO (PRIVILEGE), PITI URGELL (PACHA), MARK BROADBENT (CREAM, HOME), ANDREA PELINO (CIRCOLOCO), SARAH BROADBENT (CREAM, HOME), CHARLIE CHESTER (FLYING RECORDS), BILL BREWSTER (AUTOR DE *ANOCHE UN DJ ME SALVÓ LA VIDA*), BEN TURNER (*MUZIK MAGAZINE*), MATT TROLLOPE (AUTOR DE *ONE MORE: A DEFINITIVE HISTORY OF UK CLUBBING*), PETE GOODING (CAFÉ MAMBO), JOAN RIBAS (PACHA), ALFREDO FIORITO (PACHA), DJ HARVEY (MINISTRY OF SOUND), LOUIE VEGA (MASTERS AT WORK), VAUGHAN (FUNKY ROOM-PACHA), PHIL MISON (CAFÉ DEL MAR), DANNY RAMPLING (SHOOM), PETER HOOK (THE HAÇIENDA, NEW ORDER), PAUL OAKENFOLD (SPECTRUM), IRVINE WELSH (AUTOR DE *ACID HOUSE* Y *TRAINSPOTTING)*, RICARD ROBLES (SÓNAR), SOLDADO (SPACE), JON SA TRINXA (SA TRINXA, MANUMISSION), KENNETH BAGER (COMA CLUB), RECHE (SPACE), JAVIER ANADÓN (CAFÉ MAMBO), GEORGE EVELYN (NIGHTMARES ON WAX), ULISES BRAUN (AMNESIA)

ANDY MCKAY: Nací en Southampton, el 10 de enero de 1971, aunque no crecí allí; me fui muy pronto y me moví por toda Inglaterra, así que no es fácil decir de dónde soy. Mi familia era de clase media; mi padre era oficial de las Fuerzas Aéreas y mi madre ejerció de enfermera y de terapeuta, tiempo después. Viajamos mucho. Nunca tuvimos demasiado dinero, a decir verdad. Fui con mi hermano a un internado que costeaban las Fuerzas Aéreas y teníamos una vida feliz. En mis años mozos, fui programador de inteligencia artificial, y siempre estaba rodeado de ordenadores y espectrómetros de masas, y también trabajaba en un pub durante mi tiempo libre.

DAWN HINDLE: Nací en el norte de Inglaterra, en una pequeña ciudad que se llama Blackburn, cerca de Manchester, en 1971. Allí viví hasta los dieciséis años. Recuerdo que mi primera mascota fue un afgano de la perrera y que mi madre tenía el pelo muy largo. Fui niña en los setenta y me acuerdo de los pantalones de campana y todo el rollo. Todavía me siento inspirada por la moda y la música de aquel tiempo. Era todo tan rock and roll... Recuerdo escuchar cosas como los Carpenters y los Rolling Stones; música hippie imbuida de rock and roll. Fue un periodo de libertad. A medida que me hacía mayor, aspiraba a todo aquello que trascendía los límites de la caja tonta.

DANNY WHITTLE: Nací en 1962 en una ciudad llamada Stoke on Trent, que está a cuarenta millas de Manchester, Liverpool y Birmingham, en el medio de esta especie de triángulo de las Midlands del norte. Mi padre fue marinero durante muchos años en la Marina Mercante y tocaba la guitarra bastante bien. Tenía sensibilidad musical. Recuerdo a mi madre los domingos por la mañana cantando canciones de Diana Ross y las Supremes mientras pasaba la aspiradora. No le gustaban los Beatles; le gustaban los Stones, por el *blues* que tenían. Así que éramos una familia muy de soul, sin duda. Crecí escuchando la Motown, Diana Ross, Marvin Gaye, Otis Redding, Al Green y ese tipo de cosas, básicamente soul. Luego me dio por el heavy, por grupos como Deep Purple, Led Zeppelin, Rainbow o AC/DC. De niño estos grupos me flipaban, pero mi gran momento con la música fue cuando abandoné el heavy y volví al soul, que para entonces había evolucionado y se llamaba funk. Me molaba la imagen del rock, pero mi cuerpo me pedía northern soul y funky. Mi momento salvaje fue con dieciséis años. Vi *Fiebre del sábado noche* dieciséis veces.

ANDY CARROLL: Nací en 1963 en la ciudad de Hartford [Hertfordshire], Inglaterra. A mi padre le gustaba mucho la música. Sabía tocar instrumentos de viento, pero no se dedicó a ello porque tenía una familia que alimentar. Le gustaba una mezcla de jazz y música rebelde irlandesa. A mi madre le gustaban las divas como Ella Fitzgerald o Sarah Vaughan. Mi hermano tenía mucho oído musical y se iba a bailar northern soul por las noches. Cuando se fue de casa, me dejó una caja llena de singles de soul para que se los cuidara. Mi hermana también tenía sus propios gustos, así que crecí rodeado de jazz, northern soul y la Motown. Pero en 1976, cuando tenía trece años, descubrí el punk y mis amigos se metieron de cabeza en el rollo. Había un club en Liverpool que se llamaba Eric's[105]. Se suponía que era un garito

105. Legendario club de Liverpool inaugurado en 1976 en un sótano de Mathew Street, enfrente del celebérrimo The Cavern Club, hogar de The Beatles. En Eric's tocaron todas las bandas locales de la época como Echo & The Bunnymen, Julian Cope, The Teardrop Explodes, OMD

punk, pero en realidad ponían un montón de música interesante y nueva, como dub y reggae de Jamaica. Tenían una matiné para chavales los sábados por la tarde, así que podías ir a ver a todos aquellos grupos que solían tocar por la noche. ¡Qué energía y entusiasmo se respiraba en ese sitio y qué locos se volvían los chavales en la matiné! Luego, el otro núcleo era un sitio llamado Probe Records, que es una tienda de discos de Liverpool que todavía está abierta. Pete Burns de Dead or Alive solía trabajar allí. Todos los grupos del momento de la ciudad, como Echo & The Bunnymen, The Teardrop Explodes o Wah! Heat, se dejaban ver por la tienda. Te encontrabas con toda esa gente y era muy inspirador. En aquel momento, dejé de escuchar la música que me recomendaba mi padre. Eran tiempos apasionantes —los setenta y principios de los ochenta—, el momento de crear algo nuevo y de darle a la ciudad una nueva identidad. Mis amigos formaron un grupo punk y yo les hice de mánager. Hicimos tres giras por Inglaterra con los Dead Kennedys.

JOSÉ MARÍA ECHÁNIZ: Nací en 1950 en Azkoitia, al lado de San Sebastián. Soy de una familia muy pobre. Empecé a trabajar con catorce años en la fábrica Acerías y Forjas, de Azkoitia. Con dieciséis años recogía cartón por todo el pueblo con una bicicleta con remolque. Quería salir adelante. Sobre el 69, con dieciocho años, hacía de DJ en Gautxori —que quiere decir «pájaro nocturno»—, una discoteca que tenía mi tío en Azpeitia. Ahí ponía discos de Adamo, Elvis, Rolling Stones, Beatles, Mari Trini... Hasta que Franco murió, cuando una empresa quebraba, la Seguridad Social la sacaba a subasta. Era muy fácil llegar a un arreglo porque había mucho miedo con los etarras. La gente no se atrevía a comprar, pero yo sí, por eso siempre estaba amenazado. Una vez las compraba, les daba la vuelta y las vendía. Eran empresas enormes.

---

o Dead or Alive; y artistas ingleses e internacionales como Elvis Costello, Joy Division, Talking Heads, Ramones, Sex Pistols, Buzzcocks, The Clash, The Slits, Siouxsie and The Banshees, The Stranglers, Wire, XTC, X-Ray Spex o New Order. Fue clausurado en 1980 tras una redada de la policía. Su último concierto fue el de The Psychedelic Furs, con Wah! Heat de teloneros.

DJ OLIVER: Nací en Barcelona en el año 74 y vivo en Ibiza desde hace ya veintiocho años. En mi familia había dos músicos: un bajista y un cantante, pero en general no me crie en un entorno musical. De pequeño empecé a interesarme por la música cuando salieron los Max Mix[106]. Me hacía mis propios casetes en casa, con las pletinas. Con lo que ganaba trabajando ahorré algo de dinero para comprarme un ordenador y poder hacer mi música, mis demos y mis historias.

JOSÉ MARÍA ECHÁNIZ: Con treinta y seis años compré el 50% de Keops, una discoteca de San Sebastián que estaba en ruinas. Comencé a llevarla y en dos meses la reventé. Ganábamos dinero a palas. Abríamos todos los días y siempre llenábamos. Era la leche. Creo que fui el primero en España en abrir los sábados por la tarde para los menores. Allí metíamos a mil quinientas personas... Keops no la vendí, me la quedé. Para entonces, además de esa discoteca, ya era propietario de otras empresas y tenía máquinas tragaperras.

DANNY WHITTLE: Del colegio me fui directo a la Marina Real británica, donde estuve casi seis años. Luego trabajé de bombero en Staffordshire durante diez años, currando en turnos de dos días y dos noches. Oí hablar de Ibiza en el 79, justo cuando me enrolé en la Marina. Tenía amigos que iban a San Antonio, y sabía que era un sitio muy divertido, pero nada que ver con la música electrónica, claro. Entonces, a finales de los ochenta, principios de los noventa, supe de la experiencia de Paul [Oakenfold] y Danny [Rampling] y todos esos. Después de pasarme veinte años leyendo historias sobre aquella gente, creo que controlo aquella época. Es como si esos dos mundos por fin se hubieran encontrado, y si sabes lo que se estaba cociendo en Inglaterra en los ochenta, es normal que estos dos universos se fundieran. Era como la tormenta perfecta que esperaba desencade-

106. Popular y pionera serie de recopilatorios mezclados con los éxitos de música dance del momento que publicaba el sello Max Music. Los dos primeros volúmenes son de 1985 y fueron mezclados por los DJs Mike «Platinas» y Javier Ussía. En 1986 la saga de mixes pasaría a manos de los DJs Josep Mª Castells, Toni Peret y Andreu Ugas.

En 1954, Juan Marí construye Las Dalias, un punto de encuentro y diversión para los ibicencos antes de que los hippies y el turismo llegaran a la isla. © Foto cedida por Las Dalias

Fachada renovada de Las Dalias en los sesenta, una de las primeras salas de fiestas donde había música en directo y «baile *pagés*». El concepto de «club» todavía no había llegado a España.
© Foto cedida por Las Dalias

Las bandas locales como Los Diana (en la foto) o Es Amics eran las encargadas de amenizar las veladas al aire libre tanto en las salas de fiestas para el público local como en los hoteles para los primeros turistas. © Foto cedida por Asociación Retro

Pepe Roselló abre Capri en San Antonio en 1963 y lo rebautiza «no oficialmente» como Playboy. Es Roselló quien introduce el concepto de club en la isla después de viajar por Europa y EE. UU., y es el primero en poner música «enlatada», hasta entonces solo permitida en guateques privados. © Foto cedida por Pepe Roselló

Terraza del bar Domino. Foto incluida en el reportaje «Ibiza, Babel del Mediterráneo», del número 116 de la revista *Triunfo*, publicada en agosto de 1964. © Derechos reservados

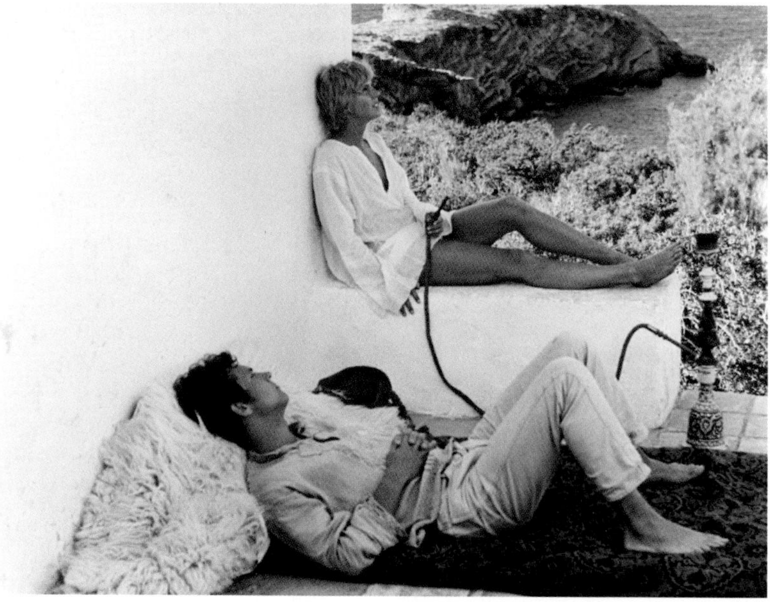

Fotograma de la película de culto *More* de Barbet Schroeder (1969), que retrata el sueño hippie de aquellos que huyeron del *establishment* en busca de la libertad, la naturaleza y la vida bohemia. Se rodó en Formentera y, algunas escenas, en Ibiza ciudad. © Les Films du Losange

De izquierda a derecha, Roger Waters, Sam Hutt (médico escocés amigo de la banda) y Syd Barret en Formentera, en 1969. Pink Floyd compusieron la banda sonora de *More* y se inspiraron en las Pitiusas al igual que muchas otras bandas de rock psicodélico coetáneas como King Crimson o Can. © L. Cornor

La Tierra fue uno de los bares más populares de la década de los setenta (la foto es de 1972). Situado en un callejón de una calle paralela al puerto de Ibiza ciudad, tuvo fama de ser el lugar con la música más selecta y vanguardista de la época. © Jean-Claude Deutsch / Getty Images

La finca original de Pacha que compraría Ricardo Urgell en 1973. © Derechos reservados

Desde la terraza de Pacha se sigue pudiendo contemplar el otro lado de la bahía de Ibiza, presidida por Dalt Vila, aunque ahora en sus alrededores no hay terreno yermo, sino apartamentos, hoteles y el puerto deportivo, o lo que se conoce como «la milla de oro» de Ibiza. © Derechos reservados

Primer póster de Amnesia: una composición con una ilustración del pintor James Taylor de la finca original de la familia Planells y un montaje fotográfico de Santa Eulalia (aunque la finca y la localidad se encuentran a unos 15 km de distancia). © Derechos reservados

Otro de los puntos de encuentro habituales del puerto de Ibiza era El Mono Desnudo. El nombre alude a un libro de divulgación científica que estudia las características animales propias de la especie humana. Por el bar pasarían especímenes varios y muy peculiares. © Derechos reservados

Bailarina de locales nocturnos e «inventora» del tanga, la danesa Jane Heegaard fue fotografiada en diversas ocasiones por Toni Riera, el fotógrafo oficial de Pacha. Para algunos, fue un icono hippie de la isla.
© Toni Riera

El Hotel Montesol era, a mediados de los setenta, punto de encuentro y centro neurálgico diurno de la isla. Pacha eligió su balconada y algunos personajes de la isla como imagen de la discoteca; una imagen que inmortalizó Toni Riera en 1976. © Toni Riera

La lista de bandas que pasarían en los ochenta por Ibiza son innumerables. En la foto, Spandau Ballet en 1981 bajando la rampa que lleva a la fortificación de Dalt Vila. El grupo de Martin Kemp actuó en KU y se alojaría en Pikes Hotel, como lo hicieron tantos otros, como Duran Duran o Talk Talk. © Mirrorpix / Getty Images

Aquí podemos ver cómo Tony Pike construyó Pikes Hotel con sus propias manos, literalmente, reformando y ampliando invierno tras invierno la finca original que adquirió en 1978 llamada Ca'n Pep Toniet y que Mr. Pike tradujo como «la finca del pequeño Toni». © Derechos reservados

Pikes Hotel destila la personalidad de Tony Pike: hedonismo, *joie de vivre* y naturalidad. De ella se prendaron *celebrities* como Julio Iglesias, Grace Jones, Freddie Mercury o George Michael, que grabaría en 1983 el videoclip de Wham! «Club Tropicana» y que popularizó este *boutique* hotel. En la foto, Andrew Ridgeley (izquierda) y George Michael (derecha) flanqueando a Tony Pike. © Derechos Reservados

A principios de los ochenta, los DJs pinchaban en cabinas variopintas, con algunas dificultades técnicas o físicas que daban fe del papel del DJ entonces, cuando todavía no era el foco de las miradas. En la foto: DJ Pippi en la cabina de Pacha en 1984 de cara a la pared. © Foto cedida por Giuseppe Nuzzo

José Padilla en Manhattan Club en 1985 en alguna de las por entonces populares fiestas temáticas. Fueron años donde se construyeron varias opulentas macrodiscotecas para, según se dice, «blanquear dinero». Padilla fue residente hasta que un sospechoso incendio la destruyó. © Foto cedida por José Padilla

Una de las postales icónicas del equipo de Amnesia de finales de los ochenta donde se aprecia la pirámide en el centro, símbolo del club. © Postal cedida por Ulises Braun

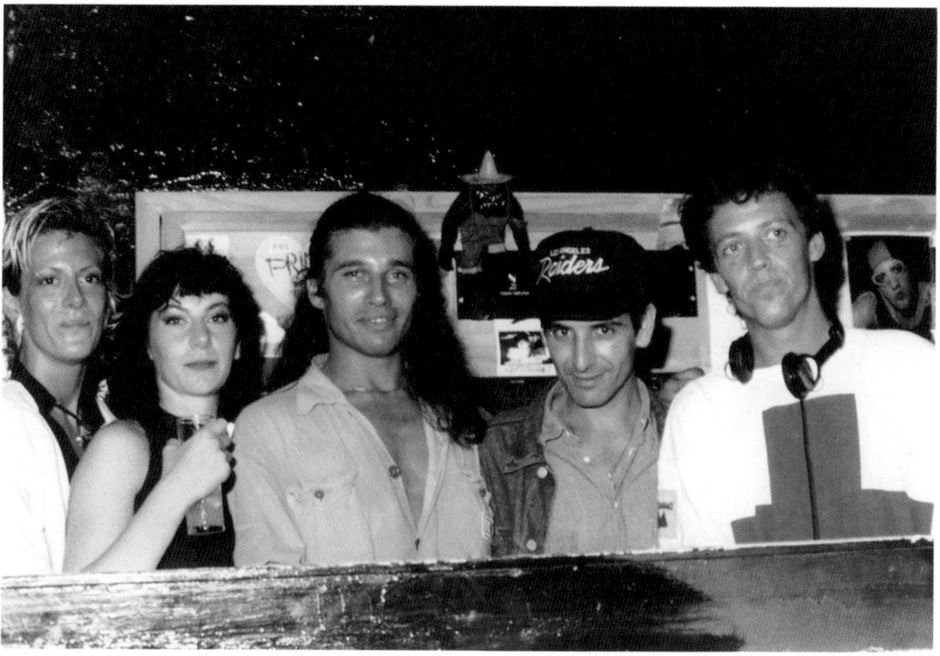

A la izquierda, sosteniendo un vaso, Nancy Noise. A su derecha, Ulises Braun, Leo Mas y Alfredo Fiorito en la cabina de Amnesia. Un *cast* para la historia. © Foto cedida por Leo Mas

La pista de Amnesia a plena luz del sol en 1989 en una escena que ilustra lo variopinto de su público.
© Dave Swindells

Jenni Rampling (con el pañuelo), Terry Farley (en el centro, con gafas) y Danny Rampling (a la derecha) en pleno baile en Amnesia. © Dave Swindells

El promotor inglés Tommy Mack en una de sus fiestas en KU en 1989. © Dave Swindells

Uno de los productores pioneros del house británico, Adamski, autor del hit «Killer», bailando en KU.
© Dave Swindells

Tanit desnudo en KU, durante la fiesta apoteósica que se relata en el libro. © Dave Swindells

Es Paradís a finales de los ochenta con su mítico interior de estética romana y sin techar (todavía). © Dave Swindells

Escena de la heterogénea pista de un Pacha sin techo (1989). © Dave Swindells

Los medios sensacionalistas ingleses empezaron pronto a vilipendiar a la isla y a mostrar su cara más morbosa. En la foto alguien lee en Café del Mar el periódico *The Sun*. En portada: «Peligro para la juventud en la isla de las drogas». © Dave Swindells

Jno de los pocos privilegiados en ser invitado a pinchar en la cabina de Café del Mar, Paul Daley (mitad de etfield, tras el plato) junto a un joven Phil Mison (en el centro de la foto) y el anfitrión, José Padilla (a la derecha). © Adrian Batty

Ministry of Sound hizo una de sus primeras incursiones en Ibiza con su fiesta Open All Hours, en una coproducción con Moon Dance de José Padilla (izquierda), y con DJ Harvey (a la derecha) y Billy Nasty (arriba) como residentes. © Foto cedida por José Padilla

Madchester también aterrizó en la isla de la mano de New Order, Sham 69 o Happy Mondays. Nótense las erratas «Okenfield» o «San Raffael».

Shawn Ryder (a la izquierda) de la banda de «Madchester» Happy Mondays junto a Javier Anadón en Café Mambo.
© Foto cedida por Café Mambo

El BBC Radio 1 Weekend fue un reclamo para el turista inglés desde su desembarco en Ibiza y encontró en Café Mambo uno de sus lugares favoritos. © Foto cedida por Café Mambo

Los aviones sobrevolando Space era una estampa habitual, ya que el club estaba a 4 km del aeropuerto de Ibiza (DC-10 lo supera estando a escasos 2 km). © Foto cedida por Space Ibiza

La cabina en la terraza de Space estuvo al principio en un rincón dentro del bar. Fue a Carl Cox en 1996 a quien, con motivo de un BBC Radio 1 Weekend, se le encargaría diseñar una cabina «decente». © Foto cedida por Space Ibiza

Carl Cox no empezaría como promotor en Space hasta 2002, y desde entonces fue santo y seña del club de Pepe Roselló hasta 2016: quince temporadas de éxito sin interrupción. Este fue su primer *flyer*.

La terraza de Space fue evolucionando poco a poco: se fue protegiendo del intenso calor, se mejoró el sonido y se incorporó performance artística hasta su definitivo techado en 2003, cuando dio el salto a macrodiscoteca. © Foto cedida por Space Ibiza

Las Puertas del Cielo, en la escarpada costa de Santa Inés, fue una de las localizaciones más espectaculares de las raves. El equipo de sonido lo tenían que transportar por mar. © Ronnie Randall

El *Dream Team* de las fiestas «en el campo» en casa de Lenny Ibizarre (sentado, a la izquierda) en Es Cavallet. A la Izquierda Sola y Eva Pacífico. En el extremo derecho Miquel Maymó. Aparecen también DJ Malte y Juan Verdera, entre otros. © Ronnie Randall

a Troya vivió su periodo dorado con DJ Oliver a los platos. En la foto apreciamos una terraza de Amnesia emicubierta y todavía abarrotada por la mañana. © Foto cedida por Oliver Azor

Manumission sentó un precedente que luego sería copiado con más o menos fortuna: el escenario, el espectáculo y la mezcla de disciplinas —circo, teatro, música en directo, cabaret...—. En el fondo, desenfocado, vemos a Mike Mckay *on fire*. © Victor Spinelli

La dupla de dúos Claire Davis & Mike McKay en la dirección artística y Dawn Hindle & Andy McKay en el marketing consiguieron llenar Privilege, el club más grande del mundo, durante más de una década. © Victor Spinelli

rankie Knuckles llegando en Cadillac a Pacha para actuar en una de las fiestas de la promotora Renaissance circa 2000). El cambio de milenio marcaría una nueva época de esplendor del club ibicenco. © Rob Farrell

ocoon llegó a Ibiza y le dio un soplo de aire techno a una escena monopolizada por el house (y algo de ance), con Sven Väth (en primer término) como anfitrión e invitados habituales como Richie Hawtin (en egundo término), que tuvo en Cocoon una residencia hasta que decidiera dar el salto con su propia fiesta nter. © Jordi Gómez

David Guetta (izquierda) con su fiesta F*** Me I'm Famous y el tristemente fallecido Erick Morillo con sus Subliminal Sessions (derecha) fueron dos de los estandartes de la época dorada de Pacha en la primera década del 2000. © Jordi Gómez

Luciano hizo de bisagra entre el minimal y el tech-house. Sus exitosas residencias en Cocoon y Circoloco le llevaron a tener dos fiestas propias semanales en Pacha con Vagabundos (foto) y en Ushuaïa como Luciano & Friends. © Charles Turner. Foto cedida por Vagabundos

ؚeth Troxler (izquierda), Jamie Jones, Damian Lazarus, Felix da Housecat (derecha), residentes del DC-10 con
ﾍndrea Pelino (con gorra hacia atrás). El modelo y los *line-ups* de Circoloco son únicos en Ibiza... y en el mundo.
) Jordi Gómez

Ibiza Rocks Hotel sienta un precedente en el negocio de la hostelería, con un cambio a la fiesta diurna y la
introducción en la isla de la música en directo (aunque se vieron obligados a dejar de programar conciertos por
notivos legales). En la imagen, New Order actuando en 2012. © Isa Flores «La Skimal»

DJ Harvey durante una de sus *all night longs* en la pequeña pista de Pikes. Los lunes en Mercury Rising han sido una cita de culto para los amantes del sonido Balearic. © Isa Flores «La Skimal»

WooMooN recupera el espíritu «hippie chic» de Ibiza y mezcla performance, arte, espiritualidad y electrónica con músicas del mundo y el recientemente denominado «desert house». © Valya Karchevskaya. Foto cedida por WooMooN

En elrow no se escatima en atrezzo y performance desenfadada para lograr una nueva interacción con el público. © Andrei Oprescu. Foto cedida por elrow

La joya de la corona del emporio de Abel Matutes, Ushuaïa Ibiza Beach Hotel, con su maquinaria a pleno rendimiento durante Ants, una de las fiestas de la productora de Yann Pissenem (The Night League). © Roberto Castaño. Foto cedida por Ushaïa Ibiza

Flyer del concurso «Summer Girl» en KU con un premio nada desdeñable de 200.000 pesetas para la ganadora.

Flyer de Amnesia de 1989. Camino a las nubes.

A principios de los noventa, A Man called Adam fueron habituales de la isla junto con Rampling y el añorado Andy Weatherall, en una de las primeras promociones inglesas: «Ibiza 90».

Kylie Minogue encabezando un cartel de Cream en el recién inaugurado Privilege (ex KU), junto a Boy George, habitual de Ibiza, y Andy Carroll. El residente César de Melero aparece como «DJ Ceasar».

Unos jóvenes The Prodigy actuarían por primera vez en la isla en 1994. Y justo después, «la fiesta de la espuma».

La precuela de La Troya empezaría en Privilege de la mano de Brasilio de Oliveira. Luego pasaría a llamarse «La Troya Asesina», para acabar en el actual «La Troya», después de un periplo de registro de nombres y juicios con los dueños de Privilege, primero, y de Amnesia, después.

La promotora Renaissance desembarcaría en Ibiza en 1996 y se asociaría con la prensa especializada inglesa, como *DJ Mag* o *Muzik*. Durante esos primeros años no aparecían DJs en sus *flyers*; la marca de la promotora era suficiente. Nótese que el concepto de «renacer» y la mariposa es parecido al de Cocoon.

Cartel de Daft Punk en su primera actuación en Ibiza en 1997. Los promotores eran Cathy y David Guetta, que, además de su faceta artística, fue desde sus inicios en la isla un hombre de negocios.

Los superheroes Mike & Claire acompañados de iconos de la contracultura británica como Howard Marks (Mr. Nice), Kris Needs e Irvine Welsh en 1999.

Defected empieza Glitterbox en el extinto Booom Ibiza en 2014. Luego pasaría a Space y, tras su desaparición, a Hï Ibiza. La fiesta recupera la excentricidad de las drag queens, el disco y el house clásico, que remiten a Studio 54 o al Paradise Garage.

We Love Space fue durante años una de las pocas promotoras que se atrevieron a programar contenidos diferenciales y arriesgados. En este *flyer* uno de sus *all time highlights*: Aphex Twin.

Lo que sería la semilla de We Love, la versión ibicenca del club con sede en Londres y Sídney, Home, con una programación de 22 horas seguidas en Space Ibiza.

narse. En Inglaterra, todas las raves habían sido clausuradas, la libertad coartada, los *sound systems* cerrados a cal y canto; que si no podías hacer esto, que tampoco podías hacer aquello... Eran los años de la Thatcher. Así que todos los promotores de raves y clubs y todos los *clubbers* oyeron hablar de un lugar llamado Ibiza, donde sonaba algo que se llamaba Balearic, pero sobre todo que era un sitio en el que reinaba la libertad, que era lo que brillaba por su ausencia en Inglaterra, donde lo cerraban todo y todo era ilegal.

Lo bueno de Nicky [Holloway], Danny y Paul es que tenían voz. La mayoría de *clubbers* que volvían se lo contaban a sus amigos, pero a ellos, que ya tenían fama de ser buenos DJs en Inglaterra, cuando hablaron de ello, los escucharon. Fueron los que marcaron la tendencia, los prescriptores.

PEPE ROSELLÓ: La gente de aquí está a matar con los DJs ingleses, que les han comido el terreno y les han quitado el trabajo. Pero es que vienen mucho más preparados, porque allí tienen acceso a una música que los DJs de aquí no tienen. Ahí es cuando empieza todo este movimiento, con Nicky Holloway y toda esa gente, que empiezan a frecuentar la isla y descubren que aquí hay libertad. Bueno, para ellos, sí, porque a las 10 de la noche en el Londres de la Thatcher ya no había nada.

JUAN ARNAU: Margaret Thatcher era peor que Franco. Era muy dura con los clubs de música electrónica, las raves y los festivales, y a los ingleses no les quedaba más remedio que ir a Ibiza. Parece mentira que sociedades tan avanzadas como la belga o la inglesa tuvieran que venir a Ibiza, a España —que acababa de salir de una dictadura— a desfogarse. Eso fue gracias a Franco, pero nadie lo dice.

ANDY CARROLL: Cuando tenía dieciséis años, con unos amigos de la escuela montamos un equipo de discoteca con unos platos. No había Technics por aquel entonces, y no teníamos nociones de platos profesionales sofisticados, así que nos limitamos a ir un sitio donde reciclaban equipos y pillamos unos viejos gramófonos y los colocamos sobre los mejores soportes de madera que encontramos, les añadimos componentes electrónicos y nos montamos nuestro propio *sound system*. Lo queríamos para nuestro espectáculo itinerante, nuestra disco punk-rock. Total, que nos pusimos a trabajar después de la escuela para comprarnos discos y empezamos a pinchar y a montar fiestas, y yo me convertí en un mini promotor.

Cuando dejé de hacer de mánager del grupo, me puse a pinchar y acabé poniendo música regularmente en un club nuevo de Liverpool que se llamaba Brady's, que abrió en el mismo local que Eric's. Era el mismo club, pero con un nombre diferente. Solíamos beber y fumar un montón. Estábamos metidos hasta el tuétano en el rock y quedábamos para ver a grupos como Bauhaus, Magazine, Siouxsie and The Banshees, Billy Idol... Recuerdo una fiesta en una casa adosada que era propiedad de Virgin. Montaron la fiesta en la planta del medio, donde estaba todo el equipo para prensar vinilos. Arriba, en el tercer piso, estaba John Anderson de Yes. Recuerdo despertarme al día siguiente en el salón, sobre el que parecía que acababa de caer una bomba, porque estaba repleto de cuerpos que se habían desplomado. En una esquina, había un tipo envuelto en sus papas. Y de pronto aparece el de Yes, que se lo queda mirando todo desde la puerta, y suelta: «En todos mis años de rock and roll jamás me vi en la tesitura de tener que echar a semejante grupo de despreciables cabrones».

ANDY MCKAY: El caso es que, por cuestiones que no vienen al caso, empecé a disponer de más tiempo y decidí montar una fiesta con mi hermano en Manchester. Nunca pensamos que acabaría siendo un trabajo a tiempo completo, sino algo que tenía que durar doce meses. Era la época en que Manchester atravesaba ese periodo tan excitante que fueron los ochenta y los primeros noventa.

ANDY CARROLL: Tuve unas experiencias loquísimas en clubs. Fuimos los primeros en pinchar house en el centro de la ciudad; fuimos como los pioneros de la nueva música. Y cuando todo estalló, la policía empezó a perseguir a todo el mundo, e incluso a pinchar teléfonos. A mí también me seguían y tenían mi casa vigilada, y acabaron por acusar a nuestro club de ser el epicentro de los problemas de la ciudad, y nos lo cerraron.

DJ OLIVER: Yo por entones hacía mi música. Sobre el 88 había un programa de cuatro pistas para [Commodore] Amiga 1200 llamado Optamet que sonaba a latón. En ese momento yo trabajaba en Barcelona llevando las luces de la discoteca Barçalles de Martín [Ferrer].

DAWN HINDLE: Debió de ser en 1985 cuando decidí irme a Manchester. Tomé esta decisión por la música, que me influyó muchísimo. Fui a Manchester por The Haçienda; era una habitual de The Haçienda, y de hecho, decidí estudiar la carrera en Manchester por las fiestas que se montaban allí [risas]. Fue entonces cuando a la ciudad empezó a conocérsela como «Madchester»; eran los tiempos de la escena acid house. Luego, el máster lo hice en Londres. Mi futuro era ser arquitecta.

ANDY CARROLL: En el 88, Paul Oakenfold y Danny Rampling me invitaron a Ibiza, pero me fui a Nueva York, que es adonde había ido mi socio en esto de pinchar... Luego me di cuenta de lo que me perdí, porque en el 88 Ibiza era una locura, pero cuando finalmente fui, supe que en Ibiza cualquier momento es bueno.

DJ OLIVER: En el año 89 se hizo una obra de remodelación en KU para colocar una cúpula en la parte de arriba del techo y cumplir así con la normativa de salas de fiestas. Hubo un temporal y el viento la derribó y se destruyó media discoteca. Entonces, los dueños decidieron no seguir más con KU.

PEPE ROSELLÓ: Los políticos nos obligaron a cubrir las salas de fiestas. Amnesia tuvo que hacerlo, y nos vimos obligados a adaptar la terraza de Space a la nueva ley. KU también tuvo que hacer toda la cobertura, y después de eso ya no les fue tan bien.

JUAN SUÁREZ: Los políticos nunca han entendido lo que es la música, y mucho menos en Ibiza. Les ha faltado muchísima cultura musical.

Nunca entendieron la música electrónica ni los *afters*. No entendieron nada y han regulado siempre a destiempo. Con respecto a la música, es imposible hacerlo peor, con reglas y normas que no eran adecuadas para el momento ni la situación, y que luego se han tenido que reformular. El gran ejemplo lo tienes a principios de los noventa en KU y Es Paradís. Eran las discotecas más bonitas del mundo —no he visto clubs más bonitos—. Es Paradís era una discoteca preciosa, con las columnas en el jardín; era un templo romano. Pues bien, decidieron que había que cubrir las discotecas al aire libre, que todas tenían que llevar techo y quedar cubiertas.

PIPPI: Viví los últimos días de KU, cuando fueron los primeros DJs internacionales a pinchar, poco antes de que cerrara el club. Estuve aquella noche y fue una maravilla, por supuesto. Estuvieron pinchando Sasha y Laurent Garnier. Hicieron dos fiestas. Tenían una frescura... Ponían unas cosas que no conocía. Los dos venían de pinchar en The Haçienda.

CARL COX: Recuerdo estar en KU una vez que habían invitado a Sasha a pinchar, aunque no se lo pusieron fácil. El público español no lo entendía, y tampoco había muchos ingleses. Pero tenía que pasar, que todo cambiara, y gracias a ello ahora tenemos la escena que tenemos.

PIPPI: KU fue una pasada, pero terminó con una derrota: quebró. Así terminó.

BRASILIO: Nos obligaron a cerrar el KU por cuestiones políticas: siempre ha habido una mano negra que ha querido que fuera así... Por aquel entonces el KU había ganado la Medalla al Mérito Turístico, y los establecimientos turísticos podían acceder a un préstamo... KU podía beneficiarse de ello, porque era uno de los bastiones del turismo de Ibiza, pero, en el último momento, el director del Banco de España no firmó el préstamo y decidimos que era mejor cerrar. Cerró en 1990.

PIPPI: Cuando KU cerró, estuve pinchando la siguiente temporada

—el verano del 91— en Amnesia, que inició una nueva etapa con Martín Ferrer como dueño. Estuve ese año y luego ya pasé de Martín Ferrer porque era un sinvergüenza. Bueno, es lo que es.

PITI URGELL: A Martín lo saqué de la discoteca Balalaika para que me hiciera de DJ suplente en la cabina del Pacha de Sitges. Cuando me vine a Ibiza, Martín se quedó allí de director en Sitges. Un tiempo después, mi hermano le enseñó la Atlántida, la discoteca que luego se quedó. De primeras, pensaron que la Guardia Civil pondría problemas ahí... pero como él es un mafioso, pagó a la Guardia Civil e hizo lo que le dio la gana. Y fastidió a Pacha. A este tipo lo tengo cruzado, porque fui yo quien le dio de comer y ha sido un traicionero de cojones. Llamaba a la Guardia Civil para que viniera a Pacha a fastidiar y pagaba a los gitanos para que arrancaran nuestros pósteres... Te podría contar de todo. Si me lo cruzo ni le miro.

BRASILIO: Cuando KU cerró, me fui a Italia, a Roma, a dirigir cinco locales, pero no corté totalmente con Ibiza, porque cada año venía a hacer mi fiesta de Brasil. Me fui porque KU estaba cerrado, pero parte de mi corazón se quedó allí. Yo en principio no quería ir a Roma, pero me ofrecieron un contrato en blanco. ¿Entiendes? ¡Roma!, la ciudad eterna. Y entonces cogí los cinco mejores clubs de Roma y me encargué de llevarlos.

MARK BROADBENT: Conocíamos la escena acid house y solíamos ir a The Haçienda y a todos los clubs de Manchester de los ochenta, pero el panorama se volvió peligroso. Había gente armada y los disparos eran frecuentes, y también llegaba gente en coche a los clubs y los incendiaba. En los noventa, Manchester empezó a estar controlada por las bandas. Algo que era muy bonito cuando empezó, donde reinaba un ambiente de comunidad en los clubs, se volvió peligroso. Así que dejamos de ir. A veces íbamos a Leeds, a un club que se llamaba The Orbit, pero decidimos empezar a ahorrar para poder viajar. Conocí a Sarah con diecisiete años y empezamos a viajar con veinticuatro. Nos pasamos siete años en Asia.

DAWN HINDLE: Estaba muy metida en la escena rave del acid house del principio porque era original y única. Era todo un movimiento social en el Reino Unido; era revolucionario, como una especie de nuevo culto. La gente quedaba en las estaciones de servicio de la autopista y de allí iba a las fiestas y se ponía hasta arriba de drogas. Era cuando explotó el éxtasis, la época de «Voodoo Ray» [A Guy Called Gerald]... Solíamos ir a las primeras raves del norte. También iba mucho a las fiestas de la escena gay, como Flesh[107] en The Haçienda. La escena gay era superimportante en Manchester. Estaba creciendo y había un montón de buena música que salía continuamente.

ANDY CARROLL: El motivo por el que tardé unos años en ir a Ibiza era porque estaba desbordado. En aquel entonces, teníamos el sello Olympic Recordings, una productora, una empresa de *management* y además llevábamos varios clubs. Arrancamos un sitio que se llamaba The Underground, y también Quadrant Park —era algo indescriptible—, y luego se sumaron algunos clubs más. Trajimos a Alfredo a Liverpool, al club 051 a finales del 91, y yo licencié su primer disco[108], que sacamos en Olympic.

ANDREA PELINO: Conozco Ibiza desde hace mucho tiempo, todos mis amigos iban allí cuando yo era muy joven. Hacia el año 91, toda la buena gente empezó a hablar de ello. Es cuando empezaron las raves y los *afters* en Italia. Yo empecé a ir a Ibiza de vacaciones, desde el 91 al 99. Al principio iba para los *closings* y para pasar unas semanas con los amigos. Vivía en Módena, Italia, y montaba fiestas en clubs, raves y *afters*. Era uno de los principales promotores de Italia y hacía raves para diez mil personas. A la primera grande que monté, me traje a The Prodigy. A Frankie Knuckles lo trajimos a Italia por primera vez

107. Fiesta de ambiente gay y *queer* que se celebró en The Haçienda el último miércoles de cada mes, desde 1991 hasta el cierre del club, en 1997. Actuaron en directo artistas como K-Klass, Darryl Pandy o Army of Lovers, entre otros. Entre sus DJs residentes estaban Tim Lennox, Dave Kendrick, Kath McDermott, Paulette o Princess Julia.

108. Alfredo, *Inspiration* (Olympic Recordings, 1992).

en octubre del 91. Monté un club cerca de Florencia, que era un proyecto muy grande con la gente de Def Mix: Judy Weinstein, Frankie Knuckles, David Morales, Hector Romero, Satoshi Tomiie. Esto era los sábados por la noche, y los domingos por la mañana, a las siete, cuando el club cerraba, me iba de Florencia a Riccione a otro club que se llamaba Club 99, que abría de las seis de la mañana a las doce del mediodía. Duró del 93 al 99, cuando la policía cerró el local y nos quitó la licencia. Entonces, decidí irme a Ibiza.

SARAH BROADBENT: Tenemos amigos que vinieron a Ibiza del 89 al 91.

MARK BROADBENT: Vinimos a Ibiza por casualidad. No fue premeditado. Para mí, no tenía ningún interés. Creía que Ibiza estaba acabada y que nadie iba a Ibiza después del 89, así que cuando supimos del rollo de la isla a finales de los ochenta pensamos que nos lo habíamos perdido. La primera vez que supe de Ibiza y me interesó fue a través de *A Short Film About Chilling.* Charlie Chester estaba de gira con su sello Flying Records cuando se rodó el documental.

CHARLIE CHESTER: En Londres teníamos la tienda de discos [Flying] y hacíamos nuestras fiestas, y en el 91 y el 92 decidimos ir a Rímini, que conocíamos por la revista *i-D*. Así que nos fuimos allí y acabamos participando en Circoloco, con Cirillo[109] y Ricky Montanari[110], de los que

109. Carlo Andrea Raggi, alias Cirillo, es una de las principales figuras del techno italiano. Ha pinchado a lo largo y ancho de todo el mundo junto con Carl Cox, Sven Väth, Fatboy Slim, Luciano, Ricardo Villalobos, Loco Dice o Paul Van Dyk, y es uno de los residentes más longevos de Circoloco. En Riccione, Italia, Cirillo es residente del Cocoricò, club que funciona desde los años noventa. Es también un reconocido productor de techno, trance, acid y house.

110. Nacido en Rímini, Ricky Montanari comenzó su carrera como DJ en los años ochenta en algunos clubs de la Riviera Adriática, como el club Peter Pan de Riccione. En 1988 entra como DJ residente del Ethos Mama Club en Gabicce Mare, y de los primeros *after hours* italianos: Diabolika y el célebre Vae Victis, que *DJ Mag* eligió como uno de los mejores clubs del mundo. En paralelo, arrancó su carrera como productor, bajo alias como Optik, Omniverse, Riviera Traxx, Dreams Unlimited o Key Tronics Ensemble, entre otros. Ha pinchado por todo el mundo, desde Nueva York hasta Tokio, Londres, Manchester, Ámsterdam, Singapur, Montreal, Barcelona, París, Múnich o Ibiza.

acabamos siendo buenos amigos, y que hoy en día son como hermanos. Nueve años después, acabé trabajando en Circoloco.

ANDREA PELINO: Entre finales de los ochenta y principios de los noventa, la zona de Rímini / Riccione era increíble: los clubs, el glamur, el estilo de la gente, la moda... Fue una buena manera de arrancar la escena en el continente Europeo tras la eclosión del *clubbing* en Inglaterra. Había muy buenos DJs que se involucraron. Para mí, fue el comienzo de una nueva etapa, porque antes había estado demasiado metido en eventos muy grandes. Cuando empecé en el Club 99 los domingos por la mañana, estaba en otro planeta. Allí arrancó algo increíble, imposible de olvidar. Algo parecido me pasó diez años después en el DC-10. El Club 99 era el mejor *after*; ir de sábado a lunes era lo más —iba gente de toda Italia y de todo el mundo—. Recuerdo bailar con Jamiroquai y otros artistas loquísimos a finales del 91 o 92. Todos los clubs cerraban a las cinco o las seis de la mañana, así que la gente, currantes, *clubbers* y DJs se iban todos para allí. Fue algo increíble lo que pasó en Rímini en aquel momento. Fue la mejor época de mi vida. Musicalmente hablando, Rímini era diez veces mejor que Ibiza. Después del Paradise Garage y Studio 54, están Bob y Tom, dos DJs del Baia Imperiale[111] de Gabicce, un sitio muy famoso. Viajaban a Nueva York para pillar los discos que ponía Larry Levan y volvían a Rímini para pincharlos en el club. Fueron los que empezaron todo el rollo en Europa, tras Larry Levan. Están al mismo nivel que The Haçienda.

BILL BREWSTER: Recuerdo leer un artículo en *The Face* en el año 90 o 91 sobre un viaje que organizó Flying Records a Rímini. A partir

111. Situada en Gabicce, cerca de Riccione, Baia Imperiale es una colosal discoteca con capacidad para quince mil personas, con zonas cubiertas y descubiertas, que reproduce la arquitectura de los templos de la antigua Roma. Inaugurada en 1974, entre sus primeros DJs residentes pincharon los americanos Bob Day y Tom Season, que viajaban mensualmente a Nueva York para comprar discos para sus sesiones. En 1977 abandonaron la cabina de Baia Imperiale y fueron sustituidos por los entonces jóvenes DJs locales Claudio «Mozart» y Daniele Baldelli, legendario selector que es considerado el padre del «cosmic disco».

del 90, parecía que la prensa musical empezaba a ver Rímini como la nueva Ibiza. Pero mientras Ibiza se fue haciendo cada vez más grande, Rímini, como otros destinos, cayó en el olvido. Así que acabó siendo un destino importante solo para los italianos.

DJ OLIVER: Me vine a Ibiza para buscarme la vida, casi a la vez que Paco Osuna, que lo conocía de Barcelona. Ibiza es la isla de las oportunidades, y con lo poco que sabía —tenía un curso de iluminación y algo de experiencia en Barcelona—, me vine para acá. Cuando llegué en el 92, mi primera sensación de la isla fue la de una gran libertad. Nadie se fijaba en cómo vestías o si te ponías en *topless* o desnudo en la playa. Era algo muy normal. Yo entonces era un niñato y flipaba. Para mí fue un descubrimiento a lo grande y a lo bestia. Me costaba asimilarlo porque todo era demasiado liberal, en todos los sentidos. Es algo que hoy se ha perdido por completo. Todo era alegría, amor, paz y respeto. Los complejos no existían. Cada uno podía hacer lo que quisiera, nadie se metía contigo. Por entonces, ya se hablaba de toda la movida de Ibiza, de las discotecas y demás, aunque en aquella época Valencia iba por delante en España, con la Ruta del Bakalao. Todo el mundo quería trabajar en Ibiza. Si decías que trabajabas en Ibiza —en Pacha o en KU—, tenías automáticamente trabajo en los mejores sitios, los mejores hoteles o clubes de todo el mundo, durante todo el año.

PITI URGELL: José Padilla nos trajo a los primeros promotores: Bistro Sound. Dijimos, «vamos a ver, vamos a probarlo». La primera noche: tres puertas rotas y gente tirándose por la ventana, todos borrachos... Dijimos, «no, no, no vamos a hacerlo más... Bueno, va, vamos a probar otra vez». Y desde entonces, hasta ahora. Con los ingleses, el cambio fue total, porque los ingleses pagan. A las 00:30 no había nadie en la puerta —se veía la entrada vacía—, pero es que ya estaban todos dentro de la discoteca, ¡consumiendo!

BEN TURNER: La BBC arrancó el Radio 1 Big Weekend en Ibiza, que lo petó. Pete Tong era muy influyente, y empezaron clubs ingleses como Cream, Ministry of Sound, Manumission... La escena se volvió enorme. Por aquel entonces lo estaba documentando todo para la revista y en el 99 publiqué un libro sobre Ibiza[112]. Estábamos haciendo mucho marketing en la isla con la revista, y muchos de los anunciantes eran de Ibiza, así que fue una parte importante de la revista. Luego hice cuatro programas de televisión para la BBC en Ibiza. Quería difundir la isla entre la gente y comprender por qué era tan mágica.

ANDY CARROLL: En octubre de 1992 nos juntamos Darren Hughes, James Barton y un servidor, y montamos Cream. Recuerdo que les dejé quinientas libras para poder arrancar, porque por aquel entonces era un DJ muy solicitado y me ganaba muy bien la vida. Fue nuestro entusiasmo y amor por la música lo que motivó el club. Empezó porque queríamos tener un lugar para que nuestros amigos y nosotros pudiéramos liarla y pasarlo bien. No esperábamos ni remotamente que tuviera el éxito que tuvo, pero parece que teníamos buen gusto: a la gente le gustaba lo mismo que a nosotros.

MARK BROADBENT: Darren Hughes montó Cream en 1992, y con ello también toda la historia del *merchandising*: los recopilatorios, las camisetas y chaquetas y cosas así, que empezó en Inglaterra en el 93. Cream y Ministry of Sound eran las dos marcas de clubs que cambiaron por completo la cara del *clubbing* británico y lo transformaron en lo que es ahora. Antes, la gente salía el sábado por la noche para ligar. No era guay ir a un club nocturno. Darren Hughes fue el principal artífice que cambió el panorama del *clubbing* moderno, especialmente en el norte de Inglaterra.

DAWN HINDLE: La primera vez que oí hablar de Ibiza fue probablemente en 1993. O sea, ya conocía el tema por algunos artículos de prensa, pero no era algo que estuviera en mi radar. Tenía dos amigos

112. *Inspired Images of Ibiza* (Ebury Press, 1999).

que hacían *body painting* en nuestras fiestas que se fueron de luna de miel a Ibiza. Eran dos tipos extravagantes y se fueron allí solo por los clubs. Cuando volvieron, estaban en plan, «¡oh, Dios mío! Todo lo que hemos intentado hacer en Manchester está allí, en Ibiza, y está todo abierto y predispuesto. Es un sitio mediterráneo precioso». Claro, viniendo de Manchester, donde llueve cada día, toparte con esa isla paradisiaca y todo el ambiente de libertad... Era muy tentador.

MATT TROLLOPE: En Inglaterra, los promotores alquilaban por un mes o cinco semanas un club en el centro de Londres o en el West End, y abrían los sábados, y aquel lugar se convertía en el sitio al que había que ir. Entonces, otro promotor montaba otro club y todo el mundo iba allí... No hubiéramos ido a Ibiza si no hubiéramos tenido nuestra propia escena, pero supongo que todos los astros se alinearon. Los clubs ingleses contrataban a DJs norteamericanos, y luego te enterabas de que también iban a Ibiza, así que la isla se convirtió en un enclave al que había que ir cada año. Cuantas más veces nos podíamos permitir ir, mejor. De todos modos, tampoco nos quedábamos siempre en Londres. Si había algo en Birmingham o en Manchester o en Leeds, nos movíamos un grupo grande. Recuerdo que íbamos al Miss Moneypenny's de Birmingham, o al Renaissance en algún lugar de las Midlands en medio de ninguna parte, donde pinchaban Sasha y John Digweed. Entonces, tanto Miss Moneypenny's como Renaissance, Clockwork Orange o Cream empezaron a montar sus fiestas semanales en Ibiza, así que también queríamos ir allí y ver a todos los que veíamos en Inglaterra pero en Ibiza. Todo el mundo empezó a gravitar en torno a esta pequeña isla, y todos éramos gente de mentalidad afín.

DANNY WHITTLE: Tras abandonar el cuerpo de bomberos, al año siguiente [1995], mi amigo Geoff Oakes, el propietario de Renaissance —la famosa marca de dance que estaba montando unas fiestas espectaculares en Gran Bretaña—, me preguntó si podía ayudarle con la producción. Si he de ser sincero, me topé con un mundo que no era muy profesional. Vengo de un contexto en plan brigada militar donde me levantaba pronto por la mañana y al final de la jornada el trabajo que me había propuesto hacer estaba terminado a tiempo. Me vi subiendo muy rápido en el escalafón de la industria musical.

PETE GOODING: El primer promotor que me contrató fue Danny Gould de Clockwork Orange, que era la mejor fiesta de Ibiza, en Es Paradís. No me podía creer que un promotor de Londres me hubiera contratado... En mi primer año, conocí a Judge Jules y a todos los grandes DJs, como Brendan Block, Alex P, Jeremy Healy, y acabé invitándolos a pinchar a mi propio club en Birmingham, que lo tuve hasta el año 2000. Así es como me hice un sitio en la industria.

JOAN RIBAS: No solo llegaron promotores ingleses, también llegaron italianos y alemanes. Mira, del progreso solo se puede afirmar que sucede y es imparable. Tiene sus cosas buenas y sus cosas malas, y yo me quedo con las buenas. Principalmente, nos enseñaron cómo debían funcionar las discotecas en la última década del milenio y cómo el DJ debía pasar a ser el centro de la noche. Antes, los DJs ni aparecíamos en los pósteres. Todas esas noches míticas de las que hablamos en los ochenta transcurrieron sin que el nombre del DJ figurara en el póster de la noche. Y eso cuando lo había, que no siempre era así, que muchas noches simplemente se abría la puerta de la discoteca. Como decía Ricardo Urgell, la cabina se ponía donde no cabía una barra. Mucha gente iba a la discoteca y no tenía ni idea de quién pinchaba. Ellos cambiaron todo esto, y los DJs pasamos a ser decisivos. ¿Si nos quitaron trabajo a los de aquí? No lo creo. Antes éramos dos DJs por discoteca y nos comíamos toda la sesión, todas las noches. Las discotecas tenían una sola sala y una sola música. En esa época fue cuando comenzaron a aparecer las segundas salas, e incluso terceras, con diferentes estilos de música. Y cada noche pinchaban tres o cuatro DJs diferentes.

PITI URGELL: El alemán era el que aún se gastaba algo cuando quería chulear, pero el francés, el español y el italiano... Entonces, llegaron los ingleses y ¡pumba, pumba pumba!, a pagar ya en la puerta. Fue cuando empezamos a poder pagar bien a los DJs. Primero a las promotoras, que traían a los DJs, y luego a los Djs, que pasaron de la promotora y se metieron todo el dinero en el bolsillo. Pero nosotros fuimos los primeros en traerlos, por medio de José Padilla, que trajo un año o dos a los Renaissance, Ministry of Sound y Gatecrasher, y yo qué sé cuantos más. Teníamos como tres o cuatro promotores extranjeros y luego hacíamos nuestras fiestas con decoraciones, temáticas...

PIPPI: Cuando cerró Amnesia, Alfredo se fue a trabajar un par de temporadas a Pacha, y luego volví para sustituirlo y ya me quedé. Cuando se terminó Amnesia, se terminó la historia de Alfredo. A partir de ese momento, todo ha sido un *revival*. Hizo un par de temporadas en Pacha, pero no encajó muy bien. Y ahí terminó. Luego ya no estaba presente en los clubs de una forma constante como yo u otros.

CARL COX: Cuando iba a escuchar a Alfredo, solía pinchar pop, pop independiente con house y techno primerizos, todo mezclado. Sus *sets* eran una especie de viajes musicales. Siempre era música no comercial. Se adelantó al futuro y a la música que sonaría en todos los clubs, tiempo después. Al principio, no fue fácil de asimilar.

ALFREDO FIORITO: En el 90 comencé a trabajar en Pacha. Ya lo había hecho en la Semana Santa del 89, pero ese año volví a Amnesia. Pacha me brindó la posibilidad de ser mas profesional y realicé un muy buen trabajo. Ricardo Urgell hacía tiempo que me quería en su club, y cuando lo logró, me dijo muy claramente que quería el ambiente y el público de Amnesia. Querían cerrar la sesión con el club lleno de gente. Y lo logré: para el final del verano, Pacha estaba lleno y el ambiente se había transformado.

CARL COX: Era alucinante. Cuando ibas a Pacha, sentías que había una historia y una evolución muy ricas. Recuerdo a Alfredo pinchar house de Nueva York, de Washington D. C., de San Francisco... Alfredo era un maestro, un genio. Y el sonido de Pacha siempre era buenísimo por el hormigón, porque un sistema de sonido construido sobre hormigón siempre suena muy sólido; las líneas de bajo, la batería, todo... Y el sitio era increíble, aunque con un rollo un poco más vip. Tenías que tener pasta para poder disfrutarlo.

ALFREDO FIORITO: Y ya en el 91 Pacha era el club de moda. Trabajé allí durante tres años y luego estuve en Space, que fue cuando volví a pinchar al aire libre. Allí aprendí mucho en lo que respecta al trabajo y organización de una discoteca. Más adelante estuve en Manumission, We Love Sundays y Carry On. Y seguí viajando y conocí medio mundo. Lo sigo haciendo.

PEPE ROSELLÓ: Pacha forma parte del desarrollo de la isla, con todos los honores y todo lo bueno y bonito que le ha dado, pero desde mi punto de vista ha sido más... más de exposición, no sé cómo decirlo. La gente se vestía para ir a Pacha, las chicas se arreglaban... A Space venían con chanclas; esa era la diferencia.

PIPPI: En los noventa se produjo un cambio cuando llegaron los promotores. Es entonces cuando empieza de repente a generarse un circuito y un negocio. Fue el inicio de una nueva era, la era del house. Y no solo vinieron los ingleses, también se presentaron otros promotores, italianos o españoles. Yo traje al primer DJ americano, en el 93 —[Lenny] Fontana—, y luego empezaron a llegar los promotores. Para traer a DJs de fuera teníamos que montar un evento especial, y entonces se empezó a trabajar con los promotores y así poder llenar el local con los ingleses. Ministry of Sound fueron de los primeros, que venían una vez al mes, y luego, en una segunda temporada, ya era un evento semanal. Paralelamente, estaba Made in Italy, con DJs y público italianos —como también era toda la peña inglesa, cuando las fiestas las hacían los ingleses—. Ahí empezó esta nueva tendencia. De este modo, lentamente, se creó esta nueva escena. Ministry of Sound, luego Made in Italy y Moon Dance, que duró una temporada, programado por José Padilla. Invitábamos a DJs como François

Kevorkian, Frankie Knuckles... Solo DJs top. En los noventa solo había un evento o dos a la semana. Aún teníamos el gusto de poder pinchar una noche para nosotros. Los demás días yo abría y cerraba. Así eran los residentes antes —es que no tenías otra opción—, porque al invitado lo tenías que poner en medio, que para eso venía la gente. Pero aun así, eran los mejores días de la semana, porque me lo pasaba pipa y porque los ingleses entendían de música y sentían exactamente lo que yo siento.

DJ HARVEY: Acabé de residente del Ministry of Sound en Londres, y empezó una copromoción con Pacha, con José Padilla y su fiesta Moon Dance. Como ya había sido residente del Ministry en Open All Hours, que era como se llamaba la fiesta de los viernes por la noche, y también de la noche principal de los sábados —con DJs como Tony Humphries y Frankie Knuckles—, me mandaron a Ibiza. En aquel entonces, las noches de los viernes eran más techno, con DJs británicos por la noche. Los sábados eran más de garage norteamericano y house de Nueva Jersey. Como encajaba con los dos, me encargaba de cerrar los *sets*. Me encantaban aquellos tiempos. Era en plan diez días seguidos en Ibiza, con bolos para el Ministry y otros más pequeños entre medio. No era como ahora, que me paso largas temporadas aquí.

PIPPI: Volví a Pacha en el 91 y me quedé allí hasta el 2001. Fue largo y duro, pero para mí fue la mejor época de la historia de la música. Con toda mi experiencia, creo que los noventa no se volverán a repetir jamás. Fue la década que tuvo la mejor música para bailar, porque la música tenía un mensaje. El house marcó una época que jamás se repetirá, nunca. Los productores entonces tenían la capacidad y el espíritu para hacer buenas canciones, con buen *groove* y que eran pop y a la vez adaptadas para la discoteca; eran temas para pasarlo bien y para entrar en los *charts*, también. La gente que producía en los noventa era única. Marshall Jefferson... todos los grandes que inventaron todo; todo lo de Chicago, Detroit... Masters at Work me influenciaron mucho.

CARL COX: Pacha ha sido definido como un club de música house para vips. David Morales, Satoshi Tomiie, Frankie Knuckles... Era el sonido del sello Def Mix de Nueva York, que era maravilloso. Era increíble que los neoyorquinos vinieran a Ibiza. No había ningún otro sitio al que ir. No tenías que ir a ningún otro sitio. Seguía pasando todo en Ibiza.

LOUIE VEGA: La gente hablaba mucho de la isla, todo el mundo decía que era un paraíso, con muchas playas bellas y un ambiente intenso y *friendly*, y que todo el mundo gozaba con la música, que flotaba amor en el ambiente y que era mágico. Yo no llegué a la isla hasta el 92. Me trajo mi agente italiana, Francesca, y pinché en Pacha con Pippi. Él fue uno de los primeros DJs que conocí en la isla. Dos años después, conocí a Alfredo y pinché en Space. Recuerdo que pinché con DJ Ralph, un grande de Italia.

VAUGHAN: Estuve bailando durante catorce años en Pacha, hasta que me harté, cuando empezaron a llegar los promotores. Soy incapaz de bailar si no me gusta la música. Así que les dije a Ricardo [Urgell] y a Pippi que por qué no hacíamos algo en la sala de arriba. Queríamos convertirla en una sala funky, y así arrancó The Funky Room. De hecho, se la alquilamos a Pacha por un año. Era *gangstaville*, todo el mundo estaba allí, todos los vip: Dr. Dre, Puff Daddy; todo el mundo venía a The Funky Room. Nos forramos, y Pacha la odiaba. La detestaba. Así que me dijeron que querían devolverle la sala a Manel [Aragonés], y yo en plan, «vale, ¿y si ponemos una pared de quita y pon donde están las cortinas de la sala de abajo y hacemos una sala nueva?». Así es como instigué The Global Room, que duró como unas dos semanas. Desde el principio sabía que la cosa no iba a funcionar abajo, aunque tampoco iba a funcionar arriba, así que acabaron por decirme, «mira, Vaughan, si quieres, puedes volver arriba, y ya nos arreglamos entre nosotros de otra manera». Y yo, «vale, guay».

PHIL MISON: Alfredo, Padilla, Pippi, César... Esos tíos vivieron la época en la que esto era un paraíso y no había ni un solo inglés ni la industria que hay ahora. Imagino lo que debió de ser pinchar aquí en el 86. Antes era un sitio donde la gente iba a pasárselo bien. Ahora hay simposios musicales y bla, bla, bla, y todo está monetizado. No me va eso de las grandes corporaciones. No es mi rollo. Me limito a dejar que la mierda me resbale. Nunca he tenido intención de formar parte del juego de la industria.

VAUGHAN: Vendieron The Global Room a los promotores, así como el resto del club, pero The Funky Room preservó sus raíces, que eran —lo fueron desde el principio— poner música para las chicas. Si pones música y las chicas se ponen a bailar, el resto se suma. Ya han pasado veintidós años y esa sigue siendo la política. Ayer, sin ir más lejos, fue la hostia en el Funky. Ahora lo hacemos los viernes por la noche, pero durante dieciocho años era cada noche, todo el verano.

DANNY RAMPLING: Cuando llegó la industria, pinchábamos en todas esas noches. Pinché en todos los clubs de la isla y tenía residencias en varias fiestas. Tenía una los martes por la noche en Pacha que se llamaba Scandal; creo que fue en el 92 o 93. Recuerdo pinchar con Alfredo una de esas noches de martes y fue muy bien. Las infraestructuras entonces eran mucho más rústicas en comparación con las de ahora. Sí, el nivel del servicio, los hoteles, los bares y los restaurantes ha mejorado mucho. Ibiza es ahora un *melting pot* de dinero. Es un gran negocio, y todos hemos contribuido a forjarlo. En Ibiza las copas siempre han sido carísimas, ahora y siempre. Funciona igual que la inflación.

PIPPI: En el 93 hay un cambio en todos los sentidos... Se instaura el house y todo se transforma en un paraíso del baile. Se pinchaba a todos los reyes de Chicago: a Marshall Jefferson, a Frankie Knuckles... Yo en aquella época tuve la suerte de estar muy bien conectado con las mejores discográficas; las norteamericanas, como Henry Street, Strictly Rhythm, Nervous Records, y las inglesas, como AM:PM, que luego fue Defected. Por entonces yo era el que más controlaba de música house. La industria musical me respetaba mucho porque sabían que estaba en el local idóneo para esa música y era el único que la propulsaba en Ibiza. Entonces la música me llegaba aquí a mí primero. En los años noventa el house puro se ponía en Pacha y la gente venía a ver lo que pinchaba... Jamás me ha vuelto a pasar. Venían todos los empresarios, todos los DJs, y estaban allí, con bolígrafo y papel, y yo encantado de la vida, ¿entiendes? Recuerdo que tapaba las galletas. Venían Danny Rampling, Paul Oakenfold a ver lo que se ponía, y también todos los dueños de las discotecas del planeta. Tomaban notas y luego iban a la tienda de discos y compraban exactamente lo que poníamos. «¿Qué pone Pippi?» o «¿qué pone Alfredo?». Y en las tiendas de discos estaban preparados para eso. De forma directa o indirecta hacían sus *business* a través de nuestro trabajo.

BILL BREWSTER: El turismo de club era algo nuevo en los noventa. Recuerdo cuando despegó Ministry of Sound, allá por el 93, y dos años después de abrir ya no sentías que era un club de Londres. Podías escuchar cómo la gente hablaba en mil idiomas y que habían venido de todas partes para compartir la experiencia del Ministry. Esto arrancó en los noventa, cuando la gente empezó a viajar para ir a clubs. Era algo nuevo. Así que cuando el Ministry y la gente empezaron a interesarse en Ibiza, era más una oportunidad de negocio que el regreso a la patria de los padres.

ANDY MCKAY: En 1994 las bandas locales que controlaban el tráfico de drogas tomaron el control de las puertas de los clubs. Las drogas eran un gran negocio, así que el control de las puertas fue un tema que generó mucha agresividad. Había un montón de violencia relacionada con el negocio ilegal asociado a la cultura de club. Eso fue lo que mató a la escena de Manchester; nunca se recuperó del todo con respecto a lo que había sido. Ese era el ambiente en el que me movía. Iba a The Haçienda en la época en que mataban a porteros, cuando disparaban o apuñalaban a la gente en el club. Ahora se quejan de los problemas que hay aquí [en Ibiza], pero no está de más recordar cómo empezó la cultura de clubs y de las muchas batallas que se libraron y que nunca llegaron a Ibiza, o no de la manera en que se produjeron en otros sitios.

DAWN HINDLE: Era cuando The Haçienda estaba cerrando por todos los problemas relacionados con las drogas. Había muchos problemas con las bandas, cosa que también ocurría en Nueva York y otras partes del mundo. La gente se dio cuenta de que había mucha pasta en la venta de éxtasis para toda una generación de ravers, y esto desencadenó violencia y mucha gente intentó hacerse con el control de las puertas de los clubs y los territorios. La ciudad no estaba preparada para esto; no estaba abierta al rollo de la libertad, que duró solo doce meses. Andy se metió en líos con unos pandilleros. Lo empaparon de gasolina y a punto estuvieron de prenderle fuego. Así que la policía acabó viniendo y cerraron el club donde se hacía la fiesta. A Andy le pidieron que testificara contra el tipo que había intentado matarlo, pero no parecía buena idea, dado que el sujeto en cuestión estaba siendo procesado por otro asesinato. Entonces decidieron que marcharse a Ibiza podría ser una buena idea para huir del mal rollo.

ANDY MCKAY: Creo que Manumission nació cuando en Manchester se acabó la fiesta y empezaron la violencia y las armas. Ser testigo de las agresiones, de según qué actitudes y de la ausencia de buen rollo en los locales —en contraste con la energía vibrante de la zona gay de Manchester— es lo que hizo que me diera cuenta de que era posible organizar fiestas donde no hubiera ese trasfondo de violencia. Entonces, pensé, «¿por qué no hacemos fiestas mixtas, gay y hetero?». O sea, ahora todas las fiestas son mixtas, pero hace veinticinco años no era así. En definitiva, se trataba de hacer algo que no fuera restrictivo y que fuera tolerante. Así empezó la cosa, en enero de 1994, aunque los problemas de Manchester nos perseguían, porque las fiestas empezaron a tener mucho éxito. Y, además, hacíamos un montón de promoción, y tanto las bandas como la gente que quería huir de ellas acabaron por coincidir en nuestras fiestas.

Algo pasó en la puerta del club donde hacíamos la fiesta [Club Equinox] y acabé empapado de gasolina y alguien intentó prenderme fuego. Y si pasa algo así en una fiesta, la semana siguiente la gente ya no viene, o al menos no con el mismo espíritu. Entonces, como no era seguro, decidimos cerrar y venir aquí [a Ibiza] de vacaciones, con mi hermano, con ganas de tomarnos un descanso.

PETER HOOK: Esto pasó en un club muy pequeño de la zona gay de Manchester, en Canal Street. Cuando intentaron hacerse con el control de la puerta del club, él se resistió, lo empaparon de gasolina y lo empujaron escaleras abajo y trataron de prenderle fuego. Ese fue el motivo por el que se fue a Ibiza sin mirar atrás. Obviamente, fue aterrador, pero de algún modo le dio la energía para marcharse a otro sitio, que resultó ser un lugar maravilloso, porque Manchester era muy dura, muy peligrosa en aquel tiempo. Tiempo después, las bandas de Manchester acabaron asentándose en Ibiza, como también las de Liverpool. Cuando estoy en Mallorca, leo en los periódicos sobre las rencillas entre bandas rivales británicas, porque el mercado de Ibiza es muy lucrativo y grande.

DJ OLIVER: Cuando llegué a Ibiza, la escena ya estaba lanzada, aunque los promotores todavía no tenían el poder que tuvieron después. Cada discoteca hacía de promotor; hacía sus propias fiestas y cada una tenía sus dos o tres DJs residentes. Los residentes eran los protagonistas. Eran totalmente desconocidos, pero la gente venía y flipaba con su música, porque el residente sabía qué era lo que tenía que poner: conocía al público, la sala, las dinámicas... Lo sabía absolutamente todo. El DJ residente tenía el poder. Al volver de Ibiza a Barcelona en el 92, empezó mi aprendizaje con el mundo de los vinilos. En aquella época yo era el *light jockey* de KU.

DAWN HINDLE: En latín, «*manumit*» significa «liberar de la esclavitud». El concepto de Manumission era el de liberar a la gente de la esclavitud de la vida diaria y pasarlo bien. Manumission nació para promover el amor entre la gente. Todo giraba en torno a pasarlo bien y montar la mejor fiesta. Pretendía ser el summum de la experiencia festiva. Se montó en la zona gay [de Manchester] para evitar a las bandas, a las que no les gustaba que los vieran con los gays, porque no era muy heterosexual que digamos. O sea, que fue una especie de estrategia que propició muchos personajes gays. Teníamos lo que llamábamos el Divine David Departure Lounge, que consistía en una drag queen que se metía con la peña. Cuando la fiesta estaba en su máximo apogeo, esta drag queen sacaba a la gente de la sala y les hacía el Magical Mystery Tour, y se los llevaba a las fábricas de gas, o los metía en su propio salón, o en la cocina, y les invitaba a que se llevaran lo que hubiera cocinado. Era muy raro, arbitrario y algo surrealista, como un patio de recreo para adultos. Recuerdo una famosa cita del *Guardian* que decía «*clubbing* surrealista para los desencantados habituales», que es exactamente lo que intentábamos hacer, en el momento en que todo eso era nuevo.

ANDY MCKAY: La única razón por la que fuimos a Ibiza fue porque era barato. Por aquel entonces no era caro, porque no era un destino muy conocido; tampoco fuimos por los clubs que había. No tenía nada que ver con hacer negocios. Aquí vinimos de vacaciones, para escapar. Alguien había intentado matarme, así que me vine aquí con mi hermano durante dos semanas. Recuerdo alquilar una *scooter* pequeña y dar vueltas por la bahía de San Antonio. Fue una semana después de pasarme el día tumbado en la playa cuando decidí que quizá valía la pena probar alguno de los clubs, que estaban empezando a abrir. Era junio. Y si me puse a hablar con los responsables de los clubs no fue porque quisiera montar algo allí, sino para no pagar la entrada, porque no teníamos mucha pasta. Así que les decía, «queremos montar una fiesta en Ibiza», pero en realidad no teníamos intención de hacerlo, solo queríamos entrar por la cara. ¡Era una coartada! Por entonces no sabía lo fácil que era entrar gratis en los clubs; solo pagaban los ingleses blancos idiotas; el resto, se tomaba un cocktail en el Dome, o donde fuera, y conseguían entrada gratis. Así que nunca nos pusieron ningún problema para entrar sin pagar. Así es como conocimos los clubs.

DAWN HINDLE: Vine en el 94 con mi marido, Andy McKay. Andy y su hermano Mike vinieron antes porque yo tenía que acabar mi carrera en Londres. No teníamos ni motivos ni experiencia previa para venir aquí. Fue el momento y lugar adecuados que nos ofreció el paraíso. Nos dimos cuenta de que todo lo que habíamos estado buscando estaba aquí, en esta isla. Era el destino perfecto, porque nuestra fiesta iba de liberarse de la esclavitud, y eso coincidía plenamente con el rollo de la isla. Era un lugar muy abierto al cambio y flexible... abierto a todo tipo de gente y culturas. Es muy difícil encontrar un sitio así en el mundo. Así que lo que habíamos intentado hacer en Inglaterra fluyó de manera muy natural hacia Ibiza.

ANDY MCKAY: Al principio, fueron solo unas vacaciones, pero me entró el gusanillo: «¡Este tiene que ser el hogar de Manumission!», pensé. Así tenía que ser. Era todo aquello por lo que habíamos estado luchando en Manchester. Aquí había libertad, y nos dimos cuenta de que las fiestas que queríamos montar en Manchester las podíamos montar aquí muy fácilmente, y nadie más estaba haciendo algo así aquí en los clubs; quiero decir, en el sentido de que, como promotor, era muy fácil llegar y llamar la atención. Todo el mundo se pasaba el tiempo en Sa Trinxa, en la playa de las Salinas; todos los promotores se pasaban allí el día. Hay que recordar que en aquellos tiempos no había móviles —no existían en la isla—, así que todos nos dejábamos caer por Sa Trinxa y nos encontrábamos allí.

JOSÉ MARÍA ECHÁNIZ: Yo era muy amigo de Santamaría, Gorri e Iturrioz, los dueños de KU. Ganaron mucho dinero, y se lo gastaron todo. Gastaban mucho en invitar, en cosas que, bueno... Allí no pagaba nadie, ni las copas ni nada. Y había mucho vicio. Por eso era tan famoso, era la leche. Llevaron la isla de Ibiza a ser un referente en el mundo, pero ahora ya nadie se acuerda. Les obligaron a cerrar. Se gastaron seiscientos millones de pesetas —que son unos cuatro millones de euros— en la reforma de la cubierta de la discoteca. Se lo quitó todo el banco, y se arruinaron. Cuando la iban a perder, hablé con ellos y me dijeron, «nosotros ya la damos por perdida», y entonces fui a Ibiza y compré el 45% de la empresa. Los Matutes entraron conmigo en la sociedad, con su empresa Suministros Ibiza, y se quedaron otro 45%. Y otro socio compró el 10% restante. Como mis socios no quisieron llevarlo, me vine a Ibiza para encargarme yo.

ANDY MCKAY: Hay que tener en cuenta que, por aquel entonces, el techo de KU se había caído y la empresa estaba en quiebra. Antes de eso, era un desastre, pero como era un lugar tan querido, Brasilio lo volvió a levantar.

BRASILIO: Abel Matutes compró el KU y me vino a buscar a Roma. Reabrí el KU y funcionó muy bien. Después se pelearon los socios, Abel Matutes con los vascos... Entonces fue a subasta y lo compraron por nada: compraron el 45% Abel, y el 45% un subastero, José María Echániz.

DJ OLIVER: Empezaron con la discoteca desde cero y necesitaban un montón de personal. Ahí conocí a Brasilio. Él estaba en Roma y lo llamaron para que volviera a llevar el club. Había sido el director artístico y también relaciones públicas. Allí coincidí con él y con César de Melero.

DAWN HINDLE: Estando yo en Inglaterra y Mike y Andy en Ibiza, les envié un fax con todos los recortes de prensa que salieron cuando *DJ Mag* nos nombró a Manumission «mejor fiesta del Reino Unido». Solíamos pasarnos el tiempo en los clubs. Fuimos a Pacha y nos ofrecieron hacer una noche al mes. Entonces, en Privilege —que por aquel entonces se llamaba KU—, Brasilio nos ofreció una noche a la semana. Pacha era el lugar clave del momento y funcionaba muy bien, y KU acababa de reabrir tras la caída del techo. Creo que estuvo cerrada doce meses porque nadie quería reparar un hangar de aviones. ¿Cómo ibas a meter a ocho mil personas en ese club? Entonces, Brasilio nos ofreció una fiesta semanal, los lunes, que coincidía con una fiesta de Pacha que se llamaba Black and White, y nosotros en plan, «joder, menuda noche nos ha tocado montar». Pero lo hicimos, porque queríamos estar aquí todo el verano. Fue el comienzo de los promotores. Había clubs y eventos que competían, y las fiestas siempre eran temáticas, como Mr. y Miss Pacha, o las fiestas de blanco de KU, donde todo el mundo se vestía de blanco. Eran eventos promocionados internacionalmente. Supongo que fuimos de los primeros que trajeron de fuera para promocionar de manera diferente, porque aquí no tenían las habilidades necesarias.

PAUL OAKENFOLD: Tengo un buen recuerdo de KU, cuando trabajaba en Rush Release. En 1985 fichamos a Divine, y la trajimos a tocar al KU. Recuerdo que se subió al escenario sobre una cría de elefante y que hizo un bolo alucinante. En 1991, hice la «Noche Perfecto» con Sasha, John Digweed y un servidor, y luego hicimos una fiesta Perfecto de *after* con Man With No Name, Juno Reactor e Ian St. Paul. Fue una fiesta ilegal que montamos en la montaña y donde se lio bastante parda. Fue una noche legendaria, porque se alargó hasta las doce del mediodía siguiente. Luego, fichamos a todos los artistas para mi sello[113]. Tengo recuerdos fantásticos del KU gracias a estos dos eventos.

JOSÉ MARÍA ECHÁNIZ: El primer año fue bien, el segundo también, y poco a poco fue subiendo. Hice una encuesta para cambiar el nombre, y como la gente no conocía KU, pude cambiarlo fácilmente. Eso fue otra historia...

BRASILIO: Cuando entró José María Echániz mandó eliminar la palabra KU, que Javier Iturrioz me había autorizado a usar. Yo había hecho un bar para Rosetta [Montenegro][114] y lo llamé Privilege, porque en

113. Perfecto es el sello discográfico de Paul Oakenfold, fundado en 1989, especializado en música trance y house progresivo. Su extenso catálogo incluye artistas como BT, Seb Fontaine, Man With No Name, Robert Owens y el propio Oakenfold. Perfecto es también el nombre del *team* de remezcladores formado originalmente por Oakenfold y Steve Osborne (que luego sería sustituido por Andy Gray), que firmaría remezclas para New Order, Moby o U2.

114. La venezolana Rosetta Montenegro llegó a Ibiza en 1972 y se convirtió en una de las relaciones públicas más populares de la isla, trabajando en discotecas como Pacha, KU o Amnesia.

París había una discoteca con una zona privada que se llamaba así —Privilege—, y quedaba muy bien. Como yo había sugerido ese nombre, creyeron que me gustaba, cuando en realidad el que me gustaba era KU. Al final se quedó Privilege.

ANDY MCKAY: Odiábamos el nombre «Privilege», no lo soportábamos, y solíamos llamarlo «ex KU», pero nos metimos en un montón de problemas por ello, por no poner «Privilege» en los *flyers*. Al final, tuvimos que tirar la toalla, pero intentamos por todas las vías preservar el nombre «KU». De todos modos, el local acabó siendo tan Manumission que mucha gente lo acabó conociendo por ese nombre, más que por Privilege.

DAWN HINDLE: Manumission empezó en 1994 siendo una fiesta pequeña en el bar Coco Loco [KU], donde daban aquel célebre cocktail de éxtasis, algo que hoy sería impensable. Se trataba de aportar algo diferente y excitante. Manumission se basaba en los personajes y en los actores, algo parecido a lo que solían hacer en Studio 54, por ejemplo, que por cierto era algo que se estaba perdiendo en aquella época. Hacíamos cosas como darle a la gente una etiqueta para que escribieran su nombre e interactuaran entre ellos. También hacíamos aquello que llamábamos «odiamos los calcetines blancos», y todo aquel que llevara calcetines blancos tenía que quitárselos antes de entrar. Eran cosas algo arbitrarias, pero a la gente le encantaban.

ANDY MCKAY: El primer año Manumission fue la fiesta del bar Coco Loco, el pequeño bar de KU. En la sala grande estaban Alan [Warman] y Tommy Mack con los grandes promotores de Londres, que eran los que hacían las noches de onda británica. Pero Tommy y Alan se pelearon, y Tommy se asoció con Paul Dennis y formaron Mad Mondays, y Alan montó una noche en Pacha los lunes, así que las dos grandes noches eran Mad Mondays en KU y la fiesta de Alan en Pacha, y nos dijeron que no compitiéramos con los lunes.

CHARLIE CHESTER: Íbamos y veníamos a Ibiza. Estuvimos involucrados en la primerísima fiesta Manumission con el tío que hizo lo de «Ibiza 90»[115], con Tommy Mack. Tenía una noche que se llamaba Mad Mondays. Entonces, con Tom planeamos una fiesta con mi sello, Cowboy Records, porque conocía a Andy y a Mike [McKay] del Reputation de Manchester y ellos estaban buscando un sitio, un club. También tenía contactos con gente del norte. Back to Basics querían montar una fiesta en Ibiza y le dije a Tommy que involucrara a toda esa gente. Y el resto es historia, como suele decirse. Se volvieron dominantes y se hicieron con el poder, pero la primera noche la hicimos juntos: Reputation, Cowboy Records, Back to Basics de Leeds y Tommy McDonald (Tommy Mack). Hacíamos promo en las playas con *parades*.

ANDY MCKAY: Después, Paul [Dennis] y Tommy [Mack] montaron la noche Krazy KU en la sala grande. Lo que pasó es que tanto ellos como nosotros cobrábamos según los *flyers* que se canjeaban en la entrada, pero nosotros atraíamos a más gente porque nos lo currábamos mucho más, mientras que ellos se tiraban el día bebiendo y pasando el rato en Sa Trinxa. Éramos nosotros los que trabajábamos y los que estábamos haciendo que entrara dinero en KU. Al cabo de tres semanas, nos encontramos con la situación de que había mucha más gente que entraba con nuestros *flyers*, así que llegamos a un acuerdo con Echániz según el cual nosotros nos llevaríamos el 40% de los beneficios y ellos el 60%, que fue cuando llamamos al evento Manumission. Fue solo tres semanas después de coger la sala cuando se convirtió en Manumission.

DJ OLIVER: Tenía afición por la música, pero no era DJ. Escuchaba lo que pinchaban los DJs y me compraba mis vinilos. Tenía la típica maleta con mi colección y tal. Siempre la tenía en el club porque a primera hora aprovechaba y me escuchaba los discos. Un día fallaron dos DJs en Manumission y José Mari [Echániz] me dijo de ponerme. Funcionó bastante bien, y a partir de ese día siempre que pasaba algo contaban

115. Ver notas 74 y 75.

conmigo, pero no como DJ residente, porque en aquella época estaba César de Melero. Ahí se empezaron a abrir puertas y más puertas.

ANDY MCKAY: No tenía un duro. Brasilio nos daba el equivalente a setecientos u ochocientos euros a Mike y a mí, que era muy poco, para que pudiéramos coger un avión a Ibiza y montar la fiesta. No teníamos nada. Compartíamos dos camas entre Dawn, Mike y yo, y David y Bernard, dos artistas de *body painting* de Manchester. Solíamos dormir por turnos porque no teníamos pasta para más habitaciones. Lo hacíamos todo nosotros, incluido el repartir *flyers*, pero lo hacíamos bien porque, a diferencia de los demás, nos movía la pasión. Como era tan poca la gente con la que podíamos hablar siendo solo cinco, se me ocurrió una idea: por aquel entonces el club nos pagaba mil pesetas por cada persona que entrara con uno de nuestros *flyers* en la discoteca. Si íbamos a recibir mil pesetas por entrada, ¿por qué no darle doscientas pesetas a la persona que consiguiera que entraran? Así que empezamos a imprimir un pequeño símbolo —en el caso de Claire era un corazoncito rojo, y fue una de las mejores promotoras del año—, y así fue como cambió todo. Por cierto, se imprimían —aunque no los pagábamos nosotros— como medio millón de *flyers* a la semana, o una cantidad así de loca. ¡Era un crimen medioambiental! El día antes, reclutaba a diecisiete personas para repartir los *flyers* por toda la isla, así que todo aquel que quisiera trabajar, con nosotros podía hacerlo. Antes, el rollo era una chica que se paseaba por allí gritando «¡ven a Pacha esta noche!», y ya está. De repente, había diez o doce personas que te abordaban como si les fuera la vida en ello, diciéndote, «tío, tienes que ir el lunes por la noche al KU, que lo monta Manumission». Y de una semana a la siguiente, pasamos de tener dos mil asistentes a seis mil. Y como conseguimos que los lunes por la noche estuviera a reventar, el resto de clubs empezó a cerrar antes: Pacha, Amnesia... cerraban a las dos de la mañana y la gente se iba al KU. Así es como logramos que vinieran todos los noctámbulos de la isla.

BRASILIO: Yo empecé con los promotores de calle, porque antes en Ibiza no había. Empecé en Roma, donde tenía ochenta promotores trabajando para mí. Allí aprendí lo que eran los promotores de calle, cómo funcionaba lo de repartir *flyers* con descuento y lo de las comisiones para los promotores por repartirlos. Luego lo hicimos en Ibiza cuando empezaron los ingleses, que iban a la puesta de sol a repartir *flyers* del Cream... Ahí empezaron los promotores. Al principio se daban por la calle. Teníamos un equipo que distribuía por la calle *flyers* de descuento y luego hacíamos las cuentas y se daba lo que correspondía a cada uno de los promotores. Empecé con Tommy Mack y su fiesta Mad Mondays, que fueron los primeros con los que lo hicimos. Los de Manumission también utilizaban este sistema.

IRVINE WELSH: Tenía dos colegas de Londres que eran techadores que vinieron a Ibiza en los noventa. Ayudaban con la promo repartiendo *flyers* y cosas así. Eran trabajadores de la construcción y ya no volvieron a Londres en diez años. Es como los festivales de música. Es un modo de vida alternativo, en plan, «¡esto es la hostia! ¡Así es como deberíamos vivir siempre».

DAWN HINDLE: Era un tiempo donde reinaba la libertad. Por aquel entonces nadie tenía móvil. Nos pasábamos el día en [la playa de] las Salinas. Así es como la gente acababa yendo al club: te veían allí y querían formar parte del rollo. Éramos muy buenos en marketing. Bueno, está mal que lo diga, pero dentro del panorama de pereza que reinaba en la isla, nuestra alternativa resultó de lo más refrescante. Era el comienzo de las grandes promociones, pero imperaba la pereza... Así que pasamos de ser unos doscientos en el Coco Loco a seis mil en un plazo de seis semanas. Lo estábamos haciendo muy bien, y la cosa pasó de ser un mero entretenimiento a un negocio de verdad.

ANDY MCKAY: Te hacías amigo de los bares, y los bares llenaban los clubs. Era todo un rollo de personalidades y freaks. El DJ no le importaba a nadie, es decir, había DJs residentes buenísimos, pero el arte del promotor era el de congregar a la gente y a las tribus. Así que había que tener talento y conseguir que los personajes de la isla fueran a tu fiesta.

DAWN HINDLE: Llevábamos lo de hacer promoción y prensa en la sangre. Era el tipo de cosas que nos encantaba hacer; todos salíamos de la universidad y aprendimos a hacer este tipo de cosas. Para nosotros era importante que funcionara, pero sobre todo pasárnoslo bien, porque nunca fue un trabajo o un negocio. Era algo basado en la pasión, y cuando trabajas desde la pasión es muy fácil que las cosas salgan bien. Así fue como nos convertimos de pronto en la empresa más potente de la isla. La gente ganaba un montón de pasta con Manumission. Al repartir los beneficios que generábamos, miles de personas acababan entrando en las discotecas.

BRASILIO: Eso de que traíamos a gente de Inglaterra... Todo es mentira, nunca trajimos a nadie. Te lo puede confirmar Andy McKay. Fue un bulo que motivé yo mismo, porque la gente veía que Manumission se llenaba tanto que no podía decir que la gente venía de San Antonio, pero jamás hemos traído una persona, te lo puedo garantizar. Salió el bulo ese porque lo difundí cuando me preguntaban cómo es que había tanta gente. Decía: «Vienen en aviones. Vienen y se van al día siguiente» (risas). Venían de San Antonio. Los del West End, inglesas borrachas de esas.

ANDY MCKAY: De vez en cuando, montábamos una fiesta que no tenía una periodicidad definida y que era muy disfuncional porque no nos pagaban bien. Necesitábamos que todo el mundo viniera a nuestra fiesta, porque solo teníamos el 50% de la entrada (el resto se lo quedaba el club, al que le iba muy bien). Por esa razón, no podíamos permitirnos tener competencia, así que nos teníamos que poner de acuerdo con los promotores de otros locales, que, como es lógico, intentaban que la gente fuera a sus clubs. Los primeros promotores trabajábamos todos juntos. Era en plan, «nosotros llevamos Privilege, vosotros Amnesia, aquellos El Divino[116] y esos Pacha» [risas].

116. El Divino abrió sus puertas en 1992 como un club privado situado dentro del Puerto Deportivo de Ibiza, con vistas privilegiadas a Dalt Vila. No es hasta mediados de los noventa que empieza su andadura como club, y su momento álgido llega a principios de los dos mil, con residencias como las de Miss Moneypenny's, Release Yourself de Roger Sanchez, Soul Heaven

IRVINE WELSH: Cuando volví a Ibiza a mediados de los noventa, la escena estaba de puta madre. Fue cuando conocí a Dawn [Hindle] de Manumission —que por aquel entonces eran Dawn, Andy [McKay], Mike & Claire [McKay]— e Ibiza Rocks, y también a Javier [Anadón] del Mambo y a Tony [Pike], aquí en el [hotel] Pikes... Toda esa gente que operaba en Ibiza y hacía su movida. Era una escena muy embrionaria, nada que ver con ahora, que se ha vuelto muy comercial. Lo que me gustaba era que tenías a todas las estrellas en el sur de la isla —en los grandes clubs de San Antonio e Ibiza ciudad—, y luego en el norte el rollo era totalmente diferente, muy relajado, tranquilo y bonito, y podías escoger entre los dos ambientes.

ANDY MCKAY: Al año siguiente, ya trabajábamos por nuestra cuenta y teníamos todo el local para nosotros. Cogimos los lunes y me traje a Cream, con los que acordé hacer la noche de los jueves en el Privilege, que es como ya se empezaba a llamar entonces. En ese momento ni siquiera contratábamos a DJs. No teníamos. La música es la que venía de la sala principal. Eso cambió al año siguiente, y como no teníamos experiencia con el *booking*, empezamos a llegar a acuerdos con Renaissance y Hard Times y otros promotores, que eran los que gestionaban el tema de los DJs. Así que montamos una serie de fiestas con diferentes sellos discográficos. Fue la manera de empezar a tener contactos, porque nadie nos conocía entonces, pero estábamos metiendo a ocho mil personas en una sala y necesitábamos a DJs solventes. Andy Carroll se vino con Cream, que fue nuestro socio, al principio. No recuerdo exactamente cuándo se implicó, pero fue tiempo después, cuando Cream ya estaba en Amnesia, que fue cuando nosotros montamos el Manumission Motel. Fue entonces cuando [Andy Carroll] empezó a pinchar en una de las salas pequeñas y cuando empezamos a controlar todo el club y a programar DJs en las salas anexas. Teníamos el Coco Loco, y pusimos una mampara de cristal en el patio trasero y montamos The Music Box.

---

o las primeras fiestas Defected. Tras su declive en 2011 fue adquirido por el Grupo Pacha, que emplazaría allí su restaurante-cabaret Lío.

CHARLIE CHESTER: Cuando los promotores llegaron a la isla y todo esto se convirtió en un negocio con cara y ojos, fue cuando llegó Cream y todo lo que pasó a mitad de los noventa. James Barton y Darren Hughes... Fui a su primera fiesta en Liverpool, a la que acudieron cuatrocientas personas. Los conocía porque siempre mantuve un fuerte vínculo con Liverpool. Éramos grupos de promotores pequeños que salíamos de fiesta juntos. Íbamos al Moneypenny's, donde hacían una fiesta que se llamaba Chuff Chuff, en un viejo barco, porque en Londres todo empezó en un barco. Era increíble. Era Balearic. Eran muy exclusivos y ostentosos. Y luego íbamos a la apertura de Cream o Venus en Nottingham, un club en el que también estaba metido. Entonces vinieron aquí. Cream era la versión glamurosa de la escena.

ANDY CARROLL: James [Barton] y Darren [Hughes] fueron a Ibiza y volvieron contando un montón de historias muy locas. Allí conocieron a Alfredo y se hicieron colegas, y lo trajimos a una de nuestras fiestas Cream. Al principio, todos contribuimos trayendo a DJs, y quienquiera que tuviera algún contacto contribuía a montar el bolo. Yo sabía muy bien a qué DJs quería traer, sobre todo los que ponían la música que me gustaba; algunos eran norteamericanos a los que nadie invitaba. Por ejemplo, en aquella época, Kylie [Minogue] había fichado por Deconstruction. James y yo hacíamos de A&R para el sello —yo gestioné los derechos de un *track* alucinante que se llamaba «Don't You Want Me» de Felix—, así que nos trajimos a Kylie en directo a la primera fiesta Cream de Ibiza[117].

ANDY MCKAY: Todo se complicó porque, al principio, nosotros no queríamos estar en Privilege, sino en Pacha. La única razón por la que acabamos allí en Privilege fue que Pacha no quiso darnos más de una noche al mes y Privilege nos ofrecía una a la semana, y necesitába-

117. La fiesta se hizo el jueves 27 de julio de 1995 en Privilege y contó con la actuación en directo de Kylie Minogue y los DJs Boy George, Jon Pleased Wimmin, Mark Moore, Andy Carroll y César de Melero, que en el *flyer* original de la noche figura como «Resident DJ Ceasar» [*sic*].

mos la pasta para vivir. Recuerdo enviar un montón de faxes desesperados a Pacha, diciendo, «por favor, por favor, dadnos una noche a la semana», pero no hubo manera. Así que al año siguiente lo que intentamos fue cambiarnos a Pacha; ese era el plan. Así que estábamos de acuerdo y preparados para trasladarnos a Pacha. Recuerdo ir a hablar con los de Suministros Ibiza —la empresa que formaba parte del conglomerado de los Matutes— y les dije, «aquí tenéis la noche más importante del club con más éxito de Inglaterra. Es un regalo, pero nos vamos a Pacha». Y me dijeron: «Si os vais a Pacha, no vamos a dejar que hagáis Cream aquí». Pensé que se habían vuelto locos, porque en ese momento Cream era lo más: tenían a Boy George y a Kylie Minogue. Así fueron las cosas al principio.

JOSÉ MARÍA ECHÁNIZ: Aquella todavía no era la época de los DJs; eran fiestas de promotores, básicamente ingleses. El más famoso era Cream, que entonces estaba en Privilege. Ellos hacían los jueves, y los lunes eran de Manumision. Pero a los tres o cuatro años Cream se marcharon a Amnesia. Se enfadaron con mis socios de Suministros Ibiza [Matutes]. En aquel momento, Manumission ya iban muy por delante. El primer día no sé si trajeron doscientas personas. Pusieron un váter de baño en una pasarela y uno de los hermanos [McKay] se bajó los pantalones, se sentó y se quedó leyendo el periódico. Fingía que hacía de vientre. La gente se divertía. Renaissance estaban conmigo también y luego se fueron a Pacha. Había cinco o seis clubs muy famosos... Clockwork Orange, también... Todos ingleses.

BRASILIO: De Privilege me fui a Amnesia, coincidiendo con la marcha de Cream allí. Martín [Ferrer] también me hizo un contrato de esos que... Acepté y a partir de entonces ya me ocupé de todo.

DJ OLIVER: Martín [Ferrer] me llamó para pinchar en la terraza de Amnesia, donde no quería que hubiera chumba-chumba; decía que eso era para la sala grande, y que en la terraza quería chill out. Cuando estaba Alfredo pinchando allí, el tipo de música que había en la terraza funcionaba, pero Martín no quería aquello. Él quería que la sala grande fuera la principal y en la terraza montó puestecitos para los hippies. La terraza en aquella época estaba al aire libre, y la gente se fumaba sus porros, se tumbaba y escuchaba la música de fondo. Nadie bailaba.

PETE GOODING: Para mí, el no va más en la isla eran las fiestas Renaissance con Sasha, que para mí es el mejor DJ que ha habido. Sasha era una experiencia religiosa. Estando en el Mambo durante mi segundo año, recuerdo que vi a Geoff Oakes, el dueño [de Renaissance], al que recordaba de cuando se ponía a hablar por el micro en sus fiestas, y yo, «¡oh, Dios! Quiero pinchar en sus fiestas. ¿Cómo me las arreglo para hablar con él?». Entonces, puse un disco muy raro, el «Drive It Home» de High-Bias, de un sello que se llama Bigshot, y veo que viene hacia mí directo: «Sasha pone este disco. ¿Tú quién eres?», y durante toda la semana me dediqué a hacer cosas así para llamarle la atención. En un mes, era residente de Renaissance y me pidió que hiciera sus recopilatorios. Pinché en Pacha, Amnesia y Privilege en Ibiza, y en Inglaterra, en The Cross, un club nuevo, durante nueve años, compartiendo cabina con mis DJs preferidos: Carl Cox, Digweed, Sasha, todo el mundo. Luego hice con Pete Tong el [programa de BBC Radio 1] *Essential Mix*, lo que me ayudó mucho.

RICARD ROBLES: Del 89 al 2000 pasaron muchas cosas. El acid se convierte en un fenómeno masivo en Inglaterra —del verano del 88 al del 89, así de fulgurante fue—. Los superclubs británicos no tardan mucho en aparecer, como Cream o Renaissance. Todas estas marcas de superclubs abrazan todo lo que surge alrededor de esa gran etiqueta que es «la música de baile»: acid house, house, trance, ambient... estilos que también estaban en Ibiza. De hecho, el ambient tarda muy poco en aparecer. Los ingleses son los primeros que generan el movimiento para cambiar la oferta musical de la isla. Primero la de la noche, y luego se extiende a las veinticuatro horas del día. Además, la irrupción de los superclubs británicos cambia las reglas del juego en cuanto al modelo industrial y a cómo se lleva a cabo la promoción de una noche. Bueno, Manumission no era un superclub, era un mega concepto.

ANDY WILSON: A mitad de los noventa, Ibiza se estaba volviendo muy comercial. Ya estaban Manumission, Cream, Ministry of Sound, Reinassance y todos los superclubs británicos.

MATT TROLLOPE: En realidad, los promotores de superclubs no pretendían hacer superclubs. Tenían sus propios clubs y eran entusiastas, y algunos se hicieron más populares que el resto. La gente empezó a comprar sus propios locales, y luego acabaron siendo superclubs. Antes del *boom*, igual fueron a Ibiza, les moló el rollo y pensaron en probar suerte. Evolucionó de forma muy orgánica, pero acabó siendo una necesidad para los grandes promotores ingleses, porque no estarás en primera división hasta que tengas una residencia en Ibiza. Era una cuestión de credibilidad, y luego devino en herramienta de marketing. La lógica era, «si vienen de Londres a Ibiza y van a un club al que no habían ido antes en Inglaterra, cuando regresen, irán a ese club». O sea, que es un marketing que se retroalimenta. Por su parte, los españoles daban la bienvenida a los promotores británicos porque había un montón de ingleses que acudían a la isla.

SOLDADO: Los DJs residentes vivimos una época muy buena. Fuimos pioneros en varias cosas y estábamos en la vanguardia de la música de club. Y de repente, corte de tijera, corte de tijera. Aquí teníamos un gusto musical que te cagas. Pinchábamos con un *feeling* que te cagas, lo hacíamos casi mejor que cualquiera... Lo llevamos un poco en la sangre. Lo absorbes de Ibiza, ¿sabes? Yo tenía una buena plataforma para despegar. A Space venían Sven Väth, Richie Hawtin... venía todo el mundo, y no venían a pinchar, sino a flipar con la música y a bailar. España, al fin y al cabo, hacía cuatro días que se había abierto a la música. En Inglaterra o Alemania estaban más avanzados, sabían lo que querían hacer y cómo lo iban a hacer. Ahí es donde tendría que haberme subido al barco. En su momento estuve con los que ahora son grandes, pero no lo supe aprovechar.

DJ HARVEY: Recuerdo esta cara del Space... Techno español. Hace muchos, muchos años.[118]

SOLDADO: Pues esto también te alegra, que venga este señor [DJ Harvey] y te diga esto. A partir de ahí, también estuve en Privilege un verano de residente, y otro en La Vaca Asesina. Mi fallo ha sido dedicarme siempre únicamente al público español. No hablo idiomas. A mí me ha venido mucha gente en clubs tan importantes como Space, Amnesia o Pacha para ofrecerme sesiones, pero cuando estás pinchando estás por la faena, y si encima no entiendes el idioma... A lo mejor te están diciendo, «mira, me gustaría llevarte a tal sitio a pinchar», y tú ahí sonriendo en plan, «sí, sí, sí, sí», pero no tienes ni idea de lo que te están diciendo. En su momento, si me hubiera pillado un buen mánager y me hubiera puesto un poco las pilas, hubiera sido diferente...

JUAN SUÁREZ: Los políticos locales no supieron ver ese fenómeno musical: que los artistas locales tienen un valor impresionante, que estaban creando algo internacional. Los políticos no supieron ver que tenemos ese potencial. No supieron decir, «vamos a apoyar a esta gente». No, dejamos que los ingleses vinieran y lo robaran y lo vampirizaran todo y dijeran que todo esto era suyo. ¿Y a los ingleses se les permite hacer todo eso? El gran problema de Ibiza es que un extranjero pueda hacer de todo y un ibicenco o un español no puedan hacer nada. Montar un negocio en Ibiza es diez veces más difícil, más caro y más latoso que en cualquier otro sitio del mundo, pero, al final, llega un inglés y lo hace de manera ilegal y no pasa nada.

JON SA TRINXA: Creo que fue una combinación de elementos que se dieron al mismo tiempo, muchas semillas que se plantaron a la vez. No soy especialmente patriótico, así que no puedo decir, «¡oh, Inglaterra hizo Ibiza». No fue así ni mucho menos, pero sí es verdad que vinieron muchos DJs de fuera y que abonaron el terreno de la

118. Durante la entrevista con Soldado, apareció Harvey, que hizo este comentario al pasar al lado.

gente local, que celebró la llegada de la nueva música. Muchos DJs europeos fueron recibidos con los brazos abiertos porque traían algo nuevo a la isla, pero no hay ningún DJ o promotor que pueda decir, «yo creé Ibiza». A mucha gente le gustaría poder decir eso, pero no es verdad. Fueron distintos elementos que sucedieron a la vez.

KENNETH BAGER: Para mí Ibiza fue muy especial por la gente que venía aquí y toda la locura, pero lo que hacía de Ibiza un lugar único eran sobre todo los DJs españoles residentes, que eran los que obraban la magia. Luego se volvió todo más popular y llegaron los promotores ingleses, que empezaron a montar una noche aquí y otra allá, pero fue como perder la virginidad. Incluso yo soy en parte culpable, porque empecé a pinchar en las salas principales de los grandes clubs como DJ internacional de Dinamarca. Pero, claro, al menos conocía el espíritu de la isla y podía combinar estilos de música diferentes. Pero, si te soy sincero, no creo que hubiera alguien con un plan maestro. Simplemente querían un trozo del pastel. Querían estar aquí porque era excitante, y entre ellos había gente más lista con mentalidad empresarial o que vio la oportunidad de montar clubs; clubs como Cream o Back to Basics y cosas así.

SOLDADO: Si los propietarios de los clubs nos hubieran apoyado un poquito, que es lo que tendrían que haber hecho... Pero era difícil hacer cualquier cosa con ellos. Me dediqué al público español, y la gente española falla mucho. En cambio, los ingleses hacen una fiesta con cualquier DJ inglés y se pone a petar de ingleses; hace una fiesta un alemán y se peta de alemanes, ingleses y españoles; pero hace una fiesta un español y dicen, «lo siento, pero me voy a ver al inglés ese».

RECHE: Los ingleses querían replicar el *feeling* de Ibiza, pero no lo supieron pillar. La gran cagada del Space fue mezclar a los ingleses con la gente de Ibiza. Sí, llenaron más, ganaron mucho dinero, pero se quedaron solo ellos. Los ingleses nos comieron el terreno. Nosotros íbamos más a la fiesta, a la marcha, y ellos más al negocio. Vinieron con sus promotores, sus sellos, sus medios de comunicación y sus clubs, y fueron desplazando a los DJs residentes. Traían a algunos DJs malísimos, pero nosotros nos quedamos en bragas, porque no teníamos a toda esa industria detrás. Y los empresarios de aquí se vendieron y no supieron vendernos a nosotros. Empecé a quedarme sin curro y lo acabé dejando.

JUAN SUÁREZ: Pippi no tanto, pero Alfredo, Padilla y Reche lo están pasando mal... Reche ha sido tan importante como Padilla y Alfredo; ha sido un maestro para muchos DJs. Pregúntale a Pepe Roselló. Reche era Carl Cox pero en blanco. Varios DJs de Ibiza me propusieron entregarle un premio a Reche como reconocimiento a su carrera.

DJ OLIVER: Nadie ha reivindicado a Reche, y se lo merece, con todo lo que hizo en el Space... Reche ha sido el primero de Ibiza que ha ayudado a la gente de la isla. Él descubrió a Ángel, a José de Divina... a todos los DJs de Space. Se puso enfermo y nadie lo ha llamado... No le van ni a visitar. Imagínate la situación que hay aquí en Ibiza con los DJs... A Reche le organicé un homenaje en el Keeper. Lo hice por todo esto, y vino todo el mundo. Pero al final, todo el mundo se olvida de los principios.

BILL BREWSTER: El hecho de que podías llegar y besar el santo es incuestionable. Cuando llegaron los promotores ingleses se hicieron con el cotarro, y supongo que los residentes de Ibiza les dejaron hacer por la pasta que generaban. Hubo, pues, una buena disposición por parte de la isla hacia los promotores ingleses, que eran los que atraían a las masas. Lo importante es que Ibiza ya era un destino propio del turista británico. Era un lugar que ya les resultaba familiar de muchas maneras. El gran primer paquete vacacional de británicos fue a España. Desde los setenta en adelante ya había una tradición de ingleses en Salou, Lloret, Sitges, la Costa del Sol e Ibiza. Lo que hacían básicamente los promotores de Ibiza era traer a la gente en masa para vacaciones de club. Eso fue lo que en definitiva ocurrió a mediados de los noventa. En lugar de irte de vacaciones, te ibas de vacaciones de club.

PETE GOODING: Radio 1 fue la primera radio que fue al Café del Mar, en el 95, y la que propagó el fenómeno, que continuó creciendo hasta el 2000. Superclubs británicos como Cream, Ministry o Renaissance montaban grandes fiestas en Ibiza. Era el momento culminante del año. A partir de ahí, se convirtió en un ciclo y los clubs perdieron su identidad, que pasó a ser la de sus promotores. Se hicieron grandes fiestas, qué duda cabe, pero ya no era algo tan puro. Antes tenías a Alfredo, a César o a Pippi poniendo su rollo, y sentían la presión de que tenían que vender entradas. Esto es así. Sin la labor de estos tíos de los ochenta, nada de lo que ocurre ahora estaría pasando.

CARL COX: Fue parte del éxito de todo el mundo. Los propietarios de los clubs tuvieron que aceptar el hecho de que necesitaban un catalizador que prendiera la mecha del club. Para entonces, este papel estaba reservado al DJ. El hecho de abrir la noche a promotores internacionales suponía conectar gente de diferentes nacionalidades, y en cierto sentido esa era la experiencia en sí misma. Había españoles, alemanes, holandeses, franceses, norteamericanos, ingleses... Fue convertir un club español en uno internacional.

JAVIER ANADÓN: Yo era muy amigo de Martín Ferrer y en el 95 le dije, «¿por qué no coges a los de Cream?». Los cogió y han estado veinte años colaborando. Los promotores ya empezaban a considerar la isla como el lugar donde había que estar. Me hice amigo de todos los promotores, de Paul Oakenfold, de los de Cream, de A. P. Ronson, de God's Kitchen... No digo que inventé —porque nadie inventa nada—, pero yo empecé con las *pre-parties*, con un promotor que se llamaba Mad Mondays[119]. Le dije «vente aquí con tus DJs, te invito a comer y tráeme a la gente», y empezó lo de las *pre-parties* en el Mambo, ya en el 95. Aquello fue un éxito. El 80% era gente guapa de todo el mundo. Venían Galliano, Kate Moss...

119. Ver nota 75.

MARK BROADBENT: Cuando Cream empezó en Inglaterra era un rollo muy ecléctico. Podías tener en una sala a Dave Clarke pinchando techno de hemorragia nasal, en otra a Oakenfold poniendo trance y en otra a Nick Warren pinchando house progresivo del bueno, o a LTJ Bukem pinchando su drum and bass onírico. En el norte de Inglaterra se podía ser más atrevido con la música. Había clubs fantásticos que podían atraer regularmente a cuatro o cinco mil personas en un fin de semana. Así que había un montón de gente con gustos musicales distintos. Luego Cream vino muy rápido a Ibiza, en el 93-94. Montaban fiestas en el KU y también hacían las mañanas de Space, alrededor de 1994.

SARAH BROADBENT: Space ofrecía desayunos por las mañanas: croissants y fruta. Había gente, pero no estaba a reventar, así que había sitio para poder tomarte un café o el desayuno.

MARK BROADBENT: Era muy bonito porque no era un sitio muy popular.

SARAH BROADBENT: Cuando dejé la escuela, me metí en la venta al por mayor de moda, donde trabajé durante ocho años. Entonces, nos fuimos a viajar y cuando volvimos montamos el departamento de *merchandising* de Cream en Liverpool. Cuando empecé, el *merch* ya funcionaba. Se vendían un montón de bombers y de bolsas rojas del club. Solo necesitaban a alguien que lo aglutinara todo y lo hiciera funcionar.

MARK BROADBENT: Habíamos estado un año en la India y, cuando volvimos, sentimos que nos faltaba algo. El caso es que la hermana de Sarah tenía relación con Darren Hughes, que estuvo al principio de Cream, cuando Cream tenía las noches de Amnesia. Total, que nos invitaron a trabajar para Cream el verano del 96 o 97. Aquella fue la primera vez que vinimos a trabajar, no de vacaciones, porque no queríamos saber nada de los packs vacacionales ni de estar rodeados de ciudadanos británicos. Veníamos de la India y queríamos seguir viajando, así que si vinimos aquí fue exclusivamente para ganar pasta y poder seguir viajando.

SARAH BROADBENT: Cuando llegamos, nos dimos cuenta de que mucha otra gente tenía el mismo plan, y además el sitio nos encantó.

MARK BROADBENT: A finales de los noventa, Ibiza estaba llena de gente que habíamos visto en las playas de Tailandia y Goa, y de gente que habíamos conocido viajando, así que de algún modo fue como volver a casa. Cuando vinimos, el imperio de Cream en Liverpool era tan grande que no podían permitirse marcharse los veranos a Ibiza. Como necesitaban a alguien de confianza que velara por sus fiestas, empezamos en Amnesia, antes de trasladarnos a Space.

SARAH BROADBENT: Nos pidieron que viniéramos en el 96 a Ibiza por un tiempo, antes de continuar viajando. Así que nos vinimos directamente a Ibiza a ayudar al equipo de relaciones públicas.

MARK BROADBENT: Inicialmente, Sarah vino aquí para montar un club shop de Cream en San Antonio.

SARAH BROADBENT: Esto duró como dos semanas. Empezaron a vender en Amnesia y luego en San Antonio, en Mega Music, durante un año. Entonces, en el 97 decidieron montar su propia tienda.

MARK BROADBENT: Empecé a pegar pósteres en Ibiza ciudad, en bares y sitios así, y a buscar un equipo de relaciones públicas en San Antonio. También trabajé en la decoración de la terraza y del vestíbulo interior, asegurándome de que todo se hiciera a tiempo, aunque nuestro trabajo en Inglaterra no tenía nada que ver con eso.

SARAH BROADBENT: La noche antes de Cream se hacía la fiesta de la espuma. Recuerdo verlos limpiando cuando nosotros entrábamos con la decoración. Era bastante curioso [risas].

MARK BROADBENT: En Amnesia la música era trance y house progresivo. El primer año, 1996, vino gente como Roger Sanchez, Doc Martin, DJ Sneak, David Morales... El típico house norteamericano que siguen pinchando. Entonces, en el 97, trajimos a Paul Oakenfold de residente, con Trevor Fung, Nicky Holloway, Johnny Walker, Alfredo, Nancy Noise; todos amigos de Oakie, de hecho. Fue un momento maravilloso; los primeros años de Cream en Amnesia fueron muy buenos.

BILL BREWSTER: Danny Rampling, Paul Oakenfold, Nancy Noise, Trevor Fung, Terry Farley... Todos los DJs a los que inspiró Alfredo acabaron viniendo aquí con cierta aura de respeto, aunque el Oakenfold de mitad de los noventa ponía una música que no me parecía interesante. Es mi opinión. A los chavales les encantaba. Sus bolos se ponían a petar en Cream. Oakenfold siempre ha sido muy espabilado en cuestiones de marketing, incluso más que con la música, diría yo. En aquel tiempo, todo el mundo iba creando las reglas a medida que las cosas sucedían, porque la música de baile era un fenómeno relativamente nuevo. Es decir, que a pesar de que en Inglaterra hacía décadas que había clubs excelentes, esa escena —la de la música electrónica posterior al house— era algo nuevo. Por ejemplo, un DJ de los ochenta raramente pinchaba fuera de su país. Eras residente de tu club en Londres, Nottingham o Manchester, y allí era donde pinchabas siempre. Eran muy pocos los DJs que se movían por el país o por Europa. Eso casi nunca pasaba. Ni siquiera era relevante. Así que todo esto de que los DJs viajaran era muy novedoso. Y también que los clubs viajaran. O sea, que todo se estaba formando a medida que sucedía.

CARL COX: Cream estaba a reventar todos los jueves. Allí sonaba un trance muy accesible que todo el mundo podía entender. Ibiza estaba empezando a crecer.

MARK BROADBENT: Los clubs no abrían siempre. Amnesia no abría los siete días de la semana. Así es como era entonces. No abría todos los sábados, y de tanto en tanto abrían para montar Miss Ibiza o alguna que otra noche cutre de inspiración ochentera con ese rollito sexy infumable. ¡Aaaargh! Como cuando hacían la fiesta de la camiseta mojada [risas].

SARAH BROADBENT: Y lo hacían porque no entraba mucha gente en las discotecas... La mayor diferencia entre antes y ahora es que antes parecía que todo el mundo venía a Ibiza para asistir a los mismos sitios. La misma tribu se desplazaba a las mismas noches, pero no a los mismos clubs. La gente se repartía entre el Cream en Amnesia un jueves o el Ministry of Sound los viernes, o el Renaissance, los sábados, en Pacha.

MARK BROADBENT: No había tantos promotores. Solo había cinco o seis eventos a la semana a los que había que ir y de los que todo el mundo hablaba, especialmente pensados para el público británico. Si le preguntas a un promotor español, te contará una historia totalmente diferente.

SARAH BROADBENT: En el último año de Cream en Space, empezaron a contratar a gente como Carl Cox, que era la clase de persona que podía convertir un evento en popular. Y Carl podía hacer un *set* de todo un día en Space. A eso del mediodía la gente se empezaba a marchar, y a medianoche, cuando el club cerraba, ya no quedaba nadie.

CARL COX: En el 96 es cuando arrancaron los domingos en Space y la terraza se hizo famosa por sus veintidós horas de fiesta, además de los DJs que pinchaban dentro, así que no se limitaba a un solo espacio. Los domingos eran increíbles. Como el resto de la semana el club estaba cerrado, empezaron a pensar en programar DJs entre semana. El sábado solían montar noches locales, con DJs y público español. No había turistas. Y también montaron la noche gay, los miércoles. El resto de noches el club estaba cerrado, así que me pidieron que pinchara dentro los martes. Al principio me negué; «yo solo pincho en la terraza», les dije; hasta el 2001, que fue cuando me ofrecieron llevar la noche y todo lo que la fiesta precisara. «Será tu noche», me dijeron.

MARK BROADBENT: Carl fue probablemente uno de los primeros en hacer que funcionara. Meter a dos mil personas un domingo...

SARAH BROADBENT: Los domingos por la mañana Space era como el momento del encuentro. Había unos italianos espectaculares y unos españoles guapísimos, algunos que venían de reenganche... Para cuando nosotros llegamos a la isla, en el 96-97, Space empezó a convertirse en el lugar de encuentro. Era muy popular por las mañanas. Creo que fue a partir del 98 cuando la gente empezó a dejar de salir los sábados para poder ir directamente el domingo a Space.

ANDY MCKAY: Todo explotó en el 95 y la cosa se puso muy loca. Había multitudes en la puerta para entrar a Manumission, y mucha gente no podía entrar, así que todo se fue de madre. Y así continuó hasta el 97, que llegó un punto en que recuerdo tener conversaciones sobre subir el precio de la entrada, aunque no importaba cuál fuera el precio, porque al final siempre se llenaba. Quizás no debería haberlo hecho; en cualquier caso, decidimos dejar de subir el precio, porque si lo seguíamos subiendo no iba a quedar pasta para repartir entre el resto de promotores. Y entonces hicimos el Manumission Motel, que fue la leche.

JON SA TRINXA: Mike McKay era toda una personalidad. Mike y Claire llegaban en barco a Sa Trinxa cada lunes por la tarde con una cesta llena de bocadillos y champán y lo repartían entre la gente de la playa. Era un rollo muy social. Su manera de entender la promoción era muy diferente. Se trataba de algo que tenía que ver con ellos. Con ellos y con la música. Mike era brillante porque se comunicaba con todo el mundo. Salía por ahí a repartir *flyers*, así que si no habías ido antes a Manumission, te sentías bienvenido, porque el propio promotor te daba la bienvenida. Eso fue muy inteligente por su parte; fueron buenos tiempos. Así que pinchaba en Sa Trinxa durante el día y por la noche lo hacía en Manumission.

GEORGE EVELYN: La vieja Ibiza era una fiesta de nunca acabar, porque siempre había un sitio al que ir después. La gente iba al puerto y estaba por allí o se iba al Space o a Manumission. Las noches gordas eran las de los domingos, los lunes y los martes, porque la gente solía llegar el sábado. Las noches de los sábados eran más discretas.

Cuando ibas a Ibiza salías seguro tres días. Quizá lo alargabas, pero el mínimo eran tres noches. Nunca volvías adonde te estuvieras quedando. Siempre ibas a un sitio, y luego a otro.

JON SA TRINXA: Pinché en Manumission cada semana haciendo el *warm up*, cosa que me encantaba hacer. La función del *warm up* es ir caldeando el ambiente, así que ponía cosas de ambient, como el *Chill Out* de KLF, y de allí iba construyendo *in crescendo.* Entonces, llegaba el DJ importante y lo petaba. Hice el *warm up* de todo el mundo, desde Frankie Knuckles a Danny Rampling y David Guetta. ¡Dios mío! ¡Hice el *warm up* de todos los DJs del momento!

ANDY MCKAY: En el 97, mi hermano y Claire estaban montado noches temáticas, un concepto muy loco. Una de ellas se llamó Murder at the Manumission Motel. El hotel lo montamos con vocación *arty*, como concepto, pero la cosa se puso loquísima y se llenó de tipos chalados hasta arriba de drogas, muy loco todo, como una especie de Factory de Warhol pero pasada de vueltas. Siempre hubo conflictos ente mi hermano, Dawn y yo por el hotel, pero era como su hijo, a pesar de que económicamente fue un desastre. Era increíble, pero muy difícil de gestionar. Por ejemplo, el bar no estaba cerrado, y la gente se colaba y se ponía hasta arriba de alcohol toda la noche. Nos llegaban unas facturas de infarto, así que nos vimos obligados a bajar una marcha. Se nos iba toda la pasta con eso, pero fue un proyecto alucinante, un hito.

JON SA TRINXA: ¡No me acuerdo de nada! [risas] Los noventa fueron muy locos. Mucho más que ahora, o al menos para mí. Fue una época genial y cada show era diferente, con noches temáticas. Había unos bailarines y trapecistas increíbles, y montaban unos espectáculos de sexo que atraían todas las miradas. También había enanos y un plantel de freaks increíble. Manumission era alucinante.

ULISES BRAUN: Al principio, la gente de la isla era reacia a ir a Manumission, porque la cosa había cambiado y se había vuelto muy comercial, pero queríamos saber qué era, y al final todos acabamos yendo [risas]. No faltaba nadie ahí. En el fondo Manumission copió todo lo que nosotros habíamos hecho en los setenta y ochenta, pero a su manera; lo empaquetaron, lo envolvieron en papel de regalo y se lo ofrecieron a su gente, a los ingleses. Vendieron mucho sexo, que para nosotros era normal, no nos importaba un carajo, pero ellos lo llevaron a un escenario y lo hicieron con gusto. Primero fueron dos mil, y luego llegaron a ser doce mil personas y aguantaron diez años. Fueron los pioneros.

IRVINE WELSH: Pinché una vez en Manumission para diez mil personas. Fue la hostia. Es el mayor subidón que he tenido jamás. ¡Diez mil personas!, y todos puestos hasta arriba de todo, me di cuenta en seguida. De hecho, no importaba gran cosa lo que estuviera pinchando. Estaban todos de vacaciones. Daba igual si la sesión era buena o era mala. En realidad, creo que fue malísima, pero iban todos del revés.

CARL COX: Manumission se convirtió en el gran fenómeno de la isla, cuando diez mil personas acudían cada lunes a un club que empezó a ser considerado como el mayor club del mundo. Las noches de Manumission eran alucinantes. Solían montar espectáculos eróticos y era como un circo, una celebración, un carnaval. Realmente trajeron un espectáculo diferente a la isla.

DAWN HINDLE: Lo gracioso del tema es que siempre fue una guerra de dos bandos: Andy y yo luchábamos por el lado artístico e intelectual, estábamos más interesados en el aspecto musical y queríamos traer a gente como Fischerspooner para que se ocupara del sonido y cosas así. En cambio, Mike y Claire eran más de la parte visual. Se encargaban de montar el espectáculo y querían hacer shows eróticos. Al final, lo que ha trascendido son los shows eróticos, aunque fueran un despropósito. Es muy exhibicionista, pero a nivel de negocio funcionó muy bien. No podían dejar de hacerlo, a pesar de que nunca quisimos que todo girara en torno a eso. No creo que ahora se sientan cómodos, pero en su momento era un tema de libertad de expresión. Les encantaba y lo hicieron durante años, porque era lo que querían hacer. Al principio, nos burlábamos del tema, pero creíamos que era parte del espectáculo y con el tiempo terminó en una fila de dos mil chavales de dieciséis años que querían ver sexo en directo. Acabó por resultar muy incómodo.

ANDY MCKAY: Creo que la primera amenaza que sufrió Manumission fue a finales de los noventa, en el 98. Los DJs empezaban a tener más y más poder, y estábamos perdiendo capacidad de negociación frente a marcas como Cream, Ministry of Sound o Renaissance, que estaban montado tours y tenían más poder para negociar, y a mí eso me empezó a preocupar. Fue así como dimos con la siguiente gran estrategia: «A tomar por culo los DJs, los sacamos de los carteles». Recuerdo que fue en el 99 cuando nos deshicimos de los DJs y los shows eróticos de los carteles. Y si lo hice fue porque no quería que hubiera cuatro mil personas esperando y mirando al escenario para que el espectáculo comenzara. Eso mataba la atmósfera de la fiesta. El show erótico se hacía en mitad de la discoteca. Había una fuente de agua y la gente se apelotonaba alrededor esperando durante horas a que empezara, y no pasaba nada. Así que, en un intento de matar el tiempo muerto, de evitar la espera, suprimí el *happening* sexual de la fuente. En su lugar, y sin decirle nada a mi hermano [risas], construí, en el plazo de una semana, una cabina de DJ sobre un andamio encima del agua. Así que, cuando entrabas en el club a las cuatro de la mañana, el DJ estaba en el medio de la pista. Y entonces me di cuenta: «¡Mierda! Queriendo quitarle protagonismo al show erótico he acabado convirtiendo al DJ en un dios». Pero como no queríamos divinizar al DJ, decidimos no decirle a la gente quién pinchaba y sacarlo de los carteles.

DANNY WHITTLE: El primer año que estuve de vacaciones en la isla fue en 1992. Luego, volví en 1995 para trabajar con Renaissance en KU para hacer un bolo gordo con Manumission. Luego en el 96 y en el 97 hice Renaissance en Pacha durante el verano. En el 98 hice Ministry of Sound, también en Pacha, los viernes por la noche, con un cartel de lujo. Fuimos los primeros en poner una valla publicitaria en la isla. Ningún otro club de la isla lo había hecho antes. Nunca. Pusimos dieciséis vallas publicitarias por toda la isla para promocionar el evento «Ministry of Sound en Pacha todos los viernes». Y ya está. Cuando veías las vallas, incluso si eras de la isla, era en plan, «¡joder! ¿Qué es esto? Tengo que ir sin falta». La idea de las vallas era ampliar el *target*.

SARAH BROADBENT: Darren [Hughes] dejó Cream en el 98 y nos fuimos con él cuando acabó la temporada. Abrió Home, un club nuevo en Londres, en Leicester Square. También abrieron un Home en Sídney, pero no funcionó tan bien como Darren pensaba, así que después de pasar las vacaciones en México, volamos a Australia para ayudarlo con Home allí. Se suponía que nos íbamos a quedar tres meses, pero acabaron siendo dos años y medio, entre el 99 y el 2001.

DANNY WHITTLE: En el 99 estuve programando Space durante un año. Así es como empecé a montar eventos musicales. Sentía un amor profundo por la música, pero fue la música la que me encontró a mí. Fue de trabajar con gente como Geoff [Oakes] de Renaissance cuando me metí en esto. Después, ya me planteé montar mis propios eventos, mis cosas, mis shows, y así.

MARK BROADBENT: En Australia el club funcionaba muy bien, mientras que en Leicester Square perdieron la licencia y tuvieron que cerrar. Así que Darren sintió que le faltaba algo y decidió concentrarse en el festival Homeland y en llevar Home a Ibiza con Danny Whittle y también con David Beynon, el agente de DJ Hell, que vino de Miami, donde estaba dirigiendo clubs como el Groove Jet. Darren lleva trabajando con Pepe [Roselló] desde 1994, así que siempre hubo una conexión con Space.

CHARLIE CHESTER: La época más excitante fue la del 88 al 95. El final de los noventa fue como correr una carrera. Para mí perdió interés; solo era un negocio y ya no era divertido. Los DJs comerciales ya no tenían nada que ver con el underground. Hasta que ¡bum! DC-10 lo cambió todo. La música se volvió más afilada, más underground, fue como tirarlo todo por los aires. Veías dónde habían caído todos los trozos y empezaba algo mucho más variado. Porque Cream era muy inglés. Esto es así. Manumission, también, muy inglés, aunque quizá algo más internacional en los noventa. Pacha siempre fue internacional, pero DC-10 era totalmente internacional. Tal cual. Era más italiano que cualquier otra cosa, más español y algo de inglés. Era la puta bomba.

11
LAS PUERTAS DEL CIELO

Calas, playas, cuevas, acantilados, campo, puestas de sol, luna llena... La combinación es demasiado buena como para dejarla pasar y no hacer fiestas al aire libre, en plena naturaleza. No, no son raves, son fiestas en el campo y pocas veces superan el centenar de personas; encuentros clandestinos en ubicaciones secretas que se desvelan en persona. En los noventa, la herencia de la cultura hippie de Ibiza, conectada con la de Goa, en la India, y el trance psicodélico, abre las puertas de una nueva percepción en la escena. Pequeños grupos de peregrinos del trance, que poco tienen que ver con un clubbing *cada vez más homogéneo y previsible, se montan la fiesta por su cuenta. A su gusto. Generadores de electricidad, sistemas de sonido, DJs y* clubbers *peregrinan en la búsqueda de apartados e idílicos parajes naturales. Y se plantan en Cala Comta, en La Conejera, en Can Punta, en Els Cubells, en el Faro de Portinatx o en Las Puertas del Cielo. Hasta que les dejen...*

INTERVIENEN: LENNY IBIZARRE (IBIZARRE RECORDS), MIQUEL MAYMÓ (KUMHARAS), EVA PACIFICO (IBIZARRE RECORDS), JAVIER FERRER (METRICA SOUND), JUAN MARÍ (LAS DALIAS), RECHE (SPACE)

LENNY IBIZARRE: Nací en Dinamarca [Copenhague, 1972]. Cuando tenía once años, me fui a vivir a Bélgica y fui al colegio hasta los dieciocho años. Fue entonces cuando descubrí el new beat, que devino en acid house, y me volví totalmente loco. La escena EBM era alucinante de cojones todo el año. Lo vivimos de pleno. Lo descubrimos todo: el sexo, las drogas y la música electrónica. Fue una época muy buena con gente genial. Exactamente lo que ocurrió en Ibiza, creo. Los belgas son tímidos, tranquilos, amistosos y muy majos; no son nada fanfarrones ni arrogantes... En Francia, Alemania o Inglaterra siempre están mirándose el ombligo. Los belgas no tienen ese violento sentido de identidad nacional que necesitan expresar a los demás. Tienen una comida y una cerveza buenísimas y les gusta la buena vida. Así que fue perfecto que sucediera en Bélgica, como también lo fue que sucediera en Ibiza. Eran sitios donde la autoridad no te estaba tocando los cojones y te perseguía para que dejaras de hacer lo que estuvieras haciendo. Tenía sus cosas, claro.

MIQUEL MAYMÓ: Nací en Ibiza en noviembre de 1971, en una familia de clase media, de padre ibicenco y madre alicantina. Mi madre lo pasó bastante mal durante la guerra [Civil]. Siempre hemos sido una familia bastante conservadora, de ideas fijas. Me llevaba muchos años de diferencia con mi padre, soy el más pequeño, pero siempre he sido feliz, que es lo que cuenta. Siempre he vivido en Ibiza. En San

Antonio teníamos otra casa, en Cala Salada, que siempre fue la casa de veraneo, con su huerto y sus árboles... En mi familia tenemos una empresa de autobuses, Autocares Maymó, y nos dedicábamos, entre otras cosas, a mover turistas. Muchas de las excursiones eran las típicas para dar la vuelta a la isla, llevarlos al mercadillo de Punta Arabí o la mítica excursión en burro por la montaña.

EVA PACIFICO: Nací en Nápoles, en la época de los dinosaurios, y a los once años ya tenía un programa semanal en una de las primeras radios privadas del sur de Italia, donde mezclaba música y locutaba. Pinchaba a David Bowie, que era mi ídolo, y a Pink Floyd, The Doors, Genesis y las bandas de pop electrónico que surgieron en ese momento, como Depeche Mode, The Cure, Kraftwerk, Ultravox o Simple Minds. A los quince años empecé un programa radiofónico diario y otro en televisión, presentando vídeos musicales. Entonces me sumergí en el punk de los Sex Pistols, The Stranglers, Exploited, Dead Kennedys... y luego llegó la ola gótica de Bauhaus, Virgin Prunes, Sisters of Mercy, etc. Crecí en una época musical increíble, la transición entre las bandas de rock, la música disco y la primera electrónica de sintes, secuenciadores y samplers. Cada poco tiempo salía un estilo musical innovador y creativo. ¡Era fantástico y estimulante!

LENNY IBIZARRE: Cuando cumplí dieciocho años, terminé el colegio y me quise ir de vacaciones. Tenía unos colegas que se iban a Grecia, pero cuando fuimos a la agencia de viajes me dijeron: «Está todo completo, pero puedes ir a Ibiza. ¿Qué te parece?». Y dije: «Sí. Suena genial», como el tema de aquella banda de new beat de los ochenta que se llamaba «The Sound of C»[120]. «Claro, iré encantado.» Cuando se lo conté a mis amigos, me dijeron, «tío, Ibiza es lo más. Es el epicentro de la música electrónica que estamos haciendo». La vida nocturna, los clubs... Todo eso. Era el año 1991. Entonces empecé a ir a Ibiza los veranos, y los inviernos me iba a Inglaterra a estudiar.

120. Confetti's, «The Sound Of C...» (USA Import Music, 1988).

Econometría y psicología intercultural, una licenciatura de humanidades. Cuando acabé, me vine directo a Ibiza y ya me quedé. No tenía ni idea de lo que me encontraría cuando aterricé la primera vez. Solo que, aparentemente, era un sitio genial. Y lo era. Vaya si lo era. Era genial a más no poder.

EVA PACIFICO: Oí hablar de Ibiza en 1988 por mi novio de entonces, que había trabajado en la isla un par de temporadas y me fascinaba lo que contaba. Tenía ensoñaciones con ese lugar mágico. El nombre era como un mantra para mí: «Ibiza, Ibiza, Ibiza te llama». Llegué un año después, en 1989, justo el día de mi cumpleaños. Me regalé venir a visitar a mi novio, que estaba haciendo la temporada. Tras media hora en la isla ya quería vivir aquí, y desde entonces nunca he cambiado de idea. Me encontré como en casa, con una sensación que no había tenido desde que nací. Siempre me sentí alienígena en Italia y en otros lugares que había visitado. La isla era lindísima, misteriosa y exudaba magia.

MIQUEL MAYMÓ: En Autocares Maymó trabajábamos con diferentes agencias, como TUI, el turoperador alemán más grande. Si le decías a un turista que por *overbooking* se tenía que mover de Santa Eulalia, Playa d'en Bossa o Portinatx a San Antonio, era un drama. San Antonio se ha ganado la fama de turismo inglés de borrachera, de bajo perfil. Muchísima gente ya no quería vivir en su propia casa y ha tenido que abandonar su pueblo.

LENNY IBIZARRE: Me enamoré de todo aquello de lo que un hombre puede enamorarse. Conocí a una alemana rubia alucinante. Follábamos como si no hubiera un mañana y me llevaba en coche por toda la isla para enseñarme la vida nocturna. Me volví loco. O sea, que aterricé en buenas manos. Ella trabajaba en el hotel donde me hospedaba. Era como un club vacacional que se llamaba Stella Maris que estaba en San Antonio. El año siguiente, en 1992, volví y me puse a trabajar en San Antonio. Trabajé de camarero en el West End, en el Golden Gate Bar, uno de esos bares loquísimos donde ponían vídeos domésticos de risa y servían chupitos de tequila. Nunca entraba nadie. Me limitaba a quedarme ahí de pie, a reponer o a limpiar la mierda. Trabajaba catorce horas al día, con solo un día libre al mes, por sesenta mil pesetas (unos trescientos euros o así) [risas], y con eso tenía que pasar todo el mes, pagar comida y techo y todo lo demás. Y eso fue además el año en que la peseta se devaluó a un tercio de su valor, así que, a medida que avanzaba la temporada, mi dinero cada vez valía menos. Pero me encantaba. Me encantaba de cojones. Vivía en Ibiza con dos tías supercañón. No tenía un duro, pero salía por ahí y conocía a gente, y me iba a Es Paradís, me tomaba un café, me metía LSD y me quedaba ahí sentado con mi café en las mesas de atrás a escribir poesía toda la noche mientras observaba la fiesta.

EVA PACIFICO: En Italia trabajaba de bailarina en el club Le Cinema de Milán, y cuando llegué a Ibiza, me dediqué a eso durante mis primeros siete años. Aunque, realmente, mi primer trabajo fue de relaciones públicas de Space, justo cuando intentaban abrir también por las noches. Por entonces, todo el mundo iba allí por la mañana, de *after*, ¡así que fue duro convencerles para que acudieran también por la noche! Luego ya empecé como bailarina. Estuve en KU —que todavía estaba descubierta— y viví su transición a Privilege. También estuve bailando en Amnesia, Pacha, y luego tuve una larga residencia en El Divino, desde su apertura, donde Claude Challe[121] me eligió la primera para bailar en su club recién estrenado, dentro de un nicho en la pared. Recuerdo que venía Roman Polanski y muchas noches me miraba desde su sofá. Era una época de mucho glamur en los clubs.

121. Claude Challe es un DJ y empresario francés, activista de la escena nocturna parisina de los setenta y ochenta, que regentó locales como Le Privé (1974) o Les Bains Douches (1984). En 1992, se embarcó en la aventura ibicenca con la dirección artística y musical de El Divino, club que alcanzó su máxima popularidad a principios del 2000 y que compraría Pacha para inaugurar allí su nuevo local Lío en 2011. En 1996, Challe se involucró directamente en la creación del Buddha Bar, que se convirtió en restaurante de moda en París y que le llevó a crear las populares compilaciones *Buddha Bar*.

MIQUEL MAYMÓ: A los *hooligans* ingleses los hemos padecido de cerca. Mi casa estaba pegada a dos hoteles de la famosa agencia 18-30[122], que traía ese turismo de borrachera y que efectivamente tenía entre dieciocho y treinta años. Lo tenían todo enfocado a la fiesta: llegaban los clientes por la mañana y lo primero que hacían era emborracharlos en la recepción del hotel; hacían un *welcome meeting*, los emborrachaban y les vendían las excursiones para toda la semana. 18-30 fue la primera agencia que vendió los *pub crawl* por el West End: rutas por diferentes bares en los que ya tenían la bebida pagada, de un sitio a otro; barra libre. Imagínate cómo les dejaban. Esto implica que solo trabajaban unos cuantos bares y que la gente acababa en unas condiciones realmente deplorables. Si no me equivoco, fue en los años noventa cuando al final tuvieron demasiados problemas y se decidió prohibir esta práctica.

LENNY IBIZARRE: En el 95, me instalé aquí, o sea, que ya llevo veintitrés años en Ibiza; exactamente media vida. Tenía mi caja de ritmos, mi 303 [Roland TR-303], mis sintes y mi guitarra, y en seguida empecé a hacer directos. Fui el primer residente de Cova Santa, en 1995. La primera noche vinieron seis mil personas. Fundimos la electricidad de toda la calle, por la caña que metía nuestro equipo, y tuvieron que cerrar Cova Santa durante tres años, y así, mis doce bolos contratados se fueron al garete tras la primera fiesta; porque aquello era demasiado grande, demasiado bueno, demasiado ruidoso... Demasiado caos para las autoridades. Entonces, empecé a hacer bolos en algunas fiestas de trance. Hice un bolo en Pacha, y en Space para el *closing* de 1995. Aquello fue tremendo. Tremendo que te cagas. Después del bolo de Space ya decidí quedarme, en plan, «¡buah! Esto es la bomba, aquí está pasando algo, acabo de hacer un *live* en el puto Space».

EVA PACIFICO: Siempre he vivido en los clubs. Sin parar. Recuerdo que en los noventa disfrutabas más. Iba mucha más gente de la

122. Ver nota 12.

isla y los promotores se inventaban cosas divertidas y locas como Manumission. El público se disfrazaba y participaba, y los DJs eran más atrevidos con la música. Ahora es una escena un poco desalmada, centrada en el *business*.

MIQUEL MAYMÓ: Los mismos dueños de las agencias empezaron a hacer fiestas en discotecas: en Gala Night, Es Paradís, Playboy 2, Star Club o Idea, donde ahora hay un parking, que también era exterior. Con Gala Night trabajaban mucho. Los turistas pagaban y lo tenían todo incluido. Los soltaban en un punto, los emborrachaban y luego volvían a recogerlos en autobús y de vuelta al hotel. 18-30 llegó a tener, no exagero, del 50 al 70% de todas las camas de San Antonio. Trabajaban muchísimo y pagaban muy bien y por adelantado. Era un buen negocio. Lo que pasa es que, desde mi punto de vista, ha sido uno de los factores que más ha hundido a San Antonio.

LENNY IBIZARRE: Tenía mucho en común con la comunidad viajera de Goa. Desde los ochenta ha habido muchas fiestas allí, y mucha de aquella gente acabó recalando en Ámsterdam y en Ibiza. Había europeos que se iban a la India en busca de la sabiduría, la iluminación o lo que fuera; una variante del beatnik hippie de la contracultura que vino aquí y encontró en Ibiza un hogar en las montañas.

MIQUEL MAYMÓ: El proyecto de Kumharas nació en la India. Estuve viajando por el norte, en las montañas, y acabé en Goa. Cuando llegué a Goa, dije, «¡hostia! ¿pero esto qué es?». La puesta de sol con aquel trance psicodélico y todos aquellos hippies... Aquello en Ibiza no existía. Estamos hablando del 95 o 96.

LENNY IBIZARRE: Todo el mundo estaba aquí, pero no había nada parecido al trance psicodélico o al Goa trance en aquellos tiempos; no había nada comparable. Las raves sí que eran totalmente Goa trance, pero nada que ver con el euro trance que llegó a los clubs. El Goa trance acabó de definirse a mediados de los noventa, momento en que se transformó en trance psicodélico.

MIQUEL MAYMÓ: Volví marcado de Goa. De hecho, en Goa ya tenía el local en la cabeza. Había estado trabajando muchos años con mi padre en la empresa y compramos un edificio de apartamentos que empecé a llevar yo. Era un minigolf, y lo único que había construido en todo el terreno era la torre que levantaron las dueñas, tres mujeres vascas muy artistas. Cuando nos vendieron los apartamentos, se abrió la posibilidad de comprarlo todo, pero el acuerdo estaba en el aire. Cuando estuve en la India lo vi clarísimo, y así fue.

LENNY IBIZARRE: Una señora me echó las cartas del tarot en una terraza y, cuando acabó, llamé a mis padres y les dije: «Hola, me quedo aquí. No voy a volver a casa». Se pusieron como locos. Todos mis amigos también, como locos. Pensaban, «¡oh!, no va a volver a casa. Se ha vuelto loco. Está en Ibiza, debe de haber perdido la chaveta»... hasta que vinieron a visitarme, entonces dijeron, «¡ah!, pues es bien bonito este sitio. El vino está riquísimo y la comida es excelente. Esto es fantástico», ¿sabes?, y yo en plan, «¡claro!, por eso no quiero volver» [risas].

MIQUEL MAYMÓ: Por entonces ya existía Café del Mar y el [Café] Mambo estaba en sus comienzos. Íbamos a Café del Mar cuando yo tenía veinte años, pero tenía claro que quería hacer algo diferente. Tenía mi visión, pero no sabía cómo plasmarla. Entonces conocí a Sola [Tidoo], que era famosa por las decoraciones que había hecho en diferentes lugares, entre ellos Amnesia, en los ochenta. Y conocí a mucha otra gente que me ayudó a construir Kumharas, poco a poco.

LENNY IBIZARRE: En Ibiza, los clubs eran abiertos; estabas bajo las estrellas. El volumen estaba tan alto que podías estar tumbado en Talamanca y reconocer lo que pinchaba el DJ, *track* por *track*. ¡Qué puta contaminación acústica había entonces! Era de otra dimensión, y los ibicencos en plan, «¡no podemos dormir! ¡¡Qué coño es esto!!». Así que acabaron por techar los clubs. Los dueños de los locales sabían que aquel que consiguiera montar una fiesta bajo las estrellas triunfaría. Si hay cinco fiestas a las que puedes ir y una es al aire libre, con vistas y bajo las estrellas, irás a esa; no quieres meterte en una caja, sobre todo si hace calor y buen tiempo. Era el tipo de cosas que me convencieron de que este lugar era alucinante: el hecho de que hubiera todas esas fiestas diferentes con toda esa gente diferente. El vagabundo que compartía el porro con el millonario, los dos en la pista... No estaba segregado. En invierno, cuando ibas a clubs como Pacha, todo el mundo estaba allí. Era como una familia que se reunía. Era muy bonito.

EVA PACIFICO: Cuando yo llegué ya había fiestecitas en las casas, aunque no eran grandes. He participado en estas fiestas como el resto de los amigos de la isla, pero no lo identifico como un «movimiento». Eran más bien reuniones donde celebrábamos juntos la luna llena o el solsticio, algún cumpleaños, boda o incluso alguna muerte... No eran raves; aquí se llaman «fiestas en el campo». El llamarlo movimiento para mí implicaría que hubiera alguien detrás organizando, con un plan de expansión o con una ideología, y no era así: eran simplemente celebraciones.

MIQUEL MAYMÓ: Había todo un movimiento muy underground en el norte de Ibiza, muy hippie, con mucha energía y buen rollo, que organizaba fiestas en el campo. No estaban interesados en el negocio. La gente lo que quería era bailar. Bailar trance psicodélico y disfrutar de la naturaleza. En aquel momento había artistas del movimiento trance que querían hacer algo musicalmente diferente: Lenny Ibizarre, DJ Malte, Juan Verdera, Jörg... Toda esa gente me ayudó muchísimo, sin ningún tipo de contrapartida, porque realmente vieron que era algo totalmente distinto, que queríamos crear algo más allá del negocio. Eso y San Antonio eran dos mundos distintos. Poco a poco fui conociendo a toda esa gente, que venía aquí cuando no estaba muy claro todavía lo que quería hacer en Kumharas, y conectaron rápidamente con el lugar.

Kumharas se creó con la colaboración de muchísima, muchísima gente que se sintió involucrada y lo sintió como suyo. No te puedes imaginar lo que la gente me ayudó a levantarlo. Mucha gente había estado esperando esto. La gente venía y decía, «¿qué puedo hacer? ¿Te hago una escultura?» «Yo hago esto, yo hago lo otro...» Había gente pintando por el suelo, otros venían con una furgoneta llena de cosas que habían encontrado en la basura y me hacían una escultura, todo con pintura fluorescente; gente que de pronto se quedaba aquí y veías que lo estaban dando todo. Aquí dormía muchísima gente en verano. Recuerdo que iba al supermercado a comprar un montón de comida para desayunar. ¡Imagínate el vecindario! «Estos no paran de vender droga, tanto hippy por aquí.» Había momentos que aquí igual había como veinte personas durmiendo, veinte hippies. En lugar de Kumharas, yo lo llamaba «comunaras».

JAVIER FERRER: Nací en Ibiza de padre, madre y abuelos ibicencos. Mi padre tuvo la primera banda de rock de Ibiza, Los Diana. Este año cumplen cincuenta años de la grabación de su primer single, y ahora quieren volver a grabarlo. Cincuenta años después grabarán la canción en el estudio de su hijo [risas]. Recuerdo que mi padre siempre estaba tocando la guitarra; mi casa siempre ha sido muy musical. Mi hermano toca y canta, y mi padre toca el piano, la guitarra, el bajo... En casa se escuchaba mucho a los Beatles y mucho pop español: Los Brincos, Fórmula V, Los Pekenikes... Después ya pasó a Julio Iglesias, Dyango... todo ese pop español que a mí me encanta y del que te sé cantar canciones enteras.

MIQUEL MAYMÓ: Durante los primeros dos años podríamos haber ganado muchísimo dinero. «¡Te traigo cuatrocientos ingleses!», me decían, «eres tonto». El negocio era que una agencia te trajese cuatrocientos ingleses, los emborrachases a punta pala y montases la fiesta. Que están ahí al lado, a cincuenta metros, en la calle principal. Podría haber ganado dos o tres veces más dinero, pero no quería que Kumharas se convirtiese en otro local de *pub crawl*. Lo cierto es que en ese momento se estaban haciendo treinta mil pesetas de caja con los hippies, y al final perdía dinero y, además, les invitaba a comer a menudo. Incluso mi familia me decía, «¿pero qué estás haciendo?», pero se estaba creando algo. Yo lo tenía muy claro.

JAVIER FERRER: A mí lo que me gustó siempre fue la electrónica. En mi casa todo lo que sonaba era muy acústico, muy pop, y yo siempre estaba en plan, «quiero pinchar, quiero electrónica, maquinitas...». Tengo unos Technics que pueden tener veinticinco años: mi padre cerró un bar que tenía en San Antonio y me dijo si quería «dos Technics, un mezclador y todos estos vinilos». Una vez me encontré en la basura una bolsa llena de vinilos, que todavía conservo, que creo que eran de KU... Cuando tenía catorce o quince años ya me hacía mis casetes, con mis sesiones, pero siempre me tiraron más las maquinitas y los aparatos. Esa de ahí fue la primera máquina que me compré [la señala], de eso puede hacer veinte años. Es la Groove Box, con la que podías hacer una canción entera, y hasta un mini directo.

MIQUEL MAYMÓ: Kumharas fue uno de los primeros sitios «comerciales» que empezó a poner música trance. Ya no solo se podía escuchar en casa con tus amigos o en alguna fiesta, sino que podían venir aquí. Los domingos hacíamos la fiesta, pero el resto de días la música también era toda *psychedelic* ambient. Universo trance total. En el primer *flyer* pusimos «*we speak alien*», y para la gente del trance fue como «¡uuuuu!». Se empezó a correr la voz rápidamente, en plan, «oye, que en el Kumharas hacen fiestas...». De repente, había un sitio lejos del núcleo de los hippies, que siempre se han concentrado más en el norte. Y además, aquí se encontraban con la puesta de sol y un montón de tiendas de gente que fabricaba ropa. Yo les dejaba que se pusieran a vender por aquí, y poco a poco se fue liando... Al principio trabajábamos como un bar normal para la puesta de sol y los domingos subíamos un poquito más el volumen de la música, venía más gente y bailábamos un rato. Nunca hubo ningún problema. Nunca hubo peleas. Nunca pasó nada, hasta que se popularizó. Las discotecas no lo veían bien y nos cerraron en seguida. Pero entonces, la gente empezó a hablar: «Justo ahora que habían abierto un bar con un ambiente guay, van y lo cierran...». Y eso fue mucha publicidad para mí, porque muchísima gente estuvo esperando al año siguiente a que abriese de nuevo, para verlo. A partir de ahí, vimos realmente que nos teníamos que dedicar un poquito más a conservar el ambiente y la atmósfera, convertirlo en un sitio más tranquilo. Seguir siempre en el mundo del *psychedelic* trance, pero bajar los bpm. Al final ha ido derivando más a la música chill out.

JAVIER FERRER: El trance aquí siempre ha sido psicodélico, y hasta tiene su propio baile. Y su estética: todos llevábamos un cinturón con alforjas... Tengo muchos amigos a los que les gustaba vestirse así, y con pantalones fluorescentes. Empecé a comprar vinilos y hacerme mis maletas de trance psicodélico. Una de esas maletas la tiene Nina Kravitz, que es amiga mía y hago cosas con ella. Un día, ella estaba pinchando y le dije, «espérate, que voy a casa a por mi maleta, te va a encantar». Se la traje y le dije, «es una maleta que quiero mucho, pero te la dejo». Y todo son discos de esos años de finales de los noventa y principios del dos mil. Nina pincha un montón de canciones de ahí [risas]. En su Instagram está la foto del día que se la di.

EVA PACIFICO: Probablemente he sido la primera en importar y distribuir música underground en CD a tiendas de discos de la isla. El psytrance llegó aquí por mí, desde Spirit Zone y Phonokol a un montón de sellos más. Luego chill out, con Music for Dreams y Elektrolux, techno con Kompakt y Poker Flat o el deep de Compost y Dynamic. Y también world music, etc. Tenía talento y buen oído para identificar los discos que podían funcionar en nuestro mercado. La llegada de Spotify y similares nos puso a todos fuera del *business*. Ya no queda ni una tienda de discos en la isla.

LENNY IBIZARRE: Allá donde había una bonita puesta de sol, donde antes había solo un bar, como el Café del Mar, ahora había veinte, y en todos se escuchaba música. Todo se convertía en una manera de experimentar la realidad física. Si alguien pincha beats, todo el mundo lo oirá, así que todo el mundo acababa poniendo lo mismo. Pero en Kumharas, donde empecé al principio, no tenía edificios alrededor; estaba allí en medio de las rocas sin nada en los alrededores. Estaba todo vacío. Era increíble, porque podías poner música totalmente ambient, incluso música orquestal. Ahora ya no puedes hacer eso.

EVA PACIFICO: Kumharas siempre ha sido un rinconcito mágico donde la música es fantástica y underground. Conocí a Miquel con Lenny y DJ Malte cuando abrió Kumharas. Qué era... ¿1998? En 2001 empecé allí con mi primera residencia como DJ en la isla. Pinchaba todos los lunes durante ocho horas. Entonces, cerrábamos a las cuatro de la madrugada, aunque pasada la medianoche ya pinchaba música muy ambient. Entrené a fondo con esos *sets* maratonianos. Maymó siempre ha adorado mi música y he sido su DJ residente preferida durante dieciocho años... hasta que las nuevas ordenanzas prohibieron prácticamente cualquier sonido en el exterior por encima de los 65 db. Era un sueño poder pinchar allí para el *sunset*. Estoy agradecida de haber tenido tantos momentos inolvidables, eternos.

MIQUEL MAYMÓ: Muchos en Kumharas estábamos involucrados en las fiestas en el campo. Mucha gente lo que hacía era ver la puesta de sol y enterarse de si había fiesta en algún lugar: «Están aquí las furgonetas con los equipos». «Hay una fiesta en el faro de Portinatx...» Pues todo el mundo al faro de Portinatx. «Ahora hay fiesta en Cala...» Era una cosa más como en familia. Al final estábamos siempre los mismos y con la mente bien abierta. Se hacían de vez en cuando, cada mes o cada luna llena.

LENNY IBIZARRE: Muchas raves eran en parajes naturales. Creo que es un fenómeno muy ibicenco. Can Punta era uno de esos sitios. Es una montaña que hay encima de San Juan. Cuando estás ahí arriba, tienes una vista de doscientos setenta grados. Es increíble. Es una vista grandiosa, grandiosa. Hicimos unas cuantas fiestas allí. También estaba Las Puertas del Cielo [detrás de Santa Inés], donde tenías que caminar tres cuartos de hora hasta la cima de la montaña y luego descender por un sendero hasta el lugar de la fiesta, a paso de tortuga. Era increíble de cojones.

JUAN MARÍ: A principios de los ochenta, Anan, un tipo de Nueva Zelanda, hacía fiestas en Can Punta y en otros lugares de la zona de San Juan. Unas fiestas que se hacían con todo el cariño del mundo porque se hacían en casas particulares donde nos conocíamos todos. Como si hicieras una fiesta en mi casa. Se hacían en la era y la gente traía bebidas. Eran las primeras raves.

MIQUEL MAYMÓ: La gente iba a disfrutar de la música, a disfrutar con la gente y de la conexión con la tierra. Era posible bailar bajo la luz de la luna en lugar de estar metido en una discoteca donde te obligaban a pagar. No importa cómo vayas vestido. No importa cuánto dinero tengas, realmente de lo que se trata es de estar en contacto con la naturaleza, bailar, disfrutar bajo las estrellas, ver el amanecer y la puesta de sol.

LENNY IBIZARRE: No era del todo justo para los clubs. Ellos tenían que pagar por toda la infraestructura y el seguro para que todo fuera legal. Y de pronto, cuando se montaba una fiesta de trance, los doscientos o trescientos más freaks de entre el público, que siempre solían estar en Space, Pacha o Amnesia, ya no estaban. Faltaba gente, y eso los dueños de los clubs lo notaban. ¿Dónde coño se han metido los freaks? Y a veces también los propios directores de las salas, que estaban en las fiestas de trance desatendiendo sus clubs y pasándoselo en grande. También había otras fiestas que no eran raves de trance, pero que se montaban en la playa y sitios así. Sa Trinxa solía hacer fiestas toda la noche con un gran fuego y todo eso. Todo el mundo iba a esas fiestas y empezó una batalla que duró mucho tiempo: los clubs contra las fiestas de trance. Cuando prohibieron las fiestas de trance, los clubs empezaron a pelearse entre ellos, y el gobierno, por su parte, empezó a enfrentarse a los clubs. Es el pez grande que se come al pequeño, que a su vez es comido por otro más grande, que a su vez es comido por otro aún más grande, por decirlo de algún modo.

MIQUEL MAYMÓ: En unas fiestas podíamos ser cincuenta personas y luego, en otras, había hasta cuatrocientas, dependiendo de dónde se hicieran. A lo mejor hacías una por Els Cubells o por aquí, por Cala Comta —que eran más pequeñas—, o en el faro de Portinatx, y se corría la voz y venían cuatrocientas personas. Algunas fueron muy grandes, pero nunca fue necesaria la seguridad. Nunca ha habido una pelea.

LENNY IBIZARRE: Si estás al aire libre, no quieres música industrial ni nada hardcore. El puto *psytrance* es el estilo de música para este tipo de experiencias límite, donde todo el mundo va hasta arriba de LSD. La coca y la ketamina son para el house y el techno. El trance o el *psytrance* son ideales para el LSD, las setas, los grandes chilums de charas, y vuelas a gran velocidad. Una vez has bailado en este entorno, es difícil parar, porque es altamente adictivo. Es algo que cambia la vida de la gente. Pueden dejarse ir y desarmar su psique a tiempo real en la pista de baile durante horas y horas. Y todo es gratis y no hay seguridad, pero estás seguro y no hay nada de lo que preocuparse. Solo amigos, estás rodeado de amigos. Se produce este fenómeno supersocial que se da cuando todo el mundo toma ácido, en plan, allá vamos. ¿Estás bien? ¿Estás bien? Todos estamos bien.

JAVIER FERRER: Con diecisiete años iba a las galas juveniles que se hacían en Pacha, sobre el 94 y el 95, y escuchaba el house que pinchaban allí. Íbamos la gente joven de Ibiza los domingos por la tarde, que cerraban a las doce de la noche. Ahí fue cuando empecé a comprar mis primeros vinilos. También íbamos mucho al Privilege los sábados. A KU había ido con mis padres a cenar alguna vez y a dar una vuelta por ahí, que tenían un tobogán en la piscina. Hacían una especie de galas juveniles, también.

MIQUEL MAYMÓ: A veces el *sound system* de las fiestas se llevaba en barco por la costa y se descargaba. Al final éramos todos amigos, y uno ponía el equipo de música, otro ponía un generador, otro podía poner dinero para la gasolina y luego otros se encargaban de limpiar. Era todo entre amigos, en familia. Comunitario y espontáneo, sin dinero. Nunca ha habido una barra grande. A lo mejor se ponía uno con una nevera con latas de cerveza y otro preparaba té chai. Tampoco eran fiestas de mucho alcohol. Se intentaron hacer cosas muy, muy bonitas, con mucho trabajo de decoración. Había mucha gente involucrada, y algunos incluso trabajaban durante tres o cuatro días en la organización.

LENNY IBIZARRE: Estaba muy metido en la escena, pero siempre desde la producción [musical], no desde la organización. Aunque era muy amigo de los organizadores e ibas y ayudabas si querías, decorabas días antes de la fiesta y cosas así. Todo era fruto del esfuerzo colectivo.

JAVIER FERRER: Recuerdo ir a Aqualand y que todo el parking de Space estuviera lleno de gente, pero era algo normal y no había lo que hay ahora... No había tantas drogas, o eran para una minoría. No recuerdo a mis padres diciendo, «¿qué hacen estos?», sino que lo veían como algo natural. Además, mi padre tocaba en su grupo, Los Diana, y bueno... vives un poco más la música y la fiesta. A Space iba con diecisiete años, que abría de ocho de la mañana a dos del mediodía.

MIQUEL MAYMÓ: No sabías dónde se iba a hacer una fiesta... A veces solo sabías la zona, pero te tenías que guiar un poco por el oído, «ah, mira, por ahí se oye música». Muchas veces para llegar a la fiesta tenías que ir por caminos de montaña durante mucho rato. Y tampoco había equipos de luces. Oías la música e ibas guiándote, o veías pasar un coche y decías, «eh, ¿vais a la fiesta? Os sigo». Y acababas en otro pueblo... Luego oías que había habido una fiesta. «Hemos ido a una fiesta, buah, increíble. ¡Qué buen rollo!», pero no era una cosa que tuviese publicidad. Era todo como en *petit comité*.

JAVIER FERRER: Recuerdo que estaban los del Zenith, que ahora son los representantes de Marco Carola[123]. Tenían uno de los mejores sitios que ha habido en Ibiza, en la playa de Es Codolar. Ahí montaban un

123. Ver nota 102.

after en un chiringuito de madera y pinchaban Brandon Block, Alex P, Reche o Carlos Díaz. A las fiestas iba a escuchar música, a bailar y, claro, acabas relacionándote con gente mayor que tú.

LENNY IBIZARRE: En los ochenta se vendía mucha música ambient. Era el fenómeno de la New Age, pero fue un mercado que se quemó. A principios de los noventa, nadie sacaba ambient, porque había demasiado en las cubetas de las tiendas de segunda mano. Ya estaba todo producido, así que dejaron de hacerlo. Esto dejó un hueco que llenó el chill out que salió de Ibiza después de unos años de calma. Iba a esas fiestas de trance a pinchar y bailaba durante días y tomaba un montón de LSD. Cuando llegaba el invierno, estaba tan frito que necesitaba tiempo para relajarme. Compuse mucho ambient para mí mismo, para relajarme y abandonarme. O sea, que hice música chill out a modo de terapia.

JAVIER FERRER: En la época de Space también se hacían muchas raves, entre el 96 y el 98, pero nunca las llamamos así; eran «fiestas en el campo», en plan: «vamos a una fiesta en el campo». Podían acudir entre quinientas y mil personas. Recuerdo las fiestas del medallón, que eran fiestas de trance psicodélico. Se hacían en lugares diferentes, al aire libre, y la entrada era un medallón. Se hacían en Portinatx y en sitios increíbles. Montaban sus equipos de sonido en unos sitios... Todo fluorescente y con luz negra.

MIQUEL MAYMÓ: Había un medallón para cada fiesta y los hacía Sola, artesanalmente. Era una manera de colaborar con la organización de la fiesta. Había unos cuantos sitios en los que se vendía el medallón y, cuando lo comprabas, te revelaban la ubicación de la fiesta. No se trataba de que si no lo llevabas no entrabas, era algo más simbólico: un recuerdo y una forma de colaborar, pero no era una entrada. Por eso mucha gente la llamaba la «fiesta de los medallones». Si querías colaborar, te comprabas uno, pero tampoco se hicieron muchos.

JUAN MARÍ: Y luego se empezaron a hacer estas fiestas en parajes naturales, con un generador, cuatro altavoces y *p'alante*. Ahí ya empezó a aparecer la escena trance. Y empezó a generarse un poco de negocio con la venta de alcohol primero, y luego, se popularizaron las fiestas y para entrar necesitabas medallones como contraseña. Ese medallón se vendía. Empezó a perseguirse porque ya no eran lugares privados, era en un paraje natural y los clubs empezaron a mosquearse.

MIQUEL MAYMÓ: La de La Conejera fue una de las fiestas más potentes. Había un barquito que te llevaba desde Cala Comta. Imagínate que te dicen que hay una fiesta, que llegas a un sitio y te tienes que subir a un barquito y no sabes ni a dónde vas, y llegas ahí y hay una montada con una jaima con... no sé, quinientas o mil personas. Muchísima gente.

JAVIER FERRER: Incluso nosotros habíamos llegado a hacer fiestas en La Conejera. Llegar a Cala Comta con una lanchita, llevar en ella todo el equipo y hacer viajes a La Conejera. Y, claro, eran horas [risas]... y luego tocaba volver. Los amigos teníamos dos o tres lanchitas e íbamos haciendo viajes.

EVA PACIFICO: ¡Eran fiestas inolvidables! En La Conejera fue donde Lenny, Cathy Battistessa y yo hicimos una performance como Equinox: Lenny tocando, Cathy cantando y yo bailando con abanicos de color flúor. Luego nos quedamos confinados en esa islita paradisiaca durante 24 horas porque la policía bloqueó los barcos que venían de Cala Comta. Tranquilos, no sufrimos.

MIQUEL MAYMÓ: La policía lo único que veía en nuestras fiestas era a un grupo de amigos disfrutando de la música, que la mayoría de veces no molestaba a nadie. No había ningún problema. Hasta que la asociación de discotecas empezó a mandar y a meterse por medio, nunca hubo ningún problema. La gente no dejaba de ir a las discotecas por acudir a esas fiestas. De hecho, la mayoría de gente que iba no había pisado una discoteca en su vida.

EVA PACIFICO: Cuando las fiestas eran más caseras no controlaban, pero luego empezaron a multar y a confiscar equipos. Fue el momento en que las fiestas se hicieron más grandes y mejor organizadas. Esto contribuyó a colapsar la escena, y finalmente a la prohibición absoluta de las reuniones al aire libre.

JAVIER FERRER: Tengo el recuerdo de esas fiestas: llegar con el coche y ver a la Guardia Civil regulando el tráfico, sin parar a nadie. No hacían controles ni nada.

EVA PACIFICO: Conocí a Lenny en casa de un productor musical amigo común y nos enamoramos a primera vista. Luego nos reencontramos en la torre de Balafia, en una fiesta de luna llena. Estuvimos pegados hablando toda la noche bajo la luna y ya no nos separamos más. Todavía somos familia, aunque no pareja. Él luego compuso «One Night in Balafia», un tema dedicado que está incluido en *Ambient Collection vol. 1* de Ibizarre.

LENNY IBIZARRE: Eva Pacifico estaba escuchando ambient y un día dijo: «Esto es genial, podemos venderlo», así que empezó a grabar cintas que luego pintaba a mano y vendía en la playa. Y la cosa fue bastante bien. Tanto, que arrancamos Ibizarre Records juntos, en el 97. Fue el primer sello de música electrónica de Ibiza. Fuimos también el primer estudio de música electrónica que se registró en la isla. Y como la venta de cintas en la playa iba muy bien, conseguimos suficiente pasta para producir un CD. Y justo ese año, el [recopilatorio] de Café del Mar[124] todavía no había salido, porque habían fichado por Manifesto —subsidiaria de Mercury— e iban retrasados con la producción. Así que en septiembre el álbum de Café del Mar todavía no había salido. Tenía todo el verano para mí, para mi colección de ambient, y cuando el álbum[125] salió, había un hueco en el mercado y todo el mundo se compro el mío. Luego lo licencié [a Warner Music UK].

124. VV. AA., *Café Del Mar - Volumen cuatro* (Manifesto, 1997).

125. Ibizarre, *The Ambient Collection - Compilation. 1* (Ibizarre Records, 1997).

EVA PACIFICO: La nuestra ha sido un alianza desde un principio. Lenny hacía una música divina, y ya entonces sus composiciones me fascinaban. Yo ya intuía ese talento genial que posteriormente se reveló en todo su esplendor. No teníamos ni idea de cómo llevar un sello discográfico, pero vistos los contratos que le llegaban, ridículos y horripilantes, decidimos lanzarnos y la suerte nos sonrió. Ibizarre Records fue el primer sello independiente de la isla. Yo llevaba la parte del *business* y Lenny, la artística. Llegamos a firmar todos nuestros recopilatorios con Warner Bros. antes de la recesión musical. No hemos tenido mucha actividad como sello últimamente, pero todavía somos aliados y hermanos del alma, y seguimos colaborando en muchas aventuras.

LENNY IBIZARRE: Entonces, me di cuenta de que podía licenciar música a otros recopilatorios, así que, durante los siguientes tres años, saqué los *Ambient Collections*. Viví de licencias para otros territorios. Conseguí que entrara dinero a la isla de otras fuentes. No me llevé un duro de la industria de aquí. Lo saqué de otro lado y de paso promocioné la isla como un lugar increíble.

JAVIER FERRER: Para mí, Lenny [Ibizarre] ha sido uno de los pioneros del chill out y del trance psicodélico. Me contaba unas historias de cuando iba a Goa y de todos los dats que llevaba... Él era uno de los DJs habituales de las fiestas. También estaba Juan Verdera, que es otro de los tranceros que estaba en todas. Él es de Ibiza, de una familia ibicenca. Juan Verdera *aka* The Muses Rapt, que se pegaba unos bailes...

RECHE: Juan Verdera sacó *Spiritual Healing*[126], un disco muy importante. Un día me dijo, «Reche, estoy *quemao*. Me llaman de todas partes: de Nueva York, de Israel, de Tokio... pero de Ibiza no me llaman». Así que le dije que se pasara por Space el siguiente domingo. Él hacía sus filigranas y su teatro en la cabina, y los ingleses en plan, «¿pero

126. The Muses Rapt, *Spiritual Healing* (LSD - Liquid Sound Design, 1998).

esto qué es?¿De dónde se ha escapado este tío?». El encargado me obligó a echarlo de la cabina y Juan se puso... Ahí me di cuenta de que Ibiza ya no era lo que había sido, y que ya no era posible que cada uno se expresara a su manera, como aquella leyenda del trance haciendo su teatrillo.

LENNY IBIZARRE: Cuando empezó Kumharas monté allí dos festivales de ambient durante dos años consecutivos. Teníamos música ambient siete días seguidos, *non-stop*, con todos los artistas de ambient. No dormí mucho en aquellos tiempos, esto te lo aseguro, pero fue increíble. Mis amigos de Dinamarca trajeron como tres toneladas y media de equipo de luces. Y también sustancias químicas... Era un espectáculo increíble. Nunca ha vuelto a ser lo mismo. Nunca nadie ha hecho algo parecido allí, y tampoco creo que nos dejaran.

EVA PACIFICO: Participé con Lenny en la organización del Dreamdaze Festival en Kumharas, en el año 2000. Una semana de chill out con muchos invitados especiales. ¡Fue épico!

MIQUEL MAYMÓ: Luego todo aquello fue degenerando. Venía gente de Barcelona o Italia y decían, «ah, pues mira, vamos a hacer una fiesta trance en Atlantis». En Atlantis no puedes hacer una fiesta, ¿sabes? Mola mucho el sitio, pero no tienes espacio, es peligroso... Son sitios que los ibicencos siempre hemos respetado. Para bailar, te vas a Portinatx, que es un descampado...

EVA PACIFICO: En un momento dado hubo un interés comercial. Cuando hubo más público, ya había dinero de por medio, y por eso las pararon. No creo que afectaran al negocio de la noche, porque el que asistía era otro tipo de público. Pero, claro, se saltaban todos los reglamentos, leyes, seguridad e impuestos. Entonces las discotecas decidieron que eso era injusto y presionaron para que fueran perseguidas.

LENNY IBIZARRE: Todo el mundo estaba haciendo recopilatorios de chill out, hasta el punto de que contamos doscientos cincuenta recopilatorios distintos en [la tienda de discos] Mega Music. Demasiados, lo mires por donde lo mires, y el 90% incluían la misma música pero con diferente foto del culo de una chica en la playa y con «Ibiza» escrito en letras de colores. No sé si fue Blanco y Negro o Vale Music quienes estaban haciendo esos recopilatorios de Ibiza. Los *Ibiza Mix*[127]. ¡Los vendían como churros! Aunque la música no tenía nada que ver con Ibiza. Vendían la imagen de Ibiza que se supone debían de tener los españoles. El marketing y la música eran perfectos para vender el producto. Y es que la palabra «Ibiza» la podía utilizar quien quisiera; cualquiera podía decir «esto es Ibiza», incluso si no era así. La gente que conoce Ibiza sabe distinguir entre [los recopilatorios de] Café del Mar e *Ibiza Mix*, pero no todo el mundo.

EVA PACIFICO: En esa época, fue una moda musical muy fuerte, pero la onda chill out, *laid back*, sigue siendo sinónimo de Ibiza. Ibizarre fue parte de su creación. La musica de Lenny sonaba constantemente por el *sunset strip*, los *beach bars* y en el puerto; era el *soundtrack* perfecto para ese espíritu relajado que la gente busca al llegar aquí.

MIQUEL MAYMÓ: Realmente, las fiestas se acabaron cuando hubo una en Las Puertas del Cielo en la que un chico saltó por el acantilado y falleció. Ahí fue cuando empezó a haber mala publicidad. En un momento dado, a esta persona se le fue la cabeza y saltó. En ese sitio podía pasar, y pasó. Mira que hubo fiestas y nunca había pasado nada...

JAVIER FERRER: Después de aquella fiesta, no sé si fue en la siguiente, la Guardia Civil acudió para dispersar a todos con gases lacrimógenos y echó a todo el mundo.

127. La serie fue editada por Blanco y Negro, desde su subsello Max Music.

LENNY IBIZARRE: Entonces hice un amigo, que le enseñó mi música a un amigo suyo que resultó ser el capo de Warner y este me pidió que hiciera una remezcla del «Riders on the Storm» de los Doors, que llegó a disco de platino en dos meses. Se vendieron trescientas mil copias en Gran Bretaña del *Best of The Doors*, el que venía con las remezclas[128]. Luego me pidieron que hiciera un recopilatorio en CD. Se llamó *Chilled Ibiza*[129] y llegó a doble disco de platino, 650.000 copias de un CD doble, una cantidad de pasta que ni te la imaginas. Total, que el capo de Warner vino a visitarme con nuestro amigo en común y un día me preguntaron, «no tendrás drogas, ¿no?». Y yo, «claro, tengo LSD». Y nos lo tomamos. Estuvieron por ahí varios días pasándoselo en grande. Unos meses después, cuando este capo de Warner fue a una reunión de capitostes en Los Ángeles, después de cenar por todo lo alto, el jefe supremo llevó aparte a los tres directivos que más habían vendido ese año y los metió en su helicóptero de vuelta al aeropuerto. Durante el trayecto, les preguntó: «¿Cuándo fue la última vez que tomasteis LSD?». Uno dijo, «en 1984». El otro, «creo que en 1991». El tercero, el amigo de mi amigo, dijo, «bueno, de hecho fue hace dos semanas. Tomé ácido con uno de los artistas que estoy pensando en fichar. Es, por cierto, el tipo que ha vendido los discos de platino que han ido tan bien». Y el jefe supremo le dijo, «bien, chico de oro, no tienes que decirme nada más, puedes hacer lo que te dé la gana. Tienes carta blanca». Así que, cuando aterrizó en Londres, el jefe de Warner que conocía me dijo: «Vente a Londres. Te haré una oferta que no podrás rechazar». Y así fiché por Warner. Luego me compré mi casa y en cierto modo me retiré.

EVA PACIFICO: Luego hubo otros festivales como Rising Dust, que se hizo con todos los permisos legales y con la implicación de Miquel Maymó de Kumharas.

128. The Doors, *The Best Of The Doors* (Elektra, 2000).

129. VV. AA., *Chilled Ibiza* (Warner ESP, 2000).

MIQUEL MAYMÓ: Para poder seguir haciendo fiestas, empezamos a montarlas en Cova Santa, que era una discoteca solo para grupos de turistas. Empezamos a hacer fiestas de *psychedelic* trance en invierno, dentro de la discoteca. Luego, en el 99 abrimos el Kumharas Café, que está en la plaza del parque y que era un antiguo cine. Allí hicimos fiestas trance con servicio de restaurante. Funcionó, pero tuvimos que cerrarlo. También organizamos un festival, el Rising Dust. Cuando nos dimos cuenta de que era cada vez más difícil hacer las fiestas trance en el campo, intentamos hacer algo con el mismo espíritu pero legal. A partir del 99-2000, diseñamos el Kumharas Concept en Gala Night. Creamos varios ambientes: una zona trance, una de reggae, una de chill out, otra de tambores, un mercadillo... Decoración fluorescente... Pero claro, eso ya era meterse en un negocio. Tenías unos gastos... Las barras no eran tuyas... Se hizo de todo por intentar hacerlo asequible; no había ninguna ambición de negocio. Al final, eran todo invitaciones: si venían cuatrocientas personas, al final, pagaban cincuenta. Eran todos amigos que me habían estado ayudando en el negocio.

EVA PACIFICO: Namasté[130] es el otro baluarte de mi carrera como DJ, junto con Kumharas. He sido parte de esta linda familia, hippie de verdad, también durante casi veinte años. Comparto su filosofía, su misión y el espíritu de celebración tribal, inspirando e invocando amor. No he experimentado en ningún otro sitio del mundo la felicidad, el amor, la alegría y el entusiasmo como poniendo música allí. Una temporada tras otra me hace sentir agradecida y me llena de energía. También porque aparte de mi trabajo de DJ me ocupo de la elección de mucha de la música que suena en otras áreas, elijo los DJs que me acompañan en la cabina e introduzco artistas especiales que conectan conmigo, como Ricoloop o Los Suruba. Realmente, es una

130. Namasté nace en 1998 de la mano de Merel y Alok (World Ibiza Family) y Jon Mitchell, y desde entonces se ha celebrado en Las Dalias. En Namasté encontramos puestos de artesanía y moda, comida vegana, conciertos de músicas del mundo y música trance, en su vertiente más club. Todo ello en un ambiente hippie, abierto y espiritual.

fiesta que reúne a todas las generaciones, razas, culturas y formas de ser, bajo una gran experiencia unificadora.

MIQUEL MAYMÓ: La idea de Kumharas Concept era muy buena, pero no era el momento. Lo que hay ahora en el Gala Night, el Zoo Project, o WooMooN, en Cova Santa, son proyectos que tienen un concepto muy parecido. Aquello fue hace veinte años, una de las primeras historias que se hicieron de día, pero la gente aún estaba muy metida en la noche... «¿Cómo vas a hacer una fiesta a las cinco de la tarde?» En Kumharas tenía la excusa de la puesta de sol, pero en el Gala Night, con la chicha que cae... Aquello no salió, no era el momento ni la coyuntura. Además, coincidió con el momento de máximo auge de las promotoras y los DJs empezaron a ser los cabezas de cartel.

TERCERA PARTE
LA TIERRA PROMETIDA
(1999-2019)

12
METAMORFOSIS

Tras una década, la de los noventa, con una escena copada por los promotores británicos y con el house y sus variantes como banda sonora, los dos mil se abren con un giro hacia el techno y la entrada de promotores de otras procedencias. Los italianos Andrea Pelino y Antonio Carbonaro cogen el DC-10, un club donde no se está haciendo nada, ubicado muy cerca del aeropuerto de Ibiza —de ahí que el club tome el nombre del popular avión estadounidense—. Será la sede de su exitosa fiesta Circoloco, que le dará la vuelta al clubbing *de la isla, perfilándose como su exponente más vanguardista. Por su cabina pasan nuevas caras, como las de Tania Vulcano, Luciano, Ricardo Villalobos, Cirillo o Loco Dice, que serán sus primeros residentes e invitados. Otra fiesta techno entra con fuerza en la isla, de la mano del DJ y productor alemán Sven Väth, que se instala en Amnesia con su fiesta Cocoon, una extensión natural de su sello discográfico del mismo nombre. Pero no todo es techno y el contrapunto luminoso lo pone La Troya Asesina, una sonada fiesta que organiza Brasilio en Amnesia y que supone la irrupción en escena de Oliver, uno de los DJs locales que alcanzaría mayor proyección internacional.*

INTERVIENEN: MAR-T (AMNESIA), LUCIANO (VAGABUNDOS), ANDREAS SIMON (SUNSET CAFÉ, *PARTISAN*), JOHANNES GOLLER (COCOON), DJ OLIVER (LA TROYA), BRASILIO (LA TROYA), ANDREA PELINO (DC-10), CHARLIE CHESTER (DC-10), ANDY CARROLL (CREAM), CARL COX (SPACE), MARK BROADBENT (MANUMISSION), BEN TURNER (*MUZIK MAGAZINE*), PEPE ROSELLÓ (SPACE)

MAR-T: Nací en Barcelona en 1976 en una familia que se dedicaba al ocio nocturno. Mi padre [Martín Ferrer] fue DJ de Pacha Sitges. Estuvo un tiempo pinchando, luego fue el director y después montó La Atlántida de Sitges. En mi casa el más musical era yo, y aunque el ambiente en casa lo propició, también fue algo espontáneo que me salió. Yo iba a mi bola, y la música tuvo mucho que ver en ello.

LUCIANO: Nací en Suiza, en un pueblito llamado Pompaples, el 24 de febrero de 1978. Mi padre tenía un *jukebox* y en casa siempre se escuchaba música. Recuerdo que mi madre ponía la música superfuerte y cantaba.

ANDREAS SIMON: Nací en Geislingen an der Steige, un pueblo del sur de Alemania que está entre Stuttgart y Múnich, el 26 de abril de 1966. Mis padres se separaron muy pronto, porque mi padre engañó a mi madre. Eran muy jóvenes; él tenía dieciocho y ella diecisiete años cuando se quedó embarazada. Mi padre era batería y tenía un grupo. Era programador de IBM, pero también un rebelde y se le fue la olla. Aprendí muy pronto a escuchar y amar la música, y en seguida quise aprender a tocar la puta batería, quería más. Creo que todo lo que mi padre no hizo lo estoy haciendo yo, porque me paso veinte horas al día delante del ordenador desde hace veinte años y trabajo con música. Crecí con mi madre, que no paraba de poner música en casa. Teníamos un buen equipo y una colección de vinilos muy clásica. La casa era grande y siempre había gente tocando la guitarra y cantando alrededor del fuego, en el jardín. Amo la música desde muy pequeño.

MAR-T: El primer disco que me compré fue el «Happy Children» de P-Lion, con doce o trece años —ese y uno de Donna Summer, no recuerdo cuál—, pero eso fue muy al principio, y luego durante mucho tiempo la música electrónica no me interesó. Me gustaba el pop, el rock... todo menos la música electrónica. Tuve mi época de punk, mi época de música industrial, mi rollo gótico con The Cure, Depeche Mode... Y según el rollo que me daba me vestía de una manera o de otra. Luego ya me empezó a gustar la música electrónica a través del rollo más industrial y EBM, como Front 242.

ANDREAS SIMON: Mis primeros pasos musicales fueron en Múnich junto con DJ Malte y mi amigo André. Teníamos más de trescientas cintas de Nitzer Ebb, Talk Talk, Killing Joke, Sisters of Mercy... todo ese rollo. La familia de André tenía una marca de ropa que se llamaba Sunset, que era un poco del estilo de la jet set y de toda esa gente que iba a Ibiza. A principios de los ochenta, si te dedicabas a la moda era importante tener presencia en Ibiza. Ya se había creado la leyenda en torno a la isla como un lugar de libertad en mitad del Mediterráneo; un lugar donde crear y también donde vender y promocionar tu arte.

LUCIANO: De chico escuchaba a los Guns N' Roses, Michael Jackson... No me perdía ni uno de sus conciertos. En la escuela, la Alianza Francesa de Santiago de Chile, montamos un grupo de rock con varios amigos y yo tocaba la guitarra.

ANDREAS SIMON: Los padres de André tenían mucha pasta y una casa en Ibiza, en Can Furnet. En el 82, me dijo, «¿porqué no vienes conmigo a Ibiza?». Fue la primera vez que pisé esta isla. El sentimiento fue como de estar en casa. Ibiza tiene algo especial, no lo puedo describir. Hay un aire diferente, de libertad, que no he conocido en otro lugar, ese *joie de vivre* donde la música está por todas partes. La idea era quedarme tres días, pero creo que al final fueron tres semanas. En el 82 Ibiza todavía era bastante virgen. Nos quedamos la mayor parte del tiempo en la piscina de la casa. En el 84 fui por primera vez a Angel's o a Cielo y poco más. Por entonces, la gente se veía en los bares o en los clubs pequeños. No había macrodiscos, a excepción de KU. Luego, del 84 al 89 vine cada verano y cada vez me quedaba más tiempo de vacaciones.

MAR-T: En el 91, las discotecas que tenía mi padre iban muy bien, tanto La Atlántida en Sitges como Barçalles y Fibra Óptica en Barcelona. De la primera vez que fui a La Atlántida no me acuerdo, supongo que porque era muy pequeño. No me gustaron las discotecas hasta que no me empezaron a motivar las chicas. A mediados de los noventa sí me acuerdo de lo bien que me lo pasé ahí. Tenía la playa delante, al aire libre y sin horarios. Casi te diría que era igual que Ibiza, o incluso mejor. De hecho, en Ibiza no había ninguna discoteca así. Y entonces surgió la oportunidad de comprar Amnesia y mis padres decidieron lanzarse a la aventura.

LUCIANO: Con dieciséis años, en un viaje de vuelta a Suiza, descubrí el arte de pinchar gracias a mi amigo Dani Casarano. Me enamoré en seguida de los vinilos y de la música electrónica... Compré muchos discos, que me traje conmigo de vuelta a Chile.

MAR-T: Al lado del Fibra Óptica estaba el Nitsa, donde empezó la cultura del DJ en Barcelona. A mediados de los noventa allí iban Richie Hawtin, John Acquaviva... El residente era Sideral, que lo mezclaba todo: indie, techno, drum and bass, house... Tenía muy buen gusto, pero ni puta idea de pinchar. Nitsa fue una de las discotecas más vanguardistas de Barcelona. Fuera de Barcelona estaba la Sala del Cel, muy influenciada por Francia y la movida rave, con los DJs Fred Tassy y David Fussió metiendo ahí un *tracón* de trance... Ahí es donde empiezo a ver gente bailando el rollo trance, todos moviendo las manos como locos. Esas cosas cambiaron la industria de la música electrónica y me motivaban mucho. Eso no quita que luego me fuera a La Atlántida o a Fibra Óptica y me lo pasara muy bien. Eran experiencias diferentes.

LUCIANO: Después conocí a Adrián Schopf y su hermano Dandy Jack, y en seguida también a Ricardo Villalobos, que se convirtieron en parte de mi familia. Empezamos a compartir música y momentos con toda la gente de Chile que estaba involucrada en las raves de Santiago. Lo pasábamos tan bien tocando en Chile... Sobre todo durante el verano, en unas fiestas increíbles.

JOHANNES GOLLER: Vine por primera vez a Ibiza con mi familia en 1988, cuando tenía trece años. Obviamente, era muy joven para ir a discotecas, pero en los ochenta ya veías los *parades* en la zona del puerto con todos aquellos freaks y sus atuendos loquísimos antes de salir de fiesta. Recuerdo comentar, «¡Dios!, mirad esa gente. ¿Qué está pasando?». Y mis padres me respondían, «pues verás, es gente que viene aquí, se toma una copa y luego se va a las discotecas». Como no podía ir, mi curiosidad se disparó.

ANDREAS SIMON: En el 86, viendo pinchar a Alfredo en Amnesia, decidí que quería hacer de la música un oficio. Dije, «¡hostia!, estos estilos se pueden mezclar!». Alfredo creó algo nuevo: construía una historia. Pero todavía no me atreví a dar el paso. Era todo tan nuevo y tan gigante que tuve que digerirlo primero. Alfredo tiene un conocimiento profundo de su música y de la manera de mezclarla... Pinchaba temas que no son para mezclar, pero su osadía y su forma de hacerlo eran sorprendentes. Amnesia era casi surreal, era otro mundo. Y con ese nombre... perdías la noción del tiempo y otras cosas. A Amnesia la gente no iba solo a bailar, iba a socializar. Tenías la pista interior —para unas trescientas o cuatrocientas personas— y la terraza —con la pirámide de espejos en medio de una pequeña piscina—, donde podías fumar, beber, sentarte y charlar. Era como estar en familia. Al aire libre, con una música superalegre y esos chicos y chicas tan guapos. La belleza de Ibiza es una belleza interior que se manifiesta en el exterior. El DJ tampoco se enfadaba si la gente no bailaba. Adamski estuvo pinchando en Amnesia en el 88 y diluvió —creo que ese día había cuarenta personas—; fue un desastre. Volvió en el 89. Ese año conocí a Ulises Braun, el encargado de Amnesia. En la terraza había un columpio y, encima del columpio, una oficinita de mierda. Meter una pata ahí ya era legendario. Ulises a veces entraba con su caballo en Amnesia, era un *showman* total, y lo sigue siendo. Y, claro, nosotros, «¡oh, Ulises!». ¡Era el jefe, era Tarzán! Ese año también probé el éxtasis, que fue una experiencia universal, y esa mezcla del primer acid house con una actitud *almost* punk. Todo muy *raw*. Fue en ese momento cuando decidí que quería estar detrás de los platos.

JOHANNES GOLLER: Al año siguiente, mis padres me preguntaron, «¿dónde podemos ir de vacaciones este año?», y yo respondí, «quiero volver a Ibiza». Así que volvimos en 1989. Nos hospedábamos en un hotel junto a Space, en lo que ahora es Usuhaïa y antes era el hotel Club Playa d'en Bossa. A la hora del desayuno, a las nueve de la mañana, veía a la gente entrando en Space. Eso animó aún más mi curiosidad, pero, claro, era demasiado joven para salir a explorar. Cuando cumplí los dieciséis y ya me ganaba la vida, escogí Ibiza como destino de mis primeras vacaciones, y, por supuesto, fui a todos los clubs. Era el año 1991. He vuelto a Ibiza desde entonces, y ahora es mi hogar.

LUCIANO: Después de ese viaje a Suiza, me dediqué completamente a la música, que se volvió el centro de mi vida. Me apasionó tanto que me fue mal en la escuela. No paraba de escuchar música y de tocar los fines de semana en diferentes clubs en Santiago de Chile.

ANDREAS SIMON: A veces íbamos a San Antonio al Café del Mar y dejábamos el coche en el cruce —donde hoy esta el recinto ferial— para hacer autoestop y subirnos en el coche de las chicas que nos gustaran más. La cabina del Café del Mar era una de las diez mejores que he visto en mi vida. Pinchar allí de cara al mar y esa música tan bonita... Era como un sueño. Padilla y Alfredo, con su estilo tan diferente, fueron los primeros en conseguir que la figura del DJ se mirara con otros ojos: «Coño, ¿qué está haciendo este? ¡¿Por qué suena diferente?!». Sven Väth en Alemania o Mr. C en Inglaterra, por su carácter, también fueron revolucionarios. Me recordaban a Adamski, con su pantalón de motocross, una camiseta de color amarillo flúor y los pelos blancos *p'arriba*... Y esa no era la actitud habitual de un DJ, que normalmente estaba ahí aislado en su cabina, con poca iluminación... Pero luego fue en plan, «¡aquí estoy yo!». Figuras como Sven en The Omen o Mr. C en The Egg cambiaron la percepción y la figura del DJ.

JOHANNES GOLLER: Conocí a Sven en el 96, cuando pinchó en Space. Salimos, bailamos y una cosa llevó a la otra y nos presentó un amigo en común. Ibiza tuvo un rol muy importante en su carrera. Él es diez años mayor que yo y también experimentó Ibiza muy joven. Como ha reconocido en muchas entrevistas, Ibiza fue su inspiración: su vida nocturna, las discotecas, la música que pinchaba Alfredo y los DJs de los ochenta... Sus padres tenían un club a las afueras de Frankfurt. Cuando volvió de Ibiza y el DJ residente lo dejó, su madre le dijo, «oye, ya que te gusta tanto esto, ¿por qué no te haces DJ?».

ANDREAS SIMON: En el 89 le dije a Sola, la encargada de la decoración de Amnesia —a la que había ayudado alguna vez— que quería quedarme en Ibiza y trabajar con ella. Me dijo, «vuelve a Alemania y estudia lo que quieras, diseño gráfico o lo que sea, porque si no, te vas a quedar aquí como todos los hippies y no a vas a poder hacer lo que quieras en el futuro». Estudié del 91 al 95, y en el 95 trabajé en dos agencias de publicidad, pero lo pasaba mal. Quería irme a la isla. Y en el 96 me llamó André y me dijo, «tenemos la posibilidad de abrir un bar, y podemos editar una revistita, ¿te apetece?». Hablé con mi jefe en la agencia y me dijo, «bueno vete. Y si te va mal, siempre puedes volver». Esto me dio mucha seguridad y, finalmente, en el 96, me vine aquí. Y me fue fatal [risas].

JOHANNES GOLLER: Sven montó el primer evento Cocoon[131] en Frankfurt en 1996 después de ver al grupo de teatro experimental catalán La Fura dels Baus, cuyo espectáculo era una especie de metamorfosis musical muy freak. «Me encanta la idea de metamorfosis, de algo que sale del capullo. Cocoon es como un sitio donde te sientes cómodo pero donde también puedes transformarte en algo loco y hermoso. De la horrible polilla a la preciosa mariposa...» Le encantaba la manera como [La Fura dels Baus] jugaba con la idea de metamorfosis, como proceso de transición. De allí viene el origen de la palabra «*cocoon*» [capullo]. Seguimos metamorfoseando. En el futuro el club volverá a cambiar, y esperamos poder seguir haciéndolo los siguientes diez años. Cocoon no para quieto.

ANDREAS SIMON: En el 95 abrimos el Sunset Café —en la plaza del Parque— e intentamos pillar todo un edificio cuyos dueños habían sido militares de Franco a quienes les cedieron propiedades inmobiliarias, no sé muy bien en calidad de qué. El plan era hacer una tienda de ropa, una peluquería y un bar en la planta baja, en un único espacio diáfano. Al lado, había una pequeña tienda de discos donde Ricardo Villalobos empezó a pinchar, que al final nos la quedamos. Conocí a Ricardo en el 91, en Frankfurt, cuando pinchamos juntos en The Box. Queríamos poner una tienda de discos grande en la primera planta para que Ricardo pudiera pinchar, y en la segunda planta apartamentos para reformar y alquilar. En la tercera planta, estaría la redacción de la revista. Los dueños solo nos dejaron reformar la planta baja. Así que nos plantamos en el tercer piso con un larguísimo cable de corriente tirado desde la tienda de ropa para instalarnos y poder hacer la revista. Era un lío tremendo. La revista era una franquicia de la publicación alemana *Partisan*, en la que trabajamos del 96 al 2000. Para ellos era un buen acuerdo porque al abrir una edición en Ibiza supuestamente nos nutriríamos de sus clientes. Pero no fun-

131. Cocoon Recordings es el sello discográfico fundado en 1998 por Sven Väth que señaló el camino del techno en Europa en los dos mil. En estas dos décadas, ha publicado material de artistas como Loco Dice, Timo Maas, Len Faki, Roman Flügel, Legowelt, Boys Noize, Minilogue o el propio Sven Väth.

cionó, porque no atrajo muchos clientes y era mucho trabajo por poco dinero. Así que lo intentamos financiar con el bar y la tienda, pero los números no cuadraban. El Sunset era el bar de moda. Creo que fue el primer bar en la plaza del Parque que tenía dos platos y una mesa de mezclas. Y, claro, ni limitador ni nada. Pinchábamos lo que nos daba la gana. El bar y la tienda de discos funcionaron, y los *sets* en el Sunset Bar me ayudaron a conseguir más bolos. Creo que entre 1996 y el 2000 pinché en todos los clubs de Ibiza.

LUCIANO: Ricardo [Villalobos] fue quien me habló de Ibiza. La primera vez que fui a la isla fue con él. Siempre me habló de que allí había una mentalidad libre, que uno podía hacer lo que quisiera, que no había restricciones ¡ni horarios!, que la música electrónica se escuchaba en muchos lugares...

ANDREAS SIMON: Viví en un apartamento con siete personas y una de ellas era Ricardo Villalobos. Tenía su habitación y al lado una especie de almacén sin ventanas, de dos metros de ancho y cuatro de largo, donde instaló sus maquinas —un teclado y una pantallita pequeñita— y se pasaba horas sentado en el suelo, produciendo. Un día, le digo, «Ricardo, ¿qué te pasa?», y me dice, «yo vivo por la música, si no, no vivo, no me interesa». Yo trabajaba ocho horas al día en el bar y otras ocho en la revista. Tenía dos horas para comer y socializar y seis para dormir. Cuando volvía a casa, Ricardo siempre estaba en su almacén con la puerta cerrada, de la que salía humo. Y yo le decía, «Ricardo, por favor, ¿has comido algo? ¡Respira un poco, tío!». Y Ricardo ahí con los ojos rojos, haciendo ruiditos onomatopéyicos con el micro. Un loco. Y, claro, también un genio. En la habitación de la derecha tenía a una ninfómana que estaba todo el día follando con el tipo que nos arregló el bar, unas cinco o seis horas al día. Un día les pregunté, «¿cómo aguantáis?», y me dijeron, «¡es que nos queremos tanto!». Por supuesto, no me lo creí. Otro tenía su plantación de marihuana dentro del piso, así que ese piso era un infierno. Era la quinta planta del edificio de la esquina de Vara de Rey, donde estaban el reloj y el banco. Perdí cuatro o cinco kilos, pero fui más feliz que nunca.

Conocí a tanta gente... Fue un impacto enorme. Dos años después, cuando vino a visitarme mi madre, me dijo, «hijo, tienes pinta de yonki pero una cara de felicidad como nunca te la había visto».

MAR-T: En el 98 me fui a Ibiza una semana a ver a mi padre. Ya me tocaba ir para ver qué se cocía allí en general y, en particular, en Amnesia. La primera vez que entré allí aluciné. Piensa que en el 98 la terraza de Amnesia estaba al aire libre, llena de plantas... era espectacular. Y la sala interior tenía todo el techo iluminado, que era de madera de sabina. Era muy, muy bonita. Aquella semana fui a casi todas las discotecas: Pacha, Space, Es Paradís... El Pacha de Ibiza era como el de Sitges pero a lo bestia, lleno de laberintos; me perdía. Todo estaba superbien cuidado. Era otro nivel. Todos los sitios a los que iba en Barcelona eran cuadrados horribles donde lo único que importaba era la música. Excepto en La Atlántida, que estaba al aire libre y delante del mar. En Inglaterra las discotecas eran antros —el Cream de Liverpool era un antro—, y de repente llegabas a Ibiza y tenías las dos cosas juntas: el *mainstream* con lo que es la cultura del DJ. Todas las discotecas tenían mucha personalidad, se notaba que los dueños tenían mucha fuerza. Nadie copiaba a nadie. Cada uno hacía su historia.

DJ OLIVER: En la Asociación de Discotequeros de Ibiza, cada discoteca tenía asignado su día para un tipo de público en particular. Privilege, Pacha o Space tenían que hacer propuestas totalmente diferentes las unas de las otras. Si una hacía una fiesta de italianos, pues la otra la hacía de franceses, el mismo día. El público no se pisaba.

MAR-T: Al año siguiente, en el 99, volví a Ibiza para hacer una fiesta que se llamaba Delicatessen con Oliver. Yo traía mi experiencia de todo lo que había vivido en Barcelona sin tener mucha idea de lo que estaba pasando en Ibiza y entendiendo que era un mercado muy inglés. Lo abrimos un poco más. Aparte de Oliver, programamos DJs de la isla y trajimos también a holandeses, alemanes, italianos... A Francesco Farfa, Laurent Garnier o Sven Väth, por ejemplo.

DJ OLIVER: Mar-T, Nacho Capella y yo nos juntamos con la idea de hacer una fiesta que se llamara Delicatessen y potenciar las fiestas al aire libre. Ahí fue cuando empezó realmente la historia de la terraza de Amnesia con el tema de la electrónica.

JOHANNES GOLLER: Sven [Väth] pinchó un montón en Ibiza en los noventa y se dio cuenta de que tenía que hacer algo diferente, porque de lo contrario se iba a hartar. Entonces, tuvo una idea: «Si no hay una fiesta donde pueda poner mi música, montaré yo la mía».

DJ OLIVER: Tuvimos una reunión con Chito —el hermano de César de Melero, que era mi mánager— para hacer la programación de la fiesta. Estaba todo planificado y vino Laurent Garnier a pinchar... Se le dijo por activa y por pasiva que era en la terraza de Amnesia y la música no tenía que ser dura. Recuerdo perfectamente la sesión que se marcó —fue espectacular— y acabamos haciendo un *back to back* él y yo. Aquello fue la hostia. Martín [Ferrer] vio que la terraza era otro buen lugar para hacer fiestas.

MAR-T: En Delicatessen tuvimos a Sven dos o tres veces y nos fue bastante bien. Por entonces, los lunes en Amnesia había una fiesta de Goa trance que se llamaba Tribe. Era de Simone [Laino] y una tropa de italianos donde pinchaban Mark Spoon y Robert Miles. En aquel momento en Amnesia también se hacía La Troya Asesina, una fiesta que era una locura; se alargaba hasta el mediodía o más allá. Fue espectacular la fuerza que tuvo La Troya. Era la esencia de Ibiza, sobre todo durante los primeros ocho años.

BRASILIO: La fiesta empezó en Privilege como La Vaca Asesina y luego en Amnesia se cambió a La Troya Asesina, porque [José Maria] Echániz registró el nombre de La Vaca Asesina para Privilege. A la que los dueños escuchaban un nombre, lo registraban.

DJ OLIVER: Esto es una movida muy propia de aquí: se van a comer contigo una paella, pero luego, al día siguiente, te registran el nombre y te la pegan pero bien.

MAR-T: Con Delicatessen estuvimos un año más y luego empezamos a hacer People from Ibiza, con Pippi, César [de Melero] y otros DJs de la isla, además de Les Schmitz y yo.

DJ OLIVER: Fui el residente de La Troya durante un montón de años. Fue todo un fenómeno social del 99 hasta el 2007 y situó a Amnesia en lo más alto de la cultura de club, sobre todo por lo que pasaba dentro de esas cuatro paredes. Las palabras serían felicidad, alegría y diversión. Diversión desde las doce de la noche hasta las tres o cuatro de la tarde del día siguiente, desde que abría hasta que cerraba. Todo lo que pasa en La Troya es liberal. Se junta la gente del puerto, los que salen de currar en las otras discotecas, el mundo gay, los personajes de la isla... Y la gente empezó a hablar de lo que pasaba ahí dentro, que nunca había pasado en ninguna otra fiesta antes. Tres mil personas bailando de verdad en un mismo sitio es algo que no es fácil de ver.

BRASILIO: A mí lo que me gusta es ver a la gente divirtiéndose —la gente sale para divertirse—, y La Troya cumple esa función, y además tiene un espiritu crítico, transgresor. Las fiestas son temáticas, y escojo los temas que son más polémicos y divertidos: «El convento», «Somos como niños», «El templo del amor»... Tenemos un equipo de bailarines y personajes para que todo el mundo se meta en la película.

DJ OLIVER: La Troya no estaba centrada en el turista, era para todo el mundo y recuperaba un poco la Ibiza de los ochenta. En la pista se juntaba el trabajador, gente con pasta o algun famoso al que nadie le decía nada. Recuerdo que una noche estaba Bono de U2 en el privado y el tío estaba harto de estar ahí arriba con todo el mundo agobiándole, se puso un pañuelo y un sombrero para que la gente no lo reconociera, y se fue a la pista a bailar. Al final el boca-oreja fue tan rápido que llegó un momento que se volvió bastante comercial, pero entonces, cuando la gente se iba a las cinco de la mañana, llegaban los trabajadores de las discotecas y toda la gente de Ibiza, y de repente se producía un cambio muy grande.

MAR-T: En esa época Oliver tuvo un momento mágico del cual todos disfrutamos. A partir de las ocho de la mañana empezaba a poner todos los *hits*, uno detrás de otro, y si hacía falta, los repetía, y todo el mundo se volvía loco, loco, loco. Era Ibiza al máximo nivel.

DJ OLIVER: Por aquella época estaban Toni Puentes y David de Felipe de directores de Amnesia. No había un horario y todo funcionaba de cualquier manera, porque si tenías allí a tres mil personas bailando, no podías vaciar la terraza. Si se alargaba, se alargaba. Y se alargaba. Un día eran las ocho o nueve de la mañana y la Guardia Civil se metió en la cabina para que cerráramos, pero Marcelo[132] cogió el micrófono y dijo que de cerrar nada, y no se cerró, y Toni Puentes se llevó a los de la Guardia Civil a una de las barras de arriba a tomar chupitos... ¿Dónde has visto una cosa así antes?

BRASILIO: A la gente de La Troya le gusta el house divertido y alegre, la música para bailar. Aunque traigas al mejor DJ del mundo, si pone música que no es divertida, no funciona. La gente de La Troya quiere su música. Si veo a la gente seria, triste y parada le digo a mi encargado, «¡cambiad la música, cambiad las luces, cambiad los bailarines, que están todos con el teléfono en la mano! ¡Apaga las luces!».

DJ OLIVER: A La Troya venían a pinchar Jabba, Javier Muñoz, José de Divina, Julian Amour, César del Río... Gente de la isla poniendo house de sonido baleárico. Villalobos o Loco Dice venían a escuchar lo que poníamos. Recibimos peticiones para pinchar de DJs como

132. Baby Marcelo es un destacado animador, cantante y *performer* del *clubbing* ibicenco que ha colaborado con las principales discotecas de la isla, como Pacha, Amnesia, Privilege o Space. Es el creador del grupo de performances Los Monstruos, de KU, y estuvo estrechamente ligado a La Troya y luego a The Face of Ibiza, fiesta que organizó junto con DJ Oliver.

Erick Morillo o Danny Tenaglia, que iban como locos por pinchar en La Troya.

JOHANNES GOLLER: En 1998, Mar-T le dijo a Sven: «Oye, montemos una fiesta juntos. El lunes lo tenemos libre; te puedes ocupar de los lunes». Y así nació la idea de llevar Cocoon a Ibiza.

MAR-T: «Tengo una idea, se llama Cocoon», nos dijo Sven, y le dijimos, «¡vale! Si quieres, probamos los lunes», pero nos dijo, «¡Nooo!, que el lunes está Manumission», y nosotros, «da igual, Cocoon es totalmente diferente». Y al final lo convencimos.

JOHANNES GOLLER: A mediados y finales de los noventa, sobre todo, Ibiza estaba dominada por los promotores británicos. Eran los tiempos del Ministry of Sound, Renaissance, God's Kitchen, Gatecrasher, Cream, Manumission... Por supuesto, se trajeron la música y los DJs que eran populares en Gran Bretaña, y también a los turistas que querían escuchar su música, así que en Ibiza acabó predominando el house inglés *mainstream*. Los jóvenes españoles acabaron aborreciendo Ibiza porque no iba con ellos.

MAR-T: Toda la isla pensó que estábamos locos. «¿Cocoon en Ibiza? Pero si Sven pincha techno...». No había techno en Ibiza. No existía. Todo lo que sonaba era muy inglés: house británico, Goa trance... Y de pronto aparece un tipo en Amnesia que dice que va a traer a un DJ alemán que pincha techno. Empezamos con cuatro fiestas para probar en 1999. Y funcionaron.

JOHANNES GOLLER: Cocoon ya existía en Alemania[133], así que en 1999 decidimos montar cuatro fiestas de prueba y ver qué tal. La idea era traer algunos ravers alemanes y ver si cuajaba entre los españoles.

133. En paralelo a su sello discográfico, Sven Väth empezó a montar fiestas con el mismo nombre y en 2004 abriría el club Cocoon en Frankfurt, ubicado en U.F.O., el histórico y popular edificio francfortés.

La primera fiesta que hicimos en Amnesia fue en julio de 1999, con un *line-up* integrado por Sven Väth y Richie Hawtin en una sala, y en la otra, Ricardo Villalobos y DJ Ata del [club] Robert Jonhson de Frankfurt. La fiesta se alargó hasta las 9 de la mañana, y luego fuimos a Cala Jondal, a un *beach club* que se llamaba Particular, que lleva años.

ANDREA PELINO: Después de que mi club en Rímini-Riccione cerrara en 1999, decidí pasarme el verano en Ibiza. Cuando llegué, pensé: «¿Cómo es posible que el ambiente y la gente sean tan cojonudos pero la música sea una mierda?». Había un montón de fiestas por todos lados, pero era imposible encontrar una donde se pudiera escuchar buena música. Había DJs que incluso ponían un mismo *track* en un *set* de dos horas. En Italia esto era impensable. Para mí la música era un tema crucial, y estaba muy conectado con los sellos discográficos y los artistas. Era muy amigo de Little Louie Vega y de los Nuyorican Soul. La música en Ibiza era lo de menos, así que pensé, «vale, empezaremos por ahí: no tienen música, pues pongámosela».

CHARLIE CHESTER: En 1999, surgió una oportunidad en Ibiza. En Inglaterra estaba trabajando en un club llamado Mezzanine, y no sé cómo lo hicimos, pero conseguimos pillar el bar que está debajo de Sir Joan. Lo cogimos y lo abrimos con el mismo nombre, Mezzanine, para montar *pre-parties*, pero no venía nadie. Y entonces, por accidente, abrimos por la mañana y era como un reguero de hormigas que empezó a venir de Pacha y El Divino caminando y fue una locura. Trescientas personas en un espacio que ahora es [el restaurante] The Butcher. Fue increíble.

ANDREA PELINO: Mi socio Antonio [Carbonaro] me dijo un día: «Oye, Andrea, ahora que estás en Ibiza, podemos intentar montar algo. Hay un club que ahora está cerrado, el DC-10, y quieren hacer algo...». Venía de una exprienca de diez años en *afters* de Riccione, así que sabía de qué iba la cosa. Lo primero fue asegurarme de que la música estaba bien. «Si arrancamos este proyecto, tenemos que hacer algo guay y underground, algo muy especial.» Investigué un poco y me reuní con gente como Ricardo Villalobos y Tania Vulcano. Podía programar a gente así y traer a algunos DJs italianos, como Ricky Montanari, Flavio Vecchi y gente del mismo rollo. Así que cogimos el club. Esto fue a finales del 99.

CHARLIE CHESTER: Y entonces, por casualidad, una vez que Paul Oakenfold estaba pinchando una mañana en Space, Cirilo se abalanzó sobre mí, literalmente, y me dijo: «Escucha, estamos haciendo una *after-party* en el DC-10 y queremos que pinche tu mujer, Jo [Mills]». Nunca antes había oído hablar del local, así que fuimos una mañana a las siete y era en plan, «¿pero qué coño es esto? Esto es una puta locura...». No había mucha gente —cien o doscientas personas, no más—. Entonces, le pidieron a Jo que pinchara de residente, y estuvo allí en DC-10 durante seis años, y yo me involucré en el club, con Andrea [Pelino] y Tony [Antonio Carbonaro] de Circoloco. Era increíble de cojones: estar ahí, a las ocho, nueve o diez de la mañana con las manos alzadas. «Esto es una puta locuraaaaaa.»

ANDREA PELINO: Fue increíble, porque al cabo de dos o tres semanas, ya estaba todo el mundo hablando de ello. A finales del 99, yo estaba en Roma. Por aquel entonces, las dos revistas más populares del mundo eran *The Face* y *i-D*. Alguien me dijo que corriera a por ejemplares de esas revistas, que acababan de publicar algo que me iba a encantar. Así que compré las revistas, y en *i-D* decían: «Circoloco es la mejor fiesta del mundo», y en *The Face*: «DC-10, Circoloco, la mejor fiesta del mundo. Empieza a las seis de la mañana con la mejor gente y el mejor ambiente...»

CHARLIE CHESTER: Esto fue cuando la cabina del DJ estaba montada sobre una caja de madera con ruedas que a veces salía rodando y arrancaba el enchufe de la pared. Era la mejor fiesta, con un espíritu de libertad y gente de todo tipo. Algunos venían de Space, y otros venían nada más despertarse.

ANDY CARROLL: Circoloco estaba por entonces marcando la tendencia de lo que era rompedor. Fue cuando Charlie Chester empezó a trabajar con ellos. Charlie es un promotor fantástico —siempre ha sido un relaciones públicas genial—, y no creo que haya recibido el reconocimiento que se merece por cómo contribuyó a poner Circoloco en el mapa. Durante mucho tiempo, fueron lo más.

LUCIANO: Las primeras temporadas en Ibiza me lo pasé tan bien... Los primeros sitios que recuerdo eran obviamente Sa Trinxa, Amnesia, DC-10 y lo que era Blue Marlin[134] en la época, que era un chiringuito sin nada construido aún. Trabajé en la calle ayudando a una chica que hacía tatuajes, en un restaurante y en una tienda de discos en Vara de Rey. Estaba encima de una tienda de ropa, y entré reemplazando a Ricardo [Villalobos], que trabajaba allí. Me acuerdo de que íbamos allí arriba a grabar nuestras sesiones en casetes, porque ni él ni yo pinchábamos mucho en Ibiza. De hecho tratábamos de encontrar lugares en la isla donde poder pinchar.

MAR-T: En el 2000, Cocoon se empieza a hacer todos los años y se convierte durante un tiempo en una de las fiestas más *top* de Ibiza.

JOHANNES GOLLER: Nuestra idea era poner techno en la sala principal y house en la terraza. Para entonces, la terraza de Amnesia todavía parecía un jardín y tenía una pequeña cabina con un sistema de sonido muy malo, así que dijimos, «vale, pondremos a Ricardo Villalobos de residente en la terraza, que es la persona perfecta para llevar la dirección musical». Cocoon era una plataforma que permitía crecer profesionalmente a los artistas. Teníamos tres pilares: la agencia de *booking*, el sello discográfico —Cocoon Recordings— y los eventos, las fiestas. La idea de Sven era la de ofrecer una plataforma a

134. Exclusivo *beach club* ubicado en la bahía de Cala Jondal. Su oferta diurna se reparte entre la zona de playa y su restaurante, y la nocturna, entre su pista de baile al aire libre y su club. A pesar de su perfil exclusivo, sus fiestas son populares y para todo tipo de públicos, con una oferta musical con residencias de Agoria o Pete Tong, o eventos especiales como Circoloco.

los artistas: sacar su música en el sello, usar Cocoon como agencia de *booking* y, por supuesto, pinchar en las fiestas.

LUCIANO: Sven Väth me ha marcado mucho, tanto a mí como a la isla. Fue alguien que trajo un sonido más alemán y le dio un giro importante a la música de la isla. Alfredo Fiorito y Jon Sa Trinxa también son protagonistas de la historia musical de Ibiza. Me encantaba el estilo de Jon Sa Trinxa, y me sigue gustando su rollo musical y la onda que le ha dado a la isla. Sven me acogió en Cocoon y Ricardo [Villalobos], en su casa. Eso me permitió conocer a la familia de Cocoon. Sven creyó en mí, en mi historia y me dio la oportunidad de poder tocar en Ibiza.

CARL COX: Cocoon probablemente fue el primer promotor alemán en venir a Ibiza. Al principio, se caracterizaban por un techno duro que nada tenía que ver con el sonido de Ibiza. Era el tipo de rollo oscuro industrial del Berghain, pero los lunes funcionaba. La isla necesitaba escuchar otras cosas, y Cocoon era una marca muy fuerte, y lo sigue siendo. Trajeron una nueva energía.

JOHANNES GOLLER: En España, el techno pegaba fuerte: en Valencia, en Barcelona, en Madrid, en Sevilla... En todas partes predominaba el techno, excepto en Ibiza, donde no había techno. Cuando los *clubbers* españoles oían hablar de Ibiza, decían, «uy, no, no, ese no es nuestro rollo». Pero la historia ha demostrado que al final todo encajó. En 2002, ya teníamos a más españoles, latinoamericanos e italianos que alemanes. De pronto, todo explotó y los españoles empezaron a darse cuenta de que valía la pena ir a investigar, porque el techno se estaba imponiendo en Ibiza.

DJ OLIVER: Cocoon fueron muy listos. Empezaron de puta madre, porque apostaban por los DJs de Ibiza y el público español. Convocaron a toda la gente de la isla y los metieron en su fiesta. Luego, cuando ya no les interesó más, cortaron los pases[135] para los residentes y los DJs nacionales.

ANDREAS SIMON: Nunca pensé que dejar que los promotores tomaran el control de una noche fuera una buena idea. Los clubs se sintieron obligados a trabajar con los promotores para acceder a algunos DJs y a su público. Para los clubs era más cómodo, y así empezó el declive de los DJs residentes locales, porque una discoteca quiere vender entradas y, en ese aspecto, el *headliner* es esencial. No es solo la música... Tienes que involucrarte en el sistema, y si no vas a alimentar a la máquina, no sirves. Si solo quieres aportar creatividad, no vale.

DJ OLIVER: Circoloco empezó a hacer *afters*, pero un poco con pinzas. No tenían permisos de nada y cuando hacían algo y, lógicamente, funcionaba, iba el ayuntamiento y se lo cerraba un año o seis meses... *Afters* legales solamente había uno, que era el Space. El nuestro se llamaba Fake. Cuando cerraba Amnesia a la 1, 2 o 3 del mediodía, todo el mundo se iba al Space y se enganchaba una fiesta con la otra fiesta. Éramos nosotros mismos, la misma promotora, pero con otro nombre.

MARK BROADBENT: En DC-10 siempre lo han hecho todo bien y se han arriesgado. Es sin lugar a dudas el proyecto más interesante que hay en Ibiza.

ANDREA PELINO: Desde el principio, tuvimos la habilidad de dar con el talento, de captar el rollo antes que los demás. Así es como triunfamos. Nos pasamos muchos inviernos en la oficina buscando buenos artistas, escuchando música y decidiendo cuáles eran los mejores DJs que queríamos que vinieran a pinchar, compartiendo trabajo con

135. Algunas fiestas, como Cocoon en sus primeros años, hacían pases de temporada gratuitos para todos aquellos que se acreditaran como residentes de la isla o trabajadores del sector.

agencias italianas. Es un montón de trabajo y un montón de gente que trabaja para hacer de esto algo especial. Circoloco es mucho más que un mero promotor.

CHARLIE CHESTER: La gente estaba a tope con el DC-10 los lunes, y era muy complicado sacarlos de allí. En 2005 intentaron montar unas cuantas noches, pero no funcionó. Cualquier otra noche no funcionaba; solo iba bien los lunes.

ANDREA PELINO: Imagínate traer a los mejores todas las noches, siete días a la semana. Sería imposible. Es más factible traerlos dos veces por semana. Y está también esta idea: «¿Qué más puedo hacer sin convertir a mi club en un lugar desagradable, inoportuno o comercial? ¿Lo vamos a hacer por la pasta?». Con Antonio [Carbonaro] decidimos mantenernos firmes con nuestras decisiones. Hemos forjado a un montón de DJs en el DC-10. Fue la primera vez que empezaron a sonar nombres como Tania Vulcano, Ricardo Villalobos, Luciano, Loco Dice o Marco Carola, y muchos otros que ahora son muy conocidos. Todo el mercado que ahora es popular en Ibiza salió del DC-10 y Circoloco.

JOHANNES GOLLER: En Ibiza, en los años 99, 2000 y 2001, todos los DJs estaban en nuestra agencia. Formaron parte de Cocoon, desde el primer año en adelante. Creíamos en ellos, y ellos en nosotros, y crecíamos juntos. Algunos se hicieron grandes y acabaron por montar sus propias empresas. Cocoon se volvió muy popular, sobre todo las *after-parties*. Space también se metió en el negocio de la noche, y de pronto nos encontramos con la situación de que cuatro mil personas querían bailar en la playa, y, como te puedes imaginar, a la policía no le hacía ninguna gracia. Ibiza siempre ha ido a su bola, sobre todo cuando llegué, en el 2000. Todo el mundo hablaba de la isla pirata, donde todo era posible y había libertad para hacer lo que uno quisiera. Los clubs abrían hasta las 10, 11 o 12 de la mañana. Luego, podías ir a la playa y plantar allí tu *sound system*. Al principio, la policía se presentaba allí y no sabían muy bien qué hacer. La idea de que la fiesta seguía y que no había que volver a casa contribuyó a cimentar la leyenda de Cocoon. Fuimos los primeros en seguir con la fiesta cuando los otros clubs cerraban. Nosotros continuábamos. Queríamos más. Trajimos la cultura del *after-party* a Ibiza. Antes, si querías seguir con la fiesta, tenías que ir a Space. Si querías hacer una fiesta en plena naturaleza, la única alternativa era el trance psicodélico, que era un escena muy activa en el norte de la isla. O podías ir a Cocoon y seguir con la fiesta durante el día. Estas eran las opciones. Pero entonces cambiaron la ley y actualmente los clubs tienen prohibido abrir antes de las 16:30, y ya no pudimos montar la fiesta en la playa; tuvimos que hacerlas en casas privadas, y no puedes meter allí a cuatro mil personas; como mucho a cien, si tienes suerte. En la actualidad, todo empieza a las 5 de la tarde, lo que complica hacer una fiesta diurna. Ahora solo se hacen en villas privadas.

CHARLIE CHESTER: Actualmente, Circoloco es una marca global, y tienen mucho éxito. Tienen la habilidad de hacer cosas los miércoles y los viernes, porque hay más gente. Ahora pueden tener el Paradise los miércoles y a Carl Cox los viernes a reventar.

JOHANNES GOLLER: Richie Hawtin ya era una superestrella antes de unirse a Cocoon. El resto de DJs montaron su propio sello y empezaron a construirse su círculo de artistas alrededor. Tarde o temprano, acabaron copiando la estructura de Cocoon, y cuando Cocoon se les quedó pequeño, crearon una exactamente igual para ellos. Este fue el caso de Loco Dice, Luciano e incluso Richie.

BEN TURNER: Creo que Rich [Hawtin] lo meditó a fondo antes de montar su residencia y crear Enter[136], con la intención de devolverle algo de magia a Ibiza. Creo que sintió que estaba preparado para dar

136. Tras varios años como DJ habitual en los *line-ups* de Cocoon, en 2012 Richie Hawtin decide emprender en solitario su propia fiesta Enter, que se celebraría hasta 2015 en Space, con algunos artistas de techno, electrónica o IDM que no solían recalar en Ibiza, si bien, con el tiempo, esos *line-ups* se irían estandarizando.

forma a su propio concepto, a su propia marca, y creía que mucha música interesante no llegaba a la isla. Así que empezamos a contratar a DJs que de otro modo no hubieran venido nunca a Ibiza. En aquella época, la peña de Berlín tenía en muy baja consideración a Ibiza, así que no venían. Richie quiso inspirar a la gente para que vinieran.

JOHANNES GOLLER: Richie quiso hacer sus propias fiestas. Era muy abierto al respecto: «Mirad, chicos, tengo esta idea y quiero probarla. Space es el local perfecto para ello. No os lo toméis a mal, pero es lo que voy a hacer». Y así fue. Creo que lo hizo durante tres o cuatro años, y luego se dio cuenta de que era un montón de trabajo, mucho estrés y mucha responsabilidad. Hay mucha diferencia entre montar tu propia noche en Ibiza y venir de DJ contratado, porque entonces son otros los que hacen el trabajo. Son dos cosas totalmente distintas. A algunos la jugada les salió bien, pero otros lo dejaron y dijeron, «mira, solo quiero ser DJ. No quiero escuchar los problemas de los demás».

PEPE ROSELLÓ: Para mí, Richie Hawtin es un personaje muy controvertido, pero indudablemente un gran artista. Cuando los DJs se convierten en promotores de su misma grandeza, de su ego, cuando se convierten en dioses, entonces ya no se conforman con cumplir en la cabina, sino que quieren vestir el espectáculo con unas producciones desproporcionadas. Tú a la cabina y limítate a hacer tu trabajo. No vengas a decorarme la sala y a decirme que la quieres de color blanco, rojo o amarillo. Este es mi terreno; el terreno del público lo controlo yo. De las sensaciones y de la arquitectura musical te ocupas tú. Si quieres decorar el escenario y quieres poner unas plantitas o quieres poner no sé qué, bien, es tu lugar. Ahora, donde está el público no intervengas. Si vas poniendo más y más y más... Ahora el techo, ahora el suelo, ahora la butaca y ahora plantas aquí, plantas allá... ¡Así lo estamos desvirtuando todo!

BRASILIO: Yo hacía el *after* de La Troya en Space y trataba con Fritz [Pangratz]. Y cuando en 2003 Pepe Roselló tuvo que cambiar del *after* a la noche, Fritz ya entró de director de Space, y fue él quien me pidió que hiciéramos la fiesta allí. La gente le tenía cariño a Fritz, y yo también, así que nos fuimos de Amnesia a Space en 2006.

DJ OLIVER: Brasilio tenía un acuerdo verbal con Martín Ferrer, de Amnesia, pero Martín registró el nombre de La Troya a escondidas. Y cuando Brasilio se enteró, se enfadó y nos fuimos todos a Space. Entonces, Martín nos denunció por lo penal, por no sé cuántos millones y años de cárcel… A todos: a Brasilio, a Pepe Roselló y a mí, que yo era el DJ. Al final, perdió él juicio.

BRASILIO: Fuimos a juicio con Martín, porque él decía que la fiesta era de él. Pero el juez me conocía de toda la vida y le preguntó a Martín, «¿por qué ha elegido este nombre, "La Troya"?», y Martín respondió, «por Helena de Troya». Y el juez dijo, «no hace falta llamar a más testigos porque ya hay sentencia: uno de los imputados ha dicho la verdad y el otro ha mentido». El que había dicho la verdad era yo, claro. Ese hombre me conocía de toda la vida, el juez Juan Torres, y conocía toda la historia.

13
MAXIMAL

Al final, el temido y conspiranoico «efecto 2000» fue un bluf. Los grandes sistemas informáticos y los superordenadores mundiales se quedaron tan anchos, y los ceros y los unos no se movieron de su sitio. No, no hubo ningún caos y todo siguió igual. O casi todo. Entrábamos en la era de la globalización y el clubbing *sería uno de los sectores que experimentaría un cambio más drástico. Lo que en los noventa se vivió como un momento de crecimiento y consolidación de la industria del ocio nocturno —gratamente lucrativa—, en la siguiente década se disparará. La maquinaria del* clubbing *en Ibiza se activa 24/7 y los clubs pasan de tener un par de noches populares a estar llenos prácticamente todos los días de la semana. Es el caso de Pacha, con su nuevo director, que sabe adelantarse a los acontecimientos y tomar de nuevo el control de una industria que recalaba en manos de las todopoderosas promotoras, que habían relegado a los residentes locales a un tercer plano. Ahora, los poderosos serán los DJs superestrellas y empezará la carrera por conseguir a los mejores: Carl Cox, Sven Väth, Erick Morillo, David Guetta, Paul Oakenfold, Luciano... Por otro lado, el marketing convertirá a Pacha en una marca global: la marca de la cerezas. Ya no solo es un club, sino una forma de vida, con su propia revista y su propio* lifestyle. *Además, una nueva ley obliga a techar definitivamente las salas que todavía tienen zonas semiabiertas. Aprovechando las reformas, las discotecas se convierten definitivamente en superclubs. Amnesia hará de su terraza la sala principal y Space ampliará su horario y multiplicará su capacidad con una oferta de cinco salas. Los nichos de público se amplían, la demanda crece y los clubs diversifican su oferta introduciendo nuevos géneros musicales, de la mano, por ejemplo, de We Love Space on Sundays, que se convertirá en un festival de música cada domingo. Asimismo, el 50% de Manumission, ya en horas bajas, alumbra a una nueva criatura: Ibiza Rocks. Su propuesta de música en directo, con bandas como Arctic Monkeys o Kaiser Chiefs, es recibida con los brazos abiertos por los nuevos jóvenes británicos. Mientras, otros actores algo más intrépidos, como Nightmares on Wax, deciden probar suerte al margen de los clubs al uso, como respuesta a la industria establecida y a un periodo musical para algunos oscuro. Los últimos años de la primera década del milenio serán años de minimal en una isla «maximal».*

INTERVIENEN: BILL BREWSTER (AUTOR DE *ANOCHE UN DJ ME SALVÓ LA VIDA*), RICARD ROBLES (SÓNAR), DANNY WHITTLE (IMS), MARK BROADBENT (MANUMISSION, WE LOVE SUNDAYS), PEPE ROSELLÓ (SPACE), RICARDO URGELL (PACHA), PIPPI (PACHA), SIMON DUNMORE (DEFECTED), CARL COX (SPACE), BEN TURNER (*MUZIK MAGAZINE*), CHARLIE CHESTER (CIRCOLOCO), DAWN HINDLE (MANUMISSION, IBIZA ROCKS), GEORGE EVELYN (NIGHTMARES ON WAX), ANDY MCKAY (MANUMISSION, IBIZA ROCKS), JOSÉ MARIA ECHÁNIZ (PRIVILEGE), ANDY CARROLL (MANUMISSION, WE LOVE SUNDAYS), MAR-T (AMNESIA), BRASILIO (AMNESIA, LA TROYA)

BILL BREWSTER: En Inglaterra, el momento que lo cambió todo fue la Nochevieja de 1999, cuando se produjo una reacción negativa al ponerse los precios de las entradas de los clubs por las nubes. Aquella noche pinché en el Fabric, y creo que la entrada costaba como cien o ciento cincuenta libras. Y esto en el Fabric, que, sí, lo habían hecho muy bien, pero solo llevaba abierto unos meses y ya era *el* club de Londres. Creo que la gente en Gran Bretaña reaccionó contra esto y contra la cultura dance en general. Diría que fue un fenómeno que también se dio en otros sitios. Después de eso, todo se fue un poco a pique.

RICARD ROBLES: En un momento dado, a principios de los 2000, pasamos del superclub al super-DJ: ya no es Manumission o Creamfields, ahora son las noches de fulano o mengano, él o sus invitados. Simultáneamente, aparece el día como espacio de diversión. Pasamos del ocio nocturno al ocio diurno y, en este sentido, un punto de inflexión muy importante fue We Love, cuando Space empieza a funcionar las veinticuatro horas el fin de semana y se instaura como práctica habitual, y aparecen otros lugares, como Bora Bora o Circoloco.

DANNY WHITTLE: En 1999 formé parte del equipo que organizó el Millennium en fin de año, con Carl Cox en Bondi Beach (Australia), para veinte mil personas. Fue algo increíble. En el equipo estábamos Mark y Sarah Broadbent y yo, y Darren Hughes en Inglaterra. Fue un gran espectáculo que hizo que me diera cuenta de que era capaz de hacer cualquier cosa en la industria.

MARK BROADBENT: Dejamos Home en Sídney, y Darren [Hughes] dejó Home en Leicester Square. Era un tema complicado, porque Home no estaba dirigido por Darren o nosotros; éramos un conglomerado de personas y no podíamos conferirle un toque personal, aun si hubiéramos querido, así que decidimos marcharnos. Cuando volvimos en febrero del 2001, nos instalamos en Londres. Por aquel entonces, llevábamos un festival grande en Winchester que se llamaba Homelands, así que trabajábamos en el festival desde marzo hasta finales de mayo, y después directos a Ibiza para encontrarnos con Darren y arrancar el We Love Sundays en Space juntos. Sasha también estaba metido. Fueron tiempos frenéticos. Al principio, se llamaba «Home en Space», con una fiesta de veintitrés horas seguidas, desde las siete de la mañana hasta las seis de la mañana siguiente. El nombre «We Love Sundays» vino de un día que estábamos en la salida de Space y una chica le dijo a un amigo: «Nos encantan los domingos en Space» [*«We love Sundays at Space»*].

PEPE ROSELLÓ: En el 2001, Space empieza a ser reconocida internacionalmente como una discoteca líder, y ese mismo año recibe el premio a la Mejor Discoteca del Mundo, en el Alexandra Palace[137]. A este premio, le han seguido ocho o nueve más.

MARK BROADBENT: Al principio, ya teníamos esta mezcla ecléctica de gente. Teníamos, por ejemplo, a esos alemanes gays que bailaban por la mañana el house progresivo industrial que ponía Reche. Se trataba de pulir el diamante, más que de crear algo completamente nuevo.

137. Galardón entregado por los Dancestar Awards (Electronic Music Awards) que se emitían en directo a más de cincuenta países en un show de TV que se hizo entre el 2000 y el 2004, entre Miami y el Alexandra Palace de Londres.

Por ello, nos limitamos a hacerlo mejor. Ya estaba bien, por lo que no se trataba de cambiarlo por completo. De hecho, por eso lo llamamos We Love Space, porque nos encantaba Space. Tan solo queríamos que fuera mejor.

DANNY WHITTLE: El 3 de enero del 2000, recibí una llamada de Hugo Urgell, el hijo de Ricardo, que me dijo: «Oye, ¿por qué no te vienes a vivir a Ibiza y programamos las noches de Pacha? No queremos trabajar con promotores externos. Lo vehicularemos todo a través tuyo y convertiremos Pacha en un club autosuficiente». Y eso fue todo un cambio. Así que pensé: «¿Quiero trabajar por mi cuenta o prefiero hacerlo en el que potencialmente es el mejor club del mundo?». Y decidí que ese era el camino. En una de las primeras reuniones que tuve con Ricardo, me dijo, «bueno, ¿qué tienes en mente?». Y yo le respondí, «voy a llevar tu marca al nuevo milenio». Y él dijo, «¿a qué marca te refieres?». Creo que en aquel tiempo no pensaban en Pacha como una marca. Tenían franquicias y *merchandising*, pero no eran conscientes de ser una marca del modo que nosotros lo éramos en Inglaterra con Ministry of Sound, Cream o Renaissance; todas esas marcas que funcionan sin apenas locales propios pero que venden un montón y que se dedican a promover su marca.

RICARDO URGELL: El mundo de la noche evoluciona como la moda. Es lo que hoy en día llamamos marketing: cómo dirigir a la gente, las tendencias, las modas...

PIPPI: Cuando a finales de los noventa y principios de los dos mil empiezan a llegar más promotores, se produce otro cambio. Con ellos llega un nuevo género de música. Para nosotros fue un poco difícil, como una transición... Era una locura, y decidí dejar la *main room* de Pacha, porque se había convertido en algo tan comercial... Venían tantos DJs... Y no solo en Pacha, sino en general, en todos los clubs. El residente se quedó ahí hecho polvo, aguantando toda la mierda... Como profesional, decidí salir de ese circuito. Ahí empezó una nueva fase, para mí y también para la isla, que se acopló a toda esta movida. En el 2000 es cuando, de repente, la fiesta de Ibiza se hace muy popular y la gente quiere ir a experimentar todo eso de lo que ha oído hablar. En eso los empresarios tuvieron un papel determinante. Si lo hubieran manejado de otra manera, se hubiera podido hacer mejor. Pero el dinero —mucho dinero a la vez— es una trampa. Eso ha propiciado que todo cambie. Para el empresario es fácil, ¿sabes?, porque el promotor ya te lo hace todo, y el empresario encantado, claro, porque tiene menos problemas. Ahí empezó el cambió en general... Gente haciendo cola en la entrada para pagar...

SIMON DUNMORE: Ministry of Sound tenía una noche increíblemente exitosa en Pacha, y yo quería lanzar mi propia marca y labrarme una reputación. Erick Morillo estaba montando las fiestas Subliminal Sessions, contra las que competíamos, así que les pedí ayuda a los de Ministry para introducirnos en el mercado. En 2001, nos dieron tres fiestas en Pacha de las que nos ocupamos de la programación. En Inglaterra, acabábamos de sacar un disco que lo estaba petando, «Another Chance» de Roger Sanchez [Defected, 2001], que fue número 1 en la lista de discos pop. Tenía muchas ganas de que Roger Sanchez pinchara en Pacha, pero él tenía su propia residencia en El Divino[138] ese año. Hablé con él y accedió, así que conseguimos que esa noche pincharan DJs que normalmente no hubiéramos podido conseguir. Ese año y el siguiente, montamos eventos esporádicos en Pacha con Ministry of Sound.

DANNY WHITTLE: Ricardo no era consciente de que tenía una marca. Él es más de mortero y ladrillos. Por aquel entonces teníamos dieciséis franquicias, y creo que acabamos teniendo veintidós. Abrimos en Londres, Nueva York y otras grandes ciudades, publicamos nuestra propia revista [*Pacha Magazine*] y lanzamos nuestro sello discográfico. Bueno, fui yo quien lo lancé. Tuve que convencer a Ricardo de que me dejara crear la marca. Era un momento importante para

138. Ver nota 116.

tomar el control de la imagen de tu marca y evitar dársela a los promotores. De todos modos, también podíamos construirla con la ayuda de algunos promotores, pero se trataba de controlar la evolución del mercado y evitar vernos arrollados por marcas poderosas que parece que lo controlan todo y a las que tienes que pagar una fortuna, especialmente porque mi plan era expandir la marca a nivel internacional. Así que necesitábamos que esas relaciones fueran directas, y no a través de terceras partes o promotores. Teníamos que llevar la marca de Pacha nosotros mismos y así poder utilizarla en todo el mundo.

MARK BROADBENT: En 2001, Space funcionaba tres días. No fue hasta algunos años después que empezaron Matinée y La Troya, allí en Space. De hecho, fuimos los primeros que empezamos a trabajar con Carl Cox. Lynn Cosgrave, la exmánager de Carl, nos pidió que montáramos su noche allí, así que la dirigimos los primeros dos años. Teníamos los domingos y los martes. Acabó siendo muy popular, pero al principio no había mucha gente que supiera dónde era. No estábamos en el mapa. Amnesia, Pacha, Privilege e incluso El Divino eran mucho más conocidos que nosotros.

DANNY WHITTLE: Empezamos a contratar a DJs nosotros mismos. Empezamos con Erick Morillo y sus Subliminal Sessions, y con Paul Oakenfold y Pete Tong, con su noche All Gone Pete Tong. Lo que pretendíamos era evitar trabajar solo con marcas que nos trajeran DJs. Eso no significa que Pacha no trabaje con marcas si la marca tiene éxito, como es el caso de F*** Me I'm Famous[139], que es una

139. F*** Me I'm Famous, la fiesta auspiciada por David Guetta y su exmujer Cathy, empezó su andadura en 2002 en Pacha y desde entonces no ha hecho más que crecer hasta establecerse en su ubicación actual en Hï Ibiza; una fiesta que Guetta alterna con una segunda residencia en Ushuaïa, llamada Big, y que queda lejos de su debut en un Space prácticamente vacío, en 1996. El francés se convirtió en una estrella del pop y en un icono de los super-DJs, pero su activismo en la escena de Ibiza va más allá de plantarse detrás de los platos. Junto con su exmujer, es el responsable de programar a Daft Punk en 1997, llenando el colosal Privilege. Desde entonces, David alterna su actividad artística en la isla con la empresarial.

marca brillante y nos ha permitido colaborar con David Guetta. Pacha pasó de llenarse una sola noche en 1998, cuando el resto de noches teníamos un aforo muy normal, a ponerse a reventar siete noches a la semana en 2002 y 2003.

SIMON DUNMORE: Tocamos a la puerta de El Divino en 2003 con aquellas fiestas de Pacha de referencia. Éramos un sello afianzado y habíamos lanzado *hits* de Bob Sinclair, Masters at Work o Roger Sanchez, así que quisimos montar una noche en El Divino, y les pareció bien y arrancamos la noche del domingo, que era una noche jodida de promocionar porque ese día había mucha competencia. El año siguiente nos pasamos a los viernes y nos fue de lujo.

PIPPI: A partir del 2000 decidí pinchar solo la música que me gusta y para la gente que me gusta, o sea, en salas de dimensiones más pequeñas; solo en sitios pequeños. Después de tantas *main room* y luego la Funky Room de Pacha... Ahí ya no tenía nada que hacer, porque los tiempos y la música habían cambiado. Decidí primero no trabajar cada día. En el 2001 terminé mi residencia diaria en Pacha y no he trabajado nunca más de residente. Por cierto, «residente» para mí es el que pincha cada día, no el que tiene un día a la semana; eso es distinto. El residente está allí todos los días, y eso es un sufrimiento. Así que decidí trabajar como *freelance:* un día aquí y otro allá, donde pudiera expresarme con mi música. Al principio el cambio fue muy brusco porque, claro, veía cómo mi querida Ibiza se iba hacia otros caminos. Pero tenía que aceptarlo, y lo he aceptado. Es así, los tiempos cambian y hay que aceptar y dar la bienvenida a lo que viene. Que siga, bien o mal, pero que siga. Los clubs ya no eran clubs, no eran auténticos... Ya no había una identidad. Si no hay identidad, no hay espíritu y los clubs pierden calidad.

CARL COX: El gran cambio vino cuando tuvieron que techar los clubs. De este modo, se convirtieron en locales nocturnos, no en clubs de fiestas diurnas. Así que en 2003, Pepe me dijo: «Vamos a poner un tejado en la terraza», pero no lo pusieron. Lo que hicieron fue rediseñar el club de arriba abajo [risas]. La antigua terraza tenía un aforo para mil personas, y la nueva, para tres mil, con lo que era mucho más grande, y desplazaron la Sunset Terrace al otro lado. Antes, era difícil tener a cuatrocientas personas repartidas por el local. Ahora, cabía mucha más gente.

PEPE ROSELLÓ: A partir de 2003, ampliamos el horario de la discoteca y el aforo, que pasó a ser de más de tres mil personas, y habría unos doscientos empleados. Teniendo en cuenta que antes había diez empleados y un aforo de cuatrocientas personas, se dio un salto cuantitativo y cualitativo importante.

MARK BROADBENT: Cuando Space se hizo popular, invirtieron más dinero en el edificio y construyeron nuevas salas. De repente, teníamos cinco salas para programar.

CARL COX: La terraza de Amnesia acabó siendo un club, y la nueva terraza de Space era una nueva experiencia para todo el mundo. Entonces, decidimos abrir la terraza a DJs de estilos más diversos, mientras en la sala principal iban metiendo caña. Vinieron Gilles Peterson y Pendulum, y continuamos pinchando house en la nueva Sunset Terrace.

MARK BROADBENT: Él éxito nos permitió ser más atrevidos con la programación musical. Antes, teníamos que ir con cuidado. Había unas dos mil personas como máximo durante el día, y casi todas en la terraza; dentro no molaba, porque era difícil que la gente se quedara ahí, de lo oscuro que estaba.

CARL COX: No fue fácil que la gente entendiera que en un club podías escuchar diferentes estilos de música. Cuando empezamos a programar drum and bass, Pepe no lo soportaba, en plan, «¿de qué va esto?». Y había que decirle, «Pepe, es una nueva sala, una nueva era. Es lo que se lleva ahora», y tuvo que aceptarlo.

PEPE ROSELLÓ: Siempre he estado en la cabina, y siempre he ido a saludar al DJ; siempre he ido a darle una palmadita y siempre, siempre he estado detrás para ver cómo reaccionaba el público delante del DJ, porque de eso se trata. No entiendo de música, pero sí de sensaciones, y si la gente se presta a esta entrega maravillosa con la música y se embarca en la aventura de la noche, es que todo va bien.

DANNY WHITTLE: Fue también cuando los DJs empezaron a tener más poder que las marcas para las que trabajaban. Fue la evolución obvia. Si no nos poníamos las pilas, nos íbamos a quedar atrás, porque los DJs ya empezaban a operar al margen de las marcas. Pero lo que sí teníamos era un gran local para esos DJs. Pude prever qué es lo que iba a pasar y lo apliqué en Pacha. Y funcionó.

SIMON DUNMORE: Lo hicimos tan bien que recibimos una llamada de Mark Netto —el socio de Danny Whittle en Pacha—, que nos preguntó si nos interesaba montar nuestra fiesta en Pacha. ¡Y tanto! El mejor club de la isla, mi preferido. Así que hicimos los martes, que era una noche chunga, porque era la noche de Carl Cox en Space, pero como Carl Cox ponía techno y nosotros, house, pensamos que vendría toda la gente a la que le gusta el house. Y la cosa funcionó. Hicimos los martes durante dos o tres años, no estoy seguro, y luego nos ofrecieron la noche del sábado. En total, fueron ocho los años que estuvimos en Pacha.

DANNY WHITTLE: Durante los primeros años que estuve en Pacha, me di cuenta de que estábamos gastándonos un montón de pasta en revistas. Entonces, se me ocurrió que podíamos invertir en la nuestra, y traté de convencer a Ricardo de que me dejara hacerla. Así que, en el verano de 2003, decidí hacer una especie de prueba y escribí a *DJ Mag*, que iban a sacar el número especial sobre Ibiza, y les dije, «quiero que me deis siete páginas de cada número durante todo el verano, o sea, cuatro revistas, siete páginas en cada una. Quiero la contraportada, el interior de contraportada y las cinco últimas páginas. Estas son las siete páginas que quiero. Si no, no hay trato». Pacha probablemente era su principal cliente ese verano, e incluso es posible que pagáramos la revista entera. Cuando imprimieron el primer número, me llamaron: «Danny, me temo que no podemos seguir así. Esto no puede ser», pero yo les dije que habíamos firmado un contrato y que no podían incumplirlo. Lo que hice fue imprimir nuestras páginas del revés, de tal modo que la contraportada pareciera en realidad la portada de la revista de Pacha. Así que, si veías un ejemplar de *DJ Mag* al revés, parecía la revista de Pachá. Así podía ver qué impacto tenía. Una vez, fui al Mambo y las repartí por allí para ver cómo reaccionaba la gente cuando viera las dos cerezas enormes, el logo de Pacha y los titulares. Parecía la portada de una revista. Cuando Ricardo vio el impacto que producía, me dijo, «adelante, hagámoslo». Entonces, enrolé a Ben [Turner] de editor y a Hjordis Fogelberg de diseñadora gráfica.

BEN TURNER: Danny [Whittle] trabajaba en Pacha en aquellos tiempos y nos llevábamos muy bien. Total, que Danny me propuso una idea: lanzar la revista de Pacha. Me encantaba la marca Pacha, y por aquel entonces era mi club preferido, así que genial, era una gran oportunidad y me tiré de cabeza. Era una marca que entendía a la perfección y en la que creía, y estaba convencido de que encajaría perfectamente en el formato impreso. Sabía que tenía las habilidades y sabía cómo hacerlo, así que dejé *Muzik*, la revista que había creado, porque quería ser más emprendedor y estar más metido en la industria.

DANNY WHITTLE: Sabía que sería capaz de atraer anunciantes a la revista. Podíamos promocionar todos nuestros eventos, y eso nos daría más visibilidad de marca, porque además la revista estaba en todos lados. La primera que sacamos era una muy pequeña, con Jade Jagger en la playa, en portada. Era una revista de *lifestyle*, no solo sobre el club. Se trataba de ir afianzando la marca, crear un sello discográfico, abrir franquicias en las ciudades más grandes del mundo, y la visibilidad de una marca siempre tiene que ver con un estilo. Para mí Pacha era un estilo de vida. Mi mujer solía llamarme Jack Nicholson, por la escena aquella de *Las brujas de Eastwick* en la que Nicholson vomita las cerezas.

SIMON DUNMORE: Todo el mundo sale los sábados por la noche, así que es de prever que ese día muchos DJs estén pinchando fuera de la isla. Muchos pinchaban un martes en Ibiza y el sábado en otro sitio. Pero, como éramos una marca, podíamos programar a DJs que estaban encantados de pinchar en Ibiza un sábado por la noche dos o tres veces cada temporada, sin tener que hacerlo todas las semanas.

DANNY WHITTLE: Es muy complicado conseguir que un DJ *top* pinche todos los sábados, cada semana, porque ese día están muy solicitados y tienen bolos en todo el mundo. Por eso apostamos por Defected, que es un sello como Dios manda, y diferente. Son lo suficientemente fuertes como para trabajar con muchos DJs diferentes, así que eran el sello perfecto de house sexy para los sábados por la noche.

MARK BROADBENT: Hubo dos etapas. En la primera, vinimos a Ibiza con la única finalidad de hacer pasta. Lo pasamos genial, sí, pero no estaba interesado en cambiar las cosas. Trabajar con Darren en Liverpool y en Ibiza para Cream fue la mejor experiencia de aprendizaje. Luego, el poder llevar nuestro propio club en Sídney hizo que desarrolláramos un gusto propio en la escena de clubs. Fue un auténtico bautismo de fuego, y me permitió comprender mejor muchos estilos de música de baile y electrónica, cada uno con un público diferente, lo que me dio —cuatro noches a la semana hasta las siete de la mañana— un bagaje muy grande. Así que, cuando volvimos de Australia, me dije, «vamos a hacerlo en serio», porque quería imprimir mi sello personal en lo que hago. Quería cambiar lo que ocurría aquí. Creí en mí mismo, porque, entre otras cosas, pensaba que los demás no estaban haciendo bien su trabajo. Creía que si todo el mundo era honesto consigo mismo, había que subir la apuesta. Tratábamos de apoyar nuevos sonidos y hacer que fuera interesante y, con suerte, al introducir cosas nuevas, darle un poco de recorrido a nuestras promociones.

CHARLIE CHESTER: 2004 fue el año de Carl Cox o de We Love Sundays. Hubo años que fue Brasilio con La Troya, y a veces Amnesia con Cocoon, que siempre estaban llenos... Pero Ibiza no estaba a reventar los siete días de la semana.

CARL COX: En 2004, empezamos con las fiestas de apertura y cierre en Space, que fueron legendarias. El siguiente gran paso fue abrir el parking para los coches, así que Pepe y Fritz [Pangratz, el director del club] me dijeron, «Carl, tenemos una idea», y yo, «¿pero qué estáis tramando ahora?» [risas]. «Pues estamos pensando en montar la fiesta[140] en el parking.» Tenían algún esquema y la idea general de lo que querían hacer, como las barras, los lavabos, la entrada, el toldo encima para el sol... Era un proyecto grande, y yo contribuí diseñando el sistema de sonido del escenario: «Aquí pueden ir los bafles, aquí la cabina, una luces bonitas, allí podéis poner las barras y unas plataformas para bailar...». Fue algo que surgió espontáneamente porque mucha gente venía para el *opening* y necesitábamos un espacio más grande, y de este modo podíamos asumir que viniera mucha gente. Ahí lo tienes: el parking con terraza, la Sunset Terrace, la Premier Etage y la sala principal tenían un aforo para quince mil personas. Además, el club solía abrir a las doce de la noche, pero empezamos a hacerlo a las cuatro de la tarde. Había gente que no se enteró de lo del parking. Si alguien iba al lavabo de afuera, lo veía y se ponía a avisar a los demás, «¡salid afuera, tenéis que ver esto!».

PEPE ROSELLO: Se decía que el verano en Ibiza empezaba cuando Space abría y que terminaba cuando cerraba...

CARL COX: Yo era como un catalizador, y siempre me pedían que pinchara en la apertura y el cierre, además de mi aventura de los martes por la noche. Recuerdo que pinchamos John [Digweed] y yo, y que fue maravilloso poder estar en el exterior de nuevo, sin cubierta en el techo, con buen sonido y bailarines. Fue como volver un poco al

140. En castellano, en la entrevista original.

pasado, a cómo era estar en la terraza, pero a una escala mucho más grande. Y la gente lo echaba de menos.

MARK BROADBENT: Yo me encargaba del *booking* en el festival, el Homelands, donde teníamos doce escenarios. Era enorme, para cuarenta y ocho mil personas. Había escenarios de trance, house, drum and bass, y otros más eclécticos... Así que en 2004 le dije a Darren, «¿por qué no programamos Space como hicimos en el festival?», con salas diferentes, cada una con su música y en horarios diferentes... Ahí es cuando la cosa se puso realmente interesante.

DAWN HINDLE: Queríamos hacer algo diferente, así que montamos Ibiza Rocks. Estábamos un poco aburridos de la escena de DJs del momento, porque, en definitiva, era un negocio que estaba pensado para que un montón de DJs carísimos se forraran. Pero tanto ellos como nosotros nos estábamos haciendo viejos, y el público, de manera natural en ese entorno, era cada vez más joven, así que necesitábamos inyectar algo completamente nuevo. Por eso montamos Ibiza Rocks, porque para nosotros era algo que tenía que pasar en aquel momento. La sensación es que Ibiza no molaba nada. Ya era hora de que cambiara y fuera un poco de nuestro rollo. Cuando creíamos que había llegado el momento adecuado, contribuimos a que el monstruo, aquel dinosaurio obsoleto, se transformara en algo fresco. Mucha gente en Ibiza nos odiaba. Éramos como el anticristo, porque durante algún tiempo nuestros DJs y nuestras fiestas hicieron mucha pasta. Todos creyeron que nos estábamos cargando la escena de clubs a traición, porque era un negocio portentoso. Para cuando decidimos terminar Manumission, los clubs hacían millones. Fue cuando el *clubbing* tuvo su momento como negocio, y era algo que estaba muy protegido.

GEORGE EVELYN: Volví a Ibiza prácticamente cada año a pinchar y a pasarlo bien, y, en 1999, fue el primer año que vine solo de vacaciones. Acababa de terminar una gira muy larga del álbum *Carboot Soul* y me vine de vacaciones. Fue la primera vez que pude permitirme alquilar un coche. Así que no fue hasta once años después de mi primer viaje a Ibiza que puede conocer la isla, y me enamoré. En 2005 decidí instalarme aquí. Vivíamos en lo que creíamos que era una vida de ensueño en Leeds, pero, personalmente, después de treinta y seis años viviendo allí, sentí que tenía que marcharme, que la ciudad no tenía nada más que ofrecerme. Se me había quedado pequeña y me sentía como si estuviera en un disco rayado y necesitaba reinventarme. Me quemé de tanto salir de gira. Teníamos una casa alucinante con un estudio de grabación, pero era en plan, «¿qué hacemos aquí?». Nuestra hija tenía cuatro años por aquel entonces y sentimos que debíamos marcharnos. «¿Qué es lo que nos gusta? Nos encanta Ibiza. ¿Por qué no nos instalamos allí?» Y dieciocho meses después, aquí estábamos, y pensamos que si no funcionaba siempre estábamos a tiempo de irnos a otro sitio. Pero yo necesitaba marcharme de Inglaterra.

ANDY MCKAY: Lo que mató a Manumission fueron las peleas tremendas que tuvimos con la sala. Fue una disputa en torno al registro de la marca, porque nos robaron el nombre Manumission: Jose María [Echániz] lo registró a su nombre. Esto es solo un ejemplo de algo que me pasó infinidad de veces en la isla. Así que, en 2006, decidí que no íbamos a volver a menos que nos devolviera la marca. Y me fui. Me fui a vivir a Nueva York, me desmarqué de todo y me puse a esperar. A mediados de mayo, Echániz accedió a firmar un acuerdo y devolvernos la marca, pero eso generó una fuente de problemas entre nosotros. El fracaso de Manumission no fue un fracaso comercial. Entonces, cogimos dos noches. Mantuvimos la de los lunes de Manumission y añadimos la del viernes con Ibiza Rocks.

JOSE MARÍA ECHÁNIZ: Los lunes eran de Manumision. A los diez años o así, quisieron hacer otra fiesta los viernes. Me dijeron que iban a hacer música en directo, que iban a traer unos grupos de la leche. Entre ellos me vendieron a los Stones y a no sé quién más. Por prestigio de la discoteca me parecía bien que se quedaran el 100% de la puerta.

ANDY MCKAY: La montamos los viernes en la sala de atrás, aunque quisieron que la hiciéramos en la principal. A los primeros Ibiza Rocks trajimos a Kaiser Chiefs, Juliette Lewis... bandas de rock indie. Pero enseguida se presentó un problema gordo. Lo estábamos haciendo muy bien, y a pesar de que la noche no reportaba ni un duro, era evidente que estábamos creando algo genial. Pasado un año, la sala nos suplicó que nos deshiciéramos de esa mierda de noche, así que la quitamos y monté el Ibiza Rocks Bar en San Antonio —su emplazamiento original—, donde lo petamos con los Arctic Monkeys. Fue un bolo que fue muy muy bien. Total, que Jose María me pidió que sacara esa noche de mierda y yo pensé, «vale, tengo el 50% de la puerta los lunes, pero el 100% los viernes». Entonces, le envié un burofax en el que le comunicábamos, según estipulaba el contrato, que no íbamos a volver los lunes, y nos quedamos solo con los viernes. Los viernes supuestamente se iban a llamar «Manumission presenta: Ibiza Rocks», pero lo cambiamos a «Manumission presenta: Manumission».

JOSE MARÍA ECHÁNIZ: Hicieron una jugada con un abogado pirata de Madrid y el lunes lo trasladaron al viernes.

ANDY MCKAY: Así que pasamos del 50% de la puerta al 100%, y [José María] se cabreó que no veas. Pero nosotros nos mantuvimos firmes y al final accedió y tiramos la temporada adelante, que fue un exitazo. El fin de semana nos iba muy pero que muy bien.

JOSE MARÍA ECHÁNIZ: Yo les daba el 100% del dinero de la puerta y me quedaba con la barra. Pero luego llegaba la Sociedad General de Autores y me pegaba unos palos terribles. Lo único que les pedí era que pagaran a la SGAE. «Yo miro a otro lado y seguimos como estamos, pero pagad a la SGAE.»

ANDY MCKAY: Cambiamos lo del porcentaje de la puerta porque al principio nos quedábamos con el 50%, pero José María se quedaba el otro 50% de la puerta más toda la pasta de las barras. Estaba ganando millones casi limpios, porque todos los costes los asumíamos nosotros. Total, que nosotros no ganábamos nada mientras que él pagaba sus gastos con su mitad y el resto se lo metía limpio en los bolsillos. Por eso nos trasladamos a los viernes.

JOSE MARÍA ECHÁNIZ: Querían llevarse el 100% de la puerta, pero el abogado este, en vez de ayudarles, les jodió, porque se llevaba el 100% él. Así que el acuerdo solo duró un año, y al año siguiente a mí ya no me interesó seguir así.

ANDY MCKAY: Al año siguiente Jose María estaba enfadadísimo porque estábamos ganando toda la pasta nosotros los viernes y nos dijo que, si no lo renegociábamos, cerraba el club y no nos dejaba entrar. Y de hecho es lo que hizo, a mediados de agosto. Tuvimos que devolver ocho mil entradas de esa fecha, lo que nos llevó casi a la bancarrota. Así que, de una semana para otra, tuvimos que cancelar la fiesta de Privilege. Por supuesto, me negué a trabajar con él en lo sucesivo, y la semana siguiente empezamos la fiesta en Amnesia.

JOSE MARÍA ECHÁNIZ: Me engañaron la primera semana diciendo que iban a pagar a la SGAE, tal como habíamos acordado. A la semana siguiente volvieron a hacer lo mismo. Pues no abrí. Ellos pensaban que yo vivía de eso, pero, gracias a Dios, no vivo de la discoteca.

ANDY MCKAY: Amnesia no nos quería, porque nos exigían el mismo acuerdo que con Privilege al principio [50/50]. Ellos ya tenían una noche que les funcionaba —los lunes, con Cocoon—, pero al final les convencimos y montamos la noche del viernes allí, la semana después de irnos de Privilege. Así que, todo bien, teníamos la fiesta y nos íbamos a Amnesia, pero de pronto, alguien empezó a correr la voz por las calles, a eso de las once de la noche, de que no se molestaran en ir a Amnesia porque todas las entradas estaban vendidas. Y, de pronto, todos los vendedores de entradas dejaron de vender. No entendíamos qué había pasado, pero el caso es que todo el mundo pensó que estaba *sold out*, cuando en realidad solo tuvimos a dos mil personas esa noche. Fue un desastre total.

DAWN HINDLE: Los DJs se estaban embolsando cincuenta mil libras por bolo, y eso es mucha pasta por poner música de otra gente. Ese era nuestro dilema por aquel entonces. No entendíamos por qué había que pagarle cincuenta mil libras a un DJ. Queríamos traer a grupos y que tocaran su música en directo. Pero los grupos son caros. No se hace dinero programando grupos. En cualquier caso, ¡queríamos traer grupos!

GEORGE EVELYN: Nos instalamos en Ibiza en mayo del 2006, y en marzo de ese año saqué el álbum *In a Space Outta Sound*, así que me pilló en plena gira. Estaba como flotando de lo excitado que estaba por esa nueva vida que comenzaba. Una de las mejores cosas que me pasó es que nos sentimos como en casa. No sé qué le pasó al George que se fue de Leeds, pero no se vino a Ibiza. Hubo una transición y un cambio. Y en cuanto terminó la gira y llegué a Ibiza, ya no me quise ir. Antes de venir a Ibiza —y esto va en serio— estuve a punto de dejar de pinchar. Ya no lo sentía, y era porque lo había olvidado todo. Empecé a concentrarme en factores externos, y eso es peligroso, porque de pronto empiezas a prestar atención al éxito y a lo que ocurre a tu alrededor, y pierdes la conexión con lo que haces. Eso fue lo que me pasó a mí, sin duda. Así que le estaré eternamente agradecido a Ibiza por recordármelo y volver a ser quien era.

ANDY MCKAY: En 2005 empezamos con Ibiza Rocks en Privilege, en 2006 abrimos el bar Ibiza Rocks en San Antonio, y en 2008 inauguramos el Ibiza Rocks Hotel, en San Antonio, y esa fue la última temporada de Manumission. Íbamos de culo, montando bolos en el hipódromo de San Rafael con The Wombats, Pendulum, The Streets, y otros tantos en el hotel. Los bolos en el hipódromo eran geniales, pero no pudimos obtener más licencias. Teníamos solo seis y no nos dieron más por los problemas con el ruido. Y nos fueron empujando hacia el hotel, porque se dieron cuenta de que allí los problemas con el sonido no eran tan graves como en San Rafael. Para la noche de apertura tuvimos a The Enemy actuando y el alcalde nos dijo, «este es el primer y último concierto que montáis aquí». Así que vinieron con todo el equipo de medición de ruido y el bolo empezó y ellos allí plantados fuera, preguntando, «¿cuándo empieza?». «¡Oh! Pero si ya ha empezado...» Así que nos permitieron hacer más.

DAWN HINDLE: Con Ibiza Rocks creamos una marca de *lifestyle* que nos permitió montar eventos. Por primera vez, trajimos a un montón de grupos a la isla: Arctic Monkeys, The Prodigy, Tinie Tempah, Madness, Electric Six... todo muy guitarrero y muy anti *clubbing*. Para nosotros, era una actitud muy punk. Vinieron un montón de grupos que nunca pensaron que tocarían aquí y que siguen siendo muy fieles a nosotros y adoran la isla. De algún modo, Ibiza Rocks se convirtió en uno de los grandes escenarios donde podía tocar un grupo, y de pronto Ibiza fue un lugar relevante en ese sentido. Montamos el Ibiza Rocks Hotel y financiábamos la contratación de los grupos vendiendo vacaciones y habitaciones de hotel, porque creíamos en esa forma de programar música.

GEORGE EVELYN: Nunca me sentí especialmente apoyado. Cuando en el 2006 me invitaron a pinchar en We Love, en Space, pensé, «oh, va a ser genial, con todos mis amigos allí que vendrán a verme. Voy a hacer que entren todos gratis...». Pero, si he de ser sincero, no me lo pasé bien, porque sentí que estaba trabajando para la bestia. Space había cambiado. Todo había cambiado. Solo me dieron cinco copas para toda la noche y la entrada costaba setenta euros. Tomarte otra copa era una movida. Y yo en plan, «pero qué es esta mierda. Esto no va conmigo. Esta mierda no me va».

CARL COX: Space también estaba metido en la guerra de precios con el resto de clubs. Una [cerveza] San Miguel en Amnesia rondaba los doce euros, por lo que en Space tenían que venderla al mismo precio, porque había una guerra de precios y todo giraba en torno a ganar pasta. Lo tildaron de mafia de los clubs, porque la gente tiene un presupuesto limitado para pasar la noche. Las bebidas son un catalizador de cuánto ganas. La gente está sedienta, está bailando y pasándoselo bien, y quiere beber. Para la peña que tiene pasta no es un problema, pero la gente que vive aquí —los *clubbers*, los trabajadores, los que caldean el ambiente— también quiere poder disfrutar de Space tanto como el resto, y tiene que poder permitírselo. Si vas a un supermercado, la San Miguel te sale a un euro, y en el club te la venden diez veces más cara. Esa es la razón por la que los chavales hacen botellón[141]. Al final, entran medio tajados y dentro se limitan a tomarse dos o tres rondas.

ANDY CARROLL: Hay un montón de cosas que han evolucionado en Ibiza. Durante años, ha sido un *melting pot* musical genial, y todos los clubs han tenido su momento de innovación. Había algo nuevo cada año. Recuerdo perfectamente cuando llegó el rollo electro house. Fue una de las cosas más alucinantes que pasaron, antes de que llegara la ketamina.

MAR-T: Cuando llegaba a Ibiza al principio de la temporada, me iba a las tiendas de discos y me compraba todos los de esa temporada, los que iban a sonar ese verano. Lo que llevaba en la maleta ya estaba pasado de moda para Ibiza, porque en la isla ya estaban escuchando otros sonidos. Era superemocionante porque llegabas y... «¡hostia, ahora es house, o techno», o lo que fuera. Así que iba a Delta, al Mega Music, a Solo Records y en cada tienda tenían una caja llena de discos que me guardaban para que la escuchara. En la apertura de Amnesia todavía no había pinchado esos discos delante de gente y era una experiencia brutal porque era en plan, «¡eh!, vamos a disfrutar de la sesión todos a la vez!». Estábamos 24 horas ahí metidos en la discoteca y era una pasada. Cuando acababas te ponías a escuchar a los otros DJs... Luego, llegó el minimal y se quedó durante cuatro años, y como que no se iba... Estábamos todos hartos.

GEORGE EVELYN: En 2007-2008 estaba este rollo minimal por todas partes. Ibas a una fiesta a una villa maravillosa y la música era una mierda. No entendía qué coño estaba pasando en Ibiza, musical-

141. En castellano, en la entrevista original.

mente hablando. Para mí fue una mierda. El minimal es oscuro y drogota, muy oscuro y masculino. ¿Dónde estaba la energía femenina? ¿Dónde estaba el sol, dónde estaba el *groove*?

BRASILIO: En la época del minimal me ocupaba de todas las fiestas de Amnesia, no solo de La Troya. Y también estaba el trance... La época en la que Amnesia llegó a su zenit fue justamente cuando la música era... ¡horrorosa!

GEORGE EVELYN: Por aquel entonces, no había muchas alternativas. Y yo, «joder, qué aburrido, esto es un coñazo», pero me di cuenta de que la gente se había acostumbrado a eso. Mucha gente pensaba que ese era el sonido de Ibiza, cuando no era así. Pero podemos tener una experiencia genuinamente ibicenca. ¡Tenemos el Balearic!

ANDY CARROLL: El sonido que vino con la K [ketamina] fue el rollo minimal. Para mí era como escuchar música de relleno, esa que ponen entre un temazo y otro, y así tienes tiempo de respirar para luego subir otra vez. Pues para mí la música minimal era como *tracks* de relleno durante horas. Es lo peor que le ha pasado a Ibiza en términos musicales. Cuando llegó el minimal, las cosas se pusieron «maximal» en Manumission [risas]. Cream se había metido en la nueva escena trance con DJs como Paul Oakenfold, Paul Van Dyk y, por supuesto, Tiësto, que solía hacer el *warm up* de Paul Van Dyk aquí y luego se convirtió en el DJ más importante del mundo.

ANDY MCKAY: Amnesia era duro. No funcionó tan bien como esperábamos. Esa temporada fue bien, pero no fue lo mismo. Estuvimos una temporada y media en Amnesia. El primer año estuvo bien, porque tuvimos que reinventar Manumission, y de algún modo funcionó. Pero al año siguiente, invirtieron en la terraza y acabaron por hacer un Privilege pero en pequeñito. Era como Privilege, pero no iba tan bien, porque el año anterior Manumission estaba en todos lados. Fue un error garrafal y creo que si hubiéramos reinventado Manumission de otra manera y tirado para delante, nos hubiera ido bien. Pero intentar ser una versión más pequeña de lo que habíamos sido fue un desastre.

DAWN HINDLE: Cambiamos de una semana a la otra porque sentíamos que la experiencia, que se suponía que tenía que hacerte sentir a tope, había empezado a desvanecerse. Creo que Mike y Claire lo veían como algo más integral, con la parte sexy. Eso nos separó en muchos sentidos. Nosotros queríamos concentrarnos en la música y ellos, en el show tal y como era. Nosotros quisimos ir por otro lado y fue el momento de ponerle el punto final.

ANDY MCKAY: Nos cargamos Manumission. Bueno, en realidad no nos lo cargamos, se lo cargaron por una disputa. Además, estaba teniendo muchas discusiones con mi hermano e Ibiza Rocks iba para arriba. Era fácil trabajar cuando estábamos haciendo un montón de pasta, pero cuando empezamos a perder cientos de miles, acabas por pensar, «¿vale la pena todo este follón?». Y eso fue todo. Fue todo por un tema comercial, por un tema de marca. Si comparas los acuerdos que teníamos antes con los que tenemos ahora, no era justo. Nosotros hacíamos todo el trabajo y prácticamente no sacábamos nada.

BILL BREWSTER: De pronto, empezaron a salir grupos como The Strokes, que eran más guais que la gente que estaba metida en el rollo de la música house. Así que, por un lado, estaba Gatecrasher y toda aquella gente vestida de manera estrafalaria y, por otro, a The Strokes, que eran la hostia de *cool*. Y si tienes dieciocho años y tienes que escoger entre una turba de simios vestidos con la ropa típica de Gatecrasher o escuchar a los Strokes, no hay color. Unos eran lo más y los otros parecían unos imbéciles.

GEORGE EVELYN: Así que, cuando llegó el verano siguiente, pensé, «prefiero hacer una fiesta gratis y no tener que lidiar con los clubs. La energía tiene que ser positiva». Y así es como empezó Wax Da Beach. Estaba haciendo un programa de radio semanal en Ibiza Sonica,

Wax Da Box, e Igor Marijuan, de Ibiza Sónica, me presentó a Miquel Maymó y de allí surgió Wax Da Beach[142], que empezó en Kumharas.

MARK BROADBENT: Nunca me sentí especialmente apoyado por otros clubs o promotores. Creo que Cocoon empezaron bien, pero acabaron programando a los mismos DJs una y otra vez. Sigo pensando que todo lo demás en Ibiza es una mierda. No lo hacen bien. Son muy conservadores. No hay nadie que esté haciendo algo realmente interesante. Creo que fuimos los únicos que lo hicimos. Aquellos días fueron excitantes, fueron como un delirio... Mira, hacíamos cosas interesantes, pero en realidad era solo ponerle banda sonora a la noche de alguien. Perdón, me dejo a Circoloco, que lo hacían muy bien. Siempre me olvido de Circoloco, porque estaba haciendo una fiesta de 24 horas el día antes y me daba palo ir al DC-10, pero eso también fue interesante, y asumieron riesgos. Era interesante lo del rollo minimal, y luego el tribal, que era un poco más de lo mismo, pero ciertamente era de lo más interesante que sucedía en la isla, si lo comparamos con todo lo demás.

GEORGE EVELYN: Necesitábamos volver a poner los cimientos de la música de baile, regresar adonde empezó todo. Para ello, necesitábamos añadirle el componente de directo, así que traje a un batería, un percusionista, un MC y todo eso. Necesitábamos implicar al público. No tiene nada que ver con ir a escuchar a un DJ. Se trata de formar parte de ello de forma activa. Y eso es de lo que iba Wax Da Jam, pero generó rechazo. Y entonces, llegó Ibiza Rocks, que trajo el componente de directo, y a partir de ese momento ya hubo más

142. Wax Da Beach nace en 2009 en Kumharas y es la primera experiencia como promotor de George Evelyn (Nightmares on Wax). El proyecto se consolida ese mismo año como Wax Da Jam en Aura y, posteriormente, en Las Dalias y Pikes. Se basa en el concepto de *jam session* y presenta una actuación de Nightmares on Wax en formato de directo + DJ *set*, acompañado de un percusionista, un batería y un vocalista. Esta actuación va precedida de otro directo y de DJs invitados internacionales (Seth Troxler, Mark Farina, DJ Vadim o Daddy G., de Massive Attack) y locales (Negghead, Jon Sa Trinxa, Andy Wilson...), con un sonido que tiene a los géneros fundacionales de la música de baile —funk, soul, disco, hip hop, dub o reggae— como protagonistas.

gente que se animó a montar directos. Las alternativas empezaron a suceder.

MARK BROADBENT: Tuvimos la suerte de estar en una posición donde teníamos salas de diferentes tamaños y así poder experimentar con los sonidos que nos gustaban. Como buenos promotores, si creemos en alguien, si realmente algo nos gusta, aunque no sea muy popular, lo vamos a programar, una y otra vez, hasta que se vuelva popular. Así que contratábamos a gente para las salas pequeñas pensando que en cuatro o cinco años iban a estar pinchando en la sala grande. Eso es lo que se supone que tiene que hacer un promotor. Confías en tu instinto y tienes la obligación de presentarles música y artistas nuevos a la gente.

ANDY CARROLL: Tenía una residencia en We Love. Si te fijas en su programación, aquello era como un mini festival: Aphex Twin, Grace Jones, Carl Craig con Francesco Tristano, The Chemical Brothers...

MARK BROADBENT: Había beats muy interesantes en las diferentes áreas. Cuando consigues atraer a diferentes tipos de público, y cada vez hay más gente que sabes que se quedará más tiempo, puedes experimentar más y contratar a artistas como Shackleton o Aphex Twin. Fue increíble y precioso. Durante algún tiempo, era un sitio increíble al que ir. Uno de nuestros mayores éxitos fue James Zabiela. Empezó pinchando fuera de Ibiza, mezclando breakbeat con house progresivo, hardcore antiguo y música rave, y acabó siendo uno de nuestros residentes. Pinchaba cosas muy dispares: Squarepusher o Aphex Twin —y digo Aphex Twin porque es un nombre que todo el mundo conoce— en la hora punta, en la sala principal, delante de tres mil personas. Poder hacer esto fue muy especial. Lo obvio hubiera sido pillar a Roger Sanchez, a Steve Lawler o a alguno de los DJs que más gustaban. A tomar por culo. A tomar por culo lo que a la gente le gusta o no le gusta y vamos a ver si podemos salirnos con la nuestra. Haz que escuchen algo interesante, no solamente lo que esperan oír o lo que ya conocen o quieren escuchar.

CARL COX: Nunca fui propietario del club, nunca, ni siquiera tuve acciones de la empresa. Solo era un tipo que tuvo la oportunidad de ayudar a otro basándose en lo que sabía hacer. Ellos, por su parte, me ofrecieron el mejor escenario del mundo desde el que actuar. Eso es todo lo que había. Ni siquiera teníamos un contrato. Solo respeto el uno por el otro, amor y la misma manera de entender lo que queríamos el uno del otro. Esta es la mejor manera de entender la relación que teníamos Pepe y yo. Él nunca hacía nada sin antes preguntarme. ¿Qué te parece? Un tipo negro de Manchester. Fui a Space siendo un chaval para ver qué se cocía allí y acabé siendo cada vez más importante para él. Para mí fue increíble, y no me canso de repetírselo.

GEORGE EVELYN: Con el éxito de Wax Da Beach y todo el entusiasmo que generó y que DJ Antz nos pidiera que hiciéramos una fiesta en Aura[143], pensé, «tengo este concepto llamado Wax Da Jam. He hecho uno en Leeds y otro en Berlín. Quiero hacerlo semanalmente en Ibiza». Y así es como Wax Da Jam llegó a Aura. A través del razonamiento «prefiero hacerlo gratis, prefiero hacer lo que me gusta», se dieron todas estas nuevas oportunidades, porque la energía era la adecuada. Años después lo hicimos en Las Dalias, y ahora en Pikes.

MARK BROADBENT: Programé todas esas salas durante diez años, y lo más increíble fue, sin lugar a dudas, Aphex Twin. Me voló la cabeza. Cuando me llegó su *rider*, leí: «Richard tiene que poder controlar el sistema de sonido de la sala», y yo, «bueno, no hay problema, tenemos un sistema de sonido excelente, un Funktion-One muy potente. Es imposible que se lo cargue». Antes de la prueba de sonido, se fue a la habitación de atrás, a ver los amplificadores y subió el volumen de todo, y luego preparó su propio equipo en el escenario y sus cosas, y empezó a tocar. Cuando llevaba diez o quince minutos, el puto techo se vino abajo. Así de fuerte estaba el sonido. Tuvimos

143. El ya desaparecido Aura fue un restaurante situado en la carretera de San Juan, con una bucólica terraza y un pequeño club, donde se celebraban fiestas esporádicamente y donde el británico DJ Antz —muy popular entre la comunidad británica de la isla— tenía su residencia.

como seis horas para repararlo, y yo pensaba, «este tío se va a cargar a la peña con este sonido tan bestia». Era como una batalla campal sonora. Había gente que deambulaba por allí que no sabía qué estaba pasando. Sonaba como a metal siendo taladrado y acero cortado por sierras mecánicas; unos sonidos ultraintensos y a un volumen atronador durante tres horas. La gente flipaba, pero poder estar ahí presenciándolo fue increíble. Todo el mundo había oído hablar de Aphex Twin, y lo anunciamos como cabeza de cartel, así que empezó con la sala llena. Para cuando acabó, estaba medio vacía. Aphex divide a la gente. Algunos lo adoran y otros lo detestan. Pero la gente que se quedó presenció algo alucinante. Yo me limité a quedarme allí en medio a observar las reacciones de la gente, y fue fenomenal. Ese es el momento del que me siento más orgulloso: haber traído a Aphex Twin a Ibiza.

14
DÍAS DE RADIO

A principios del dos mil, tras el pelotazo del ocio nocturno ibicenco, el clubbing, *más allá de ser un boyante negocio, es todo un estilo de vida. La isla se ha convertido en un escaparate internacional de la música electrónica de baile y los jóvenes ibicencos crecen rodeados de vallas publicitarias de clubs, recopilatorios y música electrónica. Como respuesta natural a este interés global obsesivo-compulsivo —y como extensión del aparato cultural que lo rodea—, los medios de comunicación entran en escena y juegan un papel esencial en la difusión del mensaje. Se empieza a generar una industria alrededor del* clubbing *ibicenco con programas de televisión como el nefasto* Ibiza Uncovered *del canal inglés Sky, eventos mediáticos (MTV Ibiza) o la creación de una primera «gala» de la industria musical en Ibiza: los DJ Awards. Es el revolucionario momento de la radio de emisión diaria de música exclusivamente electrónica; primero con Ibiza Global Radio y, luego, con Ibiza Sonica. Ambas inundarán la isla de música en las ondas. También emitirán por internet y conseguirán transportar Ibiza a toda una legión de fans que escucha sus retransmisiones en directo desde todos los rincones de la Isla Blanca. Un movido escenario que, tras algunos intentos de asociación de los principales actores locales, culmina en la creación del IMS (International Music Summit), a manos de tres británicos: Danny Whittle, Ben Turner y Pete Tong; un evento que reúne a la industria mundial del sector del* clubbing *y que abre un espacio de reflexión, exploración y exposición del negocio.*

INTERVIENEN: DAVID MORENO (IBIZA GLOBAL RADIO), IGOR MARIJUAN (IBIZA GLOBAL RADIO, IBIZA SONICA), ANNA TUR (IBIZA GLOBAL RADIO), VALENTÍN HUEDO (IBIZA SONICA), LENNY IBIZARRE (IBIZARRE RECORDS, DJ AWARDS), ANDY WILSON (IBIZA GLOBAL RADIO, IBIZA SONICA), MIGUEL VALVERDE (IBIZA GLOBAL RADIO, IBIZA SONICA), DANNY RAMPLING (BBC RADIO 1), GREGO O'HALLORAN (DC-10, *RESIDENT ADVISOR*), GEORGE EVELYN (NIGHTMARES ON WAX, WAX DA JAM), PEPE ROSELLÓ (SPACE), CARL COX (SPACE), SIMON DUNMORE (DEFECTED), DJ OLIVER (AMNESIA, LA TROYA), DANNY WHITTLE (IMS), BEN TURNER (*MUZIK MAGAZINE*, IMS), JUAN SUÁREZ (*DIARIO DE IBIZA*)

DAVID MORENO: Nací en Vilanova i la Geltrú [Barcelona] en 1969. Vengo de una familia humilde. Mis padres tenían un pequeño restaurante —mi padre era cocinero—. Mi madre es malagueña y vino a Barcelona siendo muy niña. Soy charnego, soy un mil leches, de abuela asturiana y abuelo madrileño. Mi primer recuerdo musical es el típico disco de Boney M y un disco de Peret, la música que le gustaba a mi padre, que era quien compraba los discos: Supertramp, Police, George Benson, Manzanita... Me regalaron una batería cuando tenía ocho o nueve años. Siempre quería instrumentos musicales, pero no aprendí a tocar ninguno. En el 83, cuando yo tendría trece años, me regalaron un lote de discos de funk de la Motown y otros sellos importantes, que eran de un pub que se llamaba Guión, donde se ubicó el primer Pacha Sitges de Ricardo Urgell. En ese momento es cuando me planteo dedicarme a la música.

IGOR MARIJUAN: Nací en Bilbao en 1973, y en el 75 mis padres se mudaron a Estepona [Málaga]. Allí me pasé los primeros veinte años de mi vida, en un pueblecito de pescadores donde solo había una emisora de radio y encima no se sintonizaba muy bien. En mi casa no ha habido mucha cultura musical. A mi madre le gustaba Luis Cobos, con eso te lo digo todo. Mi relación con la música empezó por mi hermano mayor. Después de que mis padres compraran un disco de Boney M e investigase un poco por mi cuenta, llegué a Imagination.

Vengo de la cultura del *Max Mix* y del «*rec-pause*»: grabar cintas y rebobinarlas con el boli *bic*. En la adolescencia tiré más hacia el punk, de cabreo. Sobre todo rock radical vasco, pero no porque naciese en Bilbao. De ahí pasé a la música industrial con Einstürzende Neubaten, y a Bauhaus y Joy Division.

DAVID MORENO: Pacha Sitges era increíble. En la calle Dos de Mayo había un montón de garitos con DJs de una creatividad brutal. Había un DJ que me fascinaba, que pinchaba en La Atlántida, la discoteca de Martín Ferrer. Estaba en una calita y era increíble, un sueño de discoteca. Ahí es donde empecé a escuchar acid house de la época mezclado con otras cosas. Había mucha mezcla de estilos, no era solo música de baile; desde James Brown hasta acid house o Los Ilegales. Había mucha creatividad, pero no se mezclaba tanto, sino que se pinchaba más «al corte» —ahora pongo esto, ahora pongo lo otro—. Creo que Sitges gestionó mal su industria del ocio nocturno y que en parte por eso aparece Ibiza y abren allí el KU.

ANNA TUR: Nací en Ibiza en 1983, en Dalt Vila, en lo que ahora es el recinto de la Policía Nacional. Era el único hospital que había en la isla porque todavía no existía el hospital Can Misses. La mía es una familia ibicenca trabajadora, tanto por parte de padre como de madre, con una pasión en común: la radio. Me he criado en la isla, siempre en contacto con la naturaleza y el campo. Mis abuelos paternos eran campesinos, tenían una casa payesa en Santa Gertrudis, y mis abuelos maternos vivían en Dalt Vila y se dedicaban a la hostelería. Siempre hemos tenido esa dualidad entre lo *pagés* y lo urbano. Soy 50/50. En casa se escuchaba mucha música de los ochenta. Recuerdo que me encantaba el «Boys, boys, boys» de Sabrina, que fue una de las primeras canciones que me hizo bailar en el salón. De hecho, me tienen grabada por ahí bailando esta canción... La ponía una y otra vez.

VALENTÍN HUEDO: Nací el 8 de marzo de 1984 en Ibiza, en Sant Jordi, a unos quinientos metros del DC-10 y a un kilómetro de Las Salinas, y allí he vivido siempre. La mía es una familia trabajadora de carpinteros, y nuestra carpintería sigue funcionando desde que abrió en 1977. Somos cinco hermanos y yo soy el pequeño. Recuerdo estar en Las Salinas con mis amigos de la infancia y ver pasar a todo tipo de gente extravagante camino a Sa Trinxa, bailando y pasándolo bien. Al salir de la playa, nos parábamos en la puerta del DC-10 a ver cómo la gente salía y entraba. Para nosotros, aquello era un espectáculo. Ni siquiera prestaba atención a la música, pero mientras pasaba los días de verano con amigos, eso me iba calando. Desde adolescente he mamado la cultura de club en Ibiza, y especialmente la Balearic. Con trece años me escapaba de la escuela para poner los discos de vinilo de mi hermano mientras él trabajaba... Supongo que con ese interés desde tan joven nunca habría podido ser carpintero.

ANNA TUR: Con los amigos íbamos a las galas juveniles de Pacha, que nos ayudó a muchos jóvenes a descubrir lo que era la cultura de club. Eran los sábados por la tarde, de cinco a doce de la noche. Pinchaban Juanma Fuentes, Sebastián Gamboa y artistas que todavía están en activo. Yo flipaba. Íbamos todos los chavales de la isla. Creo que la edad permitida para entrar era entre los dieciséis y los dieciocho años, y no se consumía alcohol, estaba prohibido. Nos pasábamos allí horas de maravillosa fiesta sin una gota de alcohol y bailábamos igual.

DAVID MORENO: Desde pequeño, siempre me gustaron mucho los *walkies-talkies*, los micrófonos y estar de cara al público, aunque realmente soy más tímido de lo que parece. Una vez fui a un estudio de radio de una emisora municipal en Sant Pere de Ribes y me volví loco: el olor a vinilo y el corcho de las paredes, los micrófonos y el control técnico... Con catorce años empecé en la emisora municipal de un pueblecito muy pequeño, Cubelles, y al poco tiempo ya empecé en Radio Sitges, donde estuve del 85 al 87. Ese es el momento en el que definitivamente quiero dedicarme al mundo de la radio y de la música. La radio era una forma de expresarse, y yo quería expresarme y sentir, y la música era una manera de conectar con la gente. Además, tenía buen oído para seleccionarla. En el 88 hice el servicio militar, regresé en el 89 y me vine directamente a Ibiza.

IGOR MARIJUAN: Terminé de estudiar y me fui a hacer la mili. Luego empecé en Antena 3 de técnico, archivando discos... Teníamos un archivo increíble y por las noches me quedaba escuchando de todo. Luego seguí en los informativos de Antena 3, en la unidad móvil, cubriendo ruedas de prensa, debates... Antena 3 fue absorbida por Cadena SER y de ahí pasé a dirigir Radio Estepona, que era propiedad de [Jesús] Gil, siendo un crío. Hacía un magazine por la mañana, y a mediados de los noventa empecé un programa que se llamaba *Frecuencia alternativa*, donde ponía la música que me daba la gana. Empezó siendo muy guitarrero y acabé invitando a Cristian Varela a pinchar, cuando ya era un programa de música de baile. De ahí me fui a vivir a Madrid durante un año, a trabajar en una agencia de modelos, y volví a Málaga como coordinador de Cadena 100 Málaga.

DAVID MORENO: Hice una entrevista en Barcelona y me contrataron en la cadena COPE para hacer radiofórmula en pruebas. Estuve allí seis meses y luego fiché por Los 40 Principales. Tenía veintidós años y me lo pasaba genial, pero la radiofórmula era muy pesada; tener que poner siempre los mismos temas... Estuve quince años yendo de Los 40 a la COPE y de la COPE a Los 40.

ANNA TUR: Mi padre [Juan Tur] estuvo dirigiendo la COPE y Cadena 100 durante casi treinta años. A principios de los noventa, cuando yo tendría unos diez años, mi padre optó por desconectar Cadena 100 de la emisión en cadena y hacer formatos de programa de club por las tardes. Aquello inicialmente fue un acto de rebeldía, porque era una programación intocable donde había un magazine con un locutor nacional. Pero Ibiza era un mercado distinto, y programar determinados sonidos para cierto tipo de público tenía un potencial económico. Ahí nació *Ibiza Dance*, en Cadena 100, con David Moreno y con mi padre. Eran dos horas de radio de música electrónica que facturaban lo mismo que las veintidós horas restantes de radio convencional. Según el Estudio General de Medios, la audiencia en Cadena 100 creció muchísimo por las tardes. Se empezaba a sentir ese pálpito de que algo estaba naciendo, de que algo se estaba gestando en la isla; un movimiento, un nuevo estilo de vida. La música electrónica empezaba a tener su espacio propio. De hecho, años más tarde, alrededor del 2000, llevaron ese programa a nivel nacional y se le dio la vuelta a la tortilla.

DAVID MORENO: Cuando llegué a la isla en el 89, la radio ya tenía un carácter diferente, pero no había muchos programas de música electrónica. Había uno que se llamaba *Musical Mediterráneo*, que lo hacía Juan Antonio Fuentes. Del 89 al 90 vi un adhesivo que ponía «Space, Ibiza dance», y pensé, «mira "Ibiza Dance"; podría hacer un programa con este nombre». Me fui a Disco Gallery y luego a Delta Discos, que me dejaban la música para poner en la radio, y así luego la vendían. Empecé el programa por mera diversión. Cuando empecé, no sabía ni mezclar; pinchaba los discos uno detrás de otro, que esto siempre me lo criticaban mucho. Además, todavía no había mesas de mezclas ni [platos] Technics. Tampoco había preescucha; era todo un mundo poder hacerlo. Poco a poco, empecé a mezclar.

ANNA TUR: Cuando salía de la escuela a las cinco de la tarde, me iba a clase de inglés y, cuando acababa, me iba a la radio y esperaba a que mis padres salieran de la oficina, porque los dos trabajaban juntos. Entonces, empecé a ver ese movimiento de DJs en el estudio: Erick Morillo y DJ Sneak fueron los primeros artistas que vi en vivo. Me quedé totalmente asombrada con esa energía, ese *vibe* y ese sonido que no conocía. DJ Sneak me impresionó muchísimo, con esa planta...

DAVID MORENO: Toda esa música y esos artistas que poníamos en la radio deriva en una escena electrónica muy seria, donde la gente opina sobre la música, quiere nuevos *tracks*, quiere buenos DJs, y todo eso empieza a crecer. José Pascual de DJ Awards me dijo que a finales de los noventa vendía cintas de mi programa *Ibiza Dance* en Miami.

LENNY IBIZARRE: Con José Pascual creamos los DJ Awards. Antes, hicimos un programa de televisión para Televisa llamado *Adrenaline Dance Newtork* (ADN), donde emitíamos *sets* de DJs en directo desde todo el mundo, con público, todo legal. Cuando murió el propietario de la cadena, la familia empezó a pelearse por quién heredaba el canal satelital de Televisa y acabaron por cerrarlo. Ahí nos quedamos, José y yo, que llevábamos en esto un año y medio juntos, y los dos en plan, «¿y ahora qué hacemos? ¿Por qué no montamos unos premios de DJs?». Creímos que era algo natural de hacer. Toda industria, llegado a cierto nivel, necesita celebrar un evento de premios. No son unas olimpiadas ni se trata de determinar quién es el mejor; se trata tan solo de celebrar que formamos parte de una industria. Pero Ibiza es un lugar muy particular. Nunca reconocerá la escena del drum and bass o la vanguardia de Berlín, a menos que esas tendencias vengan a Ibiza. Así que no son los World DJ Awards, sino los Ibiza DJ Awards.

IGOR MARIJUAN: Iba mucho a la Costa del Sol de fiesta, donde había una pequeña escena house liderada por Satisfaction, el colectivo de música que derivó en el House Club Collective. Hacían fiestas en los Caños [de Meca], Marbella, Málaga, Almería... en sitios especiales. Ahí empecé a pinchar con un colega; pinchaba lo que pillaba de finales de los noventa, como los recopilatorios de *Dance de Lux*[144], por ejemplo... Hasta que, como coordinador de Cadena 100 Málaga, surge la oportunidad de pinchar y me tengo que poner las pilas.

ANNA TUR: Cuando empezó este movimiento más popular del *clubbing* a finales de los noventa, en Ibiza había una crisis importante.

144. *Dance de Lux* fue una publicación anual de música electrónica y cultura de club editada por la extinta revista musical *Rockdelux*, entre 1996 y 2005. Se publicaba durante el mes de junio, coincidiendo con la celebración del festival Sónar, y cada ejemplar iba acompañado de un CD recopilatorio.

Recuerdo a padres de amigos del colegio que estaban pasando momentos difíciles; la isla en general lo estaba pasando mal. El ibicenco empezó a recibir con los brazos abiertos a toda esta comunidad que venía de fuera, como en los sesenta, cuando vinieron los hippies. Con la música electrónica, se repitió el fenómeno. Ese resurgir de la isla, tan vinculado a la música electrónica, hizo que todo el mundo lo viera como una oportunidad: oportunidad de generar negocio con el turismo, de recibir gente y poder ofrecer nuestra gastronomía, nuestra hostelería y nuestros servicios. La isla en ese momento tampoco estaba preparada como lo está ahora. Más que como ahora, como lo estaba hace diez años, que es cuando creo que había un equilibrio más o menos sostenible donde todos podíamos convivir y respetarnos. Entonces, había espacio para todo el mundo.

VALENTÍN HUEDO: Mi primera vez en un club de Ibiza fue con quince años, en 1999, en la terraza de Space. Pinchaba Erick Morillo, y al poco de entrar, sonó el «Love Is in the Air» de John Paul Young. Recuerdo que todo el mundo cantó el estribillo con las manos en alto. El ambiente era de pura felicidad. Todos interactuaban entre ellos, a plena luz del día, mientras los aviones pasaban tan cerca que casi anulaban el sonido de la música. En la sala interior pinchaba Reche, y su música, junto con la oscuridad de la sala, me hizo entrar en un viaje más introspectivo; dos sensaciones muy diferentes en un mismo lugar y momento, lo que puede ser un buen resumen de lo que significa vivir aquí. Para mí, en aquel momento aquello era como unos carnavales donde todo el mundo se divertía y jugaba como un niño. Recuerdo ver una y otra vez los vídeos del festival que MTV hizo en la cantera de San Antonio, donde pincharon Seb Fontaine, Paul Van Dyk, David Morales...

ANNA TUR: Se empezaron a hacer eventos musicales importantes en Ibiza. Cuando era pequeña, recuerdo el festival que hizo la MTV en la Pedrera de San Antonio, con unas actuaciones brutales. Me llevaron mis padres. Mi padre estaba directa o indirectamente vinculado a la organización, a través de la radio. Yo no me lo podía creer, no podía creer lo que veía, era algo espectacular. Me di cuenta de que vivía en un lugar privilegiado cuando fui a la universidad y me preguntaban que de dónde era... «¿De Ibiza?, ¡Uau! ¿Conoces a tal DJ? ¿y a tal otro?», me decían. He nacido en un lugar adonde la gente quiere ir todo el tiempo.

VALENTÍN HUEDO: Recuerdo las imágenes de Manumission que emitieron en TVE y la sensación de alarma por el «sexo explicito» que allí había, según decían...

ANNA TUR: Con dieciocho años cumplidos fui a todos los clubs para conocer y descubrir qué pasaba. Tuve la suerte de poder ir a una fiesta de Manumission. Decían que era una fiesta porno: «Vamos a Manumission, al Privilege, que hay una fiesta porno que se ponen en bolas y follan en el escenario», pero realmente todo era un show, un espectáculo. Manumission era un estilo de vida de un grupo de gente: «Vamos a ser todos libres, con respeto, y que cada uno haga lo que le dé la gana». A la gente aquello le gustaba. Muchos ibicencos iban a verlo.

IGOR MARIJUAN: Vine a Ibiza en el 2001 a trabajar en una productora de televisión que nunca llegó a nada. A los quince días de llegar, a principios de junio, estaba en una fiesta y aparece una inglesa borracha con una copa de vino —creo que era Kim Booth[145]—, que me dice, «por favor, necesito que me lleves ahí enfrente». Señalaba un hotel al otro lado de la bahía, donde Cadena 100 estaba haciendo un programa en directo con Ministry of Sound. Quería que fuera a recoger al DJ invitado, que era Ralph Lawson. Imagínate, yo me había hecho DJ gra-

145. La británica Kim Booth lleva casi dos décadas vinculada a la industria de la cultura de club. Fue directora durante trece años de Rebel Butterfly, agencia de relaciones públicas que representaba a artistas como Carl Craig, Josh Wink, Danny Daze, Ellen Allien, Jamie Jones, Laurent Garnier, Cocoon o Adam Beyer. Tras vincularse profundamente al mundo del yoga, arrancó en 2015 *Cosmic Pineapple*, una web de «consciencia cósmica» pensada para el entorno de la música de baile. En 2016, *Cosmic Pineapple* se transformó en una serie de eventos en el Pikes Ibiza, con un festival de doce horas que combina acciones de yoga durante el día y una fiesta por la noche, con artistas invitados.

cias a una sesión de Ralph Lawson, *Live in Moscow*, y de repente tenía que llevarlo con mi Seat Ibiza recién comprado junto con una inglesa borracha. Cuando llegué al hotel, todo el mundo estaba esperando a Ralph Lawson y la locutora dice, «¡Igor, mi salvador!». Así que me presenta y entro en antena en ese momento, diciendo, «¡Hola! Pues, sí, vengo de Cadena 100 Málaga y acabo de llegar a Ibiza». Y en ese momento me estaba escuchando Juan Tur, que me dice, «¿cómo que vienes de Cadena 100 Málaga? Pues vente a los estudios de Cadena 100 de Ibiza». Y ahí es cuando vi los platos: «¡¿Cómo!? ¿Aquí tenéis platos y yo poniendo a los Mojinos Escocíos en Málaga, que cuando intento poner algo de house me cortan la cabeza?».

ANDY WILSON: Conocí a Igor y a Miguel [Valverde] cuando se unieron al equipo de Cadena 100. Yo tenía un programa allí. Cogí un programa en inglés y lo rebauticé *Balearia*. Como a los dos les encantaba la música electrónica, hicimos buenas migas.

MIGUEL VALVERDE: Trabajaba de comercial para Cadena 100 vendiendo los típicos productos: cuñas, jamones... Hacíamos la típica radio. Entonces, cuando Igor empezó a hacer el programa —que al principio era de una hora pero que luego ampliamos a dos horas—, me iba a Space y a Amnesia y les decía, «tenemos un programa donde ponemos música electrónica...», y lo empezamos a vender. Enseguida empezamos a ver que había un gran mercado de discotecas, clubes y pubs.

ANNA TUR: Con dieciocho años me fui un domingo a Space. Era de día, serían las cinco de la tarde, y allí estaba bailando en la terraza con una buena amiga . Me puse a bailar con un tío que bailaba superbien —lo típico que te pones a bailar con alguien que no conoces— y de repente el tío me coge los mofletes, así, con ternura [lo escenifica] y me da un pico y sigue bailando. Era Jamiroquai, que estaba ahí como si fuera un turista más. Yo he visto a Naomi Campbell en Space y nadie le decía nada, se pedía una botella de cava y se la bebía ahí en medio...

IGOR MARIJUAN: Aquí hacían lo que les daba la gana. En Cadena 100 de Ibiza tenían una hora de radio que era *Ibiza Dance*, el programa de David Moreno, que llevaba un montón de años. El de David era un programa más techno y les propuse hacer un programita más house. Era el momento de máximo apogeo de los recopilatorios de Hed Kandi... El programa se llamaba *Club House*, y se emitía una hora después del de David, que siempre se alargaba y me quitaba parte de mi hora [risas]. Me traía al programa a Pippi, Jaba, Iñaky García, Reche, Oliver, Sebastián Gamboa, Joan Ribas, Rubik's Cube (el cura), José de Divina... En ese momento se emitía pensando en los chavales que flipaban con Reche o los que estaban descubriendo la música electrónica a través de él. Entonces, Juan Tur ya empezaba sus escarceos con los ingleses: vendió un programa a Ministry of Sound y a Xtravaganza, con Alex Gold[146], y empezaron a anunciarse con cuñas. Pero, en general, los ingleses vinieron completamente a su bola y no contrataban publicidad ni hacían nada. Los promotores tenían su público inglés y hacían la promo en Inglaterra.

IGOR MARIJUAN: Contactamos con Space, y Lynn Cosgrave nos traía a Carl Cox a pinchar. Venía todas las semanas y se hacía unas sesiones espectaculares. Venían todos los grandes: Louie Vega, Sven Väth... Ahí fue cuando vimos que con dos horas se nos quedaba corto el programa. Yo ya había ampliado a dos horas mi programa *Club House*, que luego se convertiría en *Club Ibiza*. Ahí nació la idea de montar una radio de 24 horas de emisión diaria.

ANNA TUR: Pasaron cinco o seis años entre lo que era la radio convencional fusionada por las tardes con música electrónica y la creación de Ibiza Global Radio. A mi padre le gustaba la música y salía de parranda con David Moreno. Era un habitual de Amnesia, Pacha y

146. Xtravaganza es un sello discográfico fundado por Alex Gold en 1996 que dio a conocer a artistas como Chicane o Armin Van Buuren, que acabarían siendo superventas, y que desembarcó en Privilege como fiesta en 1999. Desde entonces realizó eventos regularmente en la isla hasta 2002, cuando su presencia pasaría a ser intermitente hasta finales de la primera década del 2000.

Privilege, y estaba muy relacionado con los artistas y los dueños de las discotecas. Mi padre preguntó a Roselló, a Echániz y a los demás discotequeros si le apoyarían si lanzaba un formato de 24 horas de este sonido y recibió el apoyo de todos. Ahí fue cuando nació Ibiza Global Radio.

DAVID MORENO: Estuve muchos años solo en el mundillo de la radio, sin mucha competencia. Algo había, pero yo era más cañero, más loco. Y entonces aparecieron Igor y Miguel, que empezaban con el proyecto de Ibiza Global Radio.

ANDY WILSON: Había un montón de cadenas en el dial, pero nada para los *clubbers*, excepto *Ibiza Dance*, con David Moreno, *Club Ibiza* con Igor y yo con *Balearia*. Y entonces arrancamos Ibiza Global Radio. La idea era simple: disponer de una cadena de radio que girara en torno a la música, especialmente la música de club y la Balearic, en la capital mundial del *clubbing* y de la música Balearic.

IGOR MARIJUAN: Tenía varios proyectos en la cabeza para hacer otro tipo de radio diferente. Intentábamos dar una vueltecita a todo lo que hacíamos, y con Miguel [Valverde] empezamos con historias raras, concursos... y se vendían. Hubo clientes que entraron, y eso ayudó a que nuestros directores quisieran apostar por estas nuevas fórmulas. Nos dimos cuenta de que hay dos tipos de oyentes: el ibicenco, que quiere seguir oyendo el Top 21 y que quiere seguir con los concursos, y los que salen más de fiesta, que es un público diferente, que escucha música electrónica. Ya había muchos ingleses que nos escuchaban, porque las radios de los coches de alquiler sintonizaban Cadena 100 y sabían que por las tardes se emitía música de baile. Ahí es cuando surge la idea de la radio 24 horas. Estuvimos persiguiendo todo el tiempo a Juan [Tur], hasta que nos dijo, «¡aquí la tenéis!, ¡haced lo que queráis!».

ANNA TUR: Cuando nació Ibiza Global Radio como medio de música electrónica, era un medio de vanguardia, una radio temática vinculada a un sector muy determinado que solo genera negocio entre cuatro y seis meses al año.

IGOR MARIJUAN: Ahí fue cuando Miguel —que estaba muy quemado de hacer cuñas— vio que había negocio con la venta de programas de radio en directo. Pensó: «Vamos a dejar de poner canciones y que sea todo sesiones de DJs». Y así nació Ibiza Global Radio, «La otra fórmula». En los primeros *jingles*, para promocionar la radio, se escuchaba el motor de un coche y el logotipo era una bandera de Fórmula 1.

ANNA TUR: El primer directo que hicimos en una discoteca fúe en Space, hace quince años, los años que tiene Ibiza Global Radio. Lo hicimos con una RDSI y nos costó una pasta: solo el precio del coste de la llamada telefónica fue de unos dos mil euros. Una emisión de doce horas de principio a fin del Flight Club Area[147].

IGOR MARIJUAN: Ibiza Global Radio se creó sin cuñas. Nuestro lema era: «Ni cuñas ni canciones». Solo DJs y sesiones en directo, en el estudio o grabadas. En ese momento eso no existía, nadie lo había hecho antes, o al menos no sabíamos de nadie que lo hubiera hecho.

MIGUEL VALVERDE: La isla se moría por la música electrónica. Había mucha escena, pero ningún medio que la representara. Solo existían esas dos horitas de la tarde en Cadena 100. Luego empezamos a emitir por internet.

IGOR MARIJUAN: Por entonces no había radios online y no teníamos intención de serlo. Pensamos que nadie nos iba a escuchar, porque era algo totalmente local.

147. En el *opening* y el *closing* de Space de cada temporada, se montaba el Flight Club Area, un escenario gigante al aire libre en su zona de parking donde programaban a los cabezas de cartel.

MIGUEL VALVERDE: También nos apoyaron al principio Juan de Delta discos, que era amigo nuestro y de Juan Tur, y M15[148], que nos dieron tacos de CDs de sesiones.

IGOR MARIJUAN: Eran sesiones de Café del Mar y de todo lo que iba llegando. Ahí nos hicimos con mucho contenido, y luego ya lo ampliamos con nuestras propias grabaciones.

MIGUEL VALVERDE: De repente entra Ibiza Global Radio las 24 horas del día y todo el puto mundo se puso a escucharla. Además, hicimos varias acciones muy guapas que nos promocionaron un montón: pusimos música en el mercadillo de San Jordi. Y explotó. Ahora ya no necesitabas poner música en el coche... Fue todo muy rápido.

IGOR MARIJUAN: Los promotores que venían a Ibiza conocían Global y ya nos traían a Carl Cox o a Sven Väth al estudio.

DAVID MORENO: La radio es superimportante. Rampling y compañía se han nutrido mucho de la radio. Hacer un show diario en una radio y estar expuesto te permite que te escuchen, y eso siempre te va a ayudar a estar en el ajo.

DANNY RAMPLING: Aquí la música suena diferente. Hay algo en la energía de Ibiza que hace que un mismo *track* escuchado en Londres y aquí suene diferente. Ya sea en [Ibiza] Global Radio o cualquier cosa que pongan en Ibiza Sonica... suena muy diferente aquí que en Londres.

IGOR MARIJUAN: La música que se ponía durante el día en Ibiza Global Radio era relativamente chill out, que es lo que era el rollazo de Ibiza. Sonaba a Ibiza. Dani Peñacoba hacía *La captura del sonido* y José María

148. Discos M15, propiedad de Gianfranco Galusi, ubicada en Dalt Vila, es la única tienda de discos que permanece abierta en Ibiza, tras el cierre de Tot Music —de Jorge Trelis— y de la legendaria Delta Records, de los Tur, reconvertida en tienda de souvenirs.

Ramón hacía un programa que se llamaba *Melodías para tu sofá*, que todavía sigue a día de hoy. Era el que aportaba la parte más *lounge*. De hecho, la *lounge music* la pusimos de moda nosotros. Nos llamaban sellos de Viena y sellos alemanes que flipaban que estuviéramos poniendo su música en la radio. Eso no sonaba en ninguna otra emisora. También teníamos programas de reggae, y había programas del rollo Balearic. Como eran 24 horas, empezamos a investigar un poco más, e incluimos más géneros, como el funk de Jalapeño Records. La programación era variadita. Y dentro del house también había variedad, incluyendo hitazos del verano, con gente como DJ Ino, Deep Josh, Solar Sides y los invitados de las promotoras, que venían a partir de las siete de la tarde. El resto del día estábamos nosotros y no sonaba nada de house. Por la noche era más techno.

MIGUEL VALVERDE: El crecimiento en internet también fue muy rápido. A nivel internacional, la música electrónica en Ibiza era un referente.

IGOR MARIJUAN: Y se posicionó muy bien en Google. Al principio no éramos conscientes del éxito en internet y de la internacionalización de la emisora. No fuimos conscientes hasta muchísimo más tarde. Hablábamos de cosas que pasaban en Ibiza todo el año sin tener en cuenta que nuestros oyentes no hablaban español y pensaban: «¡Cállate, no te entiendo! ¿Qué más me da si en tal sitio se come muy buen *bullit de peix*?». El complejo de radio local nos lo quitamos muy tarde.

MIGUEL VALVERDE: Hay un momento en el que Global crece y los dueños quieren hacerse fuertes; sienten que estamos ocupando un lugar que no nos corresponde.

IGOR MARIJUAN: Supongo que pensarían, «no quieren entrar en la empresa como socios, quieren ser empleados, ¡pero hacen lo que les da la gana!».

MIGUEL VALVERDE: En plan: «relajaos, que el producto es nuestro. ¿Cómo que no se venden cuñas? ¡Se van a vender cuñas porque lo digo yo! Y ahora más, porque la radio se está conociendo y todo el mundo reclama cuñas. Dejaos de tonterías, que aquí hemos venido a ganar dinero».

ANNA TUR: En aquel momento el formato exclusivo de publicidad era la cuña de radio. Hoy en día, con las redes sociales e internet, hay diferentes vías para generar formatos de publicidad.

MIGUEL VALVERDE: Pero nosotros teníamos claro que no queríamos volver a la fórmula antigua. No queríamos cuñas.

IGOR MARIJUAN: Entonces, amenazamos con montarnos el chiringuito por nuestra cuenta. Y así fue. Recibimos el apoyo de Juan Tur, aunque él seguía formando parte de Ibiza Global Radio. Juan Tur es mi papá ibicenco. Me dio la oportunidad en Cadena 100, le dio la oportunidad a Miguel, creamos juntos Ibiza Global Radio y nos ayudó a montar Ibiza Sonica.

GREGO O'HALLORAN: La primera vez que vine a Ibiza fue en 1999. Fue la suerte lo que me trajo aquí, más que cualquier otra cosa. A los diecisiete años, acabé en unas vacaciones de última hora con un grupo de amigos. Ibiza me cambió la vida, y eso fue hace ya veinte años. El verano siguiente ya vine a trabajar. Mi primer curro fue inflando globos en una *pre-party* de Manumission. Luego, hice de todo: trabajé en bares, vendí entradas, hice de fotógrafo... Trabajaba en Cream y en Clockwork Orange haciendo de todo: repartiendo *flyers*, colgando carteles. Así que mi bagaje se nutre de promocionar eventos desde muy joven.

GEORGE EVELYN: Cuando me instalé aquí, no había radios alternativas. Solo Ibiza Global Radio. [Ibiza] Sonica hizo que me percatara de que pasaban pocas cosas, y muy poco variadas.

IGOR MARIJUAN: Montamos Ibiza Sonica con la ayuda de todos los DJs y productores que habíamos conocido en la etapa de Global, que cada vez eran más y no tenían la difusión que merecían, como Lenny Ibizarre y otros tantos. Nos dimos cuenta de que había un nicho importante de gente que había venido a vivir aquí. Incluso ibicencos que lo estaban haciendo muy bien y que empezaban a crear sus propios sellos, como Ernesto Altés[149].

VALENTÍN HUEDO: En 2005 me recorrí todo el *sunset strip* de San Antonio dejando CDs para que me dejaran pinchar. En el Sunset Bar, el encargado me dijo que en Café del Mar estaban buscando DJs, y allí me fui. Al día siguiente me hicieron una prueba y me cogieron. Me pasé todo el verano de 2005 pinchando siete días a la semana, de abril a octubre, y mi horario era de cuatro a seis de la tarde, lo que significa que ¡no había nadie! Alrededor de septiembre, Bruno, el residente de entonces, faltó un día y tuve la oportunidad de pinchar para la puesta de sol, donde miles de personas esperaban escuchar la canción correcta para despedirse de otro día. Estaba nervioso y emocionado, y seleccioné una canción de Ennio Morricone que aparece en la banda sonora de *Kill Bill*, cuando Uma Thurman lucha por salir de la tumba. El *timing* fue perfecto, de tal modo que la última nota de esta obra maestra terminó en el momento en que el último rayo de luz desaparecía en la bahía de San Antonio. Tras dos segundos de un silencio abrumador, llegó el mayor aplauso que he escuchado en Café del Mar. Ramón Guiral vino y me dijo, «chaval, ya eres oficialmente DJ residente de Café del Mar». Allí me pasé los siguientes diez años de mi vida.

GEORGE EVELYN: Una de las primeras personas que conocí en Ibiza fue a Igor, de Ibiza Sonica. Me contó una historia increíble de cómo llegó al mundo de la radio. «No me puedo creer que estés viviendo aquí», me dijo. «¿Quieres venir a hacer un programa en la radio?» Y yo, en plan,

149. Ernesto Altés fundaría a mediados de la primera década del 2000 dos sellos de marcado carácter ibicenco: Extremely House Music, con producciones del propio Ernesto Altés o de los también ibicencos Sendos Fuera y Valentín Huedo; y S'Hort Records, fundado en 2005 junto con Guillermo Morro, firmando a artistas como Javier Ferrer, Tigerskin o Pablo Bolívar. Altés conduce el programa *Miscelánea* en Ibiza Sonica, donde aborda diferentes estilos de música electrónica.

«¿en serio? ¡Claro!». Y así empezamos *Wax Da Box*. De este modo, se cerró el círculo porque, básicamente, ya había hecho radio pirata. Me devolvió a cuando tenía quince años y empecé en esto. Me asaltaron recuerdos de cosas que había hecho y de por qué me enamoré de lo que hago. De pronto, estaba haciendo un programa semanal.

GREGO O'HALLORAN: Cuando volví a la isla, fue como periodista[150] *freelance*. No tengo formación específica al respecto, pero tengo un grado, escribo bien y me apasionaba. Me di cuenta de que nadie estaba escribiendo sobre Ibiza. Había gente de fuera, como *DJ Mag* o *Mixmag*, que venían, hacían su reportaje y se iban, pero no había nadie que realmente estuviera contando lo que pasaba aquí. *Ibiza Spotlight*[151] lo hacía un poco, e *Ibiza Voice*, así que me puse en contacto con Samuel Guetta[152] de *Ibiza Voice*, que me ofreció trabajar para ellos. También empecé de *freelance* con *Resident Advisor, Mixmag* y *DJ Mag*. Escribía para prácticamente todo el mundo como especialista en Ibiza. Hacía reportajes de fiestas y entrevistaba a los artistas que pasaban por aquí, y también resúmenes de la temporada. Acabé siendo el periodista de referencia de Ibiza. En un momento dado, trabajaba para tanta gente que tuve que firmar con seudónimos [risas].

VALENTÍN HUEDO: Conocí a Padilla en los estudios de Ibiza Sonica. Ambos teníamos un programa allí. ¡No tuve el valor de decirle que yo estaba pinchando en Café del Mar! Él era, y sigue siendo, un ídolo para mí. Escuchaba sus sesiones de radio en mi casa y las grababa en casetes. Su música me llevó al siguiente nivel, especialmente cuando

150. En castellano, en la entrevista original.

151. Veterana guía de ocio y turismo de Ibiza que incluye un detallado calendario del *clubbing* local, noticias y reseñas. Su versión en papel se remonta a 1976 y la versión online se puso en marcha en 1999 y es una de las guías digitales de Ibiza más visitadas.

152. El francés Samuel Guetta —primo del DJ y productor David Guetta— fue director desde 2008 del sello discográfico Cadenza, fundado por Luciano junto con Quenum en 2003, y que actualmente dirige el chileno en solitario. Tras montar una agencia de DJs y trabajar en publicidad en París, Guetta se instaló en Ibiza en 1997, donde creó su agencia de *booking* y la web musical especializada *Ibiza Voice*. El pasado 2012 fue hallado sin vida en su casa de la isla sin que trascendieran las causas de su muerte.

pinchaba house etéreo con un toque trance. Poco a poco nos fuimos haciendo amigos. Me ha regalado mucha música que pinchaba en su momento en el Café del Mar, música que guardo como oro en paño. De Padilla aprendí cómo se construye una puesta de sol. En el momento en que se acerca la puesta tienes que poder crear tensión, que la gente perciba con la música que va a ocurrir algo... Las bandas sonoras funcionan muy bien en este sentido. En el momento de la puesta de sol tienes que seleccionar una canción que te ponga los pelos de punta, que te haga sentir intensamente: esas canciones donde el tiempo se para y te quedas a solas con la música. Y tras la puesta del sol, hay que mantener el clímax, como después de follar: ese «aaaaah, qué bien...». En Ibiza Sonica lo que se hacía era ponerle banda sonora al día y a la noche de Ibiza. Todo eso tiene que ver con la luz del día, con la posición del sol. Era un *sunset* de 24 horas.

DAVID MORENO: El hecho de que la competencia llegara a la radio generó más calidad. Mucha gente que llegaba a Ibiza lo primero que hacía era poner la radio. Justo ahí es cuando arranca la radio a través de internet. La gente empieza a escuchar la radio cuando llega a su casa, para crear cierto estado de ánimo... Ponen la radio y están en Ibiza. Y encima alguien te está diciendo, «¡qué guay la puesta de sol!» o «¡qué buen rollo la fiesta de ayer!». Y la gente a la que le mola mucho Ibiza puede seguir de alguna forma vinculada a la isla. Quieres vivir esa experiencia, quieres estar ahí. Eso empieza a crear una audiencia de la hostia, como no la hay en ningún otro lugar. Y esto es lo que no se puede perder. La gente quiere llegar a Ibiza y sentir que está en Ibiza, así que, cuando llegan al aeropuerto o en el barco, ponen la radio y están en Ibiza.

IGOR MARIJUAN: Ibiza Global dejó de crecer. Se hizo más comercial y pusieron música de baile casi todo el día. Nosotros seguimos con nuestros programas más independientes. Eli Rojas haciendo urban, rollito reggae, y Nightmares on Wax con hip hop, conservando esa esencia de música más Balearic.

GEORGE EVELYN: Actualmente hay mucha variedad en Ibiza, si la buscas. Si piensas en todas aquellas *beach parties* de Sonica que hicimos juntos, y las cosas que hicieron con otra gente, que llevaron por toda la isla... Pusieron los cimientos de un montón de cosas. Jugaron un papel importante. Creo que Sonica ha sido muy importante. Lo entendí cuando, dondequiera que viajaba, la gente me contaba cómo la radio les arrojaba un rayo de luz del sol. Mucha gente no ha estado nunca en Ibiza, pero ha soñado con ir allí algún día, y todo gracias a Sonica.

IGOR MARIJUAN: Nos metimos a saco con el tema de las retransmisiones. Fue algo increíble —eso fue tarea de Miguel—: contarle al mundo lo que estaba pasando en Ibiza.

ANDY WILSON: Creo que los momentos cumbre eran las retransmisiones en directo, especialmente las aperturas y cierres de Space, y las fiestas We Love Sundays. Nadie más emitía en directo desde los clubs, a excepción de BBC Radio 1 Weekend, en agosto. Cuando empezamos, era todo un reto a nivel técnico, pero a medida que la tecnología fue mejorando, pudimos hacer directos desde casi cualquier parte, incluso desde barcos. Mis programas favoritos fueron las Kitchen Sessions que hicimos desde la cocina en la villa de Carl Cox —un sitio que, por cierto, es propiedad de Pepe Roselló—. Allí montábamos el equipo en la enorme mesa del comedor por la tarde, mientras el cocinero preparaba la comida y los invitados de Carl Cox se sentaban a poner música de su colección particular y a charlar de ella en directo por la radio. Laurent Garnier era graciosísimo. También pincharon Gilles Peterson, Bushwacka, y Carl, por supuesto.

PEPE ROSELLÓ: Pasó una cosa muy bonita con Carl: tengo una casa en el campo, una casa muy tranquila, muy bonita, muy equilibrada... La segunda vez que actuó en Space, en lugar de llevarlo al hotel, lo invité a mi casa. Vino con su gente y, desde entonces, cuando está aquí, vive allí. Lleva doce o trece años [desde 2006] pasando allí todo el verano. Yo la llamo «la casa de los artistas». Allí se respira paz, serenidad. Una paz que tiene que acompañar la vida de alguien que por la noche está sumido en el ajetreo y que después viene a casa y ¡pam!, se instala en la paz, en la serenidad. Es como si hubiera nacido en esta familia, ¿comprendes? A veces me llamaba «papá», que aunque no tengamos el mismo color de piel, puedo decir que para mí es familia. Es familia.

CARL COX: Cuando fui residente aquí, vivía en la finca de Pepe. Me movía mucho, por todos lados. La gente sabía que yo era parte de esta isla, y todavía lo siento así. Ahora ya no paso tanto tiempo aquí porque ya no soy DJ residente, pero todavía vengo y me dejo ver por los restaurantes y por todos lados. La gente sabe que adoro esta isla. Para muchos DJs no es así: vienen, pinchan y se van.

GREGO O'HALLORAN: Para mí, un gran paso adelante fue cuando empecé a trabajar para *Ibiza Spotlight*, que eran como una familia para mí. James [Ledden], que dirige el cotarro, es una persona increíble. El tráfico que tienen en su web y la cantidad de gente promocionando la isla es increíble. *Ibiza Spotlight* es el tablón de anuncios del turismo de Ibiza, básicamente, porque como el Consell no habla de los clubs, alguien tiene que hacerlo. Vendíamos entradas mucho antes que Ticketmaster o que Expedia para los hoteles. Casi fuimos el primer portal de reservas de habitaciones online del mundo.

IGOR MARIJUAN: En Cadena 100 hacíamos radio de cara a la pared y en Ibiza Sonica, con vistas al valle de San Rafael. Los estudios eran mágicos. Esa ventana lo contaba todo. Nada que ver con la imagen de la Ibiza del desenfreno, de la locura, de la fiesta y tal. Ir a la radio se convirtió en parte del recorrido de los DJs en la isla. Solo llegar a Ibiza, iban a la radio, luego a la *pre-party* y al final, al club. La radio estaba totalmente integrada en la ruta. Cada día de la semana había algo diferente: los lunes venía Carl Cox, los martes venía Oliver con La Troya, y así toda la semana...

ANDY WILSON: En el estudio de Sonica había un ambiente increíble, allí arriba en la montaña, en medio de la isla, con aquellas vistas fantásticas y montones de DJs que venían y que flipaban con el equipo que había para pinchar... Era muy inspirador.

SIMON DUNMORE: A principios de los 2000, salió un programa espantoso de TV que se llamaba *Ibiza Uncovered*, ambientado básicamente en el West End de San Antonio, que era un retrato sensacionalista del mal comportamiento del turismo: la gente emborrachándose, peleándose, mal vestida... Eso dio a Ibiza mala reputación, sobre todo a los ingleses. Aquello formaba parte del guion, más motivos para que la gente pudiera quejarse y estar en desacuerdo. Y entiendo perfectamente por qué.

GREGO O'HALLORAN: La isla ha ido siendo progresivamente consciente de su éxito. Cambió muy rápido. En Inglaterra, *Ibiza Uncovered*, la serie documental de Sky, pintaba un imagen de la isla muy negativa. Después de eso, mucha gente se negó a hacer declaraciones a la prensa sobre Ibiza porque no confiaban en que iban a presentar la isla de manera adecuada.

IGOR MARIJUAN: Al crear [Ibiza] Sonica nos dimos cuenta que era necesaria una asociación cultural. En ese momento la radio era totalmente pirata y había un vacío legal entre emisoras de radio que estuviesen creando bienes culturales. De hecho, nosotros nunca lo hicimos por intereses comerciales. Nunca. Que lo hiciéramos para vivir no significa que tuviéramos objetivos comerciales. Así que creamos una asociación cultural llamada Cultura Sónica, que fue la que dio lugar a la frase: «Llevamos Ibiza dentro, llevamos a Ibiza fuera». Era una plataforma para algo que estaba sucediendo realmente en Ibiza, para poder comunicarlo, y no la puta mierda que se estaba contando de la isla, el *Ibiza Mix* y todo eso... Para nosotros era necesario contar que, además de una industria del entretenimiento, hay una industria real de la música; gente que se lo ha currado mucho en el estudio de grabación o con su sello. La radio era un instrumento para promocionar todo lo que pasaba en nuestra asociación. Pero cualquier tipo de asociación en Ibiza es imposible. La asociación fue para abajo y la radio fue para arriba, que era lo que nos gustaba y lo que sabíamos hacer. Y en ese contexto, el único que intentó hacer algo en Ibiza fue Paco Medina, un técnico del Consell. La idea inicial del Ibiza Music Cluster fue suya: intentar formar un *cluster* de empresas y artistas que representaran a Ibiza. Paco reunió a varias personas: Joan Ribas, Lenny Ibizarre, Oliver, Pippi, Javi Ferrer, yo... Queríamos crear una denominación de origen de la música de Ibiza. Pedimos un comité de expertos para un consejo regulador que decidiese qué es «música de Ibiza». Se le puede poner «Ibiza» a cualquier cosa y que no tenga nada que ver con la isla. La marca Ibiza se estaba vendiendo muy mal por ahí. Se estaba vendiendo el *Ibiza Mix*, que no era nada Ibiza. Pero nada de nada.

DJ OLIVER: Me senté con las radios de Ibiza y alguien del Consell nos invitó a crear algo propio, pero al final, lamentablemente, cada uno veló por sus intereses y no nos pusimos de acuerdo. Y eso es lo que no mola y lo que no puede ser.

IGOR MARIJUAN: Se llegaron a obtener subvenciones y se empezaron a hacer cosas. Luego entraron los grandes: Amnesia, Pacha, Space, y empezaron a marear y a dar un poco de guerra. Hubo bastante falta de consenso; en vez de plantearse una estrategia común, empezó a haber muchos intereses particulares. Al final se lo cargaron los políticos. Ni la presidencia ni los técnicos entendían nada. Nuestra propuesta surgió poco después del IMS, y la idea era integrarla en su proyecto. De hecho, les sugerimos que se llamara Ibiza Music Summit, en lugar de International Music Summit.

DANNY WHITTLE: IMS [International Music Summit] apareció en 2007. Una noche, en la azotea de Pacha, Pete Tong, Ben Turner, Simon Dunmore y yo estábamos hablando de cómo la Miami Music Conference estaba de capa caída, que cada vez iba más de las fiestas y cada vez menos de la parte del negocio. Al mismo tiempo, nos dimos cuenta de que en 2007 la escena de la música electrónica estaba atravesando un momento muy bajo. Ibiza parecía una isla para salir de fiesta, así que pensamos que había que inyectarle el componente de negocio para que se viera con otros ojos y que la gente que organizaba estas fiestas estuviera mejor considerada.

BEN TURNER: Siempre hemos estado hablando de la industria y de Ibiza, Danny y yo. Los dos nos preocupábamos mucho de la isla. Creo que fue idea suya, y me propuso que la lleváramos a cabo. Fue el comienzo de un viaje que duró diez años.

DANNY WHITTLE: Queríamos juntar a toda esa gente que operaba entre bambalinas y que se encargaba de que todo funcionara y de que la gente estuviera segura y tuviera una experiencia fantástica. Así que nos reunimos con el Gobierno, que por aquel entonces controlaba Paco Medina del PSOE, y todo su equipo. Fue el único político que lo pilló. De hecho, IMS permitió que la temporada se alargara. Queríamos que se celebrara en julio, porque no queríamos perder dinero, pero Paco Medina nos dijo, «mirad, tenéis todo mi apoyo si lo hacemos a finales de mayo. Queremos alargar la temporada». Le dimos unas cuantas vueltas y cuando comparamos los precios de mayo con los de julio, no nos pareció tan mala idea. Y obtuvimos pleno apoyo del Gobierno. Así que lo hicimos, y todo el mundo desplazó sus fechas de apertura para hacerlas coincidir con el IMS. Total, que actualmente, la última semana de mayo es la más movida del año, e incluso tenemos que pelearnos por encontrar habitaciones de hotel libres, por lo que hemos acabado siendo víctimas de nuestro propio éxito.

BEN TURNER: Creo que fue un momento importante para la isla, porque Ibiza estaba empezando a ser un destino muy conocido incluso fuera de Europa y estaba llegando a América.

DANNY WHITTLE: Es un negocio complicado, porque, si lo hacemos en Berlín, podríamos convocar a diez millones de personas. Incluso al Sónar, en Barcelona, van treinta mil personas. Pero aquí vienen dos mil personas que tienen que pagarse vuelos, hoteles, las entradas profesionales y todo lo demás. Y por eso todo el mundo dice que este es el mercado más serio y centrado en el negocio que hay, porque la gente que viene está pagando una pasta para estar aquí y poder tener un congreso con reuniones, red de contactos y todo lo demás.

GREGO O'HALLORAN: Trabajé para IMS durante años, montando conferencias y haciendo entrevistas. Un año nos salió rana. Fue cuando Ben [Turner] y yo organizábamos «Circoloco and the DC-10 history», en el que contaríamos la historia de Circoloco con Andrea Pelino y Antonio Carbonaro. Creo que hubiera sido la primera vez que ambos hablaran del tema. Esto debió de ser en el 2011 o 2012, pero no aparecieron. Sabían perfectamente cuándo era. Yo llamé a Andrea con antelación, pero no obtuve respuesta. Cuando ya era demasiado tarde, me llamó y me dijo, «oh, es que teníamos cita con el abogado por un tema». Esto fue un jueves o un viernes. Cuando fui al trabajo[153] el lunes, me abordaron: «¿Qué tal? ¿Cómo fue? ¿Tuviste que esperarnos?». No creo que Ben estuviera muy contento, pero así es el estilo Circoloco. Creo que su respuesta fue, «no vamos a contar nada. Ven el lunes en persona y entérate por ti mismo, pero no vamos a contar nada en una sala de conferencias».

JUAN SUÁREZ: La gente del IMS ha hecho algo de lo que nosotros no hemos sido capaces, yo incluido. La cena de las leyendas, por ejemplo... Le dieron el premio a Ricardo Urgell y el año anterior a Pepe Roselló. Lo tienen [Richie] Hawtin y Carl Cox, y el año pasado lo recibieron Underworld. Al final es un negocio, algo que ellos saben vender muy bien, pero que en última instancia está afianzando las leyendas de Ibiza. El IMS nació en Ibiza. ¿Por qué no lo hicieron en Londres? Porque necesitaban la marca Ibiza.

153. En aquel momento Grego O'Halloran también estaba llevando el departamento de prensa de DC-10.

15
#IBIZA

El 8 de agosto de 2012, el BOE publica la Ley 8/2012, de 19 de julio, del Turismo de las Illes Balears para regular y potenciar el turismo de las islas. En principio, esta ley no se diferencia excesivamente de otras anteriores y no presenta grandes cambios, salvo uno —«pequeño»— que cambiará la escena del clubbing *ibicenco por completo: a saber, que los hoteles puedan realizar actividades de entretenimiento musical en sus zonas exteriores. Uno de los primeros empresarios que aprovecha a fondo esta nueva ley es Abel Matutes, que había creado un año antes Ushuaïa Ibiza Beach Hotel junto con el promotor Yann Pissenem, que pasaría de montar las fiestas en su antiguo chiringuito Ushuaïa a hacerlo en el nuevo hotel, donde conseguirán atraer a varios miles de* clubbers *(y no tan* clubbers*) alcanzando un éxito sin precedentes. Todo ello coincide con una coyuntura sociocultural que cambiará las reglas del juego: el auge de las redes sociales y de la cultura vip. Además, la imparable popularidad de Ibiza converge en un nuevo giro del ocio musical hacia su explotación diurna. Aparecen nuevos* beach clubs *como Blue Marlin Ibiza u Ocean Beach Club, que, junto con la oferta de hoteles como Hard Rock o Destino, desencadenará la crisis de los locales históricos de la noche ibicenca; cambios radicales que, entre otras cosas, suponen la desaparición de Space y la irrupción de Hï Ibiza.*

INTERVIENEN: ANDY MCKAY (IBIZA ROCKS), PITI URGELL (PACHA), LUCIANO (CADENZA), CHARLIE CHESTER (CIRCOLOCO), JOSÉ MARÍA ECHÁNIZ (PRIVILEGE), PEPE ROSELLÓ (SPACE), RICARDO URGELL (PACHA), PITI URGELL (PACHA), DANNY WHITTLE (IMS), JAVIER FERRER [HIJO*] (USHUAÏA), SIMON DUNMORE (DEFECTED), MAR-T (AMNESIA), CARL COX (SPACE), KENNETH BAGER (MUSIC FOR DREAMS), MIQUEL MAYMÓ (KUMHARAS), BILL BREWSTER (AUTOR DE *ANOCHE UN DJ ME SALVÓ LA VIDA*), PHIL MISON (CAFÉ DEL MAR), RICARD ROBLES (SÓNAR), GREGO O'HALLORAN (DC-10, *RESIDENT ADVISOR*), BRASILIO (LA TROYA ASESINA), ANNA TUR (IBIZA GLOBAL RADIO), GEORGE EVELYN (NIGHTMARES ON WAX), ANDY CARROLL (IBIZA ROCKS), JULIEN TEMPLE (DIRECTOR DE *THE GREAT ROCK 'N' ROLL SWINDLE* E *IBIZA: THE SILENT MOVIE*), DJ OLIVER (AMNESIA, LA TROYA), VÍCTOR JUAN (ES AMICS), JUAN SUÁREZ (*DIARIO DE IBIZA*), IGOR MARIJUAN (IBIZA SÓNICA), JAVIER FERRER (LOS DIANA), DIEGO GIMENEZ (FLIP MUSIC), LENNY IBIZARRE (IBIZARRE RECORDS)

ANDY MCKAY: Al principio, no quisimos montar conciertos en el hotel [Ibiza Rocks Hotel]. Empezamos vendiendo vacaciones. Los grupos se quedaban en el hotel y la cosa empezó a moverse. Vendíamos viajes a lo grande. Llegamos a un acuerdo con [Abel] Matutes[154] y abrimos Mallorca Rocks en Mallorca. Fue cuando se cargaron el *clubbing* diurno y Space se hundió. Así que reavivamos la oferta de fiesta diurna a través del hotel, aprovechando las zonas grises de las licencias hoteleras. Mallorca era mucho más rígida y legal, así que tuvimos que conseguir la licencia. Matutes nos ayudó como socio cuando

154. Abel Matutes Juan (Ibiza, 1941) es un empresario, banquero y político ibicenco, con una extensa carrera política y empresarial. Con dieciocho años, mientras estudiaba Derecho y Económicas en la Universidad de Barcelona, llegó a jugar como futbolista profesional en el R. C. D. Español (tras rechazar una oferta del F. C. Barcelona), club que abandonó para centrarse en sus estudios e incorporarse a las empresas familiares. Matutes fue alcalde de Ibiza entre 1970 y 1971, y en 1986 entró como miembro de la Comisión Europea encabezada por Jacques Delors, representando a España. En 1996 fue nombrado Ministro de Asuntos Exteriores del gobierno de José María Aznar, cargo que desempeñó durante el primer mandato de este. Fue afiliado y vicepresidente primero del Partido Popular hasta el 2008. Fue Presidente de la Banca Abel Matutes y en la actualidad preside el grupo Matutes. Desde el pasado 2012 es propietario de la multinacional Palladium Hotel Group (antes Fiesta Hotel Group) y es accionista de la naviera Baleària.

Carlos Delgado[155] instauró las nuevas leyes turísticas. Eso nos permitió legalizar Mallorca Rocks, Ibiza Rocks e Ushuaïa[156].

PITI URGELL: Matutes tenía su negocio en Playa d'en Bossa y tenía que mover todo aquello... Una hija mía trabajaba en la zona y me contaba que allí había ratas. Todo aquello eran locales de mierda para guiris.

ANDY MCKAY: Ese fue el único motivo por el que existió Mallorca Rocks: se construyó para ellos con el fin de extraer información y que aprendieran a llevar un local, porque nunca antes habían hecho de promotores. Ushuaïa nació el día que traje a Matutes hijo a Ibiza Rocks Hotel. Me dijeron, «esto es lo que vamos a hacer». Así que ese fue el acuerdo y la razón de que estemos aquí. Fue gracias a Matutes. No estaríamos aquí si no fuera por él.

155. Carlos Delgado Truyols fue Consejero de Turismo y Deportes del Gobierno de las Islas Baleares entre 2011 y 2013, y es vicepresidente del Partido Popular de las Islas Baleares.

156. El promotor francés Yann Pissenem (Nancy, 1974), estrechamente ligado al *clubbing* de Barcelona durante más de una década, se instaló en Ibiza en 2008 y abrió junto con varios socios Ushuaïa Beach Club, un restaurante en primera línea de Playa d'en Bossa. Al año siguiente se traspasaría el local y Pissenem emprendería su andadura en solitario en un nuevo chiringuito, a tan solo cien metros, manteniendo el nombre de Ushuaïa. Ideado como punto de encuentro para un público más maduro y exclusivo, el local alternaba el servicio de restaurante con fiestas diurnas en la playa, con DJs como Luciano, Tania Vulcano, Marco Carola, Sasha o Sven Väth. En tan solo dos años, el éxito de Ushuaïa llevó a Pissenem a idear un concepto para ampliar su proyecto: un hotel temático de *clubbing* para adultos. Es entonces cuando entra en contacto con el grupo Matutes, con quien se asocia, para crear Ushuaïa Ibiza Beach Club en el antiguo hotel Club Platja d'en Bossa (propiedad de Fiesta Hotel Group, de Matutes). La propia estructura del hotel (anteriormente dedicado al turismo familiar) forma un anfiteatro con las habitaciones alrededor de una zona de piscina donde se construiría un gran escenario. Yann Pissenem se convertiría en el director artístico del proyecto, gestionando la oferta artística y de ocio de Ushuaïa Ibiza Beach Hotel a través de su empresa The Night League. En verano de 2011, Ushuaïa empieza a funcionar con fiestas como la de Luciano & Friends o Swedish House Mafia, artista que marcaría la llegada y consolidación del fenómeno EDM en Ibiza. A partir de ese año y con el auge de los *social media*, la presencia de Ushuaïa Ibiza en redes se viraliza ofreciendo una imagen de glamur y exclusividad con *celebrities* copando su zona vip y DJs superestrellas como David Guetta, Avicii, Calvin Harris o Martin Garrix. No obstante, Ushuaïa Ibiza también programa otros artistas de perfil más underground como Ants, Joris Voorn, Nic Fanciulli, Loco Dice o Dystopia, entre otros.

LUCIANO: Ushuaïa es una larga historia... Conocí a Yann Pissenem a través de Sam Guetta[157]. Yann tenía un chiringuito, un pequeño restaurante en Platja d'en Bossa. Un día, hablamos de hacer fiestas ahí, en la misma playa. Me acuerdo muy bien de ellas, las Luciano & Friends, que eran eventos que empezaban temprano, a las cuatro o cinco de la tarde, y duraban hasta medianoche. Tuvieron un éxito rotundo. Son parte de la historia. ¡Lo pasamos increíble! Rápidamente se acercó a nosotros el dueño de Platja d'en Bossa, el Sr. Matutes, que quería invertir y tenía un plan para convertir esa parte de la isla en lo que es hoy. Yann se asoció enseguida con él e invirtieron en lo que es actualmente el club Ushuaïa. El primer año, las fiestas Luciano & Friends seguían siendo los jueves, como en el antiguo chiringuito.

CHARLIE CHESTER: Así que, desde 2011, tienes esos superclubs como Ushuaïa. Lo que ofrecen es increíble de cojones, con un escenario enorme y la piscina. Es un cabaret y un teatro. Es una gran performance y el sonido es de calidad. Eso es producción musical. Para mí, es genial. Cada año, en cierto momento de la temporada, oyes decir, «Ibiza está de capa caída», pero fíjate en Hï Ibiza, que funciona siete noches a la semana...

LUCIANO: Lo de Ushuaïa se pensó en un principio como una idea bastante simple[158]. No había tanta preocupación por el negocio. Era más un rollo bonito y de hacer las cosas bien. Después surgió una gran presión económica, con la que también hay que lidiar... Fueron cuatro años consecutivos mágicos. Después tuve que hacer mi propio camino y, como buen vagabundo que soy, me fui a otros clubs.

157. Ver nota 152.

158. Se refiere a las primeras fiestas en el chiringuito original Ushuaïa de Yann Pissenem, antes de cambiar su ubicación al hotel Ushuaïa Ibiza Beach Club.

JOSÉ MARÍA ECHÁNIZ: El que más manda aquí hace las cosas como a él le parece y los demás miran hacia otro lado. Un tal Carlos no-sé-qué [Delgado] de la Comunidad Balear, de Palma de Mallorca, sacó esa ley para ayudar a los que tenía que ayudar. Aquí todo el mundo sabe quiénes son. Yo soy el único que peleo contra ellos, no tengo ningún problema.

PEPE ROSELLÓ: En 2012 se creó esta maldita ley que ha desestabilizado todo el panorama musical de la isla. Lo que sucede hoy en Ibiza es muy grave. La Ley Turística nace con el gobierno del señor [José Ramón] Bauzá[159] en 2012[160]. España estaba sumida en una profunda crisis: desempleo, falta de inversiones... El Gobierno Balear se saca de la manga esta ley que no define nada pero que abre la puerta para que los hoteles puedan montar eventos de música y entretenimiento. La Ley Turística se pensó para que los hoteles hicieran inversiones, subieran su categoría de servicios y les dieran un plus de edificabilidad para que, si eran de tres estrellas, hicieran un proyecto para cuatro, y si eran de cuatro, para cinco... A cambio, les ofrecieron la posibilidad de realizar sesiones de discoteca, atracciones, espectáculos... Eventos que al principio se montaban puntualmente y que después se han dado de una forma continuada. Cuando tramitas un permiso para una discoteca, tienes que insonorizar y cumplir con las condiciones de seguridad y todas las medidas que ya conocemos. Entre nosotros es conocida la gran influencia política que tiene [Abel] Matutes. Él se ha beneficiado de esta ley, ya que permite que los hoteles puedan organizar sesiones como una discoteca y al aire libre, con grandes *line ups* y una gran afluencia de público. Pero resulta que la actividad complementaria es más importante que la propia actividad principal del hotel, y esto sobrepasa los términos de la ley. Los hoteles

159. José Ramón Bauzá Díaz fue presidente del Govern Balear entre 2011 y 2015 y es eurodiputado del Parlamento Europeo por Ciudadanos-Partido de la Ciudadanía (Cs).

160. Ley 8/2012, de 19 de julio, del Turismo de las Illes Balears. Comunidad Autónoma de las Illes Balears «BOIB» núm. 106, de 21 de julio de 2012, «BOE» núm. 189, de 08 de agosto de 2012. Referencia: BOE-A-2012-10610.

deberían dedicarse a ofrecer servicios de toda clase a sus clientes, y si quieren organizar actividades musicales, que las hagan para sus clientes, pero no para captar público externo porque, entonces, se lo están quitando a otros.

JOSÉ MARÍA ECHÁNIZ: Ahora estoy preparando la demanda contra el Consell de Ibiza, pidiendo daños y perjuicios por estar mirando para otro lado, porque es ilegal permitir hacer fiestas al aire libre. La Comunidad Económica Europea dice que solo puedes poner la música a la hora que tú quieras dos días al año, o un día especial que el ayuntamiento te otorgue; si no, está prohibido. Y uno no se puede saltar lo que dice la CEE. Y aquí se lo han *saltao* todos. Alguien tendrá que pagar lo que yo he perdido con todo esto.

PEPE ROSELLÓ: Los políticos normalmente actúan de una forma irresponsable, sin conocimiento de lo que están haciendo. A finales de los ochenta se encuentran con aquellas discotecas o salas de fiesta antiguas, todas al aire libre. Los sistemas de sonido van evolucionando de forma que al final crean una onda sónica alrededor del lugar y los vecinos empiezan a molestarse. Entonces, hay quejas, protestas, y el gobierno de turno decide que las discotecas no pueden estar al aire libre y se tienen que cubrir. Y ahí tienes al KU y Amnesia, que hicieron obras para techar; Space hizo su terraza para luego cubrirla también, y los demás hicieron lo mismo. En su momento se decide que la música tiene que estar encerrada en una caja, por decirlo de alguna manera, cumpliendo con la normativa. Pero luego, de repente, permiten que los hoteles hagan actuaciones al aire libre, prácticamente sin limitación alguna y ocupando grandes áreas. Cuando se produce este fenómeno, la isla empieza a cambiar por completo.

RICARDO URGELL: A Matutes lo apoyan porque es el dueño de la isla. Tiene una cara que se la pisa, la cara dura de hacerse un Ushuaïa. Al aire libre todo es fácil... A mí me das un recinto en medio del campo con almendros e higueras y cuatro chumberas, lo parcelo, le meto música y lo reviento. ¡A ver! ¿Qué mejor decoración que la luna y las estrellas? Pero yo soy antimúsica en la playa, allí quiero oír el viento, el mar, las olas... ¡Qué es eso de estar en la playa y pum-pum-pum! ¡No, hombre, no! Para eso se han hecho las discotecas, para hacer ruido. Matutes tiene una cara que se la pisa, pero lo apoyan...

PITI URGELL: Esta es una de las desgracias de la isla: cuando Matutes crea Playa d'en Bossa con el Ushuaïa. Space ya existía, pero no era tan... La gracia de Ibiza era cuando la frontera se acababa en Amnesia. Entonces, todos los de San Antonio se atrevían a ir a KU y a Amnesia, porque allí les dejaban hacer lo que quisieran. Pero en Ibiza ciudad tenían que vestirse bien y tener un poco de dinero. Justo también en esa época, subió la libra esterlina y los ingleses empezaron a tener pasta y los enviaron aquí a Ibiza para que no se descontrolaran en Inglaterra. Porque aquí la publicidad, que incluso lo pusieron en pósteres y anuncios, era: «Ibiza, todo lo que quieras».

DANNY WHITTLE: Cuando apareció Ushuaïa —no importa lo que ocurriera allí—, había un montón de gente que estaba en contra. Es estúpido. Al final, pasará sí o sí, y lo hará a lo grande y lo hará bien. No tienes más remedio que trabajar con esa realidad y asimilarla.

JAVIER FERRER*: Hace diez años fiché por Ushuaïa para gestionar su estudio de grabación. Yo tenía mi pequeño estudio y trabajaba en otros hasta que me vinieron a buscar para montar un estudio en Ushuaïa. Allí venía mucha gente a trabajar, y otra lo usaba simplemente de *living room*, para estar tranquila. Martin Garrix, Calvin Harris, Hardwell, [Sebastian] Ingrosso, Loco Dice... Todos han trabajado en los estudios de Ushuaïa, gente como Louie Vega o Mariah Carey. Hace un par de años monté Metrica, mi actual estudio. Aquí en Ibiza, realmente, cuando hablas de gente que lleve estudios de grabación, hablamos de Lenny Ibizarre, Henry Sarmiento, Max Lanfranconi y yo.

ANDY MCKAY: Algunos dicen, «¡ah! La ley turística creó la competencia diurna y mató a la isla»... ¡No! Porque si vas por el mundo, verás que todo se basa en fiestas diurnas: Londres, Las Vegas... Todo son fiestas diurnas.

SIMON DUNMORE: Ushuaïa, y más recientemente Hï Ibiza[161], han sido dos fenómenos enormemente positivos para la isla. Muchos clubs se volvieron autocomplacientes porque sabían que la gente iba a ir de todos modos y no hicieron nada por complacer a la clientela y que tuvieran una buena experiencia. Si te fijas en algunos clubs, la estructura e instalaciones, los lavabos o la entrada no han cambiado desde hace veinte años. Es evidente que han ganado un montón de pasta a lo largo de los años y tendrían que reinvertir parte de ese dinero para que la gente pueda disfrutar del local al máximo. Porque, al final, lo que quieres es que la gente se vaya de la isla hablando maravillas. El mundo ha cambiado y se ha transformado muy rápido. Ahora la gente va a Las Vegas y sitios así, y Ushuaïa ofreció a la gente esa clase de experiencia e instalaciones. Eso atrajo a gente a la isla. Y actualmente Hï está haciendo lo mismo. A los clubs punteros en todos los aspectos les va bien, pero el resto está empezando a tener dificultades.

JAVIER FERRER*: Ushuaïa es el lugar donde se cuidan más todos los detalles de producción, las visuales... No hay ningún sitio donde se trate tan bien al artista: se les da una buena cantidad de dinero para comer donde quieran, la bebida que quieran, un *runner* para llevarlos en coche donde gusten... O sea, todo lo que se te pueda pasar por la cabeza, ¿sabes?

161. En 2016 vence el contrato de alquiler del local —propiedad de Abel Matutes— donde estaba ubicado Space, lo que supone el fin de este emblemático club. En 2017, Matutes abrirá en el mismo emplazamiento Hï Ibiza, tras una reforma prácticamente integral de todo el edificio. El nuevo club tendrá forma de teatro italiano y la pista se ubicará en el patio de butacas, con los reservados vip en los palcos. Ushuaïa Ibiza y Hï Ibiza están uno en frente del otro en la carretera de Platja d'en Bossa. Hï Ibiza apostaría por artistas como David Guetta, Armin Van Buuren o Dimitri Vegas, junto con otras propuestas de carácter más especializado, como Black Coffee, Glitterbox o Afterlife (sello del dúo Tale of Us). Desde entonces, Ushuaïa Ibiza y Hï Ibiza figuran en la lista de los mejores clubs del mundo, según la revista especializada *DJ Magazine*.

CHARLIE CHESTER: Creo que la gente no entiende en qué momento Ibiza cambió y se convirtió en un fenómeno dramáticamente global y por qué Ushuaïa fue tan bien y tan rápido en una sola temporada. La respuesta es: las redes sociales. La gente sacaba fotos: americanos, australianos... a nivel global. Una noche podías tener a cinco mil personas sacando fotos y colgándolas en Facebook (por aquel entonces todavía no existía Instagram). Antes de convertirse en Ushuaïa, aquello era un hotel de mierda, pero ahora tienes a cinco o seis mil personas volviéndose locas allí cada día. ¿Y qué hace toda esa gente? Pues compartir cosas en sus redes. Así que eso fue lo que hizo que Ushuaïa fuera tan bien, además de que son buenos en lo que hacen y saben promocionarse muy bien.

ANDY MCKAY: Se ha producido un cambio de la noche al día, y este fenómeno no ha sido algo que se haya motivado desde Ibiza. Más bien tiene que ver con redes sociales como Tinder o Grinder, y al hecho de que ya no tienes que ir a un club a ligar, porque ahora están estas *apps*. Ahora todo gira en torno a Instagram, Facebook y al hecho de que la gente comparte sus vidas online. Compartir no quiere decir que lo estés pasando necesariamente bien, porque, en realidad, todo va de fingir que lo estás pasando genial.

MAR-T: El móvil ha destruido las pistas de baile y ha destruido lo de salir a ligar. Ha destruido parte del sentido de ir a un club. Ahora para ligar usan Tinder.

CARL COX: Las redes sociales permitieron que Ibiza se abriera a todo el mundo. Hay gente que nunca ha estado aquí pero que sabe qué está pasando. Antes, tenías que venir a la isla y experimentarlo tú mismo. Ahora es jodido, porque las nuevas generaciones no tienen ni idea de cómo era antes y qué hizo que este sitio sea lo que ahora es. Se limitan a mirar la *app* de turno y decir, «vale, ¿dónde pincha Solomun? ¿Aquí? Pues, vale, voy». Tienen una lista de cosas que hacer antes de morir: saltar en avión, subir al Everest, ir a Space en Ibiza... O ir al [festival] Burning Man. Todo está ahí, en tu móvil. «¿Cómo está el patio en Ibiza? ¿Cuál fue el último bolo de Carl Cox en la isla? ¡Oh! Pinchó en Destino. Quiero ir.»

KENNETH BAGER: Estamos en pleno *boom* global. El tema es que todo el mundo con un móvil se está olvidando de vivir el momento y solo piensa en todo aquello que tienen que grabar.

MIQUEL MAYMÓ: Ahora, en lugar de estar hipnotizados con la puesta de sol, están viendo la puesta de sol a través del teléfono y enviando la foto. Yo a veces flipo... Siempre estoy por ahí, por la barra, y veo el panorama... La mitad es gente que está grabando y viendo la puesta de sol a través del móvil. En vez de disfrutar del momento, parece que es más importante decir «estoy aquí» o «he estado aquí» y retransmitirlo para los amigos.

BILL BREWSTER: Llegó internet, la cultura de las *celebrities* se extendió por todo el mundo y luego todo el mundo se puso a hacer fotos con sus *smartphones*. Cuando llegaron las redes sociales la gente empezó a estar cada vez más obsesionada con documentar el momento, en lugar de vivirlo. Ibiza se ha beneficiado de eso un montón. Creo que eso lo cambió todo irremediablemente.

PHIL MISON: Antes, podías poner música y todo el mundo se limitaba a escucharte, hablar con sus colegas o mirar. Eso ya no existe. Vivimos en la Era de la Distracción. Nadie está del todo viviendo el momento. Todo el mundo está pendiente del móvil, no importa qué música esté sonando. Pero así es la vida, ¿no?

SIMON DUNMORE: Creo que hemos sido parte de esta enorme revolución tecnológica en la que nuestras vidas han cambiado totalmente en los últimos quince años. Antes nadie había experimentado el hecho de que todo el mundo podía hablar con quien quisiera a través de las redes sociales. Todo eso ha traído cosas positivas, pero también negativas, y todavía estamos aprendiendo la mejor manera de lidiar con este panorama.

CARL COX: Descubrir la isla por ti mismo. Eso ya no pasa y me molesta un montón. La primera vez que vine me dediqué a deambular por las montañas y por Ibiza ciudad. Te perdías un poco allí por el norte pero te sentías libre. Ahora alguien dice, «¡oh! San Antonio, no pienso ir allí», y San Antonio tiene algunas de las mejores playas. Es genial. Y allí es donde creo que la gente se pierde algo importante, porque se limitan a ir donde les dice la *app*. ¡Descubre algo que puedas sentir por ti mismo! Y así, cuando vuelvas, podrás ir a «tu sitio». Pero eso se ha perdido, en cierto modo.

PEPE ROSELLÓ: Mucha gente llega con unos objetivos muy definidos; vienen tres o cuatro días y se van, en vez de buscar un tiempo para relajarse y encontrar momentos de tranquilidad, contemplativos, e ir descubriendo la isla, descubriendo su propia aventura en la isla, buscando su rincón, donde se encuentren un poco a sí mismos o a su otro yo y todo eso, ¿no? Todo esto se ha desvanecido.

CARL COX: Ahora puedes reservar mesa en Blue Marlin con tus amigos para ir a ver a Pete Tong de 19 a 21 h. Así que llegan y a las 21 h se van. Quizás hay otro DJ pinchando luego, pero se van de todos modos. Ya está. Marcado en la lista de cosas que había que hacer. Ahora ya no llegas con la intención de pasar un día en Ibiza, bañarte en el mar, disfrutar del agua, comer en el chiringuito mientras escuchas buena música de fondo, sentir la isla y el sol en la piel. No, actualmente todo va de ir bien vestido, servicio vip y un *concierge* que lo tiene todo preparado de antemano.

SIMON DUNMORE: Ahora la gente viene por cuatro días, porque es todo muy caro y no se pueden permitir estar toda una semana. Al final, es una experiencia de fin de semana largo que pueden compartir en Facebook o Instagram y así demostrar que están llevando una vida superexcitante.

CARL COX: Ahora todo va de cosas que hacer antes de morir: voy a Ushuaïa porque montan la fiesta Tomorrowland, o porque pincha

Martin Garrix, o David Guetta... Van, lo viven, sacan un foto y se vuelven a su casa. «¿Qué tal por Ibiza?» «Genial, había un DJ y todo estaba en llamas...» [risas]. Es la versión más comercial de todo esto.

BILL BREWSTER: La EDM [Electronic Dance Music] es la cara pública de la música de baile, pero no es el alma de la música electrónica. Es lo que la gente que no tiene ni idea de música de baile piensa que es toda la escena. Piensan que todo es Deadmau5 y clubs de mierda en Las Vegas o Ibiza, en plan, «madre de dios, ¿cómo puede la gente escuchar esto?». Pero si estás metido en el rollo de la música de baile, te das cuenta de que si abres unas cuantas puertas hay un montón de cosas más sucediendo en el mundo.

RICARD ROBLES: En el momento que llega la EDM a Ibiza, ya prácticamente solo se mantienen una serie de héroes: Sven Väth, Carl Cox y quizá alguno más heredero de la tradición techno o techno-house. Los DJs del house clásico caen antes, como Sánchez, Morillo y todos estos; dejan de ser tan competitivos como algunos superhéroes tipo Sven o Carl, que siguen ahí como instituciones. La EDM simplifica todo bastante y acaba sonando lo mismo, de día y de noche. Estamos hablando de que el matiz es mínimo: hay mucha abundancia, pero poca variedad. Y llegará un momento en que una nueva generación —o los nuevos invasores, llamémosles así— la torpedee y genere otras audiencias y otros hábitos.

JAVIER FERRER*: Mira, la EDM no es mi estilo, pero he aprendido mucho de ella. He aprendido, por ejemplo, a usar la comprensión... ¡Lo comprimen todo! [risas]. Se usa a tope el *sidechain*[162], la voz con el

162. Técnica de producción musical asociada a la compresión de sonido. En las producciones de música electrónica se utiliza para comprimir el sonido del bajo cuando este se solapa con el del bombo de la percusión, y evitar así la saturación de la señal resultante. Es una de las técnicas más utilizadas por los productores de EDM.

lead[163], el *lead* con el bajo, el bajo con el bombo, el bombo con... [risas] Me gusta mucho cómo usan todo el tema de las armonías con las voces y las melodías. Es la combinación de pop y electrónica, aunque siempre he dicho que, como canciones de pop, hay algunas muy buenas, pero después la cagan metiéndole la electrónica encima. Ushuaïa me ha permitido trabajar con mucha gente conocida. A Avicii lo conocía un montón; se puede decir que éramos amigos. Yo era de los pocos que podía estar con él en Ushuaïa, porque él no quería estar con nadie. Pasamos muchas horas en el estudio. Su último bolo fue aquí en Ushuaïa, que es el que sale en el documental. A la primera persona que le dijo que lo dejaba fue a mí. Vino y me dijo, «hasta aquí hemos llegado»[164].

GREGO O'HALLORAN: La burbuja de la EDM se está desinflando. Ya no hay tantos artistas asociados a ella. Están The Chainsmokers, que están entre los artistas más grandes y escuchados del mundo. Cobran un millón de dólares por poner música en un gran festival en Inglaterra, pero cuando vinieron a Ushuaïa solo vinieron unos pocos miles de personas. Unos tíos que llenan estadios... Pero aquí en Ibiza no funciona así. Aquí tienes que hacerte un nombre y ganarte los galones.

163. En una producción, el *lead* es el sonido más largo y constante de la canción, frente a otros más cortos, como los golpes de las percusiones, etc... Así, se suele hablar del *lead guitar*, o el *lead* de piano y teclados, u otros instrumentos de viento.

164. El DJ y productor sueco Tim Bergling, nacido en Estocolmo en 1989, fue una de las principales figuras de la EDM y una de las más populares de la más reciente industria musical mundial, con su alias artístico Avicii. En 2011, con tan solo veintidós años, alcanzó su primer éxito mundial con su single «Levels». *True* fue su álbum de debut en 2013, con el que alcanzó el Top 10 en varios países, y su single «Wake Me Up» alcanzó el número 4 en Estados Unidos. Fue nominado en dos ocasiones a los premios Grammy, una por «Levels» y otra por su colaboración en «Sunshine», de David Guetta. Avicii tuvo que cancelar su gira mundial de 2016 por problemas de salud y estrés que arrastró durante toda su carrera. El 20 de abril de 2018, Bergling se quitó la vida en Mascate (Omán) y fue enterrado en Estocolmo. Su última actuación tuvo lugar en el club Ushuaïa de Ibiza, de la que se incluyen algunas imágenes en el estremecedor documental *Avicii: True Stories*, estrenado en octubre de 2017, donde se recoge la trayectoria del artista, con varias entrevistas e imágenes de Bergling.

CARL COX: Playa d'en Bossa solía ser un sitio donde una familia podía pasar un par de semanas en un hotel por quinientos euros. Así era Ushuaïa entonces, pero los precios fueron subiendo. De hecho, no es un mal sitio adonde ir si te van este tipo de vacaciones. Te gastarás la pasta, pero no tendrás ni una queja. Es imposible que vayas allí y acabes descontento, pero es muy caro. El Cipriani, el Casino, el Destino, el nuevo Nobu Hotel, el Grand Hotel... En todos estos sitios te puedes gastar un pastizal, y a eso viene la gente que va. Es lo que buscan. No es Saint-Tropez, pero casi.

PITI URGELL: Se han cargado la clase media y se han quedado con los millonarios y el turismo *low cost*. La clase media no puede pagar los precios de los sitios y ha ido desapareciendo. Eran los que compraban en las tiendas normales y corrientes. Todas esas tiendas se están muriendo.

BRASILIO: Yo no tenía nada contra el turismo, porque siempre he vivido de los turistas, cuando venían turistas normales... Ahora ya con eso del lujo... Que es una mentira, porque ese turismo ya venía antes, pero con otra actitud. Yo he tenido a Kashoggi, a la reina, la princesa Soraya y un montón de estrellas. Eso era cuando no se hablaba de lujo, era la Ibiza de verdad. Se gastaban mucho dinero también, pero no querían popularidad ni aparentar. No era Marbella ni Montecarlo. No como los que vienen ahora, con esos barcos inmensos que no se gastan ni un puto duro en la isla, que lo traen todo dentro del barco...

ANNA TUR: Creo que esa sensación de anonimato es la que ha hecho que muchos quieran venir. Ahora ya no pasa, porque ahora hay privados. Antes las cuerdas de los privados no existían, en ningún club, en ningún sitio. Estaba la planta de arriba de Amnesia, que era el lugar más restringido de los clubs de Ibiza, pero no había esos privados ni esas cuerdas que separan a unos de otros según se gasten más o menos dinero en bebida.

GEORGE EVELYN: Se han cargado el alma de la isla, qué duda cabe. Hay gente que quiere trabajar aquí pero no puede permitírselo, lo que significa que la calidad se acabará resintiendo, y eso creo que es muy evidente ahora mismo en Ibiza, ya sea en un hotel o en un restaurante. La calidad y el estándar de lo que se está ofreciendo son mínimos. No soy nada fan del rollo vip, no me gusta. Si vas a un vip a cualquier lugar del mundo, te das cuenta de que Ibiza es de chiste. Pagas un pastón y te tratan como una mierda. El camarero te tira la cuenta[165] porque está de resaca. Esto es algo que ha ido fraguándose lentamente a lo largo de los años, porque forzosamente tiene que haber una repercusión. Ha habido como un movimiento de saqueo de la isla para transformarla en un sitio de alto standing, y el tema es que si no te lo curras y acabas haciendo todo lo que va asociado a ello, se te va a ver el plumero.

ANDY CARROLL: La cultura vip es algo que está pasando. Puedes involucrarte o puedes no hacerlo. Yo prefiero mantenerme al margen. Provengo de la vieja escuela, donde todo el mundo es igual al prójimo. El tipo que trabaja de 9 a 17 h en una fábrica o el propietario de una gran empresa... todos de fiesta juntos. Así es como siempre he querido que fuera, y aún hay sitios donde esto es posible, aunque ya no tantos como antes.

CARL COX: Este es el problema que propició la decadencia de Ibiza, porque para pasártelo bien te tenías que gastar una fortuna. Al final, en Ibiza se dieron cuenta de que era un problema y empezaron a bajar los precios, pero que los vips sigan viniendo en jets privados, yates enormes y se gasten dos mil euros en una botella de champagne no ayuda. Es cierto que teníamos un área vip en Space, pero no era el área vip más grande que había. El caso es que, como había una demanda por parte de la gente con pasta de querer gastarse su dinero en el club, Pepe hizo la zona vip, que la puso a izquierda y derecha de

165. En castellano, en la entrevista original.

la cabina del DJ. Era una zona vip un poco calurosa y siempre estaba a reventar, pero al menos había buen ambiente. De todos modos, Space siempre fue un club para *clubbers*. Todo el resto reaccionaba a lo que estaba sucediendo en la isla, y era algo muy triste de ver. Si querías ir al Mambo a ver una puesta de sol, te costaba la mesa no menos de quinientos euros. Pero a ver, por una mesa y una puesta de sol, que es gratis, ¿pretendes que me gaste semejante pasta? Lo que se gastaban en esa mesa era perfectamente el equivalente a los ahorros para las vacaciones de una persona durante quince días. Esto es lo que hizo que Ibiza empezara a decaer.

JULIEN TEMPLE: Ibiza es un sitio muy pequeño, pero está en primera línea del turismo mundial y es un crisol de cuán lejos puedes llevarlo. Hay muchos tipos de turismo en Ibiza y, al ser un lugar tan pequeño, puedes ver las dinámicas de la opulencia, el turismo de baja calidad y la avaricia. Crearon el turismo nocturno, y ahora están intentando crear el rollo del hotel *nightclub* pero en horario diurno. Crearon el turismo de drogas, ya que Ibiza fue uno de los primeros destinos a los que ibas de vacaciones para drogarte. Ahora están construyendo un refugio para multimillonarios, ya sean saudíes, rusos o gente de la mafia... Hay una cantidad extraordinaria de turismos de lujo. Pero también está el turismo de San Antonio, el de potar en la calle, donde los chavales de Inglaterra ahorran pasta durante todo el año solo para poder tomarse una foto junto a una puta botella de champagne de dos mil euros y ser los reyes del *selfie*. Es muy triste, la verdad. Creo que ese tipo de turismo es lamentable.

DJ OLIVER: El capitalismo este de «todo por la pasta» antiguamente aquí no existía. Se juntaban los ricos con los pobres en la pista de baile, y ahora eso ha desaparecido. Ahora tienes a los ricos en sus mesas reservadas y al ganado, a los pobres, en la pista de baile. Esa es otra cosa de la isla: mucho yate, mucho jet privado o mucho *privée* y lo que tú quieras, pero ¿sabes la de gente que hay en la isla que no tiene ni para comer? Fui a Cruz Roja para montar el evento Beats for Food y salí de allí llorando. Había una cola enorme de gente para recoger el desayuno para que sus hijos se lo pudieran llevar al colegio. Y te hablo de gente de aquí, de la isla.

VÍCTOR JUAN: No tiene nada que ver la Ibiza de ahora con la de hace cuarenta años. He visto una evolución demasiado agresiva. Se han perpetrado verdaderas barbaridades en nombre de la codicia y la especulación. Se han hecho un montón de cosas que no necesitábamos. Algunos se han hecho muy ricos, pero se ha perdido la esencia, la ética del ibicenco.

JULIEN TEMPLE: El turismo es una amenaza global, ya sea en Barcelona, en Londres o donde sea... Destruye la cultura local. La coge y se la vende a otra gente de una forma extraña que desvirtúa la naturaleza de la cultura que la produce.

PEPE ROSELLÓ: Matutes, con su influencia, ha convertido la isla en un vulgar supermercado de la música y tiene como objetivo monopolizar las actividades de ocio y entretenimiento. Ha desestabilizado el equilibrio razonable en el que la isla estaba funcionando. Eso también ha producido que los hoteles a los que se les ha dado este plus de actividad automáticamente hayan desplazado el turismo familiar. Las estancias en Ibiza se están reduciendo. Aquel turismo familiar al cual pensábamos darle un mejor servicio, de mejor calidad, resulta que no tiene cabida, porque los hoteles son únicamente para adultos. O sea, se le ha dado la vuelta a todo.

JULIEN TEMPLE: Cuando decidí hacer la película[166], aprendí un poco de historia. Sabía de la existencia de los árabes, pero poco sabía de los fenicios, los romanos, o de los dadaístas. Pensé que estaría bien mostrar el contexto en toda su amplitud. Pero hay una parte mucho más oscura que no mostré en la película: la historia de los clubs en los noventa y la presencia de la mafia. No quisimos profundizar en el tema. Lo dejé entrever, pero no tenía tiempo para explorar el tema a

166. Julien Temple, *Ibiza: The Silent Movie* (2019).

fondo y no quería que la película se volcara hacia el lado oscuro, porque quería que funcionara para los *clubbers* que acuden aquí, que les hiciera pensar en lo que le hace el turismo a estos sitios. Creo que hay un montón de temas sobre los que la gente debería reflexionar.

BRASILIO: ¿Por qué prohibieron los *after hours* de Roselló? Para mí el Ushuaïa es un *after*: abren de día. Y ¿por qué para unos vale una cosa y para otros no?

JUAN SUÁREZ: Matutes ha sido un empresario con una gran capacidad de ver lo que se avecinaba y de adaptación, cosa que no han tenido los políticos. También es verdad que ha tenido unas ventajas que otros no han tenido.

PEPE ROSELLÓ: La ley es para respetarla: si está prohibido, está prohibido. Tú no puedes poner una discoteca en cualquier lado, al aire libre. Sobre todo, echo de menos la seguridad jurídica. Engañamos a la gente sin tener ninguna necesidad. Las leyes se hacen para ponerlas en práctica, no para cambiar el modelo cada año. Eso es profundizar cada vez más en el desorden.

JOSÉ MARÍA ECHÁNIZ: Aquí cada uno va a su aire, y, claro, la isla está cada vez peor. Esto no hay quien lo arregle.

RICARDO URGELL: A ver, aquí se ve clarísimo, y en el resto del país también funciona bastante igual. Pagas aquí, pagas allá, pagas a la policía, pagas al ayuntamiento... Si pagas, puedes hacer lo que quieras. Y no hablo solo de discotecas, también pasa en la construcción... Pagando, san Pedro canta.

JUAN SUÁREZ: Desde el año pasado, se ha prohibido a los músicos tocar en directo al aire libre. No tiene sentido.

DANNY WHITTLE: Algunas de las leyes que el poder político está motivando son un suicidio, más que otra cosa.

ANDY CARROLL: Hay muchos temas, como el de la loquísima normativa del sonido en las playas, hasta el punto de que la gente habla a un volumen más alto que la música. Alguna gente solo tiene tres meses al año para hacer dinero. El sonido nunca había sido un problema; en cualquier caso no ha ayudado que algunos ayuntamientos hayan promovido esas regulaciones del sonido.

MIQUEL MAYMÓ: Yo siempre he tenido problemas: con el ayuntamiento, con la asociación de discotecas... Lo que están haciendo con [la ley de] los 65 decibelios... Me parece que hay gente que no sabe lo que está haciendo. Uno de los mayores problemas en San José es que nos han quitado la música en vivo. Para mí es un regalo cuando traigo una banda aquí, porque no cobro entrada... Que los políticos estén en contra de la música en directo en espacios abiertos, donde llevamos veinticinco años ofreciendo a los músicos la posibilidad de ganarse la vida... ¡La música es cultura! El problema no lo tiene el ibicenco, el problema lo tienen las leyes y las normativas de esta isla. El ibicenco es feliz si se le deja vivir tranquilo, y yo soy el primero que no quiere ruido. Pero creo que en Ibiza no puedes prohibir la música en los chiringuitos de la playa. Creo que hay lugares destinados al turismo familiar y otros al turismo de ocio. ¿Permitiste que tu playa hermosa se llenara de hoteles, bares y restaurantes, y ahora quieres prohibir la música? En Santa Eulalia, por ejemplo, no se ha permitido nunca, y estoy de acuerdo, porque tenemos que preservar un espacio donde poder escuchar música y otro donde quiero ver familias.

IGOR MARIJUAN: Si no hay una estrategia por parte del Gobierno para la industria de la música, entonces pasa lo que pasa. Se ha creado una animadversión total hacia el turismo. Se han intentado abordar los problemas vecinales, pero mal, porque ahora, encima, los vecinos piden todavía más. Y no puedes tapar una fuga de agua con la mano: tienes que poner cañerías para que todo fluya por su sitio. Crea normas, reúne a todos... Hay una parte de Ibiza que no quiere Café del Mar, no quiere la industria de la música electrónica... Igual hay que dirigir bien esa comunicación a un determinado tipo de turismo.

Tampoco tiene porque ser vip, puedes orientarla a un tipo de turismo que quiere una Ibiza natural pero que no está reñido con la música. La música no es enemiga de Ibiza.

JUAN SUÁREZ: Te voy a decir una cosa que no va a gustar mucho, pero es la verdad: Sócrates dijo que la política era el arte de mentir. Hoy en día la política no tiene ni arte, se miente directamente. Un político nunca dice la verdad, porque su verdad esta condicionada por las ideas de su partido. De las cuatro mil entrevistas que habré hecho, no he entrevistado nunca a un político porque sé que me va a mentir.

PITI URGELL: La isla la han destrozado los hoteleros, que eran los jefecillos de la isla, haciendo hoteles de cuatro pesetas y transparentes que se los vendían a una agencia con gente barata. El resto ni pintamos ni pinchamos ni cortamos. Desgraciadamente, no se enteraron de cómo funcionaba la cosa hasta que descubrieron Ushuaïa.

JOSÉ MARÍA ECHÁNIZ: La asociación de hoteleros manda la tira y los gobiernos de aquí bailan bastante a su son. A ellos tampoco les interesa que se hagan casas privadas o pisos para la gente, porque les perjudica.

DJ OLIVER: Hace seis años, Ushuaïa no existía. Ahora mucha gente no va al puerto de Ibiza porque el formato de Ushuaïa es de cuatro de la tarde a doce de la noche, con lo cual al puerto ni van. Y además, el ayuntamiento lo ha cosido a multas, porque querían cancelar los pasacalles y la vida en el puerto. Antes la gente se encontraba allí, hablaba y se conocía.

PITI URGELL: El puerto se lo han cargado, aduciendo que «aquí no pasa ningún coche». Han hecho una iluminación vulgar en todo el paseo, donde la personalidad de cada bar se desvanece por culpa de las luces. La típica españolada.

JUAN SUÁREZ: Se ha perdido el ambiente del puerto y del West End, el de cuando la gente se conocía, al principio de la noche. Que te lo cuente Brasilio... Él no concibe una fiesta en una discoteca sin que la gente primero se encuentre antes para conversar y tomar copas, ligar... Las ganas de conocer gente, de hablar, de pasárselo bien, al principio de la noche... todo eso se ha perdido. Ahora Steve Aoki coge tartas y se las tira a la gente. *Where do we go from here?*

JAVIER FERRER: ¿Qué ha pasado en Ibiza? Que empezó a venir cada vez más gente y se necesitaban establecimientos que se han construido sobre la marcha. Ni nos hemos dado cuenta de la evolución que ha habido, y la vida, en este sentido, ha pasado muy rápido. La gestión política y administrativa ha sido un poco más de lo mismo. Había lo que había y se hacía lo que se sabía hacer. Si hubiese habido un plan urbanístico pensando en el futuro, Ibiza sería otra cosa. Porque muchas zonas a lo mejor se verían de otra manera. Se ha construido sobre la marcha.

DIEGO GIMENEZ: Si a Ibiza le quitas el turismo, ¿qué nos queda? Aquí tienes que vivir del turismo. Lo que pasa es que este turismo se tiene que controlar y hacerlo sostenible, porque tiene un límite, esto es una isla. No se pueden seguir haciendo carreteras por todas partes y destrozarlo todo, porque hay un patrimonio y una cultura que hay que proteger. Hay cosas que no se pueden destruir, que ya se han cargado bastante. Cuando hicieron todos los túneles, se cargaron unas casas payesas preciosas. Lo hicieron para toda la gente de San Antonio porque perdían mucho tiempo en llegar al aeropuerto. Ni en Nueva York tienen un aeropuerto así. Cuando pienso en el año 69, cuando llegué aquí, el aeropuerto era de madera y llegaban uno o dos aviones al día.

PEPE ROSELLÓ: La pena es que exista está rémora de problemas que acompañan a esta actividad que es preciosa, que es limpia, que es vida. Pero, por parte de la administración, no se la ha considerado como tal. Hay una falta de seguridad jurídica y de planificación constante. Si hacíamos una fiesta de apertura en Space, el permiso nos llegaba tres días antes. Esta inseguridad es innecesaria. No ha habido criterio ni sabiduría para dirigir u orientar el tema musical ni el desarrollo de la isla.

ANNA TUR: Es difícil hacerlo tan mal. Basta con abrir los ojos y salir de tu burbuja. Los políticos de aquí y sus entornos más cercanos viven en una burbuja. Yo coincido con ellos en muchos congresos y en muchos lugares y hablo con alguno. Tienen un total desconocimiento de la importancia que tiene la música en Ibiza. Algunos todavía hacen un poco de caso al tema, porque les han dicho que David Guetta cobra lo mismo que Cristiano Ronaldo, y ya no ven a los DJs como unos drogadictos, porque tienen un status social alto o porque ganan mucho dinero. Son símiles muy básicos, pero es que muchos de sus pensamientos son así de básicos.

JUAN SUÁREZ: Los políticos aquí nunca han sabido ver lo que viene. Cuando ha habido un problema muy grave que había que solucionar, lo intentaban, pero sin saber en realidad qué es lo que estaban haciendo. Los políticos han pasado de puntillas, intentando no pisar nada que oliera a mierda.

IGOR MARIJUAN: Ibiza no se sabe vender. Cuando subíamos a la quinta planta del Consell Insular para hablar con su presidente y le decíamos, «oye, que tenemos miles de oyentes que se están convirtiendo en millones. ¡Vamos a hacer algo!», no entendían nada. Es gente que no ha viajado en su vida. No tenían ni idea de lo que estaba pasando. Los ingleses estaban haciendo su historia. Y aquí no se daban cuenta de que había un potencial industrial tremendo, pero ellos querían seguir vendiendo los bailes populares. No ha habido una buena gestión del turismo de Ibiza, nunca. Nunca lo han entendido. Nunca han sabido cómo darle vueltas a esto. Nunca se han dado cuenta de que Croacia es una Ibiza más barata. Cuando vi el vídeo de promoción de FITUR[167] este año me puse a llorar. Se me ocurren doscientos lugares distintos que nos dan cuarenta patadas en gastronomía, caballos, iglesias y bailes populares, pero en materia de industria del ocio nocturno musical no conozco ninguno como Ibiza.

167. La Feria Internacional de Turismo (FITUR) viene celebrándose anualmente desde 1981 en IFEMA (Institución Ferial de Madrid), en los meses de enero y febrero.

DJ OLIVER: Cuando van a IFEMA solo venden la sobrasada que hacen en Santa Gertrudis o las ovejas o las algarrobas de aquí, y a la gente se la pela. Lo único que está lleno son los *stands* de Pacha, Ushuaïa, Amnesia... Ocio nocturno a tope. No existe una asociación de DJs y productores. Lo que no es normal es que vengan de fuera de la isla para hacer su fiesta y el dinero se lo lleven a su país.

ANNA TUR: Otras cosas sí que se potencian, que son para minorías y con difusión muy local. Nadie de fuera viene aquí a ver un baile *pagés* porque le han dicho que es espectacular y que las joyas son maravillosas y que es digno de ver. Mi padre era amigo de algunos políticos que ahora mismo ya están retirados y les decía, «¿por qué no venís conmigo a Space, a Pacha, a KU o a Es Paradís y veis lo que se cuece allí?». Pero no querían: «¡Ay, Dios mío!, ¿y si me ven allí?». Era un lugar tabú para los políticos. A mi padre eso le ofendía. En una oficina de Pacha o de Amnesia puede haber cuarenta o cincuenta personas trabajando para abrir por la noche y dar el mejor servicio a sus clientes, y tener la mejor programación y la mejor prensa, y atender a los mejores medios del mundo. ¡¿Por qué no quieren abrir los ojos y ver esto?!

DJ OLIVER: Lo de los políticos es una vergüenza total. Aún no han entendido que tienen que viajar fuera de Ibiza para ver otros sitios. El mundo es muy grande y la mayoría no sale, no viaja, no sabe lo que es la Miami Music Week[168], no va al ADE en Ámsterdam, o a Alemania, para ver qué es lo que se cuece. Por no ir no van ni al Sónar, que lo tienen aquí al lado. Son incapaces de salir para ver cómo se transforma una ciudad, qué pasa, qué le hace falta a la isla... Y así seguimos: igual. Lo de los políticos aquí es algo tercermundista.

168. Se refiere a la Winter Music Conference (WMC), la conferencia internacional de música electrónica que reúne a la industria durante una semana en Miami, desde 1985, cuando fue fundada por Luis Possenti y Kelly Bill, DJs y propietarios de la agencia Record Pool.

JUAN SUÁREZ: Los políticos no han entendido qué pasaba y no han tenido la visión de lo que era Ibiza fuera de Ibiza. O sea, viven en Ibiza pero no son conscientes de que es un destino turístico a nivel internacional. A pesar de que es unas de las marcas turísticas más famosas ahora mismo en el mundo, nunca se han dado cuenta de esa dimensión. Ni siquiera hablan inglés, con lo cual no se pueden entender con la gente que viene de fuera. Probablemente, lo peor que le ha pasado a Ibiza en todos los años que llevo aquí son sus políticos. En una isla tan pequeña como Ibiza, tan minúscula, que haya un Consell y cinco ayuntamientos y cada uno tenga unas normas, unos horarios, una regulación diferente... ¿Dónde cojones vamos con eso?

IGOR MARIJUAN: Nunca han analizado qué está pasando aquí. Es razonable, en realidad. Son políticos, y los políticos tampoco gobiernan mucho; gobiernan los técnicos. Los técnicos llevan toda la vida ahí: son funcionarios. Los políticos van y vienen, pero los técnicos se quedan. Cuidado que ha habido mucho desmadre, que Manumission se cerraba a las nueve de la mañana y coincidía con la entrada de los niños a la escuela. El vecino de Las Salinas que salía con su familia a tomar algo no podía porque estaba a reventar de gente. Nadie se ha encargado de darle una forma real a todo esto, de gestionarlo de forma seria y profesional. Cualquier intento no ha funcionado.

PITI URGELL: ¿Quién ha invertido en Ibiza? Las discotecas. Las discotecas han sabido ganar dinero con esa inversión, propiciada por la juventud. Si hubiera sido por ellos [los políticos], aquí estaríamos con los autocares, los guiris, los yayos, el hotel y la piscina. Esta isla la destrozan primero los políticos, que ya la han destrozado, y luego el exceso de descontrol, sobre todo en urbanismo y en movilidad. Lo tienen destrozado. La isla no está preparada para lo que podría venir. Aún va lenta. Cada año pierde: en calidad de vida, en calidad de las personas, en personalidad, en tranquilidad.

BRASILIO: Hay alguien que manda en todo y se llama Abel Matutes, y se acabó. No estoy hablando ni bien ni mal, pero todo lo que está haciendo con el puerto... ¿Porque quiere controlar Playa d'en Bossa? ¡Porque es toda suya! Quiere hacer un centro comercial, un campo de golf. Ha tirado el [Teatro] Pereyra... ¡Y más cosas! Cuando yo llegué a la isla, él ya había ganado sus primeros cien millones construyendo un hotel justo donde iba la pista del aeropuerto. Como sabía que se lo tirarían, lo construyó de arenilla. Se lo tiraron y le dieron cien millones de compensación.

LENNY IBIZARRE: Matutes es una de las personas que más ha hecho no solo por el desarrollo de Ibiza, sino también por el de España. Fui al colegio con sus hijas en Bruselas, cuando él era el representante español de la UE. Recuerdo que me decían, «sí, mi padre tiene una isla». No me di cuenta de quiénes eran. Enviaba inspectores a las áreas más depauperadas de España y volvían diciendo, «España es casi un país del Tercer Mundo», y de este modo la UE asignaba la mayoría de su presupuesto de los impuestos europeos a España. Durante ocho años, Matutes consiguió millones y millones de euros de inversión de la UE para España, y con ese dinero se construyeron estadios y carreteras por todo el país. Después, fue Ministro de Exteriores de España durante ocho años, y se ocupaba de todo negocio dentro y fuera del país. O sea, que si quieres que un buen hombre de negocios dirija el país, él fue el hombre apropiado durante un montón de años.

JAVIER FERRER: Hombre, qué quieres que te diga yo de los Matutes: pues han hecho cosas muy buenas. En su día, aparte de hoteles, tenían pisos que podíamos comprar los que trabajábamos. ¿Que a lo mejor hubiesen podido hacer las cosas mejor? ¡Claro que sí! Todo el mundo las puede hacer mejor, pero ha sido —y es— alguien que le ha dado un plus a la isla. Porque aquí se habla de los Matutes, pero tú mira los negocios, hoteles, discotecas o lo que sea: son negocios de gente de fuera. Estamos hablando de la mayoría. Yo lo único que te puedo decir —y he trabajado con ellos— es que en su banco siempre han ayudado a la gente que tenía algún problema. Allí estaban ellos.

LENNY IBIZARRE: Es importante entender que Matutes es una superestrella en España, políticamente hablando. Económicamente hablando, ha hecho más por el país —no por la isla, por el país— que cualquier persona que hubieras podido soñar. Este es su arenero, se llama Ibiza. Aquí puede hacer lo que se le antoje. Construyó carreteras, y nosotros lo odiamos por ello, pero ahora vivimos más seguros. Sigue trabajando, día a día. Si lo llamas, se pone al teléfono. Te responderá, y es un tipo muy tranquilo, nada que ver con el clásico histérico. Por supuesto, cuando alguien tiene un poder como el suyo, van a proliferar las opiniones encontradas. Como isla, creo que está bien tener a alguien como él en nuestro equipo, si creemos que lo somos, cosa que me gustaría pensar que es así. Es muy fácil meterse con Matutes y quejarse. Pero el mejor ataque es aquel que permite hacer las cosas mejor. Y eso es complicado de cojones.

JULIEN TEMPLE: Matutes fue demasiado lejos, y aún intenta ir más lejos. Me dijiste que os denegó una entrevista para este libro. A mí también me la denegó, lo que encuentro que es estúpido, porque podría haber explicado sus motivos. Lo que quiero decir es que sabemos que quiere hacerse rico, y que se ha hecho rico, pero estoy seguro de que tiene sus sentimientos con respecto a Ibiza que debería poder compartir.

ANDY MCKAY: Creo que Matutes es un ejemplo excelente de alguien que recibe el cambio con los brazos abiertos y además es capaz de hacer un buen dinero con él. Muchos de los negocios de aquí se han concentrado no en cómo podían copiar a Ushuaïa, sino en cómo destruirla. «¿Cómo puedo impedir que funcione? ¿Cómo puedo devolver el genio a la botella? ¿Cómo puedo ponerle freno al progreso, porque quiero que todo continúe como siempre?»

JUAN SUÁREZ: Ahora tenemos Ushuaïa, Hard Rock Hotel, tenemos *beach clubs* como Blue Marlin y Amante; sitios donde se hacen fiestas y se baila incluso encima de la arena, al aire libre, que es el sueño de todos. Entonces, ¿por qué se obligó a cubrir aquellas maravillosas discotecas que teníamos y luego lo volvimos a permitir? ¿Quién la ha cagado ahí? Porque alguien la ha cagado.

MAR-T: Hay unos jugadores nuevos en la partida que ya sabemos quiénes son. Si tú tienes algún DJ, ellos ofrecen el doble. Cogen lo mejor que tienes y se lo llevan pagando el doble y rompiendo el mercado. Dejan todo el campo quemado y lo que está más arriba a precios desorbitados.

ANDY MCKAY: Lo que nosotros tenemos ahora es una cultura globalizada, tolerancia al cambio y vistas al futuro; en cambio, ellos tienen un modelo de negocio que ha envejecido y donde la gente se aferra al pasado. Pero aferrarse al pasado es la muerte. Allí es donde Matutes ha sido listo. Puedes hablar bien o puedes hablar mal de él —tengo un montón de cosas malas que podría decir sobre él—, pero allí está, dando la bienvenida al cambio, mirando al futuro, y es eso lo que les ha permitido crecer. No culpo a Matutes, culpo a todos los demás, y eso no quiere decir que me guste todo lo que están haciendo [los Matutes] —claramente, no—, pero es muy fácil echarles la culpa, porque la culpa siempre la tienen los demás.

16
CLUB TROPICANA

En 1978, el británico Tony Pike se instaló en Ibiza, donde compró una finca abandonada para levantar con sus propias manos el Pikes Hotel. En 1983 se grabó allí el vídeo de la canción «Club Tropicana» de Wham!, y las imágenes de George Michael remojándose en la piscina del hotel y de Tony haciendo de barman dieron la vuelta al mundo. El vídeo tuvo un gran impacto y el Pikes entró rápidamente en los círculos de la industria musical, atrayendo a artistas como Julio Iglesias, Grace Jones o Freddie Mercury, que celebró allí una sonada y legendaria fiesta por su 41 cumpleaños. En los años noventa, el Pikes entraría en una profunda crisis financiera y, tras varios años en el ostracismo, Andy McKay y Dawn Hindle —los responsables de Ibiza Rocks— le insuflarían nueva vida a principios del nuevo siglo alojando allí a sus estrellas del rock. En 2014, la pareja adquiere finalmente el hotel y lo restaura, transformándolo en el nuevo Pikes Ibiza, donde a partir de 2015 el británico DJ Harvey arranca su fiesta Mercury Rising, que conecta con el genuino Balearic state of mind. *Precisamente la nueva década marca una reinvención del* clubbing *ibicenco con la búsqueda de nuevas fórmulas y aire fresco, ante la manida y previsible escena dominante. La irrupción de fiestas como WooMooN, Glitterbox o elrow genera imaginativas experiencias que abren nuevas vías en un panorama que ha perdido su identidad, asfixiado por el modelo más capitalista y comercial imaginable. Fiestas que remiten a los orígenes, la esencia, la autenticidad e incluso a lo ancestral del baile y que perfilan el futuro de la cultura de club ibicenca.*

INTERVIENEN: JANE, BRASILIO (KU, PRIVILEGE, LA TROYA), JUAN ARNAU (FLORIDA 135, ELROW), ALAIN (SAUSALITO), CÉSAR DE MELERO (PACHA, KU, PRIVILEGE), IRVINE WELSH (AUTOR DE *ACID HOUSE* O *TRAINSPOTTING*), DAWN HINDLE (IBIZA ROCKS, PIKES IBIZA), ANDY MCKAY (IBIZA ROCKS, PIKES IBIZA), ANDY CARROLL (IBIZA ROCKS, PIKES IBIZA), MATT TROLLOPE (AUTOR DE *MR PIKES: THE STORY BEHIND THE LEGEND*), DOUMI (WOOMOON), RICARDO URGELL (PACHA, LÍO), VAUGHAN (PACHA), SIMON DUNMORE (DEFECTED, GLITTERBOX), DJ HARVEY (MERCURY RISING), PETE GOODING (CAFÉ MAMBO), BILL BREWSTER (AUTOR DE *ANOCHE UN DJ ME SALVÓ LA VIDA*), MAR-T (AMNESIA), IGOR MARIJUAN (IBIZA SÓNICA), GREGO O'HALLORAN (RESISTANCE, DEFECTED), DANNY WHITTLE (IBIZA 123 FESTIVAL), JUAN SUÁREZ (*DIARIO DE IBIZA*), PIPPI (PACHA, AMNESIA), TANIT (WOOMOON), VALENTÍN HUEDO (IBIZA SONICA), ANDREA PELINO (DC-10), CARL COX (SPACE), DJ OLIVER (AMNESIA, LA TROYA), KENNETH BAGER, DAVID MORENO (IBIZA GLOBAL RADIO), JOSÉ PADILLA (CAFÉ DEL MAR), LUCIANO (CADENZA), MIQUEL MAYMÓ (KUMHARAS), LOUIE VEGA (MASTERS AT WORK), MARK BROADBENT (MANUMISSION, PIKES HOTEL), PEPE ROSELLÓ (SPACE)

JANE: Tony Pike vino mucho después que nosotros; llegó tarde a la escena[169]. El Pikes era una antigua casa rural renovada con mucho gusto y tenía algunas habitaciones exteriores. Fue uno de los primeros hoteles rurales.

BRASILIO: A Tony lo conocí cuando estaba construyendo el hotel[170]. Se lo querían cerrar y tuve que ir y pelear por él, porque creían que era un club de putas. El Pikes Hotel al principio era solo una casita —era muy pequeñito—, y los muebles que había allí eran de mi casa. La gente podía coger lo que quisiera de la nevera y todos los huéspedes comían en la misma mesa... Solo había eso.

JANE: La primera vez que fui al Pikes fue para llevarle a Tony un poco de... También nos compraba bikinis para la tienda y solía llamarnos para pedirnos tangas. Una vez fui a la boda de un tipo que se pasaba

169. El británico Anthony Pike (1934-2019), exfabricante de sombreros, exmilitar y divorciado tres veces, se instaló en Ibiza en 1978. Allí conoció a su nueva pareja, Lynn, con quien adquirió la finca abandonada Ca'n Pep Toniet, situada en el campo, al este de San Antonio, con la intención de renovarla y convertirla en un hotel.

170. Pike prácticamente levantó con sus propias manos el Pikes Hotel, con la ayuda de sus dos hijos y de su pareja, Lynn. Según cuenta la historia, Bo Palk, el gerente de MGM Studios en ese momento, se registró en el hotel mientras Pike estaba dando los retoques finales del último baño del hotel.

el tiempo viajando por todo el mundo. Iba a Afganistán y a Nepal, y también vivía allí.

JUAN ARNAU: Conocí muy bien a Tony, que siempre estaba en el hotel. En cuanto pude, me llevé a mis hijos a Ibiza y nos instalamos en el Pikes. Nosotros íbamos en plan familiar y Tony acababa extrañándonos mucho a los de pueblo, porque él alardeaba de ser de pueblo. Nos reíamos a carcajadas con él, siempre estaba explicándonos aventuras... Era un ser entrañable; era mágico estar con él.

BRASILIO: En Pikes hospedé a muchos de los artistas que traía al KU. Allí estuvieron Freddie Mercury, Spandau Ballet... más de doscientos artistas. A todos los instalaba allí. Yo mismo los llevaba y los iba a buscar. Tenía un par más de hotelitos *boutique*[171], hermosos, porque no puedes poner a un grupo en un hotel con mucha gente, donde hay niños y ruido. La primera vez que Spandau Ballet dio un concierto fuera de Inglaterra fue en el KU y durmieron en el Pikes.

JUAN ARNAU: Coincidimos con varios artistas, aunque entonces no sabíamos quiénes eran... Después supe que eran Duran Duran, Pink Floyd, Freddie Mercury y otros artistas que pasaban por el hotel.

ALAIN: Freddie Mercury vino una noche a cenar al Sausalito con una comitiva de más de veinte personas, entre músicos, bailarines y novios... Recuerdo que no quería fotos —era muy especial y no quería que le hicieran fotos—. Vino en la época en la que estaba grabando el disco con Montserrat Caballé[172].

BRASILIO: Después, Toni empezó a reformar el hotel. Hizo la habitación grande, donde se hospedaba Freddie Mercury, que hizo muchas fiestas ahí, y luego al club le puso de nombre «Freddie's», en su honor.

171. Ver nota 85.

172. Freddie Mercury, Montserrat Caballé, *Barcelona* (Polydor, 1988).

Traje a todos esos grupos y nunca cobré la entrada [de los conciertos] a un ibicenco. Los turistas, sí, esos pagaban, pero a la gente de Ibiza creo que hasta hoy casi no le he cobrado nunca.

CÉSAR DE MELERO: Hay una canción de Wham! que se llama «Club Tropicana» cuyo vídeo se grabó en el Pikes Hotel, que ahora está muy de moda. Pero, aunque esté grabado allí, cuando hablan del Club Tropicana, en realidad Wham! se refieren al Coco Loco de KU, porque cuando dicen «*drinks are free*»[173], el único club del mundo donde las copas no se pagaban era el Coco Loco. A ver, pagaba el turista, pero el amiguete o el camarero... no pagaba ni dios.

ALAIN: Fui al Pikes el primer año que abrió. Yo era amigo de sus hijos; uno murió[174] y otro se fue a Australia. Julio Iglesias pasó un mes entero hospedado allí durante un verano, y dos veces por semana lo tenía en mi restaurante. Conocía a Tony personalmente, claro, que también venía al Sausalito. Vino una vez con su novia, Grace Jones.

IRVINE WELSH: Tony tenía ese campo de sueños que era su hotel. Lo construyó prácticamente con sus manos y siempre animaba a todo el mundo a que se instalara allí. Se habla mucho de George Michael, Grace Jones o Freddie Mercury, pero también invitó a mucha otra gente.

173. «Las copas son gratis», en inglés.

174. En 1998, Tony Pike puso en venta su hotel y su hijo Dale, preocupado por que su padre estaba vendiéndolo muy por debajo de su valor, se hizo cargo personalmente de las negociaciones. Estas le llevaron a Miami para negociar el precio de venta con uno de los pujadores interesados, Enrico «Chico» Forti, pero Dale no llegó siquiera a pisar su hotel. Alguien le recogió en el aeropuerto y varias horas después apareció muerto en la playa de Miami, con dos tiros en la cabeza. Tras una amplia investigación policial, se destapó una rocambolesca y siniestra trama de estafa y crimen que resultó en la detención de varios sospechosos, entre ellos Forti, que finalmente fue condenado en el año 2000 a cadena perpetua por este asesinato. Actualmente, Forti se encuentra cumpliendo condena en una prisión de Florida, y en una reciente entrevista que concedió en 2019 a la cadena norteamericana CBS sostenía su inocencia.

DAWN HINDLE: Tony Pike era legendario, fue el Hugh Hefner de Ibiza[175]. Era el hombre que estaba con las mujeres con las que estaban las estrellas del pop. Su hotel fue el primer hotel *boutique* de la isla, y fue legendario. Fue el sitio donde Freddie Mercury celebró su cumpleaños[176], donde Grace Jones solía pasar temporadas, y el lugar donde todo aquel que fuera alguien solía frecuentar. Tony los entretenía a todos, y adorábamos la autenticidad y el buen ambiente que el Pikes rezumaba. Allí la energía es intangible, ¿no es cierto? Proviene de las paredes. El otro día hablaba con Mark Jones, que quería hacer un programa de televisión sobre las líneas ley, pues se ve que el Pikes está sobre una de ellas[177]. Pero sea por las líneas ley o por cualquier otra cosa, la energía todavía está en sus paredes: es la Historia.

ANDY MCKAY: Por aquel entonces estábamos montando Ibiza Rocks. Estábamos creciendo un montón y hospedábamos a los grupos en villas, pero muchos nos pedían hoteles porque no se llevaban bien entre ellos, y como los querían con cierta personalidad, Pikes fue la solución perfecta. Era como estar en la casa de alguien. Pikes siempre

175. El músico británico Boy George, líder de la popular banda de los ochenta Culture Club y habitual del Pikes Hotel, se refirió a Tony Pike como «el verdadero Hugh Hefner».

176. En 1987, Freddie Mercury celebró su 41 aniversario en el Pikes, organizando una fiesta que se recuerda como una de las más salvajes de la isla y que fue descrita por la revista *People* como «el ejemplo más increíble de exceso que la isla mediterránea hubiera visto». Acudieron más de setecientos invitados, entre los que se encontraban Julio Iglesias, Grace Jones, Boy George, Jon Bon Jovi, Spandau Ballet, Kylie Minogue, Naomi Campbell, Tony Curtis o Jean-Claude Van Damme. Entre los pocos detalles que trascendieron de aquella noche de locura, se sabe que se descorcharon trescientas cincuenta botellas de Moët & Chandon y que el pastel de cumpleaños, que era una reproducción de la Sagrada Familia de Gaudí, se rompió y tuvo que ser reemplazado por otro de dos metros de largo, decorado con las notas de la canción «Barcelona». Los fuegos artificiales que se lanzaron fueron visibles en toda la isla. Tras el jolgorio, que sería recordado durante décadas y que permanece en la memoria colectiva, el Pikes Hotel se convirtió en leyenda.

177. Las líneas ley, Sendas del Dragón o Caminos de la Serpiente, como también se las conoce, son alineaciones de energía en el campo magnético terrestre que se localizan en vórtices magnéticos en la mayoría de los lugares sagrados, como iglesias, monumentos megalíticos o incluso cementerios. Fueron estudiadas por primera vez por Nicola Tesla, y su nombre se lo debemos al arqueólogo aficionado Alfred Watkins. Esta teoría ha sido rechazada desde sus primeras formulaciones por la arqueología tradicional.

ha sido un lugar increíble, y quisimos que fuera el mejor hotel que una banda de rock pudiera soñar. El problema es que la comida no estaba a la altura y el servicio era insuficiente, y, por su ubicación, iba a llevarnos mucho trabajo solucionarlo, pero la idea de instalar a las bandas allí era una manera de recrear lo que el lugar había sido en sus tiempos.

DAWN HINDLE: Descubrimos el Pikes poco después de llegar a Ibiza. Solíamos llevar a un montón de DJs allí a desayunar después de las fiestas Manumission. Cuando empezamos a traer grupos, quisimos que se quedaran en el hotel. Queríamos crear nuestro propio hotel. El Pikes estaba en mal estado y Tony se estaba haciendo viejo, pero tenía un legado que quisimos continuar, añadiéndole nuestro sello.

ANDY MCKAY: Así que nos sentamos con Tony y llegamos a un acuerdo para alquilarlo durante cinco años, pensando que serían más. Tendríamos alojamiento gratis y podríamos cubrir los gastos del alojamiento de los grupos. De este modo, nos ahorraríamos treinta mil euros al año. Era un proyecto genial. No teníamos una ambición desmedida cuando lo cogimos. Se trataba de protegerlo y de que siguiera siendo un sitio relevante, porque si no hubiera acabado siendo un prostíbulo o algo así. Empezamos haciendo las *afterparties* con los grupos en las habitaciones principales y la cosa evolucionó hasta que fue adquiriendo la personalidad que ahora tiene. Al final, de lo que se trataba era de preservar el espíritu de lo que es el Pikes. Creo que es el hotel más rock and roll del mundo. Solo hay algunos que se le puedan comparar, como el Chateau Marmont, en Los Ángeles. Cuando ves que mucha de la herencia de esta isla se muere —aunque no creo que sea un proceso irrevocable—, tu deber es protegerla. Es un sitio genuinamente ibicenco y tiene un gran valor.

DAWN HINDLE: Cogimos el Pikes hace siete años y lo compramos hace tres. Hemos hecho muchas cosas, pero preservando la autenticidad del lugar. Construimos a partir de lo que el Pikes tenía, que es un legado enorme, y creo que eso es lo que hemos visto: que es parte de la identidad de Ibiza.

ANDY CARROLL: La razón por la que he escogido trabajar en Pikes es porque me encanta el ambiente y el *vibe* que se respira: es el espíritu de Tony Pike, la tradición que aún pervive. Puedes estar en la piscina y toparte con un montón de gente interesante de toda condición social, como sucedía hace veinte años. Es un oasis en medio de Ibiza.

MATT TROLLOPE: Pikes encarna la esencia, el espíritu de Ibiza, la experiencia Balearic. Ha pasado tanto tiempo, cuarenta años ya, pero sigue siendo un sitio muy bohemio. Siempre ha sido un enclave muy gamberro, un lugar apartado del camino trillado. Todavía transpira ese aire de exclusividad. Han conseguido recrear ese ambiente cuando montan allí sus fiestas para mil personas. Es un lugar algo secreto. La primera vez que vine a Ibiza la cosa iba de ir a los clubs grandes y ponerse del revés. Todo giraba en torno a los DJs, la música y todo el rollo. Por aquel entonces tenía veintipocos años. Cuando empecé a escribir el libro[178], tenía cuarenta y tantos. A medida que me hago mayor, el Pikes es el lugar perfecto para pasar el tiempo. Desde que se montó Freddie's, cada vez más gente lo conoce, pero a pesar de todo muy pocos conocerán cómo es el sitio durante el día. Me flipan los atardeceres allí, y me encanta Freddie's. Me fascina que exista este pequeño club nocturno en una isla con clubs enormes. Eso lo hace aún más exclusivo.

~

178. Matt Trollope, *Mr Pikes: The Story Behind The Ibiza Legend* (MT Ink, 2017).

DOUMI: Nací en el 77, en Bélgica. Mi padre es vasco y mi madre es hispano-belga. Cuando nací, mi padre estaba trabajando para que España entrara en la Unión Europea[179]. Llegué a Ibiza con apenas seis meses. No soy *pagés*, pero soy ibicenco. Con cinco o seis años, mis padres iban a fiestas y nos llevaban por las tardes a Pacha, a KU Beach o a KU, que una vez a la semana hacía una fiesta para niños. Con nueve o diez ya iba al restaurante de Pacha y podía entrar a mirar el club. Recuerdo las fiestas de la luna llena que hacía Ricardo Urgell en Espalmador y despertarme en el barco a las siete u ocho de la mañana con mis padres ahí de fiesta. Por alguna razón, tengo muchos recuerdos de los Locomía, otros paseando por la calle de la Virgen, o de los *parades* de Brasilio, que hacía la fiesta de Brasil. Mi padre era amigo de los dueños de KU y el fotógrafo de KU me llevaba con diez u once años por la parte de arriba del club. Pino [Sagliocco] en ese momento estaba organizando lo de Ibiza 92 con Montserrat Caballé y Freddie Mercury, y recuerdo estar en el restaurante y husmear y ver a Grace Jones por ahí. Recuerdo que entregué el premio de Miss KU el último año antes de que cerraran [1989]. Mi padre me pilló porque salí en el *Diario de Ibiza*. Luego me enteré de que, en lugar de pegarme la bronca, se puso orgulloso... Lo arregló todo Rosetta Montenegro, que tenía una barra ahí arriba con Sandy Marton, que había sacado el «People from Ibiza» hacía unos años. Con quince o dieciséis íbamos a Amnesia a la fiesta de la espuma. Nos poníamos el traje de baño y nos metíamos en el *after* con las gafas de buceo, y a bailar y a ligar todo lo que pudiéramos, a ver qué pescábamos. Luego, a mediados de los noventa, Cream empezó los jueves en Privilege y los lunes estaban allí Manumission. La dinámica de la isla empezó a cambiar. Estos dos personajes, Mike y Claire, eran geniales, los admiro muchísimo. En ese momento estaban en su máximo esplendor, estaban partiéndolo.

179. El filósofo Daniel María de Busturia Jimeno (Baracaldo, 1944) fue nombrado en 1978 asesor de Leopoldo Calvo-Sotelo, entonces Ministro para las Relaciones con las Comunidades Europeas, y posteriormente asesor del Ministro de Asuntos Exteriores durante el Gobierno de Calvo-Sotelo.

JUAN ARNAU: elrow[180] surgió por una serie de casualidades. En teoría, empezó en Barcelona como un *after*: nos amenazaron desde el ayuntamiento con cerrarnos y pensamos, «ya que nos van a cerrar, montemos el *after*». Un día, mi mujer y yo fuimos a los chinos a comprar material: sombreros mexicanos, matasuegras, confeti, serpentinas, juguetes, trompetas... Al día siguiente, nos metimos en la cabina del DJ a las ocho o nueve de la mañana, cuando amanecía, y empezamos a tirar todo eso al público. Así nació elrow. A través de la observación lo hemos ido perfeccionando: ¿Qué pasaría si metiéramos dos zancudos tirando el material en lugar de que lo tiren los propietarios? ¿Qué pasaría si decoramos? Y luego viene mi hija y dice, «¿qué pasaría si lo hiciéramos temático?». Y así, poco a poco, lo hemos convertido en un espectáculo inmersivo. Todo a base de observación.

DOUMI: Pasé muchos años en Pacha, por mi relación con Ricardo Urgell. De los dieciséis años hasta los veintiocho o veintinueve, me pasaba el 70% de mi verano en la cabina, escuchando a todos los DJs y observando la pista. Tengo esos recuerdos de Frankie Knuckles pinchando por primera vez en la cabina de Pacha, o [Erick] Morillo, cuando vino la primera vez, o a Modjo tocando «Lady», Masters at Work con Louie Vega... Primero ayudé ahí en las galas juveniles y luego empecé a trabajar en el Pacha de Madrid, cuando estudiaba Administración y Dirección de Empresas en la capital. Después lo dejé todo, me fui a viajar por el mundo para trabajar en hoteles y restaurantes que marcaban tendencia: Miami, Nueva York, Los Ángeles, Asia, París, Ámsterdam... Quería ver cómo funcionaban e hice de

180. En junio de 2010 nació el concepto elrow: «Sesiones dominicales ligeramente ilegales» —tal y como indica la propia web del grupo— en el local que la familia Arnau tenía en Viladecans (Barcelona). elrow desembarcó en Ibiza en 2011 como un *one-off* en Gala Night y posteriormente se instaló en varias salas de la isla con residencias en Vista Club (Privilege), Space y Amnesia, y shows esporádicos en Cova Santa o Ushuaïa. Hoy elrow es una de las marcas de *clubbing* de más éxito mundial. La familia Arnau —que lleva casi dos siglos dedicada al entretenimiento— dirige desde hace cuatro décadas Florida 135, un club de referencia mundial para el techno, y el Monegros Desert Festival, que se celebró entre 1994 y 2014, y que tenía previsto volver con una nueva edición este 2020. elrow fue adquirido en 2017 por el fondo inversor Providence, propietario también del festival Sónar.

todo: de camarero, barman, seguridad, friegaplatos... También trabajé en los Grammy con Pino Sagliocco. Y con veinticuatro años empecé a trabajar en El Bulli. En dos años me gané la confianza de Ferran Adrià, que me mandó a Sevilla, donde dirigí El Bulli Hotel: la sala, la operación, los detalles, la música, la luz, la energía... para que todo funcionara perfecto. Allí conocí a Guy Laliberté[181].

RICARDO URGELL: El Lío[182] surge en el momento en que Marc Marí me dice, «mi padre me ha mandado para ver si en tres años te traspasa El Divino». «No ha funcionado nunca», pensé. En cinco segundos me vino a la cabeza «jolines, otro lío». Te lo juro que pensé en la palabra «lío». Y a los diez segundos le dije, «bueno, me la quedo». Me costaba cuatrocientos mil euros de alquiler. Era una pasta. «Ya te has metido en otro lío, Ricardo», pensé. Como en aquella época ya había hecho veintitantos locales propios, más las franquicias, pensé, «te lo tienes que quedar, porque si no, se lo quedará otro»; Martín Ferrer o los de Space...

DOUMI: Un día, Guy [Laliberté] vino como cliente al hotel [El Bulli Hotel] y quise devolverle lo que para mi supuso ver «Alegría» en el Cirque du Soleil. Así que le hice un recorrido con un hilo de oro, en su habitación, con varias sorpresas y detalles, para que no se olvidara de mí. Luego dejé El Bulli, volví a Ibiza y compré los estudios Mediterráneo. Primero me asocié con Bruno [Reymond], de La Maison de l'Elephant y desarrollamos el hotel Elephant. La idea era convertirlo en una especie de hotel con estudio de sonido y un miniclub con alguna locura, donde todas las habitaciones cambiaran de decoración por la noche. En ese momento apareció Guy Laliberté,

181. Guy Laliberté fue fundador y director ejecutivo del Cirque du Soleil. En 2015 vendió la mayoría de sus acciones por unos mil quinientos millones de dólares a un conglomerado de empresas.

182. Lío se ubica dentro del puerto deportivo de Ibiza y ocupa el espacio de lo que fue la discoteca El Divino. Lío conecta con el espíritu del *burlesque* y su propuesta gravita en torno a una cena con espectáculo de cabaret —dirigido por Joan Gracia (El Tricicle)— y sesiones con DJs residentes como Sebastián Gamboa, Jean-Claude Ades, Felix da Housecat o 2manydjs.

que nos propuso asociarse con nosotros, y estuvimos negociando durante meses para hacer el hotel del Cirque du Soleil. Al final la operación no se llevó a cabo por Bruno, que estaba con problemas personales, y me presentó a Cathy y David Guetta, que acababa de sacar el «Just a Little More Love». Nos asociamos y empezamos a montar el hotel, pero aparecieron varios fondos de inversión interesados y al final cerramos un acuerdo de venta muy bueno. Un tiempo más tarde, en la playa, oigo, «¡Doumi!», y de repente veo a Guy. Me invitó a su barco y me explicó su proyecto «Oh, Soleil!»: adquirir diferentes propiedades «mágicas» por todo el mundo para hacer fiestas increíbles, con sus historias... Le dije que trabajaría con él, siempre y cuando hiciéramos algún proyecto juntos. En aquel momento las cosas me iban bien: con veintisiete años, podía seguir haciendo de DJ y darle a saco o seguir con la fotografía profesional. Pero me asocié con Guy, con la esperanza de devolverle a Ibiza el contenido artístico. Por aquel entonces, yo no le conocía tanto, pero luego vi que era un genio, un monstruo. Es el único tío que admiro, el único empresario que admiro. Fue entonces cuando empezamos a hacer las famosas fiestas de Can Soleil[183], que fueron una locura. No creo que se vuelvan a hacer fiestas así en Ibiza... Ahora hay más gente, hay más clubes, hay más cosas; más competencia, más presión, más empleados... Todo ese circo que se crea en torno a esta industria.

RICARDO URGELL: Doumi trabajaba con Guy Laliberté en aquellas fiestas que hacían en Cala Tarida. Cuando surgió lo del Lío, intentamos llegar a un acuerdo con Guy, pero me mandó a los de su empresa y, buah... le dije que no. Lo hice por mi cuenta y luego se arrepintió. Él, que es un tío muy famoso...

DOUMI: Ricardo se acababa de quedar con El Divino, y le propuse hacer el Cirque de la Lune. Él siempre me había hablado de montar un cabaret, y era una manera de devolver el contenido artístico a

183. Se refiere a las fiestas privadas de Can Soleil, la mansión propiedad de Guy Laliberté, situada entre Cala Llentia y Cala Tarida.

la isla. Entonces, empezó a llegar la gente del Cirque du Soleil y le empezaron a dar ideas a Ricardo. La cosa fue avanzando, con algunas diferencias acerca de las cifras que se manejaban, hasta que Sean O'Donnell, el presidente del Cirque du Soleil, llegó a la americana, con muchos humos, y le hizo llegar a Ricardo un contrato sin pies ni cabeza; un contrato en el que, entre otras cosas, decía que si había cualquier conflicto se debía resolver en Montreal. Cuando Ricardo leyó aquello, le sentó mal, con toda la razón del mundo. Yo les había avisado de que así no funcionaban los negocios aquí, y perdieron la oportunidad. Eso siempre fue una espina clavada para Guy y el Cirque du Soleil, porque entre Guy y Ricardo podrían haber hecho algo mágico. Luego Ricardo decidió hacerlo por su cuenta con Joan Gracia, de El Tricicle, como director artístico.

JUAN ARNAU: Estuvimos dos años haciendo el *after* en Barcelona y luego fuimos a Ibiza en 2011, al Zoo Project. Solo llegar, nos enviaron un control policial, porque se asustaron: «¡Que vienen los de elrow! ¡La transgresión!», pensarían. Montaron un operativo... «¡Oye, que no hacemos nada malo!», les dije. No sé qué se pensaban que hacíamos aquí. Y de ahí pasamos al Privilege y luego a Space.

DOUMI: Un día fui con Gilles Ste-Croix[184] a Ushuaïa y me dijo, «lo que veo y lo que oigo me gusta, pero no van juntos». La magia se crea cuando lo que ves y lo que oyes se sincronizan. Eso lo empecé a aplicar en las fiestas de Can Soleil, hace ocho o nueve años. Empezamos a trabajar con un guion con gente como Manumission, luego con Foc i Fum[185] y más adelante con otra gente de la isla. En Ibiza se estaba contando una historia completamente diferente. Estaba

184. Gilles Ste-Croix es un empresario canadiense cofundador de Cirque du Soleil junto con Guy Laliberté.

185. Foc i Fum es un colectivo teatral interactivo y multidisciplinar fundado en 1982 por la ibicenca Luisa Serra y el menorquín Manolo Hernández, especializado en acciones teatrales para fiestas populares, espectáculos varios y *clubbing*. El colectivo está formado por miembros de orígenes tan dispares como Francia, Australia o Austria, y puede variar en su número, según las necesidades de cada espectáculo.

Richie Hawtin con Enter[186] y luego Marco Carola con Music On[187]. Atravesábamos un período oscuro. Habíamos abandonado la historia del Balearic, ese estilo de música un poco más sentimental, más fino y con menos bpm. A mí me gusta la alegría, y en una fiesta tiene que haber luz, no oscuridad. Habíamos llegado a un punto en el que todo el mundo estaba comedido y midiéndose, y faltaba la expresión. Por eso festivales como el Burning Man funcionan tan bien, lo de la *radical self-expression*[188] es muy potente: la gente puede volverse loca y expresarse.

DAWN HINDLE: Cuando llegamos por primera vez a la isla, lo bueno es que nadie se preocupaba por lo que tuvieran los demás. Las zonas vip no eran relevantes. Había clubs donde no se podía reservar una mesa vip. La verdadera acción ocurría en la pista de baile, con todos esos personajes pintorescos. Todavía me acuerdo de amigos como Ziggy y tantos otros personajes que fallecieron. Eran personajes de verdad que no se dejaban encasillar por la sociedad. Personajes que no tenían ni un duro y que probablemente vivían en casas muy pequeñas junto a la playa, pero que tenían mucho más de lo que el dinero podía comprar, algo que era completamente intangible: efervescencia vital. Ellos fueron las verdaderas estrellas de Ibiza.

VAUGHAN: Antes, esta isla estaba llena de gente excéntrica, teatral y loca, pero ya no. ¿Dónde coño están todos aquellos gays y transexuales? Es muy loco. Para mí, todo se está volviendo muy aburrido. De verdad. A todos esos programas de televisión y revistas que en los últimos años vienen a entrevistarme les digo, «el año que viene cumplo sesenta años, ¿por qué no entrevistáis a gente de veinte o veinti-

186. Ver nota 136.

187. Ver nota 102.

188. La *radical self-expression* es uno de los diez preceptos del festival Burning Man —que se celebra la primera semana de septiembre en el desierto de Black Rock, Nevada—, que reflejan la ética e idiosincrasia de su comunidad. Básicamente, consiste en actuar y vestir con total libertad, respetando la de los demás.

cinco?». Pues porque no son interesantes. Yo era interesante cuando tenía veinticinco. Estaba como una puta cabra y vivía la vida a lo loco y bailaba en las tarimas de Pacha; bailaba por todo el mundo en invierno y me metía toneladas de coca. Era un tipo interesante, pero ahora cuesta lo suyo encontrar gente joven interesante.

SIMON DUNMORE: Sentimos, y especialmente en Ibiza, que el proceso de ir a un club se había vuelto algo muy serio y que ya no era tan divertido como antes. No salías de allí recordando que viste a alguien exuberante y de lo más extravagante. Hace algunos años, todo el mundo vestía de negro. Todo el mundo. Nadie hacía nada por ser original, y nosotros queríamos que la gente fuera original. Tiempo atrás, la gente que iba a Pacha o a Amnesia era original. Aquella fue mi experiencia, y sentí que todo aquello ya no existía en Ibiza. Había un vacío en el mercado.

DJ HARVEY: Si te fijas, nunca pincho discos en cuya letra canten «no». Siempre es «sí», siempre es «amor»; siempre tiene que haber un elemento positivo en la música. A veces, puedo ponerme algo melancólico hacia el final de la sesión y pinchar un disco que diga «Tiempo después de esta noche, cuando todo haya acabado» o «¿Cuándo volveré a verte?» o algo así. Hablo con la música, a través de su letra. A lo mejor te das cuenta, o a lo mejor no, pero lo captas a nivel subconsciente.

PETE GOODING: Ahora la música alegre no mola. Es una pena que no haya, y esa es la razón por la que adoro a DJ Harvey. Puede ser divertido y a la vez *cool*. Soy muy fan de su recopilatorio para Ministry of Sound, *Late Night Sessions* [1996]. Es un genio. Así que era un gran fan, pero desconocía por completo su estatus de leyenda. No sabía que hay gente muy loca obsesionada con él. Yo solía pinchar para Andy y Dawn en Manumission en los noventa, y el hermano de Dawn es un buen amigo mío, así que le propuse montar una fiesta en Pikes en 2013 y contratar a Richard Norris de The Grid, José Padilla, Buda, Mark Barrott... Vinieron unas cuatrocientas personas o así.

Nadie más estaba haciendo fiestas en Pikes en aquel momento. Y entonces, en invierno de 2014, cuando estaba haciendo de mánager de José Padilla, quería poner a Greg Wilson como cabeza de cartel, así que llamé a su agente, un tipo llamado Matt, y me dijo, «Greg no está disponible. ¿Qué te parece Harvey?». Le dije «claro, tenemos seis fiestas», y Matt me dijo, «¿por qué no lo coges para las seis?», así que llamé a Andy y a John, que llevaba el *booking*, y me dijo: «¿Me estás tomando el pelo? ¿Cómo lo has conseguido?». Nadie se lo creía, como si hubiera obrado un truco de magia. Luego, accedió a ser el DJ residente de mis fiestas, y estaba claro que Harvey era demasiado para una fiesta como esa, por lo que se inventó un nombre y empezó a pinchar dentro, y yo me ocupé de la zona de la piscina. Así nació Mercury Rising[189].

DJ HARVEY: Siempre disfruté aquellos tiempos del pasado en Ibiza. Quería captar algo de aquella Ibiza, capturar lo que había pasado antes, así que no sé cómo surgió la idea de hacer un bolo en la isla. El caso es que acabé en el Pikes y pensé, «¿no sería genial tener una pequeña residencia aquí donde tuviera el control de todo el entorno?». Como puedes ver, controlo prácticamente los cinco sentidos: he supervisado el menú, ahí tienes el gusto; tengo flores en el local, ahí tienes el olfato; controlo las luces, eso es la vista, y por supuesto controlo el sonido, que es el oído. Así que aquí me ocupo de casi todos los sentidos, mientras que si trabajo para otro, es muy habitual que sea otra persona la que se ocupe de las luces o de la cocina. Pikes me ofrece la oportunidad de expresarme en todo el espectro sensorial.

189. En agosto de 2015 arrancan las fiestas Mercury Rising en el hotel Pikes Ibiza. Unas fiestas que empiezan por la tarde en la zona de la piscina, con una selección musical de Balearic, y que siguen a partir de medianoche con DJ Harvey pinchando toda la noche en Freddie's, el club interior del hotel. Freddie's está ubicado en la que fuera la Marrakesh Suite, la habitación donde solía hospedarse el líder de Queen. El club solo admite unas ciento cincuenta personas, pero los diferentes rincones y terrazas repartidos por el complejo del hotel amplían el aforo total hasta el millar de personas.

SIMON DUNMORE: Entonces montamos Defected en Booom,[190] el nuevo club de Giuseppe Cipriani, un martes por la noche. La cosa fue tan bien que nos pidieron que montáramos otra, pero no queríamos hacer otra noche que fuera necesariamente de house, así que hablé con el dueño, Cipriani, y le dije, «mira, tengo esta idea que se llama Glitterbox[191]». Pero cuando la hicimos, nadie lo entendió. Fue un desastre. Las primeras seis semanas fue un fiasco. El club estaba vacío. Abrimos cuando se estaba jugando el Mundial y todo el mundo estaba pendiente del fútbol. En cualquier caso, la fiesta era sólida: la música era consistente y la gente que fue se lo pasó pipa.

DOUMI: El proyecto de Heart empieza cuando Guy me pide que busque un casino y me voy a hablar con Abel Matutes. Recuerdo que nos fuimos juntos a Las Vegas para ver a su hijo, con quien empezamos a negociar con la idea de invertir en un hotel que estaba al lado del Hard Rock Hotel. Finalmente, Abel nos dijo que ellos no podían conseguir una licencia para un casino, así que nos fuimos a ver a Martí Santandreu, propietario del Casino de Ibiza. Pasaron dos años de negociaciones y, al final, cuando escucharon los nombres de los hermanos Adrià y Cirque du Soleil, nos ofrecieron un lugar al lado del Gran Hotel y del [hotel] Cipriani. Entonces, me fui a ver a Ferran Adrià y, con la ayuda de Albert Adrià, les convencí y llegamos a un acuerdo: nos quedamos el casino y el espacio contiguo, y así pude

190. Situado en el Paseo Marítimo de Ibiza —en el local que anteriormente fuera Penélope, Angel's, Zulú o Heaven—, Booom Ibiza se inauguró en 2013 y solo funcionó durante dos temporadas, auspiciando fiestas como Defected, Glitterbox o Phantasmagoria, de los ex Manumission Mike McKay y Claire Davies. En 2015 cerró debido a un conflicto legal entre el hostelero Giuseppe Cipriani y su exsocio, el millonario jordano Eyhab Jumean.

191. Glitterbox, la fiesta que invoca los tiempos dorados de Studio 54 o Paradise Garage, arranca en Booom, prosigue en Space y actualmente recala en Hï Ibiza. Es una fiesta heredera de aquellos tiempos dorados de la música de baile, donde reina la libertad y la autenticidad, con la participación de drag queens y bailarines. Su banda sonora se mueve entre el disco y el house clásico, con habituales como Joey Negro, Jellybean Benitez, Armand Van Helden, Dimitri from Paris o Louie Vega.

montar lo que era mi sueño: Heart[192], un club-cabaret junto con el Cirque du Soleil y El Bulli.

SIMON DUNMORE: Eran los primeros tiempos de las redes sociales. A principios de la temporada de 2014, recopilamos un buen número de imágenes y colgamos algunos *sets* grabados de los DJs en SoundCloud. A finales de julio, los *clubbers* dejaron de venir a Ibiza, así que hicimos una pausa. A principios de septiembre, la gente que se toma esto del *clubbing* en serio volvió a la isla. Todos habían visto las imágenes de nuestra fiesta en las redes sociales, la foto que se hicieron con aquella drag queen alucinante y que colgaron en su Facebook o Instagram o donde fuera... Todos sabían que nuestros DJs pinchaban un tipo determinado de música. Y así fue como la noche arrancó. Pasamos de cuatrocientas personas a mil doscientas de una noche a la otra, y la gente empezó a hablar bien de ella. A finales de año Booom tuvo que cerrar por la política de la isla. Era un club genial. Antes de ser Booom, fue Penélope. De algún modo, parecía estar maldito, y la maldición era que, básicamente, el resto de clubs no quería que existiera. No querían competencia, así que se aseguraron de que todo aquel recién llegado al mercado las pasara canutas, que es lo que pasa en todo negocio en cualquier parte del mundo. No estoy diciendo que esté ni mal ni bien, pero el caso es que tuvimos que encontrar un nuevo hogar. Y nos fuimos a Space.

BILL BREWSTER: Creo que el principal obstáculo es la resistencia de los clubs grandes a permitir que proyectos más pequeños proliferen, sobrevivan y crezcan. Parece como si hubiera un monopolio en la isla, y es un monopolio que la gente que lo controla no quiere aban-

192. Situado en el Paseo Marítimo de Ibiza y colindante con el Casino de Ibiza, Heart abriría en 2015 y le daría un soplo de aire fresco a la escena *clubbing* de Ibiza. Es un proyecto del Cirque du Soleil y los hermanos Ferran y Albert Adrià que alterna la alta gastronomía con el *clubbing*, y fue el primer club en reintroducir el contenido artístico en Ibiza, a través de sus espectáculos y acciones.

donar. Así que todos los clubs grandes, tan pronto detectan que algo pequeño e interesante está pasando, se lo montan para cerrarlo.

ANDY MCKAY: Creo que en Ibiza hay un montón de gente celosa. ¿Qué es lo que les preocupa? Ni idea. En Inglaterra o Norteamérica, si alguien tiene una buena idea, la competencia dice, «¡qué gran idea! ¿Cómo puedo copiarla? ¿Cómo me lo monto para robarla?». Pero aquí la cultura funciona de otra manera, en plan, «¿cómo puedo hacer para destruirla y evitar que las cosas cambien?», en vez de «esto es genial, vamos a hacerlo también».

BILL BREWSTER: En Londres o Manchester, esto no es así. No hay un club en Manchester que tenga tanto poder como para matar al resto. De hecho, bien pensado, el Warehouse Project sí que funciona un poco así en Manchester, todo sea dicho... Pero, por lo general, en Londres está el Fabric y el Ministry of Sound, pero también un montón de pequeñas otras cosas que suceden en paralelo y de manera independiente a los grandes clubs. Lo que me preocupa de Ibiza es que no parece que exista un lugar como para que esto suceda. Pasan cosas en Ibiza, claro, pero no con la suficiente celeridad, porque la isla es bastante conservadora y no pasa a menudo por la presión que ejercen los grandes clubs. Conozco los proyectos de gente como George de Nightmares on Wax y su Wax Da Jam, o DJ Harvey en Pikes, así que está claro que están pasando otras cosas en la isla.

SIMON DUNMORE: La competencia es algo sano. Llevo en el negocio veinte años y no quiero destruir la competencia. Lo que quiero es usar la competencia como fuente de inspiración y para asegurarme de que estoy haciéndolo lo mejor posible. Para mí funciona como una suerte de motivación. Si alguien saca un buen disco, me digo, «¿cómo lo han hecho?», y me entran ganas de sacar uno incluso mejor. De hecho, tengo que sacar dos discos tan buenos como aquel. Tengo esta vena competitiva, pero en ningún caso se trata de destruir al enemigo. Se trata de mejorar. Se trata de aprender de él. Y si todo el mundo lo hace bien, eso significa que más gente va a entrar en nuestro universo y todos nos vamos a beneficiar de ello.

MAR-T: Defected es el único sello que todavía sabe gestionar el house comercial. Simon Dunmore tiene mucha experiencia, siempre ha estado en la vanguardia. Lo hace muy bien y tiene mucho estilo, pero él solo no puede luchar contra todo. ¿Cómo puede ser que solo haya un sello? Se debería de quejar hasta de no tener competencia: «Oye, hacedme competencia, porque mientras más competencia tenga yo más fuerte será nuestro producto».

JUAN ARNAU: Siempre hemos tenido que competir, nunca me ha importado hacerlo y es un tema de supervivencia. Si un empresario crea algo nuevo, no me importa. Cada uno tenemos nuestras zonas, nuestras historias. Es más, cuanto más perseguidos estamos, el que sobrevive es el ganador. Cuando más atacas a uno, si al final consigue sobrevivir, sale mucho más reforzado.

IGOR MARIJUAN: Hay un lobby de las grandes discotecas que no lo ha puesto fácil: ni la relación entre ellas ni la relación con el resto de establecimientos dedicados al mismo sector. No puede ser que establecimientos que son históricos en la isla todavía no tengan licencia. Ha habido una competencia feroz y no ha habido una regulación lógica. La que ha dictado las normas ha sido una asociación de discotecas que ha concentrado el poder real, provocando que sitios como Kumharas o Café del Mar tengan problemas de volumen.

ANDY MCKAY: Dejamos de programar música en directo en Ibiza Rocks Hotel porque el ayuntamiento de entonces se negó a protegernos, incluso cuando estábamos cumpliendo con la normativa. Era un proyecto legal, nunca incumplimos los niveles de volumen. Así que incluso si lo hacíamos al aire libre, no había nadie más legal que nosotros en términos de contaminación acústica. Cumplíamos con la norma. Pero para que un grupo se suba al escenario, necesitas que los monitores estén en el escenario. Todo el sonido del hotel tiene que estar diseñado en modo acústico, pero no puedes poner el monitor de guitarra de Kasabian en modo acústico, porque llegan a la hora del almuerzo para hacer la prueba de sonido y tocan siete horas después. No puedes adaptarlo a modo acústico en tan poco tiempo, e incluso si pudiéramos hacerlo, sería una locura. De lo que se trata es de asegurarse de que todo el ruido que sale del local no incumpla la ley. Les dijimos que podíamos garantizarlo, pero que teníamos que hacerlo de otra manera. Y no quisieron adaptarse.

MAR-T: A ninguno de los dueños de las discotecas se les puede decir nada, porque ellos «inventaron la noche». Entre ellos hay pura competitividad y, muchas veces, más para mal que para bien. Hay unos egos muy grandes. Pero eso se ha roto ahora. Antes era a golpe de huevos, y ahora es a golpe de talón. Ahora es: «¿Tú qué haces el lunes? ¿Techno? Pues yo voy a hacer techno y a ofrecer más dinero y así te quito la fiesta».

GREGO O'HALLORAN: Por ciertos aspectos de su conducta tiene todo el sentido hablar de una mafia de las discotecas. Puedo imaginarme a las cinco familias sentadas alrededor de una mesa decidiendo qué es lo que va a ocurrir ese año. Creo que, a veces, conociendo un poco cómo funciona por dentro, no estaba muy lejos de eso. Acuerdos secretos y denuncias[193] y ese tipo de cosas. Para mí, es parte de la magia de todo lo que sucede. En ningún otro sitio existe este tipo de atmósfera. A veces se dan pequeñas rivalidades en ciudades como Nueva York, Londres o Berlín, pero no del mismo modo que aquí, y en ningún caso al nivel de las cosas que ocurren aquí cada día durante el verano. Recuerdo un día hace unos años que estaban David Guetta, Calvin Harris, Carl Cox... Eran, literalmente, diez de los DJs más cotizados de todos los tiempos en cinco clubs diferentes pinchando una misma noche.

193. En castellano, en la entrevista original.

DANNY WHITTLE: Hice con Pino [Sagliocco] el festival Ibiza 123[194], donde tocaron Sting, Elton John o Lenny Kravitz, y conozco bien cómo fue todo aquello. Nuestro plan era que, en un periodo de cinco años, pudiéramos traer a treinta mil personas más a la isla para nuestro festival sin tener que tomar distancias con respecto a la competencia. Ten en cuenta que, por aquel entonces, los clubs abrían a las doce de la noche, y nosotros cerrábamos a medianoche, así que no le hacíamos la competencia a nadie. Pero no pudieron resistirse a atacarnos y todos los clubs se dedicaron a decirle a la gente, «no podéis colgar sus carteles, no podéis vender sus putas entradas». El runrún de la isla, ya fuera de los clubs o de la competencia, estaba cargado de un mal rollo muy negativo. La isla tiende al proteccionismo y al miedo frente al cambio. Incluso los políticos no te lo ponen fácil. Pino Sagliocco parecía un puto santo tratando de hacer que el festival tuviera lugar. Tiró de todos los hilos que pudo. Conoce a todo el mundo, es un tipo superinfluyente en la isla y lleva Live Nation, que es una de las mayores promotoras de conciertos del mundo. Un evento de tres días como ese en Ibiza podría haber acabado siendo como el Festival Coachella y hubiera habido más negocio para todos. Cuando acabó, Pino dijo, «ha sido un trabajo descomunal el tener que pelearse con todo el mundo».

ANDY MCKAY: A nadie le importó si estábamos causando molestias con el ruido cuando trajimos a Craig David y acudieron tres mil personas. Lo que pasó es que vieron un local que de pronto les estaba quitando a miles de personas del mercado. «¿Me lo puedo cargar?» Eso es en lo primero que piensan. Pero la fiesta de la piscina que montamos era totalmente legal, así que no, no puedes cargártela, porque cumplimos totalmente con la ley. Total, que el éxito de los conciertos en la piscina supuso que nos creamos enemigos de nuevo. Padecimos

194. Ibiza 123 fue un festival del promotor Pino Sagliocco, propietario de la promotora de conciertos Live Nation, celebrado a principios de julio de 2012 en Ses Variades, un solar al lado de Café Mambo, en San Antonio. A pesar de un potente cartel con Sting, Lenny Kravitz, Elton John, David Guetta, Tiësto, Luciano, 2manydjs, Fatboy Slim, Nicolas Jaar o M83, entre otros, el festival no funcionó y no tuvo continuidad.

varios de aquellos momentos «¿y si nos los cargamos?». Para cuando me di cuenta de todo eso, supe que tenía que acabar con el tema de los conciertos porque de otro modo no íbamos a poder subsistir. Es el viejo tema de siempre: los celos de la isla. Me ponía de los nervios, pero había gente más poderosa que yo que hubiera acabado por jodernos. Hubiéramos acabado por perder la licencia por incumplir la ley, así que optamos por dejar el tema de los conciertos.

DANNY WHITTLE: Trabajé para Ibiza Rocks y lo tuvieron que dejar por el tema del ruido. No era un tema de pasta. Era mucho curro. Noches en vela esperando que llegara la licencia. Eso puede acabar afectando tu reputación, así que, al final, dejas de luchar por que las cosas cambien.

DOUMI: Obviamente, cuando empezamos con Heart, todo el mundo intentó pararnos, y fue una batalla bestial. Pero logramos abrir en un tiempo récord. Pasaron ocho meses, en los cuales hicimos la obra, y, al final, firmamos. Yo apostaba por el club y los Adrià por el restaurante. Entonces Ferran me la jugó y utilizó el presupuesto que yo tenía para el club para meter dinero en el show del restaurante, y el 6 de junio me encontré sin presupuesto para el club. Entonces, tuvimos una fuerte discusión y yo me salí del proyecto. Seguí como socio, pero me hice promotor externo y empecé con Acid Sundays, Heartbeat y Heart Factory. Para Heart Factory empecé a traer música en vivo. Abrimos con Nils Frahm y Sven Väth. Y abrir un club con Nils Frahm, que es un pianista experimental, es complicado. La gente no sabía quién era, pero fue una apuesta. Luego también trajimos a Damian Lazarus & The Ancient Moons y a Pillow Talk. Mi intención era traer aire fresco.

RICARDO URGELL: Con el Lío no me inventé ninguna película, solo recordé tiempos pasados. Cuando se acaba un ciclo y la imaginación no llega, vuelves la mirada hacia atrás, y era volver a lo que es un «lío», que es un cabaret, un restaurante, un espectáculo... No lo inventé yo, lo retomé del pasado, de lo que yo viví cuando tenía veintitantos años. El Lío tiene casi diez años y es un referente máximo en todo el Mediterráneo.

JUAN SUÁREZ: Steve Wynn, que es el propietario del hotel Bellagio y de otros cinco hoteles más en Las Vegas y de cuarenta restaurantes —íntimo amigo de Frank Sinatra o de Dean Martin—, vino a Ibiza con un yate de setenta metros a ver cómo funcionaba el Lío, para trasladar el concepto a Las Vegas. Te estoy hablando de uno de los tíos más poderosos del mundo del *entertainment*, ¡que ha venido aquí a copiar! Algo tendrá esta isla para que un personaje de esta talla venga aquí a copiar.

GREGO O'HALLORAN: Ibiza siempre marcará tendencias, es el primer lugar que oyes con respecto a un montón de cosas. Es un conector a nivel mundial.

DOUMI: La isla ha sido un referente pero también ha adaptado cosas que suceden en el mundo para la gente que viene aquí. Cuando traigo a Acid Pauli a Ibiza para montar Acid Sundays, no es que yo inventara a Acid Pauli, ni el Bar 25[195], ni el Burning Man, ni Tulum[196]... Es una corriente musical que, en un momento dado, veo que está funcionando y que está contando una historia. Mi apuesta con Acid Pauli era crear un *script* alrededor de Acid Pauli con la comunidad artística de la isla por la que estaba apostando desde hacía años. Para mí lo bonito es que gente del norte de la isla que querían ser artistas pero eran medio *amateurs* se pudieron profesionalizar. El hecho diferencial fue volver a integrar el arte y la performance.

195. Legendario club underground de techno de la noche berlinesa a orillas del río Spree, en el distrito de Friedrichshain, que funcionó como *after hours* entre 2003 y 2010.

196. Tulum, situada en la costa del Caribe, en la península del Yucatán, México —conocida por sus ruinas de la cultura maya— es una de las mecas de la música electrónica y concentra varios eventos de promotores y artistas de referencia.

PIPPI: WooMooN[197], por ejemplo, es algo que aquí no existía, a diferencia de otros países. Yo lo he vivido. Hay música de este estilo que hasta yo no puedo evitar poner porque me encanta. Pero, bueno, es una tendencia, y resalta más cuando el resto está más débil, cuando la escena está más rota, porque en realidad los clubs de noche no ofrecen nada. Nada bonito. Todo es una horterada. Se ha perdido el espíritu de la cultura de club; de la ibicenca, sobre todo.

DOUMI: Cuando acaba la temporada en Heart, se crea un movimiento importante donde se mezcla el *high heel* con el *barefoot*: esa sensación de que en Ibiza todo el mundo era igual. Cuando era adolescente, tenías a un multimillonario a tu lado que parecía un hippie. Eso es lo que se volvió a generar, esa energía de la isla: de integración y mezcla. Por otro lado, yo quería volver a aquellas fiestas en Espalmador, a las que iba de pequeño, y con esa idea creamos WooMooN. *To woo* significa seducir: seducir a la luna. La luna llena siempre ha sido un momento de celebración para todas las tribus, desde hace miles de años, y la luna nueva es también un momento de reflexión. Quería que el evento tuviera un sentido más allá de la propia fiesta; quería contar una historia. Al final, participar de una fiesta es una forma de expresarte y de rodearte de la comunidad, de involucrarte y aportar algo de ti mismo.

DJ HARVEY: Una de las cosas más bonitas que han pasado en Pikes en el transcurso de los últimos cinco años es que se ha formado un grupo de nuevos amigos que han acabado siendo una familia y un equipo muy unido, donde todos nos protegemos.

PETE GOODING: Paul Oakenfold me dijo, «la fiesta de Harvey es la mejor que ha habido en Ibiza en los últimos veinte años». Estoy

197. WooMooN arranca en 2016 y ese mismo año se convierte en un fenómeno en Ibiza. Es una fiesta en Cova Santa, al aire libre, de día, que recupera el espíritu hippie de la isla y celebra los ciclos de la Luna. Las fiestas WooMooN funden la espiritualidad, la performance artística, el teatro, el circo y la electrónica mezclada con músicas del mundo de artistas como Nicola Cruz, Chancha Vía Circuito, Monolink o Rampue.

de acuerdo. Parece algo de 1989, y me remite a mis recuerdos de Amnesia, a todo aquel espíritu de los primeros tiempos de Ibiza, además de la música de Harvey, claro.

DOUMI: Space era el punto de reunión de toda la isla a finales de los noventa y, para mí, eso es lo que consiguió WooMooN años más tarde. No importaba si ibas descalzo o con tacones, la gente iba a bailar y a encontrarse. Cova Santa[198] era el sitio perfecto para hacer la fiesta: un lugar al aire libre, en el corazón de la isla y con una cueva mágica en sus entrañas. Años atrás, habíamos estado a punto de comprarla con Guy, pero Sean O'Donnell se negó, alegando que era una sala que nunca funcionaría. El primer año de WooMooN es crucial, porque es cuando explota. Ese año empiezo a invertir en la producción artística, lo que es un sueño... Unas producciones bestiales que luego ya se estandarizaron un poco, porque ya sabíamos cómo hacer las cosas. Aunque siempre hemos ido incorporando mucho contenido nuevo, presupuesto, creatividad y corazón. Sitúate en Ibiza hace siete años... Ahora hay muchísima performance otra vez en todas partes. La gente quiere un mayor contenido artístico, que la experiencia sea mayor y con buena música, que sea algo más que meterse en un club oscuro. Pero es el detalle lo que crea la magia, y hay un gran operativo detrás. La gente no se imagina hasta qué punto es así; no es simplemente llegar y hacer una fiesta o montar un evento.

TANIT: Doumi es muy listo. Él vivió las dos épocas: la pre Manumission y la post Manumission, y toda esa experiencia la ha proyectado y ha logrado juntar los dos mundos. WooMooN ha vuelto al espíritu de Ibiza.

198. Cova Santa es un espacio peculiar, propiedad de Amnesia, situado en una ladera entre San José e Ibiza. En 1957 se construyó este restaurante alrededor de una cueva de veinticinco metros de profundidad, descubierta en el siglo xv. Con una orografía singular, el local alberga diferentes terrazas orientadas hacia un escenario y una pista de baile. En la zona inferior del complejo se encuentra el club. Tras varios años algo olvidado, el espacio ha recuperado su esplendor gracias al éxito de WooMooN.

DOUMI: Conseguimos integrar a los vip en la fiesta y que se sintieran cómodos. Y al final, esos vip, que son el 15% o el 20% del público, están pagando el 85% de la factura, mientras que el otro 85% de la gente paga el 15%-20%. Sin esa ecuación WooMooN sería inviable: no podrían cubrirse los costes de producción ni podría venir gente de todo tipo. La riqueza está cada vez más repartida en menos manos, y esta fórmula inversa es la que permite equilibrar la oferta y que pueda venir gente que no puede pagar los precios que se están cobrando en otros clubs.

VALENTÍN HUEDO: WooMooN es una experiencia mucho más artística y espiritual. Es un lugar que lo puede disfrutar cualquiera, donde suceden muchas cosas que te invitan a la diversión y a la fantasía, con una programación muy underground. Tanto un rico como cualquier persona normal y corriente se va a sentir a gusto y va a vivir una experiencia mágica.

DOUMI: La música en directo es compatible con poder contar una historia, y además la gente es una parte de la performance. Hay artistas superbuenos haciendo directos y nosotros apostamos por ellos: Monolink, Kerala Dust, Jan Blomqvist... Ahora casi hay más directos en WooMooN que *bookings* de DJs. Por otro lado, seguimos una línea musical con muchísimo talento joven y un tipo de música concreto: ese deep house étnico o sonidos nómadas, si lo quieres llamar así. Hay un montón de gente a la que le gusta escuchar música nueva y ver bandas nuevas en directo, y hay muchos artistas que necesitan esa oportunidad. Y cuando te tienes que gastar cantidades estratosféricas en un DJ porque es un producto de marketing, a mí me rompe por dentro. Con ese dinero muchísimos otros artistas podrían estar funcionando y se podría ofrecer una experiencia increíble y única. Me encanta trabajar con DJs, pero a precios que hagan viable el resto de la fiesta, que permita que haya otros artistas y performers. Para mí una fiesta sin experiencia artística no es una fiesta.

DAWN HINDLE: Ahora estamos haciendo cada vez más *pool parties* con artistas como Craig David, que es gente con mucho talento, y así está la escena en este momento, aunque creo que volveremos a programar a grupos en directo en un futuro.

ANDY MCKAY: La isla ha ido encaminándose hacia la cultura del concierto. Es increíble la cantidad de conciertos que hay en la actualidad desde que montamos Ibiza Rocks. Para mí, un club es una fiesta en la que la gente baila en todas las direcciones, pero si vas a un club hoy en día, todo el mundo está mirando al DJ. Eso no es una fiesta, es un concierto; un concierto largo y aburrido. Toda la escena está conformada en torno a la cultura de la música en directo, pero con DJs. Todo va de adorar, señalar y mirar al escenario, pero ¿dónde está allí la energía y la atmósfera?

DANNY WHITTLE: Ibiza, a excepción de lo que los poderes fácticos están haciendo, siempre será reconocida como un foco de atención para todo amante de la música. Si pudiera, sería todo música. Programaríamos más flamenco, más jazz, más reggae en la playa. Programaríamos mucha más música de la que hay ahora. Creo que la buena música en directo podría funcionar. Lo creo de verdad.

ANDREA PELINO: Los dueños de los clubs, o los promotores, se equivocan. Creen que el éxito de una fiesta consiste en llenar un club. Pero, además, tienes que poder saber si la gente que fue a tu club se fue contenta, tuvo una buena experiencia, o simplemente, acudió porque tenía entrada gratis o para a ver al DJ comercial de turno o porque estaba Paris Hilton liándola. Ese es el problema. De ahí proviene la confusión en Ibiza.

CARL COX: Lo que ha salvado a la isla es que los clubs son buenísimos. Los DJs son buenísimos, los sistemas de sonido y el ambiente también. Y por eso los *clubbers* van al DC-10, que es un club alucinante con una política de precios razonable. Para mí eso es maravilloso. Todavía está el Underground, que es lo más, y Cova Santa, que se ha consolidado como uno de los mejores; y todos los demás, pensados para el público español y que mantienen unos precios asequibles. O sea, tienes los clubs de lujo y caros, pero también clubs asequibles, y hay cierto equilibrio.

MAR-T: En Ibiza, creo que los únicos clubs que quedan son Amnesia y DC-10. El único que sigue teniendo color en la pista y que tiene la confianza del público (aunque cada vez menos) es Circoloco. No importa quién pinche allí, porque confío ciegamente en Circoloco. Voy a escuchar lo que me propongan porque sé que me va a gustar.

DJ OLIVER: Entran muy pocas cosas frescas, porque hay un monopolio montado muy sectario. Aquí hay cuatro promotores que tienen acuerdos con las agencias y que mandan más que el propio dueño de la discoteca. El principal problema que ha habido con los *bookings* es que el mercado inglés ha sido el que ha marcado el precio. El único que se ha saltado eso y se ha reído de esos precios ha sido el DC-10, porque se lo puede permitir. El público ya está hasta la coronilla de los mismos nombres, de los mismos DJs y la misma mierda. Los clubs están vacíos. Si esto sigue así, irá a menos, lógicamente. La gente está cansada. Mucha gente se queda en casa o en el hotel, o prefiere irse a cenar, antes de que les tomen el pelo.

ANDREA PELINO: Cada país y ciudad tiene su propio mercado. Si monto Circoloco en algún otro lugar, no puedo ofrecer según que cachés a los DJs. Por ejemplo, si monto Circoloco en Dubái no puedo decir, «hola DJ, ven que te pago cinco mil euros», porque quizás lo que cobra habitualmente por pinchar allí son cien mil. Así que no controlo ese mercado, es la gente de la industria de allí, el país o la agencia quienes lo hacen. Pero en Ibiza podemos controlarlo porque es mi club.

VALENTÍN HUEDO: Al final, las programaciones las acaban haciendo las agencias, los que llevan a los grandes artistas. Y luego siempre está eso de «lo que viene de fuera es mejor». Si te has gastado mil euros, o más, en un DJ que viene añadido en el pack de la agencia por contratar a un artista con nombre (que realmente es el que vende las entradas), obviamente le tienes que dar más protagonismo, para que la fiesta parezca algo importante. Pero el DJ residente conoce mejor el lugar y seguramente te hará una mejor sesión que ese invitado, y eso lo sabemos todos. Ahora mismo el marketing predomina por encima de todo. No se trata de programar lo que va a funcionar más, si no de aparentar tener el mayor caché posible. No lo justifico, simplemente es así en la mayoría de los sitios. El dueño de un club piensa: «Necesito que en los pósteres aparezcan los nombres más conocidos para que el público crea que el club trae a la gente más importante». Y repito, es posible que el residente la pueda liar más, pero un *line up* hecho solo con residentes da una impresión pobre, por mucho que su trabajo sea igual o mejor que el de los invitados. Es triste pero es real.

DANNY WHITTLE: Fíjate en WooMooN: no va de ningún DJ en particular, va de una experiencia que de algún modo supone volver a cómo eran antes las cosas. Y en aquellos tiempos no giraba todo en torno al DJ. Lo que acabaremos teniendo son los dos enfoques: fiestas centradas en DJs superestrellas y fiestas centradas en la experiencia. El tema es que todo el mundo puede copiar la fórmula del super-DJ, porque no necesitas a uno en particular, cualquiera de los *tops* te vale. Pero cuando se trata de copiar lo que hace WooMooN la cosa se complica, porque necesitas el talento que tiene Doumi para hacerlo y su capacidad para seleccionar la música adecuada, si no, te puede salir el tiro por la culata. No se trata de seleccionar al DJ adecuado; lo que hace Doumi es mucho más complicado de copiar. Es un gran promotor. Tiene muy buenas ideas y se ha inventado algo muy fresco. Es como lo que estaba haciendo Pacha en los setenta y los ochenta. La gente iba a Pacha por la esencia. También creo que se han remontado a los tiempos en que solían tocar grandes grupos en la isla.

SIMON DUNMORE: Glitterbox no va de DJs superestrellas, va de DJs que entienden la pista, entienden de música, de la historia de la música de baile, y saben pinchar el disco adecuado en el momento adecuado, no importa si es un disco comercial o no. No pinchan para los diez tipos que tienen detrás, lo hacen para los mil que tienen frente a ellos. Además, solemos invitar a drag queens, artistas y bailarines para dar vida a la pista.

KENNETH BAGER: Ibiza se ha vuelto muy *mainstream*. Antes, el rollo estaba más en los clubs, mientras que de pronto todo se ha orientado más hacia los DJs. Bueno, todavía está Namasté en Las Dalias y Flower Power en Pacha, que no giran en torno a los DJs, sino a cierto *feeling* que nada tiene que ver con los que van a ver a Solomun, David Guetta o Sven Väth. Creo que todavía hay sitios donde la gente va a bailar. El gran éxito de Glitterbox, por ejemplo, es que la gente va allí a pasárselo bien con la música.

DANNY WHITTLE: Creo que todavía hay superestrellas en el negocio. Solomun arrasa. Creo que es un tipo muy seguro y que no comete errores. Viene de pasar unos años en Sankeys, de ser residente allí, para luego serlo de Pacha, sustituyendo a Luciano, que tenía una noche de sábado brutal. Todo lo que ha hecho ha sido muy inteligente y es un buen DJ. David Guetta también lo está petando, y eso que tiene dos noches a la semana. Black Coffee también lo peta... pero es verdad que le escena está evolucionando, tiene que hacerlo. Eso es lo que tiene que pasar en Ibiza.

ANDY MCKAY: Lo que hemos acabado por hacer es que nos hemos vendido a los grandes DJs. Cuando los locales tenían a promotores que se ocupaban del *booking*, no podían pagarles mucho a los DJs, pero cuando se volvieron avariciosos y se deshicieron de los promotores, toda la pasta iba para los DJs, y hay DJs que cobran trescientos mil euros por una noche, y así es en todas partes. Pero si lo que ha hecho famosa a la isla son David Guetta, Calvin Harris o Solomun... ¿Me explico? Están en todas partes. El reto está en conseguir algo único y especial.

DAVID MORENO: La escena de clubs no está en su mejor momento. Entiendo que es complicado llenar salas tan grandes, y si ya has vendido determinado tipo de producto, es difícil cambiar. El problema es que hemos ido cambiando el producto y lo hemos llevado... ¿adónde? Son cuatro los nombres que se repiten constantemente —solo se quieren vender entradas—, y los turistas ya no van a cuatro clubes, van a uno. Ahora vienen una semana, van a una fiesta, máximo dos, tienen la experiencia y ya está. Ibiza también es una escuela para muchas cosas, pero, al final, la gente quiere ganar pasta y punto. No les importa una mierda si lo que están haciendo está bien para la isla. Han encontrado la gallina de los huevos de oro, pero a ver cuánto dura... Se ha creado, también, como una especie de mafia entre mánagers y las agencias que dominan un poco el cotarro, y es supercomplicado contratar a DJs. No es tan natural como antes.

GREGO O'HALLORAN: ¿Es posible que ahora en Ibiza haya menos *clubbers* porque han cribado el aforo aumentando el precio? He hecho los cálculos, porque he trabajado en muchos eventos y he sido el responsable de hacer el recuento al final de la noche. Sé exactamente cuánta gente iba a eventos en el 99 y cuánta en los últimos años. Lo que ha pasado es que ahora pasan muchas más cosas y el público se ha disgregado. Hace veinte años no tenías siete fiestas en barcos el mismo día, o sitios como Blue Marlin con eventos gratuitos, y en Pikes más de lo mismo. Algunos clubs incluso decidieron cancelar algunas noches. Space no abría por la noche. No tenías un Hï, esos sitios no existían... Pero si los sumas todos, sigues teniendo el mismo número de *clubbers*. Simplemente están más repartidos entre más locales, lo que significa que, lamentablemente, te vas a llevar un pedazo más pequeño del pastel y, por extensión, te va a resultar más complicado llegar a fin de mes. Pero así son las cosas...

JOSÉ PADILLA: Musicalmente, se ha tocado fondo. Hace ya tiempo que nos hemos pasado de comerciales, de horteras, de caca; de música enlatada, música para críos... Están intoxicando musicalmente a los chavales. Todo es muy superficial y sin alma. Hace tiempo que todo son números. Si tú metes a cinco mil personas por la puerta eres el rey, el puto amo, pero si mañana no metes a nadie, eres una puta mierda, y ya no vienes más, que te den por culo. Esto funciona así. Este es el mundo en el que estamos. No nos equivoquemos.

LUCIANO: Todo está en evolución, y la evolución de la isla tiene que ver con una tendencia mundial. Antes, los nichos eran más reducidos, pero ahora se volvieron mucho más globales, simplemente. Las tendencias son mucho más accesibles, la estética, el estilo y todo eso, y la gente hoy en día está mucho más afectada por sus inseguridades. A veces, es bueno detenerse y buscarte a ti mismo para saber exactamente lo que te gusta y sentirte cómodo cuando sigues una tendencia que circula por las plataformas sociales. Hoy falta personalidad. La música va de *feeling*, y no de seguir lo que funciona.

BILL BREWSTER: Ha acabado todo reducido a una monocultura que solo tiene una cosa que ofrecer: house comercial, y poco más. Quizás un poco de techno. Si vas un sábado cualquiera a Manchester encontrarás una oferta musical mucho más amplia que en toda Ibiza, y eso no está bien, porque me parece que Ibiza ha perdido su espíritu y su alma, y sin duda alguna era un sitio muy especial. Sigue siendo un sitio muy especial, pero ya no musicalmente. Musicalmente es aburrido de cojones. Si la gente no puede escuchar música diferente, no tiene manera de experimentarla. Ya no es como antes. Creo que la razón de que tengamos esta monocultura tan aburrida en Ibiza se debe a los promotores británicos que vinieron y que al final resultaron ser bastante conservadores. Todo acabó siendo superclubs y super-DJs, y nada más. Cuando voy en taxi por la isla, siempre veo los mismos nombres en los carteles, desde hace años.

DANNY WHITTLE: Para todo aquel que preste atención, está muy claro qué ha pasado en Ibiza. Ha habido influencias de todas las nacionalidades, pero los españoles han sido los últimos en subirse al barco. No fue mucho después de que llegaran los ingleses cuando llegaron los alemanes y su música electrónica. Luego fueron los holandeses, luego los italianos. Y no ha sido hasta los últimos diez años que los españoles han tenido un efecto demoledor en Ibiza. Chicos que vienen aquí para acudir a eventos, y también cosas de Ibiza que recalan en la península.

ANDY MCKAY: Fíjate en los clubs ahora: ¿Por qué programan una noche de reggaetón? Pues para no competir con los *clubbers* de la fiesta de Solomun. Por eso quieren reggaetón. ¿Por qué programan noches de dubstep, grime o drum and bass? Quieren géneros o movidas diferentes que no atraigan a la misma gente porque no hay negocio para todos. Amnesia ya no aguanta siete días a la semana con lo que solían hacer. Por ello, si quieren alcanzar un modelo de negocio de éxito, tienen que encontrar, por fuerza, otros grupos de gente. Si encuentran la manera de conseguir que vengan pensionistas de setenta años, lo harán.

DJ OLIVER: Me parece bien que esté pasando esto. Los promotores y los dueños de las discotecas tienen que abrir un poco la mente y ver que antes se facturaba una cosa y ahora se factura otra.

MAR-T: Hace falta un cambio musical drástico, pero lo más importante es que faltan nuevos fans de la música electrónica. Fans de verdad. Para eso ha llegado el reggaetón, ¿no? [risas]. El reggaetón está ahí porque le han dejado un espacio. Pero el reggaetón se irá, como vino y se fue la EDM.

MIQUEL MAYMÓ: Lo que nunca hubieras pensado es que, ahora, algunas de las mejores fiestas sean de reggaetón. Uno de los potenciales de la isla era el musical, y creo que no tiene futuro. Ves los carteles de las discotecas y es más de lo mismo: viejas glorias o la novedad de turno que no tiene nada que ver con Ibiza. Sinceramente, no me gusta lo que estoy viendo.

LOUIE VEGA: Ahora ha llegado el reggaetón. Lo conozco bien, es de Puerto Rico, y se mezcló con el hip hop. Actualmente hay una noche en todos los clubs dedicada al reggaetón, y creo que va a crecer más. Ya no va a ser solo house o techno, sino también reggaetón y quizá hip hop. Noches con la música más popular entre la juventud. ¿Es positivo? ¿Por qué no? ¿Por qué vas a tener siete noches iguales? Es bueno que haya variedad para todo el mundo. Ayer, Ushuaïa estaba a tope con Bad Bunny. En Pacha tienes a J. Balvin y en Privilege está Maluma. Esto hace que venga gente de todo el mundo. Si quieres house music o ver a Black Coffee, también lo tienes. Ya ha pasado el tiempo en el que esta isla solo era para un tipo de gente. Es *too late*. Y eso es bueno para el negocio de la isla. Cuando la cosa se pone muy comercial siempre hay gente que vuelve al underground. Y ahí empieza el círculo otra vez, así es como pasan las cosas. La cosa se pone bien comercial, pero va a ir gente como tú o como yo, que queremos hacer algo más underground, y entonces sucede el cambio. Necesito hacer la música que amo y pinchar la música que me apasiona. Y me gusta hacerlo para clubs más íntimos.

DJ HARVEY: Siempre ha habido la vertiente comercial y la vertiente underground. El underground siempre sufre y se queja porque anhela las facilidades y el dinero que tienen las grandes corporaciones. Pero así no funcionan las cosas. El underground es underground por su naturaleza. Así tiene que ser, de otro modo no sería underground.

SIMON DUNMORE: Si alguien se mete en el negocio musical con la intención de hacer pasta, la gente se da cuenta enseguida. Hay muchos ejemplos de gente que se mete en el negocio y le va bien, pero lo verdaderamente creativo son los proyectos de la gente que hace cosas porque quiere hacerlas, porque necesita compartirlas. El dinero y la fama vienen luego. En su caso, la génesis de la idea, su creación e inspiración no nacen de algo que está pensado en términos de negocio. Creo que ninguno de los que estaban haciendo música house en los primeros tiempos sabía cómo iban a evolucionar las cosas.

ANDY MCKAY: Hï es una de las noches con más éxito en Ibiza ahora mismo, pero ¿qué tiene Hï de ibicenco? Nada. Para mí, de lo que se trata es de cómo hacer un producto original y único. Como Pikes. Pikes tiene éxito porque es Ibiza, y por eso parece algo original.

Aparte del código postal, ¿qué otros negocios de la isla tienen todavía algo propio de Ibiza? Están metiendo cosas del rollo Las Vegas en su marca o lo que sea, pero nada de Ibiza. Para mí, el gran reto de futuro es que la isla pueda preservar algo propio. Se trata de que sea más Ibiza, sea lo que sea eso.

BRASILIO: Ibiza tiene que ser de verdad, sí, la de su esencia, la de la verdadera Ibiza, la de mentalidad hippy. Eso es Ibiza. Pero estamos haciendo justo lo contrario y copiando a Miami, y esto no va de millonarios.

ANDY MCKAY: ¿Qué podemos hacer para dejar que Ibiza sea como Las Vegas o Miami? ¿Qué elementos hacen que Ibiza sea especial? ¿Qué podemos apoyar? ¿Tiene Ibiza que acabar siendo como cualquier otro lugar del mundo? No, creo que no. Pero no es reivindicando el pasado como lo conseguiremos. El *establishment* de la isla trata de impedir que se produzcan cambios en lugar de dar forma a esos cambios de una forma positiva. Si aceptas el cambio y entonces le das forma, es posible que logremos algo genuino. O sea, ¿dónde está la autenticidad ahora mismo en Ibiza? Me preocupa este tema. Casi toda Ibiza es ahora como McDonald's.

DAWN HINDLE: Creo que lo que hace especiales a lugares como el Pikes o el Hostal La Torre, u otros sitios pequeños, es su espíritu y su carácter. Son como aristas que han preservado su autenticidad. Esa es la Ibiza de verdad, donde no importa si tienes o no tienes dinero. Pikes es uno de esos sitios con una idiosincrasia que no encontrarás en ningún otro lugar. Cada habitación es diferente, cada espacio es único. No hay nada artificioso. Es lo contrario que en el mundo moderno en el que vivimos, de consumo masivo, donde es muy fácil acabar haciendo algo falso en plan Disneyland. El tema es que el mundo se está haciendo cada vez más pequeño e Ibiza está siendo engullida. Es la invasión del dinero. Debido a los cambios sufridos en el mundo, ahora es lo más ir a Ibiza con tu yate de un millón de euros o en un jet privado. Se está produciendo un incremento brutal de hoteles de cinco estrellas, cuando en Ibiza el alojamiento solía ser una mierda; antes no encontrabas un hotel de cinco estrellas. La gente venía por lo fundamental y por el carácter de la isla, no por los lujos que pudiera ofrecer.

MARK BROADBENT: La banda sonora de un sábado por la noche podría ser cualquiera. A la gente ya no le interesa la música. La gente ahora sale para conocer a alguien o juntarse con los amigos, y no hay nada de malo en ello, para eso son los fines de semana. Pero la música de los *charts* no es atrevida. Por supuesto, hay clubs pequeños que ponen música underground en Inglaterra, España o Italia, que operan en un nicho específico y que están haciendo cosas muy interesantes para un grupo reducido de personas. Me refiero a Ibiza: nadie excepto Pikes está haciendo algo así. Todo aquel que atrae a más de quinientas personas no está haciendo nada que tenga interés. La gente solía venir aquí para descubrir qué se cocía con la música de baile. Ahora lo que se pone aquí es todo *mainstream*. Todo el mundo escucha esta música ahora. Es la banda sonora de sus vidas. No hay tribus interesantes que vengan a Ibiza. Viene todo el mundo. Y esto será así durante años. Cuántos, no lo sé, pero creo que Ibiza se irá volviendo cada vez más comercial.

DANNY WHITTLE: Creo que WooMooN va a acabar como elrow. Montan una fiesta con un rollo determinado y de pronto se dan cuenta de que pueden hacerlo en un espacio más grande si traen a un DJ conocido. Así que llevan ese rollo suyo, ese entorno y experiencia con DJs desconocidos, que es su política, a un contexto más grande programando a un DJ importante. Ese es el tipo de relación que en el futuro permitirá llevar una fiesta del estilo WooMooN más lejos. Porque si quieren hacer un festival para veinte mil personas, créeme, van a necesitar tres o cuatro cabezas de cartel potentes.

JUAN ARNAU: Han cambiado las modas, ha cambiado la música, las drogas y las bebidas, pero, realmente, la forma divertir a la gente, la forma en que el empresario vive la experiencia de ver cómo se divierten los demás, no cambia. Eso a nosotros es lo que más nos gusta: ver cómo se divierten los demás. Es lo que a mí me pone cada mañana cuando me levanto: saber cómo voy a entretener.

DOUMI: Creo que mi obligación es ofrecer un buen contenido a la gente, proyectar esa pasión por el mundo artístico y por el circo que tuve desde pequeño y que siempre quise trasladar a mis fiestas. Ponemos mucho esfuerzo y cariño para que todo funcione bien. Y eso no es fácil en Ibiza. Esta industria es muy bonita pero también traicionera, donde todo el mundo quiere estar y donde la gente a veces se olvida de los valores. Quería crear un movimiento en Ibiza donde la música tuviera un sentido y no fuera oscura, que trajera alegría y un tipo de celebración diferente. Como en Storytellers[199], una experiencia inmersiva que hace que te sientas como un niño. Y la magia de la fiesta viene por ese *vibe*, por el show, la performance, el talento fresco, la música en directo y el sentimiento de comunidad. La magia de crear algo que va más allá de ti mismo.

PEPE ROSELLÓ: La música comunica cuando se transforma en un fenómeno colectivo, cuando compartimos el sentimiento, el calor, una sonrisa, una experiencia, un comportamiento cercano, humano. La música nos une, nos hace vibrar juntos y somos nosotros los que le damos alma. Platón lo explica maravillosamente bien: «La música es una ley moral que da el alma al universo, alas a la mente, fantasía a la imaginación, encanto a la tristeza, impulso a la alegría y da vida a todas las cosas. La música es la esencia del orden que toca todo lo que es bueno, bonito y bello. Una parte invisible pero siempre brillante. Apasionada y eterna».

199. Storytellers arrancó en Tulum en invierno de 2018 y se ha celebrado regularmente desde entonces en Ibiza, Tulum y Barcelona. Storytellers está concebida como una experiencia inmersiva donde se conjuga una decoración entre lo infantil y la fantasía, la performance artística y actuaciones de DJs como Ricardo Villalobos, Damian Lazarus o Luciano.

17
LA ISLA BONITA

Ibiza: la isla blanca, la isla bonita. Tierra de invasores, desertores, emigrantes, turistas... La isla hospitalaria. Todo el mundo es bienvenido aquí —siempre lo ha sido— desde tiempos inmemoriales. Fenicios, romanos, árabes... Han sido varios los pueblos que han pasado por esta pequeña y estratégica isla del Mediterráneo, configurando ese carácter receptivo, abierto y empático del ibicenco. Con el tiempo y la vida moderna, llegaron primero los beatniks, luego los hippies y después los turistas, cada vez más y más, y la música de baile inundó sus noches y sus puestas de sol. El capitalismo se aseguró de que así fuera. Hoy, Ibiza se pregunta si es que habrá dejado de ser tan auténtica y única, prisionera de sus maravillas, y se pregunta quién es, a dónde va... Los testimonios de Balearic *también se lo preguntan e intentan ofrecer respuestas. Ibiza. La isla del ying y el yang. O te abraza o te expulsa.*

INTERVIENEN: JAVIER ANADÓN (CAFÉ MAMBO), DIEGO GIMENEZ (FLIP MUSIC), DANNY WHITTLE (IMS), LENNY IBIZARRE (IBIZARRE RECORDS), JULIEN TEMPLE (DIRECTOR DE *THE GREAT ROCK 'N' ROLL SWINDLE* E *IBIZA: THE SILENT MOVIE*), JUAN SUÁREZ (*DIARIO DE IBIZA*), ULISES BRAUN (REUNION BAR), MAR-T (AMNESIA), MARK BROADBENT (MANUMISSION), BRASILIO (LA TROYA), ANNA TUR (IBIZA GLOBAL RADIO), BILL BREWSTER (AUTOR DE *ANOCHE UN DJ ME SALVÓ LA VIDA*), GREGO O'HALLORAN (DC-10, *RESIDENT ADVISOR*), DAVID MORENO (IBIZA GLOBAL RADIO), JON SA TRINXA (SA TRINXA), RICARDO URGELL (PACHA, LÍO), KENNETH BAGER (COMA CLUB), LOUIE VEGA (MASTERS AT WORK), IRVINE WELSH (AUTOR DE *ACID HOUSE* Y *TRAINSPOTTING*), DOUMI (WOOMOON), RICARD ROBLES (SÓNAR), ANDREA PELINO (DC-10), GEORGE EVELYN (NIGHTMARES ON WAX, WAX DA JAM), LUCIANO (CADENZA), ROBIN, JANE, PEPE ROSELLÓ (SPACE), JAVIER FERRER (CAFÉ MAMBO), NANCY NOISE, PITI URGELL (PACHA), PIPPI (PACHA), DANNY RAMPLING (BBC RADIO 1), FARUK GANDJI (KU), JUAN MARÍ (LAS DALIAS), JUAN ARNAU (FLORIDA 135, ELROW), ANTONIO ESCOHOTADO (AMNESIA), VALENTÍN HUEDO (IBIZA SONICA), PETE GOODING (CAFÉ MAMBO), JOHANNES GOLLER (COCOON), JOSÉ PADILLA (CAFÉ DEL MAR), DJ HARVEY (PIKES, MERCURY RISING), ANDY MCKAY (IBIZA ROCKS, PIKES IBIZA), PHIL MISON (CAFÉ DEL MAR), SIMON DUNMORE (DEFECTED, GLITTERBOX), MIQUEL MAYMÓ (KUMHARAS), CARL COX (SPACE)

JAVIER ANADÓN: Ibiza es la música, pero también son las playas, la luz... Son los rincones, los restaurantes, su historia. No es solo música, es mucho más. Ibiza tiene ambiente en San Antonio para la gente joven, en Santa Eulalia para las familias, en Ibiza [ciudad] para la gente *chic*, en el norte para los bohemios... Es una isla para todo el mundo.

DIEGO GIMENEZ: Ibiza no es solamente sus discotecas. Hay otro lado de esta isla que es de lo más agradable del mundo: su naturaleza. Es una isla muy salvaje, preciosa. El campo, las playas, las vistas... Es muy agradable vivir aquí; yo ya hace cincuenta años que vivo aquí. Como todo, tiene sus defectos, pero también sus cualidades. Aquí se vive muy bien: el clima es muy agradable, la gente es muy amable, los ibicencos son una maravilla, ¿qué más quieres?

DANNY WHITTLE: El cortés y grácil trato que el ibicenco dispensó al turismo, junto con el carácter amistoso de su gente, propició que fuera un lugar al que había que ir a pasarlo bien. Creo que la música acompañó ese proceso y lo alimentó, y se fue volviendo cada vez más popular, sobre todo por el ambiente musical de la escena de finales de los setenta y los ochenta, con Pacha, Amnesia y KU, y Alfredo, Pippi, etc. Creo que, en esencia, siempre fue un buen lugar para salir de fiesta y sentirse bienvenido.

LENNY IBIZARRE: Muchos de nosotros vinimos en los ochenta y los noventa porque necesitábamos cambiar de vida y romper con todo. Lo que necesitas para venir aquí es un revulsivo. Cuando llegamos, fue en plan, «¡joder! Este es el sitio. ¡Uau! Me quiero quedar a vivir aquí». Eso fue lo que hicieron los hippies. Aquí encontraron un motivo para existir.

JULIEN TEMPLE: El *ethos* hippie de regresar a la naturaleza y dejar las ciudades era muy atractivo. Este sentimiento ya estaba cuando irrumpió la escena de clubs, aunque luego se transformó en otra cosa. La ironía de todo esto es que se trajeron consigo la ciudad, y ahora el sur de Ibiza es como cualquier otra pesadilla edificada.

JUAN SUÁREZ: Ibiza tiene una magia especial, y cuando digo «magia», lo hago en el sentido más cultural, social y de cosmopolitismo. O te gusta y te quedas, o te vas cagando leches. Hay dos cosas que definen a Ibiza, y quizá se ha abusado mucho de ellas. Una es la permisividad. Si tú vienes aquí, nadie te pregunta de dónde vienes ni de dónde eres. Te integras, vives y todo el mundo te deja vivir. La otra es la música.

ULISES BRAUN: Las playas, el sol, la naturaleza, la buena comida, la magia de la noche, los DJs, la música. Los dioses, la magia y el magnetismo. Se dice que la isla es escorpión: o te abraza o te escupe. Cuarenta años después, todavía estoy aquí; a mí no me ha escupido [risas]. A los ibicencos les tengo muchísimo respeto. Han tenido una relación especial con los que han venido: nos dejaron vivir la vida que queríamos, con respeto.

MAR-T: Su gente ha sido siempre muy abierta y ha recibido muy bien a todo aquel que vino de fuera para que montara su negocio. Si venía un francés a Ibiza y quería montar un restaurante, no lo puteaban, lo ayudaban. En Menorca y en Mallorca eran como más cerrados. Ibiza era más abierta. He viajado por todo el mundo y me he esforzado para encontrar otra Ibiza. Y no existe.

MARK BROADBENT: No dejo de preguntarme cómo es que todo esto sucedió en Ibiza. Ibiza está llena de piratas. Aquí hay oportunidades que no tienes en ningún otro sitio. Puedes ser tú mismo y crear algo especial, ya sea un restaurante, vender droga en Las Salinas o ser el promotor de un club. En los viejos tiempos, podías hacer lo que se te antojara. A la gente le importaba un pimiento lo que hicieras. ¡Yo mismo pegaba carteles en la puerta del puto banco!

LENNY IBIZARRE: Lo que he descubierto es que los ibicencos tienen un capital social alto: darse la mano es suficiente para cerrar un acuerdo, porque hay confianza. En cambio, cuando hay un capital social bajo, siempre necesitas abogados.

BRASILIO: Los ibicencos han sido muy receptivos. Son muy permisivos y aguantaron todas las invasiones... ¿Cuántas invasiones ha habido? Los fenicios, los romanos, los árabes... Es algo que ya viene de hace siglos. Forma parte del carácter del ibicenco. Porque ahora está habiendo un movimiento contra el forastero, pero Ibiza nunca fue así. Yo soy brasileño y me recibieron superbien, aunque puede ser que hayan cambiado.

LENNY IBIZARRE: Fueron los ibicencos, pero también la gente que hubo antes que ellos. Siempre fueron muy abiertos y tolerantes, y daban la bienvenida a toda clase de freaks loquísimos. Luego, con el tiempo, otros se fueron sumando, porque los freaks trajeron más freaks, hasta que todo aquel impulso bohemio se extendió como un fuego descontrolado.

ANNA TUR: Ibiza siempre ha abierto las puertas a todo el mundo. En las Baleares somos todos muy diferentes: un menorquín y un ibicenco son personalidades totalmente distintas.

BILL BREWSTER: La gente, el color, la luz, la cultura española, la tolerancia, la apertura de miras, la libertad. Lo tenía todo.

LENNY IBIZARRE: La magia de Ibiza proviene de la mente colectiva de toda la gente que vive aquí. En cualquier lugar del mundo donde convive un colectivo de gente con mentalidad afín, siempre sucede algo maravilloso. Definitivamente, Ibiza tiene algo magnético en lo que a tolerancia de la contracultura más rebelde se refiere. Aquí puedes ser quien quieras ser.

GREGO O'HALLORAN: La gente siempre me pregunta que describa Ibiza en una palabra, y para mí esta palabra es «libertad», que es algo magnético.

ANNA TUR: Yo creo que Ibiza es pícara y hace que pruebes cosas nuevas, te desinhibas... y te guste. Hay mucha gente que ha salido del armario en Ibiza, que ha llegado a su casa y ha dicho «soy gay» con la cabeza bien alta.

DAVID MORENO: La imagen de Ibiza como un lugar donde uno se puede liberar y experimentar siempre ha estado allí.

JON SA TRINXA: Mucha de la gente que viene aquí quiere experimentar cosas nuevas y salir de la estrechez de miras. Me encanta el hecho de que puedo hacer que la gente vibre con diferentes tipos de música, ajeno a todo formulismo. Eso forma parte del espíritu de Ibiza. Todos esos banqueros, hombres de negocios y personas rígidas que vienen a Ibiza se dejan ir y se vuelven personas diferentes; se transforman en personas hermosas, en cierto sentido. Como DJ, me encanta observar que, cuando estoy pinchando en la playa, la gente está concentrada mirando el mar, no mirándome a mí. Puedo ver el efecto que la música produce en ellos, que se sueltan. La gente es hermosa, ¿sabes? Si tomas fotografías de gente que está bailando y está metida en la música, parece hermosa. Exuda su verdadera personalidad.

RICARDO URGELL: ¿Por qué Ibiza resulta tan atractiva? Por dos motivos: uno, porque es una isla maravillosa, por mucho que la zona sur esté estropeada, pero si vas al norte... Y dos, por la permisividad del ibicenco. Todos nos despelotábamos en la playa... «¡Que viene la Guardia Civil!», decíamos, y te escondías, porque si te veían te multaban. Alguna multa pagábamos, pero eso sucedía una vez cada tres meses, o sea, que todo el mundo iba en pelotas. En Sitges o en la Costa Brava nadie se bañaba desnudo. En Ibiza, vas a la playa y todos van en pelotas. Esta fue una vía para atraer turistas: poder ver a la gente desnuda. Recuerdo que las chicas iban con las enaguas transparentes por la calle, por el puerto, y, claro, «mira, a esa se le ven los pezones...», decíamos.

GREGO O'HALLORAN: Siempre ha tenido un magnetismo especial para los ricos y los famosos, para todas las *celebrities* que te puedas imaginar. Creo que es por la libertad que hay aquí, por su clima artístico y bohemio.

ULISES BRAUN: Aquí se juntaban famosos, mecánicos, banqueros, hippies, artistas, y todos reíamos juntos, comíamos juntos, compartíamos alegría y bailábamos. Quizá esa es la respuesta de por qué estamos aquí, el porqué Ibiza es lo que es: porque ha sido capaz de juntar a personas de todo el mundo y de todos los estamentos para compartir la vida. A veces pienso en todo lo que me ha pasado en esta pequeña isla mágica y pienso por qué no puede ser así el puto mundo, en lugar de generar tanta guerra y miseria.

KENNETH BAGER: Ibiza es un crisol de culturas en permanente movimiento lleno de fuegos de artificio. La mentalidad de la gente que ha crecido aquí es en general muy relajada. Están los que vienen con mentalidad capitalista y gente avariciosa, que de pronto se relajan; están los turistas pero también toda la gente creativa de la isla. Esto da como resultado un montón de cosas nuevas que no encuentras en ningún otro lugar del mundo.

JUAN SUÁREZ: Todas las islas tienen una idiosincrasia muy particular, un concepto muy diferente de lo que es la vida. En Sicilia, Ibiza, Gran Canaria, Bali... se repite exactamente el mismo patrón de pensamiento y de comportamiento. Hay un apego a la tierra —eso es muy importante—. La tierra es poder —el que tiene la tierra manda—, y las islas están formadas por clanes —y las familias y los clanes son muy importantes, tienen una idiosincrasia muy especial—. Ibiza tiene una idiosincrasia todavía más particular. Ahora mismo el 65% de los habitantes viene de fuera. Un 20% de la gente que tiene casa y reside habitualmente en Ibiza es ciudadana europea o de otros lugares del mundo. Creo que Ibiza tiene esa capacidad de reinventarse a sí misma, y la gente que reinventa Ibiza no es la que está en Ibiza, sino la que viene de fuera con ideas nuevas y ve la posibilidad de desarrollarlas aquí.

LENNY IBIZARRE: Siempre digo que solo en una isla puedes encontrar este microcosmos cultural. Solo hay tres islas en el mundo que tengan esta cultura musical: Cuba, Jamaica e Ibiza. La música cubana, el reggae y la música electrónica de baile.

LOUIE VEGA: Yo soy de la isla de Puerto Rico, y somos gente bien *friendly*, siempre de corazón. *Giving*. Aquí en Ibiza sucede lo mismo. La gente te recibe con los brazos abiertos. Mi conexión con Ibiza fue directa.

IRVINE WELSH: Ibiza es casi como un refugio porque está rodeada de tierra y de mar; estás aquí en la isla, básicamente. Es una isla grande, pero de una escala razonable.

DOUMI: La sola palabra «*isola*» [isla]... Estás aislado de lo que está ocurriendo fuera. Aunque en Palma de Mallorca, que es más grande, no se permite esa locura y esa libertad.

JON SA TRINXA: La música Balearic representa todas las culturas que han venido aquí. Son muchas las nacionalidades que han confluido en esta isla tan pequeña. Por lo tanto, la música las representa a todas; todos los colores de las diferentes razas, todas las religiones... Eso es lo que hace la música: trasciende todas las ideas políticas y religiosas.

DOUMI: Creo que se llama «la isla blanca» por la luz y por la arena. Todos los fotógrafos de moda siempre dicen que aquí tienes la luz perfecta; tanto durante la salida como en la puesta del sol, aquí tienes la luz perfecta para un *shooting*.

JUAN SUÁREZ: Hay lugares en el mundo que tienen su atracción, su magia. No te voy a hablar ahora de esoterismo, sino de magia práctica. Gran Canaria, por ejemplo, ¿podría haber sido Ibiza? No, porque Ibiza tiene unas dimensiones muy justas. Tiene un campo maravilloso, unas montañas, unos bosques, unas calas, unas playas pequeñas... Unos lugares muy simpáticos como San Juan o Santa Gertrudis, que son pequeños núcleos urbanos llenos de encanto. Ibiza tiene un conjunto de cosas que crean algo muy particular.

DAVID MORENO: Esta es una isla muy pequeña donde se crean cosas muy grandes. Al final, ¿qué quiere la gente? Vivir en San Juan, en un pueblecito payés. ¿Por qué?, porque esa vida es increíble. Tienes un poco de todo: puedes optar por la tranquilidad y puedes optar por el descontrol. Además, tienes toda la escena internacional en Ibiza y hay un montón de cultura alrededor. Esto es Ibiza.

RICARD ROBLES: Es probablemente el sitio del mundo que no es una gran ciudad, como Nueva York, donde puedes hacer lo que te dé la gana a casi cualquier hora y con diferentes estándares: desde lo más exquisito a lo más sencillo. Y funciona.

ANDREA PELINO: Ibiza todavía es muy original. Es el único sitio al que puedes ir de vacaciones y salir de fiesta las veinticuatro horas del día, siete días a la semana. Esa es la gran diferencia, además de que la gente es increíble. ¿Puedes imaginarte otro sitio en el mundo así?

ANNA TUR: Si cerraran todos los clubs, la isla no podría tener una oferta turística destacada. Yo vivo en Dalt Vila y me preguntan: «Perdona, ¿el castillo?» o «¿la catedral?». «¿Qué más podemos ver?» Y no sé qué decirles. ¿Qué pueden ver en el casco urbano? «Vete a Es Vedrà, al norte, a las calas...», les digo, pero, realmente, ¿qué ofrece la isla a parte del *clubbing* o de una buena restauración? ¿Qué ofrece la isla para que la gente venga a consumirla de esa manera? Sin los clubs, sería una isla más.

MAR-T: Sácale la música a Ibiza y ¿qué te queda? La ventaja competitiva que tiene Ibiza es esa, pero si se la quitas... Vienes a Ibiza con tus hijos, ¿y qué hacen? Te vas a las islas Canarias y tienes de todo: toboganes, saltos de agua, karts, excursiones... Tienes actividades para tener a los niños entretenidos todo el día. En Ibiza, ¿qué hacen los niños al tercer día? Se mueren de asco. Cada vez hay más lugares espectaculares que son iguales que Ibiza en cuanto a *clubbing* se refiere. En Brasilia hay unas discotecas que flipas.

JAVIER ANADÓN: La isla se está poniendo muy cara. Los hoteles no se llenan porque está todo muy caro. La competencia aprieta: Turquía, Croacia, Grecia, Egipto... Son sitios mucho más baratos y también bonitos. Aquí lo que habría que ofrecer es calidad, no lujo. Hacer cosas bonitas, con talento, buena comida, vender una buena puesta de sol, la música... Eso es lo que ha lanzado a Ibiza.

LENNY IBIZARRE: Puedes ir a Grecia, donde el dinero cunde cuatro veces más, o a Egipto o Marruecos, donde tiene dieciséis veces más valor. Vamos a acabar perdiendo a la gente que no está conectada de un modo especial con la isla y solo quiere irse de vacaciones... En otros lugares puedes encontrar el mismo mar Mediterráneo o la misma birra. A este paso vamos a perder la industria turística básica. Ibiza se ha convertido en un sitio de precios prohibitivos, y por eso cada vez hay menos turismo de clase media, que opta por otros destinos.

GREGO O'HALLORAN: En términos de evolución, el aspecto capitalista —las fuerzas del mercado que actúan— escapa un poco a nuestro control. De lo que la gente se queja ahora es de los precios de los hoteles y los de los vuelos. Si cada vez hay más gente que quiere venir, los precios suben. Es así de simple. Pero, desgraciadamente, si eso sucede, significa que la gente que podrá venir es la que tiene más poder adquisitivo. Por lo que, la gente que realmente tiene ganas de venir a Ibiza cada vez lo tiene más difícil, y acaban por decir, «bueno, vamos a Croacia en lugar de Ibiza». Conozco a mucha gente que ha llegado a esta conclusión.

DAVID MORENO: Que sí, que está muy bien: tenemos la isla más bonita, con la fiesta más loca y todo lo que queramos, pero no nos despistemos, porque falta gente por venir... Y es gente que igual antes venía y se dejaba dinero en la isla, y ahora no quieren venir porque dicen que todo se ha vuelto comercial.

GEORGE EVELYN: He escuchado a mucha gente decir que ha sido expulsada de Ibiza por culpa del incremento de los precios. Hay una generación que no vendrá a Ibiza porque es muy cara, por lo que están buscando otras alternativas en Europa. No hay duda de que hay alternativas —Ibiza no es el centro de todo, no es el único destino de fiesta que hay ahora mismo—. A los DJs que pinchan en Ibiza puedes verlos en cualquier otro sitio; puedes verlos en Croacia, por ejemplo, o en muchos otros sitios, pese a que nunca tendrás la misma experiencia que en Ibiza.

DANNY WHITTLE: Cuando Defected organiza un evento de siete días en Croacia, acuden cuatro mil turistas...

MARK BROADBENT: Llevo festivales en Croacia, y la gente que solía ir a Ibiza ahora viene a mis festivales. Los precios son más económicos y la música está muy bien.

LENNY IBIZARRE: Ibiza es internacionalmente conocida como una isla musical por todo el mundo, en cualquier sitio. No hay Ministerio de Turismo capaz de crear una campaña de marketing semejante. Ha sido algo que necesariamente ha nacido de forma natural, y que se ha propagado por el boca-oreja, a lo largo de décadas, hasta que ha culminado.

LUCIANO: También Asia está despertando. Hay muchos sitios en el mundo que tienen una cultura de club muy interesante y que da mucho que envidiar.

JAVIER ANADÓN: Creo que los sitios, cuando van bien, como Ibiza, Benidorm o Sitges, no tienen por qué perder su encanto. Marbella, en 1974, era un sitio *cool*, con gente educada y guaperas. Allí vivía Deborah Kerr con su marido, o Sean Connery... Había un ambiente increíble. Pero cuando he vuelto me la he encontrado llena de horteras y nuevos ricos rusos, ingleses... mafiosillos. Cuento esto porque no quiero que Ibiza, que es mi casa, se vuelva así, y va un poco por ese camino... Pero Ibiza es mucha Ibiza, y tiene demasiada esencia como para perderla. Cada año abro nuevos negocios: me he metido en hoteles *boutique* y creo en Ibiza, pero eso hay que acotarlo. Porque Ibiza es una isla para todo el mundo, es la más verde del Mediterráneo, la más bonita, tiene las mejores playas... Pero hay que cuidarla. No puede morir de éxito y que el nuevo rico la destroce. El nuevo rico viene aquí pero mañana se volverá a Saint-Tropez y luego se irá a otro lado... Hay que cuidar a la clase media.

DANNY WHITTLE: Hay otro motivo por el que se están marchando de Ibiza: hay gente que quiere invertir en la isla, pero si les cierras el paso ni siquiera se van a molestar en venir. Solo conseguirás que vengan un año y al siguiente se irán a Saint-Tropez, y al siguiente al Caribe de los cojones.

ROBIN: Esta mañana leía en el *Diario de Ibiza* que ocho millones de personas pasan por el aeropuerto todos los veranos... ¡Eso es la población de Dinamarca! Y es muy posible que muchos no vean apenas nada...

JANE: No, se meten en el resort que sea, Dios sabe dónde, y no se mueven de allí. No ven la isla.

ULISES BRAUN: Hay lugares en el mundo en los que estuve hace veinte años y a donde he vuelto y te das cuenta que han crecido... Han construido edificios feos y no se ha cuidado su crecimiento. Aquí, evidentemente, la cosa ha crecido, pero se conserva muy parecido a sus inicios. Ushuaïa o Hard Rock Hotel eran edificios que ya existían, eran hoteles de turismo familiar que se han renovado para el turismo de lujo. Y eso lo han hecho porque ha habido una demanda. Si no cambiamos y vamos con el signo de los tiempos, no avanzamos.

ANNA TUR: La industria del ocio va vinculada a la hostelería y a los servicios en general. No se han dado cuenta de que, por un lado, se están cargando los servicios de la isla y, por otro, está más insostenible que nunca. Estamos recibiendo a los primeros turistas de la temporada y el puerto de Ibiza está en obras. Vas por una carretera y está llena de agujeros. Hay caravanas por todos lados.

PEPE ROSELLÓ: Yo amo la isla, pero no me gusta cómo está ahora. En Ibiza tendrá que producirse una catarsis profunda para saber exactamente cómo se quiere reubicar. Últimamente han pasado cosas que no son muy agradables: contaminación, aguas residuales, infraestructuras en mal estado... Todo ello está dañando a la naturaleza.

JAVIER FERRER: Aquí se tienen que arreglar muchas cosas, por supuesto, como el tema de las aguas residuales, que es muy importante. Lo que no puede ser es que haya industria que tire porquería al mar; esto es un problema. ¡El plástico nos comerá! Hay muchos temas que se podrían mejorar. Y eso, los que lo pueden hacer son los mismos de siempre. ¿No les interesa que las cosas vayan mejor? Es a ellos a los que les toca hacerlo... Esto es así.

PEPE ROSELLÓ: Las infraestructuras de la isla no se corresponden con la capacidad turística que tenemos. Faltan espacios. Tenemos que crecer mejor —no más, mejor—. Si el pequeño comerciante no trabaja, la familia no trabaja. Ibiza necesita una reestructuración. Que haya una seguridad jurídica para establecer unos parámetros de desarrollo de futuro que contemplen unas posibilidades de la isla para todos, dentro de un marco preestablecido, tanto en el plano urbanístico como en el social, el político, el cultural, etcétera.

JULIEN TEMPLE: Hay diferentes escenarios: podrían irse todos a Mikonos y que Ibiza acabara como el Festival Club[200] de San José: abandonada; podría acabar en desastre y que las aguas se lo tragaran todo y que la gente no pudiera ir más de vacaciones; quizá se producirá una «revolución verde»: hay gente en el centro de la isla que lo está intentando, pero es muy complicado oponerse a la dinámica del turismo y que todo vuelva a basarse en la agricultura y la naturaleza...

DOUMI: El futuro va a dictaminar qué gente está utilizando la sostenibilidad como estrategia de marketing y qué gente lo está haciendo con acciones reales. Ha llegado el momento de la acción. Me refiero a que, para mí, el futuro de la isla es también el futuro del mundo, ¿no?

NANCY NOISE: Dependerá un poco de qué actores entren en juego, de quién dirija el cotarro, de cuánto se construya y cosas así. Hay muchos sitios que aún son un poco salvajes, así que todo dependerá de quién mueva los hilos y cómo progrese todo.

KENNETH BAGER: Está claro que el capitalismo impera en la isla, pero lo que adoro de Ibiza, y por eso vuelvo cada año, es que siempre está pasando algo o bullendo bajo la superficie (y no me refiero a un nuevo estilo musical). Cuando la gente ensalza los viejos tiempos no se da cuenta de que, si tienes veinte años, todavía es algo mágico venir a Ibiza. Todavía es un lugar muy revelador y mágico.

200. Ubicada en la ladera de un monte entre San José y San Agustín, la discoteca Festival Club, inaugurada en 1972, se encuentra abandonada y en ruinas. Levantada en un lugar inhóspito, solitario y de difícil acceso, la obra supuso todo un quebradero de cabeza para los promotores a la hora de hacer llegar los materiales de construcción o llevar el tendido eléctrico hasta el lugar. Pensada para los turistas, a los que se ofrecía barbacoa, sangría y música de orquesta y DJs, aguantó tan solo dos temporadas abierta.

No importa lo que la gente haga, al final el underground se las apañará para encontrar un hueco por donde brotar, como el agua.

PITI URGELL: Toda esa autenticidad que intentabas preservar se iba escapando y se iba perdiendo un año tras otro. Cada vez todo era más soso. Ya solo quedaban los cuatro cabras... De un año a otro, se perdía el *feeling*, el público, la música... todo. Y cada año iba en aumento.

PIPPI: Vivo aquí desde hace cuarenta y cinco años y veo la diferencia. Veo la mala leche de un camarero que ha estado el día anterior drogándose, porque ha venido aquí a pasar la temporada a trabajar de camarero. Esto no es profesional. Vienen aquí para pasar el verano y pasárselo bien, y no hacen bien su trabajo. Lo mismo pasa con estos DJs que vienen de fuera, que viajan constantemente y pinchan cada día. ¿Cómo puede ser que un DJ que venga aquí a pinchar lleve una semana sin dormir? Cobran un montón de dinero y no han dormido en una semana. Son factores muy importantes, y también es un fracaso artístico. He presenciado situaciones que no te puedo ni contar...

KENNETH BAGER: Lo más importante para un DJ es una combinación de entretenimiento y educación, y de asumir riesgos. Para mí, para conseguir hacer un fiestón, todo va de crear una atmósfera y de conseguir que la gente se meta en ella.

DANNY RAMPLING: La industria se ha hecho grande, a nivel internacional. Es un poco como en el fútbol. Hace cuarenta años las cláusulas de rescisión eran mucho más bajas. El patrocinio corporativo y los derechos televisivos han hecho crecer exponencialmente el negocio del fútbol. Con los DJs ha pasado un poco lo mismo, tanto en la forma como en el negocio, que ha evolucionado. Antes, en los primeros ochenta, ser DJ no era *cool*. Cuando trabajas duro en algo y tienes ambición y alcanzas el nivel en que puedes hacerte profesional, sea en la profesión que sea, es muy gratificante. Pero ahora hay gente que llega a lo más alto sin currárselo. Es raro, pero cada vez pasa más a menudo en la industrial actual.

PEPE ROSELLÓ: Ahora mismo hay más espectáculos que están vinculados a la música en Ibiza que en la cartelera de espectáculos de Londres. Hay una sobresaturación de oferta, y esta dinámica está llevando a que la música pierda el alma y la posibilidad de ser selecta. La gente busca un tipo de música para un momento concreto de su vida —sus vacaciones, etc.—, para luego encontrarse con toda esta masificación. Así se pierde completamente el concepto de selección. La música te persigue por cualquier lado de la isla adonde vayas. Se ha perdido esta cosa esencial de encontrar música de repente y que sea especial. Gran parte del público viene con unos objetivos muy definidos, están tres o cuatro días y se van.

FARUK GANDJI: Actualmente, la gente escucha la misma música, desde Las Vegas a Benidorm, y se pone ciega de ketamina. Es acojonante. La revolución musical de Ibiza terminó en el 86, cuando la isla se convirtió en la meca de la música de baile electrónica. La segunda revolución musical fue abortada y la nueva era que todos esperábamos no tuvo lugar. El pasado invierno, hubo una exposición[201] en el Victoria and Albert Museum en Londres que explicaba cómo la filosofía, la libertad y la música de los sesenta fue sesgada por el consumo. Bueno, la historia se repite…

IRVINE WELSH: Dejé de venir a principios de los dos mil porque todo me aburría. La escena musical había cambiado, todo giraba en torno a la cocaína, en lugar del éxtasis. Ir a Ibiza era en plan, «voy a ir y me voy a poner del revés. Será memorable», pero al final no deja de ser una experiencia memorable más, ¿sabes? Así que tienes que dejar de venir un tiempo para poder volver. Pasa lo mismo con Glastonbury. Vas a Glastonbury dos o tres veces y acabas pensando que no es más que un lodazal.

201. *You Say You Want a Revolution? Records and Rebels 1966-1970* (del 10 Septiembre de 2016 al 26 de Febrero de 2017).

PIPPI: El declive empieza desde que están todos los chorizos... Los chorizos son los que han dejado que los empresarios, los promotores o los DJs puedan hacer lo que quieran. Es fácil hacer dinero, pero se pierden muchas otras cosas: pierdes valores, y la isla los ha perdido ahora mismo. El declive empieza a mediados de los dos mil, a partir de ese momento hasta hoy. Y va a más, porque es una trampa; Ibiza es una trampa para todo. O sea, Ibiza o te coge o te deja. Es una trampa para el negocio, también, porque últimamente aquí se mueve mucho dinero, como servicios y muchas otras cosas que hace cinco años no existían. El cambio ha sido muy rápido, y da miedo, casi. La isla en verano se ha vuelto impracticable: es imposible el transporte, los precios; es imposible todo, por culpa de este turismo «rico y guay» que quieren traer. Pero la realidad de Ibiza no es esa...

JUAN MARÍ: Ibiza se ha vendido mucho, y han sido los ibicencos los que la han vendido, nadie les ha obligado. Todo el mundo ha vendido, y creo que esto ha sido una gran equivocación. Nosotros tuvimos que vender, y fue muy triste. Creo que hay que intentar mantener las raíces y conservar el patrimonio. Deberíamos haber sido un poquito menos avariciosos. Ha venido mucha gente de fuera que un día mean aquí y otro allá, y ha sido cuando ha habido este *boom*, sobre todo ahora que han venido empresas multinacionales que lo están comprando todo. ¿Qué idea tenían los que compraron Pacha? Intentaron limpiar la empresa y se han dado cuenta de que no sabían cómo funcionaba y han tenido que contratar otra vez a los que echaron. Porque Pacha era Pacha. Ahora no hay identidad, y si no hay valores, no sabes quién eres. Yo estoy seguro de que si hace quince años le hubieras dicho a la gente de Pacha que acabarían programando reggaetón, te hubieran dicho que estabas *zumbao*. Y mira ahora. La moda para mí tiene un peligro: que cambia. Hoy estas aquí y mañana allá. Como quieras seguir la moda te puedes volver loco. Yo siempre he sido más partidario de ser auténtico, sin renunciar a nada, manteniendo una identidad. Pero si lo que buscas es rentabilidad —llenar—, es lo que tienes que hacer, seguir la moda. Creo que eso es lo que le ha pasado a la isla. Se puso de moda y seguía la moda. Y cuando eres un referente mundial todo el mundo te mira.

KENNETH BAGER: Dixon[202] ha convertido Pacha en un club muy oscuro donde nadie baila. Es underground de postín. Recuerdo uno de los mejores clubs de la historia del *clubbing* alemán que se llamaba Dorian Gray[203], cuyo sistema de sonido lo creó el mismo tío que hizo el del Paradise Garage.

JUAN MARÍ: Creo que nos hemos pasado. Y lo bueno es que somos conscientes, lo cual juega a nuestro favor. Nos hemos bebido la luna, que dicen. Nos hemos *pasao* con los precios y con la masificación, pero no se factura más cuando hay más gente, eso es falso. Nosotros aquí trabajamos mejor cuando la gente está a gusto. Cuando la gente está hablando y bebiendo tranquilamente, se queda porque no hay agobios. Creo que tenemos que ir hacia la calidad, no hacia la masa. Y no me refiero a convertir la isla en un sitio de lujo. Siempre he creído

202. Bregado en el circuito de clubs del Berlín de los años noventa, el DJ y productor alemán Dixon se erigió como uno de los selectores más versátiles y técnicos de la escena local con sus legendarias sesiones de larga duración en las que solía mezclar diversos estilos. A finales de los noventa entró a formar parte del sello alemán Sonar Kollektiv, donde publicó algunas de sus primeras producciones y remixes, y en 2008 se hizo cargo de Innervisions, subsello de Sonar Kollektiv, uno de los principales referentes internacionales de la música electrónica. Paralelamente, Dixon se convierte en uno de los DJs más solicitados del planeta, y ha pinchado en los principales clubs y festivales de todo el mundo. El pasado 2019 Dixon se instaló en Pacha con su fiesta Transmoderna, por donde pasaron artistas de su sello como Âme o Henrik Schwarz, junto con otros artistas como Jennifer Cardini, Daniel Avery, Tale of Us, DJ Koze, Mano Le Tough o Terr, entre otros. Esta primera temporada no funcionó y este 2020 estaba previsto que Transmoderna se hiciera en DC-10, pero habrá que esperar al 2021 —cuando se espera que la pandemia mundial del coronavirus esté controlada y se pueda retomar la actividad del *clubbing* en la isla— para conocer sus detalles y su programación.

203. Popular club alemán de los ochenta y los noventa, ubicado en la Terminal 1 del Aeropuerto de Frankfurt. Fue inaugurado en 1978 por sus propietarios, Gerd Schüler y Michael Presinger, con la intención de recrear la atmosfera de glamur y desparrame del mítico Studio 54 de Nueva York. El club contaba con un sistema de sonido instalado por Richard Long, el mismo que diseñó para clubs legendarios como Paradise Garage o Zanzíbar. De sus inicios disco y funk, a mediados de los ochenta, fue virando hacia sonidos más oscuros: EBM, house, new wave y techno. Entre sus ilustres DJs invitados, se encuentran Torsten Fenslau, Carl Cox, Sven Väth o Paul Van Dyk.

en la clase media-alta. Recuerdo ver cada año las mismas personas que repetían en Ibiza y eran fieles y traían más gente. Ahora veo mucho ajetreo, mucha gente.

JON SA TRINXA: Cuando empecé a pinchar en Sa Trinxa, si salía por la noche veía siempre a la misma gente que había ido por la mañana, solo que vestida. Era como una familia. Era más joven entonces, y todo me parecía superinteresante. Es gracioso porque, la primera vez que vine, la gente ya decía «vaya, te lo has perdido... Ibiza era lo más el año pasado, pero ya no». A lo largo de los años, Ibiza ha cambiado mucho, pero no me oirás decirle a la gente joven, «vaya, tendrías que haber venido hace diez años. Entonces era mucho mejor» [risas]. No hago eso porque creo que si vienes aquí por primera vez, Ibiza sigue teniendo algo. Es una isla preciosa. Así de simple. Quítale todos los políticos y la música y tienes una isla maravillosa.

GREGO O'HALLORAN: Entrevisté a Danny Rampling en una ocasión y me dijo que después de que vinieran durante el Verano del Amor en el 87 y 88, en 1991 la gente ya decía en Londres: «Ibiza está acabada, está muerta». Y cada año es la misma cantinela: «Ibiza está muerta, se acabó». Pero nunca es así. Es como un círculo.

JUAN ARNAU: Esto son historias que, con los años, las he escuchado tantas veces... «Se ha perdido el espíritu, se ha perdido la virginidad, se ha perdido la espontaneidad...» Claro que se pierde, pero es que es ley de vida. Es como si tienes un bebé con el que puedes jugar y hacer lo que tú quieras. Al principio no va a rechistar, pero el bebé va creciendo y empieza a decir que no. El camino que a ti te parece que es por donde deberían transitar las cosas puede tomar muchos rumbos porque aparece más gente. Lo que tú crees que has descubierto, de repente es patrimonio de una inmensa minoría, y esa inmensa minoría tarda cinco minutos en ser una gran mayoría. Siempre se pierde algo. Pero ¿qué alternativa te queda? ¿Conservar una especie de misterio, de secreto, que no quieres compartir porque te parece que solamente te pertenece a ti y a una serie de privilegiados? ¿Qué haces? ¿Pones una muralla para que aquello sea patrimonio de una secta o de una minoría? Yo hace mucho tiempo que dejé de lamentarme por las cosas que se pierden, porque por el camino vas encontrando otras. Las cosas te pertenecen hoy, un momento, a ti, y en cinco u ocho años, le pertenecen a otra generación, y ese es su momento. No me siento con la autoridad de decirle a alguien que tiene diez años menos que yo, o treinta, que antes todo era mejor.

ANTONIO ESCOHOTADO: Hace solo tres o cuatro años que estoy volviendo a Ibiza cada año, durante por lo menos quince días o un mes, en septiembre… Y bueno, conozco a mucha gente, y sí, se ha vulgarizado un poco, sí, pero es normal. Es como con los aeropuertos, que antes solo los pisaba la gente rica y guapa. La isla se ha vulgarizado, pero, chico, no nos podemos oponer a que muchos disfruten de lo que antes disfrutaban pocos. Es absurdo.

VALENTÍN HUEDO: Sinceramente, veo la isla igual. Van cambiando las tendencias, el tipo de gente que viene, pero a la isla la veo igual. Soy muy positivo en cuanto a lo que es la isla. No me va ese rollo de «Ibiza ya no es lo que era». Pienso que este sigue siendo un lugar increíble para todo el mundo que viene; por lo menos por primera vez.

PETE GOODING: En aquellos tiempos, no importaba quién eras, qué tuvieras ni de dónde fueras. Todo el mundo estaba junto. Ahora es, «¿estás en la lista de invitados? ¿Estás en la lista vip?». Es casi lo contrario, y ya no va de una fiesta para mucha gente. Ahora están todas esas mesas vip, todo muy *mainstream*. No me importa. Ahora el underground está compartimentado en nichos… Quiero decir que el underground, por definición, significa desconocido, emergente. Marco Carola o Richie Hawtin son muy populares, ya no son el underground. El underground es una fiesta para treinta personas de la que no oyes hablar. Antes era más puro y más sencillo. No tenía nada que ver con el dinero. Sí, era un negocio, pero era muy libre y creativo. Ibiza era mágica. Reinaba una extravagancia maravillosa y había creatividad, al aire libre, con diferentes generaciones y unos personajes tremendos. Cuando volvías a Inglaterra, en los clubs todo el mundo tenía veinte años. Todos eran iguales.

JOHANNES GOLLER: Ibiza era cada vez más cara, y esto conlleva cierta exclusividad. Diría que todo ha cambiado en los últimos veinte años, sin duda, y no para bien. La cultura vip siempre formó parte de la escena de clubs. Pacha fue la primera discoteca en Ibiza que tuvo una zona vip. Amnesia se diseñó con una zona vip... Así que la cultura vip siempre estuvo ahí, forma parte de su ADN y no tiene nada de malo. Ahora bien, lo que ha pasado es que los clubs se dieron cuenta de que era más sencillo vender una mesa por una cantidad de dinero elevada que vender el equivalente en entradas. Y luego llegó la tentación de concentrarse más en los vips que en la pista de baile, y nadie puede negar que todos los clubs lo están haciendo. No deja de sorprenderme que haya gente dispuesta a pagar veinte mil euros por una mesa en una noche de música underground. Todo se ha vuelto muy extraño, pero es lo que ha pasado.

JOSÉ PADILLA: Hubo un momento en que las cosas fueron diferentes, o sea, que no todo iba de llenar una discoteca, sino que había una esencia. En los noventa, por ejemplo, había confianza en el DJ, había gente en todas partes y quien iba a tal sitio era porque sabía que se ponía buena música. Eran otros tiempos, y sé que no podemos compararlos, pero ahora es un puto negocio. Puro y duro.

RICARD ROBLES: En estos treinta años de historia de la música de baile, todos los genios y todos los gurús han pasado por la isla. Alguno ha dejado un tipo de rastro, otros han dejado otro; algunos han sido más devastadores que constructores, pero la naturaleza de la isla es muy así. Si tuviéramos tiempo de estudiar la historia de la isla veríamos que estas constantes invasiones y deserciones forman parte de su naturaleza.

NANCY NOISE: Creo que las raíces están en los comienzos de Ibiza, que fueron inspiradores para mucha gente. Cuando abrieron Future, Spectrum, Shoom y The Trip en Londres, hubo mucha gente que quiso ser DJ, hacer música y promocionar sus propias noches. Es un poco loco que todo siga siendo un poco igual: las drogas, el éxtasis, bailar de una cierta manera, el amor y la comunión y el hecho de que la gente se abra y sea amistosa en los clubs. Creo que mucho de todo esto proviene de los primeros tiempos, que ha crecido y se ha difundido por todo el mundo.

DJ HARVEY: Treinta y tres años después, es un fenómeno global, una industria colosal. Ibiza fue uno de los enclaves del origen de la cultura acid house y fue una parte importante de la gestación de la filosofía de la cultura de club que se ha difundido internacionalmente.

JON SA TRINXA: En los ochenta, todo se basaba en el boca-oreja, por lo que la gente venía porque alguien se lo había recomendado o habían escuchado algo por ahí. En los noventa se volvió más comercial, y ahora es supercomercial. Ahora tienes todas esas fiestas en todo el mundo, ya sea en Dubái, Sídney, Nueva York... Tienes la típica fiesta ibicenca en todo el planeta. Y para mí ha sido positivo porque tengo un montón de trabajo en todo el mundo. Hago fiestas en playas desde Japón a Sídney o Bali.

ANDY MCKAY: La gente se pone nostálgica y dice, «¡oh! Pacha, Space, Amnesia... llevan aquí cuarenta años». Pues bien, desaparecerán. A menos que se adapten, ninguno de estos locales sobrevivirá y en diez años habrán desaparecido. Quizá subsistan, pero si lo hacen no será por su legado. Todo el mundo piensa que tienen un legado, pero eso no vale nada: el legado ya no confiere derechos de ningún tipo. Solo sobrevivirán si son inteligentes, y vamos a presenciar cambios importantes. La idea de que la isla volverá a ser como fue en el pasado es ridícula. Lo que pasará es que la isla, en lo que a entretenimiento se refiere, irá en declive. Terminará de capa caída y acabará siendo una isla que se vende a sí misma, su sol y su arena. La economía colapsará, y será un desastre. La gente no se da cuenta. Hay cosas que podemos hacer bien y otras mal, pero volver atrás no es una opción. Lo que sí podemos hacer es avanzar por un camino diferente.

DJ HARVEY: Este sitio tiene una energía muy yin yang, y necesitamos que sea así; necesitamos el yin y el yang, necesitamos todo aquello espontáneo, necesitamos al que abraza a los árboles, a los multimillonarios dueños de clubs, y también a los que cultivan olivas. Es como una máquina —Ibiza sería una máquina de placer— a la que le quitaras una de sus partes: dejaría de funcionar, o funcionaría de otra manera.

GEORGE EVELYN: En Ibiza puedes tener desde la experiencia más eufórica hasta la más oscura. He aprendido que todo el mundo tiene su propia idea de lo que es el paraíso. Cuando lo pienso, creo que el paraíso se sostiene sobre una línea muy delgada y tienes que mantener el equilibrio sobre ella, porque a lado y lado de esta línea hay peligro. En Ibiza puedes ser del todo anónimo y hacer lo que te venga en gana, y eso es peligroso. Te puedes perder, aunque también te puedes encontrar. La gente te podrá explicar su historia, llena de anécdotas míticas y todo eso, pero creo que al final tienes que buscar tu propia experiencia.

JOHANNES GOLLER: Puedes venir aquí y pasarte una semana entera de fiesta, pero también puedes pasarte tres semanas en el norte sin pisar una discoteca y disfrutar de la naturaleza, el yoga y la vertiente espiritual de la isla, que también está muy presente y está floreciendo.

PHIL MISON: Todavía queda alguna playa donde puedes estar solo con tus amigos. Adoro salir de fiesta, por supuesto. El interés por Ibiza parece que va en aumento. Es, obviamente, algo más corporativizado, y ese aspecto de Ibiza me parece horrible, pero no quiero ponerme en plan negativo o enfadarme. Puedo entender por qué a la gente le gustan estas cosas. Quizá puedes tener una epifanía viendo a David Guetta. La percepción de cada cual es diferente. Te pueden gustar cosas que para otros son infumables. Cada cual es diferente.

PETE GOODING: Usuhaïa es increíble, aunque también adoro Las Dalias y un bar de playa que hay en el norte muy poco frecuentado. De todos modos, me he hecho mayor, así que ya no me va la locura.

Siempre habrá algo para todo el mundo, y creo que así va a ser y que Ibiza siempre será un lugar increíble.

GEORGE EVELYN: La primera vez que conocí a Lenny Ibizarre, en el 99, me habló de una fiesta que montaba y me dijo, «así es como hacemos las cosas en el norte». Y yo pensé, «en Inglaterra, si alguien dijera eso, querría decir a quinientos quilómetros de distancia. ¿Se ha vuelto loco? Si el norte en Ibiza está a solo diez minutos de aquí. Lo dice como si fuera otro país...». Y realmente es así. Es otro país.

SIMON DUNMORE: Cada acción conlleva una reacción, así que el equilibrio es esencial en todo. Si vas al norte te toparás con un mundo por descubrir, inmaculado. Actualmente están proliferando los centros de *wellness*, los retiros de yoga y meditación, donde puedes comer muy bien. La isla tiene mucho que ofrecer.

LOUIE VEGA: El *business* de la noche es muy potente y hay lugares que son realmente cosmopolitas, como en una gran ciudad. Me siguen sorprendiendo algunas cosas de su evolución, pero todavía hay lugares que se han preservado. A cuarenta y cinco minutos en coche, encuentras lugares solitarios y bellos, de aguas cristalinas o campos verdes. La isla es bella en invierno y en verano. Para mí es bien especial. No hay otro sitio como Ibiza. Por eso sigo viniendo para acá.

VALENTÍN HUEDO: La isla vuelve a su pureza e inocencia cuando acaba la temporada. Me gusta el invierno aquí; me quedo en el estudio trabajando y creando a partir de la inspiración que me ha dado el verano. Y cuando llega la primavera, el sol, los colores, la temporada que empieza, es simplemente genial.

PITI URGELL: Si pasas aquí el invierno, normalmente hasta enero puedes ir a la playa, e incluso bañarte y comer en algunos de los restaurantes que quedan abiertos. Hace veinte años, en invierno, se estaba como dios. La gente se iba cuando llegaba octubre, pero yo disfrutaba de la isla, me iba en moto y me metía por todos los rincones.

GEORGE EVELYN: El invierno en Ibiza es supervalioso si tienes el valor de caminar por el fuego, es decir, conocerte a ti mismo, incluidas las partes malas. Ibiza te da tiempo para reflexionar en invierno. A mí me permitió afrontar y admitir un montón de cagadas que había hecho, dicho o pensado. Me ofreció un lienzo en blanco, en plan, «empieza de nuevo; pinta un nuevo cuadro». Y por ello le estaré eternamente agradecido a Ibiza por ofrecerme esto a mí y a mi matrimonio, a mi familia, a mi trabajo como DJ y a mi música. Hice borrón y cuenta nueva.

ANDREA PELINO: No te puedo decir cómo veo el futuro de Ibiza. Sí creo que las drogas y la actitud de la gente cambiarán. Hace unos años, Space fue nombrada Mejor Discoteca del Mundo, y a día de hoy ha desaparecido. ¡Ahora está Hï! Las cosas cambian muy rápido... Espero que DC-10 todavía esté aquí y que Circoloco siga siendo una de las fiestas de la isla, pero entiendo que las generaciones cambian, que la gente cambia y que todo puede ser diferente.

MIQUEL MAYMÓ: Si estoy aquí en Kumharas y miro hacia el mar con el *sunset*, puedo tener esperanza. Pero si me doy la vuelta y veo lo que está pasando en Ibiza, no me gusta. Creo que todo es muy comercial y que se está perdiendo mucho la magia.

JAVIER ANADÓN: San Antonio tiene la costa más bonita de Ibiza. Durante los últimos veinte o veinticinco años, se ha ido descuidando un poquito, pero aun así es el futuro de la isla, porque no está tan explotado. Muchos hoteles están recuperando el estilo de antes y empieza a venir gente buena. Creo que es el futuro, porque la costa de San Antonio es espectacular. Aquí en San Antonio quizá ha venido un turismo... no me gusta decir barato, pero un poquito *hooligan*, quizás por el tipo de turista que traían los grandes turoperadores. Tuvieron tanto poder que controlaban a la gente y los llevaban a los sitios que querían. Y el West End, de ser el sitio más bonito de la isla, ha degenerado un poquito. Pero ahora se está volviendo a recuperar. Hay que volver a traer a la clase media.

DJ HARVEY: No existe tal cosa como los «hippies pobres»; a esta gente le va muy bien en la vida. Siguen tocando los bongos en sus mansiones del norte y comiendo comida macrobiótica, o lo que sea que coman, y se hacen masajes exóticos vestidos con ropa interior de lo más extraña. La gente pobre de San Antonio está siendo expulsada poco a poco, y esa cultura es necesaria. Si todo lo que hubiera aquí fuera los niños mimados del norte financiados por sus padres, sería peor que los chavales de clase trabajadora del noroeste de Europa.

GEORGE EVELYN: Históricamente, todo sistema construido para autosatisfacerse acaba por derrumbarse. Se desploma. No puedes limitarte a cuidar a los cuatro o cinco de turno y descuidar al resto. No puedes hacerlo. No es sostenible. Creo que este es un tema crucial aquí. Lo que veo en el horizonte no es negativo; de hecho, es bueno. Tiene que pasar. La mierda tiene que salir a la superficie para poder hacer limpieza. La base de todo esto es un trasfondo negativo, nada saludable para la isla. Puede que haya unos cuantos que estén llenándose los bolsillos de pasta, pero solo son unos cuantos y, además, ¿qué es el dinero, al fin y al cabo? Después de todo, no significa una mierda, si no tienes nada más. Por el alma de Ibiza y por el bien común de la gente que vive aquí, esto tiene que solucionarse. Porque si no tienes una comunidad y si no te ocupas de las personas, no tienes nada. Nada. Tendrás solo a gente que vendrá de vacaciones una semana y a la que le importa una mierda todo. Y no quedará nada más.

DJ HARVEY: Puedo imaginarme San Antonio convertido en un condominio para multimillonarios, con apartamentos carísimos. Habrá un Starbucks y *boutiques* corporativas. Será como Williamsburg. Será un sitio para hípsters con pasta, que habrán expulsado a la gente de clase trabajadora y serán los únicos que puedan permitirse vivir allí. La gente de clase trabajadora se marchará a Croacia porque incluso hoy en día, por el precio de tres días en Ibiza, puedes pasar diez en Croacia. Esto es lo que está pasando. Ibiza es un lugar donde, si quieres estar aquí, tienes que ser rico. En cierto modo, me da igual.

Ahora vivo en Venice Beach, donde pasó lo mismo hace treinta años. Tiempo atrás era una localidad playera en decadencia, pero ahora es uno de los lugares más caros del mundo. ¿Quién sabe? Quizá Snapchat abra oficina en San Antonio y será el fin de todo. Entonces, toda la gente que trabaja en tecnología tendrá su apartamento en San Antonio y todo se llenará de restaurantes veganos. Creo que Google acabará por hacerlo, porque esta gente tiene pasta y quiere vivir en sitios bonitos. Por eso Google tiene una sede en Venice Beach y no en Detroit. Quieren estar en sitios bonitos. «¿Por qué tendría que vivir en Berlín, donde la comida está bien pero hace un tiempo de mierda? Puedo ir a Ibiza, donde, además de tener buena comida, hace un tiempo maravilloso.» Ojo a la gentrificación de San Antonio. Aprovecha ahora para comprarte una propiedad, porque dentro de diez años será imposible. En cualquier caso, no me va lo de comprar casas; toda propiedad privada es un robo.

ANNA TUR: Creo que estamos a las puertas de un gran desastre, pero un gran desastre positivo. Las crisis te hacen más fuerte; cuando alguien atraviesa una crisis importante, se hace más fuerte y valora cosas que antes no valoraba. Para mí la Ibiza perfecta sería la Ibiza de hace diez años; volver diez años atrás pero con la experiencia que tenemos ahora... Sostenible, mágica... Ibiza va hacer un *boom,* va a explotar por todos lados y va a volver a nacer. Se regenerará como lo ha hecho siempre. Y creo que nadie sabe qué Ibiza será.

JUAN SUÁREZ: Veo en el horizonte una reinvención. Una de las cosas más importantes de la isla es que tiene el poder de reinventarse a sí misma. Yo he vivido aquí la crisis del 92, la del 96, la del 2000... El turismo de lujo por ejemplo. Nadie ha hecho nada en esta isla para que vengan los grandes yates y los grandes personajes que están viniendo. Ha sucedido de forma espontánea. Igual que los hippies, que vinieron de forma espontánea; igual que han nacido los movimientos musicales, como el chill out, de forma espontánea. También Ibiza se reinventará de forma espontánea.

MAR-T: Ibiza siempre se ha sabido reinventar en momentos negativos y ha salido por otro lado. Pero cuando se ha reinventado, no lo ha hecho sola: lo ha hecho la gente de la isla, los grandes emprendedores. Han sido los empresarios los que han hecho que Ibiza sea lo que es. Lo único que hay que encontrar es un equilibrio entre todos.

DAVID MORENO: Siempre he pensado que Ibiza está en un bucle que da vueltas y vuelve al mismo sitio. La intentan cambiar y ella se deja cambiar, hasta que decide volver otra vez a su sitio. ¿Que la industria tiende a que cada vez viene más gente con dinero y yates? Siempre, siempre habrá la parte que no van a poder cambiar, porque Ibiza no se deja.

LUCIANO: Veo el futuro de la isla como siempre: con transformaciones que llegarán, en constante movimiento; una rueda que gira y gira, que trasciende.

JUAN ARNAU: En el futuro, sigo viendo una isla donde la gente continuará yendo a pasárselo bien. ¿Con los mismos promotores? Quizá no. ¿Con elrow? Probablemente no. El promotor se tiene que adaptar a los cambios. Y más ahora, a la velocidad que va todo esto [señala un móvil]. Esto pasará, como han pasado los hippies. Es una continua evolución. Lo que no podemos pensar los que hemos vivido la Ibiza de los sesenta es que Ibiza continúe siendo un círculo cerrado para los cuatro que podían permitirse el lujo de ir a Ibiza. A los que recuerdan Ibiza con melancolía no les gustaría volver a la Ibiza de los sesenta. Eso es mentira. Lo que desean es volver a tener veinte años, que es cuando empezaron a venir a Ibiza. Si tienes setenta años y te pudieras trasladar a aquella época, te aburrirías y te morirías de asco. Ahora también puedes pasártelo bien en Ibiza. No es que la música de antes fuera mejor. No, no, no. ¡Lo mejor era que tú eras joven, joder! Y ahora que eres viejo y ves a tu nieto, dices: «¡Buah!, cuando yo era joven sí que nos lo pasábamos bien!». ¡Qué cojones! ¡Eso es lo que tú crees! ¡Ellos se lo pasan mejor que tú! Vendrá gente nueva. Cambiará. Y seguirá siendo muy divertido.

CARL COX: Creo que siempre existirá la Ibiza de verdad, la de la gente que quiere preservar la estructura y el espíritu de la isla, la de los pescadores que traen pescado fresco a los restaurantes... Las nuevas generaciones que vengan a Ibiza quizá busquen otra cosa. Si miras los puertos, con todos esos barcos último modelo, la razón por la que vienen es también por la isla. Ibiza te lo puede dar todo, si quieres. Así que no creo que estemos en crisis. Acabaremos por superar la cresta de la ola hasta que nos hagamos mayores. Y nos dará igual, porque todavía querremos ver una puesta o una salida de sol en la isla. Eso no cambiará nunca.

JAVIER ANADÓN: Veo el futuro de Ibiza volviendo a la esencia, a lo auténtico. Voy mucho a Can Balàfia, me encanta Ses Boques... sitios normales con muy buena comida donde va la gente más poderosa y rica del mundo. No van a los sitios de moda, van a los sitios auténticos, y eso es lo que tiene que volver a ser Ibiza: auténtica. No el lujo. El lujo yo creo que no es para Ibiza. Bienvenido sea el lujo como una parte de Ibiza, pero una parte mínima. El glamur es algo que el dinero no da; te lo da la forma de vestir, de hablar, de saber relacionarte con la gente. El dinero es moda, es algo totalmente diferente. Yo espero que Ibiza siga teniendo mucho glamur, como estas dos personas a las que admiro: Pepe Roselló y Ricardo Urgell.

PEPE ROSELLÓ: Todas estas grandes empresas y grandes discotecas al final acaban cerrando. Todos estos fenómenos que surgen con gran empuje se agotan. Y esto se puede trasladar a la Ibiza actual: es un volcán que se autoconsumirá. Esto no puede seguir así, está todo desvirtuado, descolocado. La energía está escapándose. Es energía sin alma.

RICARDO URGELL: Este fue el camino, básicamente: la libertad. ¡Sexo, drogas y rock and roll!

18
MELTING POT

Sería una lástima que se perdieran todas estas intervenciones de los protagonistas de Balearic*: curiosas y estimulantes historias y reflexiones que, a pesar de no haber encontrado su lugar en el relato principal, hemos decidido reunir aquí. Nos hablan de la apasionante y movida historia de la isla: de sus invasores y conquistadores, de los que vinieron huyendo de guerras y barbaries, de los artistas y los diletantes, de los beatniks y los hippies, de drogas, de música y de baile. Muchos coinciden en el poder de atracción de esta pequeña isla, de su energía, su magnetismo y su magia. Ibiza te atrapa y siempre acabas volviendo...*

LENNY IBIZARRE: Ibiza rezuma historia y acontecimientos fantásticos. Si te fijas, los dos dioses hedonistas fenicios continúan siendo adorados. Tanit es la diosa del amor. Es hermafrodita y un travesti de cuidado. Y luego está Bes, el pequeño diablo de enorme pene; el dios de la fertilidad, el sexo y la música. ¡Es fantástico! Una leyenda explica que hubo una guerra civil entre el norte y el sur. Cuando los ejércitos de ambos bandos se aproximaban con sus tridentes para entrar en combate, apareció Bes de repente y empezó a bailar, y entonces todos se pusieron a bailar y se olvidaron de la guerra y todo el mundo fue feliz. Su poder consiste en un baile tan seductor como para detener una guerra. ¡Qué dios tan de puta madre! [risas]. Hay infinidad de anécdotas extravagantes y curiosas sobre la isla que han contribuido a reforzar la idea de que se trata de un lugar mágico.

JULIEN TEMPLE: La gente habla mucho del espíritu de Ibiza y de que hay algo mágico en sus vibraciones. Pienso en términos históricos, cuando fue un enclave importante durante el imperio romano y el cartaginés. Las rutas comerciales recalaban allí, antes de continuar hasta Marsella, Cartago o Roma. Por su ubicación geográfica, muchas culturas han recalado en Ibiza.

DANNY WHITTLE: En *The History Buff's Guide to Ibiza*, de Emily Kaufman, queda claro que Ibiza era una parada obligada para romanos y fenicios. Era un punto a medio camino en la ruta a España o África desde Italia. Era una parada de reposo, reabastecimiento y fiesta.

GREGO O'HALLORAN: Los romanos ya venían a pasarlo bien. A descansar y relajarse, o como enclave recreativo. O sea, que no es algo nuevo. Sexo, drogas y rock and roll.

CHARLIE CHESTER: Se remonta a siglos atrás. Durante el proceso de documentación de *A Short Film About Chillin*, descubrieron unos tapices que mostraban barcos que llegaban a Ibiza para montar orgías. Puedes ver ese tapiz de barcos en la película, con todo el mundo bebiendo, follando y pasándoselo en grande. Era un locura.

BRASILIO: Si comparas lo que pasa en Ibiza ahora con la que montaban los fenicios... ¡esto es un convento! Las orgías que había en tiempo de los romanos... Por eso, si comparamos lo de ahora con lo que pasaba en el KU o en el Pikes... ¡no es nada!

ANNA TUR: Es muy curioso, la gente del norte de Ibiza tiene un aspecto vikingo: son rubios con ojos azules. Tengo primos rubios con ojos azules, y los del sur de la isla tenemos este aspecto fenicio, de influencia árabe. En una isla tan pequeña, ya en épocas remotas se unieron muchas culturas, que convivieron. Estamos fusionados con gente que venía del norte y del sur de Europa, y gente que venía de África.

DAVID MORENO: El espíritu de Ibiza reside también en la historia de la isla: fenicios, cartagineses, romanos... Y luego todos los músicos que vinieron a Ibiza, porque la isla ofrece un punto de creatividad que no lo hay en otro lugar del mundo. Esta isla tiene una energía y una fuerza enromes, de miles de años de antigüedad.

~

SIMON DUNMORE: En una entrevista, Moby contaba que los hallazgos arqueológicos muestran que la gente ya bailaba en las cuevas diez mil años antes de Cristo. Encendían un fuego, golpeaban tambores y bailaban a su alrededor. Lo que hace la gente ahora cuando acude a festivales y mira en dirección al DJ con todo ese show de fuegos artificiales y pantallas LCD no es muy diferente. Es más avanzado, obviamente, pero el aspecto social sigue muy anclado en la gente. Escuchas un beat y chasqueas los dedos. Bailas.

RICARDO URGELL: Con el tam-tam empieza la civilización. Como dice el encabezamiento del libro de Pacha: «Desde que existe el hombre, existe el baile. Se bailaba para provocar la lluvia, se bailaba para fertilizar las cosechas, y se bailaba antes de una batalla o una boda o un festejo. Baile: lugar donde la gente se reúne para bailar». En Pacha la gente se reunía para bailar. Si vas a un baile, vas a bailar... Y para bailar, tiene que haber música.

GEORGE EVELYN: Podemos remontarnos miles de años atrás, a cuando los romanos y los fenicios montaban sus fiestas en Ibiza. Históricamente, Ibiza ya era un imán antes de que llegara la música electrónica, y creo que es por la energía que desprende el lugar.

~

JULIEN TEMPLE: La idea de la Ibiza actual comenzó con los dadaístas, a finales de los años veinte y en los años treinta, cuando Hitler subió al poder. Tuvieron que irse de Alemania, y lo hicieron lo más lejos que pudieron, a sitios donde la vida era barata, a los sitios más pobres de Europa. Ibiza era remota y era virgen. Lo que creo que excitaba a aquellos tipos es que vivían casi en un mundo antiguo, porque la tradición en Ibiza se había preservado más que en otros sitios. Obviamente, Mallorca era más grande y tenía mejor conexión con la península y algunas zonas estaban en un estado similar, pero en conjunto Ibiza estaba como fuera del tiempo.

PHIL MISON: Leí en algún lado que Walter Benjamin, que estuvo en Ibiza en los años veinte, le decía a un amigo suyo dadaísta, en 1923:

«¡Oh! Este año no ha sido tan bueno como 1922». Ya existía entonces esa actitud [risas].

DJ HARVEY: Uno de los fenómenos que se dan en Ibiza es el síndrome de «las cosas ya no son como eran». El primer tipo que dijo [refiriéndose a Ibiza] «las cosas ya no son como eran» fue el filósofo Walter Benjamin. Ibiza siempre ha sido así, forma parte del espíritu de la isla.

JULIEN TEMPLE: Entrevisté a dos mujeres ibicencas que eran geniales y que tenían como cien años. Eran las hijas del propietario del primer club nocturno que hubo en la isla, en Puig d'en Valls, en los años veinte. Era una cueva debajo de un molino.

JUAN MARÍ: Antes del *boom* turístico, las tierras que más valor tenían eran las del interior. Tenías almendros, algarrobos, olivos... Podías sembrar y producir. Esas tierras las heredaba el primogénito. Las tierras que menos valor tenían estaban al lado del mar. Allí no podías sembrar ni un algarrobo porque el salitre los torcía, y ahí quedaban. Esas tierras se las daban al segundo hijo, o a las hijas... Tierras que luego empezaron a tener valor y que mucha gente vendió por nada a gente de fuera para explotarlas turísticamente. A partir de ahí, la isla se fue transformando. Imagínate el valor que tiene ahora un terreno al lado del mar...

DANNY WHITTLE: Mi mujer es ibicenca. Su abuela tiene noventa y tres años. Antes de que llegara el turismo, Ibiza era un lugar muy pobre. Muy, muy pobre. Vivían de lo que sacaban de la tierra. Las mujeres tuvieron que abandonar las zonas de playa porque allí no crecía nada. Los hombres cultivaban en el interior y de pronto las mujeres, con la llegada del turismo, se hicieron ricas, así que los hombres estaban locos por casarse con ellas.

JULIEN TEMPLE: Debieron de ver la manera de huir de la pobreza. Todo giraba en torno a unas cuantas familias locales que se concentraron en el turismo. Creían que de este modo dejarían de ser pobres, lo cual tiene todo el sentido, y estuvieron encantados cuando llegó.

DANNY WHITTLE: La abuela de mi mujer dice que lo que pasó en Ibiza es que la gente se acomodó cuando llegó el turismo. Lo vieron como fuente de riqueza, y eso les permitió no tener que arar más los campos. Se encontraron con personas dispuestas a intercambiar su dinero por un café o un té, o lo que fuera. Y se acomodaron.

JULIEN TEMPLE: La población de Ibiza era de las más pobres de España. Durante la dictadura de Franco apenas tenían sustento y tuvieron que buscarse la vida. Lo que es interesante es que Franco, en aquel momento, pasó de Ibiza. Esto no ocurrió en la península, adonde hubiera enviado a la Guardia Civil para poner orden, pero allí permitió que sucediera.

LENNY IBIZARRE: Franco dejó a Ibiza en paz. Venir hasta aquí suponía cierta inversión de recursos, por lo que era un enclave seguro para los artistas. Para los artistas, pensadores, escritores, pintores... Aquí vinieron a esconderse.

JULIEN TEMPLE: Los dadá y pensadores como Walter Benjamin, que vivieron en la isla, sentaron los cimientos que retomaron los beatniks en los cincuenta, que a su vez retomaron los hippies, y todo ello creó una contracultura. Una vez se estableció esta contracultura, era algo a lo que la gente podía aspirar: venir aquí y dedicarse a lo que quisieran. Básicamente eran niños descarriados y vagabundos que huyeron de sus hogares en busca del sol y de la fiesta. Era el idealismo hippie de la vieja escuela. La cultura de la comuna.

SIMON DUNMORE: Toda la gente creativa vino porque la energía de la isla es buenísima. Cuando se juntó toda la bohemia empezó la fiesta.

~

JON SA TRINXA: Antes no era un isla rica; era una isla desconocida. Hace doscientos años, nadie venía a Ibiza de vacaciones. De hecho, tampoco hace sesenta.

KENNETH BAGER: Primero fueron los hippies de San Francisco, que se fueron a la playa de Formentera, al Blue Bar, y se dedicaban a poner discos con un solo altavoz y bailaban a la luz de la luna llena, en los sesenta. Todo ese rollo hippie empezó a atraer a gente. Incluso hoy en día, si lo piensas, un montón de artistas vienen a la isla. Es lo mismo que sucedía entonces.

JANE: Había un montón de artistas; un montón de exposiciones y galerías. Siempre había alguna inauguración. Ahora ya no queda prácticamente ninguna galería. Cuando llegaron los especuladores, llegó el turismo, y el turismo tiende a lo convencional, y se pierde la cultura. Así pasa en todo el mundo.

DAMIEN ENRIGHT: En el bar Domino había un buen número de neoyorquinos, porque al parecer había corrido la voz en el Greenwich Village. Podías comprar un pasaje en un buque de carga yugoslavo que por ciento diez dólares te llevaba hasta Tánger. La gente que estaba en el rollo en el Village había oído hablar de Ibiza, así que compraron el pasaje y se fueron a Tánger, y luego a través de España hasta Ibiza. Quizá antes recalaran en Barcelona y fueran al Jamboree Jazz Club, donde tocaba Bad Jack Hand. Bad Jack Hand y su hermano Philly lucharon en la Segunda Guerra Mundial, si no me equivoco. Recibieron una ayuda del Estado, la G. I. Bill[204], y acabaron en Europa para, en teoría, estudiar. Pero pronto se hartaron de los estudios y tuvieron que ganarse la vida de alguna manera. El caso es que Bad Jack y Philly robaron bancos armados con ametralladoras en Holanda y Bélgica y tuvieron que huir, y se largaron a España. Supongo que con Franco en el poder, y como este no querría hacerle ningún favor a nadie extraditándolos, acabaron en Barcelona, donde

204. Conocida popularmente como la «G. I. Bill», la *Servicemen's Readjustment Act* fue una ley de los Estados Unidos aprobada en 1944 con el fin de facilitar y proporcionar financiación a los excombatientes norteamericanos de la Segunda Guerra Mundial. Mediante esta ley, también recibían ayudas para acceder a viviendas o iniciar sus propios negocios, así como una pensión económica para poder subsistir durante un año.

montaron el Jamboree. Bad Jack acabó involucrado en un asesinato en la calle Aragón.

CARL COX: Cuando piensas en la gente que estuvo en Vietnam, exsoldados norteamericanos que desertaron del Ejército, o el mismo Alfredo, que escapó de la dictadura en Argentina... Hubo cientos de personas que he oído que vinieron aquí huyendo de algo. Creo que fue algo bastante común en la isla.

JULIEN TEMPLE: Ibiza es un sitio donde la gente huye de sí misma. Siempre fue un lugar de evasión.

~

JANE: Un día, apareció un tipo que me dijo: «Tengo un amigo que quiere hablar contigo». Parecía un bandido de las historias de Tintín. Él y su amigo me dijeron, «¿quieres venir a Madrid esta noche en su jet privado? Te daremos tres mil dólares». No tenía que hacer nada especial, pero les dije que no. «Puedes traerte a tu novio», insistieron. Un amigo nos dijo: «Id con él. Es el hijo de un magnate de la industria farmacéutica en España. Está forrado. Solo quiere rodearse de gente interesante». Así que al final accedimos, nos envío los pasajes y nos recogió en el aeropuerto. Nos llevaron a una casa enorme y horrible, de un mal gusto espantoso. Pero estaba cargado de pasta. El tipo era cazador. Fue horrible. En la habitación de arriba tenía unos cervatillos que corrían de un lado a otro y que dormían en el suelo de mármol, porque al parecer habían matado a su madre. Nos llevó a varios clubs, a tablaos de flamenco y sitios muy caros. Se dedicaba a viajar por el mundo y conocer gente interesante porque se moría de aburrimiento. Tres días después, dije, «me quiero ir a casa». Me dio los tres mil dólares y me compré un Mercedes 190. Era gente amable, pero estaban totalmente obsesionados con la pasta. También estaban todos aquellos ricachones que nos venían a buscar, como Terry Thomas. Tenían unas villas enormes y cada vez que daban una cena, invitaban a los hippies a que fueran a tocar música. Y claro, el grupo que iba a tocar tenía un montón de amigos, que iban porque papeaban gratis. Los ricos querían que fuéramos porque querían rodearse de gente interesante para amenizar sus fiestas.

ROBIN: Y un día, un grupo de ricachones decidió montar una fiesta hippie y pidieron a todos sus amigos forrados que fueran vestidos de *flower power*. Así que se juntaron ciento cincuenta millonarios de Italia, Francia... todos bailando con cosas en el pelo y armando un buen cristo. La cosa es que se presentó la policía, porque no tenían permiso para organizar la fiesta, pensando que era un puñado de freaks, y los empujaron y arrestaron, mientras los ricos decían, «perdone, ¿usted sabe con quién está hablando? Esto es una boda privada». Fue una metedura de pata de la poli, que no se dio cuenta de con quién estaba tratando.

~

DIEGO GIMENEZ: ¿Osho[205]? ¿Esos que iban de naranja? ¡Joder, tío, si yo he hecho eso también! Me metió un amigo mío, Dimitri, que se iba a la India porque le gustaban estas cosas de la meditación, de las que rascan los bolsillos. Entonces, estaba este tío, un iluminado, muy inteligente y muy listo, al que le gustaba el *money*... Y mi amigo Dimitri me dijo, «Diego, tío, tienes que venir a la India conmigo». Y yo le dije, «vale, tío, pero yo no me visto de naranja». Era en plan meditación, que es como una especie de gimnasia, con movimientos repetitivos que hacen circular la sangre y te limpian. No hay ningún secreto. Esos que dicen que ven no sé qué... nada. A mí me fue bien, ¿sabes por qué? Porque en aquella época yo estaba muy nervioso y me calmó y dormía de puta madre. Aquí en Ibiza también había segui-

205. Chandra Mohan Jain fue un gurú espiritual indio, conocido a lo largo de su vida como Acharia Rajneesh, Bhagwan Shree Rajneesh u Osho (gurú). Tras establecer su primer ásram en Bombay y atraer a multitud de seguidores occidentales, tuvo que abandonar la India por tensiones con el gobierno. En 1981 se trasladó a los Estados Unidos y se instaló en Oregón, estableciendo un nuevo ásram internacional conocido como Rajnishpuram («la ciudad de Rajneesh»). Tras ser arrestado por violar varias leyes de inmigración y con graves acusaciones a sus espaldas, fue deportado de los Estados Unidos, regresó la India y se instaló en Pune, donde falleció en 1990.

dores suyos, pero él nunca estuvo aquí. ¿De qué iba venir aquí este tío? Estaba en Pune, en la India, y después se fue a los Estados Unidos, donde le pillaron el rollo. Había gente a su alrededor que eran unos mafiosos. Y, cuidado, que los americanos son muy americanos, eh. Siempre surgen religiones y sectas; eso le encanta a la gente.

~

PEPE ROSELLÓ: El Palace fue una de las primeras discotecas de París, inaugurada por Grace Jones en 1978. Luego estaba el It de Ámsterdam, con dos anfiteatros y un bar en el fondo. También estaban el Heaven, en Londres, y The Saint en Nueva York. El Palace es un viejo teatro de París, todo enmoquetado en rojo. Cuando los teatros entran en crisis y quiebran, empiezan a reconvertirse en discotecas, como Pacha en el [Teatro] Barceló de Madrid. En París, recuerdo también Chez Regine, el Trocadero y otros... Pero a mí me llamó la atención sobre todo Le Sept [o Club Sept] en la *rue* de Sainte-Anne. Era un club de contexto gay que tuvo mucho éxito en aquella época. Y más adelante Les Bains Douches, que gestionaba David Guetta, que luego vino aquí a trabajar a Space junto con su exmujer, Cathy, en los primeros años del club.

RICARDO URGELL: Entonces había brillo, ahora no lo hay. Tú vas a una discoteca, a Pacha mismo —que no es por criticar a las otras—, te metes en medio de la pista y ves que están todos *atontaos*. Yo he visto cosas... Una de las bases de la música es ver la respuesta del público. Eso de levantar los brazos cuando viene el *tumba-tumba-tumba* verdaderamente es un poco triste. Si ahora siguiera siendo discotequero, cambiaba el programa, porque esto de los DJs ya huele, está *pasao*. Lo primero que hay que hacer es dar sentido a la música, que es a por lo que han venido, a bailarla. Y cuando ves que hoy no bailan, que solo saben levantar los brazos... Y luego, cuando hay *tararin-tatán-boom*, ves que todo el mundo está allí y no sabe qué hacer... Es penoso.

PITI URGELL: Los primeros años, en Pacha, nadie estaba pendiente de nadie. Cada uno estaba en su propia locura. Más adelante, empezaron a venir los mirones. La clave de una discoteca es el actor, y el actor es el bailarín. Cuando alguien se pone a bailar, ha empezado la obra de teatro. Ya tienes algo que mirar. Pero si el que baila es un soso, no hay mucho que mirar. Antes, cada uno estaba en su película, y luego fueron apareciendo los mirones y esta isla se convirtió en la isla de los mirones. A mirar a las tías, a esto y lo otro... Siempre ha sido una isla de mirones, porque las tías están de película. Pero, antes, en la pista se actuaba... En nuestra época íbamos a las discotecas a ligar, pero también se ligaba en las playas. Ahora van a ver a un DJ, y no sé si miran a las tías o no. Quizá porque lo entienden de otra manera, no lo sé, pero los veo ahí solos... Yo siempre digo que Ibiza no es un lugar para hacer negocio con actuaciones. Aquí no se venía a mirar, se venía a actuar, a tocar, a conocer. No valía mirar. Cuando empezaron a venir los que se daban vueltas, yo pensaba, «¡quítalo de aquí a este!».

JUAN SUÁREZ: Antes la pista era de las chicas, ahora es de los chicos. Con la diferencia de que las chicas van a bailar, a hablar, a conversar, a ligar. A pasárselo bien. Ahora parece que los tíos solo van a adorar a un DJ... ¿A qué van a una discoteca? ¿A hacerse un *selfie* o un vídeo con el móvil? Se ha desvirtuado totalmente el concepto.

RICARDO URGELL: Sinceramente, para mí, la música tiene que poner al público a bailar. Yo tengo un barco de vela que se llama *El Baile*, porque, durante toda la vida, cuando iba a la discoteca, decía, «me voy al baile». Porque, en realidad, una discoteca es un sitio para bailar. En el libro de Pacha, dice «discoteca: lugar adonde la gente va a bailar». Hoy día es penoso ver lo poco atractivo que es el público en una discoteca: parecen un conjunto de tarados que verdaderamente no vibran. Recuerdo cómo bailaban las chicas... Todo tenía un atractivo. Para mí, la música de hoy en día es penosa.

PEPE ROSELLÓ: La música es un todo. Hay variantes, todas las que quieras, pero es una sola. La música evoluciona y hay un momento en que a mí me faltan las voces. Cuando empieza la música electrónica y todo lo que viene a continuación, me faltan las voces... ¿Que también expresa sentimientos? Obviamente, sí. He tenido la suerte de poder seguir la evolución del gusto de la gente, ir viviendo con el público la evolución de la música. Sobre todo, cómo el público expresa los sentimientos con la música. Hoy hay mucho teléfono, mucha foto: «Yo estuve allí». Pero, ¿estabas allí pendiente de ti o pendiente de la cabina o de quién tenías al lado? Le hemos quitado el alma a la música para convertirla en un acto monótono. No hay espontaneidad. Con toda esta oferta que hoy tenemos en Ibiza... Yo creo que el alma de la música la crea la unión de la gente. La música sola no dice nada.

~

BILL BREWSTER: Para mí la música house era punk negro; era música rebelde hecha con máquinas baratas y tocada de manera incompetente pero con un impacto brutal. El punk abrió la música a la gente en Inglaterra de un modo que no ocurría desde el skiffle. El skiffle fue realmente importante en el Reino Unido en los cincuenta, y el punk fue el skiffle de nuestra generación. Lo que hizo fue darnos un punto de entrada a la música. No tenías que tocar los teclados como Emerson, Lake & Palmer; no tenías que tocar la guitarra como Jimmy Page. Se trataba de coger el instrumento que fuera y hacer ruido, y eso fue muy importante, porque democratizó la música. Y eso fue precisamente lo que sentí cuando llegó el house; cuando escuchabas los discos, te dabas cuenta de que muchos estaban hechos de manera poco profesional, pero ahí residía precisamente su grandeza. Recuerdo cuando entrevisté a Marshall Jefferson, que me dijo que, en Chicago, Jesse Saunders era lo más porque sus discos eran una mierda, y que todo el mundo pensaba, «puedo hacerlo mejor». Porque cuando oían a Jamie Principle o a Mr. Fingers, decían, «estos tíos no son de Chicago, suenan demasiado bien». En cambio, los discos de Jesse Saunders eran tan malos... Por eso el punk y el house son importantes.

~

PETE GOODING: Un día, Don Christie, el dueño de la tienda de discos [Don Christie's] que yo frecuentaba, me dijo que iba a recibir cinco copias del «Your Love» de Frankie Knuckles y que me guardaba una para mí, siempre y cuando viniera a buscarla el mismo día que llegaban. Pues resulta que ese era el día de mis exámenes finales, así que tenía que tomar una decisión. Al final, mentí a mi madre y me fui a la tienda, en lugar de ir a la escuela. Es decir, me perdí los exámenes para los que llevaba cinco años estudiando. Por aquel entonces, no había alternativa. Tiempo después, cuando trabajé en el [Café] Mambo, me hice muy amigo de Frankie Knuckles. Recuerdo un día que mi madre estaba allí, de vacaciones, y Frankie se sentó con ella a charlar un rato y le habló de Larry Levan y de The Warehouse. Mi madre ya había escuchado la historia, de habérmela oído a mí, que estaba muy interesado en el tema, y ella le contó a Frankie la historia del disco y de cómo me perdí los exámenes. Entonces, Frankie cogió mi disco, que lo tenía por ahí, y escribió, «Querido amigo, tomaste la decisión correcta. Te quiero. Frankie». Así que este es mi disco más preciado de todos los tiempos. Ahora lo tengo guardado y no lo toco.

~

KENNETH BAGER: Cuando estaba empezando a pinchar, conseguí un bolo a través de un agente en un club muy grande de Copenhague, el Daddy's. Era un club que seguía el modelo del Camden Palace de Londres, donde solía pinchar Steve Strange de Visage y grupos como Spandau Ballet, Duran Duran, Boy George o ABC salían de fiesta. Total, que fui a pinchar al Daddy's, donde siempre programaban a DJs ingleses, que era lo habitual en Dinamarca desde los setenta. El encargado del club llamó a mi agente y le dijo que yo era un paleto y que no iba a durar más de tres días, pero yo sabía exactamente qué querían escuchar y qué tenía que pinchar. Cuando empecé a poner música aquel sábado, se me acercó un tipo que solo quería DJs ingleses y me escupió en la cara. Pinché toda la noche, y de pronto, a las cuatro de la mañana, hice algo que nadie esperaba: apagué todas las luces del local, que quedó totalmente a oscuras, y cogí un micrófono —cosa que no estaba permitida— y dije: «Ahora vamos a montar un fiestón». Y entonces empecé a poner temas que ya conocían, pero como tenía buenos contactos en la Biblioteca Nacional de la radio danesa, donde tenían versiones en directo de grupos alucinantes como Yazoo, no los conocían todos, y empezaron en plan, «¡joder, esto es la hostia». Recuerdo que vino el tipo que me había escupido en la cara y me dijo: «Te quiero. Quiero que te quedes en el club. Hablaré con el encargado para que sigas pinchando aquí».

~

FARUK GANDJI: Solía tener un hábito musical que consistía en repartir unas cuantas cintas de 90 minutos entre los DJs, para que me grabaran las sesiones y así yo poder planificar mis *playlists*. En la casa que alquilé durante mis dos primeros años en Ibiza, montaba fiestas cada mañana cuando cerraba KU y venían muchos amigos, que se traían a los suyos. Tenía un sistema de sonido buenísimo, con unos altavoces enormes que colocaba alrededor de la piscina, donde tenía lugar el *after.* La selección musical no era un problema, porque siempre tenía nuevas cintas de la música que acababan de pinchar en KU. De todos modos, me jodía porque la gente me robaba las cintas y me quedaba sin poder planificar la siguiente fiesta. En casa, tenía una caja fuerte escondida detrás de un cuadro en el salón. Allí no tenía ni pasta ni documentos, porque todo eso lo guardaba en la ciudad. Allí guardaba solamente mis cintas, bajo combinación, y solo abría la caja cuando tenía que sacar una para ponerla. Un día, un amigo me dijo que había escuchado a dos personas hablando de mí y una le decía a la otra, «¿has estado en la casa de aquel freak que tiene una caja fuerte donde solo guardas sus cintas?».

BRASILIO: A James Brown lo traje cuatro veces, éramos amigos. La primera vez que vino, el contrato decía que actuaba a las 23 h, pero a esa hora no había nadie en el KU... A pesar de todo, él se subió al escenario para empezar. Estaba con su mujer, su familia y los músicos...

Yo no sabía qué hacer para que no empezara, y él quería empezar a la hora que estaba marcada. Entonces, Ron Wood, el bajista de los Rolling Stones, me llamó para ver si podía tocar una canción con James Brown y yo pensé, «mira, un buen motivo para que se retrase el concierto», y una relaciones públicas de KU le comentó la idea a James Brown, confiando en que así se calmaría, pero en cambio le dijo, «con ese no toco, que quiere hacerse famoso a mi costa» [risas].

~

JUAN SUÁREZ: Pete Tong se trajo a Lady Gaga a Ibiza antes de que la conociera nadie, a Brian Ferry cantando canciones en directo, a Faithless... y a un montón de grupos. Estoy en una isla donde hay música por todos lados. Ahí tienes también a gente que ha tenido unos éxitos brutales con canciones hechas en Formentera, como Chris Rea, que estaba allí con unas trancas de mucho cuidado y compuso el «On the Beach». Madonna dicen que se inspiró en Ibiza para componer «La Isla Bonita», y hace poco estuvo bailando en el DC-10. Luego, hay mitologías: como que Bob Dylan estuvo en el faro de Formentera componiendo la banda sonora de *Pat Garrett y Billy the Kid*. Bruce Springsteen también ha estado en Formentera: se bajó de un pedazo de yate donde estaba invitado y se fue al puerto, donde compró cosas con su mujer.

~

DANNY RAMPLING: Me gusta haber sobrepasado los cincuenta. El tiempo vuela, muy rápido. A medida que te haces mayor, parece como si el tiempo se acelerara, por lo que más te vale aprovecharlo al máximo. Me gusta estar siempre en proceso de crear algo y haciendo algo positivo, porque no sabemos cuánto tiempo nos queda aquí. Es una época diferente. He vivido tiempos salvajes cuando tenía treinta y cuarenta años. Ahora, pocas veces me quedo en los clubs hasta la siete de la mañana, a menos que pinche. Bueno, Ibiza es un caso aparte. Nada empieza hasta la 1 o las 2 de la mañana. Creo que soy afortunado de poder seguir ligado a la música desde hace treinta años. No paré de trabajar hasta 2006, cuando me tomé un *break* durante unos años y escribí el libro *Everything You Need to Know About DJ'ing & Success* [Todo lo que necesitas saber sobre pinchar y triunfar]. No podría haberlo hecho si hubiera seguido viajando por todo el mundo. Tuve un hijo con mi anterior mujer y era todo un conflicto de intereses. Ser padre y estar continuamente viajando contribuyó a mi decisión de dejar de pinchar durante un tiempo. Pero es lo que hago, lo que me gusta, lo que sé hacer bien, y adoro poner música. Así que volví a la carretera. La gente lo aprecia, y es una experiencia muy gratificante estar en esa posición: entretener al público. La relación con la gente cuando sales de la cabina es genial. Quiero dar lo mejor de mí mismo —ese es el objetivo de todos nosotros—. No salimos y hacemos un *set* de mierda. ¡Nunca! Las cosas se pueden torcer en algún momento, pero no suele pasar. Se trata de ser profesional y respetuoso con otros DJs. Vengo de la vieja escuela. Ahora es diferente, como si esos valores ya no estuvieran vigentes entre la comunidad de DJs, pero allí es de donde vengo.

~

PEPE ROSELLÓ: Hace dos o tres años estuve en la casa que tiene Carl Cox en Australia, donde debe de tener doscientos cincuenta o trescientos mil vinilos. Y motos, también, no sé cuántas tiene... Pero música, música, música... Carl te hace una sesión de jazz o de lo que le pidas —es una enciclopedia de la música, es un profesional con carisma— y tiene esta... esta cosa de la juventud, que todavía lo hace más niño, más auténtico. La música le sigue sorprendiendo y se entrega completamente. Cuando está delante del público, él está con el público.

~

DJ HARVEY: Soy un «vibracionista». Creo que todo está compuesto de frecuencias: las altas frecuencias son la luz y las bajas frecuencias son como la Tierra girando alrededor del Sol. Todo se agita y vibra, y cuando estás en armonía es cuando todo el mundo vibra y la magia tiene lugar. Así que suelo jugar con los ritmos y las frecuencias y trato de sintonizar con las emociones y sentimientos de la gente. Cuando llego a la gente con la música y conecto con su estado de ánimo, todos vibran juntos y algo especial ocurre. El proceso y la receta son atemporales, lo único que cambia es la tecnología que produce el ritmo. Ahora no atizamos un tronco con un palo; ahora apretamos un botón en una máquina, que hace lo mismo que cuando un palo golpeaba sobre un tronco en el pasado. Las frecuencias no cambian. Un do central de 30 Hz siempre será eso y siempre afectará a los mismos órganos de tu cuerpo.

~

GREGO O'HALLORAN: Andrea Pelino es un héroe para mí. Creo que fue la única persona en toda la isla que se desvivió para darme una oportunidad. Y la razón es que, durante el periodo 2007-2008, Circoloco lo clausuraban cada dos por tres por problemas con la policía. El club no tenía la licencia adecuada, y los problemas con las autoridades eran constantes. Incluso cuando estaba abierto, la gente no se enteraba, por culpa de los rumores y el chismorreo. Llegó un punto en que dijimos, «tenemos que hacer algo al respecto». Hasta entonces, todo se había basado en el boca-oreja, pero si un día vas al DC-10 y está cerrado, igual la semana siguiente ya no vas. Así que necesitaban a alguien que hablara inglés y tuviera una voz. Creo que fui el primer no italiano que trabajó en la familia de Circoloco, y creo que es raro que me admitieran en su círculo. Trabajé con ellos diez u once años, y eran increíbles. Allí hice de todo, cualquier trabajo que se te pueda pasar por la cabeza. Al principio, era básicamente prensa y tratar con la gente, comunicar bien la información... Empezamos con las redes sociales, porque no tenían, y tampoco habían hecho nunca una nota de prensa. Nunca. Y luego vino el año que el club estuvo cerrado. Hay un momento legendario cuando vino la policía a clausurarlo. La gente lo recuerda con cariño. Yo estaba con Luciano cuando la poli le ordenó que apagara la música, pero él la volvió a poner, y la gente enloqueció. Ese momento lo convirtió en un héroe y en un personaje icónico en Ibiza.

JAVIER FERRER [HIJO]: A mí me gustaba todo esto de los clubs y la música electrónica, pero estudiaba informática y era futbolista. Bastante bueno, por cierto. Cuando tenía diecisiete años, el R. C. D. Espanyol se fijó en mí e hice las pruebas para entrar en el club. Estuve un mes en Barcelona, pero como estábamos jugando en la División de Honor [Juvenil], no me quise ir de Ibiza. Después estuve jugando en el Mallorca hasta los veinticinco años, con Dani Güiza, y jugamos contra Albelda, Xavi, Pujol... Dixon también fue futbolista. Y Mano Le Tough jugaba en Irlanda.

~

LENNY IBIZARRE: Aquí la gente viene por el sexo y las drogas. Afrontémoslo. Las drogas son un elemento superimportante. La birra la tienen igual en todas partes, pero lo que quieren es ponerse ciegos. Es una parte importante de todo esto.

SIMON DUNMORE: La mayoría de géneros musicales tienen asociada una droga que, de algún modo, permite acentuar la experiencia. No voy a enarbolar la bandera de «no a las drogas» porque las drogas son predominantes en nuestra sociedad. Están por todos lados, y los gobiernos se gastan millones para tratar de erradicarlas, aunque fracasan continuamente. Así ha sido desde que tengo uso de razón.

BILL BREWSTER: Si tenías dieciocho años, sabías que Ibiza era un lugar al que ir a bailar, un lugar soleado. Allí podías comprar drogas, ponerte del revés, y eso sin tener a tus padres cerca. Es un factor importante: adolescentes de veintipocos años, que quizás todavía vivían con sus padres, que querían pasarlo bien sin que nadie los controlara.

ANDREAS SIMON: En los noventa había sobre todo éxtasis y marihuana. Aquel éxtasis era puro en todos los sentidos. La gente lo regalaba. Se lo dabas a tu vecino, a la chica de la barra, y ella quizá a un cliente. Era un entorno de total confianza, de comunidad. Si ibas de buen rollo, eras bienvenido. Claro que, donde hay drogas, siempre hay algún caso de mal rollo... Pero la propia gente echaba de los sitios a la gente que daba problemas. Ni si quiera había seguridad; no había cuatro o cinco armarios que te seguían dentro del club, porque no existía esa maldad. Y tampoco se hacía negocio con la droga dentro de los clubs.

BRASILIO: En cuanto al sexo, en Ibiza hay ni más ni menos el mismo que en cualquier otro sitio del mundo. Se han creado mitos. No creo que haya más en Ibiza que en cualquier otra parte. No es tan importante. Aquí la gente viene más para divertirse que otra cosa. Siempre pensé que venir a Ibiza con el chip del sexo era confuso. Y en cuanto a las drogas, no creo que haya más en Ibiza que en Nueva York. Hay una publicidad un poco *fake*: «Lo que pasa en Ibiza se queda en Ibiza». ¿Qué pasa en Ibiza? Yo no sé... Vivo aquí y no veo que pase nada raro [risas]. No he visto nada que me asuste. He visto mucho más en los carnavales de Brasil...

LUCIANO: Hay tribus que han tomado y toman drogas para entrar en estados alterados de conciencia, con el fin de tener acceso al mundo sutil y espiritual. El consumo hoy en día en nuestras sociedades es totalmente diferente: la gente consume por otras razones, y es un fenómeno interesante de analizar. Al final, las drogas pueden generar un vacío emocional muy grande y mucha tristeza. Yo mismo pasé por ello. El baile es un impulso humano, genético, que existe en todo el mundo desde que existió el primer sonido. Los hombres han tendido a hacer ceremonias y celebraciones que no tienen que ver siempre con las drogas. Eso es lo más importante a subrayar. La música y el arte son una celebración de la vida.

DJ HARVEY: Creo que nada ha cambiado. Pongamos que dentro de mil años Ibiza sigue aquí, San Antonio sigue aquí, y Es Vedrà, los olivos, la tribu local... La fiesta no ha cambiado sustancialmente. Grupos de gente se reúnen y toman algo: alcohol, marihuana, cocaína, éxtasis, LSD, ayahuasca... lo que sea, y se dedican a abrazarse o a restregarse unos con otros para pasar un buen rato, socializar, comunicarse; y si además hay un ritmo que acompaña la velada, quizá todos se pongan a bailar. Entonces, puede producirse una espiral positiva, ese sentimiento increíble que no ha cambiado desde hace miles de años.

~

ROBIN: Un factor importante es que aquí no hay animales venenosos. Casi todos los lugares con encanto tienen serpientes, arañas o mosquitos que te pasan el dengue.

JUAN SUÁREZ: Ibiza es una isla donde se mueren las serpientes. Recuerdo gente que traía serpientes de la India y otros países, y se morían. Recuerdo varios casos. Se corrió la leyenda de que aquí podían vivir las lagartijas, pero no las serpientes.

ROBIN: ¿Conoces la anécdota de las serpientes, la que cuenta que aquí no pueden sobrevivir? Bueno, ahora hay serpientes, aunque lo peor que pueden hacerte es morderte. Aparte de eso, puedes pasarte la noche desnudo sin que te pique o muerda ningún bicho.

~

BRASILIO: Las ibicencas me hablaban de *sapó*, que son sitios que tienen mala suerte. Es una superstición. Me decían, «a aquella casa no vayas que tiene *sapó*». Yo no entendía mucho qué decían, pero es como una cosa de brujería.

~

JAVIER ANADÓN: La palabra magia está muy manida, pero la isla tiene algo especial: una luz muy particular, y esa luz la ve mucha gente desde los cincuenta. Gente muy inteligente.

GREGO O'HALLORAN: He pensado mucho sobre ello y he escrito artículos e intentado poner en palabras qué es lo que hace que esta isla sea tan especial. Y la respuesta es «más que la suma de sus partes». Si sumas todos los elementos por separado, no consigues explicar la razón, y eso significa que hay algo que elude toda definición. Hay una magia. Hay un espíritu y un sentimiento que están aquí y que todo el mundo puede sentir cuando viene. Y por eso todo el mundo vuelve.

CHARLIE CHESTER: Tenemos un *feeling* distinto en esta isla. Yo lo llamo polvo mágico o espíritu. Lo siento, pero no lo tienen en Mallorca. No, no. Está aquí. Se percibe tan pronto como bajas del avión.

DAVID MORENO: Cuando llegas a Ibiza, respiras y te sientes diferente respecto a otros lugares del mundo. Da igual dónde vayas, pero Ibiza no sé qué tiene... Cuando llegas al aeropuerto o en barco, dices, «¡Uau!». Te sube la energía. Quizá te esté hablando de algo esotérico, no lo sé, pero por ahí debe de andar el tema.

KENNETH BAGER: La gente habla de campos magnéticos, o cosas así. No lo sé. He venido aquí más de ciento cincuenta veces, como turista o como DJ, y cada vez tengo las mismas sensaciones. Cada vez que desciendo del avión por las escaleras y pongo los pies en el suelo me siento más relajado. Es una sensación bastante única. No me ha pasado en ningún otro sitio del mundo. Cuando hablo de esto con otra gente que también suele venir mucho, me dicen lo mismo.

LENNY IBIZARRE: Para mí, la roca mágica de Ibiza no es Es Vedrà o la de Benirràs. Es la roca de Ibiza en sí misma. Hay algo ahí, qué duda cabe, llámalo magia o ambiente romántico. Hay una atmósfera increíble. Cuando estás aquí, se va el estrés. Es un lugar donde no existe el estrés.

SIMON DUNMORE: Todo el mundo que viene aquí dice, «qué bien duermo y qué sueños más intensos tengo». Todo el mundo dice que es un sitio magnético. Es Vedrà... Estoy seguro de que existe alguna razón científica que lo explica.

KENNETH BAGER: El ambiente de relax de la isla es algo único que no encuentras en ningún otro sitio. Cada vez que invito aquí a gente, siempre vuelve. Aquí te relajas de otra manera. El grupo Laidback, que estuvo cuarenta años sin venir a Ibiza, me contaron que, cuando finalmente volvieron, había algo mágico: la misma atmósfera hippie.

JANE: Ibiza tiene algo de magnetismo, no sé bien qué es...

ROBIN: A veces, pensamos, «vámonos de Ibiza».

JANE: ¿Pero adónde?

ROBIN: Si lo pensamos, hemos estado en muchos sitios, y todos han ido a menos. No existe ningún lugar que siga siendo virgen.

JANE: Cada vez que pensamos en un nuevo destino, siempre acabamos aquí.

DANNY WHITTLE: Había una chica que solía repartir *flyers* para Renaissance en el 97. Luego se vino conmigo al Ministry, y luego a Space, y luego también cuando empecé a programar en Pacha. Vino como siete años seguidos, mientras estudiaba Medicina en la universidad. Actualmente, es una de las profesoras más reputadas en oncología del King's College de Londres, especializada en cáncer de piel. Todavía sigue viniendo cada año, con su marido y sus tres hijos. Tuvo un flechazo con la isla. Dice que incluso si va a las Maldivas, necesita al menos pasar una semana en Ibiza. No olvidemos lo bueno que es que la gente se enamore de la isla y vuelva cada año. Ibiza es una isla que, si te enamoras de ella, te enamoras hasta las trancas, aunque también puede pasar que te saque de tus casillas.

GEORGE EVELYN: Cualquier país que visitas, cualquier ciudad, tiene una energía determinada y atrae a un tipo de gente en particular. Literalmente. Puedes llegar a un país o ciudad y sentirte inmediatamente como en casa, o puede que te sientas incómodo. Creo que siempre hay una razón por la que estar en Ibiza. En el momento en que aterrizas, se respira un clima de libertad, hay algo en el aire. Mi madre, que tiene ochenta y dos años y tiene dolores en la espalda, en cuanto llega a Ibiza se siente bien. Es la energía que hay, y creo en ella, estoy cien por cien seguro de que existe. Este sitio tiene algo.

ANDY MCKAY: Sí, Ibiza es mágica, y es necesario preservar esa magia, pero eso no quiere decir que haya que detener el progreso. Preservas la magia dirigiendo el cambio hacia una dirección concreta, no pisando el freno.

GREGO O'HALLORAN: Ibiza es una gran roca en medio del Mediterráneo que exuda energía positiva y que hace que la gente quiera volver una y otra vez. Es posible que dentro de sesenta años sigamos escribiendo este libro y todavía sigamos sin entenderla.

PLAYLISTS*

PRIMERA PARTE

Pink Floyd «Ibiza Bar» (1969)
Chakachas «Jungle Fever» (1970)
Elkin & Nelson «Jíbaro» (1974)
Lucio Battisti «Il Veliero» (1976)
Liaisons Dangereuses «Los Niños del Parque» (1981)
Yello «Bostich» (1981)
Grace Jones «Pull Up to the Bumper» (1981)
Tom Tom Club «Wordy Rappinghood» (1981)
Yazoo «Situation» (1982)
Tears for Fears «Change» (1982)
Antena «Camino del Sol» (1982)
Frankie Goes to Hollywood «Relax» (1983)
Wham! «Club Tropicana» (1983)
Spandau Ballet «Gold» (1983)
Tangerine Dream «Love on a Real Train» (1984)
Manuel Göttsching «E2-E4» (1984)
The Earons «Land of Hunger» (1984)
Sade «Smooth Operator» (1984)

* Listas confeccionadas con las canciones citadas por los protagonistas del libro y completadas con la selección de los autores.

Sandy Marton «People from Ibiza» (1984)
Talk Talk «Such a Shame» (1984)
Art of Noise «Moments in Love» (1985)
HongKong Syndikat «Too Much» (1985)
Penguin Cafe Orchestra «Music for a Found Harmonium» (1985)
The House Master Boyz & The Rude Boy of House «House Nation» (1986)
A Split Second «Flesh» (1986)
Off «Electrica Salsa (Baba Baba)» (1986)
Farley «Jackmaster» Funk & Jessie Saunders «Love Can't Turn Around» (1986)
William Pitt «City Lights» (1986)
Dizzi Heights «Would I Find Love» (1986)
The Woodentops «Why (Extended Mix)» (1986)
The Residents «Kaw-Liga» (1986)
Thrashing Doves «Jeu on the Payroll (Street Groove)» (1987)
Mory Kanté «Yé Ké Yé Ké» (1987)
Nitzer Ebb «Join in the Chant» (1987)
Mandy Smith «I Just Can't Wait (The Cool and Breezy Jazz Version)» (1987)
Frankie Knuckles «Your Love» (1987)
Rhythim is Rhythim «Strings of Life» (1987)
Joe Smooth *featuring* Anthony Thomas «The Promised Land» (1987)
The Source *featuring* Candi Staton «You Got the Love» (1987)
A Guy Called Gerald «Voodoo Ray» (1988)

SEGUNDA PARTE

808 State «Pacific State» (1989)
The Beloved «The Sun Rising» (1989)
Sueño Latino «Sueño Latino (The Latin Dream Mix)» (1989)
Dr. Baker «Kaos» (1989)
Lil' Louis «French Kiss» (1989)
Adamski «Killer» (1990)
Happy Mondays «Hallelujah» (1990)
N-Joi «Anthem» (1990)

Saint Etienne «Only Love Can Break Your Heart» (1990)
The Shamen «Move Any Mountain» (1991)
Felix «Don't You Want Me» (1992)
Masters at Work *featuring* India «I Can't Get No Sleep» (1993)
Energy 52 «Café del Mar» (1993)
DJ Takemura «Hoping for the Sun» (1993)
William Orbit «The Story of Light» (1993) [Incluido en *Café del Mar - Ibiza* (1994)]
Hardrive «Deep Inside» (1993)
51 Days «Paper Moon» (1994)
A Man Called Adam «Estelle» (1994) [Incluido en *Café del Mar - Ibiza* (1994)]
José Padilla «Agua» (1994) [Incluido en *Café del Mar - Ibiza* (1994)]
Paperclip People «Throw» (1994)
Everything but the Girl «Missing (Tod Terry Club Mix)» (1994)
Josh Wink «Higher State of Consciousness (Tweekin Acid Funk)» (1995)
Jamiroquai «Space Cowboy (Classic Club Remix)» (1995)
Faithless «Insomnia» (1995)
Robert Miles «Children» (1995)
Lil' Mo' Yin Yang «Reach» (1995)
Underworld «Born Slippy» (1995)
Daft Punk «Da Funk» (1995)
Whirlpool Productions «From: Disco to: Disco» (1995)
The Heartists «Belo Horizonti» (1996)
Pat Metheny «Sueño con Mexico» (1979) [Incluido en *Café del Mar Vol. 3* (1996)]
Ibizarre «One Night in Balafia» (1997)
The House of Funk «The Funk Promise» (1997)
The Muses Rapt «Spiritual Healing» (1998)
Armand Van Helden *featuring* Duane Harden «You Don't Know Me» (1998)
Stardust «Music Sounds Better With You» (1998)
Nightmares on Wax «Les Nuits» (1999)
Basement Jaxx «Red Alert» (1999)
The Doors «Riders on the Storm (Ibizarre remix)» (2000)

TERCERA PARTE

The Aztec Mystic A.K.A DJ Rolando «Jaguar» (1999)
Azzido Da Bass «Doom's Night (Timo Maas Mix)» (1999)
Modjo «Lady (Hear Me Tonight)» (2000)
Laurent Garnier «The Man With the Red Face» (2000)
Celeda «The Underground» (2000)
Octave One «Black Water» (2000)
Raven Maize «The Real Life» (2001)
Shakedown «At Night» (2001)
Green Velvet «La La Land» (2001)
David Guetta «Just A Little More Love» (2001)
Roger Sanchez «Another Chance» (2001)
Silicone Soul «Right On!» (2001)
Ricardo Villalobos «Easy Lee» (2003)
Mathew Jonson «Decompression» (2004)
Nathan Fake «The Sky Was Pink (Holden Remix)» (2004)
Âme «Rej» (2005)
M.A.N.D.Y. vs. Booka Shade «Body Language» (2005)
Lindstrøm «I Feel Space» (2005)
Bob Sinclar «World, Hold On» (2006)
Oxia «Domino» (2006)
Audion «Mouth to Mouth» (2007)
Michel Cleis *featuring* Totó La Momposina «La Mezcla» (2009)
Tensnake «Coma Cat» (2010)
Art Department «Without You» (2010)
Noir & Haze «Around (Solomun Vox)» (2011)
Miguel Campbell «Something Special» (2011)
Pachanga Boys «Time» (2011)
Kölsch «Der Alte» (2011)
Azari & III «Hungry for the Power (Jamie Jones Ridge Street Remix)» (2011)
Avicii «Levels» (2011)
Hot Natured & Ali Love «Benediction» (2012)
Luciano «Rise of Angel» (2012)
Todd Terje «Inspector Norse» (2012)

Mano Le Tough «Primitive People (Tale of Us Remix)» (2013)
Ninetoes «Finder» (2013)
Worakls «Adagio for Square (Club Mix)» (2015)
Monolink «Burning Sun» (2017)
Keinemusik: Rampa, Adam Port, &Me «Muyè (Black Coffee Remix)» (2018)
DJ Koze «Pick Up» (2018)
Krystal Klear «Neutron Dance» (2018)

AGRADECIMIENTOS

Quico, mi padre, nos dejó el pasado 8 de abril de este maldito y pandémico 2020 a la edad de ochenta y siete años. No pude despedirme de él, pero tuve la suerte de verlo unos días antes de que falleciera. Me eché una partida de billar con él, donde yo jugaba todos los turnos. Siempre me decía que con mi «nueva novela» —por más que yo le insistiera en que no lo era— me iba a forrar. Gracias, papá, no sabes las ganas que tenía de traerte tu ejemplar de «la novela», pero no ha llegado a tiempo. Te lo guardo en casa hasta que nos veamos.

Gracias por insistir, Didac, por tu bestial poder de convicción y tu adictivo entusiasmo, y a toda la familia de Contra por confiar de nuevo en mí. Más a gusto, imposible. Y a Christian, por el garrote. Ha sido un placer trabajar mano a mano contigo durante estos tres largos años, y ahora que ya tenemos a la criatura volando sola, espero que pronto podamos pinchar juntos todo este percal y que me hagas esa ruta por *tu* Ibiza.

A la familia, sois grandes. A Ainhoa y a los chavales por aguantar el tenerme todo el día abducido en el ordenador, postergando la vuelta a la, ejem, normalidad…

Y a la familia ibicenca: Erika, Ventura, Norma, Ricardo, Juan y Betty, gracias por hacerme sentir como en casa. Y a Marc, por lo mismo y por no pocos contactos y sugerencias que nos han venido de lujo. *Estimats, quines ganes de tornar a Eïvissa, fer un dinaret plegats i que passin les hores…*

A Faruk Gandji y Juan de Delta Discos por su impagable ayuda proporcionándome contactos de otros tantos protagonistas de este libro, y a todos ellos, por su generosidad al compartir su historia. Y, de nuevo, por jugosas sugerencias y contactos, a Yoram Meshulam, Marc Liceras, Alicia Barrachina, Maria Ballesteros y César Estabiel. Y a Abraham Rivera, que me dejó un precioso marrón.

Al maestro Juan Santamaría, al que en su día entrevisté para *¡Bacalao!* y que me hubiera gustado volver a entrevistar para *Balearic*, pues, por supuesto, también estuvo en Ibiza. Te mando un fuerte abrazo, allá donde estés. Se te echa de menos.

A mi querido Borja Malet, que de nuevo se plantó antes que yo en los templos ibicencos. Por estar siempre ahí, desde hace ya treinta añazos. Se te quiere fuerte.

A Gaspar Antuña, Román Polanski, Julita «Gela», Breixo Martínez, Carlos «Char-Lee», Javi Domingo, Octavi Lobo, Guille de Juan, Disko Selectors… todos ellos enfermos del Balearic, y a tantos otros DJs y amigos que gustan de estas y «otras hierbas electrónicas», sampleando al querido Bruno Sokolowicz.

A Coque y Samu, con los que espero volver a estar bien pronto soltando y programando crema de la buena en Freedonia, la casa de la guasa. ¡Vamos, Rafaaaaaaa!

A los compañeros de Razzmatazz, a los que se echa de menos, y a sus cabinas de DJ, a las que tengo unas ganas muy locas de regresar. Quiero ver el club *on fire* de una vez…

A los de Madrid, Pamplona, Gijón, Zaragoza, Donosti, Bilbao, Córdoba… Estoy contando los días para volver a echar unas mezclas y unas cañas con todos.

Ché! I a tota la gent de la terreta, que us estimo molt, bacalaos.

Y, por supuesto, gracias a los Planazos, gente de bien a la que adoro.

A todos, espero que os guste el libro.

LUIS COSTA

No hay nada más bonito que agradecer, así que me voy a dar un gusto. Primero le agradezco a la vida devolverme todo el amor que he proyectado en aquello que me apasiona. Y luego a la isla de Ibiza y a aquella epifanía esa tarde de invierno en Cala Comte. Gracias, Pepi y Berna, por traerme al mundo y educarme como lo habéis hecho. Estoy orgulloso de vosotros. A mi hermana, por su positividad constante; a mi *cuñao* y su flamante barba; a Alex, porque es más listo que todos nosotros, y especialmente a Lluna. Vas a brillar.

A Andrea, que justamente apareció después de aquella epifanía, como si fuera una estela de la misma. Desde entonces recorremos el camino juntos. Espero no tener que decir tanto «tengo que trabajar» y podamos hacer nada/todo juntos mucho más. ¡Dios! Y a mi gata, Chini. Amor puro.

Gracias a Luis por pensar en mí para este proyecto y, claro está, a Didac, por editar libros como este que tienes en tus manos. A aquellos que me han ayudado con las transcripciones: a Sarah Goodchild, por su solvencia; a Marta Bassols, no solo por transcribir, sino por cómo escribe —lo que nos merecemos es leer sus textos—, y a David Díaz, porque es muy tonto.

A mis Homies: a Luca, por su pasión por la historia del Balearic; al *conseglieri* Shams Faure, por su sabia visión, y a Camilo, por ser mi hermano en la isla. A mis padres adoptivos de Ibiza: Igor Marijuan y Miguel Valverde, y al resto de la familia Sonica. Ya sabe usted,

Miguelón: «Confía. Confía. Confía». Y gracias a Doumi, por su selenofilia.

Gracias a los *sunsets* en Kumharas y en Hostal La Torre. Pinchar para la puesta de sol es lo más cercano que estoy como humano de acercarme al universo. Y gracias, también, a mis años de residente en Babylon Beach, Blue Marlin y, por supuesto, Pikes. Todos esos lugares me han ayudado a entender Ibiza y a hacer de algunos momentos de la vida de la gente algo más especiales. Gracias a la música.

Y, evidentemente, gracias a todos los entrevistados y entrevistadas. Primero, por compartir parte de su tiempo conmigo, pero sobre todo por su espíritu libre, su autenticidad y sus ganas de vivir la vida intensamente. Como me dijo Harvey una vez, «*I have no other choice than live my life to the fullest*». Siempre digo que, teniendo en cuenta que no sabemos por qué coño estamos aquí, no nos queda otro remedio que pasarlo bien. O como diría Julio, «yo he venido a esta vida a veranear». *Balearic state of mind*. Siempre.

Christian Len